国家哲学社会科学成果文库

NATIONAL ACHIEVEMENTS LIBRARY
OF PHILOSOPHY AND SOCIAL SCIENCES

中华传统文化弘扬与现代化发展研究

商志晓　万光侠　王增福　等著

中国社会科学出版社

作者简介

商志晓 1959年10月生，山东莒县人，法学博士，博士生导师，国务院政府特殊津贴专家，国家"万人计划"哲学社会科学领军人才，全国"四个一批"人才暨全国文化名家。中国共产党第十八次全国代表大会代表，曾任山东师范大学党委书记（2010.05—2020.05）；现为山东师范大学教授，山东省人大教科文卫委员会副主任委员，山东省高校当代中国马克思主义研究院院长；兼任教育部高等学校马克思主义理论类专业教学指导委员会副主任委员，山东省哲学学会会长，山东省马克思主义研究会会长。长期从事马克思主义哲学、马克思主义理论、党的建设理论的教学与研究工作。出版《在思维的制高点上——对"理论"的新探索》《邓小平：在马克思主义发展史中》《马克思主义政党先进性研究》《马克思主义大众化研究》《科学发展观"深度理论问题"研究》等著作30余部，在省级以上报刊发表理论文章300多篇，承担国家社科基金重大、重点等研究项目5项，获山东省社会科学优秀成果一等奖5项。2012年8月，受党中央、国务院邀请，赴北戴河参加"专家休假"活动；2016年5月，应邀出席习近平总书记主持召开的哲学社会科学工作座谈会。

作者简介

万光侠 1965年生,山东新泰人,哲学博士,山东师范大学副校长,马克思主义学院教授、博士生导师,国家"万人计划"哲学社会科学领军人才、全国文化名家暨"四个一批"人才。主要从事马克思主义哲学和思想政治教育的教学与研究工作。主持国家社科基金项目3项(含重大专项1项、重点项目1项)、省部级人文社会科学研究项目8项,在《马克思主义研究》等期刊发表论文90余篇,出版著作(含合著)6部,获山东省社会科学优秀成果奖4项。

王增福 1982年生,山东潍坊人,哲学博士,山东师范大学马克思主义学院院长、教授,山东省高校当代中国马克思主义研究院副院长,中央马克思主义理论研究和建设工程重点教材专家组成员,山东省理论人才"百人工程"入选者。主要从事马克思主义中国化、国外马克思主义领域的教学与研究工作。主持国家社科基金项目1项、教育部人文社科规划项目2项、山东省社科规划项目4项,在人民出版社等出版著作3部,在《光明日报》《哲学动态》《自然辩证法研究》等报刊发表论文40余篇。

《国家哲学社会科学成果文库》
出版说明

  为充分发挥哲学社会科学研究优秀成果和优秀人才的示范带动作用，促进我国哲学社会科学繁荣发展，全国哲学社会科学工作领导小组决定自2010年始，设立《国家哲学社会科学成果文库》，每年评审一次。入选成果经过了同行专家严格评审，代表当前相关领域学术研究的前沿水平，体现我国哲学社会科学界的学术创造力，按照"统一标识、统一封面、统一版式、统一标准"的总体要求组织出版。

全国哲学社会科学工作办公室
2021年3月

目　　录

前　言 …………………………………………………………………………（1）

导　论　中华传统文化、现代化进程及其辩证统一 ……………………（1）
　　一　中华传统文化的历史发展、思想内涵与精神特质 ………………（2）
　　二　现代化理论、世界现代化潮流与中国现代化实践 ………………（10）
　　三　科学把握中华传统文化与现代化的辩证关系 ……………………（29）
　　四　实现中华传统文化现代化、服务于现代化建设 …………………（39）

第一编　历史相遇：中华传统文化在中国现代化进程中

第一章　中西文化交流碰撞与中国现代化进程 …………………………（47）
　　一　近代以来中国社会与中西文化交流碰撞 …………………………（50）
　　二　中国现代化在中西文化交流碰撞中艰难前行 ……………………（64）
　　三　改革开放以来的现代化进程与文化支撑 …………………………（75）

第二章　现代化进程中中华传统文化的历史角色 ………………………（90）
　　一　中华传统文化促进现代化发展的思维智慧 ………………………（90）
　　二　中华传统文化阻滞现代化发展的糟粕缺陷 ………………………（104）
　　三　中华传统文化与现代化相互作用的基本方式 ……………………（117）
　　四　把握中华传统文化与现代化相互作用的几个维度 ………………（133）

第三章　现代化进程中中华传统文化的传承启示 …………… （144）
　　一　现代化进程中中华传统文化的传承路径 …………… （144）
　　二　现代化进程中中华传统文化传承的几个维度 ……… （157）
　　三　现代化进程中中华传统文化传承的历史启示 ……… （174）

第二编　现实状态：中华传统文化与现代化的联结

第一章　中华传统文化的当代价值及实现要求 ………………… （201）
　　一　中华传统文化蕴含丰富的当代价值 ………………… （201）
　　二　中华传统文化当代价值的多维呈现 ………………… （215）
　　三　中华传统文化当代价值的实现要求 ………………… （226）

第二章　中华传统文化作用于现代化的现状分析 ……………… （234）
　　一　客观成就：中华传统文化促进现代化发展 ………… （234）
　　二　当前不足：弘扬与服务不能适应现代化建设需求 … （241）
　　三　根源探析：历史与现实、认识与实践诸多因素交织 … （252）

第三章　中华传统文化助推现代化的挑战与机遇 ……………… （265）
　　一　中华传统文化助推现代化面临诸多挑战 …………… （265）
　　二　中华传统文化助推现代化适逢难得机遇 …………… （274）
　　三　在挑战与机遇中实现中华传统文化自身现代化 …… （285）

第四章　中华传统文化的现实选择：创造性转化创新性发展 … （297）
　　一　创造性转化创新性发展的必要性和可行性 ………… （297）
　　二　创造性转化创新性发展的科学内涵和目标定位 …… （306）
　　三　创造性转化创新性发展的原则方法和实现路径 …… （316）
　　四　中华传统文化助推现代化发展跃上新台阶 ………… （329）

第三编 融会路径:中华传统文化为现代化建设服务

第一章 以丰富政治智慧服务于执政党治国理政实践 …………… (349)
  一 中华传统文化蕴涵丰富政治智慧 ………………………… (349)
  二 中华传统文化丰富政治智慧的当代价值 ………………… (359)
  三 以丰富政治智慧服务于治国理政实践的有效途径 ……… (365)

第二章 以充沛价值理念润泽社会主义核心价值观培育 ………… (376)
  一 中华传统文化富含充沛价值理念 ………………………… (376)
  二 中华传统文化充沛价值理念的当代价值 ………………… (388)
  三 以充沛价值理念润泽核心价值观培育的有效途径 ……… (396)

第三章 以正心修身理念作用于人的德性养成与素质提升 ……… (404)
  一 中华传统文化富含正心修身理念 ………………………… (404)
  二 中华传统文化正心修身理念的当代价值 ………………… (412)
  三 将正心修身理念施惠于人的德性素质与社会治理 ……… (419)

第四章 以完备人际规范促进社会主义和谐社会建设 …………… (429)
  一 中华传统文化蕴含完备人际规范 ………………………… (429)
  二 中华传统文化完备人际规范的当代价值 ………………… (443)
  三 以完备人际规范促进社会主义和谐社会建设的有效途径 … (453)

第五章 以深厚民族精神凝聚华夏子孙共襄复兴伟业 …………… (463)
  一 中华传统文化蕴含深厚民族精神 ………………………… (463)
  二 中华传统文化深厚民族精神的当代价值 ………………… (470)
  三 以深厚民族精神凝聚华夏子孙共襄复兴伟业的有效途径 … (483)

第六章 以包容和谐思维推动与世界文明交流互鉴 ……………… (490)
  一 中华传统文化富含包容和谐思维 ………………………… (490)

二　中华传统文化包容和谐思维的当代价值 …………………… (499)
　　三　以包容和谐思维推动与世界文明交流互鉴的有效路径 …… (507)

第四编　发展提升：中华传统文化与现代化协力共进

第一章　当代中国现实任务：中华传统文化与现代化协力共进 ……… (517)
　　一　历史新起点上的传统文化发展与现代化建设 …………… (517)
　　二　正确处理协力共进中的一系列重大关系 ………………… (537)
　　三　坚定中国特色社会主义文化自信 ………………………… (548)

第二章　中华传统文化与现代化协力共进的本质与规律 ………… (562)
　　一　协力共进的前提条件：道路独立与文化自主 …………… (562)
　　二　协力共进的本质要求：正向支撑与良性互动 …………… (575)
　　三　协力共进的路径选择：自我扬弃与渗透融合 …………… (584)
　　四　协力共进的目标追求：文化创新与制度生成 …………… (595)

第三章　开辟中华传统文化与现代化发展提升新境界 …………… (605)
　　一　拓展社会主义先进文化的新内涵 ………………………… (605)
　　二　建构中国现代化道路新方案 ……………………………… (614)
　　三　开启中华民族伟大复兴新征程 …………………………… (625)
　　四　展示人类文明发展繁荣新气象 …………………………… (633)

主要参考文献 ……………………………………………………… (645)

索　引 ……………………………………………………………… (656)

后　记 ……………………………………………………………… (662)

Contents

Introduction Traditional Chinese Culture, Modernization and their Dialectical Unification ······················ (1)

1. History, Concepts and Spiritual Features of Traditional Chinese Culture ··· (2)
2. Modernization Theory, Trends of Global Modernization and China's Modernization Practices ················· (10)
3. Correct Understanding of the Dialectical Relationship between Traditional Chinese Culture and Modernization ················· (29)
4. Modernization of Traditional Chinese Culture and its Role in Modernization ··· (39)

Part I Historic Convergence: Traditional Chinese Culture in China's Modernization

Chapter I China-West Culture Collision and China's Modernization ··· (47)

1. Chinese Society and China-West Culture Conflicts and Communications since 19th Century ················· (50)
2. Struggles and Progresses of China's Modernization Amidst China-West Culture Conflicts ················· (64)
3. Modernization and Cultural Support since China's Reform and Opening-Up ··· (75)

II   The Promotion of Traditional Chinese Culture and the Modernization Process

Chapter II   Historical Role of Traditional Chinese Culture in Modernization ······ (90)
  1. Wisdom of Traditional Chinese Culture in Promoting Modernization ······ (90)
  2. Deficiency of Traditional Chinese Culture as an Impediment to Modernization ······ (104)
  3. Interactions between Traditional Chinese Culture and Modernization ······ (117)
  4. Dimensions of Understanding the Interactions between Traditional Chinese Culture and Modernization ······ (133)

Chapter III   Enlightenment from the Inheritance of Traditional Chinese Culture in Modernization ······ (144)
  1. Methods of Traditional Chinese Culture Inheritance in Modernization ······ (144)
  2. Issues of Traditional Chinese Culture Inheritance in Modernization ······ (157)
  3. Enlightenment from Traditional Chinese Culture Inheritance in Modernization ······ (174)

Part II   Reality: Connections between Traditional Chinese Culture and Modernization

Chapter I   Contemporary Values and Requirements of Traditional Chinese Culture ······ (201)
  1. Contemporary Values of Traditional Chinese Culture ······ (201)
  2. Manifestations of Contemporary Values of Traditional Chinese Culture ······ (215)
  3. Requirements of Contemporary Values of Traditional Chinese Culture ······ (226)

Chapter Ⅱ Status Quo of Traditional Chinese Culture's Impacts
          on Modernization ·· (234)
  1. Achievements: Traditional Chinese Culture in Promoting
     Modernization ··· (234)
  2. Deficiency: Promotion and Service Functions Failing to
     Satisfy Modernization ·· (241)
  3. Causal Factors: Interwoven Factors of History, Reality
     and Practice ·· (252)

Chapter Ⅲ Challenges and Opportunities of Traditional Chinese
          Culture's Promotion of Modernization ··················· (265)
  1. Challenges of Traditional Chinese Culture's Promotion
     of Modernization ··· (265)
  2. Opportunities of Traditional Chinese Culture's Promotion
     of Modernization ··· (274)
  3. Challenges and Opportunities in the Modernization of
     Traditional Chinese Culture ································· (285)

Chapter Ⅳ Practical Choices of Traditional Chinese Culture: Creative
          Transformation and Innovative Development ············ (297)
  1. Necessity and Feasibility of Creative Transformation and
     Innovative Development ······································ (297)
  2. Connotation and Goals of Creative Transformation and
     Innovative Development ······································ (306)
  3. Principles and Methods of Creative Transformation and
     Innovative Development ······································ (316)
  4. Enhancing Traditional Chinese Culture's Promotion of
     Modernization ··· (329)

Part III Approach of Convergence: Traditional Chinese Culture in Service of Modernization

Chapter I Political Wisdom in Service of Party's Governance of the Country ……………………………………… (349)
1. Political Wisdom in Traditional Chinese Culture ……………… (349)
2. Contemporary Values of Political Wisdom in Traditional Chinese Culture ………………………………………………… (359)
3. Approaches to Applying Political Wisdom in Service of Party's Governance ………………………………………… (365)

Chapter II Implanting Values in Core Socialist Values Education ……………………………………………………… (376)
1. Values in Traditional Chinese Culture ………………………… (376)
2. Contemporary Interpretations of Values in Traditional Chinese Culture ………………………………………………… (388)
3. Approaches to Implanting Values in Core Socialist Values Education ……………………………………………………… (396)

Chapter III Applying Self-Cultivation to Socialist Talent Training …………………………………………………… (404)
1. Self-Cultivation in Traditional Chinese Culture ……………… (404)
2. Contemporary Value of Self-Cultivation in Traditional Chinese Culture ………………………………………………… (412)
3. Approaches to Applying Self-Cultivation to Socialist Talent Training ………………………………………………………… (419)

Chapter IV Utilizing Integral Interpersonal Rules in Building a Harmonious Socialist Society ……………………………… (429)
1. Integral Interpersonal Rules in Traditional Chinese Culture … (429)

2. Contemporary Value of Interpersonal Rules in Traditional
   Chinese Culture ·· (443)
3. Approaches to Utilizing Interpersonal Rules in Building
   a Harmonious Socialist Society ······························ (453)

**Chapter Ⅴ Applying National Ethos to the Rejuvenation of Chinese
            Nation** ·· (463)
1. National Ethos in Traditional Chinese Culture ··················· (463)
2. Contemporary Value of National Ethos in Traditional Chinese
   Culture ·· (470)
3. Approaches to Applying National Ethos to the Rejuvenation
   of Chinese Nation ·· (483)

**Chapter Ⅵ Inclusiveness in Exchange and Mutual Learning
            of World Civilizations** ······························ (490)
1. Inclusiveness in Traditional Chinese Culture ····················· (490)
2. Contemporary Value of Inclusiveness in Traditional Chinese
   Culture ·· (499)
3. Approaches to Applying Inclusiveness to World Civilizations
   Exchange ·· (507)

Part IV Enhancement: Progress through Concerted Efforts of Traditional Chinese Culture and Modernization

**Chapter Ⅰ Mission of Contemporary China: Progress through
            Concerted Efforts of Traditional Chinese Culture
            and Modernization** ·· (517)
1. A New Start for Cultural Evolution and Modernization ········ (517)
2. Handling of Critical Relations in Progress through Concerted
   Efforts ·· (537)

Ⅵ The Promotion of Traditional Chinese Culture and the Modernization Process

  3. Enhancement of Confidence in the Path, Theory, System, and Culture ……………………………………………………………… (548)

Chapter Ⅱ Essence and Law of Progress through Concerted Efforts of Traditional Chinese Culture and Modernization …… (562)
  1. Prerequisite for Progress through Concerted Efforts: Cultural Autonomy and Path Independence ……………………………… (562)
  2. Essence of Progress through Concerted Efforts: Positive Support and Optimal Interaction ………………………………… (575)
  3. Approach to Progress through Concerted Efforts: Self-acceptance/rejection and Mutual Coalescence …………… (584)
  4. Pursuit of Progress through Concerted Efforts: Cultural Innovation and System Improvement ………………………………… (595)

Chapter Ⅲ New Territory of Traditional Chinese Culture and Modernization ……………………………………………… (605)
  1. Deepening Connotation of Socialist Advanced Culture ……… (605)
  2. Paving Ways for Modernization ………………………………… (614)
  3. Embarking on the Rejuvenation of Chinese Nation …………… (625)
  4. Revealing Prosperity in Human Civilization …………………… (633)

References ……………………………………………………………………… (645)

Index …………………………………………………………………………… (656)

Postscript ……………………………………………………………………… (662)

前　言

中华传统文化是中华民族的宝贵财富和精神标识，是中国特色社会主义现代化及其道路选择的历史文化基础，是当代中国走向世界、增强文化软实力和扩大全球影响力的显著优势。《中华传统文化弘扬与现代化发展研究》力求系统揭示中华传统文化和现代化的内涵要义与辩证关系，全面阐述中华传统文化和现代化互为促进的历史进程与实践要求，深化探索中华传统文化实现自身现代化及其在推进中国特色社会主义现代化进程中的地位和作用。这样的思考和研究，是文化传承与理论建设的需要，具有重要的理论意义和学术价值。

一是有助于推进对中华优秀传统文化的深入理解与传承创新。迄今学界关于中华传统文化的研究已取得丰硕成果，特别是党的十八大以来，围绕中华传统文化及其传承创新的探索越来越深入。本项目成果接续相关研究内容，进一步阐释中华传统文化的思想内涵与精神特质、中华传统文化的当代价值与实现要求，进一步论证中华优秀传统文化创造性转化创新性发展的必要性和可行性、科学内涵和目标定位、方式方法和实现路径等，契合中华优秀传统文化深化研究的现实任务，契合弘扬中华优秀传统文化、建设社会主义文化强国的战略需要。

二是有助于推进中华传统文化弘扬与现代化建设的深度融合。中华传统文化与中国现代化的不期相遇，开启了这两个方面交错前行并不断融合的长久历程。当代中国需要汲取近代以来的经验教训，促进二者在新时代的新平台上达至深度融合和高度统一。本项目成果注重阐明在现代化进程中中华传统文化的历史角色与传承启示，对中华传统文化作用于现代化的现状及当前挑战与发展机遇予以分析，从诸多方面就中华传统文化中的优秀内容和鲜明特质，何以能够助推现代化发展、从哪些方面助推现代化发展、如何助推现代化发展等问题，进行深入剖析，促进我们对传统文化与现代化的关系有更为全面系统的认识与把握。

三是有助于推进对社会主义现代化及其发展规律的把握。当代中国全面深化改革、建设社会主义文化强国、实现中华民族伟大复兴中国梦，务必有效实现中华优秀传统文化与"四个全面"战略布局、"五位一体"总体布局的有效衔接，充分发挥中华传统文化在社会主义现代化建设中的积极作用。本项目成果把中华传统文化与现代化协力共进视为当代中国的现实任务，就二者协力共进的本质与规律、发展与提升等问题进行深入探析，力求从理论阐述上去开拓中华传统文化与现代化协力共进的新视野新境界，这对于我们深入认识和深刻把握社会主义现代化及其发展规律具有启示意义和启发价值，在视界上有了新的拓展。

从研究对象本身出发，本项目成果针对研究对象的多维度、广博性及理论纵深这样一些特点，广泛涉及中华传统文化及其近代以来的发展、中国现代化的启程与历史进路、中华传统文化助益社会主义现代化的优秀内容、中华传统文化与现代化之间既互为助力又间有阻滞的客观联系、中国特色社会主义现代化发展的文化要求和创新规律、中华传统文化自身实现现代化的必然性和内在机理等，合理架构，有序衔接，形成了一个由导论、四编、十六章构成的内容全面、逻辑严谨、层次清晰的阐述体系。在辨识中华传统文化思想内涵、归纳中华传统文化精神特质、阐发中华传统文化价值作用等方面，在把握世界现代化理论和现代化实践、历述中国现代化发展进程、探析中国特色社会主义现代化发展规律和未来前景等方面，在揭示中华传统文化与现代化既协调促进又存在一定矛盾的基本关系等方面，在论证中华传统文化优秀成果推动中国特色社会主义事业发展、服务于民族复兴伟业与世界文明交流互鉴等方面，提出了一系列新见解新观点，阐发了一系列新思考新认识。

《中华传统文化弘扬与现代化发展研究》坚持马克思主义立场观点方法，以我们党关于中华优秀传统文化、社会主义文化强国、中国特色社会主义现代化重要论述为指导，弘扬理论联系实际的优良学风，本着科学严谨、细致深入的态度进行研究探索。紧扣近代以来社会变革发展实际，着力予以宏观审视和规律把握。坚持历史与逻辑相统一，坚持历史发展阶段性与连续性相结合，把晚清时期、民国时期、五四运动以后的革命、建设、改革历程，既相互区别又连接统一，系统揭示中华传统文化与现代化相遇之后的发展历程及运行情况，并力求进行本质揭示和规律总结。

本项目成果着意彰显问题意识，增强现实针对性，在服务于中国特色社会主义事业发展、促进社会主义现代化建设和文化强国建设等方面，呈现其应有价值。一是有助于我们对中国道路的选择及实践从历史维度和现代化发展维度上认识和把握。在打通中华优秀传统文化与中国道路选择及实践的内在联系的基础上，能够坚定我们的道路自信，促进我们在拓展推进中国道路前进中更好地传承弘扬中华优秀传统文化。二是有助于我们对马克思主义与中华传统文化能否结合、如何结合问题的深化理解。在阐明国家和民族的历史传统、文化积淀、基本国情的前提下，对中华优秀传统文化与马克思主义予以互诠互释，不仅能够强化中华民族文化认同，而且有利于马克思主义大众化的深入推进。三是有助于我们进一步培育和践行社会主义核心价值观。弘扬中华优秀传统文化与培育践行社会主义核心价值观是双向互动的，实现两者互为促进并建立起长效机制，对培育践行社会主义核心价值观、用社会主义核心价值观凝聚人心具有重大意义。四是有助于我们加强社会主义意识形态建设。传承中华传统文化中的优秀内容，弘扬其当代价值，能够使正能量汇入社会主义意识形态建设之中，通过理论创新以增强主流意识形态的魅力，使主流意识形态的价值观念、思想主张深入社会生活，改进完善主流意识形态宣传教育的内容、形式与渠道。五是有助于我们提升国家文化软实力和文化影响力。中华传统文化是中华民族的突出优势，为人类发展提供了充足智慧和启迪。大力弘扬中华优秀传统文化，能够进一步提升中国国际形象、提高我们的思想价值影响和国际话语权。

本项目成果在社会影响和效益方面，能够发挥积极正面效应。一是促进消除在中华传统文化认识中存在的复古主义、历史虚无主义和简单化类比等错误倾向，为更好传承弘扬中华优秀传统文化创设良好的人文环境和社会舆论支撑。二是促进消除把中国道路等同于民主社会主义、国家资本主义、权贵社会主义以及简单化归结为"中国模式"等错误倾向和糊涂观念，使中国道路更具中国特色、民族特征和时代风格。三是促进有关文化建设和文化创新方面的决策趋向科学化、合理化、有效化，为推动文化产业发展及相关方面的工作提供理论指导和智力服务，为党委、政府及相关部门科学决策提供咨询参考。

导　　论
中华传统文化、现代化进程及其辩证统一

中华传统文化源远流长，深厚丰富。当近代中国被打开国门、逐步融入世界发展潮流之后，中华传统文化与中国现代化进程相伴随，双双进入到一个全新的发展阶段。厘清中华传统文化与现代化之间的辩证联系，把握二者既互为助力又间有阻滞、既协调促进又存在一定矛盾的客观情势，是我们深入开展弘扬中华传统文化[①]与现代化研究的必要与必须。从中华传统文化既要发扬光大又亟须转化提升、中国现代化既要顺利推进又要带动文化现代化的基本任务出发，我们拟从"历史相遇：中华传统文化在中国现代化进程中""现实状态：中华传统文化与现代化的联结""融会路径：中华传统文化为现代化建设服务""发展提升：中华传统文化与现代化协力共进"几个阶段和部分，深入剖析中华传统文化与现代化进程[②]的内在联结与辩证统

[①] 对中华传统文化的弘扬，包含两方面要义：一是去除糟粕，二是取其精华。即毛泽东所要求的，"剔除其封建性的糟粕，吸收其民主性的精华"（《毛泽东选集》第2卷，人民出版社1991年版，第707页），"对中国的文化遗产，应当充分地利用，批判地利用"（《毛泽东文集》第8卷，人民出版社1999年版，第225页）。在"去除糟粕、取其精华"意义上，"弘扬中华传统文化"与"弘扬中华优秀传统文化"的意蕴相通。在一般意义上谈论中华传统文化中的糟粕与精华，主要是一种原则要求，具体到哪些是糟粕、哪些是精华，需要结合具体观点、特定语境、历史条件和时代要求，进行有针对性的鉴别与判定。

[②] 中华传统文化与现代化的历史相遇，始自1840年鸦片战争开启的中国近代历程。至五四新文化运动之前，数代仁人志士一方面力求用中华传统文化去拯救民族危机，一方面向西方寻求新的思想理念以求救国，中国早期的现代化历程亦在挫败中艰难前行。此一时期，中华传统文化是作为一个整体被认知和对待的，尚未达到后来中国共产党人"去除糟粕、取其精华""传承弘扬中华优秀传统文化""对中华优秀传统文化进行创造性转化、创新性发展"的思想高度和理性自觉。在与中国现代化整个过程相联系的意义上，探寻中华传统文化在现代化进程中的价值功能及自身走向现代化的机制路径，用"中华传统文化与现代化"这样一种对应关系来表达，更有益于我们把握历史发展过程和联结融会机理。

一。而作为全书的导论,则力求阐明以下主要问题,即中华传统文化的历史发展、思想内涵与精神特质,现代化理论、世界现代化潮流与中国现代化实践,中华传统文化与现代化之间的辩证统一关系,实现中华传统文化自身现代化并服务于现代化建设。

一 中华传统文化的历史发展、思想内涵与精神特质

一般认为,中华传统文化是以中华民族为创造主体,在中国大地上形成,具有稳定结构和鲜明特色、世代传承并影响整个社会历史的宏大而厚重的古典文化体系。与世界上其他古文化体系是在较小地理范围内展开不同,中华传统文化是在以黄河、长江两大流域为主的广大地域中形成和发展起来的。这一区域的地理空间相对封闭,承载了多个民族规模巨大的人口,且经过了不同民族文化的长期融合,这赋予了中华传统文化超强的稳定结构和吸纳融合外来文化的能力,使得中华文化能够绵延几千年,在此期间不但未曾中断,而且内涵日益丰富,呈现出鲜明的精神特质。

(一)中华传统文化的历史发展

中华传统文化历史悠久,时空跨度很大。就发展进程来看,中华传统文化产生于夏商周时期,正式形成于春秋战国时期,后经历了两汉、魏晋、隋唐、宋明等演变阶段,共有5000多年的发展历程。

1. 夏商周礼乐文明与中华文化的产生。从夏到商、周,是中华传统文化的起源时代。虽然现有考古资料表明,中华文明最早可以上溯到龙山时代,但直到夏代中华传统文化才真正产生,其重要标志之一是礼制的出现。夏代礼制是随着私有制及社会分化逐渐形成的,是针对不同身份等级的人制定的一系列行为规范,强调每个人要时刻注意自己在社会中的位置,以此维护社会秩序的稳定。商、周传承发展了夏的礼制文化。特别是经过周公制礼作乐,形成了以宗法等级制度为核心内容的丰富而完备的礼仪制度和礼乐文明。王国维指出:"中国政治与文化之变革,莫剧于殷周之际。"[1] 周礼的最大变革,就是"周

---

[1] 王国维:《观堂集林》卷十,河北教育出版社2001年版,第287页。

之制度典礼，实皆为道德而设"①。即从侍奉鬼神的手段转变为强化伦理功能，由此，理性精神和人文精神取代宗教精神，成为中华文化早期发展的重要特征。礼乐文明孕育出了《诗》《书》《礼》《易》《乐》《春秋》"六经"文化，这是夏商周三代礼乐文明的核心部分，突出体现了那一历史时期中华文明的理性精神和人文精神，代表了夏商周的主流文化及其基本价值取向，亦成为春秋战国时代诸子百家兴起的文化基础。

2. 春秋战国时代百家争鸣与中华传统文化的形成。中华礼乐文明在周代达到繁盛，但至春秋末期则开始逐步衰落、解体，中华传统文化转入一个新的时代。受春秋战国时期政治和经济大变动的影响，教育和学术领域都发生了深刻变化。王官之学的衰落和私学的兴起，使学术由官府走向民间。春秋战国时代私人讲学的蓬勃展开，推动了学术的自由发展，而社会大变动引发的对社会的思考和对人生的深度反思，最终造就了诸子百家争鸣的兴盛局面。这一时期，出现了孔子、墨子、老子、庄子、荀子等一大批哲学思想家，他们对当时社会和人生的反思形成了不同的学派。其中，以孔子开创的儒家学派，墨子开创的墨家学派，老子、庄子开创的道家学派影响最大。儒家倡导仁政爱民，墨家提倡兼爱非攻，道家主张道法自然。诸子百家提出的各自不同的哲学思想和学术主张，共同形塑了中华传统文化的基本精神与价值取向，奠定了此后中国哲学思想、文化发展的基础，构成了世界轴心时代的中国画卷。诸子百家是中国文化精神的一大飞跃，标志着中华传统文化的正式形成。秦汉时代正是以儒家为主整合诸子百家思想，从而塑造了一个支配中华文明两千余年的意识形态。

3. 两汉经学与儒家伦理主流化。孔子删定"六经"，经孔子后学的传承发展，"六经"到了汉代，内容已相当丰富。西汉时期，汉武帝接受董仲舒"罢黜百家、独尊儒术"的建议，置五经（即《诗》《书》《礼》《易》《春秋》，《乐》在汉代已经遗失）博士，罢黜百家之学的博士。五经博士及其弟子成员以"五经"为研习对象，进而形成经学。汉代经学是中华文化发展史上的一个重要阶段。汉王朝以国家力量，将历史上自然形成的文明经典宣布为国家经典，并设立博士制度展开专门研究，用以指导国家治理及社会

---

① 王国维：《观堂集林》卷十，河北教育出版社2001年版，第302页。

实践，标志着"五经"成为国家政治、法理、意识形态的根据。通过国家制度来保障中华文明经典的传习，并用以指导政治实践，客观上为中华文明的传承建立了体制保障。这确立了经学在中国学术体系中的核心地位，使其成为汉代学术的主流形态。由于儒学处于汉代经学的核心位置，儒家主张的"五伦"（父子有亲、君臣有义、夫妇有别、长幼有序、朋友有信）与"五常"（仁、义、礼、智、信），因"六经"的主流意识形态化而成为社会普遍遵循的伦理规范。

4. 魏晋玄学与儒道融合。东汉政权解体后，各方势力割据相争，而由汉代的大姓和名士发展出来的门阀氏族，已成为政治上的一股新兴力量，享有政治和经济上的特权。与政治上的混乱相对照，这个时期的文化思想，在自觉拒斥谶纬中的荒诞不经观念之余，也逐渐摆脱了汉代儒家经学思想的统治，通过对《老子》《庄子》《周易》等经典的诠释，开始探求新生命境界和生活情态，形成了一种儒道融合的新的思想形态——魏晋玄学。魏晋玄学是以老庄思想为主体而兼蓄道儒的学术思想体系。玄学讨论的中心课题是"有无本末"的问题，指向的人生理想是实现名教与自然的统一。玄学作为道家为主的思潮，极大地发展了老庄思想的精神世界，其对生命、心灵、精神自由的追求，拓展了中国人精神的空间与深度，丰富了中华传统文化的内涵与特征。

5. 隋唐佛学与三教文化格局的形成。佛教于汉代传入中国后，就不断与本土的儒道文化相调适、相适应，开始了佛教中国化的进程。佛教最初强调因果报应，主张灵魂不灭，三世轮回，其后又接玄风余绪，畅谈般若性空之说。不久，大乘《涅槃经》传入中国，涅槃佛性说成为南北朝时期最为流行的学说。经过一段时间的吸收整合，其又从佛性论发展到心性论，这标志着中国佛教的成熟。隋唐时期，中国佛教各宗派特别是禅宗，将儒家的人文精神、道家的任运自然的人格理想有机地整合到自身的体系中，形成了不同于印度佛教的思想特色与文化精神。佛教中国化使佛教成为中华文化的有机组成部分，从此与道家和儒家一起共同构成了中华文化的三个基石。佛教融入中华文化，极大提升了中华文化的理论深度，彰显了中华文化价值观的多元性。

6. 宋明理学与三教融合。随着隋唐时代佛教的兴盛，佛教出世主义对儒家价值观构成极大挑战。为了回应佛教挑战，宋代儒学家形成了一股返本开新、复兴儒学的思潮。儒学复兴思潮主要体现为维护儒家伦理道德、恢复儒家修齐治平的社会理想，同时又要吸收佛教的本体论和形上学思想。宋明理学正是在这种思潮影响下形成的。宋明理学分为"理学"和"心学"两大派。二程（程颐、程颢）、朱熹是理学的代表，陆九渊、王阳明是心学的代表。通过吸收佛教宇宙本体论思想，程朱理学把儒家伦理原则提升为宇宙本体论和普遍规律，而在实践上则把道德原则外在化，未能重视道德实践主体的能动性。心学则通过吸收佛教心性本体论思想，提出人心即是道德主体，心体自身能决定道德规范，从而突出了道德实践中的主体性原则。无论理学还是心学，都融合了佛教及道教的思想，体现了三教融合的趋势。可以说，自隋唐以来，三教互相影响，共同铸就了中华文化注重平和、宽容、理性的性格，形成了世界少有的和谐的宗教关系。以佛治心、以道治身、以儒治世，成了宋元以来历代王朝的文化共识。

7. 清代朴学与传统文化的衰落。随着明朝的灭亡，当时的思想界对明亡的原因进行了反思，并归咎于宋明理学家特别是明代王学末流的空谈性命。明末清初，在顾炎武、黄宗羲等学者的影响下，清代朴学兴起，其学术研究以求实切理为职志，并崇尚朴实无华的治学风格，注重于资料的收集和证据的罗列，主张"无信不征"，以汉儒经说为宗，从语言文字训诂入手，主要从事审订文献、辨别真伪、校勘谬误、注疏和诠释文字、典章制度以及考证地理沿革等，少有理论的阐述及发挥，也不注重文采，所以"朴学"又称"考据学"。清代朴学穷心于"天理""人欲"，不出"心、性、气、理"范畴，淡忘儒学忧时济世传统及空谈误国的明代王学末流的反动，这也是儒学自身发展史上否定之否定的结果。由此延续下来，儒学及传统文化的精神创造逐渐丧失了活力。当近代西方文化伴随坚船利炮传入中国时，中华文化也就开始了急剧衰落的过程。

（二）中华传统文化的思想内涵

中华传统文化是中华民族在长期的社会生活实践中积淀起来的精神遗产，也是中华民族特有的思维方式的精神体现。小农经济的生产方式、高度集权的专制政治制度以及作为社会生活基础形态的宗法关系和血缘关系，为中华传统文化的产生和发展提供了深厚的社会政治经济基础，决定了中华文化自成一系的思想面貌。中华传统文化的思想内涵，总结为以下主要方面。

1. 万物一体的宇宙观念。中华文明在哲学突破期呈现为原始神话的生命一体化思维，经轴心时代而被继承下来，转化为一种更高的文化形式，即万物一体的哲学宇宙观。这一观念长期占据中华传统文化的核心位置，成为中华文明的一个重要特征。万物一体的哲学宇宙观，集中体现在"气"及"阴阳"这些哲学范畴上。中国哲学主要是用"气"及"阴阳"等范畴，揭示宇宙的组成与结构。中国古代哲学讲气，强调气的运动变化，肯定气的连续性存在，肯定气与虚空的统一。中华传统文化由此认为，世界是由阴、阳二气的相互作用形成的，整个世界是"一气充盈"、大化流行的过程，宇宙的各个组成部分相互关联、内在统一，宇宙是整体性、系统性的存在。宇宙的整体性存在既包括万物之间的统一，也包括人与世界、人与宇宙的统一。中华传统文化强调要超越二元对立思维，倡导人与他人、人与万物的和谐，以"仁者与天地万物为一体"的"天人合一"境界为人生最高追求。

2. 刚健有为的人文精神。中华传统文化没有创世说，宗教色彩极淡，在人神关系中强调人的主体性。所谓"夫民，神之主也""敬鬼神而远之"等，表现出极强的人文主义精神。中华传统文化强调人在宇宙中的崇高地位，认为人是万物之灵，天地万物人为贵。而人之所以在宇宙中具有崇高地位，是因为人能效法天地之道，所谓"天行健，君子以自强不息；地势坤，君子以厚德载物"。传统文化倡导刚健有为精神，自强不息、厚德载物是刚健有为精神的集中表达。自强不息即充分发挥主观能动性，刚毅不屈，不断超越自我和克服一切艰难险阻奋力前行，展现人之为人的独立精神和担当意识。孟子讲的"富贵不能淫，贫贱不能移，威武不能屈"的独立人格，老子讲的"自胜者强"，都是此义。厚德载物强调人要有博大的胸怀和博爱之心，包容万物，使他人和万物都得以各遂其生。刚健有为的人文精神，体现出中华传统文化高度重视道德自觉，倡导人们将自身融入社会、在现实世界中实现人生价值的思维取向，这在铸造中华文化基本精神方面发挥了决定性作用，同时也为推动中华民族及中华文化向前发展提供了深沉的精神动力。

3. 天下为公的政治理念。中国自古即有追求"天下为公"的传统，大公无私、立公去私、崇公抑私是中华传统文化的思想主流和核心价值观之一，建立公而无私的大同社会是历代中国人的理想追求。天下为公萌芽于上古三代，尧舜禹禅让传说，即反映了古人对天下为公精神的推崇与追求。至春秋战国时期，经过诸子百家特别是儒家的理论建构，天下为公的信念被融入传统文化的思想系统之中，形成了以仁爱、民本、诚信、正义、和合、大同等为思想内核，涵括从形上到形下，从个人修养、家族关系、政治制度到社会状况等诸方面的完整框架，正式成为古代知识分子的为政目标和社会公共原则。汉代董仲舒构建"天人感应"体系及汉武帝"罢黜百家、独尊儒术"政策的实施，推动了公道思想向政治实践层面落实。宋代理学体系的建构，为公道思想提供了形而上学根据，使公道思想更加深入人心，进一步强化了人们对公道的价值认同。明清之际对皇权的批判，使公道思想达到新的历史高度。可以说，对公而无私的大同社会的追求，代表了中国古代绝大多数政治家、思想家的政治理想、道德追求和价值取向，已经成为中华传统文化的主体思维方式。

4. 崇德尚群的伦理观念。重视人的道德节操和品德修养，追求人格完美及人与他人、人与社会的和谐相处，这种崇德尚群的伦理观念，是中华传统文化思想内涵的又一重要方面。崇德表现为将道德视为人之为人的依据，将成就道德人格视为人生最重要的努力方向。孔子强调君子、小人之别，孟子强调人禽之辨，即将道德作为人之为人的根据；古人主张"杀身成仁""舍生取义"等，即认为道德节操比生命还重要。《大学》提出"自天子以至于庶人，一是皆以修身为本"，孟子更是将逆境作为道德修养的助缘，而以体悟"天理"为核心的宋明理学则将道德修养系统化、理论化并构建了一整套道德修养工夫论。仁、义、礼、智、信、忠恕、慎独、内省、格物致知等伦理范畴和道德修养方式，大量存在于中华传统文化中，构成了中华传统文化思想的主体内容。传统文化中的道德修养，是为了更好地与他人和社会和谐相处，更好地在社会中实现自我价值。所以，传统文化表现出尚群的精神，认为社会性是人的根本属性，要以众人群居为乐事，以合群为美德，进而主张群体利益高于个人利益，个人要融入社会和国家，只有在社会群体中才能实现自我价值。

5. 协和万邦的天下意识。中华传统文化对世界的态度，不仅是个人对他人、对社群的伦理态度，还包括对外部世界的文化态度、政治态度，协和万邦的天下意识即是此种文化态度、政治态度的体现,"中华""天下""王道"则是此种观念与态度的典型用语。基于儒家"道之以德,齐之以礼"的治理理念,传统文化对外部世界秩序的政治想象和处置态度,是以"礼治—德治"为中心的。儒家思想指导的对外政策,一般不主张开疆拓土,而是以安为本、睦邻为贵。《周礼·周官宗伯》强调:"以和万邦,以谐万民,以安宾客,以悦原人",这种"协和万邦""宣德化以柔远人"的对外交往观念,在中华文化中是根深蒂固、源远流长的。这种思想观念,也表现为"王道"及"大同世界"的构想上。"王道"与"霸道"的区别在于,王道主张通过仁政以德服人,而非以强力征服别人,霸道则相反。在这样的思想指导下,"王天下"的仁政和"天下为公""天下大同"的理想,构成了古代中国对待世界的基本态度和对世界秩序的基本构想,各国之间互助友爱、安居乐业、国际和平的大同世界,成为中华传统文化执着追求的理想目标。

(三)中华传统文化的精神特质

中华传统文化不是一个封闭的思想系统。在几千年的发展演进中,通过不断吸收融合外来文化,中华传统文化的思想内涵日益丰富多彩,同时也始终保持了自身一以贯之的精神特质。到清末及近代,在西方文化特别是西方近代文化的映照下,中华传统文化中的一些根本性价值与思维偏好,得以更为鲜明地凸显。准确把握中华传统文化的精神特质及其价值趋向,对实现传统文化的现代转化和当代中国新文化的构建,对探索中国现代化发展道路、推进现代化发展进程,具有重要意义。传统文化的精神特质,参考陈来的观点[①],主要表现在以下几个方面。

1. 责任先于权利。中华传统文化强调个人对他人、对社会,甚至对自然所负有的责任,体现出很强的责任意识。这是因为,中华传统文化的价值观,是建立在传统文化特有的宇宙观,即普遍联系的宇宙整体观的基础之上的,人与人、人与万物都是相互关联的整体,个体必须在这一关联的整体中才能存在,才有价值。所以,个人必须积极承担对对方的责任,以自己承担

---

① 参见陈来《中华文明的核心价值:国学流变与传统价值观》,生活·读书·新知三联书店 2015 年版,第 36—74 页。

对对方的责任为美德。儒家的伦理价值观,如忠、信、仁、义、孝、惠、让、敬等,都是要人承担对于他人、对于社会的责任。个人与他者构成关系时,不是以自我为中心,而是以自我为出发点,以对方为重,个人的利益要服从责任的要求,由此构成了人际关系中的责任本位立场。同时,由于个人与社会构成的关系是多方面的,会与不同的对象构成各种关系,因此个人的责任也是多重的,并且不同的责任会随着各种关系的亲疏远近而发生调整变化。这种价值追求及实现方式,在某种程度上会淡化人们伸张自己权利的行为与人人平等观念的养成。

2. 义务先于自由。中华传统文化以道德自觉为核心的人文主义精神,塑造了中国人义务为先的价值取向。刚健有为的人文主义精神表明,人的生命价值的实现,在于彰显人心内在的道德,道德修养和理性人格要求人超越个体自我的生命欲望和生存需要,面对他人或社会提出的要求,尽到自己道德角色所应尽的义务。这是一个自我要求和自我转化的过程,如父义当慈,子义当孝,兄之义友,弟之义恭,夫妇朋友至一切相关之人,莫不自然互有应尽之义,而不是向外要求他人、伸张自己的权利。所以,与西方近现代价值观非常强调个人权利的优先性不同,中华价值观特别是儒家价值观更强调义务的优先性。现代新儒家的代表人物梁漱溟认为,中华文化在人和人的关系中强调义务为先,互相承担义务是中国伦理的一个根本特色。以义务为基本取向的德行,不强调张扬个人权利,而主张努力承担对他人的义务、履行自己肩负的责任。

3. 群体高于个人。中华文化倡导天下为公,本质上体现了以群体为重、群体高于个人的价值取向,这与西方近代人本主义更多强调以个人为本有所不同。中华文化和中华价值观不主张以个人为本,而是强调以群体为本,强调群体在价值上高于个人。在中华文化和中华价值观看来,个体不能离群索居,一定要在群体之中生存生活,其道德修为也要在社群生活中增进。超出个体的最基本社群单位是家庭,扩大而为家族、社区以及各级行政范畴直至国家。中华文化和中华价值观强调个人价值不能高于社群价值,强调个人与群体的交融、个人对群体的义务,强调社群整体利益的重要性。"能群""保家""报国"等众多提法,都明确体现出社群安宁、和谐、繁荣的重要性,凸显个人对社群和社会的义务,强调社群和社会对个人的优先性和重要性。在表现形式上，社群和社会的优先性，还通过公与私的对立而得以体现：个人是私，家庭是公；家庭是私，国家是公；社群的公、国家社稷的公是更大的公，最大的公是天下的公道、公平、公益，故说"天下为公"。

4. 和谐高于冲突。中华文化和中华价值观强调社会和谐、以和为贵，追求和而不同。古人认为，人类的和谐在根本上来源于天地的和谐，即自然的和谐。和谐是一切事物的生成原理，没有和谐就没有万物化生，和谐的实现有着深刻的宇宙论根源。所以，我国古人将和谐作为处理人与人、人与社会、族群与族群、人与天地等关系的模型，对"和"的追求塑造了中华文明的思维方式、价值取向。在这种价值观的支配下，"协和万邦"便成为中华世界观的典范，"和"成为同外部世界交往的根本原则，构建一个和平共处的世界是中华文明几千年始终如一的追求。而人与自然的和谐统一，也是中华文化的价值理想。所谓"天人合一"，就是注重人与自然的和谐合一，注重人道（人类社会法则）和天道（宇宙普遍规律）的一致，而不是把天和人割裂开来。天人合一思想，不强调征服自然、改造自然，不主张天、人对立，而主张天、人协调。根据这种思想，人不能违背自然，而应顺从自然规律，使自己的行为与自然相协调。这与西方文化和西方价值观强调人与自然的冲突，主张以自我为中心，主张用自己的力量克服非我、宰制他者、占有别人、征服自然，有着明显的区别。

以上几个方面，集中体现了中华传统文化的精神特质，即中华传统文化在根本精神上是一个注重整体、集体优先的价值体系，而非个人主义的价值观；不是个人自由、权利优先，而是族群、社会的利益优先，因而将个人与群体的和谐看得更重。这与西方文化特别是近代西方文化以个人为本位，崇尚个体人权、自由、平等的价值观明显不同。中华传统文化的这些精神特质，在应对世界现代化进程中产生的危机与弊病方面，显示出独特价值，是中国乃至世界走向现代化的重要文化资源。

二 现代化理论、世界现代化潮流与中国现代化实践

绵延广阔的中华传统文化，是中国近代以来现代化进程的深厚基础。中国开启走向现代化的历史，始自19世纪40年代的鸦片战争。作为外部力量

强加于中华民族的战争巨变，鸦片战争给予中华文化以剧烈撞击，而在被迫应对过程中踏上现代化征程的中华民族，却是裹挟着自己的文化、固有的传统一同迈进了新的历史进程。中华文化的延续前行与中国现代化进程交汇融合在一起，由此上演了一幕幕沉沦与执着、屈辱与抗争、苦难与辉煌的历史活剧。中华文化一路走来，中国现代化曲折不息，构成了近代以来民族发展的历程。单从中国现代化进程来看，现代化虽然始于19世纪40年代的鸦片战争，但中华民族真正乘上现代化潮流的高速列车，还是近几十年来的事情，其间以完成民族救亡图存重任、实现国家独立特别是新中国建立等为之奠定坚实基础。以党的十一届三中全会为新的起点，中国共产党带领亿万中华儿女踏上了改革开放新征程，中国社会主义现代化由此跃上了新的台阶。

把握现代化进程，需要了解现代化理论；认识中国现代化实践，需要明晰世界现代化潮流。中国作为现代化的后来者，不仅要通过主动选择，自觉地融入世界现代化的潮流之中，而且要致力于从现代化理论中汲取有益借鉴，避免现代化发展中有增长无发展的陷阱。如此一来，中国现代化的实践从一开始就面临一个无法回避的问题，即如何在与现代化理论和世界现代化浪潮的双重关系中，准确把握中国现代化实践的历史方位和价值走向。这是我们研究中华传统文化与现代化关系的一个重要内容和重要视角。

（一）现代化理论的历史演进及其启示

世界范围的现代化早在18世纪中叶的欧洲就开始了。但是，对现代化的系统深入研究则始于20世纪中叶的美国。当时的美国学者面对美苏对立的格局，基于与苏联争夺对大多数不发达国家的控制权和自身势力范围扩张的需要，遂将自己的研究兴趣聚焦于新兴发展中国家，致力于将这些国家的发展道路纳入西方话语体系中来进行审视，通过对这种研究的不断深入，带动越来越多的学者加入对该问题的研究中并逐渐使其发展成为一个相对独立的问题域。

既然现代化的研究是围绕着"现代化"而展开的，那学者们关注的首要问题便是"现代化"的内涵。罗荣渠在《现代化新论：世界与中国的现代化进程》一书中梳理了国内外学者关于现代化一词的理解。在他看来，关于现代化含义的种种说法，概括起来可以归纳为四大类：一是现代化是指在近代资本主义兴起后的特定国际关系格局下，经济上落后的国家通过开展技术革命，在经济和技术上赶上世界先进水平的历史过程；二是现代化的实质就是工业化，更确切地说，是经济落后国家实现工业化的进程；三是现代化是自科学革命以来人类社会急剧变动的过程的统称；四是现代化主要是一种心理态度、价值观和生活方式的改变过程，换句话说，现代化可以看作是代表我们这个历史时代的一种"文明的形式"。①

显然，对于现代化的理解，学者们由于学科背景不同，强调的侧重点和关注点不同，给出的解释也会存在差异。但是，我们不难发现，人们对现代化的理解都聚焦到现代化的标准问题上。所以，尽管学者们对现代化的理解存在差异，但也在两个方面达成了共识：一是把现代化理解为发达国家工业革命以来发生的深刻变化；二是将现代化理解为发展中国家追赶世界先进水平的发展过程。② 这种对现代化的解释，是现代化理论的最早形态，即经典现代化理论，它是西方思想家以 20 世纪之前的西方现代化为对象，着眼于发展中国家现代化问题的一种历史研究和理论概括。由于现代化进程是与西方资本主义发展进程相一致的，从这个意义上讲，资本主义开创了世界现代化历史的进程，或者说，现代化实际上是一部资本主义的发生学。正因如此，经典的现代化理论也被视为资本主义的现代化理论。③ 法国思想家托克维尔在对美国现代化进行大量调查研究之后，以民主制度的形成为切入点，分析了美国之所以能够通过建立完备的现代民主制度顺利完成现代化，其根源和条件应该归功于"地理环境、法制（政策、制度等）和民情"④。在这三种因素中，贡献最大的便是民情。托克维尔认为，民情是"人在一定的社会情况下拥有的理智资质和道德资质的总和"⑤，是"一个民族的整个道德和社会风貌"⑥。德国社会学家马克斯·韦伯从文明的形成发展视角来思考

---

① 罗荣渠：《现代化新论：世界与中国的现代化进程》，北京大学出版社 1993 年版，第 9—14 页。
② 参见何传启《现代化研究的十种理论》，《理论与现代化》2016 年第 1 期。
③ 周穗明等：《现代化：历史、理论与反思——兼论西方左翼的现代化批判》，中国广播电视出版社 2002 年版，第 261 页。
④ 王坚：《美国印第安人政策史论》，天津人民出版社 2018 年版，第 76 页。
⑤ 王坚：《美国印第安人政策史论》，天津人民出版社 2018 年版，第 76 页。
⑥ [法] 托克维尔：《论美国的民主》，董果良译，商务印书馆 1996 年版，第 332 页。

资本主义，不仅将这种文明理解为一种源于新教伦理的资本主义精神，而且将其视为资本主义社会发展的思想动因。在他看来，"资本主义是一群具有共同精神的人创造的，这种精神产生了创造利润的各种合理性的复合体，即人们所说的'资本主义'"①。德国经济史学家桑巴特站在欧洲资本主义史的角度来研究"现代资本主义史"，不仅揭示了资本主义产生的经济原因，而且将这归结为欧洲每一个民族所共同拥有的普遍现象。

历史地看，现代化理论，尽管在对发达国家工业化的发展进程、发展中国家追赶工业化等问题上具有较强的解释力，但这种理论从一开始也表现出明显的历史局限性。诚然，现代化固然与工业化有着十分密切的关系，但是工业化并不构成现代化的全部，同样，现代化理论在对传统和现代及其关系的理解中，不仅没有很好地把不同国家和民族的具体情况在现代化进程中表现出的复杂性呈现出来，也没有将基于西方现代化经验的现代化理论推及至不发达国家，由以导致把现代化的过程仅仅看作是西方化、美国化或欧洲化的过程。这一经典现代化理论，既引发了不发达国家在后来的现代化发展中出现的有增长无发展的事实，又因对作为"现代化"结果的"现代性"的单一性和片面性理解，而使自身遭遇了解释上的诸多困境。到20世纪六七十年代，西方学界开始了针对"现代性"概念的重新解读以及对"现代化"这一世界性进程的重新认识与定位反思，由此引发了人们围绕着发展中国家的现代化所展开的新的理论探索。

拉美等发展中国家的学者，在反思中提出了"依附论""世界体系理论"等现代化理论。"依附理论"针对拉美国家诉诸美国现代化经验带给自己的失误与滞后，从经济、政治、历史等维度出发展开跨学科的综合研究，对发展中国家现代化过程中出现的对西方现代化国家的"依附地位"的原因进行了分析，提出了发展中国家摆脱"依附"走上独自发展道路的途径。正因如此，这一理论被一些学者称为"探索发展中国家发展道路的现代化理论"②。"依附理论"认为，发展中国家在追求西式现代化的过程中，由于局

---

① 周穗明等：《现代化：历史、理论与反思——兼论西方左翼的现代化批判》，中国广播电视出版社2002年版，第203页。

② 陶海洋：《依附理论的发展及其主要观点》，《社会主义研究》2007年第5期。

限于"欧洲中心主义"的误区，不仅不能给欧洲以外的其他国家和地区带来与欧美同等程度的经济发展，而且还造成了发达与不发达状况的合理共存。这不仅导致经济结构的单一发展，形成了依附发达国家的不发达现状，而且也造成了在发达资本主义国家与发展中国家之间组成的世界资本主义现代化发展体系中的"中心—外围"的"新的依附结构"。保罗·巴兰指出："如果说资本主义不能改善大部分落后地区全体居民的物质条件的话，那么，它却带来了深刻影响不发达国家社会和政治条件的某种因素。它以惊人的速度把资本主义秩序中固有的一切经济和社会的紧张关系传入这些国家。……它把这些国家的经济命运同变化无常的世界市场联系起来并使它们的命运和热病般忽上忽下的国际价格运动连在一起。"① 因此，"按照进步资本主义的方针来解决不发达国家现有经济和政治僵局的可能性已经完全消失"②。弗兰克也表述了与保罗·巴兰相似的观点，他指出，资本主义既是世界性的，也是民族性的，它在过去造成了不发达，现在仍然在造成不发达。无论过去或现在，造成不发达状态的正是造成经济发达（资本主义本身发展）的同一个历史过程，其结果是那些在世界体系中处于边缘的国家陷入一种"不完全的和外相性的本地资本主义的发展之中"。

与此同时兴起的另一种影响广泛的现代化理论，便是世界体系理论。这种理论基于对现代化进程中出现的世界体系的变化的研究，试图用"中心—半边缘—边缘地区"的依附关系、世界劳动分工和阶级冲突等变量，来分析世界体系的历史演变，从而解释 16 世纪以来的世界发展史。③ 世界体系理论在对经典现代化理论所定义的"现代性"提出尖锐批评的基础上认为，发展中国家要想实现自己的发展，就必须立足于自己的国情，坚持走一条异于西方发展的现代化之路。为此，不发达国家就要改变国内的经济、社会、政治和文化的结构与制度，依靠人民力量、开明政府和外国无私援助的共同努力，才能取得法国、英国和美国通过自身的革命所取得的成就。斯威齐等人

---

① ［美］保罗·A. 巴兰：《论落后问题的政治经济学》，载［美］查尔斯·K. 威尔伯《发达与不发达问题的政治经济学》，中国社会科学出版社 1984 年版，第 129 页。
② ［美］保罗·A. 巴兰：《论落后问题的政治经济学》，载［美］查尔斯·K. 威尔伯《发达与不发达问题的政治经济学》，中国社会科学出版 1984 年版，第 148 页。
③ 参见何传启《现代化研究的十种理论》，《理论与现代化》2016 年第 1 期。

甚至还提出了通过走社会主义道路以实现现代化的观点。

无论是依附理论还是世界体系理论，它们虽都存在着各自的缺陷，但其提出的"中心—外围"分析框架，不仅有利于发展中国家站在世界资本主义体系的整体关系中自我定位，而且也有利于在一个开放的世界体系中发展自己，走出一条适合自己国情的现代化发展道路。

在此之后，经典现代化理论又遭遇了法兰克福学派、后现代主义的深入反思和严厉批判。法兰克福学派站在对资本主义现代性意识形态批判的立场上，揭示了启蒙运动以来对理性的过分强调而使其走向了自己的反面，并演变成为一种实证主义的思维模式，也因此使其丧失了为自由服务的价值，造成了现代化理论中发展的价值向度的贫困化。生活在现代社会里的人们，在享受到现代化给自己提供的丰富的物质财富的同时，也不可避免地遭遇到因理性专制而造成的对人性的漠视、精神上的异化以及生态环境上的恶化等越来越多的"现代病"。之所以如此，是因为这种理论将价值观念的偏见和意识形态的腔调，视为现代化概念的基础并相继产生了一些危险的后果，使人们不能正确理解人类社会近期正在发生的变化过程。因此，要想使经典现代化理论再次释放出自己的生命活力，我们必须认真反思并克服经典现代化理论的现代化定义存在的不全面性、不严谨性以及方法论上的不科学性。

正是着眼于上述问题的解决，后现代主义一跃登上反思经典现代化理论的舞台并发展成为最为抢眼的一种理论。在主张后现代性理论的学者那里，最初是通过对现代性的批判而走向否定现代性的。他们对现代性的批判主要表现在两个方面：一是通过批判现代性而否定现代性，二是在现代性批判的实践基础上重建现代性。前一种观点认为，既然经典现代化理论的罪魁祸首在于理性，那么把非理性推上宝座就是理所当然的；既然经典现代化理论以其抽象本体论蔑视现实生活和生活着的人，那么就应该反过来张扬人的七情六欲，以此为基础来宣布现代性的终结和后现代性的到来；既然经典现代化理论立足西方中心主义立场并把西方发展模式视为具有普遍性的发展模式，那么就应该反过来推崇非中心化、反正统性、不确定性、非连续性和多元性；既然现代性理论将现代化的核心目标看作经济增长，那么就应该反过来强调包括政治、经济、文化和家庭、宗教观念等在内的深刻变化，核心是人在最大程度上获得幸福感。后一种观点认为，现代性在发展过程中虽然出现了问题，但这并不构成抛弃现代性的充足理由；现代性是一种未竟的事业，批判现代性实际上就意味着重写现代性。这种重写显然不是"既如何""又如何"那样一种简单的"辩证法"，而是一种内在性的统一，是本质意义上的统一。在哈贝马斯看来，对现代理性的批判实质上就是对现代理性的重建。所谓理性重建，并不是要建立什么客观意义的或绝对意义上的理性，而是要解决黑格尔以来便存在着的理性即现代性的困境，这种困境是通过批判来获得澄清、认知和消解的，其深层意义在于现代性的重写，即发现新世界，建构新理论。① 这表明，"后现代理论"对经典现代化理论的质疑、否定和重建，既能够为新的现代化理论构建提供有价值的借鉴，也为现代化理论的发展拓宽新思路、提供新线索。

当人类社会进入20世纪80年代以后，荷兰、德国、英国等国家的一些学者基于对西方工业文明发展过程中出现的先污染后治理情况的反思，提出了生态现代化理论。早在20世纪七八十年代，生态现代化理论就出现了。德国学者耶内克最先提出"生态现代化"概念，德国学者胡伯则更明确地使用了"生态现代化"概念。20世纪90年代，生态现代化的研究视角不断得到拓展，不仅有哈杰尔提出的"技术—组合主义的生态现代化"和"自反性生态现代化"之分，而且也有克里斯托弗的"弱的"生态现代化和"强的"生态现代化之别，还有莫尔的现代化社会的整体生态转型和科恩的政府严格管控和预警、生态责任组织内在化以及多方合作的原则等理论。20世纪末至今，生态现代化理论伴随着全球化的发展呈现出国际化和全球化的发展态势。这时的生态现代化理论关注的核心是社会和制度的转型问题。概括起来，生态现代化理论试图通过将生态转型概念引入生产和消费，致力于解决经济发展进程中出现的与生态进步之间的关系失调，着眼于经济的高效增长、社会的公平正义、环境的节约保护，实现经济与环境关系的相互协调和全面共赢。但要看到，尽管这时的一些研究者从理论上开始对当时西方出现的生态危机进行反思，寻求摆脱生态危机的路径和方法，但无疑，都是在

---

① 参见贾英健《马克思现代性批判的理论旨趣及其变革实质》，《哲学研究》2005年第9期。

现代民主政治体制与市场经济机制共同组成的资本主义制度架构下展开的，①即可以不必对现行的经济社会制度结构和运作方式做大规模或深层次的重建，只须通过市场经济竞争和国家推动下的绿色革新就可以实现"环境"与"发展"的兼得或共赢。应该说，"生态现代化理论"就其注重市场、政府和技术对生态环境的影响方面，在试图通过一系列社会和制度变革解决生态环境危机等问题上，不仅有利于为发展中国家在推进现代化过程中避免出现生态问题提供了有益借鉴，而且也在一定程度上推动了生态文明这一人类崭新文明形态的出现。更重要的是，发达资本主义国家虽然对环境危机进行了深刻反思，并且也致力于解决这一问题，但由于缺乏对资本主义制度这一根源的分析与剥离，而无法站在伦理道德意义上进行批判性反思，因此对解决环境危机问题不仅是无力的，而且只能加重不发达国家的环境危机问题。乌尔里希·布兰德在对这种理论进行评判时指出："'绿色资本主义'只是资本主义漫长发展过程中的一个新阶段，或许是一个我们目前很难预测其时间长度的相对稳定的发展阶段。"②那么，我们究竟能够做什么呢？在他看来，就是"既要正确认识其反生态和社会不公正的本性——就像生态马克思主义者早已阐明的那样，又要在这样一种历史性进程中积极寻求综合性的'社会生态转型'的机遇或可能性"③。

自20世纪80年代兴起的全球化理论，是在人类将要告别20世纪的时候，对生态环境的严重恶化、资本在全球的肆意横行、全球性经济危机频繁爆发、消费主义甚嚣尘上导致的传统文化岌岌可危、非西方文明向西方中心主义发起挑战、全球意识和共同行动的端倪初现等事关人类生存和发展的重大问题进行深刻反思中形成并出现的。这一理论起始于17、18世纪的西欧，伴随着全球化进程不断得到发展。关于全球化的界定，有广义和狭义之说。狭义的理解主要着眼于经济的全球化，认为全球化是经济活动在全球范围日益获得普遍联系和相互依赖的扩展；广义的理解着眼于经济、政治、文化、社会和环境等多领域所展开的复杂的国际化过程。率先进行全球化研究的是

---

① 参见郇庆治《21世纪以来的西方生态资本主义理论》，《马克思主义与现实》2013年第2期。
② 《让谁吃下污染："绿色资本主义"的回答》，《中国社会科学报》2015年5月13日。
③ 《让谁吃下污染："绿色资本主义"的回答》，《中国社会科学报》2015年5月13日。

罗马俱乐部，他们通过引入生态学、系统工程学等理论与方法，借助于计算机的模拟技术，凭借对人类共同利益概念的确立，开启了对全球问题展开研究的先河，强调了世界各个国家、地区和不同民族以及他们之间的全球相互依赖性。对于发生于20世纪70年代的全球化理论研究，国内有学者从全球化推进过程呈现的多元文化冲突及其变化图景出发，对全球化理论的研究主题进行了描述："我们现在所处的状态，产生这种状态的原因；如何看待全球化进程中的新变化、新问题和新的活动角色；我们的世界要沿着何种轨道，朝着何种方向发展，等等。这些主题在80年代，特别是90年代得到了更完善的解答。"[①] 吉登斯早在《民族国家和暴力》一书中，就尝试将跨社会联系的方法运用于对民族国家的分析之中，提出了作为一种全球现代制度扩张过程的民族国家形式问题。莫德尔斯基对全球政治体系中占主导地位的诸多问题，如秩序、安全、地区权利以及贸易稳定等，进行了分析。有的学者从社会沟通、信息革命、一些城市和地区的研究等方面，揭示了全球化引发的社会变革和意义。90年代开始的对全球化文化和文明视角的研究，在对马克斯·韦伯和埃利亚斯等文化、文明研究取得成果的基础上，针对全球化带来的新特点和新问题，又进行了新的研究尝试，将对全球化理论的研究推向了一个更具解释力的阶段。美国哥本哈根大学的弗里德曼将不同文化的替代，视为全球体系的变化过程。费瑟斯通从全球文化相互联系的扩展视角，来诠释全球化进程。美国学者亨廷顿则提出，在冷战结束以后，全球化将使人类面临不同文明之间的激烈冲突，其中最重要的便是儒家文明和伊斯兰文明向西方文明发起的挑战，正是由于它们的挑战，世界出现了不稳定局面。我们不难看到，亨廷顿的观点带有西方中心的强烈情怀，实际上他是在告诫西方，在全球化进程中不能忽视自己的"对手"给自己造成的威胁。这从福山在《历史的终结和最后的人》一书中提出的自由民主主义取得全球胜利的观点中也可得到印证。

但是，无论他们如何维护西方中心论观点，却无法否定这样一个基本事实，那就是冷战结束之后，非西方力量获得了不断增强的发展意识和发展态

[①] 周穗明等：《现代化：历史、理论与反思——兼论西方左翼的现代化批判》，中国广播电视出版社2002年版，第517页。

势。与此同时，西方在经历了短暂的胜利之后，呈现出相对衰落的明显迹象。在这种情况下，一些全球化论者转而向西方中心论发起了批判和清算，提出了不同文化之间平等共存、和谐相处、相互包容、互鉴共进的观点。他们对西方中心论的批判，取得了巨大成果，迫使西方主流思想顺应潮流进行了重新调整。越来越多的人认识到，西方文化是特有的，而不是普遍适用的，在全球化进程中，不发达国家和民族的文化和文明不仅不能走西方文明的路子，相反必须着力于本国文化和文明的复兴。在此基础上，全球化理论认为，全球化虽然会出现资本主义全球扩张的基本事实，但这并不能构成"全球资本主义"这样一种确定性结果，相反它不过是诸多可能性中的一种可能。所以，全球化与全球资本主义并不能完全画等号。正因为如此，全球化告诉人们，一方面要正视全球化对其他文明带来的影响和挑战，另一方面也要通过对各种文化和文明意识的唤醒，正确认识和把握自己的处境，提高对他者意识形态话语陷阱的防范能力，并且以积极的心态，善于借鉴资本主义的优秀文明成果，为建立一个真正平等和平的世界而努力。

  我们不难看到，20 世纪 90 年代的西方全球化理论不仅通过将人类共同利益和命运的关注融进研究之中，实现了对作为整体人类的共同需要以及各民族之间相互依存之发展趋势的把握，而且也通过引入文化和文明概念展开了对西方中心论的批判，充分重视不发达国家和民族在全球化进程中所扮演的角色以及所发挥的积极作用。更重要的是，在全球化理论中，一大批左翼学者在对西方主流思想的批判中，不仅展示出了重要的影响力，而且通过对资本主义全球扩张造成的消极后果和破坏性的揭示，提出了在全球化进程中建立全球平等和民主关系的新秩序的观点，所有这些都具有重要的理论和实践意义。尽管这一理论对西方中心主义的批判没能转化为胜势，但全球化理论所倡导的对人类共同利益和命运的关注以及对本民族文化和文明前途命运重视的观点，却有利于将民族的文化和文明放到全球化视野中去把握，进而寻求本民族文化和文明与全球人类命运的结合点，促进不发达民族和国家在积极推进形成公正合理的国际社会新秩序中发挥应有作用。

（二）世界现代化潮流在全球的扩散和蔓延

  理论的历史演进，对于我们把握现代化给予诸多启示。从发生学的角度来看，现代化实践要早于现代化的学理研究。正因如此，原发性、内生性的现代化生成过程，是漫长而又缓慢的。但自从有了对现代化的研究以后，现代化理论便在现代化实践中发挥了巨大威力。现代化实践催生了现代化理论，现代化理论反作用于现代化实践，推动着现代化实践按照人类理性的自觉要求向纵深发展。在对现代化理论作了历史梳理之后，我们再来看一下近百年世界变革的实际，探讨现代化这一世界潮流是如何在全球扩散和蔓延的。

纵观现代化发展史可见，无论人们怎样看待现代化，一个毋庸置疑的事实是，每个国家和民族在探求自己发展的过程中，都会自觉或不自觉、主动或被动、或快或慢地选择并走上现代化的道路。我们不难发现，西方近现代历史不过是追求并实现现代化的历史，人类不断告别传统农业文明，迈向现代工业发展的文明大道。这样一个现代工业文明的发展道路，是一个源于西欧、波及欧美、形成势如破竹的全球现代化浪潮的过程。

现代化的出现，与农业文明的衰落和瓦解相伴随。从某种意义上说，农业文明的衰落和瓦解，既是现代化的源头，也是农业文明向现代工业文明转变的内在动力。显然，现代工业文明发端于西方，确切地说是发端于西欧。现代化的大幕一经拉开，不仅在推动西方经济和社会发展方面起到了重要作用，而且对欧洲乃至北美等一些国家表现出示范意义。一些欧美国家纷纷仿效，掀起了一波又一波的现代化潮流。伴随着现代化潮流的涌动，社会各个领域发生了重要变化，并在此基础上促成了从农业社会向现代工业社会的成功转型。西方国家在现代化进程基本完成之后，它们面临着国内竞争引发资本积聚造成的市场狭小和资源匮乏问题，直接引发了西方国家现代化发展动力的不足，于是，它们便将目光转移到欧洲以外的广大不发达国家，希望通过开辟国外资本、原料、商品销售市场和廉价劳动力市场来摆脱困境。这样，西方率先开启现代化的国家就选择了通过发动殖民战争的方式，推动现代化潮流向欧洲以外国家扩散。与西方殖民活动的扩张相适应，越来越多的殖民地国家也被迫加入现代化的行列。

这样看来，现代化既是发达国家的发展问题，也是不发达国家必须面对并接受的事实。但是，西方之外的国家，毕竟在历史、文化、传统、宗教等方面有着自己的特殊性，当这种特殊性遭遇一种异于自己的历史、文化、传统、宗教冲击的时候，难免会通过冲突的形式表现出来，并有可能引发抗争。这表明，对于任何一个国家而言，现代化或许并不是一个要不要选择的问题，也不是一个能不能选择的问题，而是一个即便是不情愿也必须面对的现实。当然，面对现代化，接受现代化，并不意味着就一定要认同西方的现代化道路。① 实际上，这个问题即便对西方国家也是存在的，这从"自由放任"式道路、"统制"式道路等不同模式中可以窥见一斑。

现代化在全球扩张的过程，与历史向世界历史的转变过程是一致的。马克思恩格斯曾指出："它首次开创了世界历史，因为它使每个文明国家以及这些国家中的每一个人的需要的满足都依赖于整个世界，因为它消灭了各国以往自然形成的闭关自守的状态。"② "把一切民族甚至最野蛮的民族都卷到文明中来了。"③ 对于那些后发国家而言，卷入现代化并不意味着自己在世界现代化体系中能够与先发西方国家处于平等地位，相反，由于其农业社会向现代工业社会的转型任务还没有完成，相对于那些已经完成工业化的国家而言，后发国家只能在现代化的世界历史体系中处于边缘地位，与处于中心地位的工业化国家形成现代化世界历史的两极。这一不平等的格局，即便到了第二次世界大战结束后，在已经完成现代化的西方国家开始出现向"后工业""后现代"社会转型的情况下，也没有得到改变。正因如此，对于发展中国家而言，现代化仍然是一个需要积极面对并致力于解决好的重要课题。

根据国内学者的理解，这场始于西欧并席卷全球的现代化浪潮大体可以划分为三次大浪潮或者说三个不同的发展阶段。④

第一次大浪潮是在第一次工业革命推动下形成的，时间大约是从18世纪后期到19世纪中叶，这是发端于英国、而后向西欧扩散的工业化过程。从表面上看，推动工业革命的似乎仅仅是一个经济和技术问题，或者说是生产结构问题，但实际上，它却伴随着非常复杂的政治、社会和文化的大变动，尤其是经济大革命和政治大革命的结合，共同构成了推动社会变革的巨大冲击力。多数西方国家，尤其是英国、美国与法国，都不同程度地经历了

---

① 参见刘金源《世界现代化潮流中的中国特色社会主义道路》，《探索与争鸣》2007年第11期。
② 《马克思恩格斯文集》第1卷，人民出版社2009年版，第566页。
③ 《马克思恩格斯文集》第2卷，人民出版社2009年版，第35页。
④ 参见汪信砚《世界现代化进程的反思》，《江苏行政学院学报》2005年第1期。

这种经济与政治相结合的社会变革。英国通过圈地运动、机器大生产、机器制造业，纺纱机和织布机、蒸汽机、机车等发明创造来推动，在政治上自1640年资产阶级革命始，不仅经历了五次大的议会改革，而且还伴随着长达二十多年的宪章运动，历时二百多年才走上工业化道路。美国则凭借政治民主化来实现政治发展史上的革命性变革，并从一开始就通过引进蒸汽技术、冶金技术、棉纺织技术等，极大地加快了自身工业化的进程。法国经历了一系列革命和国内革命与反革命、复辟与反复辟的反复较量，最终于1792年完成了国内的政治改革，实现了政治发展的民主化和现代化，同时在经济上实施了一系列改革和开放措施，从国外大量引进机器设备，从英国大量招募熟练工人，最终完成了工业化。英国马克思主义历史学家霍布斯鲍姆对这场把西欧和北美局部地区卷入其中的第一次现代化浪潮，给予了很高的评价，把它看作是从远古创造农业、冶金术、书写文字、城市和国家以来人类史上最巨大的转变，这个革命已经改变了并继续改变着整个世界。第一次现代化浪潮一直持续到19世纪中叶，意大利、西班牙、荷兰等国家陆续完成工业革命，跻身于现代化"先行者"的行列。

  第二次大浪潮是在第二次工业革命的推动下出现的，时间大约是从19世纪下半叶至20世纪初，是一个工业化在西欧和北美核心地区取得巨大成就并向其他地区扩散的过程。这一次现代化浪潮是以发电机、电动机和内燃机等技术的出现为标志。随着工业化发展水平的不断提高，农业在整个国家产业结构中的比重大幅度下降，这在客观上造成了从事农业劳动的人口数量不断缩减，从而迎来了世界经济的爆炸性增长。在这一时期，美国后来居上，凭借经济实力不仅迈向了新兴工业大国的行列，而且也将英国甩到了后面。在第一次现代化浪潮中发展起来的西欧与北美核心地区，凭着其拥有的技术和在世界市场中占据的绝对优势，加上良好的经济发展势头，逐渐向周边扩散，不仅向同属基督教文明的国家扩散，而且以美国发达工业化为基础，向加拿大、澳大利亚、新西兰等国家开启自由移民发展的新征程。在这次现代化浪潮中，拉丁美洲也受其影响被卷入其中。但是，拉美的现代化之路，从一开始是在西方工业化的模式中起步的，他们不仅没有找到一种实现自己国内政治稳定的办法，自身也在追求工业化的进程中变成发达国家对其进行殖民统治的原料产地和市场，他们不仅市场单一，而且产业结构亦具有单一性和依附性，殖民地型经济的发展使其在世界现代化体系中陷入边缘和半边缘境地。现代化浪潮还伴随着殖民战争向东扩张，在殖民地国家出现了试图通过一系列改革来回应挑战、以维护本民族利益而发起的现代化运动。这些国家如埃及、土耳其、中国和日本等，在对现代化浪潮予以积极回应的同时，都试图通过向本国本民族输入工业化的方式，探索自己国家的现代化发展道路。但是，在这场席卷拉美和非西方文明国家的现代化浪潮中，只有日本获得了成功。日本在19世纪中叶，面对英、法、俄等国家的入侵，因幕府签订众多不平等条约而引发了国内严重的民族危机，他们通过明治维新改革，不仅建立了资本主义的明治政权，而且通过大力推行殖产兴业（移植外国先进的产业和经济制度发展本国经济）、富国强兵和文明开化三大政策，找到了实现本国现代化发展的核心动力源，搭上了现代化浪潮的第二班车。在这之后，日本又通过发动对中国和俄国的战争，不断奠定了自己世界现代化强国的地位。

第三次大浪潮是与第三次工业革命即当代新技术革命相伴而生的，它涌现于第二次世界大战以后，是一次席卷亚、非、拉广大地区的真正全球性的大变革。这次现代化浪潮，与二战以后出现的新科技革命浪潮密切相关。新科技革命浪潮对两百年来的世界现代化进程带来了巨大的冲击和挑战；世纪之交的现代化进程，开始因这些变化，呈现出许多前所未有的新趋势和新特点。① 新科技革命浪潮在当代的发展，不仅推进了战后资本主义现代化模式的一系列改革，而且也使其进入到一个"以资本密集、技术密集、资源浪费、劳力节省、大众消费和福利主义为特征的发达资本主义文明"②，在广大亚非拉地区的不发达国家中引发强大的示范效应，激发了它们对现代化的热情。这样一来，一种以"赶超"为旨趣的现代化浪潮在这些国家兴起，这一现代化浪潮直接将矛头指向殖民主义统治，试图通过推翻殖民主义统治实现民族解放。这次现代化浪潮涉及国家之多、规模之大、人数之多，达到了前所未有的程度。在这场现代化浪潮中，许多国家如中国、东欧、西亚北

---

① 参见陈振昌《世纪之交世界现代化的新趋势》，《西北大学学报》（哲学社会科学版）2007年第4期。

② 汪信砚：《世界现代化进程的反思》，《江苏行政学院学报》2005年第1期。

非伊斯兰文明国家和地区、拉美各国等，都通过自己的努力和探索走上了现代化发展的道路，或者通过自主发展行走在迈向现代工业社会的途中。其中，东亚地区的现代化获得了巨大成功且举世瞩目。除了日本通过国内改革实现了现代化迅速腾飞之外，其他一些东亚国家和地区如韩国、中国香港、新加坡等，也迈进了现代化的发展之路。中国尽管在第二次工业浪潮中就开启了现代化探索之路，但行进缓慢且曲折，直至"文化大革命"结束之后才重新启动了现代化进程，经过四十多年的改革开放，已经取得了巨大成就。社会主义中国在成功实现站起来、富起来之后，又朝着强起来的现代化强国之路迈进。

上述三次现代化浪潮，构成了既具有内在连续性又具有明显阶段性的世界现代化进程。"这一进程，实际上也就是世界上的三大批国家先后被卷入现代化浪潮的过程。"① 在这一现代化浪潮构成的图谱中，我们可以更加清晰地界定中国现代化在世界现代化潮流中的位置，更为深刻地理解中国现代化的指导理念、道路选择与现实效应，从而准确把握中国现代化进程中的问题与不足，以科学总结经验，为建设社会主义现代化强国提供镜鉴。

（三）处在世界现代化潮流中的中国现代化实践

世界现代化浪潮在全球的迅速扩散和蔓延，让世界上每一个国家和民族都无一例外地要面对它、经历它，接受它对自己的挑战。同时，也让每一个国家和民族在思考发展的时候，将自己的发展置于世界现代化潮流中进行历史定位，由以开阔了每一个国家和民族现代化实践的世界眼光和时代视野。

中国是被西方列强以坚船利炮的方式，强行纳入全球现代化进程的。在西方列强的强势压力下，中国一步步沦为半殖民地半封建社会，成为西方列强进行全球现代化扩张的牺牲品。西方发达国家对于中国的殖民入侵，从另外一种意义上说，也给长期闭关自守的古老中国以致命一击。以洋务运动为标志，中华民族开始探讨全球现代化背景下的中国社会发展问题。通过洋务运动，中国不仅建立了历史上的第一批近代工业、近代学堂，而且也有了最早的海外留学生并掌握现代科学技术的人才、有了第一批海外使节、有了第

---

① 汪信砚：《世界现代化进程的反思》，《江苏行政学院学报》2005 年第 1 期。

一支具有现代装备的海陆军等。对于近代中国来说,这是一些具有现代化意义的生气勃勃的新生事物。与此同时,中国的民族资本主义也应运而生,使中国逐渐具备了在全球现代化浪潮中迈向现代化的物质基础。1895年中日甲午战争的失败,引发了国内政治维新运动,中国从此试图引进西方民主政治体制,开启了政治现代化进程。1900—1901年八国联军侵华战争后,晚清政府为了自救,被迫启动军事、教育、经济、政治和社会风俗等方面的改革,中国对于西方现代文明引进的规模和力度进一步扩大。辛亥革命后,我们又引入西方现代文明的精华——民主和科学,不断推动文化的现代化进程,从而为五四运动的发生奠定了思想基础。

如前所述,西方列强向全球进行殖民扩张的过程,与西方现代文明的全球传播过程是一致的。列强对中国的侵略表明,他们不是福音的传播者,但在对中国的侵略过程中不自觉地展示了西方现代文明优越性的一面。当时,很多国人正是通过游历租界而认识到现代西方文明的可取之处。如康有为在1879年游历了香港之后,曾发出这样的感慨:"览西人宫室之瑰丽,道路之整洁,巡捕之严密,乃始知西人治国有法度,不得以古旧之夷狄视之。"①孙中山称租界"实是一个自治的模范"②。当时一些具有进步思想的中国人,把在中国演绎现代西方文明作为目标,正如有人所概括的那样,中国人因羡慕西方现代物质文明,从而启动了工业化的步伐;因羡慕西方现代制度文明,从而有了君主立宪和民主共和的愿望和实践;因羡慕西方的现代观念文明,从而有了新文化运动。中国人从此坚定了自主融入全球现代化进程的意识。

中国人最早在全球现代化进程中觉醒,主要是基于对西方列强挑战的回应,同时也表现出对现代西方文明在一定程度上的认同。这反映出,中国的现代化发展,从一开始就是适应全球现代化的发展并结合本国实际进行创新的结果。后来,随着现代化浪潮在世界范围内的全面推进以及社会主义在全球的发展,造成了中国社会发展多种模式共存和较量的局面。而在多种模式

---

① 《康南海自编年谱》,《中国近代史料丛刊——戊戌变法》(四),上海人民出版社1957年版,第115页。
② 《孙中山全集》第3卷,中华书局1981年版,第351页。

的较量中，中国人最终选择了以社会主义为方向的革命道路。正如亨廷顿指出的那样："革命是现代化的一个方面。"①

在中国，以社会主义为方向的革命无疑成为现代化发展的应有之义，不仅顺应了反抗外敌侵略的民族愿望，也体现了广大人民要求解放的根本诉求。因而，革命得到了人民群众的积极拥护和广泛参与，并推动了中国人现代观念的发展。在这一过程中，全球化推动了马克思主义在中国的传播，中国共产党在马克思主义指导下诞生了。中国共产党带领中国人民取得了新民主主义革命的胜利，推翻了三座大山，建立起人民当家作主的新中国，使中华民族站了起来。从1949年到1978年近30年间，中国共产党领导中国人民走上了社会主义现代化发展道路。从某种意义上说，中国共产党领导人民进行的这一探索，是对于以西方为主导的现代化的一种抵制，不仅削弱了"西方中心论"的影响，而且有助于增强自身的实力，为营造公正平等的全球秩序提供了条件。但我们也不能回避，在一定时期内因抵制西方现代化，客观上对我国现代化的发展也产生了一些不利影响。主要表现为：一是长期的域外隔绝（尽管也是被迫的）带来的封闭和僵化，无法从全球现代化进程中获得利益；二是在抵抗和脱离的背景下所寻求的发展模式具有单一化、封闭化特征。因此，中华民族在实现政治独立和解放的同时，在一段时间内仍未能解决经济、文化等方面的落伍问题。

1978年10月10日，邓小平在一次会见外宾时指出，中国"同发达国家相比较，经济上的差距不止是十年了，可能是二十年、三十年，有的方面甚至可能是五十年"②。正是在对中国发展经验教训进行反思的基础上，邓小平认为："根据中国的经验，把自己孤立于世界之外是不利的。"③ 面对日益发展的全球化，邓小平清醒地认识道："任何一个国家要发展，孤立起来，闭关自守是不可能的，不加强国际交往，不引进发达国家的先进经验、先进科学技术和资金，是不可能的。"④ 由此，中国打开了国门，吹响了改

---

① ［美］塞缪尔·亨廷顿：《变化社会中的政治秩序》，王冠华等译，上海三联书店1989年版，第242页。
② 《邓小平文选》第2卷，人民出版社1994年版，第132页。
③ 《邓小平文选》第3卷，人民出版社1993年版，第202页。
④ 《邓小平文选》第3卷，人民出版社1993年版，第117页。

革开放的号角。在改革开放进程中，一方面通过放权赋予地方、部门、民众以更大的自主权，激发了他们的积极性和创造性，另一方面使中国在与世界的全面交往中迅速发展起来。中国的开放，不仅表现在地域上，更表现在与这些国家在经济、政治和思想文化交往的不断深入上。可以说，改革开放既使中国全面深度地融入全球现代化的发展进程之中，同时也使中国在参与全球现代化的进程中充分享受到全球化带来的成果。在当今时代，世界现代化潮流对于中国的影响是全面的、广泛的，当中国选择了自觉将自己融入现代化浪潮中去的时候，我们会发现，历史上曾经出现过的发达国家与落后国家之间的矛盾，在当今现代化进程中又以同样的方式表现出来。毫无疑问，在中国现代化征程中，还存在着因全球现代化而带来的挑战，但即便如此，中国也不能再退回到过去那种闭关自守的老路上去了。中国已经踏上开放之路，这是一条生存和发展之路，也是中国现代化发展的希望之路。

对于已经融入全球现代化潮流之中，选择了富强、民主、文明、和谐、美丽作为社会主义现代化强国目标的中国来说，既遇到了全球现代化造成的种种困境，又面临如何处理与世界的关系等一系列问题。中国的现代化从一开始就遭遇到普遍性与特殊性之间的矛盾。中国是一个人口多、底子薄、人均资源少、生产力分布不均匀的农业大国，是一个后发国家，在现代化发展过程中必然会遇到传统与现代、循序与超越、解构与重建、自由与平等的博弈。其中最突出的是传统与现代的矛盾。现代化是现代性的不断扩张过程，对于任何一个要实现现代化的国家来说，都意味着要通过现代性的扩张来实现国家从传统农业社会向现代工业社会的转型。人类文化的可比性与继承性，使各国的现代化必然具有世界性的成分，但任何一个国家在实现自身现代化的时候，都不能重复别人所走过的路，都必须带有自己民族的特色，否则，其现代化就会受制于他人，也很难使自己屹立于世界民族之林。对于中国来说，一方面要实现自身现代化，另一方面又要使自己的现代化具有中国特色，这就要考虑如何处理好社会主义现代化与资本主义现代化的关系问题，处理好如何利用西方发达国家现代文明成果的问题，这同时会造成中国现代化过程中的传统与现代之间的矛盾。这种矛盾引发的挑战有时是剧烈的，但也恰恰预示着中国现代化和中华文化在当代面临着难得的发展契机，预示着中国现代化和中华文化发展面临着一次新的转型。

中国现代化包含着文化的现代化，文化现代化是现代化的应有之义，文化现代化在现代化整体中具有举足轻重的作用。新时代中国特色社会主义文化是先进的，是对以往文化理念的升华和创新，是对时代发展前沿问题的思想表达，彰显出科学性、民族性和大众性特征。习近平强调："发展中国特色社会主义文化，就是以马克思主义为指导，坚守中华文化立场，立足当代中国现实，结合当今时代条件，发展面向现代化、面向世界、面向未来的，民族的科学的大众的社会主义文化，推动社会主义精神文明和物质文明协调发展。"① 繁荣发展社会主义文化，接续推进社会主义现代化，可以为社会主义现代化强国建设提供精神动力与文化支撑。

包含文化现代化在内的中国社会主义现代化，已进入到中国特色社会主义新时代。中国社会主义现代化的繁荣，中国特色社会主义先进文化的发展，必然秉持的基本理念主要包括四个方面。一要始终坚持社会主义的价值取向。中国现代化从一开始就注定了要走一条不同于西方现代化的文明之路，并在与社会主义的结合中实现自身的现代化。中国现代化要加速发展，必须始终保持正确方向，确保现代化发展的社会主义方向不动摇。二要坚定自主自信的价值立场。中国现代化在向世界开放的同时，要坚决避免盲目依赖，要始终保持发展的自主性。在文化交往交流过程中要对自己的民族文化保持高度自信，以开放的心态迎接各种挑战，通过吸取不同文化之长使自己走向世界。三要凸显文化宽容的价值品格。对异于自己的其他文化要理解、尊重和包容，以一种理性态度进行平等交往，以实现不同文化之间的整合、交融与互鉴。既要适应不同文化之间的正常交往与相互借鉴，又要坚守原则、守住底线，对于原则与是非问题决不能宽容与妥协。四要在秉承文化传承理念的基础上展开文化对话与创新。创新是一个国家和民族文化进步的灵魂，文化发展中"模仿""引进"是可以的，但关键是不断增强自身的创新能力，带着自信心参与到全球交往进程中，始终保持自己的独立品格，充分

---

① 习近平：《决胜全面建成小康社会 夺取新时代中国特色社会主义伟大胜利——在中国共产党第十九次全国代表大会上的报告》，人民出版社 2017 年版，第 41 页。

享有文化平等话语权，为世界文化的繁荣和发展贡献出中国方案和中国智慧。

三 科学把握中华传统文化与现代化的辩证关系

实现现代化是当代中国人民的共同夙愿，也是中华民族复兴的现实要求。改革开放以来，中国共产党带领中国人民坚持和发展中国特色社会主义，不断朝着现代化的目标奋进并取得了巨大成就。在此过程中，作为一种历史记录与精神成果，中华传统文化与现代化潮流之间形成了一种复杂的关系。如何科学地把握和处理好这种关系，关乎中国社会主义现代化的建设进程，关乎中华民族历史文化的延续发展，是当代中国必须回答的重大课题和必然肩负的重要使命。

（一）中华传统文化汇入并作用于现代化进程

现代化作为一种目标指向，其本身具有一般性的价值规范，但同时，由于现代化在各国产生的背景原因、发展条件、推进方式和取得成效的不同，它又呈现出各自不同的特性，体现为现代化的民族性、本土性与特殊性。作为社会发展变迁的一种现象和趋势，现代化是继承传统和超越历史的结果，既与历史传统和已有文化紧密相连，又必然超越过去和现在，以对现实的改造而指向未来的目标追求。启程于近代中国的现代化，本身就以中华传统文化为深厚土壤；中国现代化推进至今，依然离不开中华传统文化的参与。毫无疑问，中华传统文化是实现现代化的必然历史根基和必要文化资源。

中华传统文化蕴含着中华民族五千多年的文明积淀，是代代中华儿女集体智慧和精神创造的结晶，"积淀着中华民族最深沉的精神追求，代表着中华民族独特的精神标识，是中华民族生生不息、发展壮大的丰厚滋养，是中国特色社会主义植根的文化沃土，是当代中国发展的突出优势，对延续和发展中华文明、促进人类文明进步，发挥着重要作用"①。事实上，中华传统文化总是在直接或间接地参与着现代人的日常生活，影响着现代人的社会实

---

① 《关于实施中华优秀传统文化传承发展工程的意见》，《人民日报》2017年1月26日。

践。可以说，中华传统文化自然地汇入到了中国现代化建设进程之中，并客观地服务于现代化建设实践，成为实现现代化必不可少的重要力量。

1. 中华传统文化是实现现代化不可或缺的历史资源。历史是过去的现在，现在是历史的承续，历史和现在总是在某种程度上彼此连接，相互影响，难以隔断。中华传统文化作为一种历史的过去，与现代化之间亦有种种关联，总是潜在地影响着现代化的进程。

一方面，中华传统文化是实现思想观念现代化的基础。从传统到现代是一个对抗、继承和超越的过程，这一过程由作为社会实践主体的人来推进，以生产的发展和文明的进步为实现标志，人的思想观念的解放始终是这一过程得以推进的精神动力。在这一过程中，传统与现代之间既表现出一种矛盾和对立关系，也表现出一种继承与超越关系，因为现代化是在与传统的对立中启动，在持续冲破传统的束缚中推进，在不断继承和超越传统文明成果的过程中实现的。在中国推动和实现现代化，离不开对中华传统文化的继承和超越，中华传统文化是实现思想观念现代化的基础。作为中华民族独特的精神标识和中华儿女共有的精神记忆，中华传统文化深深融入每一个中国人的骨髓中，深刻地影响甚至决定着人们的思维方式、价值观念、道德信仰，是人们无法摆脱的历史烙印。同时，传统文化中的优秀思想理念和成熟的精神气质，也构成了人们接触新事物和进行新创造的重要基础和先决条件，正是在传统优秀资源与现实新鲜元素的碰撞交融中，当代中国人才实现了思想的解放和理念的升华。

另一方面，中华传统文化是实现文化现代化的基石。现代化是全方位的，不仅包括政治、经济、科技、军事等现代化，还包括文化的现代化。与政治、经济等相比，文化在社会结构中处于更深层地位，对社会的影响也更加深远，在很大程度上代表了社会发展的程度，正如恩格斯指出的那样："文化上的每一个进步，都是迈向自由的一步。"① 文化是决定现代化能否实现的根本要素，实现文化的现代化是现代化本身固有的内在诉求。在当代中国现代化建设实践中，经济现代化与文化现代化不同步是现代化进程中存在的主要问题，如何在经济迅速发展并强大的同时建立起与之相适应的社会主

---

① 《马克思恩格斯选集》第3卷，人民出版社2012年版，第492页。

义新文化，是新时代推进现代化强国建设的必然要求。文化本身具有民族性、世界性和时代性，其中，民族性要求新建构的中华文化要很好地继承和发扬中华传统文化的优秀部分，做到"古为今用"；世界性要求新建构的中华文化要很好地吸纳世界文明的优秀成果，做到"洋为中用"；时代性要求新建构的中华文化要很好地顺应当下文化发展潮流，服务当今时代发展需要。新时代中国特色社会主义文化，必然要在中西文化的交流、交融和整合中建立，必然是符合当今世界发展潮流并能够服务于当代中国现代化建设需要的文化。因此，要实现文化的现代化，建构起当代中国的新文化，离不开中华传统文化的参与和贡献。中华传统文化是塑造中华新文化民族性的根本来源，是实现中华文化现代化的重要基石。

2. 中华传统文化是推动现代化进程的重要力量。作为中华民族历史文明的集中概括，中华传统文化蕴含丰富内容，包括灿烂辉煌的物质文化、特色鲜明的制度文化、丰富多彩的非物质文化与博大精深的精神文化。我们要"深入挖掘中华优秀传统文化蕴含的思想观念、人文精神、道德规范，结合时代要求继承创新，让中华文化展现出永久魅力和时代风采"[①]。只有这样，中华传统文化才能转化为助推现代化发展的现实力量。

一方面，中华传统文化以其丰富文化成果和精神力量助推现代化建设。中华传统文化蕴含的丰富政治智慧、充沛价值理念、正心修身理念、完备人际规范、包容和谐思维，是当代中国发展民主政治、培育价值观念、塑造时代新人、建设和谐社会、推动交流互鉴的宝贵借鉴，是持续推进新时代现代化建设的重要推动力量。中华传统文化中的优秀内容对现代化所发挥的推进作用，主要有以下三种方式：一是具有一般适用价值的优秀传统文化成果，可以直接拿来，如爱国、仁爱、诚信、正义等；二是在原本内容基础上能够结合现实需要而赋予新的时代内涵，如"小康""和谐""实事求是"等；三是在坚持优秀传统文化基本精神基础上转化和创新表达形式，以形成适用于现代需要的新的思想文化，如从"民本"到"人本"和群众观、从"天人合一"到"美丽中国"等。可以说，中华传统文化不仅为现代化建设提

[①] 习近平：《决胜全面建成小康社会 夺取新时代中国特色社会主义伟大胜利——在中国共产党第十九次全国代表大会上的报告》，人民出版社2017年版，第42页。

供有益借鉴资源，而且成为促进现代化建设不断发展的必要条件和现实力量。

另一方面，中华传统文化能够广泛凝聚人心、汇聚力量，助推现代化建设。中华传统文化蕴含着深厚的民族精神，能够为现代化建设提供精神动力，从而推动现代化建设进程，实现现代化发展目标。中华传统文化蕴含的民族精神内涵丰富，包括天下兴亡、匹夫有责的爱国精神，勤劳勇敢、自强不息的进取精神，不畏艰险、敢于牺牲的无畏精神等，这些对于巩固民族团结、维护社会稳定、促进社会发展具有重要作用。与西方国家的现代化相比，中国的现代化进程起步晚、基础差、外部压力大、内部问题多、矛盾也异常尖锐且集中，这意味着中国共产党和中国人民肩负的现代化责任更加沉重，所要走的现代化道路也更加艰辛。因此，我们要经受住种种挑战和考验，实现现代化强国目标，必然要弘扬民族精神，凝聚国家力量。作为中华儿女的精神纽带，中华传统文化流淌在中华儿女的血液中，凝聚在中华儿女的基因里，在中华儿女的心灵最深处潜藏着，所起到的凝聚人心作用可谓长久而持续，所发挥的汇聚力量的潜能亦是深刻而有力。借力中华传统文化，在一定程度上可以充分调动各方面积极性，形成攻坚克难、无往不胜的磅礴气势，这是中华文化鲜有的品质与独特的动力。

3. 中华传统文化能够矫正现代化过程中出现的偏颇。现代化作为一种社会发展潮流，是社会历史正常演进的客观结果，代表了当今时代社会发展的前进方向，符合人类文明进步的根本要求。但现代化本身不是完备无瑕没有缺点的，它在某些方面和某种程度上是有偏颇和缺陷的，也正因为如此，现代化在推进过程中会伴生很多问题。如何有效地解决这些问题是实现现代化的关键，是现代化建设过程中不容回避的现实。而要有效解决这些问题，"不仅需要运用人类今天发现和发展的智慧和力量，而且需要运用人类历史上积累和储存的智慧和力量"[①]。就目前来看，在现代化进程中出现的问题，集中表现在三个方面，即人与自然、人与社会、人与自身的矛盾。

生产力解放是现代化的核心要求，现代化在一定程度上是一种工业化过

[①] 习近平：《在纪念孔子诞辰 2565 周年国际学术研讨会暨国际儒学联合会第五届会员大会开幕会上的讲话》，人民出版社 2014 年版，第 6 页。

程，从农业文明到工业文明再到知识文明是现代化发展的一般逻辑进程。在这个进程中，生产力不断得到解放和发展，人创造和使用工具的能力不断得到增强，其结果是：一方面人能更好地适应、利用甚至改造生存环境，另一方面却也因为自身能力和自我意识的增强而忽视对自然界的尊重和保护。这在现实中表现为经济发展和资源环境破坏的矛盾，且在经济发展创造出巨大物质利益面前，人们往往看不到、处理不好这一矛盾，甚至以牺牲资源环境为代价换取经济一时的增长，这就为人们日后面临严重的自然生态问题埋下了祸根。当现代化发展到一定程度，这些问题就会不断涌现。当前出现的环境污染、资源浪费、生态破坏现象，就是这种情况的真实写照。中华传统文化蕴含的生态伦理思想如"天人合一""顺天应时"等，都强调了人与自然的和谐关系，能够为当前科学处理诸多生态环境问题提供思想指引和理念支撑，对于协调经济社会发展和自然生态保护具有重要价值。

现代化的经济发展主要是通过市场经济的运行来实现的，市场经济是一种竞争型经济，在本质上遵循工具理性，一方面能够充分调动人的积极性和创造性，从而促进生产的发展，另一方面也易于拉大社会贫富差距，带来一系列社会问题，如人际关系紧张、人与人之间缺乏诚信与道义、功利主义和利己主义蔓延等。这种利益化、复杂化的人际关系，直接影响社会的和谐稳定，甚至会成为诱发社会动荡的不安定因素。在传统社会中，人们之间的关系简单而淳朴，对生活的幸福追求和理解也比较单纯与朴实。而在现代化迅速推进的当代中国，社会主义市场经济模式在促进中国经济迅速发展的同时，也带来了上述社会问题并直接关系到人们生活幸福的感受，关系到人们对现代化目标的共识。我们对这些问题不能熟视无睹、任由发展，而必须高度警惕，注意克服和消解。中华传统文化蕴含的丰富人际关系准则和为人处世原则，如仁爱、诚信、忠义、友善、无私等理念和规范，能够为协调和处理当代人日益功利化、复杂化的社会人际关系，以及规避和化解社会矛盾冲突，提供重要遵循和观念镜鉴，在很大程度上有助于社会秩序和人际关系的健康发展。

现代化在生产变革中不断推进，创造出巨大的物质财富并深刻改变人们的生产和生活。而随着物质财富的增长，一方面，人们的生活变得更加丰富、更有质量，另一方面，人们的物欲被充分激发，过分注重追求物质财富而忽略精神境界的提升,这就易于出现诸如精神迷乱、信仰缺失、道德沦丧等人的品性颓败的问题,这些问题是现代化进程对人的思想和心理冲击造成的,在本质上是人的物质生活与精神生活的分裂,是人与自身的一种矛盾,是人实现自身现代化必须要解决的难题。这一难题的解决,也能够从中华传统文化中寻求借鉴。中华传统文化蕴含的丰富伦理道德思想,如"孝悌忠信""为仁由己""见贤思齐""正心笃志""修齐治平""俭约自守"等,关注人的精神世界,强调人的自我修养,注重人的品性提升,这在物欲横流的当今时代,能够引导人们反观自身,引导人们不断"向内看"而真正认识自我和把握自我,进而处理好自身物质生活与精神生活的矛盾,以确保自身提升精神境界,提高素质品性。

(二) 现代化的发展促进中华传统文化走向现代化

在近代以来中国社会深刻发展变迁的历史洪流中,中华传统文化与中国现代化相遇,这一相遇不仅为中国现代化的推进提供了丰厚滋养,也为中华历史文明重焕生机注入了新鲜血液。中华传统文化汇入现代化进程之中,成为推进现代化发展的重要历史资源和现实力量,并且中华传统文化在对现代化发生作用的同时,现代化也在影响和改变着中华传统文化,中华传统文化和现代化是相互影响、彼此促成、协力共进的。概括来说,现代化对中华传统文化的作用主要体现在,它为中华传统文化实现自身现代化提供了时代机遇、重要遵循和现实资源,在客观上促进了中华传统文化自身走向现代化。

1. 现代化为中华传统文化自身现代化提供时代机遇。中华传统文化本质上是一种农业文明,其理念、精神、原则、形式、制度等都被赋予了当时自然经济时代人们实践的特性,其中自给自足的小农经济是其存在的经济基础,皇权至上的封建制度是其服务的政治对象,这从根本上决定了中华传统文化是一种维系社会稳定的保守型文化,不能起到或很难起到推动中国社会发展变革的作用,亦不能解决近代以来国家的救亡图存问题,这使得近代以来中华传统文化难以摆脱屡遭批判甚或被摒弃的命运。改革开放以来,中国的现代化建设步入快车道,而在推进现代化的过程中,需要借传统文化之精华助推新文化建设、助力修正偏颇,这为中华传统文化提供了延续发展的广阔空间。从这种意义上说,中华传统文化重新走上历史舞台,是时代的呼唤和现实的需要。

中华传统文化要实现自身的新发展，离不开作为当代中国伟大实践的社会主义现代化建设的客观需要，离不开作为当代中国主流文化的社会主义先进文化对它的改造与吸纳，离不开作为执政党的中国共产党的高度重视与有力推动，离不开作为文化创造和文化享用主体的中国人民的传承发扬与自觉实践。事实上，在现代化进程中，中国共产党不断总结历史经验教训，带领中国人民突破思想禁锢，克服发展障碍，创造幸福生活。在这一过程中，中国共产党引领文化发展的能力持续增强，人们的文化素养不断提升、文化需求不断增长，社会主义先进文化健康发展，社会主义现代化建设有力推进，文化发展的社会环境整体优化，这都为中华传统文化在当代中国实现新发展提供了时代机遇。

2. 现代化为中华传统文化自身现代化提供重要遵循。中华传统文化实现自身现代化不是一个自然自发的过程，必然要在中国共产党和中国人民的引导下推进，必然要结合当代中国发展的客观实际去创造。这就是说，中华传统文化实现自身现代化要在实践上有所遵循，现代化本身为中华传统文化的现代转型提供了目标、方向及道路等方面的基本依赖。

一要服务现实。中华传统文化之所以能在当代中国重新焕发生机，根本原因是中华传统文化能够为当代中国现代化建设实践服务，而服务于客观实践正是中华传统文化实现自身现代化的基本原则。中华传统文化从根本上是与现代工业文明、信息文明相区别的，不能直接适用于现代社会，亦不能成为现代社会的主流文化，且中华传统文化自身具有两重性，既有优秀精华，也有糟粕劣根，其消极落后的内容只会成为现实社会发展的障碍。那么，中华传统文化如何在当代延续生命力，或者说中华传统文化在当代存在和发展的合理性是什么，这是实现中华传统文化现代化必然要解决的问题。事实上，在现代化推进过程中，中华传统文化作为一种历史文明，也逐渐彰显出其应有的时代价值，作为一种服务现实的力量而成为推进现代化不可或缺的重要因素。因此，中华传统文化服务于现代化并要实现自身现代化，必然要坚持服务现实这一基本原则。

二要科学阐发。从本质上看，我们所说的"传统"以及对它的描述和概括，是现代人所具有的一种历史态度、所呈现的一种思想观念、所作出的一种价值判断。传统本身是开放的，传统的很多内涵和价值是被主观赋予和决定的，亦即说，传统的生命在于现代人如何去理解、阐释和把握。理解和阐释传统，需要站在现代的角度，着眼于现实问题的解决，致力于现代社会的发展和现代文明的推进，而不应只看以往历史，就传统论传统。传统必须与现代相结合，才能够融入和影响现代化进程。中华传统文化要实现自身走向现代化的目标，必然要不断被赋予新的时代内涵与丰厚内容。

3. 现代化为中华传统文化自身现代化提供现实资源。文化是人们进行社会实践的产物，现代化实践是中华传统文化实现自身现代化丰厚的社会土壤。"当代中国正经历着我国历史上最为广泛而深刻的社会变革，也正在进行着人类历史上最为宏大而独特的实践创新。这种前无古人的伟大实践，必将给理论创造、学术繁荣提供强大动力和广阔空间。"① 中国特色社会主义现代化建设是当代中国最伟大的实践，致力于实现中华民族的伟大复兴，广泛涉及经济、政治、文化、社会、生态多个方面；它在中国共产党领导下科学推进，是一次有别于传统社会主义和西方资本主义的全新探索。可以说，中国特色社会主义现代化建设是一片广阔天地，为中华传统文化的发展提供了广阔的空间。

现代化思想是中华传统文化实现自身现代化的催化剂。中华传统文化代表的是农业文明，现代化则与工业文明、信息文明相连。较于中华传统文化，现代化孕生出的思想、文化、理念等更加先进，能够克服中华传统文化的局限，呼应中华传统文化的精华，为中华传统文化的转化创新提供新鲜元素、注入新鲜血液。与现代化相适应的思想文化，在很多方面表现出对中华传统文化的超越，如中华传统文化偏向封闭保守，现代思想文化更加开放创新；中华传统文化缺乏民主意识、自由意识、平等观念、法治理念等，而这些都是现代思想文化的基本精神。这充分说明，现代化思想文化本身能够成为中华传统文化发现和纠正自身缺陷的参照对象，成为中华传统文化反观和超越自身局限的榜样力量。借助现代思想文化的精华，中华传统文化能够迅速蜕变升华，最终实现自身的现代化。

---

① 习近平：《在哲学社会科学工作座谈会上的讲话》，人民出版社2016年版，第8页。

(三) 科学把握中华传统文化和现代化关系需要注意的问题

中华传统文化与现代化的交流，实质上是一次历史和现实的对话。在这一对话中，对抗与交融、矛盾与协调、桎梏与动因彼此交织，两者的关系呈现出复杂化和多元化特性。我们需要科学把握两者之间的关系。

1. 从历史纬度看，中华传统文化对于现代化的作用需要辩证把握。中华传统文化对于现代化具有双重作用，既有积极的一面，也有消极的一面，需要我们辩证认识和把握。在中国封建历史上，中华传统文化作为一种维系社会稳定的巨大力量，一直被历朝历代的统治者运用，并长期作为中国社会的主流文化而存在，特殊的社会环境造就了中华传统文化的特殊品性。中华传统文化旨在建立一个大一统的天朝王国，但其本身则具有历史局限性。在社会不断发展变迁尤其是西方国家已经进入现代文明之际，中华传统文化在现实中已无法支撑起社会发展的远大目标，亦无法解决民族救亡图存的现实问题。中华传统文化狭隘落后的一面，在一定程度上制约了中国现代文明的产生和发展。比之中华传统文化落后、糟粕的一面，更为重要的方面是其精华部分和积极因素。"中华民族生生不息绵延发展、饱受挫折又不断浴火重生，都离不开中华文化的有力支撑。"① 中华传统文化能够以其强大的教化凝聚作用，将亿万华夏儿女团结在一起，显示出民族精神的威力；在关键时刻特别是国家遭遇民族危难时，中华传统文化作为一种精神力量，能够将人们团结起来抵御外侮，从而维护国家的独立和主权。这些中华传统文化具有恒久性的重要价值，对当代中国推进现代化建设仍然适用、仍能给予强力支撑。我们对待中华传统文化要采取辩证的态度，要科学认识中华传统文化，有效规避其不足，重在发挥其优势、实现其价值。

2. 从现实维度看，中华传统文化服务于现代化，必须实现自身的现代转型，即实现自身的创造性转化、创新性发展。现代化建设是当代中国最伟大的实践，到21世纪中叶建成社会主义现代化强国是全党和全国各族人民共同的愿景。"不忘历史才能开辟未来，善于继承才能善于创新。优秀传统

---

① 《习近平关于社会主义文化建设论述摘编》，中央文献出版社2017年版，第15页。

文化是一个国家、一个民族传承和发展的根本，如果丢掉了，就割断了精神命脉。"① 同时，"历史是一面镜子，从历史中，我们能够更好看清世界、参透生活、认识自己；历史也是一位智者，同历史对话，我们能够更好认识过去、把握当下、面向未来"②。要推进现代化进程，实现现代化目标，必然要与历史对话，必然要借助传统文化的力量，即充分发挥中华传统文化在当代的价值。此外，中华传统文化要寻求在新时代的生存空间，找到延续发展的历史合理性，成为影响当代中国社会的文化力量，就要首先与现实接轨，能够服务于当代实践，发挥出自己的时代效应。这就是说，现代化在客观上需要中华传统文化，中华传统文化在当代的延续发展亦离不开现代化，两者是彼此依靠、相互促成的关系。这一关系实现的关键，是要发挥出中华传统文化的时代价值，是中华传统文化实现自身的现代转型，实现创造性转化、创新性发展。

3. 从未来维度看，中华传统文化参与当代中国新文化的建构，是在与多元要素的互动中实现的。当代中国要实现现代化，必然要建立起适应现代化需要、符合现代化要求的新文化，而要建立起当代中国的新文化，就需要借助多种力量，整合多种要素，运用多种方法。其中，加强中华文化与世界文化、思想文化与客观实践的互动，即中华传统文化与世界文明成果、中华传统文化与当代中国现代化实践的互动，尤为必要而重要。通过与世界文明成果和当代中国现代化实践的有效互动，中华传统文化才能够参与到当代中国新文化的建构过程之中。在此过程中，要"继承和发扬民族优秀文化传统而又充分体现社会主义时代精神，立足本国而又充分吸收世界文化优秀成果"③，即在中华传统文化与世界文明成果的互动中，坚持"以我为主"和"为我所用"原则，运用辩证取舍和交融互补的方法，通过中华传统文化与世界文明成果的互动交融，共塑当代中国新文化的民族性和世界性；在这一实践互动过程中，我们要坚持以实践为导向，以协力共进为目标，在坚持民族性的同时，努力打造当代中国新文化的时代性品质。

---

① 习近平：《在纪念孔子诞辰2565周年国际学术研讨会暨国际儒学联合会第五届会员大会开幕会上的讲话》，人民出版社2014年版，第11页。
② 《习近平关于社会主义文化建设论述摘编》，中央文献出版社2017年版，第17页。
③ 《江泽民文选》第1卷，人民出版社2006年版，第158页。

四 实现中华传统文化现代化、服务于现代化建设

中华传统文化与现代化建设是内在统一、相互促进的。中华传统文化汇入并作用于现代化建设进程，是实现现代化的重要历史资源和现实力量。现代化在客观上为中华传统文化实现自身现代化提供了时代机遇和重要遵循，从而促进中华传统文化自身走向现代化。可以说，中华传统文化与现代化在新时代是彼此交融、协力共进的，其中，实现中华传统文化现代化是两者协力共进的关键所在，服务于现代化建设以助推现代化目标的实现是两者协力共进的根本追求。

（一）实现中华传统文化现代化的时代需要、现实条件和路径选择

实现中华传统文化现代化，既是中华传统文化自身发展的内在要求，也是现代化建设的客观需要，是中华传统文化在新时代实现自身发展、服务现代化建设的必然选择。中华传统文化现代化的实现，离不开对时代要求的洞析、对现实条件的把握和对实践路径的选择。

1. 时代呼唤中华传统文化实现现代化。中华传统文化是中华民族历史文明的象征，不仅在中国历史上扮演了极为重要的角色，深刻作用于封建中国的政治生态、社会风貌、民俗习性等，同时也在近现代中国的变革与发展过程中产生了重要影响。当代中国现代化建设需要中华传统文化，中华传统文化在当代仍具有广阔的发展空间。为此，我们要克服中华传统文化中存在的一些不足，加强优秀传统文化的科学性辨识和时代性诠释，强化优秀传统文化教育普及的系统化，完善优秀传统文化服务现代化强国建设的体制机制。而更为根本的，是实现中华传统文化自身现代化。只有这样，中华传统文化才能更好地发扬自身优势、克服自身局限、呼应时代需求，才能更好地在与现实的互动中实现自身的时代价值。

2. 实现中华传统文化现代化的现实条件。中华传统文化的现代转型是在现代化背景下进行和实现的，现代化建设的客观环境为其提供了现实条件，这些现实条件既包括现实机遇，也包括需要应对的诸多挑战。就机遇而言，主要表现在：党中央高度重视优秀传统文化的传承与弘扬，人民群众的

精神文化需求越来越强烈，中华民族的伟大复兴需要以中华文化的发展繁荣为条件，发展当代中国马克思主义在客观上促进了文化的传承与创造，"一带一路"建设为优秀传统文化的创新发展提供了广阔平台，等等。就挑战而言，主要表现在：我国经济社会的深刻变革，要求弘扬优秀传统文化应有的现代化视野；全球治理中"中国智慧"和"中国方案"的提供，要求弘扬优秀传统文化应有国际化视野；互联网技术和新媒体的快速发展，要求弘扬优秀传统文化应有创新方式手段；各种思想文化交流、交融、交锋加剧，要求弘扬优秀传统文化应有创新教育路径。总体而言，实现中华传统文化现代化的现实条件是多元的、有利的，我们要科学认识这些条件，积极应对和着力化解现实挑战，充分把握和有效利用历史机遇，努力实现中华传统文化的现代化。

3. 实现中华传统文化现代化的路径选择。习近平强调："要坚持古为今用、以古鉴今，坚持有鉴别的对待、有扬弃的继承，而不能搞厚古薄今、以古非今，努力实现传统文化的创造性转化、创新性发展，使之与现实文化相融相通，共同服务以文化人的时代任务。"① 中华传统文化现代化的实现，有客观的时代动因和现实条件，同时需要科学的实践路径。创造性转化和创新性发展是实现中华传统文化现代化的必然选择，有其丰富的内涵旨趣、统一的内在关系以及必要的原则遵循。习近平指出："创造性转化，就是要按照时代特点和要求，对那些至今仍有借鉴价值的内涵和陈旧的表现形式加以改造，赋予其新的时代内涵和现代表达形式，激活其生命力。创新性发展，就是要按照时代的新进步新进展，对中华优秀传统文化的内涵加以补充、拓展、完善，增强其影响力和感召力。"② 创造性转化和创新性发展是有机统一的，其中，创造性转化是创新性发展的前提和基础，创新性发展是创造性转化的目的和指向。创造性转化和创新性发展需要在实践过程中遵循三条原则：一是充分尊重传统文化，自觉礼敬民族历史，实事求是地整理挖掘；二是转化再造丰富发展，把精神传递与形式改造有机结合起来；三是以实践需

---

① 习近平：《在纪念孔子诞辰 2565 周年国际学术研讨会暨国际儒学联合会第五届会员大会开幕会上的讲话》，人民出版社 2014 年版，第 11 页。
② 《习近平总书记系列重要讲话读本》，学习出版社、人民出版社 2016 年版，第 203 页。

要为导向，服务于当前经济社会发展和思想文化建设。创造性转化和创新性发展是我们在现代化进程中延续中华文脉并从历史传统中汲取精神养料的正确态度，是实现中华传统文化现代化的科学路径，我们要"坚持辩证唯物主义和历史唯物主义，秉持客观、科学、礼敬的态度，取其精华、去其糟粕，扬弃继承、转化创新，不复古泥古，不简单否定，不断赋予新的时代内涵和现代表达形式，不断补充、拓展、完善，使中华民族最基本的文化基因与当代文化相适应、与现代社会相协调"①。

（二）以中华优秀传统文化服务现代化建设，助推现代化目标实现

中华传统文化立足新时代中国特色社会主义新的历史方位，在应对多元思想文化交锋碰撞的挑战中把握实现自身现代化的有利条件，以创造性转化创新性发展的科学路径，既保留中华民族最深刻的精神标识，又使自身的精华通过现代转型与当代文化相融，为建设社会主义现代化强国提供精神支撑与文化助力。

1. 服务现代化建设是实现中华传统文化现代化的内在要求。实现中华传统文化现代化，是服务现代化建设的前提条件。中华传统文化自身发展是内因，现代化建设需要是外因。"从历史的角度看，包括儒家思想在内的中国传统思想文化中的优秀成分，对中华文明形成并延续发展几千年而从未中断，对形成和维护中国团结统一的政治局面，对形成和巩固中国多民族和合一体的大家庭，对形成和丰富中华民族精神，对激励中华儿女维护民族独立、反抗外来侵略，对推动中国社会发展进步、促进中国社会利益和社会关系平衡，都发挥了十分重要的作用。"② 在中国特色社会主义新时代，中华传统文化必须自觉呼应现代化建设的客观需要，使服务现代化建设成为自身时代价值的集中体现。不以服务现代化为目标，实现中华传统文化现代化就没有了方向，失去了动力；中华传统文化要服务于现代化，若自身仍与现代化脱轨，自身都没有并入现代化的轨道之中，那最终

---

① 《关于实施中华优秀传统文化传承发展工程的意见》，《人民日报》2017年1月26日。
② 习近平：《在纪念孔子诞辰2565周年国际学术研讨会暨国际儒学联合会第五届会员大会开幕会上的讲话》，人民出版社2014年版，第5—6页。

也是空谈也要落空。

2. 中华传统文化服务于现代化建设的优秀内容。中华优秀传统文化具有连续性、世俗性、人文性、伦理性、和谐性,且博大精深、内容广泛,涉及思想、宗教、文字、文学、教育、建筑、服饰、艺术、饮食、体育等领域,层层涵纳,包罗万象,其优秀成分和进步内容主要体现在三个方面:一是核心思想理念,如革故鼎新、与时俱进的思想,脚踏实地、实事求是的思想,惠民利民、安民富民的思想,道法自然、天人合一的思想等;二是中华传统美德,如天下兴亡、匹夫有责的担当意识,精忠报国、振兴中华的爱国情怀,崇德向善、见贤思齐的社会风尚,孝悌忠信、礼义廉耻的荣辱观念等;三是中华人文精神,如求同存异、和而不同的处世方法,文以载道、以文化人的教化思想,形神兼备、情景交融的美学追求,俭约自守、中和泰和的生活理念等。这一切,都"可以为人们认识和改造世界提供有益启迪,可以为治国理政提供有益启示,也可以为道德建设提供有益启发"①。我们在实践中要对中华传统文化取其精华,去其糟粕,"使之与当代社会相适应、与现代文明相协调,保持民族性,体现时代性"②。

3. 实现中华传统文化现代化并服务现代化建设的途径方式。促进中华传统文化实现自身现代化,我们需要进一步提高研究阐释水平,增进对传统文化科学认知;进一步加强遗产保护运用,延续传统文化血脉风骨;进一步强化宣传普及教育,提高国民传统文化素养;进一步打造传统文化体验平台,创新拓展实践养成途径;进一步完善弘扬传统文化体制机制,夯实传统文化保障基础;进一步优化传承创新环境,营造传统文化发展氛围。同时,我们要充分结合和利用中华传统文化的优秀内容以及在现代转型中取得的丰富成果,努力做到以丰富政治智慧服务于执政党治国理政实践、以充沛价值理念助推社会主义核心价值观培育、以正心修身理念作用于社会主义新人塑造、以完备人际规范促进社会主义和谐社会建设、以深厚民族精神凝聚华夏子孙共襄复兴伟业、以包容和谐思维推动与世界文明交流互鉴。

---

① 《习近平关于社会主义文化建设论述摘编》,中央文献出版社2017年版,第143页。
② 《十七大以来重要文献选编》(上),中央文献出版社2009年版,第27页。

（三）中华传统文化现代化与现代化建设内在统一，相互促进

中国于近代开启的现代化与中华传统文化在历史中相遇，二者在现实中既彼此呼应、相互促进，又互相对抗、彼此掣肘。在新时代的境遇下，我们要在科学把握二者内在关系的基础上，在当代中国现代化建设实践中努力实现二者的协力共进与良性互动，使中华传统文化服务于现代化，以现代化建设推动中华传统文化现代化。

1. 中华传统文化现代化是现代化建设的重要组成部分。现代化建设包括建设现代化的经济体系、政治制度、军备国防以及医疗卫生教育体系等，还要建设现代化的思想文化，即实现文化的现代化。现代化建设需要思想文化来引领方向和汇聚力量，因为"没有先进文化的积极引领，没有人民精神世界的极大丰富，没有全民族创造精神的充分发挥，一个国家、一个民族不可能屹立于世界先进民族之林"①。作为中华民族历史文明的象征，中华传统文化是中国文化发展不能割断的根脉和必须借鉴的资源，中国新文化建设要在继承和发扬中华传统文化的基础上进行。从某种意义上说，当代中国新文化的建构，是在中华传统文化的现代转型中实现的，中华传统文化的现代化是实现当代中国文化现代化的题中应有之义。现代化内在地要求实现文化现代化，文化现代化内在地要求实现中华传统文化的现代转型，中华传统文化现代化是现代化建设的重要组成部分。

2. 现代化建设的战略目标与实践要求。党的十九大报告指出，"在全面建成小康社会的基础上，分两步走在本世纪中叶建成富强民主文明和谐美丽的社会主义现代化强国"②。其中，第一阶段是"从二〇二〇年到二〇三五年，在全面建成小康社会的基础上，再奋斗十五年，基本实现社会主义现代化"，第二阶段是"从二〇三五年到本世纪中叶，在基本实现现代化的基础上，再奋斗十五年，把我国建成富强民主文明和谐美丽的社会主义现代化强国"③。迪

---

① 《十六大以来重要文献选编》（下），中央文献出版社2008年版，第752页。
② 习近平：《决胜全面建成小康社会 夺取新时代中国特色社会主义伟大胜利——在中国共产党第十九次全国代表大会上的报告》，人民出版社2017年版，第19页。
③ 习近平：《决胜全面建成小康社会 夺取新时代中国特色社会主义伟大胜利——在中国共产党第十九次全国代表大会上的报告》，人民出版社2017年版，第28—29页。

过两个阶段的奋斗，我们国家从全面建成小康社会到基本实现现代化再到建成现代化强国，构成了新时代我国现代化建设的宏伟战略目标。中国特色社会主义现代化建设，要协调推进经济、政治、文化、社会、生态文明建设，不断发展社会主义市场经济、民主政治、先进文化、和谐社会和生态文明。具体来说，就是要贯彻新发展理念，建设现代化经济体系；健全人民当家作主制度体系，发展社会主义民主政治；坚定文化自信，推动社会主义文化繁荣昌盛；提高保障和改善民生水平，加强和创新社会治理；加快生态文明体制改革，建设美丽中国。我们要坚持走中国特色强军之路，全面推进国防和军队现代化，要坚定不移全面从严治党，不断提高党的执政能力和领导水平。这是新时代进行现代化建设的实践要求，也是实现现代化目标的实践保障和现实选择。

3. 中华传统文化现代化与现代化建设彼此交融、协力共进。随着中华传统文化汇入现代化洪流之中，中华传统文化开启了自身现代化的征程，现代化亦由于中华传统文化的助力而更加科学高效地推进，中华传统文化现代化与现代化建设彼此交融、协力共进。彼此交融、协力共进，是中华传统文化和现代化的联结作用状态，也是实现中华传统文化现代化和推进现代化建设的必然要求。促进中华传统文化现代化与现代化建设彼此交融、协力共进，要坚持以文化自主与道路独立为前提条件，以正向支撑与良性互动为本质要求，以自我扬弃与渗透融合为路径选择，以文化创新与制度完善为目标追求，不断丰富社会主义先进文化新内涵、建构中国现代化道路发展新方案、开启中华民族伟大复兴新征程、展示人类文明发展繁荣新气象，由此开辟出中华传统文化与现代化发展提升的新境界。

第一编

历史相遇:中华传统文化在中国现代化进程中

中华传统文化与中国现代化的历史相遇，始自西方列强用坚船利炮打开清政府闭关锁国已久的大门，古老的中华文明跨入近代发展的历史进程。当立足于西方文化基础上的世界现代化潮流，裹挟着我们这个自视"天朝上国"的封建王朝踏入"现代化"发展轨道之中的时候，中西文化发生剧烈冲突，绵延已久的中华传统文化与刚刚启程的中国现代化在相互对视中，携手进入到一条既要互为助力又难免间有阻滞、既要协调促进又必然存在矛盾的历史通道之中。历经洋务运动、戊戌变法、辛亥革命，直至五四新文化运动，因有马克思主义科学理论的思想指导和中国共产党先进政党的组织领导，古老中国和中华传统文化走入一片崭新的天地。社会主义中国承续革命、建设和改革，为中华传统文化与中国现代化自相遇以来未曾达致的积极互动和相互支撑，开拓出宽阔的路径和美好的前景。

第 一 章
中西文化交流碰撞与中国现代化进程

　　中国现代化进程的开启，源于中西文化的交流碰撞。而谈及"中西文化的交流碰撞"，不能不涉及一个非常特殊的群体，那就是明末清初的来华天主教传教士。历史已然表明，正是由于以意大利耶稣会会士利玛窦为代表的传教士们的"媒介"作用，欧洲人才真正开始了解中国，中国也得以开眼看世界。从历史角度来看，这些传教士对中西文化的交流主要有两大贡献，亦即引发了两股思潮，分别称为"中学西传"和"西学东渐"。"中学西传"是说中国儒学经过传教士的译介传入欧洲，对欧洲思想界产生一定影响。这主要体现在像莱布尼茨、伏尔泰、孟德斯鸠等著名思想家，对中国儒家文化表现出的重视和热捧。"西学东渐"则形成一种思潮，是近代西方学术思想向中国传播的历史过程。从积极方面讲，"西学东渐"客观上加速了中西文化的贯通，特别是西方科学技术的传播为中国科学技术的发展和中国的工业化和现代化进程起到了激发与加速促进作用。但从消极方面讲，"西学东渐"对中国人的文化自信心造成了严重打击，中国传统的"天朝上国"的封建理念轰然倒塌，随着"鸦片战争"中西方的坚船利炮悍然轰开了中国闭关锁国的大门，中国社会的正常发展被迫更改了轨迹，中国人的民族情感与日俱增，中西文化的碰撞与冲突也接连不断。正是在这样的历史大背景下，救亡图存成为时代主题，"中国何处去"成为中华儿女必须面对的问题，而对这一问题的探索解决过程，就构成了中国现代化的起始历程。

　　梁启超在《五十年中国进化概论》中曾经论及，近代中国向西方学习，先后经历过器物、制度和文化三个发展阶段。① 虽然这一断定颇遭非议，但也在一定程度上指出了中国现代化进程中必须要重视的三个关键环节。鸦片战争的失败，使得中国士绅中少数有识之士得以觉醒，他们开始以新的眼光了解国际形势，观察已经变化了的世界，努力探寻富强之路。面对陌生的西方世界，以林则徐、魏源为代表的地主阶级开明派和以曾国藩、李鸿章等晚清名臣为代表的洋务派，开始注重探访外情，翻译各种西方书刊，介绍西方国家的史地知识，使得西学在中国有了较为广泛的传播，中国人得以从全新的视角重新认识世界和中国。无论是魏源提出的"师夷长技以制夷"，还是洋务派提出的"中学为体、西学为用"，其实质都是要学习外国先进的军事和科学技术，建立中国近代的工业体系。正是这批士大夫阶层中的进步人士冲破了狭隘保守观念与长期闭塞意识的羁绊，开辟出中国人追求现代化的新视野和新思潮，迈出了国家走向现代化征程的第一步。

1894年甲午中日战争，中国又一次战败。这一次失败使得中国先觉知识分子们彻底觉醒。他们看到，西方列强的强大并不仅仅在于其科技和军事力量的强大，更在于其政治制度的先进，中国必须像西方那样掀起一场类似于马丁路德的"宗教改革"运动，即孔教运动，这使得他们将目光转向了社会制度层面的变革，在戊戌变法中积极主张进行宪政改革，只是因为他们所倡导的预备立宪以及相应的制度改革理想化成分过高，并没能触动中国传统制度的根本，因而最终失败。不过，这也为清政府后来的"新政"奠定了思想和社会基础，为辛亥革命提供了重要的历史借鉴。

1911年的辛亥革命，完成了国家政权由传统封建政治制度向现代民主政治制度的转变。一方面，辛亥革命结束了中国长达两千多年的封建专制制度，初步建立起民主共和的政治体制，完成了中国政治形态从传统走向现代的关键一步；另一方面，辛亥革命催生了中国现代政党，使得政党政治成为国家政治生活的重要组成部分。可以说，辛亥革命开创了完全意义上的近代民族民主革命，极大地推动了中华民族的思想解放，打开了中国进步潮流的

---

① 参见梁启超《五十年中国进化概论》，1922年4月，载清华大学国学研究院主编《梁启超文存》，江苏人民出版社2011年版，第251页。

闸门，探索了中华民族的发展进步之路。然而，辛亥革命没有提出一个彻底的反帝反封建的革命纲领，没有充分依靠和发动广大农民群众，没有一个坚强的革命组织作为领导革命的核心力量，更没有一种科学的先进理论思想指引革命的前进方向，这都在很大程度上限制了辛亥革命现实能量的发挥，并最终使得辛亥革命没能完成反帝反封建的历史重任。辛亥革命之后，北洋军阀大搞尊孔复古逆流。这使当时的先进知识分子认识到，必须从思想文化层面冲击封建思想，从更深层变革封建制度的思想文化根基。于是，一场轰轰烈烈的新文化运动迅速兴起。

1915年，陈独秀主编的《新青年》杂志提出"民主"和"科学"并予以倡导，拥护"德先生"（Democracy）和"赛先生"（Science），大批仁人志士和先进知识分子一致认为，社会要想取得真正进步，就必须实现人的现代化和人的解放，并且离不开民主和科学的思想启蒙。新文化运动沉重打击了中国的传统礼教，推动了现代科学和民主意识在中国的发展，也为后来马克思主义在中国的传播和五四运动的成功实践创造了有利条件。之后，俄国十月革命的成功，展现出马克思主义的巨大真理力量和实践伟力，以李大钊、陈独秀为代表的早期中国共产党人积极研究、宣传和运用马克思主义基本原理，立足现实国情，顺应时代潮流，力求为中国现代性建构找到正确方向和可行道路。1921年，中国共产党成立，带领中国人民经过28年的英勇斗争，推翻了压在中国人民头上的帝国主义、封建主义和官僚资本主义三座大山，取得了新民主主义革命的胜利，建立起人民当家作主的新中国。这标志着中国的现代化进入到新的发展阶段。

新中国成立之后，中国共产党领导全国各族人民进行三大改造，确立起社会主义制度，积极探索建设社会主义，取得了一系列伟大成就。在探索社会主义建设过程中，由于主观或客观方面的种种原因，我们也出现了一些失误，甚至使现代化探索一度被迫中断。直至1978年党的十一届三中全会重新确立起"解放思想、实事求是"的思想路线，将党和国家的工作重心转移到社会主义现代化建设上来，实行改革开放的基本国策，这才重新开启了现代化的发展之路并跃上了新的台阶。实践证明，在中国共产党的坚强领导下，我国四十多年的改革开放取得了巨大成就，形成了以改革为动力，以物质文明、精神文明、政治文明、社会文明、生态文明全面协调发展的渐进型现代化发展模式，创造了经济持续高速增长、社会长期稳定的两大奇迹，极大地推进了国家的现代化进程。

改革开放的成功经验，离不开文化支撑，特别是作为主流意识形态的马克思主义及马克思主义中国化的创新理论成果，给予中国社会主义现代化以思想指导、方向引领和实践指南。与此同时，中国特色社会主义先进文化建设如火如荼，中华传统文化始终未曾缺席，与外国文化的交流互鉴持续推进，这构成了我国社会主义现代化的文化内容和文化支撑。

一 近代以来中国社会与中西文化交流碰撞

1840 年鸦片战争之后，中国关闭的国门被西方的坚船利炮打开，中国开始进入半殖民地半封建社会。这次战争引发了中西方的全面冲突，也彻底打破了中国长期封闭发展的局面，被迫从闭关走向世界，从传统走向现代。从文化交流的角度来看，鸦片战争可以看作西方基督教文化对中国传统儒学的一次挑战，因为自此之后，基督教在华的传播开始由"和平传教"转为"强势传教"。

（一）历史回顾：中西文化邂逅

15、16 世纪是地理大发现和大航海的时代，从哥伦布发现美洲，达·伽马开辟绕非洲到东方的新航路，一直到麦哲伦等完成环球海上航行，尤其是经过 15 世纪到 17 世纪的文艺复兴的孕育，西方文化开始逐步发力。到 18 世纪，英国和法国先后进入"工业革命"时期，其科技快速进步、知识极速增长、工业迅速强大，而"现代化"也作为一种世界性潮流势不可当地席卷了地球的每一个角落。西方列强积极进行海外殖民扩张的动力，除了巨大的经济利益外，还有更重要的一点，就是要完成他们所信奉的独一至上神——"上帝"所赋予他们的宗教传播使命。简单来说，"传教"是他们履行上帝使命和实现人生意义的重要途径。在他们心目中，基督教与现代文明是能够融洽、调和的，基督教有利于现代文明的发展。来华传教士是来自于西方国家的基督徒，他们坚信向中国人传教是上帝交给他们的任务。传教本身在客观上促进了中西文化的交流，亦可以说，基督教的传播史实际上就是中西文化的交流和对话史,伴随基督教在明末清初的入华传播,中西文化的相遇、交流甚或碰撞也真正拉开了序幕。

当西方传教士远涉重洋到达中国的时候,中华帝国繁荣稳定的政治格局和知书达礼的人文气质,让他们赞叹不已。这些人纷纷著书立说,体验、学习并积极向欧洲介绍中国文化,对当时的欧洲产生了很大的震动和影响。其中,最著名的传教士利玛窦被赞誉为"历史上最卓越的人物之一",是"中西之间最杰出的文化传播者",是一位"里程碑式的人物"[1]。利玛窦学识渊博,精通天学(宗教、神学)和俗学(天文、地理、算术、哲学等),在研习中国语言和古籍文献时,他发现,中国文化以儒学为主,故而在中国传教必须与儒学对话。所以,利玛窦认真研读中国古典,将《诗经》倒背如流,把儒家的"四书"翻译成拉丁文,积极向欧洲思想界传播儒家思想。由于他的努力,在其去世之后的一二百年时间里,耶稣会会士不断进入中国内地,他们个个都是饱学之士,相继写下了一系列研究中国文化、中国科学的著作,中国的"四书五经"如《大学》《中庸》《论语》《孟子》和《诗经》《尚书》《礼记》《周易》《春秋》等被翻译成多种语言,甚至连《洗冤录》这样古老的专业法医学著作,都被翻译成了西方译本。由此,在西方的东方学中产生了一门新的学问——汉学。汉学实为中西文化会通产物。传教士的这些译作及相关著述,对当时欧洲思想界产生了重要影响并被进步思想家所利用,成为他们反对基督教神学统治的"锐利武器"。比如,作为当时欧洲最伟大的学者之一,莱布尼茨认为,中国在科学技术、国家治理、伦理道德和政治实践诸方面均具有难以超越的才智与经验,中国人已然成功地在实践中应用了所谓的自然神学。这样一种看法,促使莱布尼茨努力推进欧洲与中国之间的交流与互补,并完成《中国近事——为了照亮我们这个时代的历史》一书。诚如他在书中所说:"人类最伟大的文明与最高雅的文化今天终于汇集在了我们大陆的两端,即欧洲和位于地球另一端的——如同'东方欧洲'的'Tschina'(这就是'中国'两字的读音)。……也许天意注定如此安排,其目的就是当这两个

---

[1] 蒋栋元:《利玛窦与中西文化交流》,中国矿业大学出版社2008年版,第1页。

文明程度最高和相隔最远的民族携起手来的时候，也会把它们两者之间的所有民族都带入一种更合乎理性的生活。"① 与莱布尼茨类似，另一个欧洲思想巨匠伏尔泰从传教士带回来的东方书籍、著作和资料中，发现了"一个新的道德的和物质的世界"。在伏尔泰心目中，孔子的儒家学说是一种"自然神教"，其本质是理性的、圣人的宗教，没有迷信的因素，不会引起宗教狂热，更为重要的是具有宗教宽容精神，这与欧洲基督教的特征完全不同。因为基督教自称启示宗教、先知宗教，具有某些方面的欺骗性，会引发宗教狂热，而且有着强烈的宗教霸权主义倾向等。因此，中国的儒学思想成为伏尔泰反对基督教神权的"锐利武器"。

由于传教士的译介，中国经典不断传入欧洲，在 16 世纪利玛窦用拉丁文翻译朱熹注的"四书"以后，"中国热"随即在欧洲兴起，"中国学"（Sinology）也正式登堂入室成为欧洲的显学。到 17 世纪末，已有数十种中国经典译本在欧洲流行，欧洲学者研究中国文化和哲学的著作也不断涌现，影响所至逐渐超越了中国经典原著本身。直至今天，人们还能在梵蒂冈图书馆看到 14 种西人研究《易经》的著作，"中学西传"产生的成果和影响可见一斑。

与此同时，欧洲传教士进行的文化传播，也引起了对中国思想界形成巨大影响的"西学东渐"思潮。谈起"西学东渐"，仍要从利玛窦着眼。明代万历年间，利玛窦等西方传教士来华，同时带来了西方的科技、文化，这对中国传统思想文化大有触动。此时，西方科学技术发展迅速，而中国的科学技术发展还很缓慢。不过，当时中国的一些士大夫只在表面上接受了西方传入的科学技术知识，但并没有在思想上发生深刻改变。由于雍正皇帝禁教、罗马教廷对来华传教政策的改变等因素，最初阶段的"西学东渐"并未产生多大影响。西方传教士最初不是依托宗教或哲学理论，而是以被中国人称为"奇技淫巧"的西洋物件——三棱镜、地球仪、地图、自鸣钟等，吸引中国人的好奇心。利玛窦等人正是依赖这些奇器，得以顺利与中国官员和上层士大夫建立起友好关系。事实证明，利玛窦这一策略是非常奏效的，他与

---

① ［德］莱布尼茨：《中国近事——为了照亮我们这个时代的历史》，［法］梅谦立、杨保筠译，大象出版社 2005 年版，第 1 页。

徐光启、李之藻等上层官员接触时,就是靠着西方的数学与科技成果吸引了他们,使徐光启和李之藻能与利玛窦等传教士合作翻译《几何原理》。李之藻甚至宣称:"其于鼓吹休明,观文成化,不无裨益。"这就是"西学补益王化"之说。① 这反映出,徐光启、李之藻等人深信西方的几何学和其他科学理论与技术,可以成为中国志士经世治国的有益补充。除数学外,他们对利玛窦所列的天文、历法、地理、建筑、水利、农业、财政、兵法、医药等都颇具兴趣,典型的例子就是后来在徐光启等人倡导下修订的《崇祯历法》,就是建立在西方数学和天文学基础上,合理吸收中国传统历法推算方法而完成的。另外,在清朝初年,康熙皇帝尤其重视传教士带来的科学技术,他不仅向徐日升、白晋、张诚、安多、闵明我学习数学、天文学、地理学、药理学、解剖学等,同时还任用了很多传教士作为朝中重臣。正是由于康熙对传教士的重用和支持,康熙年间来华传教士超过了以往任何时期,天主教由此得到充足发展,国内信教人数日益增长。康熙三年,各省有教堂43座,在华传教士有35人;到康熙四十年,各省天主教堂达到了100座,在华传教士有113人。②

以利玛窦为代表的欧洲天主教传教士,在16世纪至18世纪引发了"中学西传"和"西学东渐"两股思潮。这两股思潮使欧洲和中国处于相互了解、彼此尊重之中。正如有学者所描绘的那样:"那时的东西双方好像处在'初恋'之中,情人眼里出西施,各自都从自己的需要出发,学习对方,徐光启把'泰西'作为人类社会的理想,伏尔泰则时时以孔子弟子自居,对儒学顶礼膜拜";"相互的学习,相互的尊重,相互的倾慕,成为那个时代东西方的主要特征"。③ 然而,这种情况并没有持续多长时间,西方文化与中国文化毕竟是异质文化,东西双方在语言、信仰、思维方式、生活习俗等方面迥然不同。即便在双方"热恋"的时候,碰撞与争吵也仍然不断,典型的事件就是"礼仪之争",这可以看作是东西文化冲突的代表性事件。

---

① 参见尚志丛《传教士与西学东渐》,山西教育出版社2000年版,第5页。
② 参见白毓薇《康熙与西方传教士》,《山西财经大学学报》2012年第2期。
③ 张西平:《中国与欧洲早期宗教和哲学交流史》,东方出版社2001年版,第6页。

"礼仪之争"是指17世纪至18世纪西方天主教传教士就中国传统礼仪是否违背天主教教义而引发的争议。"礼仪之争"表面上看是围绕中国礼仪是否是宗教行为，儒学是否是宗教等学术问题展开的，但实质在于罗马教皇与中国皇帝之间的教权与皇权之间的博弈，这使得礼仪问题步步升级为政治问题。撇开政治因素不谈，这场争论从根本上反映了中西文化在交流中的碰撞和冲突。天主教传教士一直以"欧洲中心论"观点来解读和看待中国儒家文化，他们坚持认为自己的宗教学说就是"真理"，并把中国儒家文化当成完全意义上的"他者"而任意解构和解读；而中国儒家文化虽然讲求"和而不同"，但当面临外来文化紧逼、儒学正统地位受到威胁时，自然就会反抗。所以，中西文化自最初相遇始就有冲突，在好感中隐藏着仇视。经由鸦片战争，双方真正由"爱"转恨，关系完全破裂。

鸦片战争改变了中国社会正常的发展轨迹。从中西文化交流来说，基督教的传播方式由"和平"转为"强势"。鸦片战争之前，欧洲传教士在华传教，主要以"和平"方式展开，其特点乃是对中国文化有"讨好"和"附和"之意；然而，鸦片战争之后，基督教的传播转为"强势传教"，一系列不平等条约仿佛赋予了这些传教士以"尚方宝剑"，使得他们在华传教更加肆无忌惮，更加广泛全面。资料显示，鸦片战争之后的二十多年内，西方基督教差会在华经费激增，传教组织、传教士及传教据点的数目也大大增加，开始在中国创立近代文化设施，如书局、图书馆、学校等，以此作为宗教传播的辅助手段。据统计，此时教会创办的中文报刊有32家，印书局5家，各类图书馆10家。1855年基督教在香港及五口通商口岸已经拥有学堂56所，男女学生1160人，1860年天主教在江南地区即拥有学堂371所，男女学生5511人。① 虽然以现在的眼光看，基督教传入中国的确做了很多"好事"，推进了中国文化近代化和现代化的过程，但是，由于它是在鸦片战争后伴随着"西方列强的坚船利炮"传入的，这使得它的传播带有明显的"帝国主义文化侵略"的标签。如果说鸦片战争前，基督教对中国社会的影响甚微，中西文化冲突还不是那么激烈和普遍，那么鸦片战争之后，基督教伴随着列强侵略而至，直接冲击着中国传统儒学的正统观念，加上鸦片战争

---

① 参见郑师渠《论两次鸦片战争间基督教的传播》，《中州学刊》1989年第1期。

失败之后造成的民族悲愤的情感应和，中国民众对"洋教"的仇恨已然深入骨髓，于是就产生了一系列的"教案"：青浦教案、定海教案、西林教案等。这些教案反映了中国民众与外国侵略者之间的矛盾。反观这段历史时期，最能体现出中西文化冲突的标志性事件，是以洪秀全、杨秀清为代表的中国农民阶级掀起的"太平天国运动"与曾国藩率领湘军对其进行剿灭的"卫道"战争。

（二）文化冲突：洪秀全的太平天国运动与曾国藩的"卫道"

太平天国运动是清朝咸丰元年到同治三年（1851—1864年）期间，由洪秀全、杨秀清等组成的领导集团，从广西金田村率先发起的反对清朝封建统治和外国帝国主义侵略的农民起义战争，是19世纪中叶中国规模最大的一场反清运动，至1864年太平天国首都天京（南京）陷落，太平天国运动宣告失败。太平天国运动最大的特点是借助西方基督教的外衣，实行政教一体的政权制度。洪秀全创立了拜上帝教，其主要特征"如天神下凡、传言、治病赶鬼、预言、异梦、末劫观等"，都有基督教的来源，是来华传教士所传基督教之内在逻辑在特定语境中的外在显现。"无论从圣经、从19世纪早期西方基督教新宗派，还是从今天的'南方基督教'来看，它都是基督教的新宗派（异端），并向着新宗教发展，它与民间宗教的关系充其量是一种外在的'平行'关系，而不是一种'混合'、'折衷'或'为其所化'的关系。"[①] 由此可见，拜上帝教是基督教的一种"异端"，甚至有学者（比如钱穆）认为它是一种"邪教"，是西方传教士对华传教所造成的文化产物。太平天国运动从开始到最终失败，其目的、手段、纲领、形式、内容等，都被拜上帝教所笼罩。在运动早期，为树立拜上帝会的权威，适应斗争形势的需要，洪秀全必须毁坏中华传统文化的偶像代表——孔子，于是不惜编造出上帝鞭挞孔子的神话。这个荒诞不经的故事表明，拜上帝教具有严重的宗教排他性，以这种神权政治为信仰推动力、以武装力量为支撑的太平军，所到之处，烧私塾、毁孔子牌位、焚烧孔庙，"凡一切孔孟诸子百家妖书邪说者尽

---

① 周伟驰：《太平天国与启示录》，中国社会科学出版社2016年版，第54页。

行焚除，皆不准买卖藏读也，否则问罪也"①。太平天国这场斥孔反儒的狂飙，已然超过了当初秦始皇的"焚书坑儒"，对中国文化造成了不可估量的损失。比如，江南地区的馆藏机构，如藏《四库全书》之"南三阁"，私人藏书如天一阁、振绮堂、寿松堂等，经太平天国运动，或书毁楼亡，或楼存而书佚，元气大伤。当时有无名氏在《焚书论》中言："余生不幸，虽未坑儒，业已焚书。所见者洪逆之乱，所至之地，倘遇书籍，不投于溷厕，即置之于水火。遂使东南藏书之家，荡然无存。"②

太平天国运动遭到了当时清朝统治者、知识分子及士大夫阶层的强烈反对，曾国藩就是在这个时候站出来，高举起"卫道"大旗。他在著名的《讨粤匪檄》一文中，特别强调了太平天国对孔孟传统圣道的破坏，一针见血地指出了太平天国的种种罪孽，如否定历代圣人扶持名教的功劳，颠倒人伦，混乱上下尊卑秩序；信仰外夷之绪，崇拜外来的天主教；以天为父，互相以"兄弟""姊妹"相称；农民没有私田，商人没有私货；读书人不读儒学经典，转而读新约圣经；扰乱了中国数千年的礼义人伦诗书典则；破坏中国传统神祇，比李自成、张献忠破坏力还强；对儒、道、佛等偶像皆捣毁，宗教场所皆焚毁。这篇《讨粤匪檄》，成功抓住了中国儒家士大夫的卫道心理，将反对"外夷之绪"拜上帝教与保护中国儒学道统相结合，突出了"崇正辟邪"的宏旨；列出太平天国的种种罪行，激起国人的正义之感。这篇檄文一方面把太平天国视为对中国道统和政统的双重叛逆，另一方面激发了深受孔孟传统影响的儒家士大夫的情感共鸣。

从文化学角度看，太平天国运动与曾国藩"卫道"之间的战争，实际上是一场文化或宗教战争。诚如冯友兰所言："曾国藩和太平天国的斗争，是中西两种文化、两种宗教的斗争，即有西方宗教斗争中所谓'圣战'的意义。这是曾国藩和太平天国斗争的历史意义。"③冯友兰的看法一语中的，揭示出太平天国运动中折射出的中西文化之争。

---

① 黄再兴：《诏书盖玺颁行论》，载北京师范大学历史系中国近代史组编《中国近代史资料选编》上，中华书局1977年版，第78页。
② 尧育飞：《太平天国运动与江南文献入湘》，《书屋》2018年第3期。
③ 冯友兰：《三松堂全集》第10卷，河南人民出版社2000年版，第358页。

(三) 文化救亡：戊戌变法与孔教运动

如果说太平天国运动与曾国藩"卫道"之间的战争是一场文化或宗教战争的话，那么19世纪末以康有为和梁启超为代表的维新派人士掀起的"孔教运动"，则是一场民族文化救亡运动，以对抗"西方文化"为目的。"孔教运动"贯穿戊戌变法始终，在其中起着精神性的主导作用。但"戊戌变法"的内涵更加广泛，是维新派人士倡导学习西方，提倡科学文化，改革政治、教育制度，发展农、工、商的资产阶级性质的改良运动。不难看出，"戊戌变法"和"孔教运动"背后，都以西方基督教文化为参照模板，可以看作中西文化碰撞与冲突进一步加剧的产物。

鸦片战争、第二次鸦片战争与中法战争等，让夜郎自大的中国人彻底觉醒。但1894年中日甲午战争却让中国人彻底迷失了自己：如果敌不过欧美列强的侵略，打不过人家，尚可用不了解西方科技、文化等理由作为"遮羞布"；那么连一向被国人所鄙夷的日本，在甲午海战中都能战胜我们"泱泱大国"，这其中的原因值得国人深思。于是，中国知识分子的文化自尊心受到了极大的伤害，"救国情结"蓦然被强烈激发。但无论国人的民族情感如何，一个不可否认的事实是，甲午战争的惨败使中国人真正意识到，"现代化"不仅是一种冲击，更是中国未来发展的出路。

作为中国近代历史和学术史上真正能够"贯经术、政事、文章于一"的代表性人物——康有为，有两部传世之作，即《新学伪经考》和《孔子改制考》，是为了配合戊戌百日维新运动而推出的论著。这两本书虽然貌似经学学术著作，但实际上则是孔教运动和戊戌变法等社会政治活动的思想写照。康有为博采中西各家各派思想学说的精华而融会贯通，在晚清思想界独树一帜，堪称"思想界之一大飓风"。然而，历史告诉我们，戊戌百日维新以失败而告终，康有为在这场运动中表现过于激进与冒险。他最大的贡献在于提供了大量的思想资源，扮演了"军师"的角色，提供了变法的理论参照。康有为七次上书光绪皇帝，推动戊戌变法从1898年6月11日开始实施，其主要内容有：改革政府机构，裁撤冗官，任用维新人士；鼓励私人兴办工矿企业；开办新式学堂吸引人才，翻译西方书籍，传播新思想；创办报刊，开放言论；训练新式陆军海军；科举考试废除八股文，等等。但是，变法最终因损害到以慈禧太后为首的守旧派的利益而失败,光绪帝遭到幽禁,六君子遇难,康有为幸而脱险,流亡海外。戊戌变法运动虽然失败,但促进了民主思想在中国的传播,在中国早期现代化进程中,第一次进行了较为全面的资本主义现代化的社会动员,在很大程度上影响了中国的现代化进程。

当时,面对从传统帝国到现代民族国家转化这一不可遏阻的洪流,面对"西学"这一强有力的"他者",康有为积极致力于儒学制度化建设,寄望于儒学传统内部生出新的文明形式。康有为开展"孔教运动"的初衷,是为抵御西方文化入侵,即基督教在中国的传播和扩张。1895 年,康有为联合 1300 多名举人上书光绪帝,史称"公车上书",其中一项重要内容就是指出了孔教改革的重要性和必要性。1898 年春,德国占领胶州湾,民族危机进一步加剧,康有为于京师成立保国会,明确提出"保国""保种""保教"之主张。同年 6 月,光绪帝下诏书"明定国是",主张变法维新。19 日,康有为奏光绪帝《清尊孔圣为国教立教部教会以孔子纪年而废淫祀折》,系统表达了他的孔教主张,堪称近代中国孔教运动的第一个系统的纲领性文件。其主要内容有:尊孔教为国教,立孔子为教主;在中央设立教部,中央以下设立教会;罢弃淫祀,主张民间立孔庙祀孔;以孔子纪年。康有为以西方基督教模式来创立"孔教",但好景不长,孔教运动随着维新变法的失败而退出历史。康有为虽漂流海外,却矢志未改,仍坚持"立孔教为国教",坚持"保国必先保教",但他的主张连他的得意门生梁启超,也不再赞同。1902 年,梁启超写了《保教非所以尊孔论》,基本上放弃了保教主张,标志着梁启超和康有为在孔教问题上完全分道扬镳。① 在梁启超看来,我们错误地理解了"孔教"的含义,以至于没有看到"孔教之性质与群教不同"。他认为,西方宗教是一种"迷信",禁锢了人的思想,而且具有排他性,但"孔子则不然,其所教者,专在世界国家之事,伦理道德之原,无迷信,无礼拜,不禁怀疑,不仇外道,孔教所以特异于群教者在是"②。梁启超提出"尊孔",而不再是"保教"。"世界若无政治、无教育、无哲学,则孔教亡;

---

① 关于康有为和梁启超的分歧和恩怨,参见孟祥才《梁启超传》,北京出版社 1981 年版。此外还有陈其泰《梁启超评传——笔底波澜,石破天惊》,广西教育出版社 1997 年版。

② 梁启超:《保教非所以尊孔论》,载《梁启超全集》(二),北京出版社 1999 年版,第 766 页。

苟有此三者，孔教之光大，正未艾也。"① 在他看来，孔教并不需要去"保教"，孔子的伟大会随着时间与历史的推演进一步得到认可，因为他是世界政治、教育和哲学都无法离开的一个人物。从"保教"到"尊孔"，思想的转变其实来自于梁启超对自身民族文化的自信。

总之，鸦片战争之后，中国社会面临着"三千年未有之大变局"，面对的乃是"数千年未有之强敌"。有先见的知识分子都在思考一个重大问题：中国往何处去？这个问题之所以重要，是因为它关涉中国的国家命运及国人的生存。中国一定有某些不如人家的"弊端"，找出这些"弊端"，革新改正之，中国才会强大。可以说，戊戌变法和孔教运动是中国人救亡图存和文化自救的一种方式，显现着当时的知识分子探讨"中国往何处去"这个时代问题的真实的心路历程，反映出中国文化现代化的历程确是艰辛而漫长的。

（四）文化革新：新文化运动与马克思主义的传入

如果说孔教运动是康有为、梁启超等旧式知识分子掀起的文化救亡活动，那么，新文化运动则是 20 世纪初期中国文化界一群受过西式教育的新式知识分子发起的文化革新运动。新文化运动的性质，是一场反封建的资产阶级文化启蒙运动，也是一场思想解放运动。随着大量新式学堂的建立和留学风气日盛，西方启蒙思想开始逐步为中国民众所接受。1915 年，陈独秀在上海创办《新青年》，李大钊、鲁迅、胡适都积极撰文。陈独秀在《本志罪案之答辩书》中说："西洋人因为拥护德、赛两先生，闹了多少事，流了多少血，德、赛两先生才渐渐从黑暗中把他们救出，引到光明世界。我们现在认定只有这两位先生，可以救治中国政治上、艺术上、思想上一切的黑暗。"② 他们将民主和科学的思想引入中国，批判陈腐守旧的孔学权威，唤醒人们的民主科学精神和启蒙意识，提高了国民素质，推动人们科学和理性地认识世界与改造世界，从而为中国民族民主革命的深入发展奠定了深厚的思想基础。1919 年，随着五四运动开展得如火如荼，新文化运动也进入高

---

① 梁启超：《保教非所以尊孔论》，载《梁启超全集》（二），北京出版社 1999 年版，第 769 页。
② 陈独秀：《本志罪案之答辩书》，《新青年》1919 年 1 月 15 日第 6 卷第 1 号。

潮，高举批判、反思、启蒙的旗帜：批判的是中国儒家文化，打出的口号是"打倒孔家店"；反思的是中华传统文化，尤其是围绕着"中国向何处"这个问题展开了长期的"东西文化论战"；启蒙的是一场通过引入西方文化而推动中华文化革新的思想解放运动。论战最初发端于《新青年》的陈独秀和《东方杂志》的杜亚泉之间，随后论战形成了三派：第一派以胡适为代表，主张"全盘西化"，认为这是改造"百年不如人"的中国并使之走向世界的唯一道路；第二派以梁漱溟为代表，认为东方文化具有西方文化不可替代的价值；第三派以李大钊、陈独秀为代表，开始引入马克思主义，主张对中华传统文化和西方近代文化进行双重反省，指出只有社会主义才能救中国。①

全盘西化派以胡适为代表。胡适被誉为20世纪中国最具代表性和影响力的思想家之一，早年他负笈海外，师从哲学家杜威，因提倡白话文学和"文学改良"而在新文化运动中声名鹊起。胡适对中华传统文化明显表现出"矛盾与反差"的认知特点：他鼓吹"全盘西化"，却专注于国故的整理；对儒学作出了独到的具有历史意义的判断，却也发出过激进的批孔呐喊。所以，仅用一个简单的标签是很难全面理解胡适的思想主张的。真正让胡适青史留名的，是其代表作《中国哲学史大纲》，1919年这部书出版之后，完全可以用"洛阳纸贵"来形容，两年内共印刷了七次，可见其社会影响力之大。胡适还写了一篇名为《整理国故与"打鬼"》的文章，其中有一段强调其《大纲》重要性的描述："我自信，中国治哲学史，我是开山的人，这一件事要算是中国一件大幸事。这一部书的功用能使中国哲学史变色。以后无论国内国外研究这一门学问的人都躲不了这一部书的影响。凡不能用这种方法和态度的，我可以断言，休想站得住。"② 这种评价似乎有点"得意忘形"，但也表明了一个事实，胡适认为用西方哲学来整理中国思想史的方法是可行的，而且自己是"第一个吃螃蟹的人"，无论如何都会在思想史上留名。可见，这部书成功的关键，首先在于它的研究方法，胡适自称自己的哲学基础就是杜威的"实用主义"。实用主义（pragmatism）是一种注重实用

---

① 冯达文、郭齐勇主编：《新编中国哲学史》（下册），人民出版社2004年版，第326页。
② 胡适：《整理国故与"打鬼"》，载《胡适文存·叁》，华文出版社2013年版，第93页。

与实效、崇尚实行与经验的价值哲学，它主张，只要能产生实际效果的思想都是真实的，除非它和经验相抵触。杜威的实用主义哲学体现了一种轻虚文、尚实用、重进步的现代美国精神和价值观。作为价值论和目的论，实用主义的实证精神在形式和实质上都与明清以来的中国"实学"意向有许多契合之处，并通过胡适之手在中国得到广泛流行。不过，胡适对杜威的实用主义方法进行了诸多改造和缩略，最后凝聚成了一句十字真言："大胆的假设，小心的求证"，他将这种方法具体化为怀疑方法、实验方法、历史方法，视之为"求学论事观物经国之术"。胡适的《中国哲学史大纲》出版后，受到无数赞誉。蔡元培、冯友兰、梁启超等都予以高度评价。实际上，从现代观点来看，这本书的意义在于，它是一部引领中国学术从传统向现代范式转化之作，由此开启了用西方先进方法研究中国经典的模式，标志着中国学术已经开始向现代转型。

文化保守派以梁漱溟为代表人物。与胡适的"全盘西化"说相反，又或许对胡适使用西方哲学的方法研究中国经典模式的方法表示不满，梁漱溟作为土生土长的中国学者，对中西文化提出了与胡适完全不同的见解和主张。梁漱溟被称为现代新儒家的早期代表人物，也有人称之为"中国最后一位大儒家"。他早期接受佛教思想，一生推崇佛学，后因父亲自杀甚至有出家的念头，但后来翻阅《明儒学案》看到"百虑交锢，血气靡宁"八个字之后，放弃了出家念想而成功"归宗儒学"。梁漱溟还是一位"为行动而思考的儒者"，他在北京大学任教七年后转到山东创立了山东农村建设研究院，担任院长并主持乡村建设工作，但因其理想化成分过高，最终归于失败。梁漱溟的代表作是《东西方文化与哲学》，意在解决中国文化的未来道路选择问题。他提出著名的"文化三路向"说，旨在分析什么是文化以及中、西、印三种文化各自的源流、精神与未来发展预期。梁漱溟认为，所有人类的生活不外乎三个路径：向前面要求，对自己的意思变换、调和、持中，转身向后要求。这是依据"生活中解决问题方法之不同"划分的：西方人遇到事情向前要求，因此他们的文化走第一路向；中国人遇到事情自己变换思想，所以中国文化走第二路向；印度人遇到事情不去面对，因而他们的文化走第三路向。每条路向都包含着人生的问题、生活的样法和文化的路向，它们之间相辅相成、互相支持。梁漱溟的这部著作引起了极大反响，一年之内重印五次。有人盛赞、有人批评,有人则明确反对,其中比较强烈而苛刻的反对者就是胡适。美国作家艾恺在给梁漱溟写的传记《最后的儒家——梁漱溟与中国现代化的两难》一书中,比较详细地论述了胡适对梁漱溟的反对意见以及梁漱溟的回应。胡适认为梁漱溟的分析过于"笼统",而且使用的方法仅仅是"有限的可能说",观点也是完全站不住脚的。他甚至把梁漱溟列为新文化运动的敌人。胡适与梁漱溟的争论,反映出当时的知识分子对于中西方文化的不同态度,以及面对现代化时中国文化未来发展该选择什么样的道路的反思。胡适主张"全盘西化",而梁漱溟则乐观地认为,"世界的文化将是中国文化的复兴"。梁漱溟既反对"全盘西化",也不赞成中西文化的折中调和,而主张"对西方文化是全盘承受而根本改过"。他通过对西方文化、社会经济、思想学术之"变迁"的考察,认为"世界未来文化就是中国文化的复兴"①。梁漱溟的许多观点和见解,成为现代新儒学的理论基石,他被视为现代新儒学的"开启者"。

与胡适的"全盘西化"和梁漱溟的"文化三路向"不同,以李大钊为代表的早期中国共产党人,基于中国现实尤其是民族性与现代性的矛盾,引入了马克思主义,力求顺应时代的发展、把握时代的脉搏,希冀为中国现代化建构指明方向。在中国社会数次变革失败以及各种思潮的冲击下,李大钊步步探索,最终找到了马克思主义来建构中国现代化,在思想上可谓急剧转身。原因就在于他看到了苏俄的"十月革命",找到了解决中国现代化的灵魂性理论——马克思主义。他认为:"一九一七年俄罗斯的革命,不独是俄罗斯人心变动的显兆,实是二十世纪全世界人类普遍心理变动的显兆",他已然前瞻性地看到,未来的世界"必是赤旗的世界"。② 俄国十月革命的胜利,不仅仅是俄国人民的大事,更为重要的是"给中国人民带来了马克思主义"。他敏锐地看到,中国可以从马克思主义理论与苏俄实践中总结化解中国危机之道,马克思主义能够成为中国人民救亡图存的武器,而且也是中国追赶世界先进的必要工具。1919 年,李大钊发表了著名的《我的马克思主

---

① 梁漱溟:《东西文化及其哲学》,载中国文化书院学术委员会编《梁漱溟全集》第 1 卷,山东人民出版社 1989 年版,第 525 页。

② 《李大钊全集》第 2 卷,人民出版社 2006 年版,第 263 页。

义观》，对马克思主义的三个组成部分——唯物史观、经济学说、社会主义理论展开了系统阐释和宣传。此文两万多字，是国内第一篇系统传播和介绍马克思主义的专论。关于唯物史观，李大钊指出，马克思对于唯物史观的贡献有两点，第一点是我们熟知的经济基础决定上层建筑，"凡是精神上的构造，都是随着经济的构造变化而变化"；第二点是生产力的发展会引起社会制度的变革，"生产力与社会组织有密切的关系，生产力一有变化，社会组织必须随着他变动"，他称此为"社会进化论"。对于政治经济学，李大钊重点介绍了剩余价值学说、平均利润率论、资本说和资本集中说。以剩余价值学说为基点，李大钊揭示出工人阶级受剥削的秘密，指出工人阶级的历史地位和历史使命，号召工人联合起来推翻旧社会。关于科学社会主义，李大钊认为，这是一种置于唯物史观之上的研究，依据的是人类历史发展的过程的研究，是历史的必然法则。他说："于此法则之上，主张社会主义的社会必然的到来。由此说来，社会主义的社会，无论人愿要他不愿要他，他是命运的必然的出现，这是历史的命令。"《我的马克思主义观》有力地推动了马克思主义在中国的广泛传播，掀起了中国思想界研究马克思主义的热潮。李大钊确信，马克思主义要在中国产生实际的效果，必须与中国社会实际相结合，并且要与中华传统文化相结合。"大凡一个主义，都有理想与实用两面。……把这个理想适用到实际的政治上去，那就因时、因所、因事的性质情形，有些不同。社会主义，亦复如是。"[①] 这种观点为当时困惑的知识分子指明了中国社会未来发展的方向，也为中国文化的现代化提供了最高形态的现代化理论的指导。

中国近代历史实践已经充分证明，李大钊的观点的确高瞻远瞩，他对中国文化的现代化转型作出了杰出贡献。从李大钊的马克思主义观可以看到，社会主义运动在中国如此流行，与俄国十月革命的成功有直接关联，在中国知识分子救国无门之时，俄国的革命运动如黑夜中的一把火给中国人带来了希望。对于中国知识分子而言，一个来自西方又批判西方，并申言能解决西方问题的思想，自然容易被人接受。1927年受到国民党沉重打击的中国共产党人总结经验教训，从沿海和城市转入内地和农村，在农民中发掘社会力

[①] 《李大钊选集》，人民出版社1959年版，第230页。

量，将外来的马克思主义与传统文化资源相结合，通过推行土地革命，推动抗日民族统一战线的建立和发展，高举民族主义的旗帜，经过艰苦卓绝的斗争，赢得了新民主主义革命的胜利，终于在1949年建立了新中国，为经济起飞和社会发展创造了制度前提和体制基础，使社会主义的现代化道路成为最终的选择。

二　中国现代化在中西文化交流碰撞中艰难前行

鸦片战争对中国社会的影响是多方面的。它造成了中国封建社会自给自足的自然经济结构的解体和"天朝上国"与"宗藩体制"中国封建政治体制及其观念的崩溃，使中西文化交流由"和平"转入"对抗"。由此开始，腐朽不堪的清王朝陷入了逢战必败、败必赔款的怪圈。第二次鸦片战争、中法战争、甲午中日战争、八国联军侵华战争等，都在一定程度上加剧了中国社会性质和主要矛盾的转化。"鸦片战争的真意义，就是用火与剑的形式，告诉中国人的使命：中国必须近代化，顺合世界之潮流。"[①] 面对西方列强的强势入侵以及中国社会巨变的形势，"中国往何处去"这个重大现实问题摆在所有中国人面前，而"救亡图存"就成了近代中国走向现代化的前提条件。

中国现代化是如何艰难前进的？美国学者布莱克认为，所有国家的现代化都面临以下几个过程和阶段：（1）现代性的挑战——现代观念和制度、现代化拥护者的出现，这一切使社会在传统知识范围内遇到了最初的对抗；（2）现代化领导的稳固——权力从传统领袖向现代领袖的转移，在这一过程中，尖锐的革命斗争可达数代人之久；（3）经济和社会的转型——经济增长和社会变迁达到这一程度：社会从农村和农业为主的生活方式转向城市和工业为主的生活方式；（4）社会整合——指经济和社会转型导致了整个社会基本结构的重组。[②] 布莱克对国家现代化发展阶段的设定具有普遍性，对研究中国的现代化进程也具有启发意义。

[①] 茅海建：《天朝的崩溃：鸦片战争再研究》，生活·读书·新知三联书店2005年版，第25页。
[②] 参见［美］布莱克《现代化的动力——一个比较史的研究》，景跃进、张静译，浙江人民出版社1989年版，第60页。

(一) 器物现代化：洋务运动与中体西用

洋务运动是指在 19 世纪 60 年代到 90 年代，清政府一批具有买办性质的官僚为挽救统治危机，自上而下推行的一场以引进西方的军事装备、机器生产和科学技术为主要内容，以富国强兵为目的的自救运动。所谓"洋务"，泛指包括通商、传教、外交等在内的一切与西方资本主义有关的事务。当时的清政府面临着内外交困的局面：对外，刚刚经历过第二次鸦片战争的惨败；对内，要应付足以撼动其统治根基的太平天国运动。于是，晚清官僚阶层尤其是有远见和经世思想的士大夫阶层，认识到清政府有覆亡的危险，遂有自强之举。洋务运动的总体思想是"中体西用"，也就是按照中国传统的儒家秩序原理为根本，不改变传统体制；利用"西学"即军事、科学、技术等"末技"，以求维护传统体制。显然，这是一种处在"传统与创新"矛盾之中的战略选择。

我们以曾国藩和李鸿章为例来审视洋务运动的基本内容。曾国藩是晚清四大名臣之首。一方面，他一生服膺程朱理学，完全按照传统儒学和程朱理学的原则进行修身、齐家、治国（组建湘军）、平天下（平定太平天国起义），具有浓重的理学情结，这是他守旧的一面；另一方面，他又积极适应时局的变化，以实用、实功为目的，注重引入西方科技，意欲通过洋务运动实现富国强兵。他后期积极筹谋造船造炮，兴建近代军事工业、培养人才、翻译西洋书籍、派遣留学生等，具有明显的革新思想。另一位在洋务运动中表现突出者是李鸿章。李鸿章认为："中国欲自强，则莫如学习外国利器，欲学习外国利器，则莫如觅制器之器。"洋务派以"自强"为口号，兴办了近代军事工业，著名的"江南制造总局"就是在李鸿章的倡议之下建立的，这是当时中国最大的军事工业。同时，洋务派还以"求富"为口号，兴办了近代民用工业，上海轮船招商局就是洋务派创办的第一个成功的民用企业。李鸿章看到中国军备松弛、海防空虚、水军作战能力弱，所以积极主张筹建新式海军，经过苦心运作，终于建成了北洋海军，与福建海军、南洋海军并驾齐驱。李鸿章还是中国铁路事业的开创者，1874 年他向清政府提出了"改驿道为电信，土车为铁路"，这对中国的铁路建设影响深远。

随着洋务运动的开展和洋务思潮影响的扩大，中国社会的传统价值观念发生了显著变化，打破了传统"礼仪至上"的价值观，士人不再轻视"末"业，不避讳"利"，不轻视"商"，他们以西方为参照物，开始崇尚"富强"，公开宣称追求财利。洋务派知识分子更强调与西方的商战，提倡发展工商业，追求民富国强。士人逐渐放弃了不合时宜的"天朝上国"观念，开始接受中国是世界民族国家之林中一员的事实。"天朝上国"与"华夷之辨"的观念行不通了，面向世界和崇尚现代的新价值观念开始酝酿形成。当然，在实际推进过程中，守旧派对洋务派的攻击、抵制和反对伴随始终，守旧派以洋务派违背圣贤之道而进行非难，洋务派则始终未能在理论上进行有力批驳，其"中体西用"理论的矛盾和局限，导致其未能完全被士大夫所接受，因而也没有发展成为上下一心的全国性运动。洋务运动主要由地方督抚领导和实施，清朝中央政府并没有明确的现代化意识和国策，没有制定任何产业发展计划和措施政策，没有对推进现代化予以制度创新和供给，更没有在文化、教育和政治上建立一个包含现代法律、商业等契约制度的新社会体制，因而未能形成一股强大而持续的现代化力量。兴办新式军事工业以图自强，这本来是后进国家自上而下的现代化改革的常见形式之一，但所有改革都是在原有的皇朝体制和结构之中采取的修补性措施，因而具有明显的保守性。所以，在洋务运动集团内部，既有创新者，也有守旧者，这场重大社会变革的每一步都伴随着激烈的争斗。企业衙门化、官侵商股、贪污舞弊等，都使得洋务运动举步维艰。随着甲午中日海战爆发，北洋水师全军覆没，历时三十余载的洋务运动黯然收场。但尽管如此，洋务运动在中国近代史上仍占有重要位置，中国从闭关到开放、从顽固到改革、从落后到自救，洋务运动踏出了中国现代化运动的第一步。洋务运动之后，变法、新政、革命如大潮般汹涌而至。

（二）政治自救：晚清新政改革

1898 年戊戌变法以"戊戌六君子"惨遭杀害而匆匆收场，但这场变法维新运动促进了思想的解放，对社会进步和思想文化的发展具有重要推动作用。紧接着义和团运动兴起，以"扶清灭洋"为号召，毁铁路，烧教堂，杀洋人和教民，由此导致了八国联军入侵中国的"庚子国变"。在庚子国变之后，列强对华的掠夺和侵犯更加猖獗，《辛丑条约》的签订进一步加重了中国人民的负担。当时的清政府和军队已经无法应对时局，财政上也出现了严重的亏空，这使清朝统治者感到自己的统治地位已经开始动摇。因此，维护清王朝的统治成为统治者们面临的重要问题，使得慈禧太后在1901年正式宣布实行"新政"。在1901年到1905年间，清政府连续颁布了一系列"新政"上谕。主要内容包括：整顿官制：裁旧衙门、添新衙门和整顿吏治；军事改革：编练新军和开办警政；教育改革：停科举、设学堂、奖游学和定学制；经济改革：成立商部，劝办商会，颁定商律、奖励工商；社会习俗方面：准许满汉通婚、禁止吸食鸦片、禁止妇女缠足等。

可以说，清末新政是清政府在1901—1911年间主导的一场带有进步色彩的改革运动，其核心内容是向西方学习，推动传统国家和社会向现代转型。跟洋务运动很类似，它是一批先进知识分子和士大夫企图通过自上而下的自救改革来达到救亡图存与民族振兴的重要实践活动。尽管学术界对这场改革的评价分歧颇大，褒贬不一，但从现代化进程角度而言，清政府在最后十年出台的一系列改革措施，的确在某种程度上促进了中国早期工业化和民主化的进程，使得近代教育体系、近代军事制度等都得以建立。与戊戌变法相比，这场改革更符合中国当时的现实情况，对中国早期现代化进程的影响也更深入，范围也更广泛。其中最重要的原因在于，这场改革是由当时清政府的最高权力机构，即以慈禧太后为代表的实权派主动发起和推动的，具有政治上的"权威性"与"合法性"。仅此一点，就远比由无权派的光绪帝和以康有为、梁启超为代表的维新派人士共同主导的"百日维新"运动，对中国社会的影响要大得多，实际效果也更明显。当然，这场新政也存在着很多弊端和局限，比如，改革是被动与消极的，而且具有很重的"自救"性质，因为清政府当时已经处于内外交困、国力空虚、政治与外交、财政与经济危机四伏的状况，这注定了"新政"的最终失败。

晚清新政是清政府最后一次也是改革力度最大的一场革新运动。从"现代化"角度而言，这场改革最重要的贡献在于经济、教育和军事领域。清末新政十年，经济有了很大的发展，甚至出现了现代化工业的浪潮。新式的工矿企业在七八年间增加了300多家，民办的铁路企业成立近20家，各种轮船公司、火轮公司、官办银行以及民办银行大量涌现。可以说，这次工业化无论在规模、范围和水平上都比洋务运动有了更大程度的发展，资本主义经济力量有了明显的增长。就教育领域而言，科举制度的废除是中国教育史上的一件大事。晚清时期科举制度出现了很多问题，比如公平性原则日益遭到破坏，科举的考试形式和内容都已然无法适应时代的需要，而且当时受西学的刺激，更多的人把目光转向了对西方文化的探究，清政府也开始派遣留学生与鼓励留学，科举制度无法培养出与时代发展相适应的人才，这一切都使得科举制的废除成为时代的趋势。废除科举制度需要建立新型的教育制度，比如增设自然科学、国文、美术与史地等学科，成立新式学堂，培养更多的科技人才等，这为中国现代教育制度的建立奠定了基础。但是，从政治层面来讲，这次改革明显不够彻底，有些"戴着镣铐跳舞"的特征。诚然，晚清新政在政治上的革新措施，主要体现为从中央集权向地方分权的转型、近代官僚制度的初步确立以及近代国家观念与形态的初步构建等，这都在一定程度上推动了中国政治制度的近现代化进程。同时也应看到，清政府并没有真正形成明确的改革意图，或者说，晚清新政的"自救性"特征已经决定了它必然失败的命运，最终葬身于辛亥革命的浪潮之中。

（三）制度现代化：辛亥革命

辛亥革命是中国历史上的一个大事件，极大地推动了中国政治现代化的进程。辛亥革命不但推翻了中国长达两千多年的封建君主专制制度，使得整个国家体制发生根本性转变，而且建立了第一个资产阶级共和政府，实现了20世纪中国的一次历史性巨变。辛亥革命在中国政治现代化进程中具有极为重要的地位。

晚清新政使新式学堂如雨后春笋般建立，留学蔚然成风，西学得到前所未有的传播。不断发展壮大的新知识分子队伍，面对深刻的民族危机和社会危机，重新思考国家和民族的命运。他们开始接受西方思想政治学说，政治意识逐渐觉醒，有了清晰的反对专制和实行民主的政治诉求，真正作为新兴的政治力量登上了历史舞台。与此同时，新兴知识阶层的集团化倾向和组织化程度不断增加，他们或麇集都市，或在国外，或在学堂、报馆和自愿结合的团体内，从事政治组织活动。兴中会、华兴会、光复会和岳王会以及科学补习所等革命团体陆续成立，最终组成了统一的革命团体——中国同盟会。同盟会以"驱除鞑虏，恢复中华，创立民国，平均地权"和孙中山的"民族、民权、民生"之三民主义学说作为政治纲领。革命党人一方面利用现代的传媒工具如报纸和书籍等宣传革命，使民主革命思想得到广泛传播；一方面积极行动起来，联络会党与争取新军的支持，发动了一系列起义，沉重打击了清朝贵族的统治。1911年5月，清政府为了弥补财政亏空，决定向四国银行团举借外债，以铁路和矿山为抵押，以"国有"名义把川汉铁路和粤汉铁路出卖给西方国家，这最终引发了保路风潮，触发了清政府全面的政治危机，加速了革命的爆发。10月10日，武昌的新军打响了起义的第一枪，取得首义的成功。在两个月内，14个省宣布起义，脱离清朝的统治。到1912年1月1日，南京临时政府成立，2月12日清朝皇帝宣布退位，延续两千多年的封建君主专制制度最终覆灭。

从"政治现代化"角度而言，辛亥革命促使中国传统政治结构实现了现代化转变，实现了政治制度的合法化、政治组织的合理化，从而为中国社会向现代政治形态转变奠定了重要基础。辛亥革命结束了封建专制制度，代之以民主共和体制。长达两千多年的中国政治体制乃是封建专制中央集权制度，皇帝掌握最高权力，对普天下所有事务都有专断权，政权遵循血缘继承制，皇权世袭罔替。辛亥革命之后，以孙中山为首的革命党人借鉴西方资产阶级现代政治制度，力图在中国迅速建立起现代政治体制，即民主共和体制。《临时约法》规定了国家全部政治生活的民主原则，中华民国以参议院、临时大总统、国务院、法院行使其统治权。就政治观念层面而言，王权膜拜思想由民主共和观念取代。中国两千多年的封建政治体制决定了人民的基本政治观念乃是强烈的"忠君"与"王权膜拜"，辛亥革命之后，民主共和的观念开始深入人心，"主权在民"的思想在中国的现代化进程中具有划时代的意义。人们参与政治生活的方式发生很大的变化，政治选举、政治抗议、示威请愿等成为常见的民主表现形式、政治表现方式。在政治组织层面，现代政党组织的产生使得政党政治成为政治生活的重要组成部分。中国同盟会具有一套相对完整的政治主张和政治纲领，集中反映了社会各主要力量的政治要求。中华民国成立之后，政党政治获得了空前的发展，政党社团数量激增，由此激发了中国民众参与政治的热情，这为日后中国共产党的成立创造了良好的政治环境，奠定了坚实的政治基础。

当然，辛亥革命的意义还不仅体现在"政治现代化"方面，其在经济、工业和文化等领域都有一定程度的"现代化"蕴涵。比如，中国的民族资本主义工业在辛亥革命之后迎来了黄金时代，这与民国政府制定的一系列保护和促进经济发展的政策有直接关系。当时掀起的"实业救国"思潮以及建立的资本主义工商企业等，无论在规模、范围还是影响上，都大大超过了晚清时期。机器修造、电力、采煤、航运等企业都得到了迅猛发展，这为以后的民族工业现代化发展奠定了基础。从文化方面来说，辛亥革命对中国文化产生了重要影响，如人们开始逐步接受新思想、新观念，盼望个性解放，追求人人平等，冲击了旧式的伦理纲常，及时废除了早婚、缠足等传统习俗等。辛亥革命为中国现代文化事业奠定了坚实基础。

辛亥革命虽然推翻了清王朝，却并没有从根本上改变传统社会的基本结构。革命党人的政治蓝图设计对象虽是全体国民，但其作为知识阶层始终未能克服与民众隔阂的局限。孙中山等人打乱旧王朝形式的能力绰绰有余，而吸引或迫使其他社会集团支持自己的能力明显不足，其现代化纲领与中国现实之间还存在着物质上的、心理上的断层。由此带来的结果是，缺乏持续的政治支持和军事力量来填补帝制崩溃后所留下来的权威真空，社会转机仿佛成了无序的自发过程，新社会因子的增长赶不上传统社会的突破速度；中国最终从辛亥革命将其升华的高度上跌落下来，由一个皇帝的统治变为多个"皇帝"的分治，革命的成果被军阀、官僚和政客所攘夺。中华民国远未建立起真正的民主制度。但无论有怎样的缺憾，辛亥革命的贡献是非常大的，诚如胡锦涛在纪念辛亥革命100周年大会上的讲话中所强调的："辛亥革命推翻了清王朝统治，结束了统治中国几千年的君主专制制度，传播了民主共和的理念，以巨大的震撼力和深刻的影响力推动了近代中国社会变革。虽然由于历史进程和社会条件的制约，辛亥革命没有改变旧中国半殖民地半封建的社会性质，没有改变中国人民的悲惨境遇，没有完成实现民族独立、人民解放的历史任务，但它开创了完全意义上的近代民族民主革命，极大推动了中华民族思想解放，打开了中国进步潮流的闸门，为中华民族发展进步探索了道路。"[①]

[①] 《胡锦涛文选》第3卷，人民出版社2016年版，第557页。

（四）领导核心：中国共产党与现代化进程

辛亥革命后，接受这场革命洗礼的中国先进分子和普通民众继续顽强探寻救国救民道路。1921年，在马克思列宁主义同中国工人运动的结合过程中，中国共产党应运而生。从此，中国人民有了用先进理论指导的马克思主义政党的领导，中国革命的面貌焕然一新，中国的现代化进入到了一个全新的阶段。

中国共产党的成立，是我国现代化建设最为有力的支撑点和最崭新的起点。首先，这是由实现现代化的前提条件决定的，这个前提条件就是救亡图存与民族独立。要实现中国的现代化，首要条件是对外民族独立，对内争取民主。换句话说，谁能带领中国人民实现民族独立，谁才有资格承担起建设现代化的重担。从洋务运动的失败，到戊戌变法的夭折，从资产阶级共和国方案的提出到辛亥革命成果被军阀窃取，历史已然证明，清王朝、北洋军阀、国民政府都无法承担起这个重任。正是在这种迷惘和彷徨中，俄国十月革命取得胜利，给中国送来了马克思列宁主义。有了先进的科学理论作指导，各地共产主义小组相继成立，并很快成立了中国共产党，"作为一个先进的无产阶级政党，除了强烈的领导中国走向富强的意识，其具有革命的彻底性，党的成立使中国人民看到了实现民族独立的希望，看到了民族复兴的曙光"①。其次，这是由党的性质决定的。中国共产党是工人阶级的政党，是中国人民和中华民族的先锋队组织，同时也是社会发展方向的指引者，其必然会为解放和发展生产力，领导我国从农业国转变为工业国，进而实现现代化而不断奋进。最后，这是由近代历史实践所验证的结果。中国共产党成立不久即确定了自己的行动纲领，明确提出当前的纲领乃是要打倒军阀，推翻国际帝国主义的压迫，实现真正的民族独立。这实际上就明确了中国共产党要首先通过革命的手段使中国走向独立自主，继而在民族独立的基础上推进中国走向现代化的富强之路。

近代以来，走向现代化是社会发展的总趋势和人民根本利益之所在。中国共产党的成立使中国有了一个坚强的领导核心。中国共产党不仅代表中国

---

① 唐雷：《现代化视角下的中国共产党历史使命与担当》，《改革与开放》2016年第20期。

无产阶级和广大贫苦劳动阶级的利益，而且代表中国人民和中华民族的利益，是广大人民群众根本利益的忠实代表者。正是因为有了中国共产党这个坚强的领导核心带领中国人民将欧美等帝国主义列强赶出国门，废除一系列不平等条约，才从根本上改变了中国近代以来深受帝国主义压迫和控制的状况，从而真正实现了民族独立，使中国人民能够当家作主，为独立探索适合自己的发展道路创造了条件，为国家开启现代化进程奠定了深厚基础。1949年中华人民共和国的成立，标志着中国的现代化由此踏上了新的征程。

（五）现代化的新阶段：新中国成立

以毛泽东为代表的中国共产党第一代领导集体，坚持马克思主义科学理论指导，反映中国广大人民群众的愿望，团结一切可以团结的力量，以坚强的凝聚力和感召力带领全国人民一起为现代化事业而努力奋斗，由此展开了艰辛和曲折的社会主义革命与实践。在新中国成立之前的新民主主义时期，毛泽东认为，新民主主义革命是以民族民主革命为特征的革命，是以实现国家独立、人民解放和民族复兴为使命的革命。所以，革命是挽救民族危亡的唯一正确途径。他还指出，只有通过新民主主义革命，才能为中国现代化开辟道路，扫清障碍。以毛泽东为核心的新中国第一代领导人最重要的贡献，就在于实现了国家独立、人民解放，这是开启现代化进程的先决条件。

新中国成立之初，根据苏联社会主义建设的经验，中共中央酝酿提出了过渡时期总路线，同时提出了发展国民经济的第一个五年计划，后来经过多次修改，1955 年由全国人民代表大会一届二次会议正式通过。"一五"计划的重点是进行重工业建设，规定的基本任务是："集中主要力量进行以苏联帮助我国设计的 156 个建设单位为中心的、由限额以上的 694 个建设单位组成的工业建设，建立我国的社会主义工业化的初步基础"①。1956 年社会主义改造完成，中国基本实现了从新民主主义到社会主义的历史转变，社会主义道路和基本制度得以确立，这为现代化发展奠定了根本政治前提和制度基础。此后，毛泽东在 1956 年最高国务会议第六次会议上指出："社会主义革

---

① 李达：《在武汉大学国庆节庆祝大会上的报告》，1955 年 10 月 1 日，载汪信砚主编《李达全集》第 17 卷，人民出版社 2016 年版，第 375 页。

命的目的是为了解放生产力。"①那么，如何解放生产力呢？考虑到当时中国"一穷二白"的状况，毛泽东认为，在革命获得成功之后，快速地对生产进行恢复，对帝国主义进行打击，逐渐将中国从农业国转变成工业国，建设成为伟大的社会主义国家。之后，毛泽东强调，要在优先发展重工业的条件下，实现工农业同时并举。他在《关于正确处理人民内部矛盾的问题》的讲话中，提出了"中国工业化道路"，主张以重工业为重点逐步建立现代工业，使我国变为"一个强大的社会主义工业国"，迅速达到世界先进水平。以毛泽东为核心的中央领导集体率领全国人民，齐心协力，真抓实干，到1957年年底，"一五"计划超额完成，五年内全国基本建设投资总额为550亿元，1957年的工农业总产值为1241亿元，比1952年增长67.8%，工业总产值平均每年递增18%。概言之，"一五"期间，我国经济建设取得的成就是巨大的，完全达到了"建立我国的社会主义工业化的初步基础"的预期目标。其间经济建设的指导思想是正确的。中国共产党率领全国人民以主人翁的姿态和高度的政治热情，积极投入到社会主义事业建设中去，整个国家呈现出一种蓬勃向上的精神风貌。

然而，中国的现代化建设之路毕竟是漫长而曲折的。由于当时对全面建设社会主义缺乏充分的思想准备，对于经济、文化、政治领域出现的新矛盾、新问题缺乏细致的调查，于是作出了许多不符合实际的判断，指导思想出现了"左"倾错误。可以说，"急于求成"是那个时代社会主义建设的总体特点，具体表现为"多快好省"的方针、"大跃进"运动、人民公社化运动等。1958年5月，中国共产党第八次全国代表大会第二次会议召开，正式确立了"鼓足干劲，力争上游，多快好省地建设社会主义"的总路线。这条总路线反映了广大人民群众迫切要求改变我国落后状况的普遍愿望，却忽视了经济发展的客观规律，表现出一种急于求成的"左"倾思想，把"建设速度"提到了十分重要的位置。会议提出，"在十五年或者更短的时间内，在钢铁和其他主要工业产品方面赶上和超过英国"。经过这次会议的酝酿，全国开始了"大跃进"运动。"大跃进"运动的集中体现就是大炼钢铁，片面追求工农业生产，尤其是钢铁生产的高速度和高指标。"大跃进"

---

① 《毛泽东文集》第7卷，人民出版社1999年版，第1页。

给国民经济造成了严重后果，不仅生产上十分浪费，经济效果极差，人民生活水平亦明显下降。在"大跃进"运动的同时，人民公社化运动也一哄而起。人民公社的特点就是"一大二公"，"大"就是规模大，经营范围广；"公"是指组织军事化、生活集体化；同时收回自留地、家禽家畜等私有财产，建立社办企业，提高公有化程度。这样一种"共产风"严重脱离了当时的社会生产力水平和人民群众的觉悟水平，挫伤了农民的生产积极性，生产力遭到很大破坏。后来，情况的发展更加恶化，在"反右倾、鼓干劲"情况下出现的 1960 年的"继续跃进"，把"高指标、瞎指挥、浮夸风、共产风"的错误发展到了一个新的高峰，持续了较长时间，对国民经济的破坏也更加严重。

现代化进程中另一个更为艰难的阶段，则是发生在 1966—1976 年的"文化大革命"。对于"文化大革命"的评价，1981 年党的十一届六中全会通过的《关于建国以来党的若干历史问题的决议》已经作出定论："历史已经判明，'文化大革命'是一场由领导者错误发动、被反革命集团利用，给党、国家和各族人民带来严重灾难的内乱。"① 的确，"文化大革命"使得整个中国陷入空前的浩劫之中，从现代化角度来说，这是一次历史的倒退和灾难。仅以 1976 年为例，这一年是"四人帮"对生产建设破坏最严重的一年，加上唐山大地震的影响，整个国民经济濒临崩溃，全年工农业总产值仅比上年增长 1.7%，大大低于计划要求的 7%—7.5%；而国民收入下降 2.7%，减少 10 亿元，国家财政赤字达到了 29.6%。此外，当时的教育、科学、文化事业都受到了严重破坏。比如，在"文艺革命"的口号下，许多优秀的文学作品都被视为"封资修"的毒草而被封杀，文艺园地一片凋零。这一时期，中国现代化建设出现了全面的停滞乃至于倒退，中国实实在在错失了"十年"的黄金发展时间。

邓小平指出："没有'文化大革命'的教训，就不可能制定十一届三中全会以来的思想、政治、组织路线和一系列政策。"② 从这个角度来说，十年"文化大革命"也可以看作是中国现代化建设的"风险与曲折"，只有对

---

① 《十一届三中全会以来重要文献选读》（上册），人民出版社 1987 年版，第 317 页。
② 《邓小平文选》第 3 卷，人民出版社 1993 年版，第 272 页。

失败的教训进行深刻反思和总结，我们才能以"文化大革命"为前车之鉴，避免在将来再次走入歧途。中国的现代化之路注定是一条艰辛困苦而荆棘满布的道路，不可能一帆风顺。即便在曲折发展过程中，甚至包括"文化大革命"期间，现代化建设遇到严重困难、现代化发展遭遇种种坎坷之际，中国共产党和中国人民追求现代化的意愿并没有减弱，前进的步伐并没有停止，而是在艰难中顽强前行，并依然取得了很大成就，有的还具有重大突破和深远影响，比如社会主义改造的成功、工业化体系的完善、"两弹一星"等重大科技的突破、一系列重要水利设施的修建、"以苏为鉴"发展规律的探索等，都推动了社会主义基本制度的确立，促进了中国历史上最深刻最伟大的社会变革。

三 改革开放以来的现代化进程与文化支撑

1978年党的十一届三中全会召开，党和国家的工作重心切实转移到社会主义现代化建设上来，现代化建设开启了新的征程。历史已然证明，正是在中国共产党的领导下，中国现代化进程经历了从"站起来"到"富起来"的发展，正迎来迈向"强起来"的新时代。以毛泽东同志为核心的第一代中央领导集体带领中国人民建立了中华人民共和国，开启了中国现代化在社会主义道路上的新阶段，使中华民族"站起来"。党的十一届三中全会之后，中国现代化建设道路重启，再上新台阶。以邓小平同志为核心的第二代领导集体、以江泽民同志为核心的第三代领导集体和以胡锦涛同志为总书记的中央领导集体，开辟和发展了中国特色社会主义，极大地推进了社会主义现代化的发展，解决了中国十几亿人的温饱问题，实现了中国人"富起来"的伟大飞跃。党的十八大以来，以习近平同志为核心的党中央团结带领全国各族人民，顺应时代潮流与社会发展大势，不断深化对"三大规律"的认知，提出了一系列新理念新思想新战略，推进中国特色社会主义伟大事业继续前进，使中国迎来了"强起来"的新时代，促进现代化建设全面深化。中国现代化的大踏步前进充分证明，只有坚持中国共产党的领导，才能实现社会主义现代化强国的伟大目标，中国特色社会主义道路才会越走越宽阔。

(一) 改革开放以来现代化建设事业大发展

改革开放之初，邓小平指出："现在搞建设，也要适合中国情况，走出一条中国式的现代化道路。"① 我们党把推进和实现"四个现代化"作为全党工作的重心，党的十二大报告沿用了"四个现代化"的提法，同时提出把社会主义现代化国家的目标和特征归结为高度文明、高度民主。党的十三大报告指出，为把我国建设成为富强、民主、文明的社会主义现代化国家而奋斗。以邓小平为核心的党的第二代领导集体，制定了符合中国社会主义初级阶段基本国情的"三步走"发展战略，即先解决人民的温饱问题，到20世纪末使人民生活达到小康水平，到21世纪中叶使人均国民生产总值达到中等发达国家水平，人民比较富裕，基本实现现代化。

以江泽民、胡锦涛为代表的中国共产党人，沿着中国特色社会主义现代化建设之路不断努力实践，取得了丰硕的成果。党的十四大确立了社会主义市场经济体制改革目标，中国经济发展速度大大加快；党的十五大制定了21世纪上半叶现代化建设新的战略目标，即"两个一百年"奋斗目标：到建党一百年（2021年），使国民经济更加发展，各项制度更加完善；到21世纪中叶建国一百年（2049年），基本实现现代化，建成富强民主文明的社会主义国家。党的十六大提出了全面建设小康社会的新目标，强调"社会更加和谐"，并在十六届六中全会明确提出"构建社会主义和谐社会"。这反映出社会主义现代化建设不但要注重经济的增长，更要全面建设富强民主文明和谐的国家，从而大大丰富了"现代化"的内涵。党的十七大提出"建设富强民主文明和谐的社会主义现代化国家"，标志着中国在经济、政治、文化、社会等诸多领域的现代化目标更为完备系统。党的十八大以来，以习近平同志为核心的党中央团结带领全国人民，继续推进中国特色社会主义现代化建设，提出要把握经济发展的新常态，按照新发展理念实现经济社会高质量发展，促进经济建设、政治建设、文化建设、社会建设、生态文明建设统筹发展，突出生态文明建设要求并纳入现代化建设目标之中。

从中华人民共和国成立到改革开放，从改革开放到党的十九大，历史充

---

① 《邓小平文选》第2卷，人民出版社1994年版，第163页。

分证明，中国共产党是中国现代化建设的领导力量。正是在中国共产党的坚强领导下，通过全国各族人民的共同努力，中国的经济、政治、文化、社会、生态以及各个方面都取得了伟大成就。新中国的成立，彻底改变了近代以来100多年中国积贫积弱、受人欺凌的悲惨命运，中华民族真正站了起来。新中国成立以来的70多年，社会主义中国的各项事业得到了突飞猛进的发展，中国特色社会主义理论不断创新，中国特色社会主义道路不断拓宽，中国特色社会主义制度不断完善，中国特色社会主义文化不断繁荣，社会主义现代化建设取得了巨大成就。仅以 GDP 增长情况来看，新中国成立之初 1952 年是 679.1 亿元，2018 年则高达 900300 万亿元，2020 年则突破 100 万亿元大关，高达 1015986 亿元。这一切，都源于我们党带领全国各族人民，坚持马克思主义理论指导，坚持社会主义道路和社会主义制度，坚持把马克思主义基本原理与中国具体实际相结合，坚持不断推进马克思主义中国化。

（二）中国现代化建设进程中出现的问题及解决措施

我们在肯定新中国成立以来 70 多年、改革开放以来 40 多年取得伟大成就的同时，也必须保持清醒的头脑，要看到现代化进程中出现的一些新问题。党的十九大报告明确指出："发展不平衡不充分的一些突出问题尚未解决，发展质量和效益还不高，创新能力不够强，实体经济水平有待提高，生态环境保护任重道远；民生领域还有不少短板，脱贫攻坚任务艰巨，城乡区域发展和收入分配差距依然较大，群众在就业、教育、医疗、居住、养老等方面面临不少难题；社会文明水平尚需提高；社会矛盾和问题交织叠加，全面依法治国任务依然繁重，国家治理体系和治理能力有待加强；意识形态领域斗争依然复杂，国家安全面临新情况；一些改革部署和重大政策措施需要进一步落实；党的建设方面还存在不少薄弱环节。这些问题，必须着力加以解决。"[①] 可以说，在现代化建设过程中，成绩与问题共生，巨大的成就也往往会带来一些新的问题和新的考验，如贫富差距、发展不平衡等，包括直接影响中国共产党执政形象的党内腐败问题等。

---

① 习近平：《决胜全面建成小康社会 夺取新时代中国特色社会主义伟大胜利——在中国共产党第十九次全国代表大会上的报告》，人民出版社 2017 年版，第 9 页。

办好中国的事情，关键在党；解决新时代中国特色社会主义现代化进程中遇到的新问题新挑战，主要也是依靠并坚持党的领导，通过加大反腐力度，形成有力监督体制，强化党的各方面建设，为现代化强国建设提供有力保障。随着改革开放、现代化推进和经济迅速腾飞，党内个别干部出现日益严重的腐败。中国共产党历来高度重视反腐败工作，惩治腐败雷厉风行、态度坚决、绝不放纵。党的十八大以来，我们党坚持零容忍态度惩治腐败，坚持"老虎苍蝇一起打"，不断加强对党政干部的监督，坚决反对特权思想和特权现象；同时加强反腐败国际合作，搭建追逃追赃国际平台。与此同时，我们党坚定理想信念，加强反腐倡廉教育，推进廉政文化建设，严明党的纪律和规矩，坚决维护党中央权威；深化制度反腐，加强反腐立法，把权力关进制度的笼子里，创新巡视制度，高悬反腐利剑，进一步完善监督体制，加强党内监督和群众监督，为反腐败提供有效保障。做好反腐败斗争，不仅要保持坚定的决心和毅力，还必须综合施治、辨证施治、标本兼治。从当前情况看，反腐败斗争尽管成绩显著，但并不意味着我们就可以高枕无忧了，党面临的"四大考验"具有长期性和复杂性，"四种危险"具有尖锐性和严峻性。巩固发展反腐败斗争压倒性胜利态势，要坚决打好攻坚战、持久战。要进一步健全权力监督体系，持续强化不敢腐的震慑，扎牢不能腐的笼子，增强不想腐的自觉，以"宜将剩勇追穷寇"的革命气概和永远在路上的坚韧执着，把反腐败斗争推向纵深，为反腐败斗争取得彻底胜利打好基础。夺取反腐败斗争的彻底胜利，就是为现代化建设创造最好的条件，提供最充分的保障。

在现代化建设进程中，老的问题需要抓紧解决好，新的问题也会不断涌现。有前进，就会有问题伴随；解决问题的过程，就是现代化前进的过程。我们党带领全国人民始终迎着问题上、本着矛盾去，勇于发现问题解决问题，敢于面对矛盾处置矛盾。也正是在解决问题、处置矛盾的过程中，我们党愈加坚强有力、意志坚定，我们党的事业愈加辉煌、展现出无比灿烂的前景。

（三）中国社会主义现代化建设的文化支撑

改革开放以来的现代化发展，有着文化因素作为坚强支撑。概括而言，马克思主义和马克思主义中国化创新成果作为主流意识形态，给予现代化以方向引领和实践指南，为现代化建设奠定坚实思想基础，给予现代化建设以科学理论指导；中国特色社会主义先进文化建设，中华优秀传统文化创造性转化与创新性发展，与作为"他山之石"的国外文化特别是西方文化的交流互鉴，都是现代化建设不可或缺的文化元素。文化对现代化建设起着重要支撑和参照借鉴作用。

1. 马克思主义科学理论指导地位

自从李大钊、陈独秀等早期马克思主义者积极引入并广泛传播马克思主义，中华传统文化的现代化才真正找到了正确方向。中国共产党人以马克思主义为指导，在中国革命和现代化建设的过程中，坚持把马克思主义同中国具体实际、同中华传统文化相结合，取得了两次历史性飞跃，大大推进了中国革命建设改革事业发展，大大推进了中华传统文化的现代化。我们运用马克思主义的基本立场、观点和方法研究并解决各种重大问题，不断推进马克思主义中国化，创造性地发展马克思主义，由此诞生了马克思主义中国化的系列重要成果——毛泽东思想、邓小平理论、"三个代表"重要思想、科学发展观以及习近平新时代中国特色社会主义思想，用以指导中国社会主义革命与建设、指导改革开放和中国特色社会主义事业，不断取得新的伟大胜利，不断夺取新的伟大成就。

马克思主义是我们党和国家的指导思想，是我们认识世界、把握规律、追求真理、改造世界的强大思想武器，我们要始终坚持马克思主义的指导地位。与此同时，我们也要看到，在价值趋向多元的思想观念领域，坚持马克思主义的思想指导，特别是强化其"一元主导"地位、"文化领导权"地位，并不是一件轻松容易的事情，需要不断开展意识形态领域的斗争，尤其是伴随着时代的发展，马克思主义的思想价值时常被追问，如马克思主义是否能指导我们解决时代课题？答案当然是肯定的。这是因为：马克思主义是广博丰厚而又大气磅礴的真理体系，是融世界观和方法论于一体的思维创造，是诉诸行动并志在改变和创造的实践哲学，是坚守人民立场和社会发展规律的思想指南。① 马克思主义能够给予我们的，一是我们科学把握世界和

---

① 参见商志晓《马克思主义依然是当今时代的思想旗帜》，《光明日报》2015年9月23日。

社会发展的思维与方法，二是我们正确理解生活和人生命运的智慧与启迪，三是我们充实精神世界并抚慰心灵的哲理与感悟。① 坚持马克思主义为指导，贯彻到哲学社会科学研究中，就要求哲学社会科学工作者将马克思主义转化为清醒的理论自觉、坚定的政治信念、科学的思维方法，将马克思主义基本原理、基本立场、基本方法用于观察、分析和处理各种学术问题，贯穿到各个学科和各个领域的研究之中，以坚持正确的政治立场和为社会主义服务的学术方向。

中国共产党在思想文化战线的主要任务，是巩固马克思主义在意识形态领域的指导地位，巩固全党和全国人民团结奋斗的共同思想基础。马克思主义信仰是共产党人的命脉和灵魂。习近平在纪念马克思诞辰200周年大会上的讲话中指出，中国共产党人要学习和实践马克思主义，不断从中汲取科学智慧和理论力量。我们要学习和实践马克思主义关于人类社会发展规律的思想，关于坚守人民立场的思想，关于生产力和生产关系的思想，关于人民民主的思想，关于文化建设的思想，关于社会建设的思想，关于人与自然关系的思想，关于世界历史的思想，关于马克思主义政党建设的思想。马克思主义是中国共产党人理想信念的灵魂，坚持马克思主义指导地位、推动马克思主义不断发展，是中国共产党人的必然选择和神圣职责，是中国社会主义现代化建设的必然遵循，是中国文化、中华传统文化和社会主义先进文化走向现代化的核心要义。

2. 中华传统文化的转换路径与创新方向

在改革开放进程中，中华传统文化现代化发展也进入到一个全新的阶段。1985年杜维明来中国内地讲学，积极宣讲儒学在现代社会的价值及其"第三期发展"的前景，在学界产生了较大影响。自20世纪80年代中期开始，以杜维明为主倡导策划的国际儒学研究会与文明对话会陆续在新加坡、马来西亚和美国等地召开，当代新儒学形成国际思潮，在中国内地也逐步形成了"儒学复兴"的思潮，社会上也出现了"国学热"潮流。但国内由于"文化大革命"等历史因素的影响，儒学复兴不是一件容易的事，急需一种示范或参照力量。以方克立为主的中国学者因势利导地引入了"港台新儒

---

① 参见商志晓《马克思主义能够给予我们什么》，《光明日报》2016年5月4日。

家"学派，立刻引起了国内研究者的兴趣，港台新儒家的研究在某种程度上弥补了中国儒学在新中国成立之后到改革开放前三十年这一时期的研究断层和认识短板，有助于中国大陆儒学的复兴。但严格来说，港台新儒家并非一个完整的学派，他们治学方法师承不一，思想观念亦非一致，与其说是一个学术学派，不如说它代表在港台地区形成和发展起来的以儒学为本位的文化思潮更为恰当。实际上，自1949年之后，牟宗三、唐君毅和徐复观等漂泊港台，作为新儒家的新生代，毅然担起了现代儒学传承的重任，成为第二代代表人物。所谓新儒家，是指"产生于本世纪20年代、至今仍有一定生命力的，以接续儒家'道统'、复兴儒学为己任，以服膺宋明理学（特别是儒家心性之学）为主要特征，力图以儒家学说为主体为本位，来吸纳、融合、会通西学，以寻求中国现代化道路的一个学术思想流派，也可以说是一种文化思潮"①。这道出了现代新儒家的几个重要标志：接续儒家道统、服膺宋明理学、儒学本位性、会通西学、寻求中国现代化。无独有偶，有学者也撰文总结了新儒学的一些"共相性学术特征"：立本于儒学、融合中西学术、构建本体论、推重直觉。②而"新儒家"所面对的问题，可以概括为"现代性诉求的民族性表达"③。对新儒家来说，他们面临的更迫切的问题就是"现代化"问题，即如何在中华传统文化的"本"上能够接上或"开出"现代性的科学和民主，也就是所谓的"返本开新"。为此，新儒家主要从事两方面的工作，一是客观而准确地定位中西文化，二是致力于对哲学形而上学的建设。

  首先来看港台新儒家对"中西文化"的态度。总体而言，他们对中西方文化的定位都颇有见地，客观而准确。牟宗三从"道德的心"这个文化生命的本源形态出发，指出中西文化的区别在于"生命"与"自然"：中国文化，从其发展的表现上来说，它是一个独特的文化系统。它有它的独特性与根源性。这个特有的文化生命的最初表现，与西方文化生命的源头之一的希腊所不同的地方，是在：它首先把握"生命"，而希腊则首先把握"自

---

① 方克立：《关于现代新儒家研究的几个问题》，《天津社会科学》1988年第4期。
② 柴文华：《现代新儒学的主要类型和特征》，《学术交流》2004年第1期。
③ 黄玉顺：《当前儒学复兴运动与现代新儒家——再评"文化保守主义"》，《学术界》2006年第5期。

然"。所以，中国文化的特征就是对生命的把握，并以"生命"为基点，展开他们的教训、智慧、学问与修行等；西方文化则是向客体方面用心，以期把握外在事物之理，以求"分物我""求功利"之法，不断追求外在事物。牟宗三对中西文化之精神表现的异同，分别用"综合的尽理—尽气精神"与"分解的尽理精神"来描述。具体来说，中国文化表现为"综合的尽理精神"和"综合的尽气精神"，西方文化则表现为"分解的尽理精神"。比如，中国人讲究的是"由尽心尽性而直贯到尽伦尽制"，"由个人的内圣实践功夫而直贯到外王礼治"的精神，这就是"综合的尽理精神"；而"能超越一切物气之僵固，打破一切物质之对碍，以表现其一往挥洒其生命之风姿"的精神，这就是"综合的尽气精神"。与之相比，西方文化则致力于推至对象而外在化，以形成主客对列，另则使用概念，抽象地思考对象。尽管如此不同，中西文化也能在这一条件下进行沟通与互动。牟宗三认为，中西文化的比较，根本目的在于"会通"，即取彼此之长处，消彼此之短处，由此达到一个更完满的人类精神之理想状态。现代新儒学的另一位代表人物唐君毅则终身致力于中西文化的贯通，积极探讨中华文化人文精神的现代意义与价值，积极为中国文化的现代化寻求出路。唐君毅针对中国近现代以来接受西方文化的"态度"和"心理"，认为近代中国接受西方文化是在特殊的历史条件下开始的，所以国人的心理是不健康的，体现为偏执、功利、卑屈、羡慕等消极的文化心理。而对于现代世界的中国人来说，接受西方文化应有的心理状态是，立定自己的文化传统自作主宰，然后全面统摄西方文化。故而，"人当是人，中国人当是中国人，现代世界之中国人，亦当是现代世界中之中国人"。这样的为学宗旨，是靠"人的文化"与"中国文化"这个标识来说明的，是强调生活在现代世界的中国人必须要将"现代世界"与"文化"这几种要素内化于自己的"文化"之中，核心是确立起"现代世界的中国人"怎样立足于对自己传统文化的改造，即如何实现中国文化的现代化问题。中国文化精神的重建以及未来文化的创造，必须坚守中国文化的基本立场，全面打通、涵盖融摄并继而综合创造中西方精神文化。与牟宗三、唐君毅相同，徐复观所关心的中心问题，是如何在中西文化的会通和融合中，重新阐释并发扬中华传统文化的真正内涵与价值。他认为，中西文化在初始阶段，就因其不同动机，形成了不同的性格。以哲学为例，西方哲学的动机是好奇，源于西方人对自然和世界的思考；中国哲学的动机则在于忧患,源于中国人对人的生存忧患。"希腊哲学,发生于对自然的惊异;各种宗教,发生于对天灾人祸的恐怖;而中国文化,则发生于对人生责任感的'忧患'。"① 出于好奇,希腊人关注自然,把自然当作外物研究,最终发展出自然哲学和自然科学;中国文化"把自然演化于人之中",人的信心从对神的依赖转移为自身行为的谨慎与努力,以"敬"为情感出发点,强调"敬德"与"明德"的精神。中西文化的差异还表现为科学与价值的不同。西方文化侧重的是"科学的世界",中国文化侧重的则是"价值的世界"。这两种文化两层"世界",表面看来似乎为类型的不同,实则体现了级别上的差异。人的生活的本身,不在科学的世界,而在价值的世界。西方文化对科学过分推重,故把价值放在了物之上,而不是放在人之上,而"人的价值,是通过物的价值而表达出来的"。从这一点讲,中国文化的价值要高于西方文化。

港台新儒家所坚持认为的,其实就是以儒家心性论为基础,以"内圣外王"为架构,重新审视传统文化,寻找传统与现代化的连接,会通中西文化。这给人以深刻启迪,因而具有现代性和时代意义。受港台新儒家和海外新儒家的"反哺"与刺激,20世纪90年代中国大陆思想界掀起了儒学复兴的高潮,其中的重要标志之一就是,2004年大陆新儒家在贵阳举行了"中国文化保守主义峰会"。但"大陆新儒家并非铁板一块,并非是一个学派,不是一个统一的思想派别"②,所以很难给"大陆新儒家"下一个定义。如果仅从外延上来描述,"大陆新儒家"主要是指21世纪以来在中国大陆活跃的儒家;而从内涵上来讲,"大陆新儒家"的着眼点在其"新",即对儒学"原理"进行某种程度的创造性诠释。大陆新儒家的特征表现为,研究的深入化和体系的建构化。这一特征的明显表现就是派系林立,山头众多,大致可以分为政治儒学、心性儒学、制度儒学、生活儒学、教化儒学和自由儒学等。儒学的分化与细化,表明中华传统文化正在经历着创造性转化与创新性发展,而这必将在未来很长时期内呈现出一种强势复兴的势头。

---

① 徐复观:《儒家思想与现代社会》,九州出版社2014年版,第98页。
② 黄玉顺:《也论"大陆新儒家"——回应李明辉先生》,《探索与争鸣》2016年第4期。

党的十八大以来，习近平提出"文化自信"理念，大力倡导中华传统文化传承创新，极大地推进了中华优秀传统文化的创造性转化与创新性发展。而当代中国儒学的复兴，已是一个不争的事实，这样就面临着一个急需解决的问题：马克思主义如何与中国儒学对话？或者说，它们对话的可能性在哪里？

3. 马克思主义与儒学的对话会通

事实上，学术界对于"马克思主义与儒学的对话"这个问题的研究已经取得了丰硕的成果。儒学毕竟是中华传统文化的主体，经历了几千年的发展，已然根深蒂固；马克思主义自从传入中国之后，尤其在获得意识形态主导权的前提下，亦对中国文化产生了深刻的影响。所以，"儒学和马克思主义"的关系问题具有非常现实的指向，也是一个非常具有"现代性"意味的话题。

其实，马克思主义与儒学的对话乃是"主导"和"主体"的对话。马克思主义从 20 世纪初引入中国，指导中国取得新民主主义革命的胜利；特别是 20 世纪后半叶开启的改革开放使中国取得巨大成就，这要归功于马克思主义及其与中国实际的有机结合。中国的历史发展表明，只有坚持马克思主义，才能成功实现现代化，所以中国共产党始终强调思想理论建设，坚持马克思主义的指导地位，坚持不断推进马克思主义中国化、时代化和大众化。另外，中国的儒学自鸦片战争以来经历了无数次锤炼和洗礼而重新焕发生机，已然是颇具时代感和现代性的儒学，也是与当代思考有具体关联性的儒学。"历史上的儒学资源是开放的，并不排斥今天的吸收，但经过这一百多年，经过现代性的塑造之后，与马克思主义具有关联性的，应该是一种活的儒学，而不是作为一种历史资料的儒学。也就是说，新时代的儒家思想跟历史的关系需要再叙述、再诠释，是用现实来理解和定位儒家的问题。"① 作为活的儒学，必然是"充满活力与自信的，富有包容性的生命主体和创造主体"，由此才具有接受外来文化的能力，成为"接受主体"②。作为中华传

---

① 景海峰：《寻找儒学和马克思主义的对话路径》，《社会科学报》2015 年 7 月 16 日。
② 方克立：《"马魂、中体、西用"：中国文化发展的现实道路》，《北京大学学报》（哲学社会科学版）2010 年第 4 期。

统文化的重要组成部分，儒学有着深厚的人文基础，对异质文化也坚持"和而不同"，善于取长补短、兼收并蓄。作为当代中国主流意识形态，马克思主义也必须由当代文化之"主体"来承载和传播，才能有效发挥其主导和引领价值。

马克思主义如何与儒学会通？或者说它们之间会通的可能性在哪里？学界关于这一问题的讨论由来已久，观点也多元多样，其中影响较大也最具代表性的是何中华的理解。何中华认为："从总体上说，马克思主义与儒学在自觉的意识层面更多地表征为冲突，在不自觉的无意识层面则更多地表征为会通。人们意识到的往往是表层关系，而未曾意识到的则是深层关系。这种深层的会通无疑是多维度的，其实现不仅有赖于特定的历史—文化条件和机缘，更有赖于马克思主义和儒学内在地提供的学理上的可能性。在时代性维度上，儒学的前现代性与马克思主义的后现代性，使两者在否定之否定意义上有其会通的机缘；……在民族性维度上，中国文化与欧洲大陆文化之间的亲和性，为马克思主义与儒学的会通提供了条件。晚清以来中华传统文化在与西方文化相遇后的严重受挫，第一次世界大战的爆发所显露的西方近代文化的弊病，使国人对东西方文化产生了双重失望。这是马克思主义作为第三种可能性被中国选择的重要历史契机。马克思主义的中国化和中国实际的马克思主义化，在实有层面上表明了马克思主义与儒学之间会通的实现。儒家的'诚'与历史本征性的开显、'天人合一'与马克思的自然界的人化和人的自然化、儒家与马克思主义对人性的超越性的指认、'生生之谓易'与实践辩证法、强调'践履'工夫与实践唯物主义、'大同'理想与共产主义，都在文化原型的层面上显示出马克思主义与儒学会通的学理上的可能性。"[①]

总体来讲，马克思主义是当今中国的主流意识形态，而儒学是中国两千多年的文化传统。经过长期的摸索与探讨，当代中国马克思主义已经从理论和实践上找到了一条解决二者"会通"、对话与和谐相处的正确途径。加强马克思主义与儒学的对话，实现在当代中国条件下马克思主义与儒学的会通，中国共产党在创新发展当代中国马克思主义与传承创新中华优秀传统文化的宏伟战略安排中已经指明了方向，一大批马克思主义研究学者和文化学

---

① 何中华：《马克思主义与儒学的会通何以可能》，《文史哲》2018年第2期。

者也在探索、在努力,并且已经取得了丰硕的成果,预示着未来广阔的前景。

4. 西方自由主义之"用"及其与儒学的对话

自利玛窦入华以来,基督教作为西方文化的代表思潮开始进入中国思想界,由此展开了与以儒学为主的中华传统文化长期的对话与交融,这种对话在新中国成立尤其是改革开放之后日益成为"文明对话"的重要话题。随着中国改革开放的逐步深入,中国共产党坚持马克思主义宗教观,积极引导基督教与社会主义社会相适应,基督教已然成为社会主义文化建设中不可缺少的力量。与此同时,西方自由主义思潮也传入中国思想界,成为不可忽略的一种文化观念形态。

西方自由主义主要指西方政治哲学理论,大致产生于西方近代启蒙时期,随着资本主义经济方式的形成而产生。西方自由主义的基本主张主要体现在以下几个方面:在经济领域,反对公有制,宣扬彻底私有化;反对国家对经济的任何干预和调控,主张完全市场化。在政治领域,宣扬西方宪政民主,主要包括多党竞选、轮流执政、三权分立、互相制衡、司法独立、违宪审查、军队中立化与国家化等制度性内涵。在社会领域,宣扬西方的"公民社会",认为在社会领域里个人权利至上,国家不得干预;以"体现公民主体性""减轻政府执政成本"为借口,主张实行西方式的"小政府、大社会";称中国建设公民社会是保障个人权利的前提、实现宪政民主的基础、推进基层社会管理的"良方妙药"。在价值观领域,宣扬"普世价值",称西方的民主、自由、人权是超越时空、超越国家、超越阶级的人类共同价值,具有"普世性"、永恒性。①

自改革开放之后,中国的国门大开,并且逐步实行社会主义市场经济,西方自由主义思潮趁机而入,对中国的政治、经济和文化都产生了不小的影响。西方自由主义是西方发达国家的政治文化支撑,代表的是当代欧美发达国家近现代社会政治、经济所遵循的基本理念。港台新儒家以"返本开新"为思想出发点,"开新"乃是回应民主与科学的诉求,也包含着对现代"自由"价值观的接纳。现代新儒家与西方自由主义的会通,以张君劢的"自

---

① 梅荣政、杨军:《西方自由主义的流变、实质与危害》,《红旗文稿》2014年第3期。

由观"为代表,开启了二者对话的先河。对话的内容必然包括对以下问题的思考:第一,儒学在基本精神上与西方自由主义的基本理念(如个体主义)相冲突还是相融合?第二,儒学与西方自由主义在现代性概念上(如"人权""民主""自由""平等"等问题上)存在着哪些分歧?又有着哪些相同点,可否达成某种"重叠式的共识"?第三,儒学能否为21世纪的中国提供现代性的制度建设理念?或者说中国的现代性的制度建设能否离开儒家,或者离开自由主义的思想资源?等等。

无论学者们持有何种观点,我们必须清醒地认识到:中国在改革开放后已大踏步进入现代化发展新时期,必然面对"现代性的生活方式"。现代性的生活方式虽然起源于西方,但已然是普遍性、全球性的存在,它既塑造了西方,也塑造着中国。"中国在走向现代性的过程中自然需要与自身的文化传统和生活境遇融合,形成中国的现代化模式。"① 中国文化一直就有"兼容并包"的博大胸怀,而儒学是一个有着强大生机活力的文化基因或文化酵母,它在现代化的发展过程中完全有能力接受西方自由主义的挑战。无论从何种角度而言,西方自由主义思潮只能作为中国现代化进程中的"参照"或者"他山之石",而不能是"标准",换句话说,在中国现代化的文化支撑中,西学仅能处于"用"的地位,而不能是"体"的位置。我们所说的"西学为用","是在马克思主义指导下的批判地吸收,并且这种外来的文化为我们的文化所接纳和消化,内在地融合成一种更高形态的文化。马克思就对资本主义社会的'自由'、'平等'、'博爱'、'民主'、'人权'等价值观念进行了深入的批判,揭示出它们不过是资产阶级社会的意识形态的修辞罢了"。② 所以,我们主张"西学为用",不仅仅是吸收西方自由主义的合理成果,还包括其他民族文化和文明的优秀成果,真正平等地看待世界上的一切优秀文化,这完全不同于西化派的"欧洲中心主义"或"美洲中心主义",是更有利于促进不同文化之间的创造性融合的。

---

① 郭萍:《自由儒学的先声——张君劢自由观研究》,齐鲁书社2017年版,第392页。
② 何中华:《"马魂、中体、西用":方克立先生对中国文化发展方向的展望和沉思》,《理论与现代化》2017年第2期。

儒学是中华传统文化的主体，自由主义是西方文化的主流，"中"与"西"在这一层面的对话，是当代中国思潮之一。有学者提出"异质共建"观点，认为"二十一世纪的中国一定能以儒家'致中和'的姿态在自由与平等、个人与社会、市场经济与政府干预、精英政治与民主体制、价值理性与工具理性等价值诉求的分疏与互动以及由此而形成的必要张力中保持动态的平衡，从而赢得社会的进一步发展并对世界的和平做出贡献"。① 这一论断具有启发意义。中国儒学面对"现代性"问题时，要认真辨析西方"自由主义"言论，着力更新自己、提升自己，就像当年宋明时期儒学遇到佛老的"挑战"那样，能够积极面对问题，反而开出"理学"与"心学"新局面，形成儒学的新一轮高峰。这就需要吸收别人之长，补充自己之短。只要有开放的心态、正确的态度，西方文化与中国文化完全可以交流互鉴，形成"双赢""共赢"局面。但与此同时，我们也必须保持清醒头脑，某些西方发达国家并非意在文化交流互鉴，总有那么一些人和一些势力试图以"自由主义"否定中华文化、否定中国特色社会主义文化，进而否定我国政治制度和社会体制基础，甚至用以阻遏当代中国的现代化发展。这就不是文化交流互鉴问题了，而是深藏政治阴谋和不可告人的目的。当然，那不仅是痴心妄想，到头来也只能使它们自己碰得头破血流。我们欢迎文化交流互鉴，但绝不接受文化打压与遏制，中国现代化的步伐已经没有什么力量能够阻挡。

中国改革开放之后，各种思潮蜂拥而至，经过几十年的冲突碰撞、对话融合，各自位置及功能已然明晰。马克思主义作为主导思想，必须旗帜鲜明加以坚持，因为这是"近代以来我国发展历程赋予的规定性和必然性"，是我们正确开展哲学社会科学研究和探索的出发点。儒学作为中华传统文化的主流，在改革开放之后受到港台新儒家的"反哺"而大为复兴，"大陆新儒家"作为新兴群体正在形成，但儒学的复兴必须在马克思主义指导下，唯此才能成功。马克思主义是"主导"，儒学是"主体"，二者是"魂"与"体"的关系。我们不能无视西方自由主义思潮的存在，甚至还要看到它颇

---

① 冯川：《"新传统"与"儒家自由主义"就"儒学与现代性"话题与杜维明教授对话》，《博览群书》2002年第3期。

有市场，但"西学为用"绝不是以"西学"为标准，更不能毁自己之优去一味迎合，对此必须保持高度警惕。诚如众人的共识，"铸马学之魂，立中学之体，明西学之用"[①]，这是当代中国哲学社会科学发展的明智选择，是中国"文化自信"的基础与支撑所在，也是中华传统文化实现创造性转化创新性发展的基本遵循。

---

① 方克立：《铸马学之魂 立中学之体 明西学之用——学习习近平在哲学社会科学工作座谈会上讲话的体会》，《理论与现代化》2017 年第 3 期。

第 二 章
现代化进程中中华传统文化的历史角色

任何历史都是在传统和现代的碰撞中写就的，现代化的始发和进程必然受到各种因素的制约和影响。中华传统文化与现代化在历史演进中相遇，发生冲突与矛盾在所难免。梳理自 1840 年至今我国现代化发展的进程发现，传统与现代化总是在碰撞中，既相互对立、冲突，又相互渗透、借鉴，彼此在斗争中相互融合。传统文化既为现代化的发展贡献了具有中国特色的智慧与给养，使得中国现代化与优秀传统文化实现了较好的结合，同时传统文化中的糟粕又对现代化的进程造成了不小的阻碍。由此，我们需要对中华传统文化在现代化中的历史角色予以科学合理的定位，搞清楚中华传统文化在中国现代化进程中到底起到什么作用，具体表现在哪些方面；我们应当在什么样的维度上加以认识，以历史的视角对现代化进程中中华传统文化的功能价值，作出定性分析和定量研究。

一 中华传统文化促进现代化发展的思维智慧

中国现代化的发展与中华优秀传统文化是有机联系在一起的，这是毋庸置疑的。一方面，中华优秀传统文化本身有着推动现代化进程的内在基因，具有较强的活力与生命力；另一方面，现代化需要中华优秀传统文化的滋养与助推。在中国现代化进程中，中华优秀传统文化以其特有的智慧和功能，从多方面促进了现代化的发展，主要有：筑牢并守护现代化发展的民族文化根基、助推现代化发展的整体性思维、积淀现代化发展的治国理政经验、提供现代化发展立足点的思路借鉴。

（一）筑牢并守护现代化发展的民族文化根基

中华传统文化是在中华民族几千年发展过程中积淀而成的。中华传统文化深深地打上了中华民族的烙印，记载和凝结了民族发展的历史，在与外来文化的交流、碰撞、对抗与融合中，始终保持文化发展的民族特性。现代化是对过去或传统（包括传统文化）的对接与发展，同时也伴随着与过去或传统的决裂和对立。在传统文化与现代化不期相遇之际，对于现代化来说，最重要的问题在于传统文化有着如何的反应和作为。

从文化学视角来看，任何传统文化对社会发展中出现的新事物、新思想，首先总是带着审视的眼光过滤一下，进而形成一种抗拒的心理。所以，面对突然出现的现代化，传统文化的本能反应是固守本身、拼力抵御。这既是人们对社会发展自然具有的应对心理的反映，又是传统文化试图保持对社会影响力的一种无奈之举。具体到我国，在现代化来临之际，中华传统文化是在固根过程中逐步适应现代化发展的。受一家一户小农经济的浸淫，在封建大一统专制政治的束缚下逐渐形成的中华传统文化，经过几千年的荡涤和风风雨雨的洗礼，带有自己的民族特色，"我们应当给以总结，承继这一份珍贵的遗产"①。但是，中华传统文化对于现代化引发的新思想、新事物，在一开始是不能欣然接受的，总要以各种理由或方式加以反对和阻挠，试图把新东西排斥于现有文化体系甚至是社会生活之外。当这种努力失败之后，中华传统文化又要护住原有的根基，就不断地对现代化因素予以必要防范或尝试进行有限的融入。

1840年西方列强入侵中国之后，附带着给中国传入了一些现代化的物质文化和思想意识，从而引发了我国有识之士的深深思考。近代中国"睁眼看世界"的首批知识分子的优秀代表魏源认为，我们应该了解世界，学习西方先进的科学技术，主张"师夷长技以制夷"。林则徐一方面力抗西方列强入侵，另一方面对西方的文化、科技和贸易持开放态度，主张学其优而用之。洋务运动在"中学为体，西学为用"思想的指导下，主张引进西方军事设备、机器生产与科学技术，以此达到救亡图存的目的。"戊戌维新"试

---

① 《毛泽东选集》第2卷，人民出版社1991年版，第534页。

图通过向西方学习，实行资本主义改革，使中国富强起来，从而摆脱帝国主义列强的侵略。孙中山领导的资产阶级革命派提出"驱除鞑虏，振兴中华"的口号，主张三民主义，促进中国之国际地位平等、政治地位平等、经济地位平等，使中国永久适存于世界。旧民主主义革命时期，我国的思想家们对于现代化存在一些模糊认识，一是对什么是现代化没有一个明晰的概念，甚至把现代化等同于西方文化或其物质附属物；二是对中国如何摆脱帝国主义列强的侵略，使国家走上现代化的发展道路没有有效的解决方法和路径选择；三是没能正确认识中华传统文化和现代化之间的关系，或是否定了传统文化的价值，或是没能在实践中使二者实现有机结合。当然，他们都把如何使民族兴盛发展作为头等大事，有的思想启蒙者也认识到了应该从民族自身去寻找发展的出路。

1919年的新文化运动冲击了封建思想，使人们的思想得到解放，启发了中国先进的知识分子，并为马克思主义在中国的传播开辟了道路。但是，新文化运动中带有的"西化"导向，以及对中华传统文化价值的否定，也在很大程度上抑制了中华传统文化的现代转型与创新发展。孙中山认为，要"取欧美之民主为模范，同时仍取数千年前旧有文化而融贯之"[1]。我们要学习西方文化，终究要"作成中西合璧之中国"。对于现代化，我们必须清醒地认识到两点：一是现代化包含文化，但不等同于文化，既不等于西方文化，也不等于中国文化；二是中国现代化必定是中华民族的现代化，而不是其他形式的现代化。这是中国共产党人经过不断探索而形成的正确认识。

面对蜂拥而入的现代化因素，中华传统文化在固守民族性方面发挥了巨大作用。这些作用主要体现在以下三个方面。

一是以其超强的稳定性坚守着现代化发展的民族底色。中华文化延绵几千年，历经沧桑而不衰，面对外敌入侵和历史巨变的考验，依然显现出强大的生命力、顽强的意志力，始终与中华民族的特质连在一起。中华民族有着坚韧不拔的毅力、吃苦耐劳的精神和积极作为的品性，能够处变不惊，以平常心对待外来一切，能够很好地面对各种变化，表现出极强的适应能力。近代民族资本主义发展缓慢，不得不说传统文化对其影响很大。新文化运动崇

---

[1]《孙中山全集》第1卷，中华书局1981年版，第560页。

尚西方文化，弱化了中华传统文化的影响，但传统文化并没有因此减少对中国社会发展的作用力。即便是在传统文化与西方文化对峙的过程中，我国思想领域出现的新儒学派和西化派的交锋都没能摆脱中华传统文化的影响。西化派的思想家尽管抨击传统文化的弊端和糟粕，但他们仍然没能逃脱封建思想的牢笼，总是从民族主义出发考虑问题。西化派代表人物胡适一生追求民主、自由、人权，他从世界文明的角度观察思考中国，所关注的是中国的现实问题，关注的是中国在世界的地位、中国在现代化中的位置问题。即便是在由农业社会向工业社会迈进之后，我国在20世纪80年代开始由工业社会逐步向知识社会转变的过程中，中华传统文化也一直是在不断地矫正现代化发展的方向，始终发挥着维护稳定和坚守民族底色的作用。

二是对外来文化思想展现出超强的同化能力。中华传统文化能够几千年连续不断，说明我们民族有着虚怀若谷的博大胸怀，有着能够吸纳其他外来文化的兼容并蓄能力。中华文化根植于民族的血脉中，始终保持着文化的民族性。中华文化亦不保守，对外来文化总是有选择地进行吸纳和借鉴。重本抑末，是以自然经济为主的我国农业社会的一贯主张。而在南宋时期的永嘉学派则强调事功，认为义理不能离开功利，故而反对传统的重农抑商政策，主张农商一体，同时认为在坚持国学的同时也要注意吸收西学，借鉴西方文明成果。这种对中西文化的辩证态度，以及对"合内外之道"的不懈追求和可贵探索，成为对中华传统文化的新见解。因此说，中华传统文化并不是一味地排斥外来文化，如佛教从汉代传入我国，到隋唐达到鼎盛时期，直至今天已经完全融入我们的生活中。正是在融会中西的发展过程中，中华文化保持了长久而旺盛的生命力。

三是始终坚持以我为大或以我为主的惯性思维。由于国力的强盛，中国与周边国家一直是宗主国和附属国的关系，尤其到了清朝以后，人们把本国本朝当作世界政治、经济、文化的中心，认为大清王朝是泱泱大国，其他一切国家都是需要朝拜自己的藩属小国。在这种环境中延续发展的中华文化，不可避免地带有一种唯我独尊、蔑视天下的优越心理，这也造成国民对国家地位、发展方向以及自身不足等方面缺乏客观的认识。直到外国列强以坚船利炮打开国门，有识之士才从梦境乍醒，开始认识到国家在世界发展浪潮中已经落伍很久的现实。当然，大国心理一方面带来了夜郎自大、唯我独尊的心态和故步自封、停滞不前的状态，另一方面也在客观上使文化发展局限于自己民族的视野，带有浓重的民族色彩。

（二）助推现代化发展的整体性思维

从认识论视角看，中华传统文化在总体上呈现出一种宏大的思维整合模式，注意从相互联系、相互作用的视角认识和把握事物。在认识的出发点上，中华传统文化是从整体，或者说是从国家、社会整体利益、民族大义来把握与认知国家前途、民族发展等问题的。在认识的方法上，中华传统文化更多地采用了从事物的共同特征加以推演的"推类"的逻辑形式，即在整体上把握事物，从横向上关注事物的联系，如荀子的"以类度类"、墨子的"辞以类行"。简言之，中华传统文化整体性思维的特征主要表现为"和"，"和"是中华传统文化的价值追求。古代圣贤讲求"中和""中道"，"中也者，天下之大本也；和也者，天下之达道也。致中和，天地位焉，万物育焉"①。这实际上是要求人们考虑任何问题都要从"和"的视角出发。

在人与自然的关系上，中华传统文化的"和"，意指"天人合一"。远古时期人们的敬天、畏天意识，对我国小农经济发展有着较大的影响。后来，先哲们认为，人是宇宙自然演化而生，人与万物一体，人是自然的一部分，"天地与我并生，而万物与我为一"②，天道与人道是一致的，"道未始有天人之别，但在天有天道，在地则为地道，在人则为人道"③。人要知天悟道，"人法地，地法天，天法道，道法自然"④。只有在与自然的和睦相处中，人才能不断与"天地合其德"⑤。尽管这种"天地人和"思想有其局限性，甚至有些观点是错误的，如把天神秘化、宗教化，直至把人道神化，但是，天人合一的思想蕴含着人要遵从自然规律，与其他生物同其天地、以友相处的要求，即"民吾同胞，物吾与也"⑥。在今天推进生态文明建设中，

---

① 《礼记·中庸》。
② 《庄子·齐物论》。
③ 《二程集·河南程氏遗书》卷 22 上。
④ 《道德经》第 25 章。
⑤ 《周易·文言传》。
⑥ 《张载集·西铭篇》。

我们需要维护生态平衡，建构新的人与自然和谐共处的关系，使天人真正合一。

从人与人的关系上，中华传统文化有仁爱思想，能够求同存异、和而不同。人不同于动物，"禽兽有知而无义，人有气、有生、有知，亦且有义，故最为天下贵也"①。仁是人道，仁者爱人，"立人之道，曰仁与义"②。对家人，孝悌为本。"亲亲，仁也。敬长，义也。"③ 当然，仁爱求和不是无原则的，"和"也不是一团和气。仁爱是对人的一种态度，求和是要求人们在矛盾冲突中寻求双方的共同利益与共同之处，从而达到和谐状态。"万物负阴而抱阳，冲气以为和。"④ "非攻"就是不要非正义战争，对待侵略要用正义战争加以制止。现代化需要一个国家、一个民族甚至整个人类的共同努力才能完成，当然也需要一种"和"的文化来涵养精神、凝心聚力。在共同利益基础上的齐心协力，方能实现人类社会的发展目标。

"和"还表现为天下为公、利济苍生的大同思想。"大道之行也，天下为公"，人人尽其所能，"讲信修睦"，平等相助，"是故谋闭而不兴，盗窃乱贼而不作。故外户而不闭，是谓大同"⑤。这要求人们从公心、从天下百姓的安危出发，处理个人与公利、与国家的关系。"至公无私，大同无我，虽眇然一身，在天地之间，而与天地无以异也。"⑥ 废私立公，则心胸豁达，眼界宽阔，为政者临政官民，论贤举能，就会王道荡荡，国泰民安。民众"志意修，德行厚，知虑明"⑦，则能克己为公，忠信仁爱。因此，"吏多私智者，其法乱；民多私利者，其国贫"。⑧ 这种"和"是从社会理想的视角出发，以协调各种关系达到整体和谐。

中华传统文化所蕴含的"和"之价值追求，彰显出中华民族遵从自然规则的生态自觉，体现出中国人民的仁爱之心，显示出普通大众天下为公的

---

① 《荀子·王制》。
② 《周易·说卦传》。
③ 《孟子·尽心上》。
④ 《道德经》第42章。
⑤ 《礼记·礼运》。
⑥ 《二程集·河南程氏粹言·论道》。
⑦ 《荀子·正论》。
⑧ 《管子·禁藏》。

大局情怀，折射出中华文化中应有的整体性思维方式。这种整体性思维对现代化建设具有助推作用。这一助推价值，主要表现在以下三个方面。

其一，现代化建设需要一种整体思维。对于一个社会来说，现代化是社会各个领域的协调发展、稳步前进。任何一个社会的现代化都涉及经济、政治、文化、社会和生态等多方面的建设，需要形成经济富裕、政治民主、文化繁荣、社会公平、生态良好的发展格局。就一个国家而言，现代化应是工业现代化、农业现代化、国防现代化和科学技术现代化的有机统一。对于自古以来一直以农业为主且是一个农业人口占绝大多数的大国而言，如何解决生产力和生产关系之间的矛盾、上层建筑和经济基础之间的矛盾，处理好当前与长远、局部与全局的关系，协调不同领域乃至不同区域的发展，都面临着极大的困难和挑战。因而，没有一种整体性思维是难以实现现代化的。中华传统文化的整体性思维方式，对于国家和社会现代化的实现大有裨益。在党的七届二中全会上，毛泽东提出使我国由落后的农业国变成先进的工业国的奋斗目标[1]，在20世纪60年代我们党把"实现社会主义四个现代化"确立为国家发展的总体战略目标；我国由着重于"经济现代化"到经济、政治、文化共同发展，发展战略布局由"四位一体"到"五位一体"，都是整体性思维在现代化建设布局上的生动展现。

其二，现代化需要一个和谐的环境和氛围。中华传统文化的整体性思维要求以"和"处理人与人的关系、国与国的关系，这有助于形成社会的安定内部环境和良好外部条件。中华民族是一个多民族国家，不同民族之间既有传统习俗、思想观念的差异，又有发展程度的不同。随着农业社会逐渐向工业社会转型，诸多不稳定因素产生，同时又衍生出许多利益矛盾。如何平稳过渡，协调好人们之间的利益关系，这是我国现代化进程中不可避免又必须解决好的重大问题。我国与多国相邻相望，有着领土、领海、领空等多方面的交集，周边的国际环境十分复杂。同时，我国在历史上遭受到多次外族入侵，1840年以后各国列强对我国发动了一次又一次的侵略战争，这使中国现代化更加步履维艰。尽管国人力图改变这种状况，但由于国家长期闭关锁国，各方面落后于西方列强，所以只能落后挨打，在很长时期内没能使现

---

[1] 《毛泽东选集》第4卷，人民出版社1991年版，第1433页。

代化走上正轨。直到新中国成立后，中国共产党领导中国人民才逐渐走上了民族繁荣、国家强盛的现代化之路。实现现代化还有很长的路要走，如何处理国与国之间的关系仍然是一个必须认真对待的重大问题。1953年，我国提出了国与国之间相处的"和平共处五项原则"，当下习近平提出构建人类命运共同体的倡议，都是对中华传统文化"和合"思想的继承和发展。

其三，现代化发展需要有"和合"的顶层设计。任何社会的现代化发展，必须有一个整体的构思及发展思路。其中包括总体目标和具体设想、整个过程与阶段分期、国家发展与地方增长等。中华传统文化的和合思想，为党和国家进行顶层设计提供了重要借鉴和有益遵循。中华民族笃定"天下大同"理想，意在追求国力的增长、人民利益的实现，讲求的是社会的和谐；国家强调"政是以和"，意在社会各阶层的齐心协力、各民族的团结一致，讲求的是现代化发展的总体与全局。从毛泽东的《论十大关系》到今天习近平强调的创新、协调、绿色、开放、共享的发展理念，都体现出"和合"的智慧，展现出对现代化的战略规划，都关系到国家发展思路、发展方式和发展着力点的大问题。

（三）积淀现代化发展的治国理政经验

现代化发展需要借助一定的管理手段来实现，管理理念是否科学、管理机制是否健全、管理方式是否有效，直接决定着现代化发展的速度与广度。中华传统文化蕴含的关于社会管理机制等思想，能够为现代化社会管理提供良好借鉴。

其一，从家庭维护外推至社会结构，适应了中国古代社会管理的需要。一家一户的分散的小农经济社会，催生了自由散漫、个体封闭和关注自我的思维方式，形成了以家世利益为轴心的家族主义管理模式。在这种社会条件下，如何理顺各种社会关系，引导民心归服，使社会稳步发展，既是统治者所要承担的历史使命，也是思想家必须研究解决好的社会问题。由此，必然涉及为什么要这样做、从何做起、怎样做的问题。小农经济带来了管理的两难选择，即不管就散，一管就死。从社会管理的视角看，统治者强化管理从而使社会按照其意志运行是必然的，而管理小农经济条件下的社会，首先需要找准突破点。小农经济存在的基础是一家一户，且政治结构是家国一体，只要把家庭管理好了，社会组织结构就能稳定，整个社会就不会有大的起伏。社会管理者或曰统治者便从家庭的管理开始，制定了一系列的规范要求以约束人们的言行。以家统国，看起来似乎不合逻辑，但恰恰是中国古代的特色，而且是与古代中国社会结构相契合的。

在小农经济条件下，以血缘宗法制度为基础的古代社会结构，对中国由古代社会向现代社会的演进产生了巨大影响。小农经济是以生产资料的个体所有制为基础的经济，其以家庭为生产、生活单位，农业和家庭手工业是结合在一起的，具有自给自足的自然经济性质。古代社会强调宗法血缘关系和等级森严的社会关系，形成了血族与政治一体化的线性社会政治组织，构成了家国一体、一统天下的社会体系，在此基础上产生的文化思想，维护的是以等级制为纲的宗法精神。中国古代社会所特有的经济、政治、文化一体化的结构形态，显现了其超强的稳定性，融合了多民族共处同一体中，创造了灿烂的中华文明，维持着古代社会的稳定与缓慢发展，其对国家现代化发展中社会管理机制的确立具有重要启示作用。当然，宗法文化又是与现代社会格格不入的，从一定意义上说，古代中国社会结构延缓了民族发展的步伐。

中华传统文化蕴含的从家庭协调到国家管理，把齐家与治国放在同等重要的地位，以齐家为治国的必要条件的思想，至今仍有重要价值。"古之欲明明德于天下者，先治其国；欲治其国者，先齐其家"，"家齐而后国治，国治而后天下平"。① 以家庭作为治国理政的重要基础和切入点，一方面说明家庭对于一个社会而言具有极为重要的地位，另一方面要求治国理政需要根据不同的情况选好突破口。对于一个农业大国而言，我们的先哲们作出这样的决定是有一定智慧的。家庭管理的状况，不仅影响到人们的生活质量，更为重要的是关涉社会的稳定。

其二，古代中国社会结构的维系机制，是依靠严格的人伦规范系统展开的。"礼，经国家，定社稷，序民人，利后嗣者也。"② 维系古代社会结构的人伦纲常体系，是以宗法精神为核心的。对于如何从家庭管理开始逐步推及社会管理，宗法制社会的特点决定了，需要在家庭中确立一套伦理规范要

---

① 《礼记·大学》。
② 《左传·隐公十一年》。

求，而且要符合家庭本身的特点及宗法制的等级秩序。传统中国的家庭结构是十分紧密的。在小农经济架构中，一家一户简单的耕种方式及经济生活，使同宗同族形成了休戚与共的命运共同体。管理好小农经济家庭并不是一件容易的事情，其中的人伦关系是多种多样的，不仅以共同的经济、心理、风俗习惯等为生活基础，而且蕴含着浓浓的血脉相连、斩不断理还乱的亲情关系。因而，制定既维护宗法制下的家庭关系，又体现温情脉脉的血缘亲情的人伦纲常，显得尤其必要和重要。古代中国的家庭以夫妻关系为轴心，衍生出了父母、兄弟、祖孙等亲戚关系、宗族关系、同宗内的代际关系、代内关系等。根据由亲到疏、由近及远的原则，周朝时期就提出了以孝为中心的家庭伦理纲常规范。"天与我民五常，使父义、母慈、兄友、弟恭、子孝。"①儒家提出了以"仁"为核心的孝悌为本的规范体系，从孔子的仁爱，到孟子的"仁义"及"五伦"，到董仲舒的"三纲五常"，再到宋明理学，不断使家庭伦理纲常愈加系统化、细密化。

　　家庭伦理纲常的确立只是社会管理体系的一个方面，在古代中国的人情社会中发挥了巨大作用。儒家提出要以忠恕之道待人，要泛爱众，"博施于民而能济众"②，要以仁爱之心关怀他人，"己欲立而立人，己欲达而达人"③，"己所不欲，勿施于人"④。墨家学派则提倡"兼爱"，人们应当"视人之国，若视其国；视人之家，若视其家；视人之身，若视其身"⑤。只有无差别等级的相爱，才能化解社会矛盾。同时，从平民百姓的角度出发，他们还主张"非攻"，主张国与国之间相互尊重，不要发生非正义战争。社会生活中由此也繁衍出诸多的礼仪要求，如尊老敬老、抚幼爱幼，"老吾老以及人之老，幼吾幼以及人之幼"⑥，待人接物礼让谦恭、严于律己、宽以待人、入乡随俗，仪态端庄大方、彬彬有礼、言行得体，交友择朋诚信为本、与人为善、同舟共济，等等。这些人伦纲常既规范着"君君臣臣父父子子"

---

① 《尚书·康诰》。
② 《论语·雍也》。
③ 《论语·雍也》。
④ 《论语·颜渊》。
⑤ 《墨子·兼爱中》。
⑥ 《孟子·梁惠王上》。

的社会组织结构和等级秩序，也维系着人与人之间的纯情关系。这种社会管理和运作方式，体现了中国古代社会的特点和先哲们在治国理政方面的思考。

其三，德法结合的治理机制，对规范社会秩序与维系社会安定发挥了重要作用。纵观古代中国社会发展，统治者治理国家无非采用的是法治、德治、德法结合的手段，其中，纯粹单一的法治或德治是不可能的，由于中国古代社会政治经济状况的复杂性以及德、法治理手段的特点，需要把德法结合起来合力治国。

儒家从人性善的视角强调道德教化，注重德治。"道之以政，齐之以刑，民免而无耻；道之以德，齐之以礼，有耻且格。"① "教，政之本也；狱，政之末也。"② 儒家并不否认"政""刑"的作用，认为它们也是治国治民的重要手段。孔子提出宽猛相济的观点，主张"政宽则民慢，慢则纠之以猛。猛则民残，残则施之以宽。宽以济猛，猛以济宽，政是以和"③。另外，礼乐与政刑是相辅相成的。"礼节民心，乐和民声，政以行之，刑以防之。礼乐刑政，四达而不悖，则王道备矣。"④ 当然，礼乐与政刑的治理效果是不同的，对之应有不同的态度。"夫礼者禁于将然之前，而法者禁于已然之后。"⑤ 即儒家主张礼乐教化在先，政刑惩罚在后。

法家认为好利恶害、趋利避害是人的本性，因而要依法治国。法可以定纷止争，兴功惧暴，对社会的稳定起到至关重要的作用。他们提出，法要"布之于众"，官吏要依法断案，百姓要遵法行事。人人都要依法办事，"废常上贤则乱，舍法任智则危。故曰：上法而不上贤"⑥。而且刑无等级，"不别亲疏，不殊贵贱，一断于法"⑦。从总体上看，法家主张用法治代替礼治，认为儒家的礼乐、仁义等思想是祸国殃民之学，但法家并没有否认道德的作

---

① 《论语·为政》。
② 《春秋繁露·精华》。
③ 《左传·昭公二十年》。
④ 《礼记·乐记》。
⑤ 《汉书·贾谊传》。
⑥ 《韩非子·忠孝》。
⑦ 《史记·太史公自序》。

用。管仲提出"礼义廉耻"是国之"四维","四维不张,国乃灭亡"①。对于义利、诚信等问题,管仲也有着自己的观点。法家还指出,诚信是成人立身之关键,变法改革的基础。"先王贵诚信,诚信者,天下之结也","信之者,仁也。不可欺者,智也。既智且仁,是谓成人"②。可以说,只有诚信,才能赢得民众的拥护。法家强调利对于道德的意义,"仓廪实,则知礼节;衣食足,则知荣辱"③。他们认为利有公私之别,公利就是君主的利益,私利就是平民百姓的利益,要求去私利,行公利,因为"私义行则乱,公义行则治"。④

儒家和法家尽管在倾向性上分别坚持了德治和法治两种路径,但中华主流文化则一直是把德治与法治联系在一起的。正是德法的结合,保障了社会的平稳与百姓生活的安定,这是我国古代社会治理实践得出的经验。当然,我们不能由此把中华传统文化中的德治和法治,与当今社会的依法治国与以德治国同一而语。但从历史借鉴的视角看,古代社会治理的德法结合模式,无疑为我们现代社会的治国理政提供了诸多可资借鉴之处。

(四)提供现代化发展立足点的思路借鉴

社会发展的目的是什么?现代化是谁的现代化?在中国现代化发展的历史新时期,这些问题又被推到人们面前,而且历史再一次需要人们很好地回答,尤其是当代中国处在民族复兴的伟大时刻,更应该回答解决好这些问题。实际上,中国共产党人已经明确地给出了解答。全心全意为人民服务是中国共产党人的根本宗旨,以人民为中心是以习近平同志为核心的党中央治国理政的出发点和落脚点,这恰恰是对中国传统民本思想的批判借鉴与创新发展。民本思想一直是中华传统文化中的重要内容。尽管这些思想只是统治者的一种驭民、愚民之术,且更多的时候只是停留在理论或口头表达层面,并没有形成制度或在实践操作中贯彻到底。但是,中华传统文化中的"民本"思想,为我们今天确立现代化发展目标及其价值追求,仍提供了很好的

---

① 《管子·牧民》。
② 《管子·枢言》。
③ 《管子·牧民》。
④ 《韩非子·饰邪》。

借鉴，其中有三点尤为重要。

第一，摆正民众百姓在社会中的位置。"民惟邦本，本固邦宁。"① 自有官民关系以来，许多思想家都对如何处理官权和民心的关系作了自己的注解。周公提出了"敬德保民"思想，认为"皇天无亲，惟德是辅。民心无常，惟惠之怀"②，要求君王必须时时刻刻把老百姓放在心上。孟子提出了较为系统的民本思想，认为首先要重民，"民为贵，社稷次之，君为轻"③。在国家发展过程中，民众的作用比王公贵族更为重要，是天下兴亡的根本性要素。荀子认为："庶人安政，然后君子安位。传曰：'君者，舟也；庶人者，水也。水则载舟，水则覆舟。'"④ 因而，君王要顺民意、得民心，因为"得天下有道，得其民，斯得天下矣；得其民有道，得其心，斯得民矣；得其心有道，所欲与之聚之，所恶勿施尔也"⑤。要政令畅行，就必须得到民众拥戴，"政之所行，在顺民心；政之所废，在逆民心"⑥。能否得到民众拥戴，这是明君圣王能否一统天下的重要条件。"古者明王圣人，所以王天下，正诸侯者，彼其爱民谨忠，利民谨厚。"⑦ 只有对民众有仁爱之心，才能为百姓所拥戴。中国共产党人在长期的革命、建设和改革过程中，始终牢记人民主体地位，坚持"人民是历史的创造者，是决定党和国家前途命运的根本力量"⑧，由此取得了社会主义革命、社会主义建设和改革开放实践的伟大胜利。今天，夺取新时代中国特色社会主义伟大胜利，实现中华民族的伟大复兴，同样需要坚持以人民为中心，正确处理好执政党和人民群众的关系。

第二，国家治理需爱民惠民。《尚书·大禹谟》记载了大禹的民本观点。他主张"德惟善政，政在养民"，并积极在施政中贯彻。如大禹治水，

---

① 《尚书·五子之歌》。
② 《尚书·蔡仲之命》。
③ 《孟子·尽心下》。
④ 《荀子·王制》。
⑤ 《孟子·离娄上》。
⑥ 《管子·牧民》。
⑦ 《墨子·节用中》。
⑧ 习近平：《决胜全面建成小康社会 夺取新时代中国特色社会主义伟大胜利——在中国共产党第十九次全国代表大会上的报告》，人民出版社2017年版，第21页。

"施仁政于民，省刑罚，薄税敛，深耕易耨"，而达到"仁者无敌"①。只有关心民众之疾苦，施政纲领才符合民众需求，获得民众拥护。"乐民之乐者，民亦乐其乐，忧民之忧者，民亦忧其忧。"② 荀子提出了"富民""养民""裕民"的思想。"足国之道，节用裕民，而善臧其余。节用以礼，裕民以政。彼裕民故多余，裕民则民富，民富则田肥以易，田肥以易则出实百倍。"③ 只有民众富足了，国家才能稳定，君王才能安心。治国理政就是要通过理顺君与民、国与民、民与民的关系，以使国家政令畅通，"政是以和"，便可达到国力强盛、民众富裕、民族繁荣。管子认为："民恶忧劳，我佚乐之；民恶贫贱，我富贵之；民恶危坠，我存安之；民恶灭绝，我生育之。"④ 今天，我们实现"两个一百年"奋斗目标，进行社会主义现代化强国建设，为的是要实现国家富强、民族复兴、人民幸福。在此意义上看，治国理政是一种手段，是中国共产党践行初心和使命的现实平台，其目的在于"使老有所终，壮有所用，幼有所长，鳏寡孤独废疾者，皆有所养，男有分，女有归"⑤，也就是要国泰民安。

第三，对民众的管理要施以仁政，善教德化。"善政不如善教之得民也。善政，民畏之；善教，民爱之。善政得民财，善教得民心。"⑥ 要"平政爱民"，施恩惠于民，而不能对民施以暴政。"天下之务莫大于恤民，而恤民之本，在人君正心术以立纪纲。"⑦ 爱护、体恤百姓是国家之本，体恤百姓的根本则是君王端正心术，确立明晰的纲纪法度。关心百姓，就要引导、教化百姓遵德守纪，崇贤尚义。"夫民者，诸侯之本也；教者，政之本也；道者，教之本也。有道，然后教也；有教，然后政治也；政治，然后民劝之；民劝之，然后国丰富也。"⑧ 治国理政不在于"治"，也不在于"理"，而是在治理中树人。管仲主张："一年之计，莫如树谷；十年之计，莫如树木；

---

① 《孟子·梁惠王上》。
② 《孟子·梁惠王下》。
③ 《荀子·富国》。
④ 《管子·牧民》。
⑤ 《礼记·礼运》。
⑥ 《孟子·尽心上》。
⑦ 《宋史·朱熹传》。
⑧ （汉）贾谊：《新书》卷9《大政下》。

终身之计，莫如树人。"① 教化百姓，要对民众施之以宽。明代的王夫之提出，"宽者，养民之纬也"，"故严以治吏，宽以养民，无择于时而并行焉，庶得之矣"②。以仁义教化百姓，通过循礼而规范行为，就可以"有耻且格"，反之，"不教而杀谓之虐，不戒视成谓之暴"③。中国特色社会主义现代化征程中的治国理政实践，不是表层上的百姓归顺、社会秩序条理，而是要在治理中使广大人民群众形成国家意识，产生民族责任感，真正对国家忠诚，自觉自愿地为民族的复兴贡献自己的力量。因而，通过引导、善待百姓，能让人民群众心悦诚服，能把社会的规范要求转化成为内心信念，成为"居于内心的道德法则"，此为治国理政的真正目的所在。当然，治国理政并不是仅仅依靠柔性政策就可实现，还要宽严相济，坚持法治和德治相结合。

尽管中国古代的民本思想为新时代中国特色社会主义现代化建设提供了诸多借鉴和启发，但其中亦存在着一些不合理的内容，需要加以鉴别与剔除。如爱民、惠民的目的并不在于为百姓造福，而只是为了统治者的私人或集团利益。中国传统的民本思想有着极大的局限性，我们需要结合时代发展对之进行改造创新，才能有效发挥其当代价值。

二　中华传统文化阻滞现代化发展的糟粕缺陷

中华传统文化的积极因素，催发着我们民族现代化发展的步伐，但传统文化毕竟是历史的产物，历史的局限性总会在其发展中留下痕迹，加之传统文化自身的原因，其中的诸多糟粕也会抑制现代化的进程，如传统社会以农业文化为重，阻滞了近代以及现代科学技术的进步，宗法制度的血缘文化造成国民民主精神、公民意识、法治观念的淡漠，家族主义等小农意识限制了人们的视野眼界，束缚了社会主体参与现代化的积极创造精神。这一切，都在一定程度上影响到现代化的发展和推进。

---

① 《管子·权修》。
② 《读通鉴论·汉桓帝》。
③ 《论语·尧曰》。

(一)农业文化抑制了科学技术的拓展与提升

中国自古是一个农业社会,由此创造了与农业有关的文明成果,促进了农业社会的进步。但是,农业文化所产生的"重农抑商"等政策,限制了科技理论的拓展与提升,而科学技术的发展恰恰是现代化所包含的主要因素、是现代化的根本标志。由此,科学技术发展的迟缓严重阻碍了中华民族步入现代化的进程。社会发展是一个系统建构的过程,需要各种要素的相互协调。农业社会以农为主是天经地义的,然而专注于农业忽视其他则会使社会发展形成跛脚。农业社会的生产方式塑造了农耕文化以及由此生成了重农意识,在其指导下制定的经济政策一旦超出了经济领域并作为整个社会意识形态的重要构成,就会在全社会范围内产生广泛且深远的影响。如"重农抑商",重经验传授轻理论建构等理念的盛行,都在很大程度上抑制了社会的全面进步,这也是妨碍中国古代科学提升、造成近代科学滞后的主要原因之一。近代科学发展缓慢,科学与技术无法有效地结合在一起,农业社会也就无法尽快地转向工业社会,中国科学技术的总体水平必然要落后于西方国家,现代化的进程也就不可避免地延缓了。

首先,农业文化带来社会各行业发展的不平衡。一个社会的发展是多层面、多领域、多视角的。一个农业社会,关注农业的科技水平,制定相关的制度与法令,对农业发展的政策倾斜,都无可厚非。然而,农业的发展一方面需要自身保持先进性,另一方面更需要其他各个领域的支持和辅助。立足社会生产活动的历史发展顺序,社会生产的产业结构可分为三大产业,即农业、工业和服务业。三大产业相互依赖、相互作用、相辅相成。但是,三大产业在现代化进程中的作用、比重是不尽相同的,因而有一个轻重缓急、先后顺序的发展问题。在中国古代农业为重的社会条件下,如不能迅速使农业与工业等其他产业相融合,不仅会由于产业的不均衡发展造成社会结构的畸形,而且还会对人们的思想认识产生误导。一些人总认为广袤的大自然会给我们带来丰富的物质财富,发展农业会带来现实利益的满足,因而把注意力过多放在如何发展农业及相关产业方面,却不重视、歧视甚至阻滞商业的发展。中国古代社会长期采取"重农抑商"政策,在思想文化上对农业以外的行业进行排斥,民间则把面朝黄土背朝天当成本分。人们的社会生活只是限于满足最基本的衣、食、住、行的物质需要，思想意识中也渐渐形成了关注现实利益、小富即安、知足常乐等观念。受其影响，人们在科学研究领域的认知，更多的是从经验出发，主张经世致用，对社会发展认知的视野并不开阔。所以，明朝时期出现的资本主义商品经济萌芽，在我国没有得以茁壮成长，一直延续下来的农业文化始终占据着主导地位，这极大地延缓了古代文明向近代文明的过渡步伐。而轰轰烈烈的欧洲工业革命则如火如荼地进行，使西方世界各方面飞速发展，迅速地推进了现代化的发展进程。

其次，实证科学的乏力。实证科学是指对自然界、人类社会现象中的经验事实进行把握、认知，进而揭示出其内在规律，并在实验中进一步证实其经验上的真理性和价值性。实证科学为社会发展提供理论探索和实践证成的方法论指导。中国古代的科学技术长期处于世界领先地位，然而近代以来却明显落后于西方，没有产生出实证自然科学。究其原因，主要在于科学研究定位的偏差。科学研究的终极目的是要发挥人类自身的最大能量，让人们在把握客观世界的过程中满足自己的需要。中国古代科学家大都认为科学研究应以实用为价值取向，以对当下生活或社会带来实际价值为主要目的。人们进行科学研究旨在把自己面对的问题解决好，或是探求怎样为我服务的问题，而对以抽象的思维探讨一些形而上的东西则不感兴趣。尽管中国古代科学在数学（代数）、医学、电磁学、测绘、交通等领域取得了相关技术的进步，而且也一度在世界居于领先地位，但实证科学一直是缺乏的，并没有在近代使中国走上工业化的道路。

农业文化思维方式存在明显不足。科学研究是人通过各种方式，透过诸多现象，不断探索自然、社会奥秘的一种实践活动。它是以理论的形式形成对客观世界的抽象逻辑把握，或是以实际经验形成惯性思维指导人们的认知，或是通过思辨与经验的结合以实证形式接近对事实现象的认识。只要能够把握到客观事实的本质，任何方式都是可取的。中国先哲们更为注重从经验出发得出定论，这些结论的正确与否是在一代又一代人的经验积累中得以验证的。农业文化要求人们遵循古制，讲求对先哲们的经验进行诠释，从思维方式来说就是重经验轻论证，重解读轻创造，重传统轻发展，以这种思维方式去认识事物，就难以出现近代科学发展所需要的分析、归纳、实验证成的研究方法。

再次，农业文化影响了科学研究应有的政策支持和创造热情。科学研究需要一定的原动力和社会的强大助推力，也要有一定氛围和兴趣点。从一定意义上说，政府对科学研究的态度决定了社会发展的方向和速度。古代中国的统治者为了政权的巩固，在社会管理的过程中把人们的视野引向功名利禄。中华传统文化中有一种轻视科学研究与技艺的倾向，对社会职业认识则是"万般皆下品，惟有读书高"，读书是为了什么，"学而优则仕"，只有入仕才能成为人上人。人们由此把目光盯在如何精研孔孟之道上，以考取功名、入仕当官为荣。人们崇尚仕途，瞧不起能工巧匠，把大量精力、财力用于挤入官道，无暇顾及科学研究，即便是出现了一些在实用科学领域如天文历算、医学等优秀科学家，仍不能引导人们转向对自然科学的研究。同时，古代思想家较为注重实际运用的经验指导，忽视理论的总结，对其学生、弟子使用亲传身授等方法，没有组织起由经验到理论的研究团队。因而，科学研究缺乏坚实的人才队伍基础，研究人才的短缺，使得科学研究缺乏后劲，无法实现其延续性、整体性。

科学研究不仅需要大批的人才储备，而且还要有充足的研究资金。"重农抑商"政策的实施，影响了整个社会资金的流向。政府投入资金所设立的国子监、太学、州学、府学、书院等学术机构，并不是为了推进科学研究和科学技术发明，而是为了诠释解读各种典籍，即便其中有关于自然科学的内容，也只是用于整理和存档，并不是为了创造新的成果，总体上没有用于科学探索的资金安排。从社会情况来看，农民家庭仅靠几亩薄地，或租种地主的土地，让其子弟读书求学已经很不容易，不可能再有发明创造的资金投入。即便是地主、官宦、商人家庭，首先考虑的也是现实利益，或拿钱捐官、培养子弟应试科举入仕，或置办家产等。因此，古代、近代中国的经济总量长期排在世界前列，但以农业为重使得整个社会缺乏进行科学探索的资金安排。"重农抑商"政策将农民束缚于土地上，使得农业生产主要以小块土地经营、精耕细作为主，农民缺乏改造土地的技术和能力，政府也不向农业进行更多的投入，当然也就没有农业生产技术的改进，更谈不上农业科学的发展。尽管我国古代的农学取得了一定成就，甚至在一定时期处于世界领先地位，然而，迂腐而专制的"重农抑商"政策以及官本位思想等，都造成了人们在农不重农的价值取向，也就难以推动和实现农业科学的发展。同时，古代中国的农业是第一产业，其状况直接决定着整个社会的发展，近代科学发展落后亦不可避免。

总之，"重农抑商"政策的长期实施，改变了人才和资金的流向，使人才主要为入仕而忙碌，资金大量用于购买土地，导致古代、近代中国缺乏进行科学探索的人才和资金条件；同时也抑制了农业、手工业的技术进步，使商人不关心技术进步、不愿采用新技术而致使科学探索缺乏需求和动力。

在我国社会主义现代化建设中，我们党和国家一方面不断调整着产业政策，以农业为基础，工业为主导，加快发展服务业，努力使三大产业趋于平衡发展，逐步走向工业化发展的道路，取得了令人瞩目的成就。另一方面则坚持科学技术是第一生产力的理念，加快科技创新的步伐，使我国在一些领域缩短了与发达国家的差距，甚至在有些领域已经走在了前列。但也应看到，目前我们的科学技术也面临着困难和挑战，"发展不平衡不充分的一些突出问题尚未解决，发展质量和效益还不高，创新能力不够强，实体经济水平有待提高"①。因此，需要加快科技创新，建设现代化经济体系。一要"瞄准世界科技前沿，强化基础研究，实现前瞻性基础研究、引领性原创成果重大突破"②。现代化需要强劲的科技力量为先导，科技的进步是基础性研究与前沿性研究的结合，是在不断创新中实现的，需要我们强化科技创新理念，不断加大各个领域创新研发的支持与投入力度，努力成为科技强国、创新强国。二要培养科学技术创新人才，建设一支高素质、有能力、创新意识强的科技人才队伍。现代化的实现是人才队伍的不断发展与成长的过程。现代化建设既要有能吃苦耐劳、为国家建设勤勤恳恳、能够承担起国家各个领域重任的劳动者大军，更要有走向世界而且能走在世界前列的科技创新人才大军。在这方面要有前瞻性，要创新人才引培战略，制定相应政策，加大人才培养力度，"培养造就一大批具有国际水平的战略科技人才、科技领军

---

① 习近平：《决胜全面建成小康社会 夺取新时代中国特色社会主义伟大胜利——在中国共产党第十九次全国代表大会上的报告》，人民出版社2017年版，第9页。

② 习近平：《决胜全面建成小康社会 夺取新时代中国特色社会主义伟大胜利——在中国共产党第十九次全国代表大会上的报告》，人民出版社2017年版，第31页。

人才、青年科技人才和高水平创新团队"①，力保中华民族一直走在世界的前列。三要坚持重点论与两点论相结合的方法论，根据我国现代化建设的实际，走出我们自己的科技创新之路。要认清当下我们发展的问题和劣势，在全面发展的基础上集中力量攻关，补齐存在的短板，努力成为世界一流科技强国，为现代化强国建设提供强大科技力量支撑。

（二）宗法文化造成公民意识培养乏力

绵延中国几千年的宗法制是基于家庭血缘关系秩序，按其内部成员亲疏关系以确立政治特权、财产权继承的世袭制度。其源于原始社会的父系家长制，至周朝形成完备的制度，后来影响到各个封建王朝，使传统文化带有浓郁的宗法色彩。宗法文化具有明显的宗族性、等级性、血亲性，表现为处于统治地位的宗族内部等级序列和国家政治统治的行政序列合为一体。宗法文化主导了中国两千多年的历史，深刻地影响了中国人的国民性。

首先，民主精神有待进一步树立。人类社会步入现代社会的一个重要特征，是民众享有充分的平等自主参与国家管理的权利和义务。在新中国成立之前，这是无法实现的。这固然与民众尚未取得应有的自主地位有关，也与传统文化的基本精神相连。因为由传统文化塑造的宗法关系层级结构，形成了上对下的权威、下对上的绝对服从体系。这种宗法文化具有多重内涵和表现。

其一，坚守"官本位"。以官为本、以官为尊、以上为尊、以官为贵。按人们的权力大小划分地位的尊卑贵贱、严格等级规则，不能僭越，更不能犯上作乱。由此，形成了权力崇拜、权力至上的价值理念，助长了长官意志、附庸盲从的作风，导致唯上是从、个人专断、"一人当官，鸡犬升天"的现象产生。虽然传统文化中有着诸多民本观念，有的已被统治者所接受，但在"君为臣纲，父为子纲，夫为妻纲"基本准则的引导下，"普天之下，莫非王土；率众之滨，莫非王臣"的意识已经深入到社会的各个层面。统治者通过颁布强化中央集权专制的政令实现对社会的控制，民众则要恪守臣民

---

① 习近平：《决胜全面建成小康社会 夺取新时代中国特色社会主义伟大胜利——在中国共产党第十九次全国代表大会上的报告》，人民出版社2017年版，第31—32页。

之道、服从管理，从而编织了皇权之下每个人都束缚其中的宗法牢笼。在这种情况下，国家与社会的民主机制，普通民众的权利维护就无从谈起。

其二，造成了义务与权利的分离。宗法文化以宗族整体利益为出发点，强调个体对整体的服从，不仅压抑了个人的独立性与自主性，而且使宗族成员在权利和义务上产生了严重的不平等。从一定意义上说，宗族成员对宗族整体只有服从的义务而没有权利可言，占统治地位的宗族的皇帝或代表宗族利益的族长，可以对属下或成员任意发号施令，而个体则不得违令或有个人的自由选择。在这种氛围中，臣子对君王、下级对上级、个人对宗族、子对父是没有任何尊严，更没有所谓的权利的，如果说有的话也是对方赋予的，或是一些有限的在专制下的权利。如此来说，在宗法文化中是不可能使权利和义务实现统一的，当然也就没有人与人之间真正意义上的平等，更没有民主精神的诞生。

其三，宗法文化形成了人们的奴性心理和从众性格。小农经济带给人们的是对自然的依附和无可奈何，虽然人类也在不断与自然进行着抗争，但由于耕种条件的落后和生产力水平的低下，靠天吃饭的局面一直未有改观。面对宗法制的社会状况，人们无力也没有可能予以改变，只能被动地接受不平等的待遇和不同等级的地位安排。久而久之，人们就习以为常，逐渐形成了对于权力的畏惧心理和对于命运的屈从意识。人们只要还可以生活下去，就不愿打破传统的惯性思维，故而人云亦云，得过且过，把自己的命运交给别人来安排，既没有民主观念，更没有维护自身权益的意识。这逐渐成为社会变革的心理障碍。

其次，公德意识的薄弱。现代社会需要人们在共同生活中相互合作、共同承担社会责任。宗法文化是以整体为本位，重社会轻个体，其结果并没有把人们的眼光引向对于社会发展的关注，相反加重了个人的自私自利倾向。

其一，削弱了个体作为道德主体实现自身价值的主动性。宗法制使人们意识不到自己的主体地位，只是被动地被编织在宗法关系之中，而不会主动地去参与社会活动。个体既没有意识到自己的道德主体地位，更不可能主动担当道德主体职责，因为已有的规范已经就其行为作出了既定安排。对于大多数中国人来说，其活动的范围基本上是家族式的生产、生活，对外交流的机会较少。读书人或在学堂、或赶考、或研究经文，他们的活动范围稍广泛些，尤其是取得功名走上仕途后才算真正拥有了社会舞台。然而，这些人在中国古代社会中毕竟是极少数。宗法制下的道德文化就是以家庭关系为轴心展开的。"孝悌也者，其为仁之本与"①，并外推至社会各种关系之中，建构起"三纲五常"的封建道德体系，使得公共领域和私人领域相互渗透，以家庭为中心的宗亲权力侵入到社会公共生活中，甚至用私德代替公德，从而导致了民众的公德意识淡薄。

其二，缺乏社会责任感。家国一体的社会结构在把个体限制在宗法牢笼之中的同时，也稀释了人们作为社会人的思想意识。作为个体，人们不仅没有把自己当作处于社会生活中的个体，不知道自己的社会职责是什么，而且其责任意识也极为淡薄甚至是不清楚的。因为按照宗法文化的要求，制定规范或人伦标准是统治宗族整体的事情，代表的是宗权意志，个体只有遵循的义务而没有选择的余地。在社会生活中，人们所关心的大多是与其自身现实利益相关的事情。具体地说，小农所追求的目标就是"三十亩地一头牛，老婆孩子热炕头"；文人通过咏诵四书五经，求取功名；官员则热衷于追逐权力，使自身利益最大化。宗法文化没有引导人们积极参与公共生活事务，没有为公民责任意识的培养提供良好氛围，更没有维护人们的基本社会权利。个体认识不到自己所应承担的社会责任，对社会也无法形成一种认同感。

其三，宗法文化培养了个人自私心理。宗法制造就了宗族血缘的不平等关系，使宗族整体与个体产生对立。宗法体制要求个体对宗族整体的归顺与服从，表面上形成了整齐划一的社会秩序，宗族整体利益也成为宗族成员个体的虚幻的共同利益。但事与愿违，实际上，宗族成员个体对其整体并没有产生归属感，相反宗族为其带来了压抑感、恐惧感和离心力。其原因在于，宗法文化给宗族个体所带来的是思想上的桎梏，而缺乏的是整体对个体的人文关怀。处在宗法文化束缚之中，个体既享受不到开放性的公共生活带来的快乐，也无法参与公共事务，唯一能考虑的就是保住自己的既得利益。因此，宗族个体对所在整体缺乏认同感，甚至积压了厌恶心理，不但不能为整体的发展作出贡献，反而形成了一种阻滞力。个人不关心社会和他人，"各扫自家门前雪，莫管他人瓦上霜"，当然也就无法形成有助于整体发展的公

---

① 《论语·学而》。

德意识了。

最后，法治意识淡漠。现代化要求公民有契约精神、法律意识，懂得依法保护自己的权利，在全社会形成遵法守法、依法办事的法治氛围。宗法制度下，皇权、族权凌驾于法律之上，法律依附于统治权力，人治代替法治，使人们产生对权力的崇拜而不是对法律的敬畏。宗法制下社会结构的维系所需要的是伦理规范，而不是法。法是代表统治阶级意志、维护公平正义、判断是非曲直的行为规范，宗法制度则突出了血缘亲疏、远近尊卑、老少长幼的等级秩序，强调了家规、祖训、族权的地位和作用。宗法制与法本质上是冲突的。虽然占统治地位的宗族为了巩固其中央集权，也制定了诸多的法规律令，但这些法规既不允许与宗族特权相抵触，更不能妨碍等级秩序。在实施过程中，法也是必须根据统治权力的需要而改变形式和内容。权大于法的现象，使得人们错误地认为社会治理就是依靠人们手中权力的运作而实现的，由此就会产生"德治"为主而忽视法治的倾向，甚至产生人治的治国理论，其结果必然是社会成员法治观念淡薄，社会秩序缺失规范化、公正性。

宗法制度试图通过建构所谓温情脉脉的血缘亲情以维系社会等级秩序。在人情化的社会结构中，衡量人们价值的只能是尊尊亲亲的人伦尺度。往往是以亲疏远近、高低贵贱的主观标准划分出种种亲缘伦理圈子，包括父子、祖孙、兄弟的血缘亲情以及由此繁衍出的姻缘情、朋友情、乡党情、师生情等。以人情为依托，社会生活的方方面面完全处于各种情分组成的情缘圈子之中，而且是多元分层、错综纷杂，甚至是环环相扣、层层套叠，整个社会成为一个大的人情体系。其中的规则，就是以情为核心的纲常要求。人们所遵循的，不是条目清晰、平等公正的有序规范，而是受到人情这只看不见的手的左右。面对任何问题时，没有什么对与错、是与非，所考虑的问题是涉及哪些亲情及其密切程度。尽管中国古代社会中有着系统的人伦规范，可是人们往往受情所困，失去了衡量善恶的价值尺度，呈现的是规则意识、法治意识的严重缺失。

现代化需要每个社会成员拥有法律规则意识，要以法度、规则去客观地衡量所面临的各种问题，不能仅凭主观的好恶来评价社会现象，否则会陷于人情的泥潭，限制国民素质的提升，阻碍中国社会的现代化进程。当然，法治不是不讲人文关怀，更不是要破坏和谐的人际关系，现代化要在良法善治的过程中，为每个社会成员提供优质的发展条件。

新中国成立尤其是改革开放以来，中国共产党发展社会主义民主政治，推进法治建设，深入实施公民道德建设工程，提升全体公民的道德水平和文明素养，不断清除宗法文化产生的严重影响。伴随着中国特色社会主义现代化进程的加快，人民群众在民主、法治、公平、正义等方面的要求日益增长，我们面临的消除宗法制度负面影响与全面推进法治建设进程的任务依然艰巨。传统宗法文化的遗毒仍有一定市场，当前需要重点关注的是民主与法治、自由与纪律、责任与权利、法治与德治的关系问题。社会主义现代化以人民为中心，坚持全面依法治国，要求每一个社会成员既要有主人翁意识，把自己当作社会的主人，又要在法律的框架内实现自己的利益诉求，担当相应的社会义务，增强社会责任意识、规则意识、奉献意识。有的人似乎认为现代化与自己无关，对社会发展毫不关心，缺乏社会责任感，把自己置于现代化建设的圈外；有的人没有规则意识、法治观念，坚持自由主义、个人主义，我行我素，以主观随意性挑战党的纪律，对抗社会主义法律法规；也有的人热衷于小圈子，拉关系，搞宗派主义、圈子文化、码头文化，待人处事没有做到公正公平。这些都是需要认真对待并着力解决好的现实问题。

（三）小农意识眼界遮蔽了现代化发展的视野

小农意识在我国封建社会根基深厚，是在自给自足小农经济基础上，以血缘家族关系为轴心而产生和发展起来的认知方式、习惯心理、价值观念的总和。小农意识有着求稳怕变、安于现状、我行我素、自我封闭、保守狭隘等特点。在中国几千年发展过程中，小农意识深深地嵌入到国人的思维方式和日常生活中，影响着中华传统文化的发展及对社会发展支撑作用的发挥。在今天，虽然小农意识产生的基础已经不复存在，但作为一种历史遗留的习惯心理、思维定式，小农意识依然对现实中国人的思想和行为有着某种制约，并在一定程度上阻碍了我国的现代化进程。

首先，求稳怕变的心理以及保守僵化、墨守成规的思维定式，影响了人们思变图强的勇气和拼搏精神。重复而封闭的小农业生产，造就保守、狭隘的文化传统。自给自足的封闭式小农经济是中国传统社会最具代表性的生产方式，人们逐渐养成了封闭自身、不愿与外界交流、惯于传统习性的心理和行为方式，形成了一个自给自足的生态圈。人们的一切观念"都是现实的反映——正确的或歪曲的反映"①，深处小农经济影响下的人们，其意识和思维必然要受到环境的浸染。小农经济以家庭为基本单位的劳作方式，主要特点是遵循古制、按部就班，延续几千年来古老的日出而作、日落而息的传统，努力追求家庭的和谐与生活的满足。"历世不移的结果，人不但在熟人中长大，而且在熟悉的地方上生长大。熟悉的地方可以包括极长时间的人和土的混合。祖先们在这地方混熟了，他们的经验也必然就是子孙们所会得到的经验。"② 世代相传的生活习惯和劳作方式，被后代奉为金科玉律，导致人们不愿接受新生事物和先进理念，更不愿走出祖先留下来的狭小的、封闭的天地。一是固守传统生产生活方式和思想观念，以习惯性思维认识世界、把握生活，不愿改变现状，更无力去抗争传统带来的种种不公正或生活的贫困，养成了事已至此、何必改变的心理定式。既不主动思变、提升自己需求的层次与质量，更不想打破原有的生活规律和秩序，因而面对一些新的事物和方法时，人们总是以一种抗拒态度对待之，甚至把它扼杀在萌芽状态。二是企求小而全的封闭社会圈子。小农经济社会带给人们的生产方式和定式思维，使人们逐渐习惯于前人留下的生活经验和行为方式，尽量减少与他人合作交流的机会。人们想方设法完善自己的生存环境，总认为他人有不如自己有，家大业大、生活安适是自己的追求目标，形成了对外界需求甚少、万事不求人、自给自足的心态。不与外界协作，满足于个人的技能与经验，也就不能获得先进的生产技术，只能处于低层次的需求境界和生活状态中。保守僵化的思维限制了我国生产技术更新的步伐，延缓了我们民族从传统走向现代化的步伐。

其次，目光短浅、眼界狭隘和以我为中心的自私观念，抑制了人们对现代生活的向往和远大追求。以家庭为基本生产和生活单位的小农经济，使人们在固守先人经验的基础上，逐渐养成了专注现实而没有长远眼光、看重既得利益而不考虑未来发展、只顾个人相关需求满足而不关心他人安危的自私狭隘心理。所谓目光短浅，是指靠天吃饭的农业经济活动，逼迫人们不得不

---

① 《马克思恩格斯全集》第20卷，人民出版社1971年版，第661页。
② 《费孝通全集》第6卷，内蒙古人民出版社2010年版，第122页。

力争当下而不从长远思考问题。因为上天不会从人所愿，一旦错失时机就有可能减少收入，影响日常生活，甚至基本的生存需求也没保障。对自然、对上天的消极依赖使人们的眼界限于眼前、趋于现实。只要是对当前自己有利或有用的事情或东西，就不顾一切地抓紧抓牢，表现为典型的实用主义、功利主义。能够把握好当下固然是一种好的认知态度，但现实终将成为过去，未来必然转化为现实，只专注于眼前，看不到未来的发展远景，这会障蔽人们的视野，并容易使人们满足现实中的点点滴滴，甚至患得患失、急功近利，失去前进的方向和动力。由此造成目标短期化现象较为普遍，甚至为了一时之利而不惜危及子孙后代生存发展的长远利益。眼界狭隘表现为安于现状、不思进取。小农经济使人们奉行"知足常乐""小富即安"的处世之道，人们既不想打破自己平静的生活习惯，拒绝接受任何改变现状的新思想、新做法，更不愿冒险失去自己的安适生活，在生产上循规蹈矩，不搞技术创新，获得的收益也不进行扩大再生产，更多的是买地置房，生存消费指数占较大比重。在生活中，则尽量限制除食品之外的其他消费，至于提升家庭成员个人能力、知识学习等方面，根本不列入消费开支。节俭为本，只是考虑数量，不关注质量。人们千方百计节衣缩食，从吃穿用中省下必需的物质享受，却不愿努力创造条件放眼世界。树立节俭意识是必要的而且是应该的，但是为了节俭而节俭，不是通过节俭更好地追求美好生活，节俭就成为一种愚昧落后的生产生活方式。眼界闭塞，还表现为小农经济条件下的世界是熟人生活圈。在实际生活中，在由天然血缘关系构成的人情世故的网络之中，人们产生封闭心理在所难免。大家安守于宗族的小圈子或通过宗族发展的熟人关系圈，并不关心熟人世界之外的变化发展。将自己闭锁于狭小的交往领域，或一叶障目，或坐井观天，或盲目自大，正如清王朝把自己比作世界中心而其他民族都需向其朝拜一样，人们满足于生活环境的稳定，习惯于自我的生存状况。因依托一定宗族圈子，每个"我"的内心都会膨胀，继而很难与陌生人建立信任的合作交流关系，也看不清自己与他人的差距，缺乏高远的人生理想和追求。现代化则要求人们眼光远大，走出自我，实现现实与未来、眼前与长远的有机结合。

最后，吃"大锅饭"的平均主义，妨碍了人们主体意识的形成，压抑了大众参与现代化的积极性。平均主义是小农意识的表现形式。平均主义否认差别，要求一种没有差别的绝对平等。在社会制度的视角下，宗法制度的长期蹂躏压制，使众人表面上逆来顺受，不敢越雷池一步，但在心里或在背后则是期望着能改变自己的处境。所以，秦末农民大起义就发出了"王侯将相宁有种乎"的呼声，力图通过努力争得自己应得的权利。后来的农民起义也都以"等贵贱，均贫富"作为奋斗目标。而当镇压农民起义取得成功后，统治者又心安理得地享受着宗法制带来的特权，丝毫没有反思和改变，周而复始，一直挣扎在特权、平等、平均的恶性循环状态中。在社会生活中，受"不患寡而患不均"的思想意识的影响，人们往往产生仇富心理。"枪打出头鸟""出头的椽子先烂"等观点，代表了人们等待观望、不愿出力而想获得好处、妒忌他人的才能和眼红别人付出后的获得等等阴暗心理。可以说，人们追求的平等，实际上是获得上的平均，事事处处斤斤计较，大家的眼中只看到利益的分配、自己能在其中得到多少，却不管利益是如何实现的、自己的实际付出是多少。在社会生产方面，平均主义不是鼓励人们通过发挥主观能动性、诚实劳动去获得较多的收入，以达到勤劳致富，而是采取吃"大锅饭"的方式，不管干多干少、干与不干，大家一起平均参与分配，人们由此形成了尽量不付出或少付出、以期使自己的利益获得最大化的惯性思维。人们在生产中并不关心投入什么以及生产什么、如何生产和怎样扩大再生产的问题，着眼点主要放在分配和消费上。

平均主义影响了人们的思维方式、生活方式和价值取向。在对社会认识的维度上，平均主义把人们的视野限定在个体的生活圈子里，使其往往从自私狭隘的立场出发认识问题、处理问题。没有是非标准，没有考虑到公平与效率的统一，待人处事的尺度就是审视自己能得到什么，为人处世以自己捞到好处为准则。这是一种最大的不公。在生活中，人们有可能打着公平正义的旗号，却做着极为不公正甚至是损人利己、损公肥私的事情。每当自己志在必求的利益得不到时，就要从平等出发，均衡他人的劳动所得。如果有人不从，就要动用所谓社会的法则，以道德的名义迫使他人就范。平均主义反对竞争，维持表面上的一团和气，但实际上把明争改为暗斗，使人形成了一种畸形发展的两重人格。人们不再努力提升个人自我素质，而是暗地里使用各种小伎俩，不择手段地打压他人，抬升自己。平均主义严重挫伤了人们参与社会发展的积极性和创造性，限制了人们主体性作用的发挥。

小农意识浸淫着国民的思想和行为，影响着我们对国家发展、社会进步的判断和对未来趋势的展望，严重阻碍了我国现代化的进程。改革开放以来，我们不断强化全球化与民族性、主体性与外在性、稳定性与创新性、互助性与竞争性的结合，消弭着小农意识对当今社会的影响，加速了现代化的发展步伐。但是，小农意识根深蒂固，仍在以各种方式阻滞着现代化的发展。其一，在思想观念中，面对现代化的挑战，有的人往往考虑的不是改变自身，而是遵循古制审视新事物。一些旧有的习俗束缚着人们的手脚，使其无法走出自我，不能尽快地融入新的环境中。改革开放就是要扫除阻碍发展的陈规陋习，现代化首先是人们思想观念的现代化。其二，中国现代化的发展是各种利益关系的协调、处理和有机结合的过程。社会生活包括"各个个人在生产力发展的一定阶段上的一切物质交往"①，有长远利益和暂时利益、全局利益和局部利益、民族利益和个人利益的联系与区别。受小农意识的影响，有些人不是从长远的观点、全局的视角、人民根本利益出发，更多的是关注眼前利益、小团体利益、自我利益。以个人主义标准衡量社会改革，对我有利的抢着做，对我无利、有损的坚决抵制。目光短浅，抱残守缺，甚至以所谓精致利己主义对待一切，以致不惜侵占他人利益、社会整体利益。其三，以公正公平为幌子，不仅要分得经济资源，更要保证自身利益的优先满足。在全球化的条件下，面对先进科学技术的冲击、国外资本的输入，一些人处于茫然状态，无竞争意识，不敢也不愿创新，稳字当头，得过且过；还有的急于改变贫穷状态，不择手段搞窝里斗，中饱私囊，慷国家之慨，甚至为了个人私利和眼前利益，作出有损国格人格的事情。

三 中华传统文化与现代化相互作用的基本方式

中华传统文化与现代化既有融合又有对立，二者是你中有我、我中有你的有机统一体。中华传统文化既有推动社会进步的因素，也包含着阻碍现代化发展的成分，而现代化又必须与传统文化联系在一起。二者在现代社会中是自成又是互成的，在矛盾运动中相互作用，共同发展。中华传统文化与现

---

① 《马克思恩格斯全集》第3卷，人民出版社1960年版，第41页。

代化彼此作用与影响的具体方式表现为，在对立中相互渗透、冲突中相互修正、隔阂中相互凭借，在相互作用中实现着良性互动，促进着彼此的发展。

（一）中华传统文化与现代化既对立更相互渗透

中华传统文化与现代化之间存在着很多相互对立的方面，如传统文化的保守性与现代化的开放性、传统文化的封闭性与现代化的渗透力、传统文化的狭隘性与现代化的公共性等。但我们必须看到，现代化是在传统文化浸染的环境中确立和行进的，现代化建设与传统文化是扯不开掰不断的，更多的是相互渗透、彼此融合。在文化上，现代化表现为对传统文化的承继与发展，组成了传统与现代文化的联结长链，同时现代文化又有机地渗透于并改造着传统文化，逐渐赋予传统文化以现代气息。传统文化与现代化的渗透，还表现在人们的行为方式和生活方式之中。当然，这种渗透更多地表现为现代化对中华传统文化的传承和借鉴，传统文化也在接受诸多现代因素的过程中使自身向现代转化。

1. 传统耻感文化与社会主义荣辱观的相互影响

中华传统文化历来重视知耻明辱在个体道德发展中的重要作用。孟子认为，"无羞恶之心，非人也"[1]；"仁则荣，不仁则辱"[2]；"人不可以无耻，无耻之耻，无耻矣"[3]。荀子指出，"先义而后利者荣，先利而后义者辱"[4]。陆九渊强调："由义为荣，背义为辱"；"夫人之患莫大乎无耻。人而无耻，果何以为人哉？"[5] 在孔子看来，道德教化之所以有效，就在于它能使民众知耻，从而自觉地有所不为，即"道之以德，齐之以礼，有耻且格"[6]。宋代学者范浚将知羞耻作为求学"入道"的前提，"夫耻，入道之端也"[7]。周敦颐认为，"人之生，不幸，不闻过；大不幸，无耻。不闻过，人不告也；

---

[1] 《孟子·公孙丑上》。
[2] 《孟子·公孙丑上》。
[3] 《孟子·尽心上》。
[4] 《荀子·荣辱》。
[5] （宋）陆九渊：《陆九渊集》，中华书局2008年版，第376页。
[6] 《论语·为政》。
[7] （宋）范浚：《范浚集》，浙江古籍出版社2015年版，第172页。

无耻，我不仁也。必有耻，则可教；闻过，则可贤。"① 康有为认为："人之有所不为，皆赖有耻心。如无耻心，则无事不可为矣。风俗之美，在养民知耻。耻者，治教之大端。"② 耻感作为中国传统道德体系的基本元素，经过历史的传承与发展，在中国传统道德中的基础性地位可以说从未被撼动。社会主义荣辱观正是汲取了传统文化中的知耻明辱思想，结合我国道德建设的实际情况，为处于现代化进程中的国人提供了简洁明了、简单易行的社会规范和价值尺度，如"八荣八耻"，就有利于对人们道德行为进行规约，有利于现代化建设的推进，并且使传统耻感文化具有了新的内涵和表现形式。

2. 以人为本对传统民本文化的借鉴与发扬

"民惟邦本"是中华传统文化的又一基本精神，意指民众是国家的根本，这一理念为我国现代化进程中以人为本思想的提出提供了理论依据。夏初，人们已经意识到民众是护邦的主要力量，提出"众非元后，何戴？后非众，无与守邦？"③ 商周统治者认为"民之所欲，天必从之"④，因而有了"重我民""罔又唯民之承""视民利用迁""施实德于民"⑤ 的主张。孔子确立了以"爱人"为核心的仁学，主张"大畏民志，此谓知本"⑥，这被后人概括为"民惟邦本，本固邦宁"⑦ 的民本思想。"水所以载舟，亦所以覆舟。民犹水也，君犹舟也。"⑧ 老子则提倡"圣人无常心，以百姓心为心"⑨。法家韩非子主张"闻古之善用人者，必循天顺人"⑩，"利之所在，民归之"⑪，因而，"民者，万世之本"，"与民为敌者，民必慎之"⑫；"天下之务

---

① 《通书·幸第八》。
② 《孟子微》卷6。
③ 《国语》，中华书局2007年版，第46页。
④ 《尚书·泰誓上》。
⑤ 《尚书·盘庚上》。
⑥ 《礼记·大学》。
⑦ 《尚书·五子之歌》。
⑧ 《资治通鉴》卷197唐纪13。
⑨ 《道德经》第49章。
⑩ 《韩非子》卷8。
⑪ 《韩非子》卷11。
⑫ （汉）贾谊：《新书》卷9《大政上》。

莫大于恤民",只有"行仁政",才能符合"天意民心"。明清之际的进步思想家王夫之、黄宗羲、顾炎武等人继承了这种民本思想,并在新的历史条件下加以发展,使之具有了近代启蒙思想的色彩。现代化建设需要以人为本,从人民群众的根本利益出发谋发展、促发展。党的十九大报告强调"坚持以人民为中心","必须坚持人民主体地位,坚持立党为公、执政为民","把人民对美好生活的向往作为奋斗目标,依靠人民创造历史伟业"。应该说,"民惟邦本"为我国现代化建设以人为本提供了理论来源,中国共产党强调以人为本,坚守人民至上立场,是对"人""人民"最高境界的阐释,赋予传统文化"民本"以崭新的内容。

3. 传统"天人合一"思想为科学发展提供了有益参考

现代化虽然给人类带来了高科技的享受,如迅捷的交通和通信、充分发挥所有感官功能的文化生活等,但也带来了地球资源日益加速耗竭和生物圈日益被破坏的恶果,这又使人类的生存面临着威胁。中华传统文化强调人与自然的和谐,主张"天人合一",有助于对此类问题的思考与解决。汉代司马迁提出"究天人之际"①,董仲舒提出"天人之际,合而为一"②,宋代邵雍提出"学不际天人,不足以谓之学"③,张载提出"乾称父,坤称母""民吾同胞,物吾与也"④。他们都认为自然(天地)是万物之母,而自然(天地)又按自身的规律运行不已。我们当下建构的生态文明建设体系,是要在更高的层次上实现"天人合一"。"发展必须是科学发展,必须坚定不移贯彻创新、协调、绿色、开放、共享的发展理念。"⑤ 现代化对科学技术的发展、对人在与自然关系中的主体地位予以肯定,从根本上弥补了传统文化中"天人合一"思想的缺陷,有利于正确认识、处理与自然之间的关系。人一方面应该尊重自然、敬畏自然,另一方面又应该合理地利用自然,使自然为我所用。

---

① 《史记·太史公自序》。
② 《春秋繁露·深察名号》。
③ 《皇极经世·观物外篇》。
④ 《正蒙·乾称》。
⑤ 习近平:《决胜全面建成小康社会 夺取新时代中国特色社会主义伟大胜利——在中国共产党第十九次全国代表大会上的报告》,人民出版社2017年版,第21页。

4. 传统和谐思想对和谐社会建构的价值

和谐是中华传统文化的核心价值观念。张岱年指出，中华传统文化中"有一个一以贯之的东西，即中国传统文化比较重视人与自然、人与人之间的和谐与统一"①。张立文则认为："和合是中国文化人文精神的精髓和首要价值。"② 中国自古以来重视和谐。应该说，中华传统文化能够屹立世界之林几千年，很大程度上源于它所倡导的和谐统一思想。我国对传统和谐思想的运用和继承，是中华民族在现代化进程中保持团结融洽的基础。在国家内部关系中，我们不断"铸牢中华民族共同体意识，加强各民族交往交流交融，促进各民族像石榴籽一样紧紧抱在一起，共同团结奋斗、共同繁荣发展"③。56 个民族相亲相爱一家人，这形成了中华民族伟大复兴的强大动力；我们加强协商民主制度建设，确立了我国社会主义民主政治的特有形式和独特优势；我们坚持"一国两制"，推进了祖国和平统一大业的进程。在国与国的关系中，我国遵循"和平共处"五项外交原则，提议构建人类命运共同体，主张"建设持久和平、普遍安全、共同繁荣、开放包容、清洁美丽的世界"④，这都体现了中华民族一贯坚持的和谐思想。今天我们所要构建的民主法治、公平正义、诚信友爱、充满活力、安定有序、人与自然和谐相处的社会主义和谐社会，正是我国现代化建设有序推进的重要保障。

5. 传统文化对社会主义核心价值观的渗透

习近平在北京大学师生座谈会上的讲话中，明确指出社会主义核心价值观与中华优秀传统文化的内在关系，"富强、民主、文明、和谐，自由、平等、公正、法治，爱国、敬业、诚信、友善，传承着中国优秀传统文化的基因，寄托着近代以来中国人民上下求索、历经千辛万苦确立的理想和信念，也承载着我们每个人的美好愿景"⑤。他强调，我们提倡和弘扬社会主义核

---

① 张岱年：《中国哲学中天人合一思想剖析》，《北京大学学报》（哲学社会科学版）1985 年第 1 期。
② 张立文：《中国和合文化导论》，中共中央党校出版社 2001 年版，第 56 页。
③ 习近平：《决胜全面建成小康社会 夺取新时代中国特色社会主义伟大胜利——在中国共产党第十九次全国代表大会上的报告》，人民出版社 2017 年版，第 40 页。
④ 习近平：《决胜全面建成小康社会 夺取新时代中国特色社会主义伟大胜利——在中国共产党第十九次全国代表大会上的报告》，人民出版社 2017 年版，第 58—59 页。
⑤ 《习近平谈治国理政》第 1 卷，外文出版社 2018 年版，第 169 页。

心价值观，必须从中汲取丰富营养，否则就不会有生命力和影响力。如中华传统文化中的兴国利民、富民强国；民惟邦本、仁政善教；弘化正俗、民风淳朴；尚中贵和、和而不同；自强不息、刚毅有为；忠恕与人、谦恭礼敬；天下为公、正义明道；循法而行、宽猛相济；天下兴亡，匹夫有责；恪尽职守、惟道业精；至诚有信、言行一致；与人为善、助人为乐等思想理念，不仅有着鲜明的民族特色，而且有其永恒的时代价值，为构建社会主义核心价值观提供了丰厚资源。可以说，社会主义核心价值观中的十二个范畴，都浸透着优秀传统文化的思想，就此讲，社会主义核心价值观既是时代的精神集萃，又是中华优秀传统文化的延续和发展，更是对优秀传统价值理念的创新转化。

（二）中华传统文化与现代化在冲突中相互修正

中华传统文化是以小农经济为基础的农业文明的产物，而现代化则是由农业社会向工业社会发展、确立工业社会基础并向更高社会形态发展的过程。在现代化的历史进程中，传统文化与现代化需求之间必然存在着矛盾和冲突，如小农意识与国际视野、官本位与民主、宗法特权与平等公正、墨守成规与开拓创新等，都是不能相容的，而且这些矛盾还会贯穿于现代化过程的始终。但二者之间的冲突，又不是完全割裂的，也不是格格不入的。传统文化与现代化在矛盾中发生密切联系，并且互为修正、互为引导。虽然在相互修正中现代化对传统文化的改造与转化更多一些，但优秀传统文化对现代化进程中的一些消极成分则有着抑制和排除作用。

1. 现代化对传统文化的修正

在历史发展过程中，每个人都要受到传统文化的浸染，不管他是否了解传统文化，也不管人们对传统文化持有何种态度。传统文化产生于独特的历史文化背景下，随着我国现代化进程的加快，传统文化中的一些内容已不适应变化了的社会，需要在现代化过程中予以修正。现代化对传统文化的修正，主要体现于以下几个方面。

现代化对利益的关注有利于修正传统文化重义轻利观念。我国传统文化有着以"义"至上、重义轻利的价值取向。孔子认为，"君子喻于义，小人喻于利"①，主张"君子以义为上""见利思义""见得思义"，要求人们见到利益的时候，首先应考虑是否合于"义"，即考虑是否在满足自己物欲的同时有违社会规范和准则，如果符合规范就可以获取，如果不符合社会规范或者损害了社会和他人的利益，就不应该获取。孟子曾告诫梁惠王："王何必曰利？亦有仁义而已矣。"② 传统文化追求人的德行，讲义而不求利，甚至贬低人的功利目的。这种价值观有其合理之处，有利于人们形成较高的价值追求，但在现实生活中又易于抑制人们正常的功利性需求。只讲道德自觉而不讲功利，在现代市场经济条件下既会影响人们的积极性，也难以真正实行。市场经济具有趋利性的特点，社会主义市场经济也是以利益实现为主要目标。新时代中国特色社会主义要求我们"始终把人民利益摆在至高无上的地位"，"抓住人民最关心最直接最现实的利益问题"，把"不断满足人民日益增长的美好生活需要"作为我们的奋斗目标。③ 在实现中华民族伟大复兴的今天，处理好国家发展、民族繁荣与个人进步、自身利益的关系，是每一个社会成员需要面对的。我们不仅要求人们为中国梦的实现奉献自己的智慧和努力，同时也要高度重视并维护其个人利益，在改革发展中让每一个中国人有更多的获得感、幸福感。

现代化对人们自主性的提升有利于修正传统文化社会为本的思想。中华传统文化强调人的整体性，以社会为出发点处理个人与社会的关系，以宗法等级秩序压抑人的个性发展；崇尚家族整体至上，讲求个人对整体、集体的人身依附，忽视个体的相对独立性、自主性，影响了人的创造性的发挥，不利于个人的发展，也不利于社会整体的发展。古代思想家总是以尚群、利群以及公私关系的观点，诠释以整体为本位的传统思想。他们提出"人之生，不能无群"④，需要"贵人而贱己，先人而后己"⑤，"以国为国，以天下为天下"⑥，这对群己、公私关系的认识都是到位的，但在现实中往往导致重

---

① 《论语·里仁》。
② 《孟子·梁惠王上》。
③ 习近平：《决胜全面建成小康社会 夺取新时代中国特色社会主义伟大胜利——在中国共产党第十九次全国代表大会上的报告》，人民出版社2017年版，第45页。
④ 《荀子·富国》。
⑤ 《礼记·坊记》。
⑥ 《管子·牧民》。

社会轻个人、以公灭私，使个体的主动性、能动性得不到应有的发挥。现代社会要求人们增强个体意识、主体意识，积极参与社会的治理与发展。人的个性发展是同整个社会发展密切联系的。现代化的推进改变了传统文化中的人身依附关系，促使传统的以血缘身份纽带为基础的社会关系被人与人的自由契约关系所取代，使得人的自主性和独立性增强。只有不断解脱个人对社会的依附，把个体从整体和社会的专制束缚中解放出来，才能激发人的创造性，使人的潜能和价值得到最大限度的发挥。新时代中国特色社会主义面临全球化的竞争和挑战，要坚持以人为本，要尊重人、理解人、宽容人和关心人，只有在不断满足个体需要的同时，才能努力塑造每个社会成员的主体形象，培养人们的社会责任意识，在共建共享中实现人的全面发展。

现代化修正了传统文化的义务化倾向。中华传统文化主张"义以为上"，这在现实中造成了重义务、轻权益的现象，使人们在注重道义的同时，没有顾及个人权利、个人利益的满足。古代思想家要求人们追求崇高的格局与胸怀，要求人们达到理想人格的境界，坚持了道义论的观点，如"舍生取义""杀身成仁""存天理、灭人欲""饿死事小失节事大"等思想，一直是人们需要把握的道德底线。现代化的发展则不仅强调个人义务，更强调个人权利，尤其是市场经济对市场主体权利的赋予，从根本上纠正了传统文化重义务、轻权益的价值取向。市场经济要求权利与义务对等的经济伦理规范，既注重个人义务的履行，也注重个人权利的实现。因为一个人的权利往往意味着另一个人的义务，如彼彻姆所言："权利的语言可以转译为义务的语言。意即，权利和义务在逻辑上是相关的；一个人的权利迫使别的人承担避免干预或提供某种利益的义务，而一切义务同样赋予了别的人以权利。"[①] 现代化的发展要求人们正确认识与处理义务和权利的关系，强调"义"，是为了更好地引领社会的价值导向，关注"利"，是为了使人们在"义"的前提下能获取更多正当利益，既担当义务的履行，也注重权利的赋予，注重个人利益的满足，实现义与利、权利与义务

[①] [美]汤姆·L.彼彻姆：《哲学的伦理学——道德哲学引论》，雷克勤等译，中国社会科学出版社1990年版，第301页。

的统一。

2. 传统文化对现代化过程中可能出现的偏颇的修正

传统文化有许多糟粕因素阻滞现代化的发展,但同时又蕴含着一些适应现代化且能对现代化发展有修正价值的因素。现代化在发展过程中面临很多问题,如短期行为、破坏自然、个人主义盛行、物质至上、失却崇高、贫富差距等,这些问题是无法单纯依靠市场经济自身的调节来解决的,需要借助优秀传统文化的内在力量加以修正。

传统"天人合一"思想对现代自然观偏颇的启迪与修正。传统的"天人合一"思想认为,人与自然(或曰"天")要和谐相处。如"人者,其天地之德,阴阳之交,鬼神之会,五行之秀气也"①,"天地与我并生,而万物与我为一"②,以及"制天命而用之"③"效法自然"等思想,目的是实现人与自然的和谐统一。"天人合一"的实质,是要求人们顺从自然,依照自然规律处理自然和人的关系。这种天人观对古代人们的日常生活有着重要指导作用,对当前我们认识、把握天人关系具有现实指导意义,对于保护人类的共同家园、保护人类生存的基本条件有着重要价值。随着现代化的发展,市场原则的驱动强化了人们的财富欲望,导致了人们对自然的掠夺式开发利用,这不仅造成了生态危机,而且也对社会发展带来了严重破坏。人与自然关系的冲突与对立,使人类遭到了自然的强烈报复,同时也使人类丧失了一些生存发展空间和美好环境。因此,生态文明建设应汲取"天人合一"思想的精华,纠正人们对自然的无限制利用行为。"山林虽广,草木虽美,禁发必有时。"④ 对于大自然,人们需学会尊重与保护。"子钓而不纲,弋不射宿"⑤,"故先王之法,畋不掩群,不取麛夭,不涸泽而渔"⑥,人类不要过度地向大自然索取。这些"天人合一"思想一再告诫我们,人与自然必须和谐相处,不然就会给人类带来无穷的灾难。当今的环境污染、生态恶化等问

---

① 《礼记·礼运》。
② 《庄子·齐物论》。
③ 《荀子·天论》。
④ 《管子·八观》。
⑤ 《论语·述而》。
⑥ 《淮南子·主术训》。

题的出现,都向人类发出警告,现代化的实现不能以自然的满目疮痍、资源的枯竭为代价。现代化是人的现代化,更是自然与人的更高层级的合一。社会主义现代化建设需要承继传统文化的"天人合一"思想精华,不断调整发展方向,始终坚持可持续存在、可持续发展原则,使人与自然的关系健康、稳步、和谐而有序地发展。

传统文化的整体主义对现代社会个人主义倾向的抑制与修正。在家世利益基础上以维护宗法秩序为主线的传统社会本位思想,重整体轻个体,重宗法秩序轻自由创新,重服从轻自主,维护了统治者的等级专制及社会秩序的稳定,却压抑了社会成员的个体能动性。传统的整体主义意识对于现代化的进程起阻碍作用。现代化首要的是人的现代化,而人的现代化就是人的自主性、创造性的凸显,传统文化的整体主义阻塞着个人主体性的发挥。从社会发展的总体来看,传统文化整体主义思想在把个体行为规范于社会秩序的统筹中发挥了一定作用。现代化建设需要每一个人展示其主体能动性,并在个人全面发展中为社会作出贡献。同时,现代化又是社会有序的发展,每个人需要按照社会的要求实现自我价值,"因为所有道德纪律都是为个体制定的规则,个体必须循此而行,不得损害集体利益,只有这样,才不会破坏他本人也参与构成的社会"①。某些人错误理解市场经济利益的最大化原则,认为利益最大化就是个人利益最大化,为此不择手段、不惜损害他人利益与集体利益,造成个人角色和社会要求的失衡;有些人离开社会整体发展谈个性自由,把个性发展狭隘地当成"随心所欲",奉行个人主义,带来的是社会发展的失序。这都是需要加以克服和避免的。社会主义现代化建设是社会发展与个性发展的辩证统一。传统文化的整体主义价值对个人主义倾向是一种抑制,有利于协调个体和集体之间的关系。现代化的实现不是为了某个人或少数人,而必须是大多数人的利益满足。"大道之行也,天下为公。"② 只有持有公心,为天下百姓服务,才能达到天下大同。不然,"若切于好利,蔽于自私,求自益以损于人,则人亦与之力争"③。也就是说,在任何时候都

---

① [法]涂尔干:《职业伦理与公民道德》,渠东、付德根译,上海人民出版社2001年版,第16页。
② 《礼记·礼运》。
③ 《二程集·周易程氏传·益卦》。

要协调好个体能动性与社会发展的关系，既不损害集体利益，又能使个人得到全面自由的发展。

传统官德思想有利于良好党风政风的树立。官德思想是传统文化中的重要内容。"为政以德，譬如北辰，居其所而众星拱之。"① 儒家重视官德的作用，认为官吏的道德表率作用是巨大的。"政者，正也。子帅以正，孰敢不正?"② "其身正，不令而行；其身不正，虽令不从。"③ 加强官德建设，要求官吏遵循"为政以德"的原则，重视自身的道德修养。实践证明，"正人先正己""身教重于言教"，这是从政者廉洁自律、执政为民的座右铭。正如清代曾国藩所言："为人上者专重修身，以下之效之者速而且广也。"④ 这些理念彰显的境界，同样适用于当前我们党的建设。作为执政党，必须强化为政德性。中国共产党全面从严治党，"不断增强党自我净化、自我完善、自我革新、自我提高的能力，始终保持党同人民群众的血肉联系"⑤，需要加强官德建设。当前，官员腐败成为我国社会的突出问题，影响着广大人民群众利益的实现，也影响着社会道德建设的成效。党政官员本应是人民利益的捍卫者，一些官员却在金钱的诱惑下不惜以权谋私、贪污腐化，无偿地占有他人的劳动成果，侵害人们的共有利益，阻碍着人们获得正当利益的途径。官员所处的特殊地位，决定了他们对整个社会风气影响力之大，他们的败德行为不仅会严重损害政府的形象，降低政府的威信，使公众在对政府的怀疑中弱化了社会责任感，而且会对公众产生负面的示范作用，引发社会范围内的道德失范。"君子之德风，小人之德草，草上之风，必偃。"⑥ 在反腐败治理和斗争过程中，既要加强制度的约束，将权力关进制度的笼子，同时也要加强官德建设，从根源上杜绝腐败。传统文化为政以德的要求，对当前加强官德建设有着极为重要的借鉴意义。

---

① 《论语·为政》。
② 《论语·颜渊》。
③ 《论语·子路》。
④ 《曾文正公全集·求阙斋日记类钞》卷上。
⑤ 习近平：《决胜全面建成小康社会 夺取新时代中国特色社会主义伟大胜利——在中国共产党第十九次全国代表大会上的报告》，人民出版社2017年版，第26页。
⑥ 《论语·颜渊》。

(三) 中华传统文化与现代化在隔阂中的相互凭借

中华传统文化与现代化之间存在着隔阂,但二者之间又是相互凭借的,能够为彼此的转型或发展提供支撑或动力。没有任何一个国家能够抛开本国国情而开启现代化,国家的现代化需要借助优秀传统文化来推动,同时传统文化要完成现代转型也必须凭借现代化才能达到。从民族精神的建构到抵御外来文化的入侵,都需要传统文化和现代化的相辅相成和互为作用。

1. 传统文化与现代化在中华精神家园的建构上相互凭借

一个国家的发展需要强有力的精神支柱。中华民族的复兴,需要"更好构筑中国精神、中国价值、中国力量,为人民提供精神指引"[①]。中国精神是民族精神和时代精神的有机统一,民族精神是传统文化与现代文化互动交融的凝结。传统文化为中国精神的构筑提供了汩汩不绝的文化源泉和坚实的历史基础,现代化为人的精神家园构建提供了价值导向和目标引领。现代化借助于传统文化使自身具有强大的历史文化底蕴,使现代化的发展具有连续性,让精神家园的建设充满丰厚的民族气息;现代化则使传统文化具有了与时代同步的功能和内容,在提供丰厚精神资源的同时,让人们的精神家园建设有了更加充分的民族根脉和历史依据。二者相互凭借,共同构建着当代中国人的精神家园。精神家园既包含一个国家或民族的精神寄托,又是国家和民族历史演进的集体记忆,是区别于所有其他国家和民族的最鲜明标志。精神家园记载了一个民族、一个国家的文化发展历程,也与文化传承创新的轨迹相一致。在精神家园的建构中,传统文化确保了民族文化的特质性、认同性,为现代化提供民族认同、精神聚力,并以其文化凝聚力使处于不同地域、具有不同教育背景,但同根同祖的炎黄子孙形成民族向心力。而民族的向心力不仅可以使一个国家或民族保持内在统一、社会稳定,还可以强化民族的凝聚力,推动本民族的发展更加繁荣昌盛。中华民族之所以能在历史长河中历经坎坷动荡而巍然屹立于世界,重要原因就是传统文化中蕴含着民族精神和强大凝聚力。传统文化中天下为公、世界大同的理想精神,各族一

[①] 习近平:《决胜全面建成小康社会 夺取新时代中国特色社会主义伟大胜利——在中国共产党第十九次全国代表大会上的报告》,人民出版社 2017 年版,第 23 页。

家、和而不同的宽容精神，忧国忧民、先忧后乐的爱国精神等，都能够激发国人的自尊心、自信心和自豪感，增强民族大团结。现代化一方面能使传统文化强化对本民族成员的影响力，使其渗透于人们生活的方方面面，在新时代增强民族的凝聚力；另一方面能使传统文化强化自身的现代气息，使其适合现代化发展并融入现代精神家园的建设中而发挥作用。可以说，在新时代中国特色社会主义建设进程中，传统文化需要借助现代化实现自身转型，同时确保中华文化自身的特质性、认同性，传统文化与现代化相互支撑、彼此助力，为人们构建着共同的精神家园。

2. 传统文化与现代化在抵御和改造西方文化上相互凭借

自近代中国的国门被西方以武力的方式打开以来，我们不仅在经济上受剥削，军事上受打压，而且政治上受排挤，文化上受歧视。尽管西方的文化侵略给我们带来了一些新的文化气息，但列强们也试图把西方的价值观、社会制度乃至文化形态强加给中华民族。在全球化背景下，中西文化的冲突更加激烈。随着西方思想文化思潮的涌入，在人们解放思想、开阔视野的同时，披着民主与自由外衣的西方文化，也借助不同的渠道以各种名义对我国社会进行着渗透，试图从思想或意识形态上影响甚或控制中华民族。对此，西方学者萨义德指出："处于强势地位的西方，通过对东方的情形作出相关陈述，对有关东方的观点进行权威裁断，对东方进行描述、教授、殖民、统治等多种方式，来对东方加以控制、重建和君临的一种方式。"[①] 面对文化的殖民侵略，在如何保持民族文化特色的基础上容纳西方文化的精神资源，就成为传统文化与现代文化发展进步的共同话题。在中华民族通往现代化的道路上，传统文化和现代化相互凭借，对外来文化的扩张进行了顽强的抵制。传统文化既凭借自身强有力的习惯定式极力阻止外来文化的渗入，又借助现代化要素，在吸收西方文化有利于自身发展因素的同时严防死守自己的势力范围，拒不与西方文化的殖民主义同流合污。现代化也凭借传统文化势力，力求打上本民族的标签。中国现代化走过的路程清楚地印证了这一点。

新文化运动力图打倒"孔家店"，引进西方的科学、民主等文化思想，并以此改变原有的传统文化。然而，由于各种因素的制约，西方文化并没有

[①] [美]爱德华·萨义德：《东方学》，王宇根译，生活·读书·新知三联书店1999年版，第3页。

得以扩张，反而同传统文化融为一体。如西方的人道主义，在当今中国已成为一种人民意识。这种人民意识，虽然是从传统文化中的"民本"思想演化而来，但已经剔除了其中宗法等级成分，吸收了平等、自由等要素，形成了"以人民为中心""坚持人民主体地位""把人民对美好生活的向往作为奋斗目标，依靠人民创造历史伟业"①的中国特色社会主义文化内容和基本方略。对西方文化的抵御和改造，只有坚持民族文化的母本，并融入现代化的时代精神，才能创造出具有无限生命力的中华优秀文化。

3. 传统文化与现代化在各自发展中相互凭借

任何一个国家的现代化都离不开本土的传统文化，传统文化是现代化的文化根基和理论基础，二者在相互弥补对方的缺憾中共同发展。传统文化是一个民族的历史积淀和精神源泉，随着时代的发展，传统文化中诸多糟粕性的要素，因其阻碍现代化的进程，且自身固化保守，会逐渐被历史所淘汰或摈弃。同时，传统文化又不能完全脱离社会历史的发展大道，面临着如何能够与不断出现的现代化要素相联结的问题。就一个民族现代化要素的内部生成来讲，它必须建构在传统基因的基础上，不可能脱离开传统文化的深刻影响。传统文化与现代化在犬牙交错、密不可分的相互作用中共同发展。

传统文化既是现代化发展的思想基础，也是现代化持续推进的内在助力。比如，自强不息的进取精神是中华传统文化的精粹之一。"天行健，君子以自强不息。"②其中蕴含着人的主体性的自觉，是中华民族凝心聚力、抵御外敌、共渡难关、拼搏奋进的内在基础和强大动力。在中华民族的历史发展中，尤其是晚清以来，中华民族饱经磨难、历经沧桑，民族的生存和发展受到严重威胁，中国人民进行了英勇无畏、前赴后继、艰苦卓绝的斗争。在新时代中国特色社会主义建设的今天，自强不息的伟大民族精神不仅是我们真抓实干、真正富起来、强起来的精神财富，也是中华民族伟大复兴不可或缺的精神保障。我们既要保持自强不息的民族自信，苦练内功，众志成城，万众一心，做好自己的事情，始终保持昂扬向上的斗志和精神状态，为

---

① 习近平：《决胜全面建成小康社会 夺取新时代中国特色社会主义伟大胜利——在中国共产党第十九次全国代表大会上的报告》，人民出版社2017年版，第21页。

② 《周易·乾卦》。

社会主义现代化建设贡献力量;又要集聚一切有利于我们自身发展的力量,在与其他民族相互学习、相互竞争、相互促进中保持我们的民族特色。

传统文化强调人的主观能动性,要求人的道德自觉,最突出表现在对"慎独"的关注。《礼记》有言:"莫见乎隐,莫显乎微,故君子慎其独也。"王守仁强调了"慎独"的重要性:"能慎独,故能克己不贰过,而至于三月不违。"① "慎独"是指在一个人独处的情况下也能坚持自己的道德信念,自觉地按照伦理规范行事。"独者,人所不知而己所独知之地也。言幽暗之中,微细之事,迹虽未形而几则已动,人虽不知而己独知之,则是天下之事无有著见明显而过于此者。是以君子既常惧,而于此尤加谨焉,所以遏人欲于将萌,而不使其潜滋暗长于隐微之中,以致离道之远也。"② "慎独"这种道德自觉,无疑有利于现代化中个人的自我约束,有助于人与人、人与社会、人与自然之间关系的协调,在我国现代化建设的进程中能够发挥积极作用。新时代现代化过程中必然会面临一系列的社会问题如城乡差距、贫富差距过大等,人类正在承受着现代化带来的诸多"负效应",如果没有传统文化的支撑,这些社会问题会易于导致人们精神空虚,偏离价值尺度和规范原则而走向堕落,会易于导致社会秩序失守,危及整个民族的前途和命运。传统文化中的道义评价和理性判断,如孟子的"人性本善"、王阳明心学中的"致良知"等,都有助于我们用来解决好这些社会问题。

传统文化具有包容性、适应性,为了自身生命力的彰显而不断吐纳和变革,在融入、创新过程中进行现代转型。在传统文化进行现代转型过程中,现代化起着不可缺少的推动作用。现代化为传统文化的发展带来了新的机遇,为其提供了新的生长点,使其焕发出新的生命力。五四新文化运动高扬民主、科学的旗帜,冲击了传统封建礼教,促进了思想解放,推动了现代科学在中国的发展。五四运动是反帝反封建的伟大斗争,促使人们对中华民族生存发展问题的深度反思和探索,为马克思主义在中国的传播创造了良好条件。在一定意义上说,五四运动是中国新民主主义的开始,也是中国现代化新的历史起点,由中国共产党带领中国人民开启了中华民族现代化的可歌可

---

① 《阳明先生道学钞》卷2《杂著书》。
② (宋)朱熹:《四书章句集注·中庸》。

泣、不断走向辉煌的新征程。直至新中国成立，尤其是改革开放以来，中国社会主义现代化建设日新月异，已经进入"决胜全面建成小康社会、进而全面建设社会主义现代化强国"[①]的新时代。

现代化为传统文化的发展提供了新的载体，网络载体的出现有力促进了传统文化的传承与弘扬。互联网的普及将人们的生存从现实社会延伸到网络上的虚拟社会。麦克卢汉曾断言："任何技术都倾向于创造一个新的人类环境。"[②]在网络盛行的今天，人们的生活已经与网络有了密不可分的联系，网络对人们的思想观念和价值体系产生了深刻而广泛的影响。信息时代的媒体传播系统为传统文化的传承带来有利条件：一是媒体的多样化使信息传播具有迅速性、即时性，为传统文化的传承提供了丰富的内容载体，传统文化可以突破时空的局限成为人们的共享资源，传统文化步入现代社会，使人们在现实生活中更加全面地了解文明的发展，以及把优秀传统文化发扬光大。二是网络的开放性、自由性为传统文化的传承提供了便利。网络的普及尤其是传播媒介的不断更新，使人们接收信息更为及时、更为便捷与更为全面。借助于网络进行宣传和教育，传统文化可以被广泛传播与有效承续。

传统文化在现代化进程中，不断实现着内容和形式的现代转型。在中国共产党领导下，中华民族的现代化是民族复兴的全方位的伟大事业，思想文化的现代化是其中的重要组成部分。文化的现代化同样要求传统文化融入现代化。现代化需要优秀传统文化的滋养和培育，传统文化需要在现代化的熏陶中脱胎换骨。传统文化的现代化进程，一是伴随着社会整体文明的进步，在与现代化的各种现实需要的冲突碰撞中，传统文化不断转换自身而实现华丽蜕变。二是在与现代化思想意识的对立矛盾中，传统文化汲取充满着现代气息的文化养料，激发了自身的生命活力。几千年农耕社会浸润的中华传统文化，从本质上说是难以满足经过工业革命洗礼的现代文明发展的，更是与后工业革命尤其是信息社会格格不入。由此，中国共产党在把马克思主义与中国具体实际相结合的过程中，不断摒弃传统文化的糟粕，继承并创新其精

---

① 习近平：《决胜全面建成小康社会 夺取新时代中国特色社会主义伟大胜利——在中国共产党第十九次全国代表大会上的报告》，人民出版社2017年版，第11页。
② ［加拿大］马歇尔·麦克卢汉：《理解媒介——论人的延伸》，何道宽译，商务印书馆2000年版，第25页。

华，并把优秀传统文化与马克思主义融合在一起，使传统文化有机地嵌入在现代化的进程之中。

四 把握中华传统文化与现代化相互作用的几个维度

对中华传统文化与现代化，我们需要深入把握二者相互作用的依据、衡量的标准和坚持的方法论。这不仅在于横亘几千年的传统文化博大精深、源远流长，对现实的影响根深蒂固，而且还在于中国社会主义现代化的建构既包含现代化与传统文化的对峙，又是二者内在要素不断协调协同的一个漫长过程。因而，认识中华传统文化与现代化的相互作用，是一个较为复杂的事情。需要立足于新时代中国特色社会主义建设实践，坚持历史唯物主义的观点，对中华传统文化和现代化的相互作用进行系统把握和研究。不但要从历史和现代化的双重视角，解读传统文化与现代化在发展中的不期而遇及其相互影响，而且还要对它们之间的作用机理给予辩证的分析，以分清利弊和优劣；要在科学方法论的指导下，使中华传统文化与现代化实践更加紧密地结合在一起。

（一）中华传统文化与现代化为什么能够相互作用

有一种观点认为，传统文化存在诸多糟粕，与现代化势不两立，只会对现代化造成阻碍作用，不可能有利于现代化的发展。如果说有价值，也只是嵌入到现代化体系中才能发挥作用。这种说法虽有一定道理，却也难免片面。传统文化与现代化的相互作用是可能的，也是现实的。传统文化本身的特点和现代化发展的需要，必然使传统文化与现代化相互靠拢，发生内在的有机联系。

传统和现实总是在碰撞冲突和相依相融交流中，推进人类文明的进程，这是人类社会历史的发展规律。每个人都要受到传统文化的浸染，不管他是否了解传统文化，也不管人们对传统文化持什么样的态度，大家都不免要面对蕴含着传统文化因素于其中的国情、舆情，并据此去思考问题、分析问题。无论你是跳出传统看传统，还是从现实看传统，都不可能绕开传统及其与现实的联系。虽然传统文化产生于独特的历史文化背景,其中的一些内容已不适应变化了的社会,但是一些已融入民族基因且不可剥离的优秀成分,依然会发挥着重要作用,而且对现代化中不合时宜的东西能予以修正。中华优秀传统文化"蕴育了中华民族的宝贵精神品格,培育了中国人民的崇高价值追求"①。从一定意义上说,历史就是传统与现实的相互作用的过程。社会发展"在很大程度上既要归功于在我们若干次评判和改革中保留下来的东西,又要归功于我们改变了的或新加上的东西"②。这就是说,传统文化与现代化是相融在一起的,是能够发挥其应有作用的。传统文化在现代化中不断沉淀并融入现代社会中,促进着社会的发展,并对现代化在发展进程中产生的偏颇予以一定程度的修正。传统文化与现代化在对立中相互修正、相互凭借,是客观实情,也是历史必然。看不到它们的冲突是否认历史的辩证法,忽视了二者的相互修正就抹杀了社会历史发展的连续性。传统文化与现代化的对立与衔接,构成了人类社会发展的历史长河。

在中华民族的历史发展中,优秀传统文化有着独特的价值,体现了自身的优势。中华文化根植于民族的血脉中,对外来文化总是有选择地进行吸纳和借鉴。在与外来文化进行交流过程中,中华传统文化保持了自身的民族特性,以其超强的稳定性坚守着民族底色。中华传统文化能够几千年绵延不绝,既说明我们民族有着虚怀若谷的博大胸怀,还有着能够吸纳其他外来文化的兼容并蓄能力。作为一种"和"的文化,中华传统文化要求人们说话办事要"中和""中道",对人和,与自然和,人与人相和,人与社会和谐,形成天地万物浑然一体、天人合一、"以天下为一家,以中国为一人"③ 的"和合"境界。这种"和"文化不但要求人们确立"和为贵"的理念,主动从全局、从对方的立场上认识问题、解决问题,"视人之国,若视其国;视人之家,若视其家;视人之身,若视其身"④。而且需要从差异与和谐统一的视角处理问题,坚持"和而不同""周而不比"的原则。"和"文化使我们自身的发展既有民族特色,又有博古通今、横贯中西、纵横捭阖的气派,

---

① 《习近平谈治国理政》第 1 卷,外文出版社 2018 年版,第 158 页。
② [英]埃德蒙·柏克:《自由与传统》,蒋庆等译,商务印书馆 2001 年版,第 110—111 页。
③ 《礼记·礼运》。
④ 《墨子·兼爱中》。

其对当下现代化具有重要的助推作用,有利于国家和社会的整体现代化的实现。中华传统文化中的社会管理机制及理论,如古代社会的人伦纲常体系、德法结合模式,也为现代化社会管理机制的确立提供了良好借鉴和可以汲取的滋养。中华传统文化中的自强不息、奋勇拼搏精神,成为使中华民族历尽劫难英勇不屈、不断实现伟大梦想的巨大动力。正是这些优秀成分及其机能和属性,使中华传统文化能够在民族整体文化发展和现代化进程中发挥着导向、修正和规约作用。

现代化的发展既是对传统文化的传承与超越,也在不断地生成一些新的价值观念,不断进行着新的思想蜕变。同时,现代化又是在面临诸多复杂情况下进行的,不仅需要应对多元分层、纵横交错的问题,且还要不断剔除自身发展中形成的各种消极成分。解决这些问题,需要借助相关因素形成合力。其中,中华优秀传统文化与现代化的内在关联性以及二者的各自特性,使现代化建设既需要对中华传统文化进行改造与发展,又必须在与优秀传统文化的相互作用中把握自己的发展方向。当然,现代化不等于文化、不限于文化,但却是与文化密切相关的,是内含着文化的现代化的。同时,中国现代化是中华民族的现代化,中国特色的现代化需要中华优秀传统文化为之固根。中华传统文化中的精华内容,是现代化必不可少的助力要素,如仁爱和平、尚义贵和、克己奉公、尊礼谦让、自强笃实等道德品质,是我们民族不可或缺的精神支柱,也是现代化建设丰厚的精神食粮。离开了中华传统文化的现代化,照其他民族的舶来品画瓢,是实现不了现代化的。

(二)中华优秀传统文化与现代化相互作用的评价尺度

对于中华传统文化与现代化的相互作用,需要采取历史唯物主义的态度,立足新时代中国特色社会主义实际,进行合理的评价与把握。

首先,对中华优秀传统文化的把握需要有一个科学的态度。中华优秀传统文化毕竟是"传统"的,它产生于落后的生产力和生产关系时代,与现代中国的情景大相径庭。按照社会存在决定社会意识的基本原理看,中华传统文化不可能也无法直接拿来用于当代社会,它只属于过去的那个时代。任何一个时代的理论思维,"都是一种历史的产物,它在不同的时代具有完全不同的形式，同时具有完全不同的内容"①。由此，中华优秀传统文化对现代化的作用必须符合现代化的需要，对中华优秀传统文化中的"优秀"也需要有一个正确的评价。一定意义上说，中华优秀传统文化中的"优秀"有两方面。一方面是在历史上产生过积极影响的文化成分，另一方面是在当下现实中的"优秀"，即传统文化对当前社会的推动作用。对中华优秀传统文化的历史与现实的两个方面的"优秀"，都需要给予合理的把握。对在历史中有过积极作用的传统文化，既要分析其历史价值的大小，又要认识到它有无现实意义。对在现实中依然发挥正能量的传统文化，需要从历史与现实的考察中把握其质与量的价值。传统文化中的精华与糟粕总是交织在一起的，即便是优秀的文化中也会有一些杂质存在其中，需要以辩证的态度来理解把握。如知足常乐，对于处在自然经济时代的人们无疑是一种应予倡导的理念，在当代也应保持其合理成分，但其中除了要求人们不要贪欲、永远乐观等积极因素之外，也同时存在着安于现状、不思进取的内容，这与激励人们拼搏开拓是相矛盾的。

其次，把握中华优秀传统文化对现代化的作用要有一个合理的限度。一要区分整体与部分的关系，中华优秀传统文化对现代化的作用，只能从现代化发展过程的部分或局部上去认识。优秀传统文化对现代化的作用不会从根本上决定现代化发展的方向，也不可能从整体上左右现代化建设。中国现代化是现代社会的发展进程，反映了中国特色社会主义的现实需要，社会主义现代化必须"同传统的观念实行最彻底的决裂"②，优秀传统文化只是作为现代化整体中的某个方面发挥作用。二要把握功能与融入的关系。优秀传统文化对现代化的作用功能，实际上是优秀传统文化融入现代化过程的一种方式。传统文化无论多么优秀，如果不能与现代化接轨，不能与现代社会融合在一起，它永远是传统的、过去的。优秀传统文化对现代化的作用功能，是使自身有机地嵌入现代化进程中，使传统的东西转化为现代合理的要素。如谦恭礼让是中华传统美德，在今天要按照现代人际关系的要求来发扬。"中

---

① 《马克思恩格斯选集》第 3 卷，人民出版社 2012 年版，第 873 页。
② 《马克思恩格斯选集》第 1 卷，人民出版社 2012 年版，第 421 页。

华民族的新政治和新经济，乃是中华民族的新文化的根据。"① 三是从双向互动的视角来把握。现代化是在对传统文化继承与扬弃中发展的，传统文化是在现代化发展中改变自身并融入其中的。优秀传统文化与现代化是相互作用、共同发展的，不能仅仅看到传统文化对现代化有作用，而忽视了现代化对传统文化的改造与创新。更为重要的，是要看到现代化对传统文化的影响力，是现代化赋予传统文化以新的时代内涵和现代表现形式，并激活其内在生命力。没有现代化的创新改造，传统文化只能是过去的东西，其作用力只停留在社会的浅层。同样，没有传统文化的滋养，现代化也会失去厚重的发展基础。

最后，认清中华优秀传统文化对现代化作用的实质。中华优秀传统文化对现代化的作用，必须是按照新时代中国特色社会主义的要求而发挥。当下的现代化是中国特色社会主义的现代化，虽然需要借鉴历史传统中的一些理论和方法，但必须坚持马克思主义立场和观点，保证社会主义方向。不能以拿来主义、复古主义的态度，理解中华优秀传统文化对现代化的作用。我们既要使中华优秀传统文化在修正现代社会消极成分的过程中，实现其向社会主义文化的转化，又要使社会主义文化体系具有中华民族的特色，真正成为中国特色社会主义的先进文化。其中，既不把社会主义现代化绝对化，搞所谓的纯之又纯的社会主义，又不能割裂社会主义与中华民族的历史联系，使中国特色社会主义失去民族历史根基。

中华优秀传统文化对现代化的作用，是一个不断发展、提升的过程。我们对其进行创造性转化与创新性发展并非是权宜之计，并非只是用来装装门面，也不能使其囿于低层次的运行状态。中华优秀传统文化对现代化的作用，是中国特色社会主义现代化进程中不可或缺的一环，又是随着现代化程度的提高而不断由低级向高级发展的。

（三）实现中华传统文化与现代化相互作用需要处理好的关系

中华优秀传统文化与现代化相互作用的实现，需要依靠科学方法论的指导。从主客体、转化的路径和实施的力度等几点来说，需要搞清楚并处理好

---

① 《毛泽东选集》第2卷，人民出版社1991年版，第664页。

以下几个方面的关系。

第一，处理好优秀传统文化与现代化相互作用实现过程中不同主体之间的关系。中华优秀传统文化与现代化相互作用的实现，并不仅仅是二者自身在发生联系，人是其中的主体。中华优秀传统文化与现代化相互作用的实现主体，是当下社会中不同层面的主体，而协调不同层面的主体之间的关系是一项重要任务。社会中的人是"作为个人的存在"，"同时又是社会存在物"①。人的存在方式有类、群体、个体。把握优秀传统文化与现代化相互作用的实现主体需要从国家、社会和个人等层面来划分责任。优秀传统文化与现代化相互作用的实现，首先是一个国家整体层面的问题。在一个国家文化传承的历史长河中，传统文化与当下文化总会发生或这或那的交汇、碰撞和相互影响，如何使二者能够相融相连、相辅相成，涉及如何引导和调节的问题，这是一个国家作为整体对民族、对其成员应该承担的历史责任。"当一个国家离开了国家的观念时，世界历史就要决定其是否还值得继续保存的问题。"② 在中国特色社会主义现代化建设过程中，我们需要科学把握和处理优秀传统文化与现代化的相互关系。习近平指出："中华优秀传统文化已经成为中华民族的基因，植根在中国人内心，潜移默化影响着中国人的思想方式和行为方式。"③ 国家现代化发展的一个重要任务，是处理好对优秀传统文化的继承与创造性发展，从国家整体战略的视角把中华优秀传统文化融入中国社会主义现代化建设之中。国家作为主体承担着传统文化与现代化的衔接及二者相互作用的协调、疏导，以保证传统文化能够与现代化实现很好的对接和融合。在一定意义上说，国家是传统文化和现代化相互作用的主要承担者和领导者，而且只有把支配权、主导权掌握在国家手里，才能坚持我们国家的社会主义发展方向，才能使中华传统文化和现代化的相互作用产生积极效应。

中华优秀传统文化与现代化的相互作用，是社会多方主体共同完成的事业。这不仅在于从传统到现代的过程极其复杂，会遇到多种因素和方方

---

① 《马克思恩格斯全集》第 42 卷，人民出版社 1979 年版，第 119 页。
② 《马克思恩格斯全集》第 1 卷，人民出版社 1958 年版，第 184 页。
③ 《习近平谈治国理政》第 1 卷，外文出版社 2018 年版，第 170 页。

面面的挑战，还关系到社会中不同主体的利益实现和发展前景。要实现传统文化与现代化的有效相互作用，必须让处于现代社会的主体，包括每一位个体都融入这一过程之中。每一主体都置身于传统社会向现代社会转换过程之中，本身面临着传统与现代的矛盾，都需要投身于传统与现代的相互作用过程中，并在不断解决传统与现代的矛盾中实现自身的蜕变。这是任何主体都不能推卸的历史责任。"整个历史也无非是人类本性的不断改变而已。"① 由此，每一主体必须认识到自己是民族发展中的一分子，在历史演进过程中不可置身事外。而且"作为确定的人，现实的人，你就有规定，就有使命，就有任务，至于你是否意识到这一点，那都是无所谓的。这个任务是由于你的需要及其与现存世界的联系而产生的"②。优秀传统文化与现代化相互作用的实现，必然要由我们每一个主体来承担。在国家的统一部署下，群体主体和个体主体对优秀传统文化与现代化的关系要不断认知、理解把握，并在实际行动中实现其相互作用。国家主体需要把代表全民意志的整体方案有效地传达给群体主体和个体主体，同时要调动其积极性创造性，以保证每一主体都能投身于这一过程。群体主体和个体主体也要通过一定形式，把自己的理念传达给国家，作用于传统文化与现代化的互动过程。正是在多主体能量的相互转化中，中华传统文化与现代化的相融相合才能得以很好地实现。

第二，处理好传统文化与现代化相互作用中多元文化与一元文化的关系。一个国家的现代化是其自身经济政治思想文化等各方面的发展，也是外来文化不断涌入并与本国文化碰撞融合的过程。现代化建设既面对传统文化，又面对多元文化。我们要坚持以马克思主义立场观点，把握中华传统文化与现代化的相互作用，用中国特色社会主义标准去检验传统文化的优秀成分，同时要高擎中国特色社会主义大旗，兼容并蓄，汲取各种文化的有益因素。为此，我们要处理好几方面的关系。③ 一是现代化与中国共产党革命传

---

① 《马克思恩格斯全集》第4卷，人民出版社1958年版，第174页。
② 《马克思恩格斯全集》第3卷，人民出版社1960年版，第329页。
③ 马永庆、马兆明：《传统文化融入中国特色社会主义何以可能》，《山东社会科学》2016年第10期。

统的关系。传统是过去的东西,在这种意义上,中国共产党的革命传统是中华优秀传统文化的组成部分。但是与一般的传统文化不同,中国共产党的革命传统有着自己的特质。它是中国共产党人在长期的社会主义革命和建设中把马克思主义与中国实际相结合的宝贵经验,是对几千年来中华民族优秀传统文化的传承和创新,更是中国特色社会主义的理论基础。中华优秀传统文化是中国共产党人革命传统的滋养和来源,二者是密切联系的,既不能把二者截然分开,又不能使它们混为一谈。在我国现代化的历史进程中,中国共产党的革命传统一直是激励广大人民群众的精神动力,也与现代化的发展相互作用,与新时代中国特色社会主义一脉相承,是今天现代化不可或缺的丰富食粮。二是现代化与外国优秀文化的关系。从民族自身的发展角度看,每一个民族都有自己的文化,文化首先是民族的然后才是世界的,只有具有民族特色的文化才能与其他民族的文化实现有机的结合。不同民族只有在相互汲取、相互学习中,取人之长,补己之短,才能使自己的民族文化有较大发展。中华民族的优秀文化需要凝结世界优秀文化的成分,其他民族的优秀文化成果是我们需要不断学习和借鉴的。我们需要汲取国外优秀文化,荟萃人类优秀文化成果,促使自己的文化成果融入世界文明体系之中。三是现代化与非优秀传统文化的关系。传统文化的优秀与否既有性质上的区分,也有时间上的问题。优秀文化是一个民族的鲜明特质,但在某一历史时期的积极作用也可能只是昙花一现,即便算不上优秀成分的文化因素,我们也不能对之采取鄙视的态度,而需要客观全面把握。在实现优秀传统文化与现代化相互作用过程中,我们要注意"深入挖掘中华优秀传统文化蕴含的思想观念、人文精神、道德规范,结合时代要求继承创新,让中华文化展现出永久魅力和时代风采"[1],使其有效地嵌入现代思想体系之中。四是现代化与当代各种文化的关系。当今中国现代化进程面对各种复杂的状况,包括要面对鱼龙混杂的文化,甚至有封建文化、低俗文化、充斥极端利己主义的文化。形形色色的文化现象既包含有积极向上的动力,也有着很大的负能量。中国特色社

---

[1] 习近平:《决胜全面建成小康社会 夺取新时代中国特色社会主义伟大胜利——在中国共产党第十九次全国代表大会上的报告》,人民出版社 2017 年版,第 42 页。

会主义现代化建设需要形成主流文化,"建设具有强大凝聚力和引领力的社会主义意识形态,使全体人民在理想信念、价值理念、道德观念上紧紧团结在一起"①,同时我们要立足当代中国实际,对多元文化进行准确的分析辨别,不断消除消极东西的负面影响,不断"引导人们树立正确的历史观、民族观、国家观、文化观"②。

第三,处理好传统文化与现代化相互作用中理论和实践的关系。认知中华优秀传统文化与现代化的相互作用,既需要从理论的层面把握其逻辑理路,弄清包括为什么、是什么的问题,又要从实践操作的角度解读如何做、怎么做的内在规定性。只有从理论和实践的有机统一上加以厘清,传统文化与现代化的相互作用才能真正实现。任何观念都经过一个产生、完善直至实现的发展过程。传统文化与现代化的相互作用自有其发展规律,把握其发展规律首先要达到"知",即从思想上明确它们的内在联系,使每一社会主体真正了解传统文化的价值、现代化的目标以及二者关系的实质。对传统文化、现代化以及二者相互作用的认识看似不难,实际上并不是一件容易的事情。在中华民族的历史发展中,我们对中国现代化道路的探索经历了漫长的岁月,直到改革开放才有了较为明晰成熟的思路,未来还有很长的路要走。由此,一要坚持正确的舆论导向,借助媒体宣传,从我们上下五千年的文明发展史,从中华民族的伟大复兴,从中国人民从站起来到富起来再到强起来的历史过程,充分认识传统文化与现代化的密切联系,以辩证唯物主义和历史唯物主义的态度正确对待传统文化,形成适应并引导我国现代化发展的理论体系。二要启迪人们的文化自信意识,尊重自己民族的文化,尊重自己民族的发展历史,"坚定文化自信,离不开对中华民族历史的认知和运用"③。传统文化与现代化的相互作用是历史发展的必然,是人们对自己民族文化的尊重与承继。要在历史回顾和现实比对

---

① 习近平:《决胜全面建成小康社会 夺取新时代中国特色社会主义伟大胜利——在中国共产党第十九次全国代表大会上的报告》,人民出版社2017年版,第41页。
② 习近平:《决胜全面建成小康社会 夺取新时代中国特色社会主义伟大胜利——在中国共产党第十九次全国代表大会上的报告》,人民出版社2017年版,第43页。
③ 《习近平谈治国理政》第2卷,外文出版社2017年版,第351页。

中，使人民群众认识到传统文化对我国现代化的意义，消弭历史复古主义和历史虚无主义的影响，以增强民族自豪感，使每一个中国人树立起中华民族光明前途的自信心。三要实现由社会认知到个体认知的转化。对传统文化与现代化相互作用的认识，是一个由个别人到少数人、再扩展至多数人，最后达到社会全体成员认同的发展过程。从个体层面看，是一个由自发、被动、不由自主到自觉、主动、自由地接受并创造的过程，是由不知、知之甚少到逐渐明晰的过程。对于理论的实现来说，是理论不断掌握群众，成为人民群众投身中国特色社会主义现代化建设的思想武器的过程。"一个国家的力量在于群众的觉悟。只有当群众知道一切，能判断一切，并自觉地从事一切的时候，国家才有力量。"①

传统文化与现代化的相互作用，是在各种社会主体的实践活动中完成的。"知是行的主意，行是知的工夫；知是行之始，行是知之成。"② 对二者相互作用的把握，不能只停留在认知层面上，要体现在主体各方面的活动中。传统文化与现代化的相互作用，说到底是整个中华民族历史进程的重要组成部分。这不是要耍花架子就能解决的问题，也不能依赖别人给你承担责任，只有我们自己付出艰苦的努力，奋勇拼搏才能完成任务。对社会来说，需要创建群众性的实践平台，让所有的民众都参与到形式多样的民族传统文化的传承活动中，使传统文化与现代化建设紧密结合起来。全社会要建立起一定的协调机制、保障机制、运行机制、评价监督机制，以使传统文化与现代化的相互作用有序顺畅。对特定的领域如厂矿企业、社区街道、公共场所、学校教育、家庭生活等中的特定人群，要有针对性地展开系统的中华传统文化教育，让人们明确现代化是优秀传统的延续，传统和现代是不可分割的整体，从而把中华优秀传统文化的精髓渗入社会生活的方方面面，使之成为人们的一种生活方式。要通过常态化、规范化、生活化的教育实践活动，力求把优秀传统文化与现代化耦合在一起。这一过程不可能一蹴而就，必须"出实策、鼓实劲、办实事，不图虚名，不务虚功"，"真抓才能攻坚克难，

---

① 《列宁选集》第3卷，人民出版社1995年版，第347页。
② （明）王阳明：《传习录》卷1。

实干才能梦想成真"①。任何形式主义的做法都无法达到应有的效果。作为个体而言，在加强中华传统文化修养的同时，要不断与自己的日常生活相衔接，把优秀传统文化真正融入自己的行动中，且要作为一个长期任务始终坚持下去。

---

① 《习近平谈治国理政》第 1 卷，外文出版社 2018 年版，第 48 页。

第 三 章
现代化进程中中华传统文化的传承启示

在现代化的突进发展中，中华传统文化遭逢"三千年未有之大变局"。可以说，置身于原先的那种自给自足的环境和氛围，中华传统文化从未遇到过如此严峻的挑战。对于中华传统文化来说，现代化既是时代性维度上的规定，又是民族性维度上的规定，意味着古今中外之间的文化紧张和冲突。在这一极特殊的历史际遇中，中国自晚清以来就面临着双重压力和冲击，中华传统文化究竟何去何从，成为我们无法回避的重大抉择。在回应时代性和民族性的挑战中，中华传统文化逐步走出困境，适应了新的时代诉求，不断实现自身创造性转化和创新性发展，日益焕发出自身的生机和活力。在这一苏生的历程中，我们获得了许多宝贵经验和深刻教训，这为中华民族在 21 世纪应对新的挑战提供了必要的准备。

一 现代化进程中中华传统文化的传承路径

从历史的长时段看，中国的现代化是一种所谓的"防御性的现代化"（美国学者布莱克语），是中国社会和文化对于西方"挑战"的一种应激反应。但是，中华民族作为一个古老而睿智的民族，在任何挑战面前都不乏主体性。魏源当年曾提出"师夷长技以制夷"，道出了中华民族多少辛酸和悲壮，同时也隐喻了反客为主、由被动的客体化命运向积极的主体性姿态转变的契机。

一般认为，广义的文化可区分为器物、制度、精神三个子系统，也就是经济、政治和狭义的精神文化三个层面。按照唯物史观的观点，经济决定政治，政治又进而决定作为意识形态的文化。因此，对于一个民族来说，现代化最深刻的基础无疑是经济的现代转型，它构成由传统社会向现代社会过渡的最根本前提。但唯物史观同时也承认，在特定的历史条件下，作为上层建筑的精神文化有可能发挥决定性的反作用。中国现代化的实际进程的确是从经济现代化开始的，洋务运动就是其重要标志。然而，历史的复杂性在于，中国社会现代转型的过程表明，由洋务运动到戊戌维新以及辛亥革命，进而到五四新文化运动，一步一步地依次展开，这一脉络和谱系意味着，文化问题已经成为中国现代化得以实现历史性突破的一个要枢或关键，以至于被称作"五四运动总司令"的陈独秀，当年就曾呼吁"伦理的觉悟乃为吾人最后之觉悟"。这意味着，对于中国的现代化而言，精神文化的变革和转型，成为一个非常重要的环节。不仅如此，中华传统文化在现代化的历史语境之中，如何恰当地实现创造性转化和创新性发展，也是中国现代化进程中一个带有深刻象征意味的历史镜像。正是在此意义上，总结中华传统文化自晚清以来的现实遭遇及发展进程中的经验教训，就成为一个无法回避的任务。

在中国近代以来的历史上，古今中外文化的碰撞冲突及交流互鉴，大致有两个最为典型的阶段：一是19世纪20年代五四新文化运动时期发生的广泛的文化争论；二是20世纪80年代改革开放时期兴起的波及全国的"文化热"。在一定意义上说，这两个阶段可谓是中国现当代史上的"文化自觉的时代"。因为在这两个阶段，文化问题本身已经变成被人们反思的对象，这正是文化自觉的最重要内涵和标志。在这种文化自觉和现代化的洗礼下，我们对于文化传承作出的历史性选择，为新时代中国特色社会主义文化建设提供了基本镜鉴。

（一）东西方文化在晚清以来的相遇及其不同选择

晚清以来，中华民族遭遇了一种普遍的文化焦虑，这在很大程度上不过是我们在文化受挫后的一种必然出现的应激反应。这种文化焦虑主要表现为两个方面：一是中华民族在文化上的出路究竟何在？这可以说是对未来的不确定性的焦虑。二是有一个难以打开的"爱憎情结"所带来的文化心理上的苦闷，即对于西方文化是"因憎而爱"，如魏源所谓的"师夷长技以制夷"；对于本土文化则是"因爱而憎"，如鲁迅所谓的"哀其不幸，怒其不争""爱之深,责之苛"。

早在1933年,陈序经就在一篇讲演词中对当时的文化讨论中出现的不同主张做了自己的概括,他说:"关于中国文化底主张,大约可分作下列三派:(一)复古派——主张保存中国固有文化的。(二)折衷派——提倡调和办法中西合璧的。(三)西洋派——主张全盘接受西洋文化的。"① 应该说,这一分类和归纳大致不错。其实,在1929年,胡适就先于陈序经提出过类似的划分。他写道:"那一年(一九二九)《中国基督教年鉴》(Christian Yearbook)请我做一篇文字,我的题目是'中国今日的文化冲突',我指出中国人对于这个问题,会有三派的主张:一是抵抗西洋文化,二是选择折衷,三是充分西化。"② 这三种主张,从逻辑上说几乎穷尽了中西文化博弈中的所有可能性。

对于中华传统文化的焦虑,其实无论是西化派,还是国粹派,抑或是调和折中派都是存在的,只是它们的具体表现形式各异罢了。西化派焦虑于传统文化的惰性之大,国粹派焦虑于传统文化的丧失殆尽,调和折中派则焦虑于东西方文化各自的优点如何兼得。它们纷纷按照自己的立场和方法,试图给出中国文化未来可能的出路,以化解这种文化焦虑。

首先,让我们来看看"西化派"的基本主张。

陈序经承认,他"兄弟(本人——引者注)是特别主张第三派(也就是所谓的'西洋派',即主张全盘接受西方文化的——引者注)的,就是要中国文化彻底的西化"③。"全盘西化"的理由是什么呢?他写道:"要是理论上和事实上中国已趋于全盘西化的解释,尚不能给我们以充分的明了,则全盘西化的必要,至少还有下面二个理由:(1)欧洲近代文化的确比我们

---

① 陈序经:《中国文化之出路——民廿二年十二月廿九日晚在中大礼堂讲词撮略》,载罗荣渠主编《从"西化"到现代化——五四以来有关中国的文化趋向和发展道路论争文选》(中册),黄山书社2008年版,第384页。
② 胡适:《充分世界化与全盘西化》,载《胡适论学近著》第1集,山东人民出版社1998年版,第437页。
③ 陈序经:《中国文化之出路——民廿二年十二月廿九日晚在中大礼堂讲词撮略》,载罗荣渠主编《从"西化"到现代化——五四以来有关中国的文化趋向和发展道路论争文选》(中册),黄山书社2008年版,第384页。

进步得多。（2）西洋的现代文化，无论我们喜欢不喜欢，它是现世的趋势。"① 这一理由的说明有两个要点：一是认为只要揭示了事实上的已然，便可证明学理上的应然；二是把文化仅仅置于时代性维度予以考量，而丝毫不触及文化的民族性维度。这样一种证明方式实则极其偏颇。可见，西化派的主张在学理上存在着两个误区：一是描述与规范的混淆；二是文化的时代性对民族性的遮蔽。

胡适也是主张"全盘西化"的急先锋，他甚至认为中国文化"百事不如人"，文化自信尽失。有这种文化自卑和文化焦虑，所得判断必然是片面甚至是极端化的。胡适说："我们必须承认我们自己百事不如人，不但物质机械上不如人，不但政治制度不如人，并且道德不如人，知识不如人，文学不如人，音乐不如人，艺术不如人，身体不如人。"② 总之，是从肉体到精神、从物质到观念、从"体"到"用"，中国文化的所有方面一概不如西方。"月亮还是西方的圆"，按照胡适的逻辑，既然我们"百事不如人"，那就只好"全盘西化"了。尽管胡适把他所鼓吹的"全盘西化"解释为"充分世界化"，采用了一种比较温和而中性的措辞加以表述，但其骨子里仍然有着一个西方的绝对参照系；因为"世界化"不过是"西方化"的另一种说法罢了，它的实质并没有什么真正的改变。当然，胡适当年说我们"百事不如人"这番话的用心，似乎是为了以这种激进的说法打压一下他所认为的中国人在文化上的自大和自负的心理，但在文化选择问题上"矫枉过正"显然是错误的，是从一个极端跳向另一个极端，即由文化"自负"走向文化"自卑"，从而丧失掉文化的"自信"和"自尊"。胡适这种偏执的立场和判断，只能导致文化上的强烈的失败感和民族自卑感。拿中国文化的弱点同西方文化的强项相比，越比较就越丧失掉民族和文化的自信。在这样的文化心态下学习、借鉴并引进西方文化，难免盲目照搬和无分析套用，以至于"挟洋自重"和"食洋不化"，最终跌入文化上的"自我殖民化"陷阱。

---

① 陈序经：《中国文化的出路——民廿二年十二月廿九日晚在中大礼堂讲词撮略》，载罗荣渠主编《从"西化"到现代化——五四以来有关中国的文化趋向和发展道路论争文选》（中册），黄山书社2008年版，第403页。

② 胡适：《充分世界化与全盘西化》，载《胡适论学近著》第1集，山东人民出版社1998年版，第503页。

其次，让我们来看看"国粹派"的基本主张。

国粹派在这里其实是一个广义的概念，它泛指一切以中国固有文化抵制西方文化的立场、主张和观点。狭义的国粹派思潮是指20世纪初在中国兴起的一股以捍卫国学为旨趣的运动，它以"国学保存会"的成立和《国粹学报》的创刊为标志，其代表人物主要有章太炎、刘师培、邓实、黄节、黄侃、马叙伦等。该派提出"保种、爱国、存学"之口号，力倡"研究国学，保存国粹"和"古学复兴"。1905年，《国粹学报》在发刊词中强调："欲举东西诸国之学，以为客观，而吾为主观，以研究之。"① 这里显然有着一种文化主体性的自觉。同时，国粹派还认为，"国释者，精神之学也；欧化者，形质之学也"②。邓实说："夫一国之立，必有其所以自立之精神焉，以为一国之粹，精神不灭，则其国亦不灭。"③ 在国粹派看来，保存国粹，就是文化立国，要救国保种，就必先拯救国学。虽然国粹派明言并不排斥西学，貌似主张中西兼容，实则从骨子里，并在客观效果上，其立场都是拒斥西学的。

以文化保守著称的辜鸿铭，应该属于广义的国粹派，他强调："特别是目前我们已经看到，典型的中国人——即真正的中国人正在消亡，取而代之的是一种新的典型的中国人——即进步了的或者说是现代的中国人。"④ 而中国人之为中国人，归根到底在于其特有的文化传统之塑造。所以，他认为，"生活水平本身并不是一个民族文明的标尺。……实际上，生活水平完全可以作为文明的'条件'（Condition）来考虑，它却不是文明本身"⑤。"因此，要估价一个文明，我们最终必须面对的问题，不在于它的器物层面的成就，而在于它能够生产什么样子的人（What type of humanity），什么样的男人和女人。事实上，一种文明所生产的男人和女人——人的类型，正好显示出该文明的本质和个性，也即显示出该文明的灵魂。"⑥ 这段话透露出

---

① 黄节：《国粹学报·叙》，《国粹学报》1905年第1期。
② 许守微：《国粹学报论国粹无阻于欧化》，《国粹学报》1905年第7期。
③ 邓实：《鸡鸣风雨楼独立书·语言文字独立第二》，载《光绪癸卯（廿九年）政艺丛书》上篇（一），台北：文海出版社1976年版，第174页。
④ 辜鸿铭：《中国人的精神》，黄兴涛、宋小庆译，海南出版社1996年版，第30页。
⑤ 辜鸿铭：《中国人的精神》，黄兴涛、宋小庆译，海南出版社1996年版，第172页。
⑥ 辜鸿铭：《中国人的精神》，黄兴涛、宋小庆译，海南出版社1996年版，第3页。

来的信息在于，现代化不过是在生活水准方面能够提高人们的物质水平而已，但它并不能标志一个民族的文明水平。只有一个民族所从属的文化及其传统才能决定并塑造该民族中的个人。在他看来，一个民族所特有的文化是无论如何也不能被否弃的，否则，民族的真实自我就将荡然无存。

最后，让我们看看"调和折中派"的基本主张。

调和折中派大致可以洋务派的"中体西用"论、《学衡》派和现代新儒家的有关观点为代表。众所周知，魏源提出过一个口号，就是"师夷长技以制夷"。这个口号的意义在于它着眼于手段和工具的角度去看待西学，而且借鉴西方的"长技"有着明确的目的，即为了抵制西方。在一定意义上，这一口号可以被看作"中体西用"的滥觞。1861年，中国早期改良派领袖人物冯桂芬就曾提出："以中国之伦常名教为原本，辅以诸国富强之术。"① 1894年，另一位改良派领袖人物郑观应也说过："中学其体也，西学其末也；主以中学，辅以西学。"② 当然，影响最大、也最有代表性的，当属洋务派代表人物张之洞，他于1898年明确指出："新旧兼学，四书五经、中国史事、政书、地图为旧学；西政、西艺、西史为新学，旧学为体、新学为用。"③ 尽管"中体西用"论有主次之别、主辅之异，但本质上是希望把东西方文化的优长之处兼收并蓄，在方法上仍属于折中主义的方法论。

调和折中派的另一个代表是"学衡派"。1922年1月，《学衡》杂志创刊，标志着学衡派的形成。其代表人物主要有梅光迪、吴宓、胡先骕、刘伯明、柳诒徵等。它以新文化运动的反对派面目出现，但主张中西兼容。吴宓认为："中国之文化以孔教为中枢，以佛教为辅翼；西洋之文化以希腊罗马之文章哲理与耶教融合孕育而成。今欲造成新文化……则当以上所言之四者。"他还指出："西洋真正之文化，与吾国之国粹，实多互相发明互相裨益之处，甚可兼蓄并收，相得益彰。"④ 吴芳吉也认为"复古固为无用，欧

---

① 冯桂芬：《校邠庐抗议》。
② 郑观应：《盛世危言·西学》。
③ 张之洞：《劝学篇·设学》。
④ 吴宓：《论新文化运动》，《学衡》1932年第4期（1932年4月），载陈崧编《五四前后东西文化问题论战文选》，中国社会科学出版社1985年版，第535页。

化亦非全功。不有创新，终难继起，然而创新之道，乃在复古欧化之外"①。从这里不难看出，"学衡派"具有折中主义立场。

现代新儒学一般被认为属于保守主义阵营，但从其主张由"老内圣"开出"新外王"的观点来看，其也带有调和中西的色彩。故在此暂且把它归之于这一派别的范畴。"新外王"包括科学和民主，它的"新"无疑是来自西学的启迪；而"老内圣"则属于对传统道统的肯认和继承。就此而言，这依然是新旧、东西的结合。其中，最有代表性的当属牟宗三的"良知坎陷说"。牟宗三认为，道德主体能够通过"自我坎陷"开出认识主体，其结果是科学和民主的开显。这显然是一方面不想放弃儒家之道统，另一方面又想兼顾西方的科学和民主，是把这两者贯通起来的折中方案。

（二）马克思主义中国化：文化选择的最优路径

现在来简单分析一下马克思主义的中国化对"西化派""国粹派""调和折中派"等不同文化主张的扬弃与超越。从历史发展的实际进程看，中国文化在事实上既没有全盘西化，更没有全盘保存国粹，也未曾变成各种文化成分的"杂拌"，而是走了一条马克思主义指导下的中国文化实现创造性转化和创新性发展的独特之路。可以说，这条道路既是中国共产党人在自觉的文化意识指导下的文化选择和能动建构，也是被纳入"世界历史"格局的中国历史—文化演化的势所必然，其来有自。马克思主义的中国化既是马克思主义融入中国本土文化的过程，也是中国固有的传统文化不断地现代化的过程，毋宁说它是一种"互化"。从文化层面上看，这一过程真正地扬弃并超越了"西化派""国粹派"和"调和折中派"各自的主张，在古今中外文化大碰撞、大交汇、大激荡的特殊历史背景和历史语境中，开辟出了综合创新的新路径，提升了文化发展的新境界，创造了文化建构的新成果，昭示着中国文化发展的未来希望和光明前景，从而开创了中国文化在新的历史语境中不断发展的成功局面并积累了丰富的历史经验。这主要表现在：

第一，反对文化虚无主义，同"西化派"划清原则界限，汲取中华传

---

① 吴芳吉：《再论吾人眼中之新旧文学观》，《学衡》1923年第21期（1923年9月），载《吴芳吉集》，巴蜀书社1994年版，第478页。

统文化的优秀因子和精华,拒绝对西方文化的盲目崇拜。中国共产党人决不是文化虚无主义者。毛泽东指出:"中国的长期封建社会中,创造了灿烂的古代文化。"早在1938年10月,毛泽东在《中国共产党在民族战争中的地位》中就强调指出:"今天的中国是历史的中国的一个发展;我们是马克思主义的历史主义者,我们不应当割断历史。从孔夫子到孙中山,我们应当给以总结,承继这一份珍贵的遗产。这对于指导当前的伟大的运动,是有重要的帮助的。"① 中国共产党领导的新民主主义革命在文化上的目标,是要重建中华民族的文化形态。1940年1月,毛泽东在《新民主主义论》中申明:"建立中华民族的新文化,这就是我们在文化领域中的目的。"② 他强调说:"这种新民主主义的文化是民族的。它是反对帝国主义压迫,主张中华民族的尊严和独立的。它是我们这个民族的,带有我们民族的特性。"③ 因为"中国文化应有自己的形式,这就是民族形式"④。显然,我们决不是离开民族性立场去寻求文化形态,而是以民族性立场为出发点去建构文化的新形态。

在《新民主主义论》中,毛泽东批判了"全盘西化"论,认为"所谓'全盘西化'的主张,乃是一种错误的观点。形式主义地吸收外国的东西,在中国过去是吃过大亏的"⑤。他后来在《反对党八股》一文中,对五四新文化运动中激进的反传统思潮又作了深刻反思,认为"五四"领袖人物"反对旧八股、旧教条,主张科学和民主,是很对的。但是他们对于现状,对于历史,对于外国事物,没有历史唯物主义的批判精神,所谓坏就是绝对的坏,一切皆坏;所谓好就是绝对的好,一切皆好。这种形式主义地看问题的方法,就影响了后来这个运动的发展"⑥。对于外国文化成果如何恰当地进行选择,毛泽东提出了一个著名的观点,他说:"一切外国的东西,如同我们对于食物一样,必须经过自己的口腔咀嚼和胃肠运动,送进唾液胃液肠

---

① 《毛泽东选集》第2卷,人民出版社1991年版,第534页。
② 《毛泽东选集》第2卷,人民出版社1991年版,第663页。
③ 《毛泽东选集》第2卷,人民出版社1991年版,第706页。
④ 《毛泽东选集》第2卷,人民出版社1991年版,第707页。
⑤ 《毛泽东选集》第2卷,人民出版社1991年版,第707页。
⑥ 《毛泽东选集》第3卷,人民出版社1991年版,第832页。

液，把它分解为精华和糟粕两部分，然后排泄其糟粕，吸收其精华，才能对我们的身体有益，决不能生吞活剥地毫无批判地吸收。"①

即使是在对待马克思主义的问题上，毛泽东认为也应该保持民族性的形式，他指出："中国共产主义者对于马克思主义在中国的应用也是这样，必须将马克思主义的普遍真理和中国革命的具体实践完全地恰当地统一起来，就是说，和民族的特点相结合，经过一定的民族形式，才有用处，决不能主观地公式地应用它。"② 中国化的马克思主义必须是在中华民族文化土壤中生长出来的马克思主义，而不是那种脱离中国具体国情的抽象的、教条化的马克思主义。毛泽东坚决反对那种"言必称希腊"的倾向，强调马克思主义本土化诉求的正当性。1941年5月，他在《改造我们的学习》中指出："许多马克思列宁主义的学者也是言必称希腊，对于自己的祖宗，则对不住，忘记了。"③ 而"有些人对于自己的东西既无知识，于是剩下了希腊和外国故事，也是可怜得很，从外国故纸堆中零星地检来的"。须知，"不单是懂得希腊就行了，还要懂得中国"④。毛泽东批评道："看不起自己国家的文化遗产，拼命地去抄袭西方。……这个风气是不好的。"⑤ 因为"中国人还是要以自己的东西为主"⑥。总之，"中国的面貌，无论是政治、经济、文化，都不应该是旧的，都应该改变，但中国的特点要保存"⑦。在毛泽东看来，社会主义的新文化固然应该是现代化的，但现代化并不等于西方化，而应该是在民族性背景下实现的现代化。他认为，实现了现代创新的中国民族文化乃是"民族信心"的基础，是我们获得文化自信的根本所在。文化现代化的主体是民族性的中国，而民族性的中国在文化上又是现代化的。

第二，反对文化保守主义，同"国粹派"划清原则界限，剔除中华传统文化中的糟粕和落后的东西，主张批判地吸收外国文化。应该说，毛泽东对文化的时代性维度有着清醒的认知，这当然是唯物史观在看待社会历史发

---

① 《毛泽东选集》第2卷，人民出版社1991年版，第707页。
② 《毛泽东选集》第2卷，人民出版社1991年版，第707页。
③ 《毛泽东选集》第3卷，人民出版社1991年版，第797页。
④ 《毛泽东选集》第3卷，人民出版社1991年版，第801页。
⑤ 《毛泽东文集》第8卷，人民出版社1999年版，第226页。
⑥ 《毛泽东文集》第7卷，人民出版社1999年版，第77页。
⑦ 《毛泽东文集》第7卷，人民出版社1999年版，第82—83页。

展时的要求和体现。这使毛泽东能够超越并克服文化保守主义的局限,同"国粹派"存在着认识上的本质区别。他强调历史发展的阶段性,认为新民主主义革命和社会主义革命是两个前后相继而又逐步深化的历史阶段。从文化的角度看,这种自觉无疑是对文化时代性维度的正视。毛泽东是反对社会和历史的超阶段发展的,拒绝"毕其功于一役"。他在《新民主主义论》中强调说:"中国现在的革命任务是反帝反封建的任务,这个任务没有完成以前,社会主义是谈不到的。中国革命不能不做两步走,第一步是新民主主义,第二步才是社会主义。"① 显然,在毛泽东看来,历史的"合题"的达成,只有在历史的实际演进和发展中,在历史条件成熟的基础上才是可能的,它决不是那种脱离历史基础的凭空想象和一厢情愿。

毛泽东说:"孔夫子早已没有了,我们中国有了共产党,总比孔夫子高明一点吧,可见没有孔夫子事情还做得好一些嘛!"② 这就是历史的进步。从时代性维度考量,我们当然比孔夫子高明,这是毫无疑义的。从基于文化的时代性维度而成立的文化进化论视角而言,后来的总是比先前的发展程度要高。在此意义上,毛泽东继承了马克思主义唯物史观对于历史必然逻辑的揭示。1935 年 1 月,陶希圣等十位教授发表《中国本位的文化建设宣言》。关于这篇宣言的实质,冯友兰认为:"一篇洋洋大文,实际所要说的,只有三个字:'不盲从'。不盲从什么呢?不要盲从马克思列宁主义,不能'以俄为师'。这是这个'宣言'实际上所要说的话,其余都是些空话。"③ 它的政治含义,是国民党借文化主张对抗共产党所坚持的马克思主义中国化的历史选择。在这一背景下,毛泽东强调不要突出孔子。据匡亚明回忆,1942 年他在延安曾经当面向毛泽东请教如何看待孔子学说,毛泽东表示,孔子生在两千多年以前,确是中国历史上一个非常伟大的人物。但孔子毕竟是两千多年以前的人物,他思想中有消极的东西,也有积极的东西,只能当作历史遗产批判地加以继承和发扬。对当前革命运动来说,它是属于第二位的东西,属于第一位的是用以指导革命运动的马克思主义理论。特别是当时重庆

---

① 《毛泽东选集》第 2 卷,人民出版社 1991 年版,第 683—684 页。
② 《毛泽东文集》第 6 卷,人民出版社 1999 年版,第 402 页。
③ 冯友兰:《中国现代哲学史》,广东人民出版社 1999 年版,第 123 页。

（国民党政府所在地）方面正在大搞什么"尊孔读经"，他们靠孔夫子，我们靠马克思，要划清界限，旗帜鲜明。所以，对孔夫子最好是暂时沉默，既不大搞批判，也不大搞赞扬。①

早在 1945 年，毛泽东就在《论联合政府》中指出："对于外国文化，排外主义的方针是错误的，应当尽量吸收进步的外国文化，以为发展中国新文化的借镜；盲目搬用的方针也是错误的，应当以中国人民的实际需要为基础，批判地吸收外国文化。苏联所创造的新文化，应当成为我们建设人民文化的范例。对于中国古代文化，同样，既不是一概排斥，也不是盲目搬用，而是批判地接收它，以利于推进中国的新文化。"② 中国共产党人虽传承中华传统文化，但绝没有采取排斥外来文化的封闭态度，而是坚持批判地借鉴的开放态度。毛泽东在《新民主主义论》中说："中国应该大量吸收外国的进步文化，作为自己文化食粮的原料，这种工作过去还做得很不够。这不但是当前的社会主义文化和新民主主义文化，还有外国的古代文化，例如各资本主义国家启蒙时代的文化，凡属我们今天用得着的东西，都应该吸收。"③ 新中国成立以后，毛泽东在《论十大关系》中又进一步指出："一切民族、一切国家的长处都要学，政治、经济、科学、技术、文学、艺术的一切真正好的东西都要学。"④

第三，以中国的"此在"性为出发点，主张对古今中外不同的文化成分兼容并蓄、取长补短，反对那种外在地、机械地杂糅之态度，从而同调和折中派划清了界限。毛泽东当年为我们正确对待传统文化确立了"剔除其糟粕，吸取其精华"的科学态度。这种态度，就是马克思主义哲学所主张的辩证地扬弃。晚清以来，我们在对待传统文化的态度上，既有主张全盘继承中国传统的"国粹派"，也有主张全盘移植西方文化的"西化派"，还有"调和折中派"。实际的历史既未全部保存国粹，更未全盘西化，也不曾调和折中，从而证伪了这些主张。这三种态度都是片面（即使貌似全面，也并未达到辩证统一）的，它们虽然主张各异，但方法上的误区却是一致的，即都遗

---

① 匡亚明：《孔子评传》，南京大学出版社 1990 年版，第 492 页。
② 《毛泽东选集》第 3 卷，人民出版社 1991 年版，第 1083 页。
③ 《毛泽东选集》第 2 卷，人民出版社 1991 年版，第 706—707 页。
④ 《毛泽东文集》第 7 卷，人民出版社 1999 年版，第 41 页。

忘了我们的"此在"性，遗忘了中华民族的特定时间和空间维度。它们要么肯定一切，要么否定一切，要么肯定与否定互为外在化，都不懂得肯定中有否定、否定中又有肯定的辩证法。

1944年7月14日，毛泽东在同英国记者斯坦因谈话时指出："继承中国过去的思想和接受外来思想，并不意味着无条件地照搬，而必须根据具体条件加以采用，使之适合中国的实际。我们的态度是批判地接受我们自己的历史遗产和外国的思想。我们既反对盲目接收任何思想也反对盲目抵制任何思想。我们中国人必须用我们自己的头脑进行思考，并决定什么东西能在我们自己的土壤里生长起来。"① 这里的关键是"根据具体条件""适合中国的实际""用我们自己的头脑进行思考""在我们自己的土壤里生长起来"，这些无疑都是我们的"此在"性之规定，正是这些塑造并决定了我们的当下的存在，为一切文化选择找到了一个最为本真、最具有原初性的恰当的参照系。文化的价值之大小，归根到底取决于它能够满足时代需要的程度。马克思说得好："理论在一个国家实现的程度，总是取决于理论满足这个国家的需要的程度。"② 理论是这样，文化也不例外；从横向的角度说是这样，从纵向的角度说同样如此。在今天，我们只能立足于当代中国的"此在"性，去择取传统文化中的优秀成分，摒弃那些不能与时俱进的消极成分，从而建构起中国特色社会主义的先进文化。这应该成为衡量一切文化遗产和资源的基本坐标，偏离了它，就不能找到恰当的标准，从而有可能陷入相对主义的泥潭，要么"食古不化"，要么"喝祖骂宗"。从某种意义上说，所谓文化，不过是人类应对环境的一种策略而已。古今环境不同，所采取的策略自然也各异。

毛泽东明确拒绝了"中体西用"论，例如他指出："中国的和外国的，两边都要学好"；但"这不是什么'中学为体，西学为用'。'学'是指基本理论，这是中外一致的，不应该分中西"③。1964年9月27日，毛泽东在一个批示中指出："古为今用，洋为中用。"④ 这里隐含着特定时空坐标下的中

---

① 《毛泽东文集》第3卷，人民出版社1996年版，第192页。
② 《马克思恩格斯文集》第1卷，人民出版社2009年版，第12页。
③ 《毛泽东文集》第7卷，人民出版社1999年版，第82页。
④ 《毛泽东文艺论集》，中央文献出版社2002年版，第227页。

国,也就是"此在"性的中国,这为我们的文化选择提供了根本依据。正如有学者所评论的那样,"毛泽东的《新民主主义论》从政治革命角度对'古今、中西'之争作了一次历史性的总结。……可以说是会通中西哲学的创造性贡献"①。因为"在文化上,毛泽东提出了'民族的、科学的、大众的文化',亦即'人民大众反帝反封建的文化',既反对了全盘西化论,又反对了中国本位文化论,正确地解决了文化领域中的古今、中西的关系"②。这一总结性的评价,无疑是恰当的和公允的。

众所周知,20世纪80年代,随着改革开放的不断深化,在中国大地上发生了一场文化大讨论,以至于出现了波及全国的"文化热"。可以说,这是中国历史上新一波"西学东渐"带来冲击的一种必然反应。同"五四"时期的文化争论相比,这一次文化争论显示出了新的特点:第一,就连续性方面来说,不过是启蒙语境的重新贞定。当时提出的"回到五四"的口号,意味着这场讨论乃是头一次讨论在相隔半个多世纪之后的延续和深化。第二,就断裂性方面来说,它又意味着对五四新文化运动本身的批判性反思,而且是在后现代维度及其自觉的语境中进行的,其思考文化问题的参照系因此变得更加丰富而深邃。

20世纪80年代对"五四"的反省,大致表现在这样几个方面。第一,更多地从文化视野重新诠释"五四";第二,重新发掘五四运动的启蒙意义;第三,开始对五四运动加以检讨,对其局限性的揭示更趋深刻(当然参照了现代新儒家的批评)。譬如,庞朴认为:"'五四'人物在传统与现代化问题上的根本理论弱点,即在于他们误以西方人的行为方式为人的普遍行为,误以西方人的习性为人的普遍本性,用过去对待经书的态度去对待西方的学说,重新崇奉一套放之四海而皆准的真理。"③

今天的中国无疑是历史的中国发展的结果。对于历史上的中国,我们不能采取虚无主义态度。但也应看到,今天的中国毕竟是经历了五四新文化运动的洗礼,经历了社会主义历史实践的重构,经历了四十多年改革开放的激

---

① 冯契:《认识世界和认识自己》,上海人民出版社2011年版,第15页。
② 冯契:《认识世界和认识自己》,上海人民出版社2011年版,第8页。
③ 庞朴:《师道师说:庞朴卷》,东方出版社2018年版,第195页。

荡，经历了社会主义市场经济的发展。因此，中华传统文化不可能在本来意义上被复制和再现，而是在更高的历史基点上弘扬其优秀成分和正能量。这一使命，只有通过创造性转化和创新性发展才能完成。反过来说，也只有经过这种创造和创新，中华传统文化的积极价值才能在当今时代真正地彰显出来。传统文化对时代问题的回应，既是当代人从传统文化中汲取智慧、获得启迪的过程，也是传统文化在回应时代问题中显现其正面价值和积极意义的过程。

从一定意义上说，中国社会不断走向现代化，正是伴随着文化冲突、文化选择、文化整合、文化建构而实现的。在这一历史性探索和进步的过程中，我们积累了丰富而深厚的经验，必将成为我们在新时代中国特色社会主义实践中的重要借鉴和宝贵资源。这些历史经验集中到一点，就是当代中国文化建设必须以马克思主义中国化为主线，努力创造它的当代形态。马克思主义的中国化，一方面从时代性维度上深刻地改造了中华传统文化，另一方面也从民族性维度上深刻地改变了马克思主义本身的具体形式。这种"互化"无疑是中华传统文化实现创造性转化和创新性发展的必然要求和实际表征，它的成功实现为新时代中国特色社会主义文化的发展提供了启迪。中国的现代化有一个"谁的现代化"和"为谁的现代化"的问题，必须予以先行回答。马克思主义来到中国，也必然面临着中国人立足于自身的具体历史实践，加以创造性的阐释和在特有文化背景下进行"过滤"的问题，这一任务内在地要求我们，必须正确处理文化上的普遍性和特殊性及其辩证关系，反对文化虚无主义和文化保守主义两种偏执。

二 现代化进程中中华传统文化传承的几个维度

中华民族追求现代化的起点可以追溯至洋务运动。新中国成立之前，中国现代化运动大体可以被归结为三个阶段，即洋务运动、戊戌变法和辛亥革命、五四新文化运动。它们是沿着经济、政治、狭义的文化依次发生质的飞跃的不同阶段和环节。在这些基本阶段中，都贯穿着一条红线，即中华传统文化的去留问题。如何在中西、古今的冲突与碰撞中走出一条文化建设的新路？如何在"认识老中国，建设新中国"的历史进程中把握问题的关键和要害？如何在传统文化实现创造性转化和创新性发展的具体实践中完成优秀文化因子的传承和弘扬？中西文化的碰撞、古今文化的冲突，规定了晚清以来中国文化领域的基本场域和景观。怎样在这种多维博弈中探索出一条可行之路，成为中国现代化发展无法回避的紧迫性时代课题。

（一）文化的时代性维度："新学"与"旧学"的冲突

任何一种文化，都是在特定的时空坐标的约束和规定下存在和演化的。一般地说，它有两个最基本的维度，即时间关系上的时代性维度和空间关系上的民族性维度。晚清以降，中国文化在走向现代化的过程中，在同西方文化的相遇中，同样也无法逃避和游离这样一种时空坐标的约束。

在时代性的维度上，中西文化碰撞的实质在于"旧学"与"新学"的冲突。所谓"旧学"和"新学"，是时代性坐标中的规定。按照进化程度和进步水平来衡量和排列，中国文化与西方文化之间的差别就被归结为发达程度上的差别。值得注意的是，进化论本身就是西方启蒙的产物，它传入中国后，对于中国文化的启蒙起到了极为重要的促进作用。

"西化派"一般是过分强调文化的时代性维度，而无视甚至抹杀文化的民族性维度。作为鼓吹"全盘西化"论的代表人物，陈序经认为："其实，文化是没有东西之分，要是我们觉得人家的文化是优高过我们，是适用过我们，我们去学人家，已恐做不到，何况还要把有限的光阴脑力，去穿钻这已成陈迹的古董！"① 在他看来，文化原本就无中西之分，只有高低之别，而这样一种判断的背后，其实隐含着一个时代性维度的参考系。文化的时代性维度的合法性，源自文化进化论的逻辑预设，因为只有在进化论模式中，对不同的文化加以排列，才显示出时代性维度的差异。"西化派"以进化论为理由，拒绝对西方文化持批判地反省态度。例如，陈序经认为：他之所以主张全盘西化论，一个很硬的理由就是"欧洲文化的确比我们的文化为优"②，"欧洲近代文化的确比我们进步得多"③。这也是为什么进化论观念传入中国

---

① 陈序经：《中国文化的出路》，岳麓书社2010年版，第97页。
② 陈序经：《中国文化的出路》，岳麓书社2010年版，第99页。
③ 陈序经：《中国文化的出路》，岳麓书社2010年版，第97页。

后变成了替西化论辩护的理由的一个重要原因。在进化论范式下,相信这一点就不奇怪了:"文化本来是变化的,而且应时时变化,停而不变,还能叫做什么化呢?"① 但是,他们的理解过于简单化了,因为忽视了这样一种区别,即突破自我同一性的变化和自我同一性范围内的变化。文化作为有机体,其变化当然是生命得以维系的条件,但有机体的变化同无机界的变化存在的一个本质的差别,就在于前者的变化总是在保持自我同一性的基础上实现的。

"全盘西化"论由于执持进化论假设,民族性维度就被这一独断视野遮蔽掉了,从而承认文化的地域差异可忽略不计。陈序经否认文化的民族性维度,甚至拒绝承认学有中西之别。他写道:"学固有新旧之分,却没有东西中外之分;质言之,学固有时间上的差异,却没有空间上的不同。"② 与此形成鲜明对照的,是持极端保守主义立场的辜鸿铭,其强调中西文化之异,认为"中国文明与现代欧洲文明有着根本的不同"③。在中西文化比较问题上,文化激进主义同文化保守主义何以会存在着如此的抵牾呢?这是因为,从时代性维度出发,中西文化彼此之间是可以通约的;但从民族性维度着眼,中西文化彼此之间是不可通约的。"全盘西化"论者基于文化的时代性维度立论,保守的国粹派学者则基于文化的民族性立论,立场不同,视野各异,所得结论南辕北辙,也就不难理解了。

在西方现代思想史上,进化论观念由一种自然科学范式悄悄地过渡到了人类历史领域,变成了社会科学的经典范式。"科学上的进化观念确立了、完备了历史中的进步观念。"④ 因为"达尔文革命通过把进步(Progress——引者注)等同于进化(Evolution——引者注)似乎消弭了所有困境"⑤。自然科学方法对于人文历史领域的非法运用,成为启蒙时代以来科学主义的一个最严重的后果。胡克甚至认为:"如果人类不服从物理学的和生物学的规

---

① 陈序经:《中国文化的出路》,岳麓书社2010年版,第99页。
② 陈序经:《东西文化观》,中国人民大学出版社2004年版,第102页。
③ 辜鸿铭:《中国人的精神》,黄兴涛、宋小庆译,海南出版社1996年版,第39页。
④ [英] E. H. 卡尔:《历史是什么?》,陈恒译,商务印书馆2017年版,第151页。
⑤ [英] E. H. 卡尔:《历史是什么?》,陈恒译,商务印书馆2017年版,第217页。

律，我们甚至就不可能开始研究他们的社会行为。"① 物理学和生物学的规律固然揭示了人的社会行为的自然基础，但这仅仅是作为前提而发挥作用的，它并不能给出人的社会行为的充分理由。如果夸大这一点，无疑就意味着自然科学的泛化。自然科学的这种社会学运用，潜藏着一种危险，那就是抹杀了自然史同社会史之间的差别。哈耶克把自组织现象运用于人类历史而变成为资本主义制度辩护的理由。在他看来，自发而生成的秩序就是"好的"，而人为建构的秩序就一定是"坏的"。法国学者雅克·吕菲埃说："达尔文的图式看来也从科学的角度给统治着十九世纪中叶并强烈冲击着人们精神状态的社会政治状况提供了合法依据。"② 要在中国造成一种西方化过程，就必须先行地认同并接受进化论架构。因为只有这一假设，方可使人们在观念和行动上出现一种骚动不安和变动不居的状态而获得合法性。正如有学者所指出的，"不断变化和'进步'的观念，尽管那时（指从文艺复兴到工业革命的历史时期——引者注）在西方被认为理所当然，但依然不合中国人的思想"③。对进化论的崇拜和迷信，是晚清以来中国思想界中出现的一个引人注目的现象。据胡适回忆，"读《天演论》，做'物竞天择'的文章，都可以代表那个时代的风气"。因为"《天演论》出版之后，不上几年，便风行全国……在中国屡次战败之后，在庚子辛丑大耻辱之后，这个'优胜劣败，适者生存'的公式确是一种当头棒喝，给了无数人一种绝大的刺激。……'天演'、'物竞'、'淘汰'、'天择'等等术语，都渐渐成了报纸文章的熟语，渐渐成了一班爱国志士的'口头禅'"④。胡适本人的名字甚至被打上了进化论的烙印，据他本人回忆，他的名字正是取了"物竞天择，适者生存"之意。⑤

---

① ［美］胡克：《理性、社会神话和民主》，金克、徐崇温译，上海人民出版社 2006 年版，第 25 页。
② ［法］雅克·吕菲埃：《进化观的进化》，载［法］R. 凯卢瓦主编《第欧根尼》1987 年第 1 辑，社会科学文献出版社 1987 年版，第 105 页。
③ ［美］斯塔夫里阿诺斯：《全球通史——1500 年以后的世界》，吴象婴、梁赤民译，上海社会科学院出版社 1999 年版，第 75 页。
④ 胡适：《四十自述》，载欧阳哲生编《胡适文集》第 1 卷，北京大学出版社 1998 年版，第 70 页。
⑤ 参见胡适《四十自述》，载欧阳哲生编《胡适文集》第 1 卷，北京大学出版社 1998 年版，第 70 页。

按照进化论模式所提供的参照系加以排列，中国文化只能属于过时的、落后的、愚昧的、不开化的范畴，而西方文化则是代表未来的、先进的、文明的、开化的形态。这正是进化论何以构成西化派并为自己的立场和主张作辩护的重要依据和理由。其实，"新"与"旧"本来只是一个时间前后的关系，是一种事实上的比较，但在五四时期却沦为"好""坏"之类的价值谓词。这一悄悄的转换之实现乃是基于两个层面：一是科学所揭示的进化论模式；二是科学对于中国本土固有学术所显示的力量和新颖性。前者是隐性的预设，后者是显性的效果，但无论如何都同科学的"昌明"直接相关。正如有学者所说的，"无论是从实际的还是象征的意义，中国是从20世纪开始把科学作为一种教条来接受的"①。中国所接受的不仅仅是个别的科学结论，甚至也不是科学本身的精神，而主要是科学主义的信念，即把科学本身变成一种普适的权威，把科学尺度及其所规定的视野独断化。

从某种意义上说，"全盘西化"论不过是文化进化论的一个演绎结果。这一论调作为一种对中国固有文化的绝望情绪，过分地夸大了传统文化对于晚清中国受挫的责任，把暂时的挫折误认为彻底的失败。所以，以"全盘西化"论为代表的"西化派"对于传统文化往往采取虚无主义态度，这无疑是"西化派"在认识上的误区。它完全把文化看作是一种"用"，即工具性的规定，而遗忘了文化的"体"的意义与价值，所以他们只能发现文化的外在价值，而不能正视文化的内在价值。这一认识上的误区，导致了他们在文化问题上的偏执。

"全盘西化"论的极致，莫过于钱玄同的"废灭汉文"之主张了。1918年3月4日，钱玄同鲜明地提出："欲废孔学，不可不先废汉文；欲驱除一般人之幼稚的、野蛮的、顽固的思想，尤不可不先废汉文。"② 他甚至认为陈独秀"力主推翻孔学，改革伦理"尚不够彻底，废汉字才是根本性的解决。在这些激进的反传统的急先锋看来，中国固有文化从内容到形式都一无是处，必欲置之死地而后快。"二千年来用汉字写的书籍，无论哪一部，打

---

① ［美］郭颖颐：《中国现代思想中的唯科学主义（1900—1950）》，雷颐译，江苏人民出版社2010年版，第3—4页。
② 钱玄同：《中国今后之文字问题》，载中国社会科学院近代史研究所所编《五四运动文选》，生活·读书·新知三联书店1959年版，第124页。

开一看，不到半页，必有发昏做梦的话。"① 反传统反到最后，追究到语言文字上面来了。按照钱玄同的设想，只要把中国的汉文置换掉，就可让中国人同自己的传统文化"一刀两断"。他援引吴稚晖的话说："中国文字，迟早必废。"② 有附和钱氏观点的，甚至说不仅要"废汉文"，更要"废汉语"。显然，这种反传统的激进主义使文化自信尽失，陷入了极度文化自卑的泥淖。

十分吊诡的是，当时学界不少人竟然把"灭汉文"作为"救中国"的条件和良策而加以肯定。钱玄同说："我再大胆宣言道：欲使中国不亡，欲使中国民族为二十世纪文明之民族，必以废孔学、灭道教为根本之解决，而废记载孔门学说及道教妖言之汉文，尤为根本解决之解决。"拿什么来取代汉文呢？他认为"当采用文法简赅，发音整齐，语根精良之人为的文字 esperanto（即世界语——引者注）"③。殊不知，当一个民族所特有的语言文字灭亡之后，这个民族及其文化也就名存实亡了。海德格尔说："语言是存在的家。"④ 连中国的语言文字都要废掉，那么中华民族及其文化的存在又何以维系？不讲中文的中国人，不是一个文化意义上的"中国人"。由是观之，"灭汉文"之举措，究竟是"兴中国"还是"灭中国"？由"兴中国"始，到"灭中国"终，其中的诡谲和悖谬又何其讽刺！正如钱穆所言："有以救国保种之心，而循至于一切尽变其国种之故常，以谓凡吾国种之所有，皆不是以复存于天地之间者。复因此而对其国种转生不甚爱惜之念，又转而为深恶痛疾之意，而惟求一变故常以为快者。"⑤ 为"救国"而"丧国"，这是一种莫大的讽刺。"国种"首先是一个文化概念。国粹派从另一个极端看到了"灭汉文"的危害，诚如邓实所指出的："其亡人国者，必先灭其语

---

① 钱玄同：《中国今后之文字问题》，载中国社会科学院近代史研究所编《五四运动文选》，生活·读书·新知三联书店1959年版，第125页。
② 钱玄同：《中国今后之文字问题》，载中国社会科学院近代史研究所编《五四运动文选》，生活·读书·新知三联书店1959年版，第129页。
③ 钱玄同：《中国今后之文字问题》，载中国社会科学院近代史研究所编《五四运动文选》，生活·读书·新知三联书店1959年版，第128页。
④ ［德］海德格尔：《人，诗意地安居》，郜元宝译，上海远东出版社2011年版，第32页。
⑤ 钱穆：《国学概论》，商务印书馆1997年版，第354页。

言，灭其文学，以次灭其种性，务使其种如堕其九渊，永永沉沦。"① 可见，倘若把文化的时代性维度绝对化，将其视作完全排斥民族性维度的规定，就会陷入误区。"全盘西化"论及其所代表的"西化派"所得结论，已经证明了这一点。

（二）文化的民族性维度："中学"与"西学"的冲突

如果从空间关系看，也就是在文化的民族性维度上，中西文化碰撞的背后，其实质则是"中学"与"西学"之间的冲突。具体地说，从不同民族文化传统之间的不可通约性角度看，中西文化相遇发生的碰撞，意味着"中学"与"西学"之间的矛盾和冲突。不少学者认为，中西文化有"内在超越"（中学）与"外在超越"（西学）之分。的确，从总体上比较，我们不难发现，中国文化的基本取向是征服自我，而非征服世界，所以中国人追求的是"成圣"。只有战胜自我的人才能成为"圣人"。而西方文化的旨趣迥然不同，它致力于征服世界，亦即外向的探究，其最高偶像乃是"英雄"。只有通过征服世界才能证明自己是"英雄"。培根说过："要命令自然，须先服从自然。"但"服从"的终极目的，仍然在于"命令"和"征服"，所以培根相信"知识就是力量"。这个命题中的"知识"特指自然科学，正如罗素所说的，"培根心目中的知识是他所谓的科学知识"②；而"力量"则只有通过"征服"自然才能得以显现。显然，培根所谓的"服从自然"仍然是工具性的，而不是根本理念上的，不具有本体论含义。在人与人的关系维度上，西方文化有其悠久的殖民传统，这一传统可以追溯到古希腊时代。到了 20 世纪，整个世界已经被西方国家分割完毕，没有一块"处女地"。而中国自古则无殖民扩张的传统，历代王朝从来都不是"帝国"，只有殖民的国家才能称之为"帝国"。中国文化的这种内倾性的性格至为明显。

关于中西文化的异质性，怀特海说："我们对中国的艺术、文学和人生哲学知道得愈多，就会愈加激慕这个文化所达到的高度。"但是，"中国人就个人的情况来说，从事研究的禀赋是无可置疑的，然而中国的科学毕竟是

---

① 邓实：《国学保存会小集叙》，《国粹学报》1905 年第 1 期。
② ［英］罗素：《罗素文选》，牟治中译，国际文化出版公司 1987 年版，第 115 页。

微不足道的。如果中国如此任其自生自灭的话，我们没有任何理由认为它能在科学上取得任何成就"①。在怀特海看来，中国文化长于人文，而非长于科学。对此，罗素也有相似的判断。罗素在《中国问题》中指出："可以说，我们的文明的显著长处在于科学的方法；中国文明的长处则在于对人生归宿的合理理解。"② 所以，在他看来，"不幸的是，中国文化有个弱点：缺乏科学"③。在回答"为什么中国没有科学"这一问题时，冯友兰指出："西方是外向的，东方是内向的；西方强调我们有什么，东方强调我们是什么。"④ 因此，"希腊则力求，现代欧洲正在力求，认识自然，征服自然，控制自然；但是中国力求认识在我们自己内部的东西，在内心寻求永久的和平"⑤。为什么中国学问是"内学"？这归根到底取决于中国学问的取向，因为道德问题对人而言是内在性的，是返己之学。正如唐代文豪韩愈说的："足乎己而无待于外者之谓德。"所谓的"无待于外"，正是反身性的姿态。在谈到中西学术之异趣时，钱穆认为："若以当前中西学术相比，则可谓西学重外，中学重内。中学内究心性，而西学不之及。"⑥ 熊伟也强调："西方的方向是外倾的方向或智的方向，换言之，是求知的方向。在这个方向中，……科学达到高峰，而且是通过人们'为求知之故'而日益求得更多的知识的途径"，而"中国的方向是内倾的方向，换言之，是情感的方向。在这个方向中，重点从来不放在知上"。所以，"科学在中国很落后"⑦。总之，在他看来，"西方人走的是知识的道路，东方人走的是道德的道路"⑧。贺麟同样指出："西洋文化的特殊贡献是科学。"⑨ 张申府在《所思》"序

---

① [英] A. N. 怀特海：《科学与近代世界》，何钦译，商务印书馆2017年版，第10页。
② [英] 伯特兰·罗素：《中国问题》，秦悦译，学林出版社1996年版，第153页。
③ [英] 伯特兰·罗素：《中国问题》，秦悦译，学林出版社1996年版，第39页。
④ 冯友兰：《中国为什么没有科学》，载《三松堂全集》第11卷，河南人民出版社2000年版，第53页。
⑤ 冯友兰：《中国为什么没有科学》，载《三松堂全集》第11卷，河南人民出版社2000年版，第50页。
⑥ 钱穆：《宋代理学三书随劄》，生活·读书·新知三联书店2002年版，第2页。
⑦ 熊伟：《在人性保护之下》，载《在的澄明——熊伟文选》，商务印书馆2011年版，第77页。
⑧ 熊伟：《在人性保护之下》，载《在的澄明——熊伟文选》，商务印书馆2011年版，第93页。
⑨ 贺麟：《文化与人生》，商务印书馆2015年版，第7页。

言"中说:"'仁'与'科学法':我认为是最可贵重的两种东西。"① 他在正文中重申道:"'仁'与'科学法',是我认为人类最可宝贵的东西。仁出于东,科学法出于西。……科学法是西洋文明最大的贡献。"② 张申府直到晚年依然坚持这一观点。在他的心目中,他所找到的两个象征就是孔子和罗素。他说:"我读过很多哲学的著作。在这些哲学家中,这两人是我最敬重和仰慕的。"所以,他试图把二者统一起来。张申府说:"罗素本人不私识孔子,但他的思想事实上十分接近孔子。"退一步说,"就算罗素不承认他的学说接近孔子,但我的哲学能把他俩接在一起。我是他们的桥梁"③。问题在于,罗素本人应该并不买张申府这种一厢情愿的账。罗素在《中国问题》中说:"孝道和族权或许是孔子伦理中最大的弱点,孔子伦理中与常理相去太远的也就在于此。"④ 罗素对孔子及其学说的隔膜和误解之深由此可见一斑。其实,即使张申府有着把孔子与罗素打通的诉求,他也不得不承认,"是的,罗素确不大理解和敬重孔子。这是他看事物不周全的另一例子"⑤。张申府早年在《续所思》中就已经指出:"罗素说他喜欢逻辑,乃因为它不仁。"⑥ 总之,东西方文化的根本分野,就在于知识与道德的不同。

程伊川曰:"学也者,使人求于内也,不求于内而求于外,非圣人之学也"⑦;因为"学本是修德"⑧ 而已。二程曰:"学本是治心"⑨;"凡学之道,正其心,养其性而已。"⑩ 由此决定了在传统中国人看来,"所闻者所见者,外也,不可以动吾心"⑪。所以,王韬提出:"形而上者,中国也,以道胜;形而下者,西人也,以器胜。"⑫ 张之洞也认为:"中学为内学,西学为外

---

① 张申府:《张申府文集》第 3 卷,河北人民出版社 2005 年版,第 53 页。
② 张申府:《张申府文集》第 3 卷,河北人民出版社 2005 年版,第 64 页。
③ [美] 舒衡哲:《张申府访谈录》,李绍明译,北京图书馆出版社 2001 年版,第 139 页。
④ [英] 罗素:《中国问题》,秦悦译,学林出版社 1996 年版,第 29 页。
⑤ [美] 舒衡哲:《张申府访谈录》,李绍明译,北京图书馆出版社 2001 年版,第 165 页。
⑥ 张申府:《张申府文集》第 3 卷,河北人民出版社 2005 年版,第 139 页。
⑦ 《二程遗书》卷二十五。
⑧ 《二程遗书》卷十八。
⑨ 《二程遗书》卷十五。
⑩ 《宋元学案》卷五。
⑪ 《二程遗书》卷二十五。
⑫ 王韬:《弢园尺牍》(卷 4),台北:文海出版社 1983 年版,第 156 页。

学;中学治身心,西学应世事。"① 中国学问的终极旨趣在于"学做人"而已,所以没有发展出自然科学来。在某种意义上,这也正是"李约瑟难题"的答案之所在。学问被引向了成就人的道德人格一途。所以说,"君子学以致其道"②。这里所谓的"道"不是自然律,而是为人之道,亦即道德之道。"德者,得也。"道德无非是做人之道而已。陆九渊言:"凡欲为学,当先识义利公私之辨。今所学果为何事?人生天地间,为人自当尽人道。学者所以为学,学为人而已。"③

不同文化传统之间的这种民族性维度上的异质性差别,有其深刻的发生学基础。正如有学者所言,"中国人和欧洲人这两个民族,居住在旧世界的两端,一个靠近太平洋之滨,另一个濒临地中海和大西洋,是在地理上相互隔绝的情况之下而在文化上发展和成熟起来的"④。从某种意义上说,所谓文化不过是人类应对环境的一种策略罢了。人类最初所面对的环境不同,所选择的应对策略自然有异。东西方两大文化传统在总体上呈现为农耕型文明和海洋型文明的分野。欧洲人需要同环境进行博弈,有征服自然的诉求,而这个诉求就需要科学研究来得到满足。金岳霖认为,"西方有一种征服自然的强烈愿望。……似乎总在对自然作战,主张人有权支配整个自然界"⑤。正是这种征服自然的取向,使科学的产生成为必要。"促进科学的因素之一,是获得征服自然所需要的力量。没有适当的自然知识,就不能征服自然。"⑥因为按照培根的逻辑,"要支配自然就须服从自然"⑦。众所周知,古希腊是欧洲文明的摇篮。黑格尔甚至说,一提起古希腊,每一个欧洲人都会油然产生一种"家园"之感。西方科学的缘起,也不得不追溯到希腊那里去。恩格斯在《自然辩证法》中指出:"在希腊哲学的多种多样的形式中,差不多可以找到以后各种观点的胚胎、萌芽。因此,如果理论自然科学想要追溯自

---

① 《劝学篇·会通》。
② 《论语·子张》。
③ 《象山全集》卷三十五。
④ [英] 赫德逊:《欧洲与中国》,王遵仲等译,中华书局1995年版,第1页。
⑤ 金岳霖:《中国哲学》,载《哲意的沉思》,百花文艺出版社2000年版,第225页。
⑥ 金岳霖:《中国哲学》,载《哲意的沉思》,百花文艺出版社2000年版,第226页。
⑦ [英] 培根:《新工具》,许宝骙译,商务印书馆2017年版,第8页。

己今天的一般原理发生和发展的历史，它也不得不回到希腊人那里去。"①法国艺术史家丹纳也说过："我们今天建立的科学没有一门不建立在他们（指古希腊人——引者注）所奠定的基础之上。"② 雅斯贝尔斯认为："西方每一个伟大时代的出现都是重新接触和研究古代文化的结果。"③ 其中当然包括最突出的自然科学在内。怀特海同样认为："希腊终归是欧洲的母亲。要找到现代观念的源头就必须看看希腊的情形。"④

希腊半岛被地中海所环绕，其土地贫瘠且滨海。一方面不适合种植农作物，但另一方面适合向海洋开拓。这一独特的地位决定了古希腊属于海洋型文明。关于古希腊，丹纳认为，希腊土地有两个特点，这就是丘陵地和滨海。他援引希罗多德的话说，同富饶的西西里和意大利南部相比，贫瘠的希腊"一出世就与贫穷为伍"⑤。所以，这种特点"当然鼓励人民航海，尤其土地贫瘠，沿海全是岩石，养不活居民"⑥。由此决定了"古希腊人中最早熟，最文明，最机智的民族，都是航海的民族"⑦。与海洋博弈是充满风险的，是你死我活的较量。这不仅养成了古希腊人的征服性格，同时也使对自然界进行科学探究成为必要。这可以让我们理解这样一个事实，即古希腊"最使人钦佩和同情的大事业……这事业就是科学"⑧。

中国文化作为农耕型文明，寻求的是对于自然的顺应。安土重迁，发展出以血缘关系为轴心的、伦理关系发达的宗法制社会。《易传·系辞上》曰："安土敦乎仁。"孟子说："不违农时，谷不可胜食也。"⑨ 荀子也说："春耕、夏耘、秋收、冬藏，四者不失时，故五谷不绝，而百姓有余食也。"⑩ 司马迁有言："夫春生夏长，秋收冬藏，此天道之大经也。弗顺则无

---

① 《马克思恩格斯全集》第 26 卷，人民出版社 2014 年版，第 502 页。
② ［法］丹纳：《艺术哲学》，傅雷译，生活·读书·新知三联书店 2016 年版，第 276 页。
③ ［德］雅斯贝尔斯：《什么是教育》，邹进译，生活·读书·新知三联书店 1991 年版，第 109 页。
④ ［英］怀特海：《科学与近代世界》，何钦译，商务印书馆 2017 年版，第 11 页。
⑤ 参见［法］丹纳《艺术哲学》，傅雷译，生活·读书·新知三联书店 2016 年版，第 270 页。
⑥ ［法］丹纳：《艺术哲学》，傅雷译，生活·读书·新知三联书店 2016 年版，第 271 页。
⑦ ［法］丹纳：《艺术哲学》，傅雷译，生活·读书·新知三联书店 2016 年版，第 272—273 页。
⑧ ［法］丹纳：《艺术哲学》，傅雷译，生活·读书·新知三联书店 2016 年版，第 275 页。
⑨ 《孟子·梁惠王上》。
⑩ 《荀子·王制》。

以为天下纲纪。"① 以农立国，乃中国历代王朝的基本国策。汉代"重农抑商"政策的基本用意，在于为道德的涵养提供适宜的社会土壤。汉文帝诏曰："农，天下之大本也，民所以恃以生也，而民或不务本而事末，故生不遂。"因此，"道民之路，在于务本。"故曰"农，天下之本，务莫大焉"②。汉景帝诏书重申："农，天下之本也。"③ 汉宣帝诏曰："农者，兴德之本也。"④ 这一传统养成的"国民常性，所察在政事日用，所务在工商耕稼。志尽于有生，语绝于无验"⑤。由于安土重迁，中国文化特别强调血缘关系的连续性和稳定性。如孟子就说："不孝有三，无后为大。"⑥ 古代中国秉持的基本理念是，只要顺应自然就可以了，不需要逆天道而行，因而不需要发展科学；血缘关系最有效的调节手段是道德，道德是反身性的姿态，不需要外向探求去发展科学认知。冯友兰认为，"中国没有科学，是因为按照她自己的价值标准，她毫不需要"⑦。因此，"中国哲学家不需要科学的确实性，因他们希望知道的只是他们自己；同样地，他们不需要科学的力量，因为他们希望征服的只是他们自己。……那么科学还有什么用呢？"⑧

"国粹派"特别强调文化的民族性特质，辜鸿铭说："我所指的中国人的精神，是中国人赖以生存之物，是本民族固有的心态、性情和情操。这种民族精神使之有别于其他任何民族，特别是有别于现代的欧美人。"⑨ 在他看来，"中国文明与现代欧洲文明有着根本的不同"⑩。"对于中国人来说，他们文明的起源、发展乃至赖以存在的基础，同欧洲人的文化完全不相

---

① 《史记·太史公自序》。
② 《汉书》卷四。
③ 《汉书》卷五。
④ 《汉书》卷八。
⑤ 章太炎：《驳建立孔教议》，载《章太炎全集》第 4 卷，上海人民出版社 1985 年版，第 195 页。
⑥ 《孟子·离娄上》。
⑦ 冯友兰：《中国为什么没有科学》，载《三松堂全集》第 11 卷，河南人民出版社 2001 年版，第 32 页。
⑧ 冯友兰：《中国为什么没有科学》，载《三松堂全集》第 11 卷，河南人民出版社 2001 年版，第 52 页。
⑨ 辜鸿铭：《中国人的精神》，黄兴涛、宋小庆译，海南出版社 1996 年版，第 29 页。
⑩ 辜鸿铭：《中国人的精神》，黄兴涛、宋小庆译，海南出版社 1996 年版，第 39 页。

干。"① 章太炎强调指出:"今中国不可委心远西,犹远西不可委心中国也。"② 这显然是看到了东西方文化的不可通约的一面。对于"国粹派"着眼于文化的民族性维度,"西化派"看得尤为分明,陈序经说:"反对全盘采纳西洋文化的人,以为每一民族,有一民族之文化,所以文化成为民族的生命。他们的结论是:文化亡,则民族亡。"③ 在中西文化比较问题上,文化激进主义同文化保守主义何以会存在如此抵牾呢?这是因为,从时代性维度出发,中西文化彼此之间是可以通约的;但从民族性维度着眼,中西文化彼此之间是不可通约的。"全盘西化"论者基于文化的时代性维度立论,保守的国粹派学者则基于文化的民族性立论,立场不同,视野各异,所得结论南辕北辙,也就不难理解了。

如果说,在"西化派"那里,其致命的错误在于以文化的时代性取代并遮蔽文化的民族性,那么,在"国粹派"那里,其致命的错误则恰恰相反,它是以文化的民族性取代文化的时代性。因此,"国粹派"同样陷入了难以自拔的误区,这一误区使得"国粹派"走向极端的保守而拒绝一切外来文化及其优秀成分,具有强烈的排他性和极强的封闭性。从历史上看,这一教训也是非常深刻的。

(三) 文化的内核和实质:理性与价值的冲突

从一定意义上说,文化与哲学之间是"表"与"里"的关系。也就是说,哲学构成文化的原型和基因,文化则构成哲学的载体和表征。因此,考察中国现代化过程中的文化发展及其命运,就不能不从哲学的层面着眼,把握问题的更深层的实质。从文化的内核和实质角度说,中西文化的碰撞意味着理性与价值的冲突。

晚清以来在中国发生的东西方文化的遭遇,究其实质不过是理性与价值的冲突。这可以从20世纪20年代在中国学术界爆发的那场著名的"科玄论

---

① 辜鸿铭:《中国人的精神》,黄兴涛、宋小庆译,海南出版社1996年版,第144页。
② 章太炎:《原学》,载姜玢编选《革故鼎新的哲理——章太炎文选》,上海远东出版社1996年版,第363页。
③ 陈序经:《中国文化的出路》,载罗荣渠主编《从"西化"到现代化——五四以来有关中国的文化趋向和发展道路论争文选》(中册),黄山书社2008年版,第407页。

战"中看得分明。如果说"科学派"的精神内核是理性，那么"玄学派"的精神内核则是价值。"科学派"有着强烈的科学主义情结，主张科学万能，认为科学不仅能够把握自然界的逻辑，而且可以照亮人生，给出人生观的内在理由。这显然是一种科学的独断立场，属于科学主义意识形态。"玄学派"在当时西方文化势头正强劲的情境下，明显地处于守势，只好退而求其次，为价值世界保留一点地盘而抗争，认为科学能够解决自然律的问题，但不能解决人生观的问题，科学视野不是全息的，而是有限的。这一立场从学理上说无疑是健全的，但却不合时宜。如果说"科学派"有时代性的合法性，却缺乏学理上的正当性；那么"玄学派"则相反，虽具有学理上的正当性，但缺乏时代性的合法性。它们各有利弊、各有长短。两者的对峙，的确凸显了理性和价值之间的冲突。

何谓理性？何谓价值？"理性"是一个歧义丛生的词，它可以作为主体的人的认识能力或阶段，也可以作为与意志、情感、想象等所有非理性主观形式相对而言的规定，还可以作为与价值这一应然诉求相对而言的规定。这里所谓的"理性"，主要是在同价值相区分的意义上使用的。在这个意义上的"理性"意味着：第一，作为一种态度，理性是客观的。理性总是以外在他律作为自己的最终尺度，因而与主观随意性相对立，这是理性的绝对要求。唯其这样，科学理论作为理性思维的结果，才"是人们所知道的最客观的，同人无关的东西"[①]。这种客观性特征包括对事实的客观确认和超私人性的客观认同。第二，作为一种方法，理性是逻辑的。它主要是以归纳和演绎作为基本的思维途径，因而对理性来说，不存在任何不可理喻的内容。这正是理性区别于臆想、迷信、意志、直觉、潜意识、难以名状的心灵体验等一切无法诉诸逻辑表达的主观感受的标志所在。第三，作为一种视野，理性是可确证的。这种证明包括实证的和逻辑的两种情形。由于理性揭示的乃是普遍的必然性，其结论就是有待证明并且原则上也是能够证明的。第四，作为一种表达，理性是精确的。理性内容的表征形式只能是精确语言，这是由理性的抽象本质决定的。在抽象表达中，符征（能指）与符意（所指）之

[①] [美]爱因斯坦：《爱因斯坦论科学与教育》，许良英、李宝恒、赵中立等译，商务印书馆2016年版，第89页。

间的关系是一一对应的同构关系。这一特点决定了抽象符号不存在开放的意义空间,因而符号所给出的意义规定不能被随意解释。① 基于这种刻画,我们可以给出关于理性的界说。所谓理性,就是人类在实证基础上运用逻辑方法揭示对象在时间历程中表现出来的普遍必然的因果关系结构所采取的独特方式,它的基本的人文形式是科学和技术。如果说理性主要着眼于世界的实然状态,回答"是"什么的问题,那么价值则主要着眼于世界的应然状态,回答"应当"如何的问题。与理性视野的相对性和有限性不同,价值视野是绝对的和无限的。作为一种完满的规定,价值包含了一切可能性、穷尽了一切可能性。人们不可能站在它之外去指称它和描述它,正如无法设想"无限之外"一样。所以价值世界是非实证的、超验的。价值的文化形态主要是道德和宗教。②

"五四"时期有一种观点认为,中国文化主静,西方文化主动。这种比较从总体上说大致不错。中华传统文化致力于对那个恒常不变的永恒之物的追寻、守望和执拗地坚持。汉儒董仲舒所谓的"天不变,道亦不变",就是对永恒之物的肯认。"天"何尝能变?"道"又何尝能变?这个永恒之物,其实就是人的价值世界的文化象征。中国社会的停滞状态与此信念及对它的恪守相关。在历史研究中,有所谓的中国封建社会为什么长期延续之请问,有所谓的超稳定系统的贬抑之称谓,如此等等。西方文化则致力于变,甚至为变而变。正如罗素所言:"西方人向来崇尚效率,而不考虑这种效率是服务于何种目的"③。一位西方学者记述道,有一个中国长者曾经告诉他:"在你们西方人眼中,用一小时而不是用三天时间到达某个地方,是件十分重要的事情。而我们东方人所关心的,却是你到那儿要干些什么。"④ 同西方相比,中国文化更看重目的本身的正当性。"中国人能自由地追求符合人道的目标,而不是追求白种民族都迷恋的战争、掠夺和毁灭。"⑤ "我们在西方崇

---

① 何中华:《"现代化"观念的逻辑意蕴及其历史表征》,《天津社会科学》1995年第1期。
② 何中华:《科学与人文:两种文化的关系》,《洛阳师专学报》1998年第4期。
③ [英]罗素:《中国问题》,秦悦泽译,学林出版社1996年版,第7页。
④ [锡兰] L. A. 贝克:《东方哲学的故事》,傅永吉译,江苏人民出版社1998年版,第287页。
⑤ [英]罗素:《中国问题》,秦悦泽译,学林出版社1996年版,第6页。

拜'进步','进步'成了一种伦理伪装,去伪装成为变心原因的欲望。"① 而"他们(指中国人——引者注)没有决定西方民族那样的进步思想,……有人对他说,这样下去几乎不会有进步,他肯定会说:'予等已臻完美之地位,何故再求进步耶?'"② 因此,对于"进步和效率,中国人除了受过西方教育的以外都不以为然"③。这不是偶然的,而是中国文化性格使然,归根到底是由中国文化传统的偏好所决定。如果说,目的的正当性要求,乃是价值决定的偏好;那么,对于进步和效率的追求,则是理性的偏好。

所以,同西方文化的知识论传统不同,中国文化主要是健全的人生观。张岱年指出中国哲学之特质在人生论,他写道:"人生论是中国哲学之中心部分,其发生也较早。……所以人生论实是中国哲学所特重的。可以说中国哲学家所思所议,三分之二都是关于人生问题的。世界上关于人生哲学的思想,实以中国为最富,其所触及的问题既多,其所达到的境界亦深。"④

"调和折中派"的观点既没有从学理层面上解决不同文化传统融合的可能性问题,也未曾在实践层面上实现把不同文化传统的优秀成分整合起来的愿望。究其原因,归根到底就在于它未能从根本上超越知性思维方式的桎梏,无法在辩证法的高度上揭示既对立又统一的关系,从而难以给出使理性与价值达成统一的内在理由。譬如,现代新儒家的"老内圣"与"新外王"之说,就显示出了这种尴尬。现代新儒家代表人物之一牟宗三晚年承认,"我是这个时代的一个旁观者"。这种"旁观者"角色,显然并不吻合儒家所要求的人格。这种外在的角度,本身就已经偏离了儒家的旨趣。因为儒家要求的是身体力行。牟宗三曾提及有人对现代新儒家的责难:"你新儒家究竟与现代化有什么关系呢?"他的回应是:"我不是政治家呀,我上哪里去经世致用呢? 科学不是要魔术,不是我说要科学,科学就来了。这种问题是大家的问题、民族的问题、历史运会的问题。我们能从哲学上疏通其通路,

---

① [英] 罗素:《中国问题》,秦悦译,学林出版社1996年版,第160页。
② [英] 罗素:《中国问题》,秦悦译,学林出版社1996年版,第154页。
③ [英] 罗素:《中国问题》,秦悦译,学林出版社1996年版,第4页。
④ 张岱年:《中国哲学大纲》,商务印书馆2017年版,第275页。

这就是新儒家的贡献了。"① 显然，在牟宗三看来，如何在事实上开出"新外王"，并不是新儒家分内之事，那只是政治家的事；新儒家的责任仅在于从学理上证成"新外王"由"老内圣"成长出来的可能性而已。但是，这一辩解面临着两个困难：首先，这种把政治与学理撅为两截的做法并不符合儒家的一贯传统，即"知行合一"；其次，即使仅从学理上考量，"老内圣"是否内在地蕴含着开出"新外王"的必然性和可能性，也是大可令人怀疑的。中国两千多年的历史是否证伪了这种可能性呢？中西文化的异质性取向和旨趣，是否也从学理层面上排除了这种内在的可能性呢？由此观之，这种责难并不是一种过分的要求，而是沿着儒家的理路展开的一种理应自我适用的质询和拷问。

在一定意义上可以说，如果不能辩证地克服理性与价值的外在对立，那么中西文化的融合就将没有着落。马克思主义本身就体现着理性与价值双重视野的有机统一，并且为逻辑地和历史地扬弃理性与价值的对立提供了内在理由和可能性。

第一，马克思主义对人类社会及其发展的审视，就包括理性视野和价值视野。马克思把人类社会形态的演进视作一个"自然历史过程"，是以"铁的必然性"展开的。他认为："一个社会即使探索到了本身运动的自然规律，……它还是既不能跳过也不能用法令取消自然的发展阶段。"② 因此，"工业较发达的国家向工业较不发达的国家所显示的，只是后者未来的景象"③。这显然是从理性的视野加以审视的结果。因为在理性的视野内，人类历史的发展不过是一个受到价值中立的客观必然性支配的过程而已。但马克思并未局限于理性的视野，他同时还从价值视野审视人类社会及其发展。例如，马克思对西方国家的殖民统治进行揭露和谴责，对作为殖民地的东方国家的人民表现出无限同情；马克思对资本霸权及其所导致的人的物化命运的深刻揭示，寄托着他的道德情怀，他甚至谴责说："资本来到世间，从头到脚，每个

---

① 牟宗三：《鹅湖之会——中国文化发展中的大综合与中西传统的融会》，台湾《联合报》1992年12月20日。
② 《马克思恩格斯选集》第2卷，人民出版社2012年版，第83页。
③ 《马克思恩格斯选集》第2卷，人民出版社2012年版，第82页。

毛孔都滴着血和肮脏的东西。"① 谁又能否认这一判断内在地蕴含着鲜明的道德立场呢！马克思在晚年提出"跨越资本主义卡夫丁峡谷"设想，希望东方国家利用自身的特殊国情，可以不经过"资本主义的卡夫丁峡谷"，从而避免资本主义所带来的一切"痛苦"，同样体现着他的价值考量。

第二，马克思在谈到共产主义时，提出了自然主义与人本主义的统一。如果说自然主义体现的是理性视野的话，那么人本主义则体现的是价值视野。所以，马克思追求的终极理想是一门科学，即自然科学与人的科学的内在统一。更为重要的是，马克思不仅提出这种统一的目标，而且给出了这种统一赖以实现的历史条件，这就是人的自然化和自然的人化的充分实现，由此决定了马克思既不同于并优越于黑格尔式的历史宿命论，也不同于并优越于费尔巴哈式的人本主义。马克思主义中国化使我们能够找到整合中西传统文化中的优秀成分并扬弃两者之间外在对立的恰当的方法论原则。

三 现代化进程中中华传统文化传承的历史启示

纵观晚清以来特别是五四新文化运动以来的东西方文化之间跌宕起伏的关系演进，我们在传承中华传统文化优秀成分方面会得到如下启示。

（一）对待传统文化应该采取辩证方法和"合取"姿态

对于一个东方大国来说，在现代化过程中必然会遇到如何恰当地对待自己的传统文化问题，它既涉及时代性维度上由传统向现代的转变，同时又交织着民族性维度上的本土化与现代性的关系。在处理这两方面问题上，我们有过严重的教训。历史的经验表明，对待中华传统文化，只有采取辩证法立场和辩证法所要求的"合取"姿态，才能找到文化重建和文化发展的真正出路。具体地说，这种辩证法立场和"合取"姿态主要表现在以下几个方面。

首先，跳出知性逻辑看待文化问题的偏狭，从辩证法的高度去考察并

---

① 《马克思恩格斯选集》第 2 卷，人民出版社 2012 年版，第 297 页。

分析文化问题。在文化问题上，古今中西的关系不是单纯的"非此即彼"的关系，而是既"非此即彼"，又"亦此亦彼"。也就是说，我们在文化选择问题上需要坚持辩证法的思维方式，摒弃知性逻辑，摆脱形而上学思维方式的束缚。唯其如此，才能够看清问题的原委，作出恰当的抉择。

被称作五四运动总司令的陈独秀，特别强调现代（革新）与传统（守旧）之间的断裂性。这种断裂性在东方国家因民族性差异被进一步强化了。陈独秀在《今日中国之政治》一文中说："无论政治学术道德文章，西洋的法子和中国的法子，绝对是两样，断断不可调和迁就的。……若是决计守旧，一切都应该采用中国的老法子，不必白费金钱派什么留学生，办什么学校，来研究西洋学问。若是决计举新，一切都应采用西洋的新法子。如像水火冰炭，断然不能相容；要想两样并行，必至弄得非牛非马，一样不成。"① 显然，"传统"与"现代"被撅为两截，非此即彼，断无兼融会通的可能性。这种知性的逻辑，在一个大变革时代，固然有其必要性的一面，但若把它绝对化地作为对"传统"与"现代"之关系的基本把握，则是相当偏颇的。"西化派"把"传统"与"现代"截然二分，忽视了二者连续性的一面，"国粹派"在方法论上则犯了同样的错误，所不同者仅仅在于它是站在另一个极端立场上罢了。

文化选择上的偏执所带来的教训启示我们，不能因为中华传统文化中有消极因子就全盘否定，把它当作拒绝中国文化价值的借口；反过来也一样，不能因为中华传统文化中有积极因子，就否认中国文化有改进和优化的必要性，甚至把它当作拒绝变革的理由。这两种偏颇都是非辩证的，是有害的。其实，无论是肯定一切或者是否定一切，都是片面的、偏执的、有害的。

其次，由反传统到反思反传统再到复归传统，这是晚清以来中国人经历的文化心路历程。它启示我们，在对待传统文化的问题上，任何绝对化的态度都是虚妄的，不具有历史价值的。传统文化的生命力就在于当反传统倾向达到极致之时，往往意味着在更高基础上向传统文化的复归。

在对待传统文化的态度问题上，存在着一个历时性的周期。这体现在

---

① 陈独秀：《独秀文存》，安徽人民出版社1987年版，第152—153页。

人的个体和类的不同层面。就个人层面而言，一个人在文化意识上往往表征为青年反传统，到中年反思反传统，然后到老年回归传统；就整个民族层面而言，一个民族在文化意识上则表征为早期反传统，到中期反思反传统，到晚期回归传统。这两个序列之间具有某种同构性。

我们不能无视晚清以来的中国历代志士仁人，在其心路历程上大都经历了这样一条近乎相同的心灵轨迹，由激进到保守，即青年反传统、中年反思反传统、晚年复归传统。这似乎是一种无法逃避的宿命，成为人们永远走不出去的怪圈。遥想当年，康有为、梁启超作为戊戌变法的精神领袖，是多么的激昂突进。然而，后来康有为却成为保皇派，梁启超则认为"今日所恃以维持吾社会于一线者，乃吾祖宗遗传固有之旧道德而已"①。"五四"时代，鲁迅先生一度主张青年人不要读中国书，晚年却研究起中国小说史来，建议青年对于中国文化应该有所择取。胡适当年是"全盘西化"的鼓吹者，到了后来却"整理国故"，一心一意地考证《红楼梦》和《水经注》。很多人都像康有为、梁启超一样，经历了一次从激进到保守的角色转换，对西方文化由欣赏者、鼓吹者到批评者、叛逆者的转变，对传统文化则表现为从反传统、到反思反传统、再到回归传统的转变。其中意味，颇耐人寻味。

戊戌维新精神资源中的基本内核，是进化论观念。康有为、梁启超早在严复翻译《天演论》之前，就已通过大量阅读江南制造局所译之书而受到西方传入的进化论观念的浸染。在物竞天择、适者生存的观念框架之下，社会变革的合法性变成了无须追问的自明规定。进化论在中国的广泛传播，使进化原则实现了两度扩张：一是由自然律到历史律的过渡；二是由历史律到道德律的过渡。其结果是伦理被最终还原为物理，人的价值世界因此丧失了最后的地盘。梁启超、严复后来对进化论观念的反省和清算，主要是从两个层面进行的：第一，在精神文化层面上，他们明确捍卫绝对价值，为安心立命提供终极归宿；第二，在社会历史层面上，他们突破进化模式的羁绊，以清除物质对精神之遮蔽、西学对中学之取代为合法理由。正像有学者指出的，"纵观严复一生中，在戊戌变法前看法激进，

---

① 《饮冰室文集》之四。

几乎是'非中国固有'而'全盘西化'。到了戊戌政变后,其看法由折衷而保守,尤其是民国成立以后,认为'政治以专制为常,以众治为变',与康有为的虚君立宪说一致,比较戊戌政变前批评中国专制制度的激烈态度,可说是一百八十度的转变"[1]。一个有趣的事实是,在戊戌变法失败后,严复翻译了约翰·斯图尔特·穆勒的《论自由》一书,其书名被译作"群己权界论"。这明显地带有中国文化特别强调"群"的色彩,毋宁说是一种调和。尽管史华慈认为,"从所有这一切来看,觉察不出严复从'西方的'一极向'中国传统的'一极作出了丝毫移动"[2];然而,史华慈也不得不承认,"穆勒所论及的自由与严复所关心的自由是完全不同类的自由"[3]。严复对"群"与"己"关系中的"群"的看重,是同西方个人主义传统不相伴的。它一方面取决于中华传统文化的"路径依赖",另一方面也取决于时代主题的压迫,即救亡图存的现实需要。后一方面的原因,同样可以从梁启超的思想演变状况中清楚地看出来。这一现实需要和时代主题,使梁启超更着眼于"群"而不是"己"。这一轨迹启示我们,在一个民族的文化意识走向成熟之际,回归传统是一种必然的归宿。当然,这种回归并不是在原生态意义上的重演,而是在否定传统这一内在环节基础上的回归,毋宁说是在更高基础上的回归。它是在正题和反题得以扬弃的基础上达成的一个合题,因而实现了一种辩证的否定,或者说是否定中的肯定和肯定中的否定。我们今天在强调大力弘扬中华优秀传统文化的时候,应该从这一心路历程中得到深刻的启迪。

最后,走出文化自卑和文化自大的误区,既不妄自菲薄,也不夜郎自大,而是坚持文化自信。文化自信是一个民族获得文化尊严的内在条件。习近平指出:"文化自信是一个国家、一个民族发展中更基本、更深沉、更持久的力量。"要确立文化自信,就"必须坚持马克思主义,牢固树立

---

[1] 刘富本:《戊戌政变后严复对中西文化的看法》,载[美]本杰明·史华慈等《近代中国思想人物论·自由主义》,台北:时报文化出版公司1980年版,第187页。
[2] [美]本杰明·史华慈:《寻求富强:严复与西方》,叶凤美译,江苏人民出版社1995年版,第138页。
[3] [美]本杰明·史华慈:《寻求富强:严复与西方》,叶凤美译,江苏人民出版社1995年版,第125页。

共产主义远大理想和中国特色社会主义共同理想,培育和践行社会主义核心价值观,不断增强意识形态领域主导权和话语权,推动中华优秀传统文化创造性转化、创新性发展,继承革命文化,发展社会主义先进文化,不忘本来、吸收外来、面向未来,更好构筑中国精神、中国价值、中国力量,为人民提供精神指引"①。

当代中国,中华民族愈加接近于实现伟大复兴,这要求我们必须自觉保持文化的主体性,避免沦为西方文化的一个"他者"。中国的"被现代化"这一历史际遇,决定了中国文化存在着被消融的危险,也就是文化意义上的自我迷失。诚如钱穆所说:"舍吾中华民族自身之意识,则一切无可言者。"② 文化自觉既是文化自信的前提,也是文化自信本身。从某种意义上说,所谓文化自觉就是一个民族在文化上获得的自我意识,是一个民族借助"他者"文化这一中介对本位文化的反思性把握。这种把握可区分为消极的和积极的两种形式,前者表现为文化自卑,后者则表现为文化自信。可以说,文化自信不过是文化自觉的积极的和肯定的形式罢了。而唯有文化自信,才能谈得上中华民族文化的复兴。钱穆说得好:"惟有复兴中国民族文化的自信,然后可以复兴中国之民族。"③ 完成这一使命,既需要文化自信作为必要准备,也为文化自信提供最根本的历史前提。

近代以来,随着东西方两大文明的相遇,中华民族获得了文化自觉的历史机缘,找到了一面折射自我形象的镜子。因为只有借助于一个外在的"他者"作为镜面来折射本位文化的自我形象,文化自觉才是可能的。从鸦片战争到五四运动,一部中国近代史既是一部中华民族不屈不挠抵御外侮的艰苦卓绝的奋斗史,又是一部中华民族在文化上不断进行自我反省和自我变革的发展史。但无可讳言,当西方列强依靠坚船利炮打开我们的国门时,中国文化所遭遇到的强烈挫折感,使我们的文化信心面临空前挑战,以至于出现了所谓"儒门淡泊,收拾不住"的局面,中国文化处于守势。以"打倒孔家店"为旗帜的激进的反传统取向,一时间成为主流文化

---

① 《习近平谈治国理政》第3卷,外文出版社2020年版,第18页。
② 钱穆:《国学概论》,商务印书馆1997年版,第256页。
③ 钱穆:《国学概论》,商务印书馆1997年版,第360页。

意识。"西学东渐"的历史语境，迫使国人作出自己的选择。"西化派""国粹派"与"调和折中派"，不同的文化主张互相博弈，莫衷一是。可以这样说，中国做了西方一百多年的学生，"走西方人的路"成为渗入国人深层观念中的先入为主的某种成见，甚至沦为一种文化上的准本能和集体无意识。它改变的不仅仅是个别判断，更是文化心理结构和价值偏好本身，这注定了中华文化在西方文化面前的自卑心理。"全盘西化"主张是这一文化心理的典型反映，是文化上的"自我殖民化"，使国人失却了文化自信心，自感"百事不如人"。

应该说，摆脱文化自卑，走向文化自信，乃是我们民族一个多世纪以来所面临的一个最紧迫的历史任务。特别是当中华民族的伟大复兴成为我们的自觉诉求时，文化自信就具有了格外特殊的重要性。在历史逐步展现过程中，文化自信必然获得日益深邃而丰富的内涵，获得愈加扎实的历史根基。中国文化近代以来的实际发展，既没有"全盘西化"，也没有全盘保存国粹；既不是"中体西用"，也不是什么"西体中用"，而是走了一条辩证扬弃的路子。马克思主义中国化一方面为中国固有的本土文化注入了时代精神和现代因子，另一方面也使马克思主义融入了中国本土文化，使自身获得了民族形式和中国特色。就此而言，马克思主义中国化既是中华传统文化的当代升华，又是马克思主义的本土化重构。这一极其深刻的文化变革，改变了中国历史发展的轨迹，改变了中华民族的历史命运，改变了中国社会的历史形态。同时，也昭示了中华民族伟大复兴的历史前景，已经并将继续建构中国文化新的形象和面貌。从某种意义上说，这恰恰是中华民族文化自信的历史内涵之所在。

文化自信绝不是一厢情愿式的、空洞的主观愿望，它需要坚实的历史基础、丰厚的文化底蕴和恰当的历史机缘来支持。建立文化自信究竟要靠什么来支撑？我们今天的文化自信取决于哪些因素呢？

首先，经济实力的空前增强，国际竞争力的极大提高，构成文化自信的坚实物质基础。新中国成立以来，特别是改革开放以来，中国经济社会发展取得了举世瞩目的历史性成就，极大地提升了我们国家的国际地位和世界影响力。作为文化的物质承担者，经济实力为文化的传播提供了有利条件，因为文化硬实力是文化软实力的重要前提，离开了硬件系统的支持,文化传播是难以维系的。中国文化符号和文化因子在国际上的影响力日益扩大,在很大程度上依赖于国力的坚强后盾。以语言为例,一种语言被异质文化所重视并发生兴趣,往往是伴随着这种语言所代表的文化的经济崛起。离开了经济后盾,语言的传播力、影响力就不可能持久。

其次,中国优秀传统文化对于西方危机的对治作用,进一步凸显了我们的文化优势。当代人类所遭遇的生存危机,特别是生态环境的恶化,归根到底是源自现代技术所固有的"天人相分"和"以人克天"的文化取向。恢复技术"天人合一"的原初本性,无疑是解决"全球性问题"的出路所在。现代人的自我迷失,不能不追溯到对人的定义的偏颇上,因为人的自我塑造取决于人的自我理解。人怎样定义自己,就怎样建构自己的文化及其传统。人若把自己定义为"理性的动物",人的价值存在及其意义世界就有可能被遮蔽甚至解构。这需要借助中华传统文化对德性的重视来加以弥补和矫正。中国文化对德性优先的肯认,对"以义制利"的道义原则和底线的恪守,同样为拯救世道人心、重建现代社会道德秩序、恢复人与人之间的信任,提供了启迪和睿智。中华传统文化所显示出来的这种正能量,无疑是我们获得文化自信的一个重要来源。

再次,东西方之间的深度交往,使我们有可能以平视的眼光看待西方人及西方文化。在全球化进程中,从"西学东渐"到"东学西渐",人类的文化交往日益走向均衡和对等。这一新的趋势和格局,越来越突破了以往那种由西向东的单向度、非对称、线性的交往模式,而逐步转化为双向互动的建设性对话关系。对于西方文化,我们由仰视到平视的转变,同样促成了我们在文化上自信的确立。改革开放之初,我们对于西方文化,往往是感到好奇、神秘,进而带有羡慕的眼光看。但随着对外开放日益深化和拓展,我们同西方人打交道逐步频繁而深入,在对西方文化有了更多了解之后,特别是对它的短处也有了相当的认识之后,我们就能够更加理性、更加客观地去看待西方人和他们的文化及其传统了。诚然,西方文化有许多值得我们认真借鉴和虚心学习之处,但也大可不必陷入膜拜和迷信之中难以自拔。其实,盲目地崇拜西方文化,同盲目地排外一样,都是无知和幼稚的表现。

最后,西方文化时代性维度的转换,也为我们走向文化自信提供了外部契机。西方文化经历了由现代性到后现代性的过渡。在现代性语境中，中华传统文化被作为一个负面形象，被当作愚昧、落后、不开化的象征。但是，当现代性所固有的矛盾越来越显露出来之后，现代人的自负就失却了内在理由。后现代性的出现，宣告了现代性的合法性危机。在后现代维度上，中华传统文化就由现代化的桎梏变成了一种拯救的力量和未来的昭示，从而成为一个正面的积极形象。因为现代性所暴露出来的深刻悖论，在现代性的框架内是无法克服的，它只能诉诸一种釜底抽薪式的解构才有可能被消除。而正是在这个方面，中华传统文化显示出了不可替代的启示价值。

在新的时代性维度上，中国文化的积极意义正在得到重新认识。可以说，文化自信乃是中华民族伟大复兴的必然要求。"民族"既不是人种学概念，也不是地域学概念，它首先是一个文化学概念。中华民族的伟大复兴意味着中华民族文化的复兴。"中国梦"的提出本身就意味着文化自信。如果说，文化自信的确立是"中国梦"赖以实现的主观条件，那么，"中国梦"的实现则构成文化自信的坚实历史基础。离开了文化自信，就难以实现中华民族的伟大复兴；没有中华民族的伟大复兴，文化自信也不可能获得可靠的基础。"复兴"一词，已经暗示了中华民族历史上曾经达到过巅峰和辉煌状态，只是后来游离了世界舞台的中心而被边缘化了。追寻"中国梦"，正是这种重返中心的文化渴望和情结的自觉表征。

作为一个负责任的大国，中国在世界舞台上的历史性崛起乃是中华民族伟大复兴的基础目标。它意味着中国必须实现由文化大国向文化强国的转变。中国的崛起离不开中华优秀传统文化及其蕴含的古老智慧。中华民族是一个富有大智慧的民族，在任何艰难困苦的条件下都能够坚韧不拔地生存繁衍、生生不息，中华文明成为世界上四大文明中唯一延续至今的文明，堪称奇迹。有道是"谁笑到最后，谁才笑得最好"。对于一种文化而言，同样也不例外。中华民族的优秀文化传统有一种非常独特的韧性品格，它使得中国文化得以绵延上下五千年而不衰。"周虽旧邦，其命维新。"离开了文化的滋润，民族的延续发展又何以可能？晚清以来，我们同西方文化遭遇之后，看似落伍了、失败了，尽管我们也一度出现过文化信心不足的情形，但经过一代又一代被鲁迅先生称作"中国的脊梁"们的奋斗和牺牲，我们不仅实现了经济上的重兴，而且实现了文化上的重建，使自己重新屹立于世界民族之林，赢得了越来越多的尊重和尊严。在某种意义上，这不能不归功于中华民族的柔性智慧，归功于中国文化的包容、消化能力及其蕴含的高度融合性的品格，它使得中华民族及其文化的适应性极强，以至于为解决世界性和世纪性难题提供了深刻启示。

孟子说："人必自侮，然后人侮之。"[①] 若套用孟子的这句话，也可谓"人必自信，然后人尊之"。一个连自己都瞧不起的人，又何以让别人看得起自己呢？就此而言，中华民族的伟大复兴有赖于文化自信的确立。必须指出，物质繁荣仅仅是文化自信的必要条件，但不是充分必要条件。文化自信无疑需要经济发展作坚实基础，但若离开了必要的文化载体和丰富的文化蕴含，物质载体也只能沦为干瘪的躯壳；缺乏文化的高度和厚度，也无法赢得一个民族在文化上的尊严。因此，高度重视文化软实力的建设，无疑是确立文化自信的一个不可或缺的重要环节和步骤。

文化自信固然是对文化自卑的反拨，但也应避免走向另一个极端，即文化自大和文化自负。在文化问题上，持"非此即彼"式的知性思维是极其有害的。"全盘西化"的文化心理基础是文化自卑情结，东方文化主义的文化心理基础则是盲目自大。它们都是非常偏颇的，都不利于我们文化的健康发展。文化自负不仅虚妄，而且会导致文化自闭，对于"他者"文化往往具有强烈的排他性，从而缺乏了解、借鉴、学习外来文化的开放心态。在不同的文化之间达成互为主体性的关系，乃是文化自信走向健全的条件。其实，无论是文化自卑还是文化自负，都是文化意识幼稚的状态。文化开放的态度和胸怀，才是文化自信的体现和表征。当我们缺乏文化自信时，往往在文化上采取封闭的姿态。不同文化之间的对话、融汇、吸收、借鉴，乃是文化不断发展从而获得优化进而日益成熟的绝对前提。无论是文化自卑，还是文化自大，都是文化自主性缺失的表现。只有真正超越本土文化与"他者"文化之间的主奴关系模式，走向平等对话关系，才能实现文化的真正解放，才能使文化确立主体性从而实现自信。

在21世纪，无论是文明的冲突还是文明的对话，文化自信都具有越

[①] 《孟子·离娄上》。

来越重要的战略意义。因为它关乎一个民族、一个国家的文化安全和文化战略。在不同文明的博弈中，如何才能保证我们能够立于不败之地，在激烈的国际竞争中胜出呢？这在很大程度上取决于文化自信心的确立和坚守，这正是中华民族实现伟大复兴历史使命的必然要求。

（二）中国文化在现代化过程中必须保持自身的主体性

历史经验表明，摆脱文化的工具化和客体化命运，实现文化自觉，重建中华民族文化的主体性，始终是我们无法回避的前提性问题。

从历史上看，中国自晚清开始的现代化进程本身，不过是全球化的一个产物。马克思恩格斯在《共产党宣言》中指出："资产阶级，由于开拓了世界市场，使一切国家的生产和消费都成为世界性的了"，其历史后果是"使东方从属于西方"[①]。在这一"世界历史"背景下，中华民族一开始是被迫卷入全球化浪潮之中的。魏源当年提出的"师夷长技以制夷"，就折射着这种受动性。因此，在一个相当长的历史时段内，中国文化从总体上说是处于守势。就此而言，我们是"被现代化"的。这一特定历史情境，使得中国文化的主体性难以彰显。因为我们被客体化为一个从属的对象，其角色是"宾格"的，而不是"主格"的。今天，我们实行的对外开放，则真正地实现了由被动角色向主动角色的历史性转变，是积极地融入全球化。我们若同其他文化进行对等的对话，就需要不断地提振中国文化的主体性和自主性。

在全球化时代，文化面临着均质化的危险，这将直接妨碍文化多样性的维系。马克思恩格斯揭示了"历史向世界历史的转变"所带来的深刻变迁，即"资产阶级挖掉了工业脚下的民族基础。古老的民族工业被消灭了"[②]。随着人类交往的不断拓展和深入，民族的狭隘性被彻底打破。物质的生产是这样，精神的生产同样如此。经济基础的这一深刻改变，其文化后果就是所谓广义的"世界文学"的出现。"世界文学"带来的效应是双重的，它一方面能够使人类文化得以普遍提升，另一方面也有可能导致人

[①] 《马克思恩格斯选集》第1卷，人民出版社2012年版，第405页。
[②] 《马克思恩格斯选集》第1卷，人民出版社2012年版，第404页。

类文化抽象化的命运。这种抽象化使非西方国家和民族的独特性日益变得模糊。值得我们反思的是，现代新儒家当年的文化焦虑，就是文化意义上的中国、中华民族是否面临着被西方文化同化的危险。这是一个大问题，不解决好这个问题，中国的现代化，中国文化的发展，都将丧失最基本的前提。

发展中国家现代化的历史经验表明，"现代化"不应该等同于"西方化"。探索并走出一条非西方化的现代化之路，无疑是非西方国家无法回避的历史任务。一些拉美国家和西亚国家一开始采取"模仿战略"，试图重演西方现代化路径。后来的实践证明，这种方式带来的负面后果极大。非西方国家采取"模仿战略"，到头来却蓦然发现，这样的"现代化"是以丧失自我为代价的。富有讽刺意味的是，"发展的目标"却变成了"发展的陷阱"。试图完全模仿并重演西方发展路径，其结果导致了生态失衡、环境恶化、道德滑坡、犯罪率上升、社会矛盾加剧、人们的幸福感下降等一系列难以解决的棘手问题。因此，他们不得不正视自身的国情和传统，试图探索体现本土化诉求的发展道路，例如埃及学者阿明就提出了所谓的"脱钩战略"。他们意识到，完全重演西方式的现代化之路，在客观上不可能，在主观上也不情愿。于是，非西方国家不得不寻求自主发展。同样地，我们的现代化归根到底是中国的现代化，它只有从中国及其文化根基上生长出来，才是真实的、有生命的，才是中国文化主体性和自主性的表现。当年梁漱溟先生其实并未拒绝现代化，他拒绝的只是西方式的现代化，他希求的是在中国社会土壤中生长出来的现代化。

民族之为民族，最终是由特定的文化及其传统塑造并建构起来的。中华民族文化主体性和自主性的确立，只有通过对于自己所从属的文化及其传统的自觉体认和弘扬才是可能的。所以，强调弘扬中华优秀传统文化，不仅不会妨碍文化的开放，而且恰恰是确立文化主体性和自主性的需要。只有这样，才能够在文化上真正解决是"谁的开放"、又是"为谁开放"这样一些前提性的问题。晚清以来，中国文化自身的发展存在着两个误区：一是文化的工具化命运。对于一个民族及其生存来说，文化究竟是"体"还是"用"？或者更准确地说，究竟在何种意义上是"体"，在何种意义上是"用"？当我们说所谓文化无非就是一个民族应对环境的一种策略的时候，文化当然被规定为"用"。但当我们说民族这个概念既不是人种学的，也不是地域学的，而是文化学的，一个民族的存在方式，一个民族的特质，归根到底是由它所特有的文化及其传统塑造和建构而来的时候，文化当然属于"体"而不是"用"。现代新儒家的一个启示就在于，它把文化作生命观。这显然是从"体"的意义上来理解文化的。庞朴区分了文化传统和传统文化这两个概念，其实，这一划分毋宁说是文化在本体论和认识论维度的分野。在本体论维度上，文化只能是"体"；而在文化的认识论维度上，文化又可以被理解为"用"。但是，由于晚清以来救亡图存的压力，我们在文化问题上往往过分夸大了文化的"用"的维度，而遮蔽了文化的"体"的维度。二是文化的客体化命运。中国的现代化带有"外诱"的性质，按照美国学者布莱克的说法，中国的现代化乃是一种"防御性的现代化"。我们是"被现代化"的。这种特定历史语境，决定了我们的文化传统沦为一种宾格的规定，而不再是主格的规定。以上两个误区的存在，遮蔽了中国文化的主体性，救亡图存的现实需要妨碍了对文化的终极关切，这是历史原因，是不能苛求于前人的。但是，我们今天在回顾和反思当年的文化教训时，不得不指出这一点。

在重建中国文化主体性方面，现代新儒家的文化观有一定的启示意义。从某种意义上说，现代新儒家乃是在中国文化风雨飘摇之际，痛感于"儒门淡泊，收拾不住"之危局，中华传统文化作出的一种积极反应。它致力于捍卫以儒家为代表的中国文化之道统，对本土文化作生命观。"我们首先要恳求：中国与世界人士研究中国学术文化者，须肯定承认中国文化之活的生命之存在。"[①] 他们坚决拒绝那种把中华传统文化当作"古董"或"化石"之类的"死的"身外之物来对待，反对"凭吊古迹"的态度，指出："如果任何研究中国之历史文化的人，不能真实肯定中国之历史文化，乃系无数代的中国人，以其生命心血所写成，而为一客观的精神生命之表现，因而多少寄以同情与敬意，则中国之历史文化，在他们之前，必然只等于一堆无生命精神之文物，如同死的化石。"这是因为，"对一切人间的事物，若是根本没有同情与敬意，即根本无真实的了解。因一切人间

[①] 张君劢：《新儒家思想史》，台湾弘文馆出版社1986年版，第627页。

事物之呈现于我们感觉界者，只是表象。此表象之意义，只有由我们自己的生命心灵，透到此表象之后面，去同情体验其依于什么样一种人类之生命心灵而有，然后能有真实的了解。"① 这种"真"有赖于"信"的立场，显然是中国文化取向的体现和贯彻，即德性优先于智性，智性依赖于德性。正是基于对本土文化采取生命观的视角，现代新儒家采取"温情与敬意的了解"之态度。钱穆在其《国史大纲》一书中，一开始就预先确立了读史的四项依次递进的先验信条："一、当信任何一国之国民，尤其是自称知识在水平线以上之国民，对其本国已往历史，应该略有所知。二、所谓对其本国已往历史略有所知者，尤必附随一种对其本国已往历史之温情与敬意。三、所谓对其本国已往历史有一种温情与敬意者，至少不会对其本国已往历史抱一种偏激的虚无主义，亦至少不会感到现在我们是站在已往历史最高之顶点，而将我们当身种种罪恶与弱点，一切诿卸于古人。四、当信每一国家必待其国民备具上列诸条件者比数渐多，其国家乃再有向前发展之希望。"② 其实，梁漱溟早就说过："一家民族的文化原是有趋往的活东西不是摆在那里的死东西。"③ 作为新儒家，梁漱溟强调的是文化的民族性维度，他指出："我们所要知道某家文化是如何的，就是要知道他那异于别家的地方。必要知道他那异处，方是知道某家文化。"④ 在此基础上，现代新儒家进一步肯认中国文化问题具有世界意义。"中国文化问题，有其世界的重要性。"⑤ 得出这个判断，主要是基于这样的理由：中国文化不仅极其悠久，延绵数千年而不绝，而且在欧洲文化发展的历史上曾经发挥过不可忽视的深刻影响；中国人占世界人口的比重极大，这一地位本身就决定了他所拥有的文化具有世界性的价值。

问题在于，怎样才能保持中华传统文化所塑造的中华民族的自我之主体性呢？从根本上说，需要在创造创新中彰显传统文化的时代价值。中华传统文化只有通过自身的创造性转化和创新性发展，才能适应并体现我们

---

① 张君劢：《新儒家思想史》，台北：弘文馆出版社1986年版，第629页。
② 钱穆：《国史大纲》（修订本）上册，商务印书馆1996年版，第1页。
③ 梁漱溟：《东西文化及其哲学》，商务印书馆1922年版，第24页。
④ 梁漱溟：《东西文化及其哲学》，商务印书馆1922年版，第25页。
⑤ 张君劢：《新儒家思想史》，台北：弘文馆出版社1986年版，第623页。

这个时代发展的诉求，从而显示出它的当代价值。传统文化如何才能"活"起来，活在当代人的观念中，活在当代人的生活实践中，而不是仅仅存在于典籍中，存在于文物古董中，存在于博物馆中。传统文化只能在发展中"是其所是"，只有在不断回应时代的挑战、质询和诉求中，才能敞显其潜在的可能性，才能真正得以弘扬并光大。所以，它只能"活"在不断的损益中，这恰恰是一种文化的常态。不然的话，传统文化就有可能沦为现代新儒家所焦虑的"木乃伊"或死古董。传统文化只有通过创造和创新，才能实现有活力的传承。正因此，它才是"活"的，才能成为当代中国人的独特文化标识，成为中国人行为方式中具有强大生命力的活性因子。中国人的文化基因，恰恰是在传统文化的这种扬弃和损益中得以延续并光大的。

对于传统文化的批判继承，我们应该采取"神似"而非"形似"的态度。譬如，孔子说过"君君臣臣、父父子子"，这个说法不过是表达一个人要按照自己所处位置的要求去做应该做的事，而不应逾越和违拗固然之理、本然之性、当然之则，去做不该做的事。一个人做他应该做的事，这当然是千古不易之理，也正是道德律令的实质所在。因为道德说到底无非就是一个人做他应该做的事，这是应然的规范所内在要求的。今天早已没有君臣关系，当然不能再说"君君臣臣"，我们只能说"工人工人，农民农民"。随着时代的历史性变迁，具体的说法自然不能再局限于旧有的形式，但这些形式之下所蕴含和负载的真理却是一以贯之的。再譬如，中国传统社会提倡的"二十四孝"，今天的人们既不可能也不应该拘泥于模仿它所描述的具体情形去那样做，但是这"二十四孝"所体现出来的孝道精神，却是值得当代人借鉴和继承的。不然的话，完全拘泥于具体形式上的模仿，就难免走向"愚忠愚孝"之类的愚昧。冯友兰先生当年所提出的"抽象继承法"，在一定意义上也是包含着这层用心的。宋儒所谓的"月映万川"和"理一分殊"，说的也正是这个道理。道德规范的具体表征，会随着不同民族、不同时代而呈显出多种多样的具体形态来；但道德之为道德的那个"理"，却是具有纵贯古今中外、超越时空限囿的穿透力的。

按照这个原则或方法，批判地继承中华传统文化，从而实现创造性转化和创新性发展，将显示出怎样的当代价值和意义呢？中华传统文化的优秀成分，其当代价值主要表现在人的自我建构、人与自然的关系、人与人的关系等不同维度，能够为当代中国人重新发现文化上的自我，提供内在依据。在现代化的狂飙突进中，我们很容易在文化上陷入自我迷失，从而找不到"我是谁？我从何而来？我又到何处去？"的答案。不先行解决这个前提性的问题，就无法真正回应是"谁的现代化"、又是"为谁的现代化"之类的根本性问题。重新找回现代人的自己，重建现代人的自我，就不能不进行一番文化上的"寻根"，重新接续我们同传统文化之间具有的脐带般的联系。民族首先是一个文化学概念。民族自我归根到底是由文化塑造和建构起来的，这正是文化自信之所以构成道路自信、制度自信、理论自信之前提的原因所在。而只有揭橥出为我们中华民族所分享的文化传统，才能够为文化上的自我发现提供必要的前提。

中国优秀传统文化在缓解人与自然的紧张、重建人与自然的关系方面，能够为现代人提供深刻的启迪。当代人类社会的发展，正面临着由工业文明向生态文明的历史性转变，这意味着人类必须调整自身同自然界之间的关系。在工业文明模式中，人类对自然的占有和被占有的关系，乃是引发生态失衡和环境危机、导致发展不可持续、使人类生存陷入困境的深刻的文化原因。它所孕育的现代技术取代了古典技术，古典技术所体现的基本理念是"天人合一"，而现代技术所体现的基本理念则是"以人克天"，即逆天道而行。正是现代技术的这种戡天役物的取向，恶化了人与自然的关系，造成了二者之间的紧张和冲突，以至于陷入敌对性的矛盾之中。摆脱现代技术带来的危机，唯一可能的出路，从文化上说，乃在于恢复技术的古典品格，即"天人合一"的智慧。正是在这个方面，中华传统文化理念显示出它在改善人与人的关系、优化人际交往、重建社会信任体系等方面能够提供重要资源。在商业社会，人们往往被逐利动机所宰制，功利关系成为人际交往中的主导关系。它对道德的排斥，带来了道德的弱化，这是一个不争的事实。社会信任构成人与人之间交往的前提，而道德则是支撑社会信任体系的重要基础。要重建社会信任体系，就不能不为孕育虔诚的信仰营造一种适宜的文化氛围和文化土壤。中国优秀传统文化恰恰能够为此提供得天独厚的资源。同时，传统文化所固有的德性优先的取向和以义制利的规范，也为道德状况的改善提供了文化保障。

我们今天特别强调大力弘扬中国优秀传统文化，强调中国文化的主体性姿态，也许有人会心存某种疑虑：这是否会妨碍对于外来文化的借鉴和吸收呢？是否会影响文化上的开放态度呢？其实，之所以会出现这类疑虑，在很大程度上乃是由于未能澄清弘扬中国优秀传统文化的特定历史语境所致。因此，需要追问的是：我们今天究竟是在什么意义上强调大力弘扬中国优秀传统文化的？

一是对现代化的固有局限的预警和免疫。现代化是人类社会发展的必由之路。特别是对于走上社会主义道路的东方大国而言，现代化更是一个绕不过去的必要环节。马克思所谓的"历史向世界历史的转变"，既是现代化的历史后果，同时又是现代化的历史条件。按照马克思的学说，人类社会的历史发展，可以划分为三大形式或阶段："人的依赖关系（起初完全是自然发生的），是最初的社会形式"；"以物的依赖性为基础的人的独立性，是第二大形式"；"建立在个人全面发展和他们共同的、社会的生产能力成为从属于他们的社会财富这一基础上的自由个性，是第三个阶段"，而"第二个阶段为第三个阶段创造条件"①。显然，作为"世界历史"的现代化属于人类社会发展的第二大形式。追求超阶段的发展，必然受到历史规律的惩罚。我们历史上曾经在实践中一度试图人为地限制商品经济和市场机制，结果是严重阻碍了生产力的发展和人民生活的改善。历史的教训不可不察。因此，确认商品经济是人类社会发展的不可逾越的历史阶段，构成改革开放的重要合法性依据之一。

但也毋庸讳言，现代化内在地包含着矛盾。它既促成了历史的巨大进步，促进了生产力的空前发展，带来了自由、民主、平等新理念，同时也导致了人与自然之间、人与人之间、人与自我之间的紧张乃至冲突。"全球性问题"的出现就是一个典型例证。作为现代化最深刻的世俗基础，商品经济本身就是一把"双刃剑"。它一方面能够解放和发展生产力，创造出巨大的物质财富，从而为整个社会的发展提供必要的物质基础；另一方面也存在着追求利益最大化的内在本性，从而诱发人的贪婪和占有欲，为利己主义、功利主义、实用主义、极端个人主义等意识形态提供温床。西

---

① 《马克思恩格斯文集》第 8 卷，人民出版社 2009 年版，第 52 页。

方的启蒙辩证法的历史,充分说明了现代化的内在悖论。从"人的发现"到"人的丧失",都是源于同一个事实,这正是启蒙现代性的辩证法。

马克思的唯物史观并不是那种非辩证的、纯线性的、简单化的进步观,而是在逻辑脉络上呈现为通过否定之否定达成的螺旋式上升的开放的"圆"。这是辩证否定的基本逻辑轨迹和内在要求。马克思明确说过:"共产主义是作为否定之否定的肯定。"① 他还说:"共产主义本身……它是否定的否定。"② 在马克思终其一生的代表作《资本论》的实证性叙事中,这一逻辑得到了充分的贯彻和证成。马克思主义决不是宿命论,它在承认历史必然性的同时,还承认人的历史主动性和能动建构能力。马克思在其《政治经济学批判导言》中曾经以隐喻的方式指出:"一个成人不能再变成儿童,否则就变得稚气了。但是,儿童的天真不使成人感到愉快吗?他自己不该努力在一个更高的阶梯上把儿童的真实再现出来吗?"③ 正是在此意义上,马克思强调说:"不应该过分地害怕'古代'一词。"④ 所谓"在一个更高的阶梯上把儿童的真实再现出来",就意味着否定之否定所达成的向出发点的复归。它昭示我们,在现代性的建构中,亦即在走向现代化的过程中,决不能遗忘出发点,唯其如此,才有可能先行地获得对于现代性弊病的足够的免疫力。从这个角度看,中国优秀传统文化恰恰能够为我们提供某种预警作用和深刻启迪,进而对现代性发挥其补偏救弊的重要功能。

二是保持文化的民族性同时代性之间的必要张力。近代以降,西方进化论观念开始传入中国并盛行,一时间成为一切变革方案的合法性来源。达尔文生物进化论被移植并应用于社会领域,严复将赫胥黎的《进化论与伦理学》译作"天演论",刻意突出进化逻辑,而有意无意地淡化以至遗忘了伦理原则,剩下的仅仅是赤裸裸的进化论模式了。在进化论框架中,文化的时代性得以过分地张扬,而文化的民族性则走向隐蔽。"科玄论战"中的科学派正是立足于文化的时代性维度,打败了试图捍卫文化民族性维

---

① 马克思:《1844年经济学哲学手稿》,人民出版社2000年版,第93页。
② 马克思:《1844年经济学哲学手稿》,人民出版社2000年版,第128页。
③ 《马克思恩格斯选集》第2卷,人民出版社2012年版,第711—712页。
④ 《马克思恩格斯选集》第3卷,人民出版社2012年版,第822页。

度的"玄学鬼",这颇具象征意味。在谈到晚清时期西方文化在中国的传播时,梁漱溟说:"那个时候受欧洲的影响,开头中国人就叫做'讲求洋务',后来觉得'洋务'这个名字不好,'识时务者为俊杰',要讲'时务'"①。从"洋务"到"时务"的变更,内含着由地域(民族性差别)到时间(时代性差别)的深刻转变,其中折射出中国人在文化心态上的某种微妙变化。"洋务"为"时务"所取代,从文化意识上意味着时代性对民族性的遮蔽和拒斥。

其实,自晚清以来,特别是五四新文化运动以来,中国文化演进所呈现的实际历史轨迹,既非"全盘西化",也非"全部保留国粹",而是中西相互扬弃、融会贯通的模式。完全囿于时代性而拒斥民族性,必然陷入文化上自我迷失的误区;反之,完全固守民族性而反对时代性,则难免走向复古守旧的歧途。对于中国文化的健全发展来说,这两种偏执在理论上是片面的,在实践上是十分有害的。当年毛泽东曾提出马克思主义的中国化与中国革命经验的马克思主义化,这种"互化"正是在文化民族性和时代性之间保持均衡的成功范例。在文化意义上,马克思主义中国化本身就体现着文化的时代性与民族性的有机统一。马克思主义无疑代表着文化的时代性诉求,代表着先进文化发展的方向;中国化则意味着本土化诉求,它为文化的民族性所决定和建构。当年毛泽东与梁漱溟在延安窑洞发生的那场争论,在文化的意义上就反映着时代性与民族性之间的某种紧张。梁漱溟强调中国的个案性,认为马克思主义的阶级学说不适合中国国情。毛泽东则认为中国国情固然有其特殊的一面,但再特殊也不能超出普遍性制约的范围。所以,他更强调普遍性。从文化层面说,普遍性对应于时代性,它意味着不同文化之间的可通约性;特殊性则对应于民族性,它意味着不同文化之间的不可通约性。毛泽东不仅注重普遍性,也未曾忽视特殊性,这正是他不懈地同一切漠视中国国情的教条主义作斗争的学理上的原因。

为了在文化的时代性和民族性之间保持必要的张力,我们今天需要格

---

① [美]艾恺:《这个世界会好吗?——梁漱溟晚年口述》,生活·读书·新知三联书店2015年版,第44页。

外标举民族性维度。因为自五四新文化运动以来，激进的反传统主义提出"打倒孔家店"，把中国的落后完全归咎于传统文化的失效。在文化的时代性与民族性之间出现倾斜和失衡的情形下，必须特别凸显被遮蔽和忽视的方面，以使它们归于均衡。现在的问题是民族性的东西日渐稀少，而不是过剩。针对这一现状，我们今天之所以特别强调要大力弘扬中国优秀传统文化，不过是为了彰显以前被遮蔽的民族性维度，并拿它来补充被片面强调的时代性维度罢了；而决不是以此作为一个消极的和保守的防御性口号，去排斥时代性维度，拒绝对外来文化的批判吸收和借鉴。

三是当代中国人走向文化自信的内在需要。"中国梦"的基本内涵是实现中华民族伟大复兴。要使"中国梦"能够梦想成真，就离不开中华民族文化的复兴。这意味着必须完成一个历史性的任务，即把中国由一个"文化大国"建设成为一个"文化强国"。要实现这一目标，首先需要建立起中华民族的文化自信。从某种意义上说，文化自信既是中华民族伟大复兴的前提，也是这一复兴的结果。它们是相互促进、互为中介、相辅相成的。

问题在于，一个民族的文化自信究竟植根于什么呢？它除了依赖文化硬实力的不断增强之外，还取决于本土文化传统当代价值的日益自觉和彰显。离开了我们所固有的文化传统之当代价值的再发现，纵然有再多物质财富的积累，也根本谈不上真正的文化自信。就此而言，文化自信说到底取决于一个民族的文化底蕴。有底蕴才能有底气，有底气才能有自信。中国拥有上下五千年的文明史，是四大文明古国中唯一能够使自己的文化延续至今的国度。这种悠久的历史本身，就表明中华传统文化所特有的适应能力、包容能力和同化能力。中国文化历经五千年而绵延不绝，能够在不断的损益中保持住中国文化的特质、根性和道统，这本身就是世界文明史上的一个奇迹。把这种文化底蕴充分揭示并展现出来，有赖于中国优秀传统文化的弘扬和光大。一个民族的文化自信之建立，无疑需要多方面条件，需要文化硬实力和软实力的支撑，诸如经济发展、文化自觉、文化交往的深度发展等；但弘扬本民族文化及其优秀传统以彰显其时代价值和积极意义，则无疑是其中一个不可或缺的重要方面。一个民族只有走向文化自信，才能真正拥有开放的眼界、宽容的胸怀和学习的勇气，去接纳一切外来文化中有价值的积极的成分，并能够同一切外来文化进行对等的对话和建设性的互动。

(三) 从文化多样性高度看弘扬中华优秀传统文化的积极意义

我们中国人之为中国人，归根到底乃是因为每一个炎黄子孙都分享了"中国性"。今天，我们捍卫自己作为中国人的中国性，需要把问题置于全球化语境和文化多样性的背景下加以审视，如此才有可能看清这种努力的深刻意味，捍卫中国性的意义也才能充分彰显出来。如果说，生物多样性是生态系统得以维系、生态文明得以建构、可持续发展得以实现的绝对前提，那么，文化多样性则是一个社会得以存在、一种文化得以延续、整个人类共同体得以建构的绝对前提。在今天，捍卫生物多样性的任务已经非常紧迫，其实，捍卫文化多样性的任务同样紧迫，甚至有过之而无不及。

我们知道，如果一个物种的每一个个体都完全一样，缺乏必要的多样性，那么它们的缺陷也会相同。倘若遇到不适合这种物种生存的条件，整个物种就将面临灭顶之灾，没有哪一个个体能够幸免。如果保持每个个体都能够具有为其他的个体不可替代的个性特征，其缺陷也将各异，那么即使某个个体遇到不适合自身的生存条件，其他的个体也能够有足够的免疫力和抵御能力，从而避免整个物种的灭绝。与此相类似，倘若整个人类的文化也变得越来越相似以至于相同，那么一旦遇到不适合这种文化存在的环境或条件，那么整个人类的文化就将无法逃避整体性的坍陷和毁灭。倘若不同民族的文化各自具有个性特征，那么它们的缺陷也将各不相同，如此一来，即使某个民族的文化遇到不适合自身存在的环境，那其他民族的文化也完全能够安然无恙。对于人类文明及其延续来说，生物多样性和文化多样性的重要意义由此可见一斑。没有文化多样性，就像没有生物多样性一样，定将严重威胁人类的生存和延续。

因此，联合国教科文组织通过的《世界文化多样性宣言》指出："文化多样性是交流、革新和创作的源泉，对人类来说就像生物多样性对维持生物平衡那样必不可少。就此而言，文化多样性是人类的共同遗产，应该从当代人和子孙后代的利益考虑予以承认和肯定。"该组织通过的《保护和促进文化表现形式多样性公约》进一步强调："文化多样性是个人和社会的一种财富。保护、促进和维护文化多样性是当代人及其后代的可持续发展的一项基本要求。"

然而，文化多样性在全球化的进程中却面临着严峻的挑战。从历史上看，现代化往往被等同于西方化。这意味着对于非西方国家而言，要实现现代化就必须用西方文化置换掉本土文化。这也正是许多非西方国家在现代化过程中遭受文化焦虑的一个重要原因。西方文化对于非西方的异质文化的同化，导致了文化的均质化趋势，严重威胁着文化多样性。早在 1848 年，马克思恩格斯就在《共产党宣言》中先知般地预言了这一历史趋势。他们认为，随着"历史向世界历史的转变"，"民族的片面性和局限性日益成为不可能"，"物质的生产是如此，精神的生产也是如此"。因此，"世界历史"的开辟，"把一切民族甚至最野蛮的民族都卷到文明中来了。……它迫使一切民族——如果它们不想灭亡的话——采用资产阶级的生产方式"。[①] 这一现代化进程所带来的历史后果，就是"使农村从属于城市""使东方从属于西方"。可以说，这构成了文化同化的最深刻的历史基础。

在文化比较中，我们往往会犯一个隐性的错误，就是经常把一个事实判断误当成价值判断来运用，事实上的差别被误认为价值上的优劣。这一错误造成了非常严重的紊乱，带来了很负面的实践后果。这种混淆的表现形式多种多样，兹略举几例。譬如，男权中心主义就往往把男女之间的性别差异，直接等同于男高女低、男尊女卑。其实男女差别仅仅是一个生物学事实，但若把它理解为社会学意义上的优劣，就是一种过度运用了，必然陷入男权中心主义的误区。再如，逻辑经验主义用"证实原则"来为科学和形而上学划界，这本身并没有什么错，因为这个原则作为一种甄别尺度，的确凸显了科学命题与非科学命题在事实上的不同。逻辑经验主义者把这种差别的性质由事实层面悄悄地转移到了价值层面，认为科学陈述是好的、是值得推崇的，形而上学命题则是坏的、是必须加以拒斥的。这无疑是一种僭越，是一种严重的混淆和误用。实际上，我们没有任何理由从"是"（事实判断）推出"应当"（价值判断）。在文化比较问题上，同样存在着类似的误区。中西文化之间的确有其不可通约的一面，这一点自晚清以来，特别是五四新文化运动以来，就为许多有识之士自觉承认。但问题是，直到今天仍然有不少人误以为这种差异就意味着西方文化优越于中国文化，必用它置换掉中国文

---

① 《马克思恩格斯选集》第 1 卷，人民出版社 2012 年版，第 404 页。

化而后快。从五四时期的"全盘西化"论,到后来文化上的"自我殖民化"倾向,带来的一个客观后果就是"去中国性",这不能不说是我们在现代化的狂飙突进中文化上自我迷失的一个重要原因。

在强大的文化均质化的压力之下,人类并非无所作为。从积极的方面说,2001年11月2日,联合国教科文组织在巴黎总部通过了《世界文化多样性宣言》;2003年10月17日,该组织在巴黎通过了《保护非物质文化遗产公约》;2005年10月20日,该组织又在巴黎通过了《保护和促进文化表现形式多样性公约》。这三个里程碑式的文件的诞生,标志着文化多样性的保护在国际社会开始由共识向规范的转变。应该说,这是整个人类在抵制文化均质化的过程中迈出的坚实一步,有助于在文化多样性日益减少的情况下形成一种抵制的力量,至少可以在某种程度上延缓文化趋同的进程。但问题在于,文化遗产如何避免沦为被后人欣赏的"古董",而成为今天人们日用伦常中的生活样法本身?梁漱溟把文化定义为一个民族的生活样法。文化只有作为人们的日常生活方式才能是活的、真正有生命的。现代新儒家当年所焦虑的正是中国文化变成了被人观赏的文物古迹,而不再是中国人血脉中的生命之流。

人们越来越发现,不同国家、不同地域、不同文化圈里的城市都变得愈加相似,城市的建筑风格、城市的格局、城市的气质,日渐趋同。无非都是钢筋混凝土的堆砌、几何形状的组合、森林般高楼大厦的耸立、后现代风格的任性……几乎是千城一面。如此一来,城市的个性消失殆尽。走进一座城市,你几乎不知身在何处、今夕何年?"因特网"的普及,使时尚的流行也变得几乎可以同步,就像病毒传染一样,一夜之间就能够变成人们的普遍偏好,从而极大地加快了文化同化的步伐。语言的命运更令人担忧。据报道,世界上已知的语言有将近7000种,现在它们正在以比物种灭绝还要快的速度消失,大约每两周就有一种语言消失。专家估计,到21世纪末,世界上大约有50%到90%的语言将消亡。另据相关报道,目前全世界有97%的人仅仅使用4%的语言。联合国教科文组织的统计则显示:占全球人口8%的人说着全球96%的语种;而且有一半的语言只有不到1万人会说,有1/4的语言不到1000人会说。同时,只有不到1/5的语言在学校和互联网上使用,世界上4/5的网页是英语网页。海德格尔曾说过:"语言是存在的家。"一种语言的消失，在一定意义上就意味着一种与之相应的生存方式的终结。

世界上的每一个民族，都有保全自己文化个性的权利和义务，这不仅是其自身达成文化认同的需要，也是人类文明得以延续的需要。在今天，弘扬中华优秀传统文化，应该被提到捍卫人类文化多样性的高度来认识它的意义和重要性。在这一背景下，捍卫、守望、呵护我们文化的中国性就变得格外重要。如果一个民族所特有的文化及其传统荡然无存了，那么这个民族实际上也就名存实亡了。一个民族的民族性，归根到底是由其所分享的特有文化传统塑造而成的。中国上下五千年的文化传统，塑造了中国人的独特文化面相。这种个案性规定，使我们的文化及其传统具有同他者文化在时间上的不可重复、在空间上的不可替代的独一无二的特征。

那么，怎样才能真正有效地捍卫中国性，重新彰显我们中国人的文化标识？需要做的工作可谓是千头万绪，无疑是一项艰巨而复杂的系统工程。择其要者，大致包括如下几个方面。

一是进行文化上的"寻根"工作。今天我们对于"我是谁？我从哪里来，又到哪里去？"这样的根本性问题，突然之间找不到答案了。有人把这种文化上的自我迷失叫作"文化孤岛效应"。这些问题如果离开了文化之根，就不可能寻找到答案。从一定意义上说，我们之所以在现代化过程中陷入文化上的自我迷失，一个重要原因就在于我们割断了自己的文化之根，出现了某种文化断裂。今天，我们迫切需要接续被自己斩断的文化之根，恢复我们同传统之间的那种脐带般的关系，在文化意义上重新回归我们的出发点。德国浪漫派思想家诺瓦利斯说得好："我们总是在回家啊！"对于日益走向现代化的人们来说，文化意义上的"回家"显得尤其重要而迫切。因为所谓"现代化"就意味着"告别传统"，意味着离"家"出走，意味着现代人陷入"无根"状态。中华民族之"根"，就是自己所由以发源的文化初始状态。

二是保持对"永恒之物"的敬畏。汉儒董仲舒说："天不变，道亦不变。"其实，董仲舒已经把问题说透了。天下万事万物都是变动不居、千变万化的，唯有"天"本身、"道"本身不能变，也不应变。现代人偏好时尚，喜欢变迁，主张所谓的"与时俱进"。诚然，在许多领域是必须与时俱进的，不变就会落伍，就会被淘汰。例如科学技术就是如此。在信息时代，人类知识更新的速率越来越快，更新的周期越来越短，知识是以加速度的方式增长的。所以，在这一领域，与时俱进是对的，是必须坚持的。但在文化道统问题上，我们不能同日而语。不然的话，我们就"找不到北"，我们就会失掉文化意义上的自我。我们的文化表面看上去令人眼花缭乱，可谓是应有尽有，其实极其匮乏，这就是所谓的"丰饶中的贫困"。没有文化上的"主心骨"，离开了"永恒之物"，就必然在文化上陷入"失魂落魄"的境地，缺乏一以贯之的文化命脉。

三是弘扬优秀传统文化要"从娃娃抓起"。弘扬优秀传统文化，其用意当然是多方面的，但如何在全球化这一现代化的当代形式中捍卫中国性，无疑是其中的一个重要方面。文化传统是一种获得性遗传，对于一个人或者一个民族来说都是如此。"童子功"非常关键。只有在幼小的心灵中扎下根，文化的道统才能真正得以延续，进而发扬光大。对于一个人而言，文化观念的形成说到底是"泡"出来的，是"养成"的；离开了适宜的文化氛围和文化土壤，离开了在这种文化氛围和文化土壤中的潜移默化、熏陶浸润，是难以成就的。一个人的人格和观念的形成有一个关键期，那就是儿童阶段。在这一阶段，人的可塑性最佳，一旦错过，就难以得到矫正或弥补。

四是把传统文化内容纳入国民教育体系。在我们整个国民教育体系中，应该融入更多的中华优秀传统文化的因子。从幼儿园、小学、中学，一直到大学等各个阶段的教育，都应该使传统文化的优秀成分以各种各样的形式进教材、进课堂，纳入教学体系，"润物细无声"地渗入学生的心灵，并在他们的心灵中真正扎下根。从某种意义上说，这乃是重建中华民族文化自我的一个很重要的保证。所以，只有把弘扬中华优秀传统文化提升为国家行为，才能从根本上保障这一工作落到实处并卓有成效。

第二编

现实状态：中华传统文化与现代化的联结

当中华传统文化与中国现代化携手走到今天，在传统文化以助力与服务功能深深影响现代化、现代化于筑牢民族根基和精神支撑过程中促进并改造传统文化的背景下，二者的内在联结呈现出怎样的现实状态？中华传统文化是实现现代化不可或缺的文化资源和推进现代化的重要力量，具有充沛而丰富的当代价值，面临着近代以来未曾有过的发展机遇。中华传统文化要在历史提供的重大机遇中，敢于迎接挑战，积极作为并乘势而上，自身必须实现现代转型，积极参与到当代中国新文化建构之中；而中国特色社会主义现代化客观上为传统文化实现自身现代化提供了时代机遇和重要遵循。在当代中国要实现传统文化与现代化在更高水平、更高层级上的有效融入与有机联结，现代化要积极吸纳传统文化中的优秀成分和优质资源为我所用，传统文化必须顺应现代化要求与时代需要，沿着正确的方向、目标和路径，实现创造性转化、创新性发展。

第 一 章
中华传统文化的当代价值及实现要求

在社会历史进程中,传统文化是一种巨大的精神力量。正如恩格斯指出,"我们自己创造着我们的历史,但是第一,我们是在十分确定的前提和条件下创造的"。这种"前提和条件",既包括"经济的前提条件",这是起"决定性"作用的,但同时,"那些萦回于人们头脑中的传统,也起着一定的作用,虽然不是决定性的作用"①。中华民族是具有五千年文明历史的伟大民族,在漫长历史进程中形成的博大精深的中华优秀传统文化,"积淀着中华民族最深层的精神追求,代表着中华民族独特的精神标识,为中华民族生生不息、发展壮大提供了丰富滋养"②。站在现代化"大坐标"上,现代与传统的内在联系予以贯通,深入揭示中华优秀传统文化的丰富内涵和当代价值,以期实现中华优秀传统文化的创造性转化和创新性发展。这是中国共产党人以高度的文化自觉与文化自信,熔铸并凝聚为推进中国社会主义现代化和实现中华民族伟大复兴中国梦的重要因素和强大动力。

一 中华传统文化蕴含丰富的当代价值

习近平指出:"理论自觉、文化自信,是一个民族进步的力量;价值先进、思想解放,是一个社会活力的来源。"③站在时代发展的制高点上深入

---

① 《马克思恩格斯选集》第 4 卷,人民出版社 2012 年版,第 605 页。
② 习近平:《在联合国教科文组织总部的演讲》,《人民日报》2014 年 3 月 28 日。
③ 习近平:《在纪念马克思诞辰 200 周年大会上的讲话》,《人民日报》2018 年 5 月 5 日。

揭示中华优秀传统文化的现实意义和当代价值，确立对中华优秀传统文化"创造性转化和创新性发展"的方针，是习近平新时代中国特色社会主义思想的重要内容。这一重要思想，对于深入回答"传统文化与现代化"这一时代课题，多维度地认识和揭示中华优秀传统文化的当代价值，具有根本性的指导意义。

（一）中华优秀传统文化蕴含促进民族复兴的重要因素

实现中华民族的伟大复兴，既是中国特色社会主义的发展目标，又是当代中国发展的价值引领。习近平关于实现中华民族伟大复兴中国梦的重要论述，是建立在对中华优秀传统文化的深刻认识和科学把握基础之上的。从心理角度来看，中国梦是一种价值境界，中国梦的实现需要全国人民具备以天下为己任的家国情怀；从行动角度来看，中国梦是一种实践过程，中国梦的实现需要弘扬自强不息、艰苦奋斗精神。中国梦的精神品质与中华优秀传统文化的精神内核高度契合，中国梦的提出、践行和实现，彰显着中华优秀传统文化的当代价值。

1. 中国梦体现中华优秀传统文化的家国天下情怀

家国天下情怀是儒家文化心理结构的重要组成部分，突出体现为"修身、齐家、治国、平天下"。在中华文明发展史上，一些先进的知识分子往往能够超越狭隘的个人利益，从阶级、社会、国家的整体利益出发，思考国家与民族的前途命运，并为之奔走呼号、不懈追求。"中国有礼仪之大，故称夏；有服章之美，谓之华。"① 在传统社会，中国、中华、华夏等词语不仅是血缘和地域的概念，更是一个文化范畴，象征着以儒家伦理道德和治国理念为核心的文化自觉与文化自信。华夏之所以称为华夏，是因为她有着先进的礼仪文化，这些文化被周边的国家和民族所效仿，从而光照四邻。正所谓"吾闻用夏变夷者，未闻变于夷者"②。这种伟大的民族意识，不啻为形成当代中国梦的文化基因。

中华传统文化的天下观，强调个人在历史发展和社会进步中的责任与担

---

① 《左传·定公十年》。
② 《孟子·滕文公上》。

当，蕴含着强烈的社会责任感和政治忧患意识。我国与西方不同，以家庭为单位的农业生产，衍生出家国同构的文化传统，"修身齐家"的个人追求与"治国平天下"的政治理想是高度统一的。从古到今，中华民族对国家命运的思索和忧虑从未间断，个人的荣辱与国家的兴亡紧密相连。"天下兴亡、匹夫有责"，是中华民族在历史积淀中形成的历史记忆和政治理念。"先天下之忧而忧，后天下之乐而乐"的责任意识，"位卑未敢忘忧国"的爱国情怀，将个人价值的实现融入国家整体命运之中，自觉为国家和民族利益而奋斗，已成为中华民族、华夏子孙特有的民族精神，也成为"修身齐家"的个体价值追求与"治国平天下"的整体价值目标相统一的特有的民族价值观。中国梦既是国家梦、民族梦，也是每一个中华儿女的梦。实现中华民族伟大复兴的中国梦，体现的正是这种将个人利益融于国家、民族利益的家国天下情怀。这种家国天下情怀，可以将推动国家发展进步的历史使命内化为公民个人的价值追求。正是从这个意义上说，中国梦的提出，是中华优秀传统文化家国天下观的当代体现。

2. 中国梦需要弘扬传统文化中的自强不息精神

中国梦不是坐而论道，而是需要付诸现实，通过不懈奋斗来实现。中国作为文明古国，之所以几千年不衰，历经苦难而愈加辉煌，是因为中华民族是一个乐于实践、勇于改革、善于创新的民族，有着革故鼎新、自强不息的民族品格和民族传统。此种民族品格和民族精神在当今时代，突出体现在中国共产党人不忘初心、牢记使命、不懈奋斗的执着精神与追求上。中国梦的提出，本身就是自强不息精神的生动体现。经过改革开放四十多年的快速发展，我国经济、政治、文化、社会、生态等各方面都获得了巨大进步，人民生活水平大幅提高，全面建成小康社会的目标已经基本实现。在巨大成就面前，中国共产党没有居功自傲，更没有自满自溢，而是不忘初心、继续前进，带领全国各族人民走向实现民族伟大复兴的更美好未来。中国梦是中国共产党人不忘初心的生动体现。中国自近代以来许多仁人志士所孜孜以求的伟大梦想，在中国特色社会主义新时代正在不断变成现实。习近平指出，"面对浩浩荡荡的时代潮流，面对人民群众过上更好生活的殷切期待，我们不能有丝毫自满，不能有丝毫懈怠，必须再接再厉、一往无前，继续把中国特色社会主义事业推向前进，继续为实现中华民族伟大复兴的中国梦而努力奋斗。"① 中华民族自强不息精神,在实现中国梦的伟大历史进程中获得了历史性的升华。

(二)中华优秀传统文化蕴含当代治国理政的思想镜鉴

党的十九大报告指出,"新时代中国特色社会主义思想,明确坚持和发展中国特色社会主义","明确全面深化改革总目标是完善和发展中国特色社会主义制度、推进国家治理体系和治理能力现代化"。② 党的十八大以来,以习近平同志为核心的党中央毫不动摇坚持和发展中国特色社会主义,勇于实践、善于创新,不断深化对共产党执政规律、社会主义建设规律、人类社会发展规律的认识,形成了一系列治国理政的新理念新思想新战略。我们党的治国理政思想与实践,是对中国特色社会主义理论体系的进一步丰富发展,是在新的历史条件下全面深化改革开放、加快推进社会主义现代化的科学指南和行动纲领,既坚持马克思主义的根本立场、基本原理和科学方法,又创造性地传承了中华传统文化中的优秀因素,体现了中国共产党人独特的精神世界和博大的文明胸怀。

1. 治国理政思想与实践是对以人为本理念的传承与创新

中华传统文化博大精深,涉及自然界、社会和人类自身的方方面面,其中蕴含着一个核心精神,是以人为本。中华传统文化强调人的主体性、独立性、能动性,强调处理人与自然的关系、人与社会的关系、人与人的关系,主要是靠人的道德自觉和行为自律。在中华传统文化中,"人文"一词起源很早。《易经》曰:"刚柔交错,天文也;文明以至,人文也。观乎天文,以察时变;观乎人文,以化成天下。"③ 中华传统文化将"人文"与"天文"放在对等地位,突出强调了对人的重视。强调以人为本,是中华传统文化的本质特征,也是中华传统文化为什么延续几千年而经久不衰、具有超越时空的强大生命力的根本原因所在。

自西周以来,中国古代就确立了以人为本的文化精神和价值理念。古人

---

① 《十八大以来重要文献选编》(上),中央文献出版社2014年版,第234页。
② 习近平:《决胜全面建成小康社会 夺取新时代中国特色社会主义伟大胜利——在中国共产党第十九次全国代表大会上的报告》,人民出版社2017年版,第19页。
③ 《易经·贲卦·象辞》。

很重视对天的崇拜，主张"以天为则"，但也主张"天命靡常"①。这意指，天命是变化的，是会被别人革掉的。天命变化的根本依据是人，上天是根据民意来做事情的。"民惟邦本，本固邦宁"②"天命自我民视，天命听自我民听"③等，体现出中国古代的民本主义治国理念。春秋时期，齐桓公问管仲："王者何贵？"管仲回答："贵天。"齐桓公仰而视天。管仲说："所谓天，非苍茫之天也。王者以百姓为天。"④这段对话表明，中华传统文化中的"天"，不是简单指天空，也不是指造物主，而是指人、指百姓。在中华传统文化价值理念中，"以天为则"与"以人为本"是内在统一的。正可谓，"治国有常，而利民为本"⑤。以人为本，是顺应天命治理国家的价值原则与规律遵循。

中国共产党创造性地传承了中华传统文化"以人为本"的价值理念，把"以人为本"有机地融入"全心全意为人民服务"的根本宗旨之中，成为一代又一代中国共产党人为民执政、执政为民的根本依据。党的十八大以来，以习近平同志为核心的党中央在治国理政的伟大实践中，鲜明提出了"坚持以人民为中心的发展思想"⑥，可以说是"以人为本"传统文化理念的现代提升。中国特色社会主义进入新时代，我们党治国理政开辟了新境界。对于新的历史条件下的治国理政来说，坚持以人民为中心，包含丰富内涵：第一，治国理政必须以人民为宗旨，把增进人民福祉、促进人的全面发展作为根本出发点和落脚点，发展人民民主，维护公平正义，保障人民平等参与国家和社会治理的权利。第二，治国理政必须以人民为主体并依靠人民来推进，增强人民的主体意识，激发人民的创造活力，充分发掘蕴藏在人民群众中的聪明才智，依靠人民治理国家和社会。第三，治国理政必须以人民为目的，实现好、维护好、发展好最广大人民的根本利益，坚持共建共治共享，满足人民对美好生活的需求，使人民从国家治理和社会治理中感受到更多的

---

① 《诗经·大雅·文王之什·文王》。
② 《尚书·夏书·五子之歌》。
③ 《尚书·周书·泰誓》。
④ 《韩诗外传》卷4。
⑤ 《淮南子·泛论训》。
⑥ 《中国共产党第十八届中央委员会第五次全体会议文件汇编》，人民出版社2015年版，第25页。

获得感、幸福感与安全感。"坚持以人民为中心",从现代治国理政的高度赋予"以人为本"传统文化理念以更加深刻而丰富的时代内涵。

2. 治国理政思想与实践是对崇实务实精神的传承与创新

中华传统文化的思维方式具有极强的务实性,这与农耕文化密切相关。中国是一个农业大国,中国人历代历朝以农耕管理为主,人民群众面朝黄土背朝天,生产生活很大程度上受制于自然环境。为了以求生存,获取更多的生活资源,人们崇尚勤劳持家,推崇"一分耕耘,一分收获"的实干精神。如荀子主张,"道虽迩,不行不至;事虽小,不为不成"①;如王符指出,"大人不华,君子务实"②;王守仁强调,"名与实对,务实之心重一分,则务名之心轻一分"③;唐甄提倡,"以实则治,以文则不治"④。这些论述与思想,关注社会现实,崇尚实干兴邦,从一个侧面彰显了中华传统文化的精神。

传统的务实思维方式,深刻地嵌入到当代中国共产党人治国理政的理念和方略之中。习近平强调,"我们中国共产党人干革命、搞建设、抓改革,从来都是为了解决中国的现实问题"⑤。空谈误国,实干兴邦。"幸福不会从天而降,好日子是干出来的。"⑥ 求真务实,真抓实干,"要真正做到一张好的蓝图一干到底,切实干出成效来"⑦。以习近平同志为核心的党中央从中央领导做起,改进工作作风,密切联系群众,以"踏石留印、抓铁有痕"的务实作风,扎扎实实推动各项改革与建设事业,顺应了人民的呼声和期盼;坚决破除形式主义、官僚主义、享乐主义和奢靡之风,既有高屋建瓴的顶层设计,又有掷地有声的落实措施,在人民群众中树立起了崇高的威信。正是在务实的措施和实干的作风中,人们愈益感受到治国理政思想与实践的巨大感召力和凝聚力。

---

① 《荀子·修身》。
② (汉)王符:《潜夫论》卷10《叙录》。
③ (明)王阳明:《传习录·门人薛侃录》。
④ (明)唐甄:《潜书》。
⑤ 《习近平谈治国理政》第1卷,外文出版社2018年版,第74页。
⑥ 《习近平总书记系列重要讲话读本》,学习出版社、人民出版社2016年版,第221页。
⑦ 《习近平谈治国理政》第1卷,外文出版社2018年版,第400页。

(三) 中华优秀传统文化富含社会主义核心价值观元素

以"富强民主文明和谐、自由平等公正法治、爱国敬业诚信友善"为核心内容的社会主义核心价值观,"是当代中国精神的集中体现,凝结着全体人民共同的价值追求"①。社会主义核心价值观的形成与发展过程,充分体现着中华优秀传统文化所蕴含的思想观念、人文精神、道德规范,充分彰显着中华优秀传统文化的当代价值。

1. 社会主义核心价值观体现以天下为己任的家国情怀

"天下为公"的人文理想,使传统价值观实现了对个体价值、局部价值的超越,形成了具有社会统一性的整体价值意识。"公者,通也。公正无私之意也。"②"公"就是对国家、民族乃至社会整体利益的尊崇。一个人如果做到了"以公灭私""大公无私",也就具备了为社会尽责、为天下尽忠的无私精神。一个群体如果将社会责任、无私精神、全民利益放在首要位置,并且为之不懈奋斗,那就体现了中国传统价值观所倡导的伦理目标。

"天下为公"的道德理想,一直影响着传统社会人们的精神生活,不仅在读书人心目中形成了"一箪食,一瓢饮,在陋巷,人不堪其忧,回也不改其乐"③的安贫乐道气节;以"天下为公"作为修身、齐家、治国、平天下的最终价值目标,也深刻影响了整个中华民族,在广大劳动人民中产生出重视精神生活追求的民族品格,形成了"万般皆下品,唯有读书高""少小须勤学,文章可立身"的价值标准和"先天下之忧而忧,后天下之乐而乐"的价值追求。

社会主义核心价值观,正是从国家价值目标和社会价值取向层面,传承、体现了中华传统文化中"天下为公"的家国情怀。"富强、民主、文明、和谐",是国家层面的价值目标,集中体现了建设现代国家的价值追求;而这一国家价值目标的实现,必须建立在每一个公民对国家发展的价值认同上,内在要求是必须在新的时代条件下弘扬中华传统文化中以天下为己任的

---

① 习近平:《决胜全面建成小康社会 夺取新时代中国特色社会主义伟大胜利——在中国共产党第十九次全国代表大会上的报告》,人民出版社2017年版,第42页。
② (汉)班固:《白虎通义》卷1。
③ 《论语·雍也》。

家国情怀。在中华文明发展史上，社会成员对国家价值目标的认同，历来是实现国家繁荣和社会进步的最重要精神力量。强烈的国家意识、浓郁的家国情怀，可以说是贯穿几千年中华文明史的一条精神主线。国泰民安、国富民丰，寄托着中华儿女对国家繁荣的殷殷期望；精忠报国、以身许国，表达着中华儿女对国家利益的无私奉献；国而忘家、位卑未敢忘忧国，渗透着中华儿女对国家安危的沉沉忧思，具有如此深邃内涵和广袤张力的传统价值理念和价值追求，伴随着历史前进的步伐延绵不断，深深地融化在中华儿女的血液中，成为凝聚中华民族的坚韧精神纽带、砥砺中华民族的强大精神力量。今天，历经改革开放洗礼的社会主义中国，在传承优秀传统文化的基础上，正展示着前所未有的国家意志和国家力量。神州崛起、沧海横流，今天的中国能够将亿万中华儿女凝聚在一起的价值共识，就是唤起人们以民族复兴为己任的家国情怀。"富强、民主、文明、和谐"作为国家层面的价值目标，其核心取向和重大功能，在于凝聚起全体中华儿女维护国家安全和国家利益的价值共识，增进社会成员对国家现代化目标的价值认同，激励全国各族人民为实现共同价值理想而奋斗。

国家与个人连接的主要纽带是社会，社会"是人们交互活动的产物"①。由一定生产关系和社会关系构成的社会，既是国家发展的行为基础，又是社会成员的行为依托。因此，以天下为己任的家国情怀，必然体现在人们对良好社会风气的价值追求上。一个风清气正、公平公正的社会环境，自然给人带来愉悦的心境、积极的心态、向上的力量，激励人们爱国敬业、诚信友善，为营造和谐社会关系、创造幸福生活而努力奋斗。"自由、平等、公正、法治"作为社会层面的价值取向，其重大功能就是体现了以天下为己任的家国情怀对社会进步的追求。

2. 社会主义核心价值观体现宽厚包容的仁爱精神

传统伦理价值体系确立了以"仁"为核心的"人本"精神，充分考虑到人的社会性特质，将现实的"人"而非神秘莫测的"天道"置于认识之本。社会主义核心价值观在公民层面倡导"爱国、敬业、诚信、友善"的伦理原则，充分反映了传统文化所具有的这种仁爱互助观念。"人者，其天

---

① 《马克思恩格斯选集》第4卷，人民出版社2012年版，第6页。

地之德，阴阳之交，鬼神之会，五行之秀气也。"① 人处天地之间，所以成为万物之灵，是天地精华所化，是享受得天独厚的阴阳、鬼神、五行眷顾的结果。人的社会性存在决定了人与其他生物的不同。人"力不若牛，走不若马，而牛马为用，何也？曰：人能群，彼不能群也"②。人的生活离不开与他人的沟通并保持一定的社会关系。与之相应，儒家文化用仁爱互助的价值观，架起了人与人实现和睦交往的桥梁，即知礼达仁。

儒家文化认为，人际和谐的内在起点是"仁"。"仁"即包容、宽厚、和谐。对人而言，"仁"就是常驻内心的爱意，它关涉国家、职业、社会、他人，要求人爱国、爱本职工作、爱社会、爱他人，追求最大限度的和谐。仁爱之心的外在体现是"礼"。儒家文化将"礼"看作人类道德的基础，也是达到"仁"的仪式和法则。社会主义核心价值观在提高公民精神境界的同时，更加关注外在行为层面的合理与依规，将人与人之间的互帮互助、诚信友爱作为人际交往的基本规范，在很大程度上体现了传统文化中的礼治思想。

社会主义核心价值观立足于中国的历史文化传统，把中华优秀传统文化的价值理念与行为准则作为最基本的价值资源，充分展现其中国精神、中国风格和中国价值。"仁义礼智信"，是中华民族传统价值观中一以贯之起着价值导向和道德规范作用的核心理念，对于确立中华民族文化发展路向、锤炼民族性格、培育民族精神发挥了重要的奠基作用。其中，"仁"在这五个核心价值理念中居于主导地位，为中华儿女所普遍认同和共同遵循，构成社会主义核心价值观形成与发展的重要文化因素。

社会主义核心价值观倡导"爱国、敬业、诚信、友善"，从一定意义上说是继承了中华传统伦理价值观所蕴含的"仁爱"内核，将其具体化为社会成员现实生活和人际交往中的基本规则，实现了传统"仁爱"抽象价值的具体定位；它批判和超越了传统伦理价值观仅仅对于"君子"的道德要求，而将"仁爱"之心根植于所有社会成员；它抛弃了传统伦理"忠君"的思想糟粕，将爱国主义价值追求融化在每一个公民的观念与行为之中。总之，"爱国、敬业、诚信、友善"这一公民层面的价值规范，既体现了中国

---

① 《礼记·礼运》。
② 《荀子·王制》。

共产党的根本宗旨和执政理念，又具有深厚的传统文化基因，从而成为全社会的价值共识和行为准则。

（四）中华优秀传统文化蕴含助推从严治党的思想内容

党的十九大报告明确指出，"勇于自我革命，从严管党治党，是我们党最鲜明的品格"[①]。全面从严治党，是党的十八大以来以习近平同志为核心的党中央治党治国的最鲜明特点，是通过党的自我革命推进中国特色社会主义社会革命的重要标志。全面从严治党思想既是中国共产党性质、宗旨、纲领的体现，又深刻反映着中华传统文化中的优秀元素，是对中华传统文化中民本思想和政德文化的时代性转化与创造运用，凝聚着中国共产党人特有的文化价值追求。

1. 全面从严治党体现中国传统政治文化的民本思想

儒家文化中的"民为贵"文化元素，说的是在执政者（君）、国家（社稷）和民众这三者的关系中，民众是最重要的，因为有了民众，才会有国家（社稷），有了民心和民力，才可以成就执政者（君）。可见，在三者的逻辑关系中，民是重中之重。儒家文化历来重视民本思想，这一政治思想为我们党坚持立党为公、执政为民，以人民为主体全面从严治党提供了丰富的文化借鉴。吸收儒家文化中的"民为贵"元素，可以更好地理解和贯彻党的群众路线，使党的群众路线更好地体现人民利益，反映人民诉求。

坚持群众路线，全面从严治党，必须坚决反对"四风"。反对形式主义，必须以人民的利益诉求为依据，而绝不能做表面文章自欺欺人；反对官僚主义，归根到底必须维护人民的主体权利、尊重人民的主体地位，绝不能高高在上脱离群众，更不能侵犯人民权益；反对享乐主义，必须与人民同甘共苦，把人民放在第一位，绝不能贪图个人享受，丢掉为民本色；反对奢靡之风，必须厉行勤俭节约，永远保持艰苦朴素的本色，绝不能搞权钱交易、腐败变质。而反对"四风"，每一条都必须"以民为本、以民为贵"，把中华传统文化中的"民本""民贵"思想有机融入党的群众路线，转化为自觉

[①] 习近平：《决胜全面建成小康社会 夺取新时代中国特色社会主义伟大胜利——在中国共产党第十九次全国代表大会上的报告》，人民出版社2017年版，第26页。

践行党的群众路线的实际行动。

儒家文化元素中的"民为贵",恰当地反映了执政者、国家和民众的实质关系,不仅对广大党员领导干部在坚持群众路线中起到有效的文化辅助作用,也是密切联系人民群众和巩固党的执政基础的重要文化依据。人民群众是历史的创造者,是实现中华民族伟大复兴的主体力量。习近平指出:"人民是历史的创造者,人民是真正的英雄。波澜壮阔的中华民族发展史是中国人民书写的!博大精深的中华文明是中国人民创造的!历久弥新的中华民族精神是中国人民培育的!中华民族迎来了从站起来、富起来到强起来的伟大飞跃是中国人民奋斗出来的!"① 中国特色社会主义进入新时代,对站在时代潮头、引领时代前进的中国共产党提出了新要求,为全面从严治党赋予了新内涵、树立了新标准。新时代新征程上的全面从严治党,来自于全党的高度自觉与执着。而进一步提高全面从严治党的政治意识和政治自觉,归根到底必须深刻认识党与人民的关系,坚定"人民是历史的创造者"的唯物史观。只有时刻认识到人民是根本、民心最重,时刻以民本思想作为价值导向,才能提高全面从严治党的自觉性,与人民保持心连心、同呼吸、共命运的血肉联系,一刻也不脱离人民群众,永远立于不败之地。

2. 全面从严治党体现中国传统政治文化的政德思想

作为全面从严治党的重要内容和主要抓手,反腐倡廉在党的十八大以来党的建设新的伟大工程中得到了充分彰显。反腐与倡廉辩证统一、相互促进,反腐着重在实践中与腐败行为开展斗争,倡廉注重弘扬清廉正气、在思想上筑牢精神防线。这两个方面,都离不开道德的约束力量,都需要道德规范予以配合与支持,从根本上说都离不开德治这一传统政治文化。如果说法律规定带有强制性,是从外而内进行制约,那么德治规范则是依赖自我约束,是由内而外的自觉遵循,是有道德的人以内心自律而主动约束自我。这关乎高尚情操的内心感受,在效果上有利于提高自我道德境界。《中国共产党廉洁自律准则》明确提出"四个必须",明确规定共产党人必须自觉培养高尚道德情操。其中,关于党员领导干部廉洁自律规范中的第七条,明确提

---

① 习近平:《在第十三届全国人民代表大会第一次会议上的讲话》,人民出版社2018年版,第2页。

到廉洁修身，自觉提升思想道德境界。把提高道德修养和道德境界列入我们党反腐倡廉建设的基本准则中，这是充分吸收儒家德治文化思想精华、对儒家德治文化进行创造性转化的重要体现。

反腐倡廉要求各级党员领导干部必须严守纪律红线，严守党的规矩，凡事都要按党的纪律、党的规矩来办，绝不可牟取私利，更不能为个人或小团体损害人民群众的利益、损害党的形象。在这个问题上，我们党将德治中的践行意识与遵守党的纪律的自觉意识相联系，与儒家德治传统中的"罔失法度"元素相对接。反腐倡廉要求各级领导干部要严格自律、率先垂范，强化主体责任意识，这与儒家文化中的"慎行其余，则寡悔"的主体意识得以联通，使传统文化中的道德责任与领导干部的主体意识相贯通。反腐倡廉要求各级领导干部要心存敬畏，领导干部慎用权力，把手中的权力用于为人民群众办好事谋利益上，而不是为个人捞取好处，这与儒家文化倡导的"见善如不及，见不善如探汤"①的敬畏感是一致的，即敬畏权力、敬畏民众、敬畏公平正义。敬畏意识是人修身养性、自我完善的基本意识，只有"敬畏"，才能"知耻"，才能守住道德"底线"，才能不碰违规"红线"。

（五）中华优秀传统文化富含人类命运共同体精神资源

党的十九大报告提出，"坚持和平发展道路，推动构建人类命运共同体"②。"构建人类命运共同体"理念，已得到越来越多国家和地区的认同，成为联合国处理国际事务的重要准则。这一重要理念，既深刻体现了正在走向强起来的中国日益走近世界舞台中央，又深刻反映了博大精深的中华优秀传统文化具有某种世界性的共同价值。独具特色的中华优秀传统文化，不啻为构建人类命运共同体的思想文化基础。

1. 中华优秀传统文化为构建人类命运共同体提供价值支撑

中国是一个多民族、进而是多元文化的共同体，多元一体的中华大家庭

---

① 《论语·季氏》。
② 习近平：《决胜全面建成小康社会 夺取新时代中国特色社会主义伟大胜利——在中国共产党第十九次全国代表大会上的报告》，人民出版社2017年版，第57页。

与多元一体的中华文化,历来是平等相待、和谐共处。这得益于我们一贯秉持着"恕道"的价值准则,历来强调"己所不欲,勿施于人",即站在自己的立场上、多为别人着想。"恕道"思想承认主体之间的差异,但更强调彼此平等、和而不同。这一思想内在地提出彼此尊重、平等相处的要求,内含着尊重差异、换位思考的理性精神,体现出仁爱和合、天下大同的人文追求。这样的理念追求,进一步外延开来,就有了"天人合一"的宇宙观,用以正确处理人与自然的关系;就有了"天下一家""协和万邦"的交往观,用以正确处理与其他民族、其他国家的关系;就有了"和而不同"的社会观,用以正确处理人与社会的关系;就有了"仁心和善"的道德观,用以正确处理人与人的关系。中华传统文化中的"恕道"思想,千百年来发挥其应有作用,已经潜移默化为中国人的文化基因。时至今日,西方世界对"己所不欲,勿施于人"准则也倍加推崇。

处在休戚与共命运共同体之中的当今人类,各个国家相互依存,谁也离不开谁,任何国家的发展都不能游离于其他国家之外。中华文化讲礼仪、尚和谐、求大同,绵延久远,文化深厚。中华民族一直追求和平、和睦、和谐,传承和平、和睦、和谐的国际关系理念,可谓作出了榜样、树起了典范。在今天这样一个还不安定、还存在诸多不确定性的世界里,中华民族的"恕道"思想仍有重要价值,有助于消解零和博弈与强权政治逻辑,有助于消解两极对立的冷战思维,能够为各个国家和平相处提供思想文化资源,能够为人类命运共同体建设给予价值理念支撑。

2. 中华优秀传统文化为构建人类命运共同体提供思维方式

文化的深层本质是思维方式,思维方式是恒常稳定的内在。著名历史学家汤因比看重中华传统文化、推崇中国人的思维方式,他认为:"世界统一是避免人类集体自杀之路。在这点上,现在各民族中具有最充分准备的,是2000年来培育了独特思维方法的中华民族。"[①] 与西方文化相比,中华文化具有自己独特的风格,具有本民族自己的体悟及在长期生活实践中形成的思维特性,如"天人合一"的整体主义思维、"阴阳和合"的辩证思维进路、

[①] [日]池田大作、[英]汤因比:《展望21世纪:汤因比与池田大作对话录》,荀春生等译,国际文化出版公司1997年版,第284页。

"前事不忘,后事之师"的历史思维习惯。我们提出构建人类命运共同体,就是中华民族这种思维方式在现代社会的张扬与运用。构建人类命运共同体的理念,把世界当作一个休戚与共的整体来看待,倡导的是一种整体主义思维,体现的是中国人发自内心的大局观、天下观。

构建人类命运共同体理念,关注的不是单个的、自己所在的国家,而是切实把人类放置在胸怀,体现全球视野。从人类整体角度来看,照亮人类前行之路的是"求同存异,扩同减异"理念。全世界各个国家和民族唯有从全球、全局出发,追求人类整体利益与长远发展,才能平衡好国家、民族、地区间的关系;各个国家和民族唯有抛弃"单边主义""保护主义"思维,才能避免自己陷入"孤立主义"、陷入逆全球化误区。构建人类命运共同体不仅要开阔视野、秉公处理全球事务,积极开展合作,也要避免零和博弈逻辑,协调好自我与他者、整体与局部、眼前与长远的利益与关系。为此,要坚持历史主义思维,运用辩证逻辑思维,用历史和发展的思维解决世界范围内的矛盾和问题,以"共同但有区别"的原则承担起应有的国际责任与义务。

3. 中华优秀传统文化为构建人类命运共同体提供心理启迪

一个国家有一个国家的心理特征,一个民族有一个民族的心理倾向。一个国家、一个民族所具有的带有普遍性的心理特征和心理倾向,就构成了这个国家、这个民族的社会心态。社会心态是在"长期的社会经济、政治、文化关系及其相互作用的历史过程中生长、形成和发展的,并在很大程度上制导着人们的深层人格、思维定式和行为取向"[①]。中华文化"超百万年的文化根系,上万年的文明起步,五千年的古国,两千年的中华一统实体"[②],培养了中华民族自强不息的精神、开放包容的胸襟、美美与共的心态。中华民族大家庭中不同民族和谐相处,广袤大地上不同地域协调发展,形成了一以贯之的文化品格,即多元一体、和而不同,进而沉淀为我们稳定的民族性格和社会心态。中国和而不同的多元文化经典,在春秋时期百家争鸣中成就;印度佛教能够东传北上并在中国扎根,展示出中华文化的开放胸襟和巨

[①] 胡红生:《社会心态论》,中国社会科学出版社2011年版,第48页。
[②] 苏秉琦:《华人·龙的传人·中国人——考古寻根记》,辽宁大学出版社1994年版,第245页。

大包容性。作为中华民族的一种心理特征、心理倾向，自强不息、厚德载物的民族精神，始终支撑着中华民族敢于直面一切困难，使中华民族历经磨难而不衰并不断走向强大。

中华民族的心理特征、心理倾向，中国人民稳定趋同的社会心态，为构建人类命运共同体提供了重要心理启迪。中华民族倡导"多元一体"文化格局，秉持"各美其美，美人之美，美美与共"的文化心态，凝聚了多民族共同生活的经验、心理和智慧。当今世界的全球化发展，使不同国家、民族的人们生活在你中有我、我中有你的命运共同体之中。中华民族大融合形成的民族共同体，与全球化催生的人类命运共同体，有着相似的逻辑和类同的进路。人类命运共同体的构建需要各个国家调整好民族心态，构筑起良好的心理基础，本着理性平和、乐观积极、共享共赢的姿态，处理国与国、民族与民族之间的矛盾与利益冲突。中华文化呈现的开放包容、自强不息、美美与共的文化心态，应当也能够为世界各国、各民族携手构建人类命运共同体，提供有益的借鉴和必要的参照，在一定程度上甚至能够发挥引领作用。

二 中华传统文化当代价值的多维呈现

中华民族在五千多年绵延发展中创造的博大精深的传统文化，是一座伟大的思想宝库，它既是历史的，又是当代的。中华优秀传统文化所蕴含的当代价值是多层面和多维度的，既体现在个体层面，也体现在集体层面；既包含着人文和政治价值，也包含着经济和社会价值；既反映着个体生活与集体生活的辩证统一，又体现着民族国家与多极世界的和谐共存。

（一）个体层面价值

所谓个体层面价值，是指中华优秀传统文化对于每一个人所发挥的潜移默化的教化功能。习近平指出，"中国传统文化博大精深，学习和掌握其中的各种思想精华，对树立正确的世界观、人生观、价值观很有益处。……学史可以看成败、鉴得失、知兴替；学诗可以情飞扬、志高昂、人灵秀；学伦理可以知廉耻、懂荣辱、辨是非。"① 这是从个体层面强调了中华传统文化所具有的重要当代价值，指出了古代历史、诗歌、伦理等所发挥的特有教育功能。

1. 有利于培育家国情怀

中华优秀传统文化所倡导的核心价值取向，是"天下兴亡，匹夫有责"的家国情怀和以天下为己任的社会责任。正是这种价值取向和社会责任，造就了中华民族的爱国主义浩然正气。在全面建成小康社会、开启全面建设社会主义现代化国家新征程的当代中国，中华传统文化所蕴含的这种家国情怀和社会责任，可以成为鼓舞和鞭策各行各业劳动者奋发有为的强大精神力量。孟子将"平治天下"作为人生最高理想，他说："如欲平治天下，当今之世，舍我其谁也?"② 古人所言"天下兴亡，匹夫有责"③，"苟利国家生死以，岂因福祸避趋之"④，"先天下之忧而忧，后天下之乐而乐"⑤，"为天地立心，为生民立命，为往圣继绝学，为万世开太平"⑥ 等，都体现了这样一种家国情怀和责任意识。这些优秀思想文化告诉我们，在个人利益和国家利益发生矛盾时，我们应以大局为重，首先要维护国家的利益，只有国家利益得以确保、国家事业顺利发展，个人利益和个人的成长才有可靠保障。习近平反复强调，中国梦是每一个中国人的美好梦想，美好梦想是奋斗出来的；新时代属于每一个人，每一个人都是新时代的建设者。

2. 有利于涵养仁爱之心

在中国传统思想文化中，"仁爱"可以说居于核心地位。"仁爱"追求的是人与人之间要互帮互助、互敬互爱，个人要有怜悯、恻隐之心，具备人之为人的人伦情感。如"己欲立而立人，己欲达而达人"⑦，"己所不欲，勿

---

① 习近平：《在中央党校建校 80 周年庆祝大会暨 2013 年春季学期开学典礼上的讲话》，人民出版社 2013 年版，第 9 页。
② 《孟子·公孙丑下》。
③ （清）顾炎武：《日知录·正始》。
④ （清）林则徐：《赴戍登程口占示家人》。
⑤ （宋）范仲淹：《岳阳楼记》。
⑥ （宋）张载：《横渠语录》。
⑦ 《论语·雍也》。

施于人"① 等，倡导的是充满善心善行的社会关怀，告诫我们在处理人际关系时要设身处地站在别人的立场上思考问题，能够将心比心，以求人们平等交往，尊重彼此的利益诉求。老子曾说："上善若水，水善利万物而不争，处众人之所恶，故几于道。居善地，心善渊，与善仁，言善信，正善治，尹善能，动善时。夫唯不争，故无尤。"② 这告诉我们，与人交往要友爱、真诚、无私，同时要怀有一颗宽容之心。博大精深的"仁爱"思想，跨越时空、延绵至今，是我们弘扬社会主义核心价值观、培养"友善""诚信"社会信任体系的重要文化滋养。

3. 有利于激励自强不息精神

实现中华民族伟大复兴的中国梦，"需要一代又一代中国人共同为之努力。空谈误国，实干兴邦"。"'功崇惟志，业广惟勤'，我国仍处于并将长期处于社会主义初级阶段，实现中国梦，创造全体人民更加美好的生活，任重而道远，需要我们每一个人继续付出辛勤劳动和艰苦努力。"③ 作为中华传统文化的精华，艰苦奋斗、刚健有为、自强不息的精神，广为中华传统文化典籍所推崇。如《尚书·尧典》对先王"克己俊德，以亲九族""历象日语星辰，敬授人时"功业的颂扬，《尚书·无逸》中对周成王尽忠尽职的谆谆告诫，《诗经·公刘》中描写的周部落诞生之初的艰辛创业等，都生动记载并彰显了刚健有为、自强不息的精神。几千年来，刚健有为、自强不息精神一直是中华民族奋发向上、蓬勃发展的强大精神动力。它体现在个人生活的方方面面，或表现为仁人志士在强敌面前英勇不屈、大义凛然，誓死不与邪恶势力同流合污，或表现为在人生遭遇挫折时奋发图强、坚忍不拔，坚定不移追求自己的人生理想。刚健有为、自强不息精神，造就革故鼎新的改革精神。《礼记》曰："苟日新，日日新，又日新"；《易传》曰："天地革而四时成，汤武革命，顺乎天而应乎人，革之时，大矣哉。"中华传统文化中蕴藏的自强不息、革故鼎新精神，是今天我们崇尚创新、勇于变革的强大精神动力。

---

① 《论语·颜渊》。
② 《道德经》第 8 章。
③ 《习近平关于实现中华民族伟大复兴的中国梦论述摘编》，中央文献出版社 2013 年版，第 77 页、80 页。

（二）社会层面价值

我国改革开放 40 多年来的最大成果，是建立和完善了社会主义市场经济体制，成功探索出一条具有中国特色的市场经济发展道路。市场经济的迅猛发展，对思想文化建设提出更高更迫切的要求。文化作为一种社会导向和"文以化人"的强大力量，对经济社会发展起着至关重要的导向、支撑、规范、促进作用，体现在市场运作、企业经营和政府管理的方方面面。中华传统文化中义利统一、诚实守信、勤劳节俭等优秀基因，是在市场化改革进程中构建经济伦理的重要文化滋养，有利于维护和调节市场秩序，推进经济社会健康发展。

1. 有利于形成义利统一的市场伦理价值

从本质上讲，道德是经济的反映，由一定的社会经济基础决定，并为该社会经济基础服务。每个时代和社会的经济结构，总对应着不同的道德伦理观念。古代中国在长期的自然经济发展过程中，形成了以儒家经济伦理为代表的传统经济伦理思想，影响着几千年农业经济和传统社会发展。这一伦理体系围绕着义利关系展开，以"见利思义"为核心，以"仁""义""诚""信"为根本，对今天的经济生活和经济发展仍然具有现实指导意义。

义利之辨贯穿中国社会思想文化发展始终，被视为中国伦理学史的核心问题。程颢曾说："天下之事，惟义利而已。"[①] 朱熹更认为："义利之说，乃儒者第一义。"[②] 儒家所说的"义"，是指基于仁爱之心而具有的道德准则，它既是一种外在的合规行为，又是一种内在的高尚品德，它追求的是一种精神境界和道德价值。儒家所说的"利"，是指人的物质利益，它追求的是一种经济价值。"义利之辨"主要包含两个问题，即如何处理个人利益和集体利益、物质利益和道德价值的关系。

"义利统一"观认为，道义与利益是辩证统一的，一定的道德行为会给人们带来利益。荀子认为，人们追求个人私利是天性使然，但利益需求的无限与资源财富的有限构成了一种矛盾，因此利益需求只能"近尽"，

---

① （宋）程颢、程颐：《河南程氏遗书》卷11。
② （宋）朱熹：《御纂朱子全书》卷4。

不能"穷尽",必须有所节制,以道义制约利益。"义与利者,人之两有也。虽尧、舜不能去民之欲利,然而能使其欲利不克而好义也。"① 从社会资本的角度来看,传统文化中对道义的强调,有助于积累社会资本,增强市场主体之间的相互信任,减弱市场交易中的不确定性,促进市场经济健康发展。

传统经济道德强调公共利益的价值取向,可以与市场经济的个人权利意识相互补充,形成个人利益与集体利益相统一的市场伦理价值观。市场经济以个体独立为前提,以追求个人利益为驱动。承认人的个体价值,有助于强化人的主体意识,但也很容易导致自私自利的极端个人主义。邓小平说:"在社会主义制度之下,归根结底,个人利益和集体利益是统一的,……我们必须按照统筹兼顾的原则来调节各种利益的相互关系。"② 传统文化中崇尚道义、重视公利和诚信的精神,与市场经济的主体意识、个体价值相结合,形成公私互补、个人利益与社会利益相统一的集体主义价值观,有利于推动社会主义市场经济健康发展。

2. 有利于形成诚实守信的经济伦理规则

作为一种经济形态,市场经济必然有自己相对独立的伦理准则。正如亚当·斯密所说:"自爱、自律、劳动习惯、诚实、公平、正义感、勇气、谦逊、公共精神以及公共道德规范等,所有这些都是人们在前往市场之前就必须拥有的。"③ 从市场经济的内在本性说,伦理道德是保障其顺利运行的精神条件。社会主义市场经济是理性化的经济形态,市场秩序只有依赖于"理性人"的合法行为才能维持,这就要求建立适应社会主义市场经济需要的经济伦理规则。

诚信是中华民族的传统美德,也是社会主义市场经济必须坚守的伦理规则。在中华传统文化中,春秋时期就有"失信不立"的观念。《春秋谷梁传》讲道:"人之所以为人者,言也。人而不能言,何以为人?言之所以为言者,信也。言而无信,何以为言?"儒家文化更是将诚信视为"进德修业

---

① 《荀子·大略》。
② 《邓小平文选》第 2 卷,人民出版社 1994 年版,第 175 页。
③ [英] 亚当·斯密:《道德情操论》,王光波译,中国华侨出版社 2010 年版,第 46 页。

之本"。孔子认为"信"是对他人、对社会的一种承诺,他将"信"与"智、仁、勇、严"一起,作为将帅必须具备的品质。唐代的张弧认为,商人应该把信用视为商业的生命,努力做到"可终身而守约,不可斯须而失信"①。在商业经济发达的明清时期,商人们无不标榜"诚信",并将其作为经营要义,即便实力最强的晋商和徽商也不例外。清代的郭嵩焘对晋商的评价是:"中国商贾,夙称山、陕。山、陕人之智术不能望江、浙,其权算不能及江西、湖广,而世守商贾之业,唯心朴而实也。"②梁启超认为晋商"能得国民深厚之信用"③。可见,诚信不仅是个人的立世之本,也是企业或市场主体的黄金资产,是行走经济世界的最有效的通行证。改革开放40多年来,我国市场化改革迅猛发展,但在市场经济秩序的建构和维护中仍有许多不足之处,在利益攸关的市场经济竞争中,诚信常常受到利己主义的侵蚀,假冒伪劣这些现象表明,商业欺诈、逃税偷税骗税屡屡发生,诚信缺失成为制约市场经济发展的一大绊脚石。这些现象表明,中华传统文化中的诚信思想不仅具有道德教育价值,更对我国市场经济发展具有重要的思想引领意义。在市场经济活动中,只有以诚相待、信守道义,拒绝一切欺诈行为,才能获得他人的信任,从而保持长久的公平交易,促进个人的财富积累和整个社会协调发展。

(三) 国家层面价值

中华优秀传统文化既是个人修身养性的学说,也是国家治理的学说,在如何治国理政方面留下了极为丰富的思想文化遗产,这是当代中国国家治理的重要思想文化资源。在漫长的历史进程中,以农业文明著称的中华文化积淀了深厚的治国理政文化,不同的思想流派都非常关心国家治理问题,提出了丰富多彩、内容各异的政治主张和治国方略,形成了民惟邦本、政得其民、礼法合治、德主刑辅、治国先治吏、居安思危、改易更化等治国安邦理念及主张。在博大精深的传统政治文化中,民本思想强调重

---

① 张弧:《素履子》卷中《履信》。
② (清)郭嵩焘:《养知书屋诗文集》卷28。
③ 梁启超:《莅山西票商欢迎会演说辞》,载《饮冰室合集》第4册,中华书局1989年版,第37页。

民、养民、富民、教民、安民，其优秀成分是发展社会主义民主的重要文化资源。德主刑辅思想把法治与德治作为治理国家的两种根本手段，有助于理解和完善依法治国和以德治国相统一的治国方略。推动国家治理体系和治理能力现代化，离不开对传统政治文化的传承和弘扬。正确对待中国传统政治文化，批判和剔除其糟粕，充分挖掘传统政治文化的当代价值，建立符合现代民主法治要求的政治文明，是优化治国理政、推进中国发展的重要文化基础。

1. 以民为本是治国理政的本质要求

民本思想是中国传统政治文化的主流，在我国政治思想史上占有十分重要的地位。民众是国家治理的根本，民心向背决定着国家兴亡和政权更替。《尚书》提出"民惟邦本，本固邦宁"，认为人民是国家的根本，根本牢固，国家才会安宁，这一表述被思想家们视为民本思想的标志性命题。孔子认为，民众、粮食、祭祀对于国家最为重要，而民众处于重中之重地位。孟子进一步强调，"民为贵，社稷次之，君为轻。是故得乎丘民而为天子，得乎天子为诸侯，得乎诸侯为大夫"①。这些都强调了民众是构成国家的基本要素，是国家统治的根本基础。

荀子将统治者与人民的关系比作舟与水的关系。他说："'君者，舟也；庶人者，水也。水则载舟，水则覆舟。'此之谓也。故君人者，欲安则莫若平政爱民矣。"② 程颐认为："固本之道，在于安民；安民之道，在于足衣食。"他建议统治者"为政之道，以顺民心为本，以厚民生为本，以安尔不扰为本"③。明朝著名政治家张居正认为："致理之要，惟在于安民，安民之道，在察其疾苦而已。"④ 在传统的民本思想中，人们特别强调对社会弱势群体进行救助，如张载所说："凡天下疲癃、残疾、惸寡，皆吾兄弟之颠连而无告者也"⑤，主张对老弱病残和无依无靠的社会成员，政府应该给予必要的经济支持，使其衣食无忧。

---

① 《孟子·尽心下》。
② 《荀子·王制》。
③ 《二程文集》卷6。
④ 《张太岳先生文集》卷47。
⑤ （北宋）张载：《西铭》。

民本思想认为,在解决民众基本生存问题的基础上,要进一步发展生产,使人民走向富裕。只有实行利民富民政策,让人民富足,社会才能安定平和,国家才能富强兴旺。孔子说:"百姓足,君孰与不足?百姓不足,君孰与足?"① 他认为人民富裕是国家强大的基础,呼吁统治者将国家的长远利益和根本利益与广大百姓的现实利益统一起来,关心百姓疾苦。

传统民本思想蕴含着许多现代民主思想的因素。《中庸》提出:"得人心者得天下,失人心者失天下",唐太宗李世民提出"君依于国,国依于民"②,从不同角度肯定了民众和民意在政治统治中的重要地位和作用。这为我们更好地坚持以民为本、执政为民,提供了重要的思想文化资源。

2. 德法并用是治国理政的基本方略

在中国历史漫长的政治实践中,围绕着如何治理国家这个根本问题,形成了"德治"与"法治"两种政治主张。孔子将其概括为"道之以政,齐之以刑"和"道之以德,齐之以礼"。孟子则将其概括为"以力服人"的霸道和"以德服人"的王道。强调以德服人成为儒家的主要传统,重视以力服人则成为法家的基本主张。西汉以后,这两种主张逐步合二为一,形成了独具特色的德主刑辅的治国理念。

古代思想家认为,道德是国家治理的重要维度。《左传》中甚至提出"德,国之基也"。《管子》开篇就指出,礼、义、廉、耻,国之四维,"四维不张,国乃灭亡"。孔子高度重视道德的政治功能,他说:"为政以德,譬如北辰,居其所而众星拱之。"孟子则认为能否实行仁政决定着国家的兴衰成败,他说:"三代之得天下也以仁,其失天下也以不仁。国之所以废兴存亡者亦然。"③ 无论孔子的"为政以德",还是孟子的"仁政",都强调统治者的自我修养和道德水平在国家治理中的重要作用,主张对社会实施德政和仁政,反对严刑峻法和暴政,并把道德作为治理国家的基本手段和优先选择。

事实上,德治与法治从来就没有截然分开过,儒家在主张德治的同时也并不否定法治,法家在主张法治的同时也并不排斥德治。秦朝灭亡以后,法

---

① 《论语·颜渊》。
② (北宋)司马光:《资治通鉴》192 卷《唐纪八》。
③ 《孟子·离娄上》。

家学说并没有退出历史舞台，它作为统治阶级两种统治手段中必不可少的一种，呈现出一种隐蔽状态，德治和法治开始走向互补。① 例如，三国时诸葛亮主张刑礼并举，既强调法治的功能，又重视教化的作用，他说："非法不言，非道不行，上之所为，人之所瞻也。故为君之道，以教令为先，诛罚为后。"②

在德主刑辅的治国模式中，"刚""柔"两种方式有机结合，国家治理既需要教化以形成稳定的伦理观念，又需要刑罚以对抗犯罪，二者缺一不可。古代哲人将德主刑辅表述为"刑德并用""宽猛相济"。现代政治学则将其表述为暴力镇压和意识形态建设两种不同的国家职能。从我国古代社会发展的实际情况来看，德主刑辅的治国理念对于缓和阶级矛盾、发展社会生产、维持社会稳定，起到了非常积极的作用。

在吸收和借鉴优秀传统文化的基础上，中国共产党提出了以德治国和依法治国两大基本方略。对于国家治理来说，法治和德治如同车之两轮、鸟之双翼，相辅相成、缺一不可。习近平把这两种治国理念精辟概括为"法安天下，德润人心"，成为在新的历史条件下优化治国理政、促进长治久安的根本遵循。

（四）世界层面价值

所谓世界层面价值，是指中华优秀传统文化对于促进世界和平与发展、建立人类命运共同体、实现世界各国友好交往所发挥的积极作用。习近平指出，"中国将以更加开放的胸襟、更加包容的心态、更加宽广的视角，大力开展中外文化交流，在学习互鉴中，为推动人类文明进步作出应有贡献"③。文化既具有民族性，又具有世界性，既具有某个文明的个性，又具有不同文明的共性。不同类型的文化之间应该相互借鉴、取长补短，中华优秀传统文化只有在与世界多元文化的碰撞与融合中，才能彰显出鲜明的民族特色和时代价值。在历史上，中华传统文化曾经对东亚地区的经济腾飞和社会稳定起

---

① 王钧林：《中国儒学史》（先秦卷），广东教育出版社1998年版，第302页。
② （三国·蜀）诸葛亮：《便宜十六策》。
③ 习近平：《在中国国际友好大会暨中国人民对外友协成立60周年纪念活动上的讲话》，《人民日报》2014年5月16日。

到了重要推动作用，其所蕴含的和谐思想和人文精神对于当今世界和全球治理仍具有重要价值。

1. "和谐共生"思想有利于形成平等友好的国际关系

"礼之用，和为贵。"① 和谐是中华传统文化中一个重要、独特、延续不断的文化理念和社会理想。几千年来，中华民族先贤们对"和谐"进行了长期不懈的探索与实践，留下了丰厚的精神财富和文化遗产。"致中和，天地位焉，万物育焉"②，强调的是只有达到和谐状态，才能实现正天地、育万物的目标；"四海之内，皆兄弟也"，倡导的是世界各国的和平共处；"兼相爱，交相利"，强调的是以互利互惠原则处理国际关系，国不论大小、强弱，在国际交往中地位平等，都享有自己的合法权益。

借鉴"贵和"思想，有助于推进世界各国共同发展。中华民族历来不谋求霸权，对外不搞强权，始终倡导"和为贵"理念，践行和平共处、合作共赢原则。在当今时代处理国际关系过程中，我们继承弘扬传统文化"和为贵"理念，为和平外交奠定了思想基础，以"恕"的理念推进与世界各国友好往来、共同发展，以"和而不同"理念与世界各国开展文明对话，以"亲仁善邻"理念处置与邻近国家的关系，达致与邻为善、以邻为伴。几千年来，中华民族始终秉承"亲仁善邻，国之宝也"的思想，同世界各国和睦相处，反对国家间以大欺小、以强凌弱、以富压贫，在互相尊重、平等相待的基础上发展友好合作关系。习近平强调，"中外文明交流，不仅要'各美其美'，而且要'美人之美，美美与共'"③。"美人之美，美美与共"，体现了不同文明、不同文化、不同价值观之间的平等交流、相互学习，这正是中华民族先哲们所追求的世界和谐统一的状态。

2. "仁义礼智信"准则有利于构建公平合理的国际秩序

中华传统文化追求国与国之间平等相待的王道秩序，反对以力相争、以智相欺的霸道逻辑，认为国际社会存在着公平正义的原则，各国都应该遵守和践行。中华传统文化所推崇的"仁""义""礼""智""信"等价值取

---

① 《论语·学而》。
② 《礼记·中庸》。
③ 习近平：《促进共同发展共创美好未来——在墨西哥参议院的演讲》，《人民日报》2013年6月7日。

向，都可以作为构建公平、合理、稳定的国际政治经济新秩序的文化基础。孔子将"仁"视为爱其他的人，"仁者，爱人"，包含了忠恕之道。所谓忠，是指"己欲立而立人，己欲达而达人"①，自己追求的美好事物，也应该与其他人分享。所谓恕，是指"己所不欲，勿施于人"，自己不喜欢的事物，不要强加给别人。忠恕之道，强调在人际交往中将心比心，设身处地为别人着想。这种思想应用到国际关系中，可以极大地缓解国家之间的矛盾，降低冲突发生的可能性。如果世界各国都能奉行"忠恕"之道，国家之间便可以相安无事，共享和平与发展成果。

"义"是一个人的安身立命之本，指的是思想和行动要符合特定的道德标准。在国际层面，国家与国家、国家与国际组织、国际组织相互之间，按照"义"的标准，应该做到和平共处、求同存异、相互支持、共同进步。在当今世界，霸权主义和强权政治依然存在，地区性冲突和恐怖袭击连绵不绝，贫困和饥饿还在不少国家蔓延，世界需要的是扶贫济困的义举，使正义精神得到张扬。

"礼"指的是道德行为规范与典章制度，是一种外在的伦理行为道德约束。对礼的借鉴，主要在于国际行为的道德约束，在于合乎正义。"礼之用，和为贵"②。孔子认为"礼"能够调节各种社会关系，使之和谐有序。传统礼治思想对当今的国际关系具有一定的调节功能。当今世界愈益走向多样化、多元化，要求各个国家和各种类型的国际组织要制定并实施相应的规章制度和行为准则，以便约束自身的行为与活动。这与中华传统文化"礼治"思想主张和策略不谋而合。

"智"的核心是深刻掌握社会生活的发展特点和运行规律，善于作出明智理性的选择。它表现的是一种处理各种关系的智慧。"智"是临危不乱，镇定自若，化解危机，有自制力，亦指"人无远虑，必有近忧"。对于国际行为主体来说，要预设危机处理方案，从而使危机消弭于萌芽状态。

"信"指的是诚实不欺、严守信用的品德。一个国家在国际交往中要讲信用、守诺言。"言必信，行必果"，可以增加国家行为的可预见性和可信

---

① 《论语·雍也》。
② 《论语·学而》。

度。在当今世界，如何增强大国之间的战略互信，一直困扰着世界各国的战略家和政治家。大国之间缺乏战略互信，容易导致战略上的误判，甚至导致战争的危险。国际政治中的各种激烈博弈，往往是由于缺乏战略互信而造成的。因此，"信"作为处理国际关系的一种基本行为准则，在构建人类命运共同体的实践中尤显现实价值。

三 中华传统文化当代价值的实现要求

文化是民族的血脉，是人民的精神家园。中华文化独一无二的理念、智慧，独树一帜的气度、神韵，深深镌刻在中华民族的内心深处，极大地增强中国人民的自信与自豪。实现中华传统文化的当代价值，是传承中华文脉，全面提升民族文化素养，增强中国人民和中华民族文化自信的根本要求；是建设社会主义文化强国，增强国家文化软实力，维护国家文化安全，实现中华民族伟大复兴中国梦的战略任务。中共中央办公厅、国务院办公厅印发的《关于实施中华优秀传统文化传承发展工程的意见》，对如何在新的历史条件下实现中华传统文化的当代价值，促进中华优秀传统文化创造性转化和创新性发展，提出了总体要求，指明了重点任务，明确了具体措施，这是实现中华传统文化当代价值的基本遵循。党的十九大报告进一步强调，"发展中国特色社会主义文化，就是以马克思主义为指导，坚守中华文化立场"，"坚持创造性转化、创新性发展，不断铸就中华文化新辉煌"[①]。

（一）坚持以马克思主义为指导

实现中华传统文化的当代价值，必须在马克思主义根本立场、基本原理和科学方法指导下进行创造性转化和创新性发展。邓小平指出："属于文化领域的东西，一定要用马克思主义对它们的思想内容和表现方法进行分析、鉴别和批判。"[②] 以马克思主义为指导，用马克思主义的立场、观点和方法

---

① 习近平：《决胜全面建成小康社会 夺取新时代中国特色社会主义伟大胜利——在中国共产党第十九次全国代表大会上的报告》，人民出版社2017年版，第41页。
② 《邓小平文选》第3卷，人民出版社1993年版，第44页。

研究发掘中华传统文化，取其精华、弃其糟粕，是科学对待中华传统文化必须首先遵循的根本原则。

1. 以马克思主义指导中华传统文化当代价值的实现

以马克思主义为指导实现中华传统文化的当代价值，需要我们深刻认识到：当代中国的文化走向和文化建设，必须以马克思主义为指导，以社会主义核心价值观为统领，我们首先要坚定马克思主义信仰，坚定中国特色社会主义道路自信、理论自信、制度自信、文化自信；中华传统文化当代价值的实现，并不取决于传统文化本身，必须运用马克思主义立场观点方法去加以改造和重塑，否则中华传统文化即便具有当代价值，也难以发挥应有作用。此中原因，在于中华传统文化存在自身无法克服的弱点，在于其以自然经济和封闭社会为基础，与大工业基础、社会化大生产具有质的差异。对于传统文化自身无法克服的局限性，假若不能进行根本改造，传统文化也就无法适应社会化大生产的需要，难以实现与马克思主义的链接与有机契合。中华传统文化包含优秀与糟粕因素，不可能一股脑儿地全盘拿来，不进行创造性转化、创新性发展是不行的。在实现马克思主义与中华传统文化的契合上，能够契合的不是传统文化的全部，而只能是其中的优秀文化部分。这需要适应时代变化而与时俱进，需要摒弃传统文化中的糟粕，才能使优秀传统文化焕发出新的生机。

传统文化是几千年来中华民族传承下来的，需要在继承和变迁中不断演进。因此，对待传统文化既不能全盘否定，也不能全盘继承，更不应简单地恢复。对于传统，毛泽东深刻指出，"今天的中国是历史的中国的一个发展；我们是马克思主义的历史主义者，不应当割断历史，从孔夫子到孙中山，我们应当给予总结，承继这一份珍贵的遗产"。毛泽东同时强调，"对于外国文化，排外主义的方针是错误的，应当尽量吸收进步的外国文化，以为发展中国新文化的借镜；盲目搬用的方针也是错误的，应当以中国人民的实际需要为基础，批判地吸收外国文化"[①]。毛泽东对传统文化采取的这一科学态度，在新的历史条件下仍然具有深刻的现实指导意义，是我们坚持以马克思主义为指导实现中华传统文化当代价值的根本指针。

[①] 《毛泽东选集》第3卷，人民出版社1991年版，第1083页。

文化传统作为一种生活方式体现在每个人的行动细节中，或者说，传统本来就是流淌在人们的血脉中的。就此而言，我们可能看到传统的两种延续方式，即知性的与精神的。在知性层面上，对传统的承继意味着一种距离上的回溯；而在精神层面上，承续则是一种非意识的、于内在状态中的深长绵延，这种绵延是始终未有中断过的。① 因为，"文化上的释古与创新，辄与当时的社会组织结构相关联，……换言之，文化思考是与社会结构连贯在一起的，非抽象地、概念地谈道德与价值"②。要继承传统文化中有益于现代化的部分，必须紧密结合时代的特点，将传统中的积极因素结合时代的发展加以改造，将传统转化为适应现时代的因子，经过转化使传统获得新生。总之，在继承基础上的创造既要体现时代精神，又要体现民族特色。

2. 以科学态度对待马克思主义和中华传统文化的关系

在思考马克思主义和以儒学为核心的中华传统文化的关系时，切不可忘记近现代中国社会变革与传统中国社会变革的根本不同。马克思主义与中华传统文化在近现代中国社会变革中、特别是在中国新民主主义革命中，具有完全不同的角色和地位。在中国革命的历史、中国革命的实际过程、新文化运动以及后来的社会革命中，批判封建思想文化、建设新民主主义和社会主义新文化都是重要内容，不能因为我们今天重新认识中华传统文化所具有的正面价值而否认传统文化与马克思主义在中国革命中的地位与功能的根本不同。"如果不懂得这个根本出发点，就无法理解登上中国政治舞台的中国共产党，为什么不能继续沿着儒家铺就的道路作为中华民族复兴之路，而要举起马克思主义旗帜。"③

文化建设坚持什么样的方向，关系到"举什么旗，为什么人服务"的根本性问题。如何对中华传统文化进行创造性转化、创新性发展，传统文化朝向什么方向实现现代转化，这些重要问题需要从根本上予以阐明和解决。有观点认为，将马克思主义融入传统文化之中，以传统文化同化马克思主义，就是中华传统文化的现代转化。这种"马克思主义儒学化"的主张，

---

① 黄卓越：《文化的血脉》，中国人民大学出版社 2004 年版，第 70 页。
② 李鹏程：《中国传统文化十五讲》，北京大学出版社 2006 年版，第 297 页。
③ 陈先达：《马克思主义和中国传统文化》，《光明日报》2015 年 7 月 3 日。

无疑是错误的。还有相反的观点，主张以马克思主义同化传统文化，把传统文化融入马克思主义之中，这种"儒学的马克思主义化"的观点，同样是片面的。在中华传统文化现代转化的方向问题上，没有多种选择，只有坚持马克思主义指导，对传统文化加以批判性继承与发展性创新，才是中国特色社会主义先进文化所需，才是中华民族伟大复兴事业所需。

（二）坚持社会主义先进文化前进方向

先进文化是符合人类社会发展方向，体现社会生产力发展要求，代表社会成员最根本利益，反映时代前进潮流的文化。中国特色社会主义先进文化，是在马克思主义指导下，以中华传统文化为历史渊源和现实土壤，在中外文化融汇与整合中创造出来的，具有中国风格、中国气派乃至中国话语体系。坚持中国特色社会主义先进文化前进方向，是要巩固马克思主义在意识形态领域的指导地位，巩固全党全国人民团结奋斗的共同思想基础；是要坚持以社会主义核心价值观为引领，传承中华文化基因，汲取中国智慧、弘扬中国精神、传播中国价值。坚持中国特色社会主义先进文化前进方向，是要深入贯彻习近平新时代中国特色社会主义思想，紧紧围绕实现中华民族伟大复兴的中国梦，培育民族精神和时代精神；是要以解决现实问题、推进社会发展为导向，实现中华传统文化的创造性转化和创新性发展。

1. 社会主义先进文化的发展目标

党的十九大报告指出："发展中国特色社会主义文化，就是以马克思主义为指导，坚守中华文化立场，立足当代中国现实，结合当今时代条件，发展面向现代化、面向世界、面向未来的，民族的科学的大众的社会主义文化，推动社会主义精神文明和物质文明协调发展。要坚持为人民服务、为社会主义服务，坚持百花齐放、百家争鸣，坚持创造性转化、创新性发展，不断铸就中华文化新辉煌。"[①] 这指明了社会主义先进文化的发展目标，明确了社会主义先进文化的前进方向。

社会主义先进文化是以马克思主义为指导，是中国共产党的精神旗帜。

[①] 习近平：《决胜全面建成小康社会 夺取新时代中国特色社会主义伟大胜利——在中国共产党第十九次全国代表大会上的报告》，人民出版社2017年版，第41页。

社会主义先进文化建设不能脱离中华传统文化之根。我们培育有理想、有道德、有文化、有纪律的公民，发展社会主义先进文化，是在中华民族在几千年社会实践中形成的比较稳定的文化形态基础上进行。从中华传统文化与社会主义先进文化的历史联系来看，社会主义先进文化并非直接产生于中华传统文化，但它又必须在中华传统文化奠定的文化基础上，才具有深厚的民族属性和广阔的发展前途，舍此就成为无源之水、无本之木。立足当代中国，建设社会主义先进文化，必须在马克思主义指导下，结合中国实际和传统文化背景，同时注意吸收西方文化精华，以创造出新的文化形态。

从社会主义文化强国建设的内容来看，中华传统文化、中国革命文化和社会主义先进文化都是重要资源。中国共产党自成立之日起，就以继承、弘扬民族优秀传统文化为历史使命，同时以创造、发展社会主义先进文化为己任。在奔向民族复兴的伟大征程上，党领导全国人民发展社会主义先进文化、建设社会主义文化强国，实质是不断巩固马克思主义的指导地位，发展社会主义意识形态，为中国特色社会主义提供强大精神动力和智力支持。这需要我们坚持以马克思主义为指导，坚持为人民服务、为社会主义服务原则，坚持百花齐放、百家争鸣的方针，坚持对中华优秀传统文化进行创造性转化、创新性发展；需要我们准确把握群众精神文化需求发展变化的特点，尊重人民群众的主体地位和首创精神，贴近实际、贴近生活、贴近群众，不断推进文化创新，多给人民群众提供优秀精神文化产品，做到文化发展成果由人民共享。

2. 社会主义先进文化的发展指向

社会主义先进文化虽然不是孕育于中华传统文化之中，但却有着渊源深厚的联系。中华优秀传统文化是社会主义先进文化的源流与根基，社会主义先进文化是对中华优秀传统文化的传承与继承。推动中华优秀传统文化的现代转化，使之不断融入社会主义先进文化之中，赋予其新的时代内涵和实践精神，是当代中国文化建设的时代责任。

从历史生成逻辑来看，社会主义先进文化并不是无中生有，也不是一蹴而就的，而是中国社会现代转型的文化结晶。它植根于中华优秀传统文化、中国共产党领导培育的革命文化，形成和发展于我们党带领全国各族人民进行革命、建设和改革的伟大实践，是一种适应现代社会历史发展内在要求的新文化范式。这种新型文化的确立，实现了对中华优秀传统文化的现代重构。中华优秀传统文化是中华民族的"根"和"魂"。中国历史文化源远流长、博大精深，积淀着中华民族最深层的精神追求，包含着中华民族最根本的精神基因，代表着中华民族最独特的精神标识，深刻影响着我国文化的未来发展，是社会主义先进文化不可隔断的根脉。社会主义先进文化的确立，是继承传统文化基础上的开拓创新。它对待传统文化的态度必须是科学的，一是看得起，二是不自大，三是善梳理。坚持古为今用、推陈出新，有鉴别地加以对待，有扬弃地予以继承，保持对中华优秀传统文化的礼敬和自豪，做优秀传统文化的忠实传承者和弘扬者；它坚决主张实现中华传统文化的创造性转化和创新性发展，既讲清楚中华优秀传统文化的历史渊源、发展脉络、基本走向，讲清楚中华文化的独特创造、价值理念、鲜明特色，又不断赋予传统文化以新的活力，使中华民族最基本的文化基因同当代中国文化相适应、同现代社会相协调，弘扬跨越时空、超越国界、富有永恒魅力、具有当代价值的文化精神，使古老的中华文明之树开出新的时代之花，为社会发展提供正确的精神指引。

（三）坚持以人民为中心的价值导向

党的十九大报告指出，"坚持以人民为中心。人民是历史的创造者，是决定党和国家前途命运的根本力量"[①]。为了谁、依靠谁的问题，是文化发展的根本问题，决定着文化建设的性质和方向。人民群众是社会主义文化建设的服务对象和依靠力量。党的十八届五中全会明确提出坚持以人民为中心的发展思想，这一重要思想"体现了我们党全心全意为人民服务的根本宗旨，体现了人民是推动发展的根本力量的唯物史观"[②]。

1. 坚持人民的价值旨归地位

充分彰显中华优秀传统文化的当代价值，从根本上来说，必须为了人民、依靠人民，由人民群众共建共享。一是以服务人民为宗旨。把为了人

---

① 习近平：《决胜全面建成小康社会 夺取新时代中国特色社会主义伟大胜利——在中国共产党第十九次全国代表大会上的报告》，人民出版社2017年版，第21页。
② 习近平：《在省部级主要领导干部学习贯彻党的十八届五中全会精神专题研讨班上的讲话》，人民出版社2016年版，第24页。

民、服务人民作为实现传统文化当代价值的根本目的。要深入到社区、村镇、军营、学校等基层一线，近距离了解人民对精神文化生活的新期待、新需求，以通俗易懂的方式向广大群众传播普及优秀传统文化，把跨越时空的思想理念、价值标准、审美风范转化为人们的精神追求和行为习惯。二是以人民为主体力量。实现传统文化的当代价值，必须重视大众参与，尊重民间的传统语言、戏曲、手艺和技术等，不断增强人民群众的文化参与感、获得感和认同感，夯实传承弘扬优秀传统文化的群众基础。三是让人民共享文化成果。把满足人民群众的精神文化需求、保障人民基本文化权益作为实现中华传统文化当代价值的出发点和落脚点，建立覆盖全社会的公共文化服务体系，努力实现基本公共文化服务均等化；同时，根据人民的需要和期待，把优秀传统文化作为文化创新的重要起点和核心元素，用中华文化基因提升文化产品的格调品位和精神内涵，把更多更好的文化产品奉献给人民，更好地满足人民日益增长的精神文化需求。

在博大精深的中华传统文化中，民本思想占有重要位置。"本"，原义为根据，引申为事物在空间上的基础或时间上的开端，是其他事物存在不可缺少的条件。以民为本，意思就是人民是国家的根本，只有维护好这个根本，国家才会繁荣昌盛。所谓民本思想，就是中国古代历史上将民众视为安邦治国根本的政治学说，是一种关注、重视人民利益的政治学说。它重视、承认民众在经济、政治、社会、道德生活中的重要地位和作用，反映了广大人民的愿望和要求，具有深刻的人民性和进步性。

2. 坚持人民的价值主体地位

人民是历史的创造者，是社会存在和发展的主体力量，这是马克思主义唯物史观的核心内涵。马克思从现实的人出发，指出世界史就是人的劳动史。人是社会中的人，是活生生的、具体的人；而人类历史在本质属性上是一种社会存在，历史的主体是由每一个劳动着的个体所组成，是他们的共同实践活动创造了属于人的社会。恩格斯指出："批判的批判什么都没有创造，工人才创造一切，甚至就以他们的精神创造来说，也会使得整个批判感到羞愧。"[①] 社会发展的过程即是人的实践活动过程，它反映了作为社会主体的

---

① 《马克思恩格斯全集》第 2 卷，人民出版社 1957 年版，第 22 页。

人的利益和需求，其最高原则就是符合人类现阶段的最高利益并能够为长远利益做好打算。

中华传统文化当代价值的实现，需要深入挖掘传统文化中的人民性，寻找马克思主义群众观与传统民本思想的内在契合点。相信谁、依靠谁、为了谁，是否站在最广大人民的立场上，是区分历史唯物主义和历史唯心主义的分水岭，也是判断执政党是否真正代表人民的试金石。如何对待人，是检验一个时代进步与落后的重要标志。古代民本思想的一个最高境界就是"清官政治"，两袖清风，为民作主，为官一任，造福一方。清官政治的一个重要进步就是传达了"廉者，政之本也"的观点。以人为本的执政理念是对中国古代"为政贵民"官德素质思想的扬弃，是把"民惟邦本"思想和从统治阶级利益出发重视民众的"为民作主"思想扬弃为从人民利益出发的"为民执政"思想和依靠民众、支持和保证人民当家作主的"由民作主"思想，把清官思维改造成公仆意识，相应地把基于所谓政治恩施让步的"让民监督"转变为"由民监督"思想，这是在文化传承中坚持以人民为中心所要解决的带有根本性的问题。

第 二 章
中华传统文化作用于现代化的现状分析

习近平指出:"文化兴国运兴,文化强民族强。""坚守中华文化立场,立足当代中国现实,结合当今时代条件,发展面向现代化、面向世界、面向未来的,民族的科学的大众的社会主义文化,推动社会主义精神文明和物质文明协调发展。"① 在几千年的历史长河中,正是由于中华优秀传统文化的持续滋养和精神引领,中华民族才不断战胜各种各样的艰难险阻,不断团结统一,发展壮大。"中华优秀传统文化是中华民族的精神命脉。"② "是中华民族生生不息、发展壮大的重要滋养。"③ 立足新时代,中华优秀传统文化与现代化建设的关系越来越密不可分。为更好地促进中华优秀传统文化服务现代化建设,必须认真梳理其现状,既要认识到客观成就,又要清醒地把握不足、分析原因,以有效应对现实挑战、把握历史机遇,科学谋划,乘势而上,使中华优秀传统文化在服务现代化建设中创造更大的辉煌。

一 客观成就:中华传统文化促进现代化发展

新中国成立以来特别是改革开放以来,中国的现代化建设取得了举世瞩目的辉煌成就。正是深深植根于中华优秀传统文化的沃土,中国的现代化建

---

① 习近平:《决胜全面建成小康社会 夺取新时代中国特色社会主义伟大胜利——在中国共产党第十九次全国代表大会上的报告》,人民出版社2017年版,第41页。
② 习近平:《在文艺工作座谈会上的讲话》,人民出版社2015年版,第25页。
③ 习近平:《在纪念孔子诞辰2565周年国际学术研讨会暨国际儒学联合会第五届会员大会开幕会上的讲话》,人民出版社2014年版,第4页。

设之树才枝繁叶茂，硕果累累。中华优秀传统文化服务现代化建设取得的客观成就，表现在以下几个方面。

（一）传统文化智慧为治国理政提供丰厚滋养

当代中国的现代化建设，需要在治国理政过程中不断推进治理体系和治理能力现代化。在几千年的历史发展中，中华传统文化涵养了取之不尽、用之不竭的治国理政智慧。这些智慧在革命、建设和改革各个历史阶段都有充分体现。我们战胜一个又一个艰难险阻，取得一个又一个辉煌胜利，其中也得益于中华优秀传统文化这一思想智慧的滋养。在推进治理体系和治理能力现代化的背景下，深入运用和挖掘中华优秀传统文化博大精深的治国理政智慧，对有效解决我国现代化建设中的各种矛盾和难题，将起到事半功倍的助益作用。

传统文化充满治国理政的丰富智慧。近年来，习近平多次强调各级领导干部要经常接受优秀传统文化熏陶，注重吸收前人在修身处事、治国理政等方面的智慧和经验。文化作为观念上层建筑与政治有着密切联系，往往对政治有着重大影响。任何国家的现代化建设总是在一定的文化环境中进行的，必须有一种来自历史深处的文化精神和思想力量予以支持与驱动。历经数千年积淀而成的中华文明，充满着政治智慧与历史厚重感，拥有丰富的治国理政资源，一直对我国的经济模式、政治形态、社会体制等方面的选择与变革产生深刻影响。比如，中华传统文化在国家治理方面讲究"天下为公，选贤与能""和而不同""为政以德""讲信修睦"等德政思想，强调"民惟邦本""民贵君轻""仁者爱人""克己复礼"等仁政文化。这对于我们党的执政理念、服务型政府的构建、社会关系的调节等，都给予诸多借鉴。传统文化强调"道法自然、天人合一"的人与自然和谐统一的理念，对于我国社会主义现代化建设协调经济发展与环境治理关系，促进经济社会发展与自然环境保护具有积极推动作用。"一带一路"重大倡议的提出和推进，也从一个侧面体现了中华优秀传统文化中的治国理政智慧。

优秀传统文化助益治理体系构建和治理能力现代化。习近平强调"促进国家治理体系和治理能力现代化"，指出"依法治国，是坚持和发展中国特色社会主义的本质要求和重要保障，是实现国家治理体系和治理能力现代化的必然要求，事关我们党执政兴国，事关人民幸福安康，事关党和国家长治久安"①。中国现代化以深厚传统文化为基础，是在中华传统文化基础上推进的现代化。庞朴认为，传统文化为现代化提供着充足的动力和财富：传统给现代化准备了基地。现代化的速度与高度，无不这样那样地依赖传统的成就。美国新制度经济学的代表人物道格拉斯·诺思也持类似的观点："我们的社会演化到今天，我们的文化传统，我们的信仰体系，这一切都是根本性制约因素，我们必须仍然考虑这些因素。"② 可以说，作为一种思想观念和价值取向，传统文化有力地促进着现代化的发展。我们发掘中华传统文化中优秀的治国理政理念，可以为改革开放和社会主义现代化建设提供精神养料，有助于我国治理体系的构建和治理能力的提升。

党的十九大报告指出："必须坚持和完善中国特色社会主义制度，不断推进国家治理体系和治理能力现代化，坚决破除一切不合时宜的思想观念和体制机制弊端，突破利益固化的藩篱，吸收人类文明有益成果。"③ 国家治理体系和治理能力现代化是一项系统工程和长期任务，离不开中华优秀传统文化丰富养料给予的不断滋养。我们要挖掘、转化、批判性地超越传统，梳理、反思、选择、整合各种传统文化资源，从而为当代中国的现代化治理提供资源支撑、精神动力和智力支持。比如，中华传统文化中蕴含着丰富道德建设资源，我们可以将其与社会主义核心价值观培育、与社会主义道德建设和法治建设有机结合，合力构建德法兼具的现代化国家治理体系。从推进国家经济建设、提升综合国力的角度，我们可以充分运用历史智慧、历史文化与历史资源，实现传统文化与现代社会的融合，促进当代中国的经济社会发展，以增强中国特色社会主义的道路自信与制度自信。

（二）传统文化教化功能助力矫正偏颇

我国现代化建设在物质文明与经济发展取得巨大成就的同时，在文化建

---

① 《十八大以来重要文献选编》（中），中央文献出版社2016年版，第155页。
② ［美］道格拉斯·C.诺思：《制度、制度变迁与经济绩效》，刘守英译，上海三联书店1994年版，第37页。
③ 习近平：《决胜全面建成小康社会 夺取新时代中国特色社会主义伟大胜利——在中国共产党第十九次全国代表大会上的报告》，人民出版社2017年版，第21页。

设和精神家园建设方面也曾出现一些偏差，如一定时期呈现的诚信缺失、道德滑坡等倾向。中华优秀传统文化具有的独特教化功能，在一定程度上对精神家园建设方面出现的问题予以矫正，进而缓和与化解了诸多偏颇与不良倾向。

伴随着传统社会向现代社会的转型，特别是改革开放以来，我国现代化建设取得了巨大成就，人民生活水平获得极大改善，社会物质财富获得极大提高，但与此同时在精神文明建设方面也出现过一些问题。表现为：一方面，在物质与精神之间厚此薄彼，存在着重视物质财富的积累、轻视精神文明的引导的倾向。这导致我国在市场化、工业化和城市化一路高歌猛进的同时，一系列精神文明方面的问题和弊端相继伴随而来，如诚信缺失、道德滑坡、人际关系紧张等，直接或间接地影响到社会主义现代化的健康发展和可持续推进。另一方面，伴随我国现代化建设而来的多元文化交流与碰撞，也对我国的精神文明建设形成一定的冲击。中国的开放程度不断扩大，中国与世界之间的交流空前频繁，加之各种现代信息传媒的普及程度空前提高，形成了各种思想文化相互交织、相互激荡的局面。在这一过程中，许多人崇奉西化思潮，对民族文化持虚无主义态度，民族主体性意识淡漠甚或迷失，导致民族自信心、民族自豪感缺乏。这既不利于社会主义先进文化建设与社会主义核心价值观的培育践行，使中华优秀传统文化的承继乏力，也不利于现代化建设事业的健康发展，很容易使现代化失去民族传统精神的支撑，也就难以使优秀传统文化与中国具体国情有机结合起来。

对我们在精神家园建设方面出现的问题，优秀传统文化具有显著的匡扶矫正作用。精神家园是中华各民族基于文化认同和理想信念而共有的精神支撑、情感归宿和文化寄托。中华民族只有构建起共同的精神家园，才能凝心聚力、砥砺前行，促进经济社会全面发展，进而提升中国的综合国力和实现中华民族的伟大复兴。作为一种文化资源和历史文化发展成果，中华优秀传统文化深刻影响着中国人的价值观念、思维方式、文化心理、生活习性，成为中华民族传承延绵的精神血脉、独特品格和民族基因。

在中华传统文化中，诸子百家相映生辉，儒道佛和谐共生，蕴含着丰富的哲学伦理、人文道德思想。中华传统文化中包含着许多对现代社会具有积极意义和价值的内容，能够对现代人类社会面临的一系列自然危机、社会危机和道德危机作出积极回应，对维护社会良知、弘扬人文精神、缓解人类紧张关系，发挥着重要作用。比如，以"正心、修身、齐家、治国、平天下"为思想总括的优秀传统文化，成为中华民族精神家园的坚固支撑，不断抵御着对中华民族精神家园的各种不良侵蚀。"见贤思齐"的做人态度，"和而不同"的处事策略，"富贵不能淫、贫贱不能移、威武不能屈"的坚强意志，"自强不息、厚德载物"的君子风范，"先天下之忧而忧""位卑未敢忘忧国"的忧患意识，"扶危济困、乐善好施""己所不欲、勿施于人""勿以善小而不为、勿以恶小而为之"的行为规范等，对当今社会构建新型家庭美德、职业道德、社会公德予以全方位的正向支持和精神影响，使当代每一个中国人都从中受益良多，这些都得益于优秀传统文化的引领、熏陶和偏颇矫正。正是依赖中华优秀传统文化的理念倡导与引领力量，我们才能不断抵御道德滑坡的冲击，使中华民族的精神家园得到有效维护，促进每一个中国人的品格培育和精神修养。

（三）传统文化包容特性优化建设环境

习近平指出："只要秉持包容精神，就不存在什么'文明冲突'，就可以实现文明和谐。"① 中华文明本质上是一种"和"的文明，是一种包容性很强的文明。这对不断优化现代化建设的外在环境大有裨益。我国进行现代化建设，不可能在自我封闭状态下完成。历史一再证明，闭关自守不但实现不了现代化，还会被现代潮流甩得更远，这要求我们不断坚持和深化改革开放。在对外开放和交往过程中，思想文化方面的差异和冲突不可避免地会影响彼此间的合作，如果处理不好，就会影响现代化建设的外部环境。此时，中华优秀传统文化广大的包容性会帮助我们淡化差异，消除冲突，促进合作。与世界其他文化相比，中华传统文化具有更加明显的包容性。这种包容性，不但在历史上使中华传统文化与各种文化能和睦相处，而且在当今现代化建设背景下，也能使我们做到理性平和，开放包容，和而不同，广交朋友、善交朋友、深交朋友，为现代化建设创造良好的外部

---

① 习近平：《出席第三届核安全峰会并访问欧洲四国和联合国教科文组织总部、欧盟总部时的演讲》，人民出版社 2014 年版，第 12 页。

环境。

中华传统文化具有广大包容性。中华传统文化融合诸子百家的思想，具有海纳百川的气魄、百家争鸣的精神，形成了博大精深的文化底蕴，使中华民族屹立世界民族之林数千年而不败。中华传统文化倡导厚德载物、兼容并蓄，在注重对自身优秀基因进行提炼和承继的同时，积极对外来文化吸收融合，吸取异质新鲜文化，在与异质文化碰撞中沉淀形成，进而不断拓展中华文明。中华传统文化的与时俱进、开放包容品性，使自身在保持文化传统的同时，注重与其他优秀民族不断进行文化上的交流学习。同时，中华传统文化注重贴近时代发展需要，顺应社会发展方向，对社会实践中形成的新理念、新文化吸纳融合，予以创造性的开发，形成中华民族特有的价值取向、道德标准、思维模式等。

中华传统文化的包容性不断优化着我国对外开放环境。当今世界正处在大发展、大变革、大调整时期，如何化解各种矛盾冲突、有效应对经济危机、重建政治社会秩序，是 21 世纪人类面临的重要挑战，也是中国要实现现代化必须面对和需要处理的难题。改革开放以来，伴随着中国经济的快速发展和国际影响力的逐步提升，中国开始更多地注重对中国经验和中国智慧的发掘和提炼，对自身文化特别是中华传统文化表现出足够的文化自觉与文化自信。我们正在重建并强化中华传统文化的主体性地位，将中华传统文化中的价值精髓融入社会主义现代化建设之中，引领传统文化服务于社会主义现代化建设。中华优秀传统文化能够推动中国现代化实现多样性发展、特色性发展、和谐性发展，为之提供重要的精神力量和有益的思想智慧。"和而不同""求同存异"等思想理念，为中国在充满竞争与冲突的世界多元发展环境中，提供化解冲突和增强合作的价值基础和方法路径。中华传统文化中的包容精神与和谐理念，作为一种最高境界的理性主义，正成为促进人类社会合作共赢、携手发展的精神力量。中华优秀传统文化要积极走向世界，不断提升在世界的吸引力和感召力，使世界人民由衷地欢迎和喜爱中华文化，使我们的民族复兴事业获得良好的国际环境。

（四）传统文化凝聚海内外华人合力

中华优秀传统文化历经五千年风雨沧桑而绵延不绝，折射出其强大的凝聚力。习近平指出："博大精深的中华文化是海内外中华儿女共同的魂。"①"我们的同胞无论生活在哪里，身上都有鲜明的中华文化烙印，中华文化是中华儿女共同的精神基因。"② 中华传统文化具有强大的凝聚力，始终是海内外华人华侨的血脉和精神家园，成为同心协力建设现代化祖国、实现民族振兴的精神纽带和不竭动力，尤其是，中华优秀传统文化中的家国情怀和归根情结，使得海外华人华侨对祖国的兴旺发达充满渴望并积极付诸实际行动，将资金、技术、管理经验等源源不断投入到中国现代化建设的洪流之中。传统文化中诸多影响深远的核心价值理念，一直促进着华夏儿女同心同德和团结统一。海外华人华侨对中国现代化建设的多方面贡献就是有力佐证和现实写照。

中华传统文化在漫长历史过程中，针对生存和发展问题所总结出的民族智慧和历史经验，成为联络中华各民族的情感纽带和思想牵引，维系着中华各民族的共同价值观念及社会生活方式的延续。时至今日，中华传统文化已经成为中华民族发展承上启下的永恒基因，植根于中国人的心中，潜移默化地影响着中国人的思维模式和行为方式。

习近平指出："老子、孔子、墨子等思想家……提出的很多理念，如孝悌忠信、礼义廉耻、仁者爱人、与人为善、天人合一、道法自然、自强不息等，至今仍然深深影响着中国人的生活。"③ 比如，"修身齐家治国平天下"孕育着中华民族的人生道德理想，强调人在社会中的地位与责任意识，指引着每个中华儿女都要将自己的前途与国家和民族的命运紧密相连。"刚健有为、自强不息"注重对思想品质和坚强性格的追求，培育着中华儿女坚忍不拔、奋发向上、不断进取的坚定信念。"仁者爱人""厚德载物""兼相爱""推己及人"等，则讲究人与人之间的和谐共处，维护着社会稳定和群体协调。"讲仁爱、重民本、守诚信、崇正义、尚和合、求大同"等核心价值理念和思想，是中国人民不同时期的理想信念融入历史实践的产物，是中华民族一贯的精神追求和志向抱负。这些思想理念和价值追求促进各族人民在中

---

① 《习近平谈治国理政》第 1 卷，外文出版社 2018 年版，第 63 页。
② 《习近平谈治国理政》第 1 卷，外文出版社 2018 年版，第 64 页。
③ 习近平：《出席第三届核安全峰会并访问欧洲四国和联合国教科文组织总部、欧盟总部时的演讲》，人民出版社 2014 年版，第 42 页。

国这一广阔土地上繁衍生息，在精神上共容与和解，在生活中合作与交流，共同形成并打造着中华民族共有的家园。

中华传统文化具有民族性，是中华民族的根基和血脉。虽然中华儿女遍布全球各地，空间的距离使他们与中国故土分隔，但中华文化仍是他们的精神家园，起着维系散居于世界各地华人精神纽带的作用。作为中华民族在五千年历史风雨进程中所创造的文化、思想遗产，中华传统文化深深影响着每一位中华儿女的价值观念、行为方式、文化心理、道德习俗等。尽管许多海外华人长期居住于海外，有些已延续几代人，他们与赖以生存的环境相适应，部分甚至全盘接受异质文化。但是，无论是侨居海外的华侨，还是定居海外的华人后代，都是中华民族的子孙，都有着相同的文化渊源。中华传统文化会将这种民族意识和民族基因长久地保留在每一名海外华人的内心深处，使他们始终在心理上保持对中华文化的认同，并决定或影响着他们认知世界、解读世界、观察世界的态度和方法。

"华夏万姓，同宗同源；慎终追远，不忘祖根。"海外中华儿女作为"炎黄子孙"的一员，有着共同的家国情怀和寻根情结，对中国的发展壮大怀有强烈的心理认同。从近代以来，许多海外华人就不断为中华民族的振兴而贡献着自己的力量，不仅在维护祖国统一、反对分裂中表现出顽强的抵抗精神，而且在关键时刻总能将自己的命运和前途同中国的革命、建设事业紧密联系在一起，支持中国的现代化建设事业，尤其新中国成立之后，许多在海外留学的科学技术专家，为了祖国的富强、中华民族的振兴，毅然决然地抛弃海外优越的科研生活条件，回到祖国，投入伟大的社会主义现代化建设事业中。这方面的代表人物有华罗庚、李四光、钱三强、钱学森等。改革开放以来，随着我国社会经济的飞速发展以及国际地位的上升，国家文化软实力的增强，越来越多的海外华人更是积极投身于中国的现代化建设和中华民族复兴事业，海外华人华侨对现代化建设的多方面突出贡献清晰可见。

二　当前不足：弘扬与服务不能适应现代化建设需求

在中国现代化建设过程中，中华优秀传统文化一直发挥着重要作用，这一客观事实毋庸置疑。但是，由于历史的、现实的、认识的、实践的等多方面因素的影响，中华优秀传统文化在服务现代化建设方面还存在一些不足。为此，应当深入分析弘扬中华优秀传统文化服务现代化建设的现状，以有效应对现实挑战，及时把握历史机遇，科学谋划，乘势而上，使中华优秀传统文化在服务现代化建设中发扬光大、创造辉煌。

（一）现代化建设对传统文化弘扬提出更高要求

我国的现代化建设已经进入关键阶段，无论是统筹推进"五位一体"总体布局，还是协调推进"四个全面"战略布局，都对中华优秀传统文化更好发挥服务和促进功能提出了更高的要求。党的十九大报告指出："我们要在继续推动发展的基础上，着力解决好发展不平衡不充分问题，大力提升发展质量和效益，更好满足人民在经济、政治、文化、社会、生态等方面日益增长的需要，更好推动人的全面发展、社会全面进步。"[①] 全面建成小康社会、全面深化改革、全面依法治国、全面从严治党强化了对中华优秀传统文化的需求和依赖。当全面建成小康社会任务完成之后，我们将转向全面建设社会主义现代化国家。在新形势新任务面前，我们既要加强经济社会建设，更需强化思想文化建设。从一定意义上讲，伴随着社会进步和文明发展，精神家园的建设比物质家园的构建更显重要、更为紧迫、也更加困难。如果传统文化不能在这个关键关口为现代化建设把好方向、提供动力、化解问题，就有可能产生诸多难以预料的风险，使现代化建设的质量和效益大打折扣，甚至举步维艰。为此，一定要紧密结合现代化建设的需求，在多方面更好发挥中华优秀传统文化的作用和功能，尤其是要为发展经济和保护环境有机结合、文化软实力不断增强和公民道德信仰境界不断提升多作贡献。

1. 传统文化要服务于提升现代化建设的质量效益

高质量、高效益的现代化建设应当是多层次、多方位的，不仅包括政治上实现现代化的国家治理体系和治理能力，经济上建立现代化的产业结构和生产方式，还包括形成与政治经济现代化相匹配的思想意识。而就思想意识层面的现代化而言，我们做得还远远不够，这直接影响到了现代化建设的质

---

① 习近平：《决胜全面建成小康社会 夺取新时代中国特色社会主义伟大胜利——在中国共产党第十九次全国代表大会上的报告》，人民出版社2017年版，第11—12页。

量和效益。以经济发展为例，多年来 GDP 是各地绩效评估的重中之重，我们创造了世界第二的国民生产总值，但其中很多是以牺牲环境资源、环境利益为代价。2016 年，党中央和国务院制定的《"十三五"生态环境保护规划》中就污染物排放、城市空气质量、饮用水水源情况作了深入分析，认为我国污染物排放量大面广，环境承载能力接近上限；70%以上的城市空气质量未能达标；饮用水水源保障措施不到位，城市建设中的黑臭水体问题、湖库富营养化问题及水体污染问题广泛存在。

面对经济发展与环境保护之间的紧张关系，运用各种现代化的手段治理环境污染，平衡经济发展与环境保护只是"治标"，从根本上讲要让国民形成"发展经济，环境保护先行"的意识，而传统文化可以为环境保护意识的形成与提升提供助力。一方面，文化具有遗传的特性。现代人思维方式、价值取向、伦理观念的形成，离不开传统文化的塑造和涵养。用传统文化育人，更能得到现代人的认同。另一方面，传统文化中确实蕴含了环境保护的宝贵思想。我们的古人从实际经验中认识到尊重自然生态规律对人类自身发展的重要性。只有保护自然环境，才能推动社会的发展、文明的进步。在中国古代，人与自然的关系可以概括为四个字"天人合一"。人作为天、地自然间的一物，从来都是自然的一部分，与天、地息息相通。古代法律中有很多保护环境的条文规定，如《逸周书》说："春三月山林不登斧，以成草木之长；夏三月，川泽不入网罟，以成鱼鳖之长。"《睡虎地秦墓竹简·田律》中更是以详细的法律条文记载了对自然的保护，如：春二月，不得砍伐山林及堵塞水道；春夏之际，不得取草烧灰，不得伤害出芽的植物及捕捉幼兽幼鸟，不得毒杀鱼鳖等。这些内容构成了传统文化中自然主义的特性。传统文化中蕴含着平衡经济发展与环境保护的宝贵精神财富，我们有必要对其进行系统挖掘、科学研究，以期服务于提升现代化建设的质量和效益。

2. 传统文化要服务于国家文化软实力的不断增强

国家之间综合国力的竞争包括硬实力和软实力两个方面，前者主要指国土资源的丰富、经济发展的速度以及军事实力的强大等，后者则涵盖了国际良好形象及文化的亲和力等。综合国力能否得以持续且健康提升，依赖于硬实力与软实力的平衡发展。就国家文化软实力的建设而言，我们取得了很大成绩，如我们在欧洲部分国家将央视英语综合频道 CCTV – NEWS 改为 24 小时全英语新闻频道，创办了《中国日报》《人民日报》《环球时报》的英文版和海外版，这都有利于国际舆论的良性引导。但是，在看到成绩的同时，我们也应认识到在国家文化软实力的构建方面还存在很多短板。就现有形势而言，我国虽然是物质产品的输出大国，但由于对自身文化资源开发利用的欠缺，在文化对外开放方面，我们还处于弱势地位，扮演着文化产品输入国的角色。西方国家在文化输出方面处于强势地位，他们不仅输出文化产品，还在潜移默化中影响着输入国的意识形态与价值观。长此以往，如果国家文化软实力和文化对外开放水平得不到切实提高，必将影响到国家的文化安全。

提高国家文化软实力，需要夯实文化软实力的根基。传统文化蕴含着取之不尽、用之不竭的制度和思想资源，可以为夯实根基提供有力支持。例如，议会制和三权分立制是英国和美国特有的政治文化，这些文化的形成与他们的历史传统相关联。我们也有独具特色的社会主义政治文化——民主集中制。民主集中制这一政治文化的形成，在某种程度上也得益于我国的传统文化。民主可以广泛汇集民意，集中则有利于提高工作效率。民主集中制是我们在借鉴优秀传统文化基础上创建的、不同于西方议会制和三权分立制的特有的政治文化，是我们国家的文化软实力之一。

让传统文化进一步服务于国家文化软实力的增强，为此我们要坚定道路自信和文化自信，以传统文化为基础去涵养和发展中国特色社会主义文化。与此同时，我们要秉持开放的态度，借鉴世界文明的优秀成果，不断进行文化上的创新。要注重对其他异质文明的学习，要在文化建设中具备世界眼光，注重文化的时代性、世界性和全球性。

3. 传统文化要服务于公民道德信仰境界不断提升

作为一个主观精神范畴，公民道德信仰指的是公民对合宜的道德及其所蕴含与体现的价值的高度认同、敬畏与坚守。公民道德信仰的养成机制是一个系统，这个系统犹如一条机制链。在这个链条上，任何一个环节的锈蚀或者是脱落，都会成为公民道德信仰养成的障碍性因素，甚至会窒息人们道德信仰的萌动。改革开放以来，经济的快速发展造成人们的思想意识发生很多变化：一是价值取向的多元化，二是心态趋于浮躁。价值取向的多元化使得思想解放，社会包容度提升，但与其相伴随的是人们的心态趋于浮躁。心态的浮躁则导致各种失德行为的发生。这些均意味着公民道德信仰的滑坡。

提升公民道德信仰境界离不开传统文化。在实施依法治国与以德治国相结合治国方略的大背景下，尤其要重视传统文化的力量。根据对象的不同，传统文化中关于道德教化的内容可以分为治官和治民两个方面。在治官方面，传统文化对帝王和各个层次的官员均提出治国理政要遵循道德、奉行礼义的明确规制。古代流传下来的官箴书以及一些脍炙人口的诗句，均是告诫为官者要敬民、畏民，要廉洁、慎独。在治民方面，传统文化中有对各类社会群体相应的教化文书，通过潜移默化的教育，在人们的心中铭刻下德礼的印记。传统文化中关于道德人格和操守方面的内容，对现代社会公民道德信仰的提升具有重要作用。

做好中华传统文化对公民道德信仰提升的服务作用，一方面要对中华传统文化中的道德教化进行甄别，剔除诸如"君为臣纲""夫为妻纲""父为子纲"等奴性教育内容，以发挥优秀道德文化的感召力量；另一方面要将中华优秀传统文化真正与社会实际相结合。在现代社会人际交往中，以中华传统文化中的积极内容为引领，将中国古代优秀道德文化生活化、大众化，拉近传统文化与民众生活的距离，培养民众对古代优秀道德文化的情感，建立起公民的道德文化理想，进而培育公民的高尚道德信仰。

（二）服务现代化建设实效性和针对性尚需增强

目前，在弘扬中华优秀传统文化服务现代化建设方面，我们已经取得了很大成绩，可谓成效显著。但无论是相对于现代化建设的要求，还是其自身应当达到的水平，实效性和针对性还远远不够。主要表现在：对于国家重大方针政策措施跟踪服务、深化服务不够；对重大现实问题的解决不能产生实质性影响；具有现代化意识、视野和胸怀的传统文化名师大家十分缺乏；中华传统文化的育人功能没能充分发挥；很多大型文化项目和设施没有实质性影响力等。这些问题如果得不到切实解决，必然大大阻碍现代化建设的顺利推进。只有切实提升服务现代化建设的实效性和针对性，弘扬中华优秀传统文化才能更具价值性，才能更加彰显中华优秀传统文化的魅力。弘扬中华优秀传统文化任重而道远，当前和今后一段时间，我们要瞄准增强服务现代化建设的实效性和针对性，深入分析重点和难点，综合采取多种对策措施，不断拓展和深化中华优秀传统文化服务现代化建设的路径。

1. 对现实问题的关注度需要增强

在当代社会，中华传统文化赖以存在的社会基础，如自然经济、宗法等级制度、祖先崇拜等已经消失，即便仍有一定存留，却"更多地表征为由习俗所支撑的文化碎片"，而不再是一套完整的服务于封建统治稳定秩序的定国安民、纲纪世界体系。与之相联系，中华传统文化在当代社会对人们的影响，更多地体现在思想观念、传统习俗中。由此带来的问题是，传统文化对现实问题的关注十分有限，它对现实问题的解决能够提供哪些价值，有待进一步的发掘。

中华传统文化在一定时期一定程度上受到忽视、被边缘化甚至遭到排斥，部分原因在于传承传播更多的是"就事论事"，或更多的是专注于文本考据和阐释解答，对如何建立传统文化与现实社会的联结，如何将中华传统文化予以创新转化来解决现实问题关注不够。实际上，传统文化是能够"经世致用"的。费孝通先生在《乡土中国》中，曾对西方社会结构与中国社会结构有着形象的描述。西方社会结构如同一捆一捆的柴火，表面上看是一个整体，但各柴火之间又是独立的；中国的社会结构则是向湖水中投入石子后形成的波纹，以己身为圆心，根据血缘关系的远近形成不同的亲属关系。西方社会结构提倡个人主义，中国的社会结构则形成了集体主义。个人主义的极端发展在西方已经演绎成为严重的社会问题，必须通过另一种价值观来寻得平衡解决，这个价值观就是中华传统文化中的集体主义精神。中华传统文化不是从单个人的存在来定义"人"，而是从人与人之间的关系进行定义，每个人都享有与社会角色相匹配的权利，也必须履行与社会角色相对应的义务。因而，在人际关系的处理上，中华传统文化更主张考虑对方，提倡"换位思考"，而这一传统恰好弥补了个人主义的不足，有利于构建安定和谐的社会秩序。

改革开放以来的制度创新实践，使我们取得了举世瞩目的伟大成就，形成了举世瞩目的"中国道路"和"中国经验"，蕴含着丰富的"中国智慧"。这也可以看作传统文化在实践过程中形成的成果，是传统文化践行效果的一个组成部分，我们应予认真总结，借以促进中华传统文化与马克思主义的有机结合，在发展中国特色社会主义先进文化的大背景下去关注中国问题，全面认识中国，用中国话语解决中国问题。

2. 对大政方针跟踪深化服务不够

传统文化可以为现代社会大政方针的制定提供重要的思想资源。很多传统文化观念已经深深嵌入大政方针的制定过程之中。党的十九大报告指出："坚持法治国家、法治政府、法治社会一体建设，坚持依法治国和以德治国相结合，依法治国和依规治党有机统一。"[①] "依法治国与以德治国相结合"的治国方略，是对古代"礼法合治，德主刑辅"的传承与创新；"以人民为中心"的发展理念，在一定意义上是对"民为贵、君为轻"的传统民本思想与马克思主义"实现人的全面发展"思想的有益结合。党的十八大以来，我们提出新的法治十六字方针，即"科学立法、严格执法、公正司法、全面守法"。要实现立法的科学性和司法的公正性，真正实现法律效果与社会效果的统一，离不开立法者和司法者对法律尺度与情理关系的平衡。而立法、执法、司法对法律与情理的关注，在一定程度上受古代司法"天理、国法、人情"相结合的审判艺术的影响和启发。由此可见，传统文化对我们党和国家大政方针的制定，是有着不容忽视的影响和借鉴价值的。

然而，我们必须认识到，传统文化虽然能够为大政方针制定提供有益借鉴，但在方针政策的执行过程中，优秀传统文化却常常缺席。例如，执法过程中的暴力执法即是对"民为贵，君为轻"的民本思想的偏离；官员腐败案件的高发，体现的是廉政文化的缺失；信访多发、判决执行难等问题的存在，也表明民众对法律文本、司法过程的不理解甚至不认可，表明立法、司法在某些环节上未能很好平衡法律与情理之间的关系。这意味着中华传统文化对大政方针的跟踪深化服务还不够。我们要深入认识中华优秀传统文化对大政方针制定、落实的促进作用，不仅在政策制定过程中更在具体执行过程中，充分发挥传统文化的深化服务作用。

3. 缺少真正具有现代意识的名师大家

现代意识是指人对社会、政治、科学、文化等具有现代化的理解、掌握以至运用的一种思维方式。涌现一大批拥有现代意识的名师大家，是社会主

[①] 习近平：《决胜全面建成小康社会　夺取新时代中国特色社会主义伟大胜利——在中国共产党第十九次全国代表大会上的报告》，人民出版社2017年版，第22页。

义现代化建设的客观需要，也内在地要求更多学者走出书斋、走出课堂，走向社会、走向大众，加入传统文化传承弘扬、宣传普及的队伍中，弘扬民族正能量，激发传统文化内在活力。从目前情况看，在文化领域特别是中华传统文化领域，真正具有现代意识的名师大家仍然缺乏。

中华传统文化要在现代社会发挥应有的作用，需要我们积极挖掘并推动传统文化"经世致用"。与之相对应，具有现代意识的名师大家也至少要具备两个要素：一是要专于学术的精神，能够克服现有学术圈的浮躁心态。传统法律文化学界有位非常让人尊敬的先辈——瞿同祖先生（1910—2008），从其治学做人中，我们可以领略真正名师大家的风范。老先生一生致力于历史文化的研究，其著述并不多，仅有《中国法律与中国社会》《清代地方政府》《汉代社会结构》等几本著作，但这些著作在法律史学界具有非常大的影响，尤其是《中国法律与中国社会》《清代地方政府》，是法律史学专业研究生的必读基础书目并多次再版。瞿同祖先生的经历告诉我们，学者能否为社会创造价值、产生影响，其著作不在"多"而在"精"。二是真正的名师大家要注重实践。中华传统文化只有与实践相结合，发挥经世致用的作用，才能保持活力。这要求传统文化的传承者、研究者要深入实践、了解实践，不能居于象牙塔中做学问。就像费孝通先生所著《乡土中国》与《乡村经济》，之所以至今仍被人奉为经典，原因就在于著者能够深入实践，对中国社会有着独到的观察与体验。名师大家的产出既需要学者自身的努力，将中华传统文化中的精粹思想、精神价值与时代要求和社会现实相结合，也需要社会提供相应的条件支持，以便传承者、研究者产出底蕴深厚、涵育人心的精华作品。

（三）党委政府的推动作用有待充分发挥

弘扬中华优秀传统文化服务现代化建设，党和政府的主导推动至关重要。从历史上看，每一种文化或宗教要在社会上产生重要影响、发挥重要作用，都离不开政权的强有力推进。就儒学而言，之所以深刻影响中国两千多年，到现在仍能发挥重要作用，与历代政权的高度重视和有力推动密不可分。由于中华传统文化在当今中国已不再是主导意识形态，若要更好地服务现代化建设，党和国家自上而下的主导推动作用更是不可或缺。在新时代，党和国家对弘扬中华优秀传统文化服务现代化建设越来越重视，政策措施相继出台，但是地方党委政府在推动落实的科学性、有效性及其力度和效果等方面，还参差不齐，甚至没有达到实质性的突破。为使中华优秀传统文化在新时代服务现代化建设更具实效，地方党委政府应当结合自身优势和特点，把中华优秀传统文化与本地区的现代化建设有机结合，创造性地发挥其推动作用。相关部门和社会各界对新时代传统文化作用和功能的认识要进一步深化，为中华文化正名等方面的工作要持续推进，弘扬中华优秀传统文化的制度安排和机制运行要进一步科学化、具体化、可操作化。

1. 深化认识传统文化的作用和功能

我们对传统文化的认识和态度，经历了一个由排斥到肯定、再到创造性转化和创新性发展的曲折历程。以习近平同志为核心的党中央，对传统文化的认识达到新的高度、迈上了新的台阶。有学者将重视传统文化作用的发挥，作为习近平治国理政思想的重要特征之一。

尽管我们对传统文化的重视上升到新高度，但对传统文化作用和功能的认识仍需进一步深化。一方面，要认识到传统文化不仅能够陶冶心性，为文化自信的建立提供民族历史资源，更重要的是它对中国自主话语体系的构建，对民众心理认同的巩固均具有不可替代的作用。另一方面，传统文化功能和作用的发挥，离不开法治的保驾护航。以官德建设为例，传统社会也重视官员的品德建设，廉政文化高度发达，但多数王朝的覆灭与腐败的滋生都密切相关。从根本上讲，这缘于古代社会的"人治"传统。

充分发挥传统文化的功能和作用，党和政府一方面要从宏观层面完善文化发展的顶层设计，更好地满足人民群众多层次、多方面、多样性的精神文化需求；从微观层面举办传统文化讲座、道德论坛，以及开展全民阅读、年俗文化等精神文明活动，在实践中强化人民对传统文化的认识、理解和尊重。另一方面要以法治来保障传统文化作用和功能的充分发挥。如现代社会的官德建设，不仅需要官员的道德自律，更重要的是要建立一套规范体系，包括官德养成机制、评价机制、选择机制、监督机制、惩处机制等。

2. 科学安排弘扬优秀传统文化的制度

党和政府制定颁布的各项政策，是优秀传统文化得以弘扬的重要保证。

2017年1月，中共中央办公厅、国务院办公厅联合印发了《关于实施中华优秀传统文化传承发展工程的意见》。该意见对弘扬中华优秀传统文化过程中如何加强组织领导、如何制定和实施扶持政策等提出了具体要求，规定各级党委和政府要加强对中华优秀传统文化的传承和发展工作的宏观指导，要将其纳入经济社会发展总体规划，纳入考核评价体系，纳入各级党校和行政学院的教学内容，形成"党委统一领导、党政群协同推进、有关部门各负其责、全社会共同参与"的工作新格局。按照《意见》要求，各责任部门在政策制定方面要注重协同性和可操作性，要加强对中华优秀传统文化传承发展的资金支持，要加强对国家重要文化和自然遗产、国家级非物质文化遗产等的保护，等等。

尽管有了上述原则性规定，但在弘扬中华优秀传统文化的制度性安排方面，各级地方党委政府和职责部门仍要细化落实、深化推进。一方面，要完善政策设计，加强相关领域的立法，为优秀传统文化的弘扬提供法律依据。以文化遗产保护为例，国民对文化遗产的保护意识不强，破坏历史遗迹等不文明行为频发多发，从根源上是由于我国尚未出台《文化遗产保护法》，对不文明的行为无法依法予以制裁，只能进行道德上的软约束。完善相关政策设计迫在眉睫。另一方面，要加强对文化市场健康发展的引导和规范，使文化市场发挥应有作用，促进文化繁荣和传统文化弘扬。还要增强人们的甄别能力，防止西方负面文化潜移默化的侵蚀。只有更好地调动各方面的积极性，协调好文化职责部门与社会文化需求之间的关系，才能最大限度地发挥好传统文化服务现代化的作用。

（四）现代化方式手段与平台未能有效运用

文化的影响力不仅取决于其自身的感染力和凝聚力，还取决于外在的传播能力、传播手段和传播平台。随着互联网技术的发展，整个世界发生了天翻地覆的变化，国家对互联网的发展和应用也越来越重视。近年来，在弘扬中华优秀传统文化的过程中，在重视传统传播手段的同时，我们越来越重视发挥互联网的作用，并在此方面取得巨大进展。但是，面对现代化建设突飞猛进的发展，现代化的方式、手段、平台没能被广泛有效运用到文化传播之中，尤其是在偏远的、欠发达的基层地区。这对优秀传统文化影响力的实质性提升产生了极大的阻碍作用。因此，今后应当着眼大力增强中华优秀传统文化的影响力和传播力，加大信息化和网络化建设，广泛有效运用现代化的方式、手段与平台，使中华优秀传统文化能够超越时空限制产生应有影响。

1. 运用互联网传播传统文化需要加强

利用互联网对传统文化予以传播，无疑是最便捷最有效的方式。互联网至少从两个方面为传统文化的传播带来了机遇：一是拓展了传统文化传播的空间。根据中国互联网络信息中心（CNNIC）发布的第45次《中国互联网络发展状况统计报告》显示，截至2020年3月，我国网民规模达9.04亿，较2018年年底增长7508万，互联网普及率达64.5%，较2018年年底提升4.9个百分点。传统文化借助互联网的高普及率实现了快速传播。根据数据调研机构艾媒咨询发布的《2015中国"互联网+传统文化"发展专题报道》显示，71.2%的中国网民会通过网络了解传统文化，网络已经成为网民了解传统文化的首要渠道。二是丰富了传统文化的传播形式。目前网上关于传统文化的软件，涉及传统文学、传统节日、琴棋书画、汉字汉语、传统戏曲、中国建筑、传统医学、民间工艺、博物馆等诸多领域，提供的服务包含了应用工具、资讯、游戏、电商交易、教育、医疗等多种类型。

尽管互联网为传统文化的传播带来了机遇，但如何使中华优秀传统文化在互联网中找到更好的表达形式，我们需要进一步思考。中华优秀传统文化内涵丰富，不仅包括文史哲，还涵盖了山歌、地方戏等民间艺术形式。我们需要进一步探索各种途径和形式，使得民间艺术以更合理的形式在互联网上传播开来，以便让更多的人了解传统文化，获得审美的愉悦和情感的寄托。此外，传播者也需要加强自身文化修养，在传播过程中提高去伪存真的能力，进一步强化文化保护意识。

2. 借助重大战略平台实现发展意识不强

中国幅员辽阔，人民勤劳勇敢，具有五千年的文化积淀，丰富的优秀传统文化家底，是中国崛起和发展的强固基石。更好地继承和弘扬中华民族优秀传统文化，已经成为国家战略。为推动这一战略的实施，党和政府搭建了一系列重大战略平台，其中包括对文化遗产、非物质文化遗产及文物的保护，也包括传统文化的对外传播等。

但在实践中，相关部门借助国家重大战略平台实现发展的意识并不强。以孔子学院为例，孔子学院是实现传统文化走出去的重要平台。借助这一平台，兵马俑、茶叶、中国菜等物质文化得到了较好的传播，但中华文化的核心价值观等尚未得到世界的普遍关注与广泛认可。正如西班牙中国问题专家胡里奥·里奥斯（Xulio Rios）于 2011 年 11 月在《中国政策观察》发表文章称："加强中国文化的国际影响力是提升软实力的重要因素，但要想通过孔子学院和其他一些蓬勃发展的类似平台就建立起自己的公民战略联盟，显然还远远不够。绝大多数支持孔子学院和类似机构的人只是本着务实的愿望，而不是从政治支持的角度出发的专业或文化上的兴趣。这是应该注意的一点。"

要使国家重大战略平台发挥其应有的作用，一方面，传统文化的传承者及相关工作人员应紧跟形势发展，充分利用平台，培养专业人才，建立保护基地，大力传承推广传统文化，让传统文化在现代化建设中展现新的生命力；另一方面，国家和主管部门应当进一步进行制定科学规划、推进机构平台建设，加强传统文化传承推广管理，提供更多的政策扶持、资金支持和必要条件，使优秀传统文化传承的政策体系、制度体系、支撑体系更加完善地建立起来。

三　根源探析：历史与现实、认识与实践诸多因素交织

传统文化在服务现代化建设和弘扬方面存在很多不足，不能满足现代化建设的需求，是由很多原因共同造成的。这些原因涉及历史与现实、认识与实践等诸多方面。

（一）近代以来对中华传统文化的过度打压弱化了其功能

从历史上看，近代由于西方列强的入侵，中国进入了一百多年落后挨打的局面，很多人不能全面、理性地分析，甚至错误地将中国落后挨打归咎于中华传统文化，由此开始了对中华传统文化的怀疑、否定、打压乃至破坏摧残。改革开放以来，党和国家重新审视和重视传统文化的积极作用和功能，但由于传统文化教育的长期断层，其教化熏陶和引领塑造功能很难在短时期

内产生实际效果。

1. 中国近代落后挨打被归咎于中华传统文化

中国近代史是一部中华民族血与泪的屈辱史，曾经天朝上国的骄傲荡然无存，大清王朝在经历了长达115年的康乾盛世之后，于19世纪初逐渐走向衰落。时至今日，面对西方发达资本主义国家的经济发展与文化影响，相当一部分中国人仍没有完全摆脱民族自卑心理。我们不断思索，导致中华民族近代以来急剧转向衰弱的原因究竟何在？

有一种观点将近代中国落后挨打的原因归咎于五千年的传统文化。五四新文化运动时期，鲁迅、陈独秀、李大钊等先进知识分子也是这一观点的典型代表。他们认为传统文化是封建的、落后的、腐朽的，而西方文化代表着先进，代表着进步。这种观点在今天看来是偏颇的，但在当时背景下亦有其现实需要，不能不结合特定情况来分析和对待。五四运动提出"打倒孔家店"的口号，由此开启的对传统文化的实际打压，使传统文化从此进入风雨飘摇之中。

传统文化历经五千年发展至近代，不可否认在一定程度上存有糟粕。漫长的封建集权统治限制了社会的发展，落后的小农经济阻碍了近代资本主义要素的萌生，严苛的八股取士制度禁锢了人们的思想、扼杀了文化创新力，这都在不同层面上延缓了历史前进的脚步。然而，造成中国近代落后挨打的原因非常复杂，既有经济基础的原因，又有政治制度的原因；既有主观原因，又有客观原因；既有封建王朝内部的原因，又有外部世界的原因。正如恩格斯所说，各种因素相互作用的历史合力是社会发展的终极原因。在历史合力的诸因素中，经济因素归根结底起决定作用，而在具体历史时期起主导作用的具体因素是可变的甚至是偶然的。比如，从政治和经济角度讲，中国古代社会历来以重农抑商为基本经济政策，自给自足的小农经济是封建统治长期存在的根基。黄仁宇曾这样讲道："这种维护落后的农业经济、不愿发展商业及金融的做法，正是中国在世界范围内由先进的汉唐演变为落后的明清的主要原因。"[①] 在19世纪前后，清朝不仅人口占世界总数的1/3，经济总量更是稳居世界之首。英国经济学家亚当·斯密在1776年发表的巨著

---

① 黄仁宇：《万历十五年》自序，生活·读书·新知三联书店2006年版，第3页。

《国富论》中曾说："中国一向是世界上最富的国家，就是说，土地最肥沃，耕作最精细，人民最多而且最勤勉的国家。"① 但正是在同期，以英国为代表的西方国家先后开始工业革命，进入到资本主义阶段。而此时的清朝已经积重难返，再加上内忧外患日益严峻，科学技术远远落后，导致近代中国逐渐落后于西方。一百多年来，一些人把传统文化与现代文化对立起来，认为中国近代以来的衰弱是由传统文化造成的，认为要建设、实现现代化就必须以否定传统文化为前提。这种认识是片面的、表层的，未能抓住问题的实质与根本。在今天，这种看法更是偏颇甚至是错误的，不符合中国特色社会主义先进文化建设的实际需要。

2. 五四新文化运动对传统文化的冲击和否定

每当在中国命运前途的关键节点，涉及中国应往何处去的重大问题时，新旧两种观点的争论总是随之而起。近代以来，尤其是五四新文化运动以来，传统文化一直处于被批判的境地。20世纪初，随着西方社会思潮纷纷传入中国，在两种文化的强烈对比中，先进知识分子深刻感受到西洋物质文明的优越，痛陈传统文化对中国的毒害。新文化运动的发起者陈独秀痛呼："吾宁忍过去国粹之消亡，而不忍现在及将来之民族，不适世界之生存而归削〔消〕灭也……其不能善变而与之俱进者，将见其不适环境之争存，而退归天然淘汰已耳"②。胡适甚至认为中国是"百事不如人"。因此，在对现实状况痛心疾首、痛定思痛之后，五四运动提出以西方的"德先生"和"赛先生"取代传统文化。新文化运动的另一位旗手李大钊尖锐地指出，必须"取由来之历史，一举而摧焚之，取从前之文明，一举而沦葬之"，只有如此，才能"孕育青春中国之再生"。章太炎的弟子钱玄同指出，"欲使中国不亡，欲使中国民族为二十世纪文明之民族，必以废孔学，灭道教为根本之解决，而废记载孔门学说及道教妖言之汉文，尤为根本解决之根本解决"。

与主张"全盘西化"态度截然相反的是，以辜鸿铭为代表的一些人，

---

① 〔英〕亚当·斯密：《国民财富的性质和原因的研究》，郭大力、王亚南译，商务印书馆1974年版，第65页。

② 《陈独秀文集》第1卷，人民出版社2013年版，第92页。

则认为传统文化博大精深，需要后世不断挖掘，全面否定传统文化是非常错误的。这样的观点在当时虽然被当成守旧和顽固的，但在今天看来却是极具见地的。

细细深究，有着深厚国学素养的陈独秀、李大钊等人，真正批判的是儒家三纲五常以及维护专制制度的执政功能，而对作为一种学术思想和精神文化的儒学，还是采取了批判与认同并存的态度。陈独秀曾在狱中对朋友说，"历代民贼每每轻视儒者（例如汉朝的高祖和宣帝），然而仍旧要尊奉孔子，正是因为孔子尊君的礼教是有利于他们的东西"[①]。在文化学术方面，儒家学说具有深厚底蕴，绝非轻言能够否定，且有诸多思想须联系特定条件进行评价，如民贵君轻、有教无类之说，都深有启示、值得探讨。1917年，李大钊在《自然的伦理观与孔子》一文中写道："余之掊击孔子，非掊击孔子之本身，乃掊击孔子为历代君主所雕塑之偶像的权威也；非掊击孔子，乃掊击专制政治之灵魂也。"尽管五四新文化运动沉重打击了统治中国长达两千多年的封建礼教，但同时也极大冲击了中国延续五千年的传统文化，客观上的确造成了传统文化在其发展进程中某种程度的断裂。

（二）改革开放以来诸多现实冲击淡化其影响

自改革开放以来，外部各种各样的思想文化和新鲜事物进入中国。随着外来文化特别是外来宗教文化的不断渗透和冲击，传统文化的上升势头被一定程度冲淡，传统文化的生存空间被挤压。实行社会主义市场经济以来，中国经济发展更加迅猛，但是伴随着物质文明建设的一日千里，对精神文明和文化建设的重视却未能很好地落到实处，传统文化也就难以发挥应有的作用。人们对物质利益的过度追求，极大削弱了传统文化对人们心灵的涵养，传统文化教育的断层现象未能得到真正扭转，尤其是，人口的大规模流动和迁移，日渐增长的生活压力，家庭结构的碎片化，都造成了家教、家训、家风、家规这些传统文化的重要载体日渐凋零。

1. 社会原因：社会转型对传统文化产生的影响

中华传统文化的发生发展，长期处于宗法血缘社会，形成了"家国同

[①] 《陈独秀文集》第4卷，人民出版社2013年版，第503页。

构"的文化属性与"家天下"的文化意识。宗法血缘社会构成了传统文化的社会基础，宗法血缘关系延伸出地缘、亲缘关系，进而构建出稳固的"熟人社会"，限定了人的社会存在方式与社会交往半径。而当前中国正加快社会现代化的发展进程，正处于社会转型的拐点阶段，由伦理社会向法治社会变迁，由传统意义上的管理向现代化治理转变。

社会转型不仅是现代化的发展进程，推动着新型工业化、信息化、城镇化、农业现代化的同步发展，同时也加速了传统文化的社会基础的消解，解构了传统的社会结构。一方面，"熟人社会"向"陌生人社会"转变。伴随着城镇化进程的深入，原有的地缘、亲缘与血缘关系发生离散，逐渐形成了由社会分工与市场交往关系构成的"陌生人社会"。传统文化所依存的社会基础发生了根本性改变，传统文化中宗法血缘的文化基因，不可避免遭受到"陌生人社会"的冲击。另一方面，人的生存方式趋于"原子化"，由家庭关系拓展到公共交往与市场交往关系，社会交往的空间更具有公共性与流动性。以"家"为据点的传统文化形态，不可避免地遭到公共空间的挤压。传统文化强调私德，现代社会则强调公德，注重构建公共生活的准则体系。由此，传统社会与现代社会转型之间产生了文化错位，传统文化必然要通过转化创新，才能实现与现代社会的协调与适应。这一过程仍在进行中。

2. 经济原因：市场经济对传统文化产生的影响

在大力推进市场经济建设进程中，市场力量已经渗透到社会的各个层面，利益考量已经内化为人的思维方式与价值评判标准。在此现实境遇中，市场经济崇"利"，传统文化尚"义"，市场经济与传统文化不可避免产生价值悖论。一方面，"利义"关系产生冲突。传统的义利观要融入市场经济的现实境遇，必然要重构社会的义利观，即由"贵义贱利""利不害义"等传统义利观，转化为"义利并重"的现代义利观，在"义利并重"的关系协调中实现国家利益、集体利益和个人利益的相互统一与包容共存。另一方面，"经济人"与"道德人"之间发生碰撞。义利关系在市场经济环境中，具象化为"道德人"与"经济人"的关系。传统文化崇德尚义，以塑造"道德人"为终极目标，彰显出深厚的家国情怀与集体意识；市场经济则以"经济人"为预设，以实现经济利益的最优化与最大化为目标。由此，"经济人"与"道德人"必然在价值逻辑上发生冲突，这需要传统义利观在时代转化中不断彰显"尚义存利"的诉求,以引导人们在注重道德操守、信守道德规范的同时,不排斥乃至鼓励个人合理的利益追求,倡导个人价值的实现。

3. 人的原因：文化认知与实践的失调

文化传承发展是文化主体对文化的认同、信守与弘扬的过程,也是人对文化的价值确证与价值践行的过程。中华优秀传统文化的传承发展,是中国人对优秀传统文化的核心思想观念、传统美德与人文精神的接受、恪守与践行的过程。而在当下现实社会中,在很大程度上则出现了文化认知与文化实践的割裂现象。一方面,多样的文化分层,使不同的文化群体之间彼此疏远。主流文化、精英文化及大众文化的认知与实践关系失调。"由于传统文化传承多停留在官方、精英层面,而较少与民间层面进行良性互动,从而使传统文化的传承活动常常因为不符合民众实际的文化需要和传承意愿而难以开展下去。"[①] 另一方面,文化主体则出现了知与行的背反。在文化认知层面,有些人过分张扬"权利意识""个体意识",刻意弱化"法治观念""全局意识"。在文化践行方面,有些人过分宣扬"批判意识"与"利益考量",忽略"共建能力"与"理想情怀"。这种认知与实践的失调,也影响了传统文化对现代化建设的服务效应。

（三）对传统文化作用的认识分歧阻碍其推广

从认识的角度看,对于传统文化之于现代化的作用,还存在着较大的分歧。一种观点是"以洋为美、以洋为尊,甚至贬低、漠视优秀传统文化",认为传统文化是过时的、落后的,对中国现代化建设的阻碍作用更大,中国要更好地推进现代化建设,就必须更多地吸收和接受西方文化。这种观点主要是过度强调了传统文化的保守性和糟粕,没有深刻认识到中华传统文化在历史长河的发展演变中一直是兼收并蓄、创新发展的。另一种观点是"孤芳自赏、妄自尊大",认为中华传统文化博大精深,蕴藏着无穷的智慧,对解决现代化建设中所有问题都能有帮助作用,应当恢复传

[①] 李先明、成积春：《中华优秀传统文化传承体系的构建：理论、实践与路径》,《南京社会科学》2016年第11期。

统文化的主导地位。这种观点又过度夸大了传统文化的积极作用，没有认识到任何文化都是存在盲区的，而且世易时移，我们无法完全回到过去。由于认识的长期分歧，造成了很长时间不能形成弘扬中华优秀传统文化的合力，使得中华优秀传统文化不能充分"融入国民教育""融入道德建设""融入文化创造""融入生产生活"，难以实现创造性转化、创新性发展，时代活力没有充分激发。

1. 夸大传统文化对现代化建设的阻碍作用

什么是现代化？有观点认为现代化就是经济欠发达国家追赶发达国家，这主要着眼于经济和技术的追赶，以工业化作为手段；有观点认为现代化主要是价值观念、生活方式的变化；还有观点强调现代化是世界性的全方位的历史大变革，包含着工业化、城市化、市场化、世俗化、民主化等。由此可见，现代化是一个涉及经济、政治、社会、文化等各个层面的系统工程，彼此间是互相影响，互相制约的关系。

西方国家经济现代化进程始于18世纪后期的工业革命，如美国、英国、日本等国都先后用了100年左右的时间完成了工业化，建立起现代化的工业体系。我国现代化的实质性起步，可以说肇始于1965年，周恩来总理在第三届全国人大第一次会议的工作报告中，首次提出工业、农业、国防、科学技术四个现代化。"文化大革命"结束后，在五届人大一次会议上，邓小平又重申了20世纪内实现四个现代化的目标。然而，究竟应该遵循哪种路径进行现代化建设，人们却存有不同理解甚至一定争议。

自五四新文化运动以来，一部分人持有这样一种观点，认为中华传统文化是现代化的主要障碍，儒家思想是封建的残余、文化的糟粕，而现代化就是"西化"，必须以彻底摧毁中国文化传统为前提。德国著名社会学家马克斯·韦伯曾言："西方资本主义现代化是与西方的新教伦理的文化背景相联系的；而中国社会的基本结构与儒教伦理则是排斥或阻碍资本主义的兴起的。"[①] 以儒家思想为核心的传统文化在中国封建社会延续了两千多年之久，几乎占据了人们的日常生活、生产、社会道德观念等方方面面。"三纲五常"作为维

---

① [德] 马克斯·韦伯：《新教伦理与资本主义精神》，李修建、张云江译，九州出版社2007年版，第82页。

护社会伦理道德、规范人际关系的重要规则，对封建时代政治和经济的发展曾经起到积极的推动作用。但是，在现代化的过程中，传统农业社会必然要向现代工业社会和市场化转变，而中国漫长的封建统治时期，是以落后的小农自然经济的生产方式为主，采取重农抑商的经济政策，它与宗法社会政治结构一起，构成了传统文化产生的基础。因此，儒家思想中重义轻利、小富即安的价值导向，在市场经济条件下不利于我国经济社会的协调发展。严复读《国富论》时就曾感慨，正是重农抑商对中国社会长期以来经济的发展，尤其是与西方国家的关系造成不可弥补的大错误。传统文化中所强调的封建伦理纲常，以及血缘和亲缘为纽带的宗法制度，在一定程度上阻碍了当代社会民主、法治思想的发展。因此，有人认为传统文化与现代化之间是根本对立的，要建设现代化，搞市场经济，就必须吸收和借鉴西方文化，消解中华传统文化的影响。显然，这种夸大传统文化对现代化建设阻碍作用的观点，是不正确的。

2. 夸大传统文化对现代化建设的积极作用

从世界范围来看，现代化进程与文化因素密不可分。毋庸置疑，中华传统文化博大精深，其中蕴藏着无穷的智慧。以亚洲"四小龙"为代表的儒家文化圈内的一些国家，借助对中华传统文化的尊重和继承，实现了现代化。近些年来西方国家经济强势地位有所下降，而中国仍保持稳定向上的发展趋势。这一切，使中华文化的内在力量，显现出无法比拟的优势。

随着生产力的发展与科技的进步，人创造物质财富的能动作用越来越大，文化决定论由此产生。比如以马克斯·韦伯为代表的一些学者，认为传统中国社会之所以不能建立资本主义制度，正是因为中国的儒家伦理教义与"近代资本主义精神"正好相反。这种文化决定制度的观点，显然混淆了文化与文明的内涵与外延。现代化作为一种全方位的变革与完善，文化仅仅是其中的一个方面，传统文化固然为现代化进程的推进提供了动力，但如果认为传统文化能解决现代化建设中的所有问题，就是夸大了文化对社会发展的促进作用。中华传统文化根植的部分土壤，并不适宜现代化要素的生长，比如小农经济与重农抑商的经济政策，等级森严的官僚制度等。因此，过分拔高传统文化地位和作用的观点，不仅会导致偏离马克思主义认识论，陷入唯心主义的境地，更容易使我们在文化多元化的今天产生夜郎自大的文化心态，反而不利于中华民族文化自信的养成。

经济学家盛洪曾著《为万世开太平：一个经济学家对文明问题的思考》一书，其中就谈到以儒家为核心的传统文化中提供了系统性的反对战争、实现和平的理论资源，而以理性主义、功利主义为核心的西方文化无法解决当前世界战乱不断的现实，因此复兴传统文化、回归历史就成为解决中国发展问题的最终良方。此书一出，在学界引起了极大的争议。盛洪的观点虽然也代表着一部分学者的看法，但如此夸大传统文化对现代化建设的积极作用，显然也是不够客观的。现代化作为一个国家发展的总体性运动，既不能脱离所属的文化土壤，又不能固守原有的文化。我们应恰当把握传统文化与现代化相辅相成、不可分割的关系，正确定位传统文化在现代化建设中的地位和作用。

3. 认识上的分歧阻碍了传统文化的推广

传统文化在中国现代化进程中的地位和作用，已然成为当前党和政府以及社会各界关注的焦点。党的十八大以来，以习近平同志为核心的党中央提出了中华民族伟大复兴的宏伟目标，从国家战略的高度定位中华优秀传统文化的价值，并从推动中华民族现代化进程的角度，提出创新发展优秀传统文化的战略规划。

反观西方社会，正是通过文化复兴才实现现代化的，西方的第一波现代化就是文艺复兴，然后是宗教改革、启蒙运动，再到工业革命，由此才带来19世纪以来的繁荣和发展。所以，西方并不是以与传统断裂、恰恰是向传统复归来实现现代化的。中华民族要实现现代化，同样也不能与传统断裂、与传统文化断裂，同样需要"复归"与"复兴"，在"复归"与"复兴"中更专注于创造、更着意于创新，亦即在追求中华民族伟大复兴的过程中，来完成这一历史使命。余英时先生认为中国文化需要从"传统的格局中翻出来，进入一个崭新的现代阶段"，包括吸收西方文化的某些成分和发挥中国文化中那些历久而弥新的成分，"但更重要的则是培养和发掘中国本有的精神资源以为接引和吸收新资源的保证。如果一味走'五四'以来'抽象否定'的道路，要完全'破旧'之后才能'立新'，我们将永远陷入一个恶性循环，无由自拔"。[①]

---

① 余英时：《中国文化的重建》，中信出版社2011年版，第20页。

习近平在参观北京师范大学教师节 30 周年展时说："我很不赞成把古代经典诗词和散文从课本中去掉，'去中国化'是很悲哀的，应该把这些经典嵌在学生脑子里，成为中华民族文化的基因。"① 此后，北京市义务教育语文教材负责人表示，北京小学语文课本将大量增加古典诗词篇数，还将增加如传统节日等民族传统文化内容，从基础教育开始加强优秀传统文化的继承与弘扬。

中华优秀传统文化是我们必须世代传承的文化根脉、文化基因，也是我们坚定道路自信、理论自信、制度自信、文化自信的深厚基础。今天，我们对待传统文化不能以抱残守缺的态度，把复归等同于"复古""守旧"，更不能彻底否定、全盘西化，把一切传统视之为糟粕、落后。中华传统文化中有许多值得后世继承发扬的优秀内核，同时也存在着时代局限性。我们应当在继承的基础上，以取精华、弃糟粕的态度，返本开新，在丰厚的文化沃土之上，承前启后，继往开来，赋予其新的时代内涵。

（四）实践过程中的文化素养问题弱化其根基

《关于实施中华优秀传统文化传承发展工程的意见》指出，传承发展中华优秀传统文化，要发挥领导干部的带头作用，发挥公众人物的示范作用，发挥青少年的生力军作用，发挥先进模范的表率作用。从实践的角度看，弘扬中华优秀传统文化的关键群体之国学素养的缺乏，使传统文化服务现代化建设的根基没有能够夯实。由于特殊原因，整个社会的国学素养普遍较弱。现实当中，领导干部、公众人物、青少年、先进模范和文艺工作者的国学素养缺乏，尤其值得注意。弘扬中华优秀传统文化服务于现代化，紧紧抓住这些关键群体是根本。有了关键群体的有力推动和持续传承，弘扬优秀传统文化才能拥有良好示范引领和传承载体。领导干部缺乏国学素养，就难以深刻领会优秀传统文化，就难以科学利用其解决现代化建设中的种种问题；青少年缺乏国学素养，就难以将他们塑造为弘扬优秀传统文化服务现代化建设的生力军；公众人物和先进模范缺乏国学素养，就难以让他们引领良好的道德风尚；文艺工作者缺乏国学素养，就难以更好地提供现代化建设所需要的文

---

① 《习近平：我很不赞成把古代经典诗词和散文从课本中去掉》，人民网，http://politics.people.com.cn/n/2014/0909/c/024-25628978.html，2014 年 9 月 9 日。

艺精神食粮。

1. 领导干部的传统文化素养有待提升

领导干部作为现代化建设的引领者，担负着实现中华民族伟大复兴的重要使命，他们的能力和水平是党和国家事业成败的关键。国学是传统文化的主要载体，传承着我们民族的优秀思想和文化传统，也是领导干部汲取治国理政智慧的丰厚土壤。然而，现实情况是，领导干部群体的国学素养不容乐观。目前，处级以上领导干部大多是20世纪六七十年代生人，年龄主要集中在40—60岁之间，文化程度大多是专科、本科及以上。不难发现，他们接受高等教育的时间段正好是改革开放初期，传统文化因在"文化大革命"中遭受猛烈批判而式微，西方社会思潮大量涌入，造成了这一群体在成长、受教育阶段，普遍缺乏传统文化的熏陶。作为弘扬中华优秀传统文化、服务现代化建设的关键群体，他们的道德水平直接影响着整个社会的道德水平，他们的传统文化素养直接影响着整个社会的传统文化素养，并关联着党和国家的执政能力和治理水平。因此，党政领导干部努力提升自身的国学素养，筑牢思想道德大厦，是夯实我们党的执政基础的关键环节。

传统文化当中富含"民本""仁政"思想。孔子曾言："为政以德，譬如北辰居其所而众星拱之。"① 孟子也提出："民为贵，社稷次之，君为轻。"② 这体现出浓厚的爱民、敬民、以德治国的思想。领导干部通过学习国学，可以提升个人政治素养，解决当前党内理想信念不坚定、精神缺钙等问题，可以减少腐败行为、以权谋私等问题的发生。

传统文化蕴藏着厚重的道德追求和精神价值，古人在治学上皆以道德、人格为旨归。四书之一《大学》开篇即是，"大学之道在明明德，在亲民，在止于至善"③。余英时先生认为，西方文化是外在超越的，而中国文化是内在超越的，一语道破了中西文化的根本不同。儒家思想注重"修身养性"，"克己复礼以为仁"。现实工作生活中，领导干部由于缺乏传统文化来滋养道德约束，会导致一系列问题的发生，损害党和国家在人民心目中的形

---

① 《论语·为政》。
② 《孟子·尽心下》。
③ 《礼记·大学》。

象。因此，通过学习国学以加强个人道德修养，强化"以德养廉""以俭养德"等德行操守，能够促进树立正确的人生观、价值观，能够营造风清气正的政治生态。

改革开放以来，新知识新科技日新月异，新情况新问题层出不穷，需要领导干部提升本领，担当起现代化建设的重任。但是，一部分领导干部不注重学习，从而在实际工作中产生本领恐慌。领导干部不学习，面对不断出现的新情况新问题会束手无策，面对改革发展稳定矛盾会无能为力。破解本领恐慌，唯一的出路就是加强学习。传统文化中蕴含着丰富的修身做人、为官为政的思想哲理，领导干部要注意学习体悟，从学习传统文化中提升国学素养，以便更好地为现代化建设服务、贡献自己的聪明才智。

2. 青少年的传统文化素养有待强化

青少年群体是祖国的未来，民族的希望。青少年阶段正处于人生观、价值观形成、确立的关键时期，对新鲜事物充满好奇，求知欲强，但分辨能力较差，思想极易产生动摇。因此，加强青少年的思想文化教育十分关键。当前青少年群体对中华优秀传统文化认知程度较低。深究原因，既有学校、家庭教育的缺失，又有社会价值导向偏位影响，但最根本的还是在于教育内容不足、教育方式不当等。

中华优秀传统文化中不仅蕴含着强烈的爱国主义精神和民族责任感，更蕴含着丰富的治学思想与伦理道德规范，对青少年的成长、学习至关重要。如文天祥"人生自古谁无死，留取丹心照汗青"，范仲淹"先天下之忧而忧，后天下之乐而乐"等名人名言，把国家、民族的重任置于个人安危、个人忧乐之上，为青少年提供了超我的范式和榜样参照，能够激发青少年的爱国情操及民族自豪感。如孔子"学而时习之""温故而知新"等，让青少年重视知识，养成良好的学习习惯。这些都应作为传统文化的精髓，经久不衰地传承下去。青少年是实现现代化的未来主力军，应坚持让更多的优秀传统文化进入课堂，加强优秀传统文化宣传，营造良好的社会、家庭环境，全面提升青少年群体的传统文化素养。只有青少年群体自觉坚持和弘扬本民族的优秀传统文化，民族根基才能稳固，传统文化服务现代化建设才能有长远保障。

3. 文艺工作者的传统文化素养需要加强

党的十九大报告指出，"要坚持中国特色社会主义文化发展道路，激发全民族文化创新创造活力，建设社会主义文化强国"①。正可谓，"文变染乎世情，兴废系乎时序"。文艺之活力、文化之创造力最能代表一个时代的风貌，最能引领一个时代的风气。文艺工作者的传统文化素养，直接决定作品的深度与内涵。2014年，习近平在文艺工作座谈会上，谈到当前文艺创作存在着"调侃崇高、扭曲经典、颠覆历史，丑化人民群众和英雄人物"的现象，务必引起高度警惕。

文艺作品因其特殊性，具有广泛的传播力与影响力，会对读者、观众的民族观、价值观产生深远的影响。当涉及对重要历史人物的塑造以及对重大历史事件的艺术再现时，如果创作者缺乏传统文化素养，就会只看表面不看本质，只看片面不看全面，有可能是拼凑史料、以偏概全，易于导致偏颇性错误的出现，结果会造成读者或观众历史认知的扭曲与错位，甚至会酿成严重的思想认识后果。

比如，现在许多古装电视剧中经常出现一些常识性的错误，原因就在于创作者缺乏对传统文化的深刻理解与敬畏之心。国内许多历史题材的作品，由于创作者缺乏传统文化素养，因而无法挖掘出传统文化的当代价值，致使创作不出既有历史深度、又有现代意义的作品。而反观美国好莱坞一些大获成功的作品，却将许多中国元素运用得淋漓尽致。比如美国梦工厂出品的动画电影《花木兰》，是根据中国古代木兰替父从军的故事进行改编；另一部动画电影《功夫熊猫》将庄子"天人合一"的思想与好莱坞英雄主义神话完美交融。尽管美国缺少本土的文化资源，但却善于利用其他民族的优秀文化资源，并将其与本民族的人生观、价值观有机统一，进而创作出受广大群体欢迎的作品，以至于影响到全世界。这很值得我们深思。

实现中华民族伟大复兴需要中华文化繁荣兴盛，作为文艺创作者与工作者，应厚植中华优秀传统文化自信，提升国学素养，创作出既具有传统文化内核、又具有当代价值的优秀作品，为优秀传统文化服务现代化建设不断添砖加瓦。只有创作出优秀的文艺作品和文化产品，中华优秀传统文化才能更深入地走进人民大众心间，进而走向世界并为世界各国人民所了解与喜爱。

---

① 习近平：《决胜全面建成小康社会 夺取新时代中国特色社会主义伟大胜利——在中国共产党第十九次全国代表大会上的报告》，人民出版社2017年版，第41页。

第 三 章
中华传统文化助推现代化的挑战与机遇

习近平指出:"中华文化积淀着中华民族最深沉的精神追求,是中华民族生生不息、发展壮大的丰厚滋养。"① 在中国五千多年历史发展中,中华传统文化发挥了积极作用,有力推动了中国社会向前发展。但是,近代以来,西方现代化运动对古老中国及其文化传统造成了严重冲击。中国文化传统的现代转化及中国社会的现代化进程都面临着非常复杂的国内、国际因素,这些复杂因素构成了中华传统文化助推现代化难得的历史机遇和面临的严峻挑战。中华传统文化只有在挑战与机遇中实现自身的现代转型,才能更好地助推中国及世界现代化进程。

一 中华传统文化助推现代化面临诸多挑战

作为一个久远的文化,中华传统文化与中国传统社会相伴而生,并对传统社会的稳定和发展发挥了积极作用。然而近代以来,中国经历了"三千年未有之大变局",中国自身乃至中国所处的整个世界都发生了巨大的变化。特别是在当前,在全球化的大背景下,长期服务于中国传统社会的中华传统文化,要在当前发挥助推现代化的作用,无疑面临许多严峻挑战。

(一)传统社会解体及当前中国社会变革带来的挑战

中华传统文化是与传统社会紧密结合在一起的。自汉武帝采纳董仲舒

---

① 习近平:《胸怀大局把握大势着眼大事 努力把宣传思想工作做得更好》,《人民日报》2013 年 8 月 21 日。

"罢黜百家，独尊儒术"的建议之后，以儒学为代表的中华传统文化成为封建社会的意识形态，并渗透到国家制度和社会秩序的建设中。在历代王朝统治者的支持和倡导下，传统文化成为国家政治运作和社会活动的指导思想和重要价值取向，影响着社会生活的方方面面。余英时先生曾指出，儒学不只是一种单纯的哲学和宗教，而是一套全面安排人间秩序的思想系统，从一个人从生至死的整个历程，到家、国、天下的构成，都在儒学的范围之内。[①]这说明，包括儒学在内的中华传统文化对人间秩序的安排是通过制度化实现的，传统文化对传统社会的影响是与社会制度密切相关的。正如余英时所说："儒学绝不仅限于历代儒家经典中的教义，还必须包括儒家教义影响而形成的生活方式，特别是制度化的生活方式。所以传统儒学一方面透过制度化来支配传统文化，另一方面又托身于中国传统的制度；因此，传统儒学和中国传统制度之间形成了一种紧密而不可分的联系。"[②] 但自近代以来，中国社会制度和社会结构发生了深刻变革，支撑和保障传统文化对社会发生影响的制度不断解体，这无疑对传统文化在当前发挥作用形成重大挑战。

1. 经济制度变革带来的挑战

经济基础决定上层建筑，以农耕经济为主体的中国农业自然经济构成了中国传统社会的经济基础，而中华传统文化正植根于这一经济土壤之中。在两千多年的传统文化发展演变过程中，中国文化受到自然经济的强有力塑造，呈现出鲜明的特色，如在伦理方面，注重血缘关系和宗法制度，强调仁义礼智信等伦理思想；在政治方面，强调家国同构，提出修身齐家治国平天下的政治理想，等等。

从整个社会的组织结构来看，以血缘为纽带的宗法制度，是与小农经济相适应的社会组织结构。依靠血缘纽带建立社会组织是人类历史上最古老、最自然的结合方式。中国传统的社会组织关系就是典型的以血缘关系为基础建立起来的。夏商周以降，随着社会组织中枢的下移，即由部族、宗族转移到家族，政治与伦理的承担单位在逐渐缩小，从而使得小农家庭作为经济与社会基础的功能不断强化。秦国在与六国竞逐中脱颖而出，便是较好地利用

---

① 余英时：《现代儒学论》，上海人民出版社 2010 年版，第 185 页。
② 余英时：《现代儒学论》，上海人民出版社 2010 年版，第 185 页。

了小农经济这一经济基础;汉初采取黄老无为而治的治国策略,强化了自然经济和小农社会结构;汉末农民起义及北方游牧民族政权更替,对小农社会造成了严重破坏,北魏采取租庸调制对被破坏了的小农社会进行了有效修复,为隋唐大帝国的兴起奠定了基础。一直到近代,在帝国主义和商业资本主义开始入侵中国之前,中国社会与文化在本质上从来没有离开过小农经济这个社会根基。在历史大变动中,如春秋战国的列国竞逐,魏晋南北朝与辽金时期北方少数民族与中原地区的不断融合,汉唐佛教传入中国,蒙满入主中原建立统治,中国文化虽历经分裂、融合等巨大变动,却一直没有背离中国式的农耕经济基础与其在社会中相应的组织形式。家国同构、祖先崇拜文化和天下国家观念世代传承并不断强化。其后果是,一方面,中华传统文化以维护整体利益和社会秩序为重,重义轻利,兄友弟恭等思想成为社会共同认可的价值观,并泛化为普遍的社会心理,深刻影响了每一个社会成员的品行和操守。另一方面,这种"国—家—个人"三位一体的政治结构,使每一个人都将自身同国家紧密联系在一起,对社会秩序和国家利益的维护成为每一个人道德修养的最终落脚点,有效培养了中华民族"天下兴亡,匹夫有责"、以天下为己任的爱国精神,增强了国家的凝聚力。中华传统文化与小农经济及家族组织的紧密关系,使其自身在历史上具有了超稳定性和连续性,成为世界上唯一未曾中断的古代文明。

但是,进入近代社会以后的情况却急剧变化。鸦片战争以后,西方的经济力量侵入中国,资本主义经济成分在中国社会结构中不断壮大,传统小农经济及封建家族制度开始衰退、解体。小农经济和封建家族制逐步解体,从根本上瓦解了传统文化特别是儒家文化的经济基础和社会基础,不可避免地对传统文化造成强大冲击。现代化以市场经济和社会化大生产为基础,而传统文化与小农经济及封建家族制度紧密相关,封建等级制和家长式统治必然动摇;传统的重义轻利、群体重于个人的文化模式阻碍着中国近代科技和市场经济的发展;甚至传统文化长期陶冶出来的民族性格,在国家存亡和激烈的民族竞争背景下急速暴露其弱点。以批判传统文化为目标的资产阶级文化启蒙运动,不可避免地走上历史舞台。

2. 社会结构变化带来的挑战

传统文化特别是儒家文化强调以道德规范协调家族成员关系、维持家族秩序和家族和睦，家族、家庭成为文化传承的重要阵地。家族制度和宗法血缘结构是支撑传统文化的重要社会基础。如果说封建政治制度的瓦解及教育制度变革使传统文化失去了外在扶持和激励力量而走向衰落的话，那么，近代以来社会结构的变化特别是家族制度的解体，就从根本上动摇了传统文化存在的社会基础和生长土壤。辛亥革命以后，乡村的社会结构发生畸变，传统的官僚教育制度的瓦解、军阀间的混战、乡村土地关系和阶级关系的紧张，乃至国共两党之争的加剧，使得传统的农村社会的自组织功能遭到破坏，代之而起的是土豪劣绅与功能低下的基层村保人员，原来维护儒学价值权威、落实儒学价值理念的社会组织形式——宗族乡绅治理模式被破坏①。正是面对这样的情势，梁漱溟曾试图通过"乡村建设"恢复农村的礼俗机制，以为儒学及传统文化复兴提供社会基础。当然，他没有也不可能成功。1949 年以后，中国农村经历了深刻的经济社会变革。随着土地改革的完成及人民公社的成立，支撑宗族存在的经济基础被彻底消除。

总之，近代以来中国社会结构的变化，对传统文化特别是儒学的生命力造成沉重打击，成为儒学逐渐退出人们生活的根本原因。美国学者列文森在其《儒教中国及其现代命运》一书中提出，历史上作为"活生生的社会的产物和思想支柱"的儒家思想，"在产生它并需要它的社会开始瓦解之后，已成为一片阴影，只栖息在一些人的心底，无所为地像古玩般地被珍爱着"②。在他看来，以儒家思想为代表的传统文化难以逃脱其"博物馆"的命运。余英时则认为，近百年来由于中国传统制度的逐步崩解，儒学在现代社会中逐渐失去立足点；及至儒学与现实社会之间的联系完全断绝，它便成了"游魂"。可以说，这些看法都深刻认识到了近代社会变革对中华传统文化的存续带来的严峻挑战。

3. 当前中国社会发展变化带来的挑战

由于传统文化与传统的政治社会制度密切关联，因此近代以来中国社会的变革对传统文化造成了重大冲击，全面安排人间秩序的那套制度化了的儒

---

① 陈来：《二十世纪中国文化中的儒学困境》，《浙江社会科学》1998 年第 3 期。
② 参见杜维明《探求真实的存在：略论熊十力》，载傅乐诗等《近代中国思想人物论保守主义》，台北：时报文化出版公司 1982 年版，第 325 页。

学已经不存在了。不可否认，儒学及传统文化有超越社会制度的一面，其精神思想系统所蕴含的价值观念具有超越历史时空的普遍性。但是，必须指出，即使是作为精神资源的传统文化要想在今天发挥价值，仍面临着严峻挑战，因为传统价值观的培育养成和实践落实，仍需要一定的社会条件来支撑。而当前中国社会的发展变化，对此仍形成了相当的制约。

家庭结构变化带来的挑战。儒家以实现"仁"为根本目标，而"仁"是建立在血缘亲情的基础之上的，仁德的养成主要是通过家庭生活来实现。"家"可以说是中国人修身的道场，是文化传承的重要场域。但是，近年来社会快速发展，中国家庭结构发生显著变化，对传统文化特别是儒家文化的传承形成重大挑战。新中国成立后特别是改革开放以来，家庭人口和家庭规模急剧缩小，无论在农村还是在城市，不但传统意义上的大家族已经逐渐消失，就连过去五世同堂、四世同堂的大家庭也不多见。受计划生育政策的影响，家庭中的子女数减少。城市家庭基本都是独生子女，甚至出现了不愿生育的夫妇；农村家庭也以独生子女居多。此外，家庭结构类型中，由一对夫妇和未成年子女组成的核心家庭的比例上升。由于生活水平提高，特别是住房条件改善，成年子女婚后一般都分立门户，多代合住的直系家庭和同代人婚后仍未分家合住在一起的联合家庭已大量减少。对孩童来讲，在这样的家庭中，老人的权威及对老人的孝敬已经难以感知到，孝的观念难以培养。而独生子女政策又使得多数家庭只有一个子女，孩童没有了与兄弟姐妹一起生活的感受，敬兄爱弟的悌道难以养成。不但如此，由于一个家庭只有一个孩子，特别是在"四二一"结构的家庭中，孩子成为家庭的核心，家长对孩子过于溺爱，这不但难以培养孩子的孝悌之情，甚至导致孩子过于自我，难以培养起承担家庭责任和社会责任的意识。当前的家庭结构，无疑对儒家精神和儒家价值观的养成造成巨大挑战。

城镇化过程带来的挑战。随着我国现代化进程的推进，城镇化速度加快。中国城镇化的重要后果之一，即是中国由"熟人社会"转变为"陌生人社会"。在城镇中生活，大家彼此是不熟悉的，即便常年住在一个小区、甚至一栋楼里，也是见面不相识，形成了"陌生人社会"。而即便在农村，随着大学的扩招，大量农村青年学子大学毕业后留在城市，特别是农民大量进城打工，使农村出现空心化的趋势，村民之间的关系越来越疏离。同时，外出务工人员携带子女，使其在外上学，常年生活在熟人社会之外，村庄里代际关系传承受到一定限制。村庄内部的交际圈并未扩大，而是持续缩小，直至达到"陌生人社会"的状态。城镇化导致中国社会转变为"陌生人社会"。"熟人社会"是著名社会学家费孝通先生在其20世纪40年代所著《乡土中国》一书中提出的概念，用以分析当时中国社会人际关系的结构特征。"熟人社会"准确揭示了中国社会的内核，始终是一个以血缘或亲缘关系为纽带的"面对面的社群"或"圈子社会"这一特征。而这一社会状态，与儒学的精神是互相支撑的。儒家提倡的道德规范，莫过于"三纲五常""三纲六纪""五伦八德"等。其中，父子关系、兄弟关系成为最基本的"两伦"。"国"与"家"具有同构性，君臣如父子。"一日为师，终身为父"，"师尊"具有父亲般的权威与地位。朋友则是兄弟关系的延伸，在很多场合，"朋友"即意味着可以"称兄道弟"。就此而言，中华传统文化所褒扬的社会伦理体系，是以血缘亲族（"自己人"）关系为范本扩展而成的。在这种伦理系统中，"陌生人"是父子、兄弟、夫妇、君臣、师徒、朋友、族人、熟人之外的"他人"，是"外人""生人""路人""与己无关的人"。除非通过某种途径或中介使之成为"自己人"，否则，"陌生人"便无法适用既有伦理体系中的道德规则。同时，儒家伦理的实施固然主要依靠人的道德自觉，但外在的道德监督力量也非常重要。在熟人社会，大家的相互熟悉构成了强有力的道德舆论监督力量；而在陌生人社会，这种监督力量会大大减弱甚至消失。所以，许多人认为儒家伦理难以妥善处理陌生人问题。无论如何，城镇化导致中国社会由"熟人社会"向"陌生人社会"的转变，对传统文化在当代社会有效发挥作用构成了严峻挑战。

（二）中华传统文化现代性不足带来的挑战

中华传统文化产生于我国以小农经济和宗族关系为基础的传统社会，并自觉服务于传统社会，成为传统社会的主流意识形态。面对现代化的工业生产和现代社会组织形式，传统文化显示出其现代性明显不足。这不仅表现在中华传统文化缺少现代意义的科学、民主精神，而且在总体上显示出的特征和价值取向与现代化有着明显的冲突。中华传统文化缺乏现代性，突出表现在以下几个方面：

1. 个人与群体方面，重群体轻个人

中国哲学强调整体取向，强调人与其他事物有内在联系的一面。在中国哲学看来，人就是在与天地宇宙的关系中得到定位的。人是万物之灵、天地之心，其最高使命是在"与天地万物为一体"的理想境界中，充分体现天地宇宙的生命精神。① 西方的现代性所体现的自由主义传统蕴含着个人主义的文化因子，具有重视个体的权利和价值的取向；当群体与自我发生矛盾和冲突，从而两者不可兼得时，自我无疑具有优先性和至上性。与此不同，中华传统文化则强调群体的至上性。这是五四新文化运动以来，中西文化传统发生冲突的一个重要方面。

2. 权利与义务方面，重义务轻权利

中国文化重义轻利，更强调道义优先。这同西方文化特别是近代西方文化精神中的功利主义取向相抵牾。近代西方文化基于原子主义的倾向和个人主义立场，否认人与自然具有内在的关联，从而加剧了人与自然的对立。在人与自然关系问题上，中国哲学基于"天人合一"的宇宙观，把人看作自然的一部分，从而将自然人文化。这样的自然观反映在人与人的关系上，表现为中国哲学强调一种义务型的伦理规范，西方则注重凸显个体权利，在现代更是把个人自由、个体权利放在价值取向的首要位置。中国哲学和中华文化在相互关系的链条中，强调一方对另一方应承担的义务，而非强调各方作为独立存在的个体所具有的权利。可以说，中国哲学主张的是一种义务伦理，坚持的是以整体为本位的价值取向。

3. 德治与法治方面，重德治轻法治

中国具有悠久的伦理本位主义传统，所以政治上推崇德治，尽管历史上也有严刑酷法，但它本身的合法性仍然需要借助于道德来得到辩护。从历史上看，西方文化是由古希腊的理性主义传统、希伯来的宗教传统和古罗马的法律传统融合而成的。法治精神是其中的一个不可忽视的重要内容。德治总是相信人格的道德魅力，从而缺乏一种制度上的制衡和保障，特别是当现代性的因子植入中国本土文化之后而出现道德失效时，德治传统就缺乏足够的

---

① 李翔海：《人民日报学科走向：中国哲学的时代使命——从多元现代化的视角看》，《人民日报》2015年4月20日。

疗治措施和有效手段。①

4. 精神与肉体方面，重精神轻肉体

西方自文艺复兴以来及至启蒙精神对人的"发现"，重点在于以理性视野发现肉体存在的人。对人的需要的肯定也必然着眼于经验意义上的对象，由此决定了人的物化倾向。这也正是现代性语境中人的异化的实质。中华传统文化则着重超越性，从道的层面提升人的境界，追求人的精神的安顿和心灵的皈依。由此决定了中西文化之间的内在超越与外在超越、性善论与性恶论的根本分野。②

此外，也有学者通过与西方文化参照，将中华传统文化的价值偏好概括为"责任先于自由""义务先于权利""社群高于个人""和谐高于冲突"几个方面。单就价值取向而言，无所谓孰好孰坏、谁对谁错，但毫无疑问，现代西方文化强调人的物质欲望的满足和个人自由，由此激发了人的积极性和创造性，以及强调规则意识和秩序性，更有利于推动以市场经济为基础的工业社会发展和现代化进程。与现代西方文化不同，中华传统文化节制欲望的价值取向，在推动现代化发展方面就显得力道相对不足。正是看到了这种不足，近代以来一些有识之士表现出深刻的文化危机意识，认为在当前这个以工业化、现代化为发展潮流的时代，中华传统文化可能面临着被西方文化彻底冲垮、被这个时代所抛弃的严峻挑战。

（三）全球化及西方文化霸权带来的挑战

改革开放以来，中国正加速推进现代化进程，经济制度和社会结构发生了重大变革。同时，随着信息社会的到来和经济全球化浪潮的兴起，以西方发达资本主义国家为主导的全球产业大调整正深入展开，西方国家的社会制度、生活方式、宗教信仰以及文化意识逐渐蔓延到世界各地。而在全球化进程中，全球化与国家主义的矛盾日益凸显，特殊主义与普遍主义、人文精神和技术文明之间的冲突都在不断加深。这种冲突不可避免地会影响到改革开放中的中国，从而对中国文化带来挑战。

---

① 何中华：《谈谈中国传统文化及其现代命运》，《山东大学报》2011年12月28日。
② 何中华：《谈谈中国传统文化及其现代命运》，《山东大学报》2011年12月28日。

1. 经济全球化带来的挑战

全球化首先是经济的全球化，市场经济是它最主要的动力，其实质是经济要素在追求全球规模的市场作用基础上的整合，是资本主义生产方式及生产要素的全球扩张，是市场、民族国家与技术在前所未有的程度上的稳固整合。然而，全球化并非一个纯经济的现象，而是一个包括政治、经济、文化、社会等各个领域的全方位一体化的历史进程。从历史上看，全球化是与西方资本主义的全球扩张相伴而生的，是产生于西方的以工业文明为标志的现代性的全球扩展过程。全球化对非西方国家来说是一把"双刃剑"：在给非西方国家带来发展机遇、促其加速走向现代化的同时，也给其带来了风险。比如，全球化加快了全球经济增长速度，传播了新技术，提高了生产生活水平，但与此同时，也可能侵犯到国家主权，侵蚀当地文化和传统，威胁经济和社会稳定。具体到文化领域来看，由于全球化包含着西方思想文化向世界各地的传播和扩张，全球化的两面性对世界各国的文化发展带来的机遇与挑战同样明显。全球化使非西方国家迅速接受西方国家文化的影响而走向现代化，但同时也使其越来越脱离自身的特色，而趋同于西方文化。

就我国而言，在全球化背景下，信息、网络等传播媒介的飞速发展为中西文化交流提供了巨大的技术支持。伴随着经济体制改革和西方经济模式的输入，西方文化也大量涌入中国。中西文化的密切交流，推动了中华传统文化的现代转型。但与此同时，改革开放以来，文化全球化对中国文化的冲击是显而易见的。这突出表现在，西方强势文化在全球化趋势中对我国文化造成冲击。西方国家往往运用其先进的科技手段与廉价的传播方式，源源不断地向外输出其文化娱乐产品，这类产品不仅拥有视觉与听觉冲击，更带有一定的价值观与生活观念。

2. 文化全球化带来的挑战

在全球化过程中，人们越来越关注文化和文明观在经济和社会发展中的特殊作用。世界各民族独特的文化传统、文化意识和历史特性，对社会未来发展都是一种潜在的制约力量。在这样的背景下，西方发达国家意识到文化在未来国际竞争中的重要性，并试图通过推行文化霸权来打压落后国家，保持自身在竞争中的优势。所谓西方文化霸权，就是西方发达国家借助历史、政治和经济等力量，把其物质生活方式、人生观和价值观作为一种"普世"

的行为准则加以推广，并运用文化力来制约和影响世界事务和其他国家内部事务的过程。在理论上，西方文化霸权的主要表现，即是宣扬西方文化中心论。一直以来，西方发达国家都在极力宣扬西方文化的优越性。福山在《历史的终结》中认为，西方的文明和价值体系是最高级的，其他的文明都是低级的，人类文化发展的趋势将是对西方价值体系的最终认同，西方的自由民主将终结人类历史。亨廷顿的《文明冲突论》认为，冷战结束后，世界冲突的根源主要不再是意识形态或经济的，而是文化上的，是来自不同文明的国家或集团之间的冲突，儒家文化背景的中国与西方国家的冲突是其中的重要方面。《文明冲突论》延续了冷战思维，按照文明差异为西方寻找潜在的对手，显示了西方强烈的文化霸权意识。

西方文化霸权是引发当前及未来中西文化冲突的重要根源。由于中华传统文化现代性不足，在西方文化霸权所引发的文化冲突中必然处于劣势。西方实施文化霸权的主要策略，就是让别国认同并接受自己的核心价值观。资产阶级性质的自由观、民主观是西方发达国家的核心价值观，西方文化霸权决定了他们必然会强力输出其自由观、民主观。而以儒家文化为代表的中华传统文化，是以血缘家庭关系为基础，伦理道德作为核心的。家族制是中国传统伦理文化的基石，家族制强调家族利益的至上性，强调以血缘关系为纽带的人伦辈分关系。这种生活方式塑造了中国人顾全大局、注重维护整体利益的道德品性和价值追求。因此，在人际交往过程中，中华传统文化强调集体利益至上，主张个人要在维护集体利益中实现自我利益。在西方文化霸权咄咄逼人的进攻下，特别是美国等西方国家着眼于自身的基本利益，把西方文化中所谓的"民主、人权和市场经济准则"作为标准和尺度，去压制排斥异己文化，积极谋求建立一个以"西方共同价值观的共同原则"为基础的世界秩序，最终实现对"异己国家"实行文化"软控制"的目的。在这样一种情形下，中国的传统文化必然受到西方文化的抑制与打压。

二　中华传统文化助推现代化适逢难得机遇

当前，世界正经历着一场全球化运动。全球化成为世界发展的一个重要特征，这构成了中国快速发展和不断走向现代化的一个重要时代背景。全球化是一个复杂的过程，内在地包含了全球化与本土化的双向互动。如果认为全球化就是现代化，现代化就是西方化甚至"美国化"，由此忽视甚至主动放弃自身的民族特色，这非但不是真正的全球化和现代化，反而跌入了"全球化陷阱"。在走向全球化的过程中一定要兼顾本土化。中华优秀传统文化是我们坚持本土化和民族特色的重要依据和重要资源，全球化与本土化的双向运动为传统文化作用于我国现代化进程提供了重要机遇。

（一）全球化与本土化的双向运动提供的机遇

全球化的目标是实现"一体化"，即世界各国在全球范围内普遍趋同，形成高度整合的全球社会的过程，这确实对包括中华文化在内的非西方民族文化带来了巨大挑战。但是，在全球化的发展过程中，其实还蕴含着普遍化和特殊化双向运动的趋势。

1. 全球化是充满内在矛盾的过程

全球化是一个统一性和多样性、同质化和异质化并存的过程。很多学者早已认识到全球化中的这一悖论。例如，美国学者罗兰·罗伯森强调，全球化过程包含着普遍主义的特殊化和特殊主义的普遍化的双向运动。罗兰·罗伯森指出："我自己的论点，包含了既对特殊性、差异性又对普遍性和同质性保持直接关注的尝试……我们是一个巨大的两重性过程的目击者和参与者，这个过程包含了特殊主义的普遍化和普遍主义的特殊化二者的互相渗透。"[①] "全球化本身产生变异和多样性，从许多方面来看，多样性是全球化的一个基本方面。"他甚至说："多元主义必须成为全球体系的一个基本特征，而且这本身必须合法化。"[②] 英国学者吉登斯也认为："全球化不是一个单一的过程，而是各种过程的复合，这些过程经常相互矛盾，产生冲突、不和谐以及新的分层形式。"[③]

---

① ［美］罗兰·罗伯森：《全球化：社会理论和全球文化》，梁光严译，上海人民出版社2000年版，第144页。
② ［美］罗兰·罗伯森：《全球化：社会理论和全球文化》，梁光严译，上海人民出版社2000年版，第247页。
③ ［英］安东尼·吉登斯：《超越左与右——激进政治的未来》，李惠斌、杨雪冬译，社会科学文献出版社2000年版，第5页。

无论是"普遍化和特殊化双向运动",还是"特殊主义的普遍化和普遍主义的特殊化",都表明全球化并不是一个单一化的过程,而是一个充满内在矛盾的过程。一方面,全球化确实表现为起源于西方的某些生活方式和价值观念逐渐为世界各国所接受,不同的民族、国家所具有的不同文明体系之间在生产方式、生活方式和价值观念上的某种趋同化。例如,市场经济体制正在超越其欧洲起源地而成为全球的通则;民主政治日益成为世界各国共同的政治追求。这也就是罗伯森所说的"特殊主义的普遍化"。另一方面,与这种"普遍化"相伴而行的,则是表现这种"普遍化"原则的方式的多样化和特殊化。例如,市场经济虽然正在成为世界的通行原则,但各国的市场经济体制却各有特色。德国的市场经济体制被称为社会市场经济,与英美的自由放任经济体制的差异显而易见;而东亚的市场经济则显现出浓厚的政府干预特色,从而有别于其他的市场经济体制。民主政治也一样,日本和韩国实行的是代议民主,但若严格按照英美的标准来衡量,则很难说是真正的民主。事实上,世界上找不出两个政治制度完全相同的国家,即便它们都属于民主国家,都奉行主权在民的基本制度。

2. 全球化与本土化之间是双向互动过程

与这种趋同化(同质化)和多样化(异质化)趋势并行的,是全球化和本土化的双向互动。一方面,全球化正在冲破传统的民族国家壁垒,越来越多的国际性标准和国际性规范被世界各国所认同并共同遵守,"与国际接轨"已经成为许多国家的共识和努力方向,许多国际通用的标准和准则在一定程度上说已经获得了真正的全球意义。但是,各国在接纳和遵守这些普遍的国际准则和普遍观念时,没有忘记从本国的传统和本国的实际情况出发,自觉地将国际准则与本国传统结合起来,有意识地推动国际准则本土化。不但如此,全球化与本土化的互动,甚至表现为一种极端的形式,即以民族主义对抗全球主义。全球化的加速发展和全球主义意识形态的扩张,引起了民族主义的反弹。在全球化背景下,民族国家意识非但没有降低,反而越来越强。民族主义的兴起是当今一种世界性的现象,在反全球化运动中代表了一支重要力量,表现为旨在维护以至弘扬本文明、本民族、本地方文化传统和价值观念体系的宗教、文化运动。它们抵抗全球化大潮中西方文化和价值观念体系的侵蚀和支配,抵御西方文化和西方政治经济秩序的统治。民族主义并非仅限于发展中国家，在发达的西方国家同样引人注目。① 总之，全球化发展并没有使全球同质化和单一化，并没有消灭多样化和民族性。如果认为全球化就是现代化，现代化就是西方化甚至"美国化"，由此忽视甚至主动放弃自身的民族特色，这并不是真正的全球化和现代化，反而跌入了"全球化陷阱"。

德国记者马丁和舒曼在其所著《全球化陷阱》一书中指出，世界市场是强者和冒险家的游戏场，是由"富裕沙文主义者"开办和操纵的"资本赌场"。国际金融体系是经济强国制定的游戏规则体系，对于弱国或处于资本饥渴中的发展中国家来说，这一规则体系无异于一纸"浮士德契约"。按照这种规则进行的全球化游戏，只会"把民主推向陷阱"。在缺乏平等前提的全球化自由竞争中，正义不是市场问题，而是权力问题，其目的所指也不是正义秩序的重建，而是利润和权力的争夺，其最终结果"仅仅意味着实现强者的权力"。应该承认，这些看法不是毫无根据，更非危言耸听，它对我们观察西方主导下的全球化是有警醒意义的。正如有学者所指出的，"全球化的陷阱也许还不只是经济表象掩盖下的政治陷阱，而是经济掩盖与政治设计共同营造的文化陷阱。因为，'新全球主义者'确信，在'一个新的文明'的世界地图上，无须标示或不允许标示文化差异的界线。对于不想且不可能放弃自身的人格认同、民族认同和文化认同的人们来说，这是一个更为深刻的也更为严重的问题"②。

正是基于这样的认识，一些学者提出了"多元现代性"的概念。"多元现代性"向人们展示出了一种新的现代性的途径，即不同民族、不同文明和不同群体一方面可以而且必须保持自身的特殊性，另一方面又应以开放和宽容的态度共同建设一个全球共同体。这种观点强调，各国的国情不同，文化与社会政治状况等方面的重要差异，西方现代性自身内在的问题，以及当代许多非西方国家对西方世界的排斥态度和民族主义等，这一系列因素都决定了现代性不可能永远保持与它的源头在形态上的一致。因此，把现代化或全

---

① 杨学功：《拒斥还是辩护：全球化中的普遍主义和特殊主义》，《江海学刊》2008年第2期。
② 《读书》杂志编辑部编：《重构我们的世界图景》，生活·读书·新知三联书店2007年版，第82页。

球化等同于西方化是完全错误的。艾森斯塔德说："'多元现代性'一词的最重要含义之一就是，现代性不等于西方化。西方现代性模式并不代表现代性的惟一真实，尽管它具有历史的优先性，并且相对于其他现代性来说继续有基本参照作用。"①

在倡导"多元现代性"的学者看来，之所以必须坚持多元现代性，原因在于：其一，现代性从其发生时起，就从未有过统一不变的含义，即使在欧洲也是如此；其二，过去人们脱离具体的历史情境，从一种抽象的原理、价值或核心范畴来衡量现代性，这是导致对现代性的理解误入歧途的主要原因之一；其三，导致现代性多样化发展的另一重要原因是西方现代性本身不是完美的，而是存在深刻的内在问题。正是因为这一原因，世界各国不可能也无必要机械模仿西方的现代性；其四，各国尤其是非西方国家的历史与文化传统差异，是导致现代性多样化发展的另一重要原因；其五，非西方社会与西方社会的冲突日益激烈，许多非西方国家都在追求新的民族认同，这是导致现代性多样化的又一重要原因②。总之，忽略文化差异、把现代性视为来自同一源头，会导致陷入种族中心主义牢笼；现代社会发展不能被压缩成"西方及其他"这一程式。如果文化的多样性遭到了否定，接受西方现代性成为一切民族无法抵挡的趋势，那么西方现代性的宏大叙事对非西方文化来说简直就是暴力，是一种摧残和毁灭。事实上，无论在西方还是在非西方，从传统到现代的断崖式过渡均未发生，传统从未消失，现代化过程被各种不同的地方文化传统所重塑。

因此，必须从多元现代性的视角理解全球化和现代化进程。这一观念是对现代化理解的重要突破，为中华传统文化作用于现代化带来了重要机遇。换句话说，在走向现代化的过程中，我们不能罔顾自身的历史、文化传统和特殊国情而一味向西方看齐，而要保持高度的文化自信和文化自觉，大力弘扬传统文化，坚守自身的民族特性，增强民族认同，并充分利用自己丰富的传统文化资源壮大自己的文化软实力，以在未来的国家较量

---

① ［以］艾森斯塔特：《反思现代性》，旷新年、王爱松译，生活·读书·新知三联书店 2006 年版，第 38 页。

② 方朝晖：《多元现代性研究及其意义》，《马克思主义与现实》2009 年第 5 期。

中占据优势。

（二）中国社会转型提供的机遇

当前中国正处于社会转型升级的阶段。中国社会转型有自身的特点，特别是现代性和后现代性的叠加，使得中国社会出现了一系列问题。中华传统文化对解决这些问题具有重要的现实价值和启发意义。中国社会的转型升级为传统文化作用于现代化提供了重要机遇。应该说，中华传统文化在现代性语境中自我解构之时，西方文化恰恰对现代性进行解构。在后现代语境中，中华传统文化的价值有可能得到重估和彰显。

1. 中国社会转型及其引发的问题

一般而言，"社会转型"是指社会从传统型向现代型的转变，或者说由传统型社会向现代型社会转变的过程，具体而言，就是从农业的、乡村的、封闭的半封闭的传统型社会，向工业的、城镇的、开放的现代型社会的转变。在这个意义上，人们将当代中国社会的转型升级理解为从传统到现代和后现代、从农业社会到工业社会和信息社会、从计划经济到市场经济的转型发展。[①] 事实上，自鸦片战争以后，中国就开始了由传统农业社会向现代工业社会的转型，但改革开放以来，特别是近些年来，这个转型过程进入了加速期，中国社会转型升级的特征愈发明显。在全球化背景下，随着中国经济的转型升级，当前中国社会转型升级表现为中国的社会生活和组织模式从传统走向现代、迈向更加现代和更新现代的过程；或者说是中国的社会生活和组织模式即社会实践结构正经历从传统走向现代、走向更加现代和更新现代的变迁。[②] 其具有如下几方面的特征。

其一，在经济体制改革的带动下，社会结构转型和经济体制转轨两者同时并进、相互交叉，形成相互推动又相互制约之势。这里，社会结构主要是指一个社会中社会地位及其相互关系的制度化和模式化的体系。社会结构转型就是不同的地位体系从传统型向现代型的转型；经济体制转轨则指的是从

---

① 何建华：《总体性视野与当代中国社会的转型升级》，《中共中央党校学报》2015年第5期。
② 参见郑杭生、杨敏《社会实践结构性巨变对理论创新的积极作用——一种社会学分析的新视角》，《中国人民大学学报》2006年第6期。

高度集中的计划经济体制向市场经济体制转换。用世界的眼光看，社会结构转型和经济体制转轨两者同时并进，这在其他发展中国家的现代化过程中是很少见的。[①]

其二，中国作为后发展国家，其现代化与西方发达国家的现代化之间有一个十分大的时代落差，我们不是在西方工业文明方兴未艾之际实现由传统农业文明向现代工业文明转型的，而是在西方工业文明已经高度发达，并且已经出现某种弊端和危机，并开始向后工业文明过渡的时候才开始向工业文明过渡，才开始实现以市场经济为基础的现代化。这种历史错位给中国的现代化造成了极特殊的历史地位，使得原本依次更替的农业文明、工业文明和后工业文明三种社会形态，在我国变成了共同存在的社会形态。换言之，从传统到现代再到后现代，从农业社会到工业社会再到信息社会，当代中国在极短时间内经历了费孝通先生所说的"三级两跳"。中国在走向现代化的过程中，同时出现了后现代性因素，现代与后现代同时并存。

其三，中国社会快速转型期的另一个鲜明特点，是社会进步与社会代价共存、社会优化与社会弊病并生、社会协调与社会失衡同在、充满希望与饱含痛苦相伴。中国社会生活各个领域，如城乡面貌、利益格局、社会关系、次级制度、社会控制机制、价值观念、生活方式、文化模式、社会承受能力等领域，都毫无例外地表现了中国社会转型的两重性和极端复杂性。

由于中国社会转型升级存在的这些特点，所以在我国社会快速进步的同时，也产生了诸多问题。如，价值尺度的扭曲，伦理准则的变形，个人与社会、个人与自然关系的恶化，社会与自然不协调，个人与社会不和谐等问题。

2. 中国社会转型升级需要复兴中华优秀传统文化

当前中国社会转型升级面临的诸多问题，需要从中华传统文化中汲取智慧加以解决。对于中国社会转型升级所导致的问题，有学者将其归结为"五大冲突"，即人与自然、人与社会、人与人、人与自我心灵以及不同文明之间的冲突，当然这也是现代社会人类普遍面临的冲突。这五大冲突造成了生

---

① 参见郑杭生《改革开放三十年：社会发展理论和社会转型理论》，《中国社会科学》2009 年第 2 期。

态、社会、道德、精神以及价值的五大危机。五大冲突和五大危机越来越严重困扰着我们的社会，困扰着我们每一个人。尽管社会的物质财富极大丰富，尽管人们的生活水平日益提高，但是人们还是感到不满足，还是感到困惑和迷茫、焦躁和烦闷、压抑和忧虑、孤独和自卑，感到精神空虚、心浮气躁，感到无所适从。中华传统文化对解决这些矛盾冲突和危机具有重要价值和现实意义。中华传统文化以人为探讨核心，以提升人的道德修养和精神境界、实现社会和世界的和谐有序为终极追求，传统文化在实现人与自然、人与社会群体、人与人、人与自我的心灵世界的和谐关系方面所蕴藏的丰富智慧，比西方文化要更胜一筹，更能有效解决我们当前所面临的问题。罗素在20世纪30年代说过，现代社会最需要的就是中国文化中优秀的道德伦理品质。如果世界各个国家和民族能够吸收中国的和合观念，呈现给我们的将是一个美好的世界。

此外，西方现代性的自我解构，为我们的文化拯救提供了历史契机。西方文化出现了一种自反性的辩证法，即以自然界的祛魅和"人之生"为特征的启蒙精神，导致的是自然界的返魅和"人之死"的辩证法。后现代对于逻各斯中心论的消解和对主客二分模式的颠覆，意味着西方文化本根处出现了致命的危机。后现代对于现代性的解构的确深刻地触及了现代性的缺陷，但是却未能提供一种建设性的拯救之道。它的自身逻辑内在地决定了它只能带来纯粹颠覆性和绝对破坏性，而无法给出一条积极的思路。西方文化的后现代维度所造就的这一新的历史语境，使中华传统文化的启示和拯救价值得以彰显。中华传统文化与后现代社会高度吻合，如对待自然，中华传统文化和后现代社会更强调人与自然的和谐或回归自然，重视精神的自由，而现代社会则更强调人对自然的征服和改造，着眼于物质生活的改善；对待社会，中华传统文化和后现代社会都重视财富的平均和社会福利，而现代社会则主要是个人竞争、优胜劣汰；对待人生的态度上，中华传统文化和后现代社会强调本身即目的的超功利思想，现代社会则突出工具理性，追逐功利、人自身成为手段。传统文化与后现代社会的这种高度吻合性，使其在后现代社会的"复兴"具备合理性和可行性。因此，现代社会的发展急需中国优秀传统文化，这是有效解决西方文明技术理性和工具理性所带来危机的重要路径。

总之，中国社会的转型升级急速推进，转型过程中现代性、后现代性共存，导致了一系列问题。就个人而言，是人的碎片化、物欲化和异化，整个社会面临个体物欲化的严峻考验。就社会阶层而言，由于分工的细化、区域发展的不平衡、城乡二元结构的存在，导致社会阶层的碎片化，各阶层之间壁垒森严、阶层意识和认同互不统属。就个体的文化信仰而言，在各类社会主体中，流行着去中心化、去主体化、非理性化、物欲化的社会思潮和社会心理，集体主义和整体意识遭受着冲击，主流价值观的公信力趋于降低，出现了单一化、物欲化的人。中国社会转型升级要求我们既要解决生存问题，更要解决发展之道；既要重视生产力的进步和生产效率的提升，更要化解一系列文化、政治、社会、生态等领域的矛盾；既要提高物质实力，更要提升文化软实力。党的十八大以来，我们统筹推进"五位一体"总体布局、协调推进"四个全面"战略布局，强调经济、政治、文化、社会、生态的整体性发展和和谐发展，更加突出了文化在社会发展中的作用，在推进经济社会进步的同时，注重满足人的意义、价值与精神需求，这些无疑都是针对中国社会转型升级存在的问题提出的，也意味着为中华传统文化作用于现代化提供了重要机遇。

（三）新时代中国特色社会主义带来的重要机遇

新时代为中国特色社会主义开启了新的历史方位，为中国特色社会主义文化构筑了鲜明的价值愿景、发展指向与实践路径。在此意义上，新时代是中国特色社会主义文化发展繁荣的时代，是坚守中华文化立场，推进中华优秀传统文化创造性转化、创新性发展的时代。

1. 中国特色社会主义进入新时代

党的十九大报告指出，中国特色社会主义进入新时代，这是对我国发展新的历史方位的科学判断，准确反映了中国特色社会主义在长期建设过程中取得的历史性成就、党和国家事业发生的历史性变革，准确反映了党的十八大以来取得的全方位、开创性成就和深层次、根本性变革，意味着近代以来久经磨难的中华民族迎来了从站起来、富起来到强起来的伟大飞跃，迎来了实现中华民族伟大复兴的光明前景；意味着科学社会主义在21世纪的中国焕发出强大生机活力，在世界上高高举起了中国特色社会主义伟大旗帜；意味着中国特色社会主义道路、理论、制度、文化不断发展，拓展了发展中国家走向现代化的途径，给世界上那些既希望加快发展又希望保持自身独立性的国家和民族提供了全新选择，为解决人类问题贡献了中国智慧和中国方案。这"三个意味着"，从中华民族的命运、社会主义的命运和世界发展的命运三个维度，勾画出中国特色社会主义进入新时代的参照坐标。

中国特色社会主义进入新时代，使中国的发展站到一个更高层级的历史方位上。从这个历史方位往前看，新时代的内涵，在国家层面是决胜全面建成小康社会、进而全面建设社会主义现代化国家；在人民层面是不断创造美好生活、逐步实现全体人民共同富裕；在中华民族层面是奋力实现中华民族伟大复兴；在中国和世界的关系层面是中国日益走近世界舞台中央、不断为人类作出更大贡献。显然，这些内涵和使命是紧扣中国梦包括的国家富强、民族振兴、人民幸福具体目标来说的。

作出中国特色社会主义进入新时代的重大政治论断，最关键的理论和实践基础是我国社会主要矛盾已经从人民日益增长的物质文化需要同落后的社会生产之间的矛盾转化为人民日益增长的美好生活需要和不平衡不充分的发展之间的矛盾。我国社会主要矛盾的变化，是中国特色社会主义进入新时代的重要标志，也是新时代的重要特征。我国社会主要矛盾的变化是关系全局的历史性变化，对党和国家工作提出了许多新要求，成为我国制定各方面政策的重要依据。

2. 新时代为中华传统文化服务现代化带来重要机遇

建设社会主义现代化强国需要弘扬中华优秀传统文化。中国特色社会主义进入新时代，意味着建设社会主义现代化强国成为新时代的总任务。可以说，实现强起来的目标与全面实现现代化是同一含义，同为新时代的根本任务。而无论是建设社会主义现代化强国还是实现民族伟大复兴，都不单是要实现经济上的强大，而是要实现包括文化软实力在内的综合国力的提升，使我国成为综合国力和国际影响力领先的国家，使中华民族屹立于世界民族之林。综观世界历史，一个国家、一个民族要实现振兴强盛和屹立于世界民族之林，离不开文化力量的引领和支撑；特别是，一个国家只有拥有强大的文化软实力，才能对他国产生强烈的吸引力和向心力，才能引领世界前进的方向，并由此走向世界舞台的中央，成为一个真正意义上的强国。在这个意义上说，没有高度的文化自信，没有文化的繁荣兴盛，就完不成新时代的时代任务和历史使命，就没有中华民族的伟大复兴。中华优秀传统文化是中华民族的血脉和基因，是我们的突出优势和最深厚的文化软实力。建设社会主义现代化强国的时代任务，不但表明新时代需要大力弘扬中华优秀传统文化，而且决定了新时代弘扬中华优秀传统文化必须以服务于建设社会主义现代化强国、提升中华文化软实力为首要目标。

人民对美好生活的需要及其满足，需要弘扬中华优秀传统文化。中国特色社会主义进入新时代，其中一个重要特征是我国社会主要矛盾发生了转化，人民日益增长的美好生活需要和不平衡不充分的发展之间的矛盾成为新时代的主要矛盾。人民日益增长的美好生活需要正反映出随着小康社会的全面建成，人民的生活需要开始超越衣食住行等物质方面的基础性需求，越来越关注生活品质的提升及自我发展、自我实现的需要，越来越强调精神的富足和充实。我国社会主要矛盾的变化是关系全局的历史性变化，这种变化决定了今后的工作方向将由关注物质财富增长向以人民为中心、关注人民对美好生活需要转化，将从重点发展经济向更加注重实现人的全面发展和社会全面进步转化。中华优秀传统文化聚焦的问题正是如何完善人的存在和实现社会和谐有序，在提升人的道德修养、精神境界和形成世风良俗、社会和谐方面显示出独特智慧和丰富经验。中华优秀传统文化的这种独特品格，必然使其在新时代展现出越来越重要的价值，成为满足人民美好生活需要的重要资源。

坚持和发展习近平新时代中国特色社会主义思想，需要弘扬中华优秀传统文化。中国特色社会主义进入新时代，一个非常重要的特征是有了习近平新时代中国特色社会主义思想做指导。习近平新时代中国特色社会主义思想对新时代如何坚持和发展中国特色社会主义作出了系统规划和全面安排，核心是指导中国在新时代伟大实践中走出一条具有中国特色的现代化之路，体现了高度的道路自信、理论自信、制度自信和文化自信。中国特色社会主义现代化道路区别于西方的现代化道路，除了社会主义特征之外，关键一点是要坚持我们的民族性。习近平新时代中国特色社会主义思想将实现社会主义现代化和实现中华民族伟大复兴作为新时代的总任务，统筹谋划，一体推进。文化传统是一个民族的血脉和基因，是一个民族的精神标识。中国要在新时代走出具有民族特色的现代化之路，决定了我们不能抛弃几千年来固有的文化传统。正如党的十八大以来，习近平反复强调的，每个国家和民族的历史传统、文化积淀、基本国情不同，其发展道路必然有着自己的特色，中国特色社会主义植根于中华文化沃土、反映中国人民意愿、适应中国和时代发展进步要求，有着深厚历史渊源和广泛现实基础。因此，坚持习近平新时代中国特色社会主义思想为指导，就必须坚守中华文化立场，大力弘扬中华优秀传统文化。

三 在挑战与机遇中实现中华传统文化自身现代化

近代以来，特别是改革开放以来，中国社会经历了现代化转型过程，与传统文化紧密相依的传统社会迅速解体。同时，西方现代文化伴随着全球化浪潮迅速侵入中国，中华传统文化因其现代性不足而面临西方文化霸权的严峻挑战。当前世界现代化进程显示出多元现代性的特征，以及中国的转型升级与实现社会主义现代化强国的梦想，也都迫切需要中华传统文化发挥支撑作用。挑战与机遇并存，中华传统文化必须在挑战与机遇中实现自身的现代转型，以更好地助推中国现代化进程。

（一）通过"扬弃"推动中华传统文化现代转化

在一定意义上说，中华传统文化是古代农业文明的产物，是与传统农业社会相配套的意识形态，因而有着很强的前现代特征。中华传统文化要想与现代社会相适应，并能助推中国及世界现代化进程，就必须在内容上实现现代转化，提升其现代性。

1. 坚持马克思主义的辩证发展观

推动中华传统文化现代转化，提升其现代性，必须坚持马克思主义的辩证发展观，通过对传统文化的传承发展对其内容进行"扬弃"，"取其精华、弃其糟粕"，彰显其现代性。这一方面要将传统文化中受传统社会影响、具有明显时代痕迹的内容予以摒弃和淘汰。其实传统文化在道德、伦理、风俗习惯、民族心理、思维方式等方面封建主义影响之痕迹比比皆是，比如"别尊卑、明贵贱"的等级和特权思想,"尊尊、尊亲"的宗法思想,"君为臣纲、父为子纲、夫为妻纲"的三纲伦理,重人治轻法治,待人接物的礼教规范和为人处世的"不敢为天下先"的保守原则等,都与现代性相悖。此外,一些不唯封建文化所独有但反映一般农业文明局限性的,如重农轻商、听天由命、求稳怕乱、抱残守缺、不求进取的心态,以及重和谐轻竞争,"不患寡而患不均"等反映小农经济的价值观念,会扼杀经济与社会竞争、压抑和阻碍中国商品经济和市场经济发展,也明显是与现代化不符的。这些内容都需要"扬弃"。

另一方面,要将传统文化中超越历史局限、具有"跨越时空、超越国度、富有永恒魅力、具有当代价值"的内容弘扬起来。中华传统文化的一些内容有其历史局限性,但不是说传统文化完全与现代化相冲突。实际上,传统一直存在于现代之中,现代化过程本身一直受到传统文化的规制。表面看,传统文化坚持平等比自由重要,同情比理性重要,礼教比法治重要,责任比权利重要,人际关怀比个人主义重要,这似乎与现代价值取向相对立。但是,从家庭到国家,所有层次上社会的危机证明,社会正义、心灵沟通、相互理解、承担责任和休戚与共意识是有其现代价值的。就像一些学者指出的那样,所谓亚洲或儒家价值,正如启蒙价值一样,也是具有普遍意义的。作为政治意识形态、知识分子的探求、商人道德、家庭价值或抗议精神,儒家教导从20世纪60年代起在工业东亚,80年代起在社会主义东亚得以复兴。虽然儒家传统一直在其大一统体制性基础上发挥着作用,在农业为基础的经济、家庭为中心的社会结构和家长式政体方面根深蒂固。但是,传统文化在现代化进程中也表现出了它的正面价值,显示出其富有现代性的一面。如儒学价值观为日本和"四小龙"(中国台湾和香港地区以及韩国和新加坡)提供了丰富的象征符号资源。在东亚和中国(包括香港、澳门和台湾),经济文化、家庭价值和商业道德也以儒家语汇加以表达。像网络资本主义、软性权威主义、团队精神和协商政治这些在东亚经济、政治和社会中无所不在的观念全都说明,儒家传统在东亚现代化中继续发挥着作用,有丰富的现代性。正如杜维明所指出的,东亚是第一个实现现代化的非西方地区,儒家在东亚兴起的文化含义是影响深远的。儒家在近代东亚所证明的,譬如同情、分配方面的正义、责任意识、礼教、热心公益和群体取向等亚洲价值，具有重要的现代意义。① 我们传承创新中华优秀传统文化，就是要把这些价值弘扬起来，彰显其更丰富的现代性。

2. 深化中华传统文化的现代诠释

彰显传统文化的现代性，最主要的方式是挖掘传统文化的智慧资源，并对其进行现代诠释，使其能有效应对当前人类面临的普遍性难题。在现代化进程中，人类普遍出现了人与自我、人与他人、人与自然等方面的高度紧张。而中华传统文化在这些方面有特殊价值。

如在人与自我的关系维度上，人在现代性同化中的自我迷失，造成了人的文化认同危机和精神危机。在物欲泛滥、人被严重物化和异化的情况下，真实的自我究竟是什么？中华传统文化一般是把道德作为人之所以异于禽兽者的标志。在中国人看来，人的德性人格的充实，也就是人的自我实现。孔子所谓的"杀身成仁"，孟子所谓的"舍生取义"，都鲜明地体现了人所追求的是超越肉体的道德价值。中华传统文化的这种价值取向，有助于强化文化意识上的自我认同和德性人格上的自我实现。

在人与自然的关系维度上，西方文化的现代性取向内在地蕴含着理性的独断化姿态，其强调人的主体性和人对自然的宰制和征服，结果只能是戡天役物。这种逆自然而行的诉求，所导致的实践后果和观念后果，正是全球性问题在20世纪中期的突然爆发，从而使人类陷入生存危机的原因。"戡天役物"的取向，典型地体现了现代性特征；中华传统文化"天人合一""顺其自然"的文化取向，则有利于改善当代人类的生存处境，显示出其独特的现代价值。

在人与人的关系维度上，现代性在学理和实践的层面上颠覆了道德的合法性，强调必然性逻辑对人的自由意志的剥夺，使人们无法也不愿充当道德责任的主体。现代化进程导致的这一困局，似乎只有在中华传统文化中才能得到解决。中华传统文化中的"仁者爱人""居仁由义"的道德法则，是处理人与人关系的基本法则；人与人之间不是利益冲突的关系，不是敌对关系，而是利益共同体，所以必须坚持道德的原则来处理人与人的关系。在出现道德衰弱现象的今天，我们欲拯救世道人心，改善并优化人与人之间的关

---

① 参见蔡德贵《当代海外和港澳台儒学的五大学派》，《探索与争鸣》2007年第5期。

系，实现社会的和谐，就不得不回首被人遗忘了的古老传统。只要将中华传统文化中这些潜在的价值充分挖掘、彰显出来，传统文化的现代性就将得到很大提升。

深入揭示文化精髓，加强中华文化话语体系的研究阐发，是深化中华传统文化现代诠释的必然。话语不仅是文化的表达方式与载体，更是文化思维、思想与理念的本质确证。习近平强调："按照立足中国、借鉴国外，挖掘历史、把握当代，关怀人类、面向未来的思路，着力构建中国特色哲学社会科学，在指导思想、学科体系、学术体系、话语体系等方面充分体现中国特色、中国风格、中国气派。"[1] 中华文化的话语诠释，应当以历史的方式，基于发生学的视野，去理解中华文化的话语内容与表达方式。既要深刻诠释文化意义与内涵的"是其然"，诠释清楚中华文化的核心概念、话语表达的发展脉络与演化过程；又要深入诠释中华文化义理思想与内在机理的"是其所以然"，在阐明中华文化话语的本真价值与原初内涵的基础上，充分阐释中华文化话语的时代新意与当下价值。基于此，关于儒家经典的注疏会校、传世文献、出土文献、地方文献的整理，以及海外中文古籍回归等诸多重大传统文化项目，要协同有序开展，使中华优秀传统文化的传承能够依托现代科学技术，实现其时代化与大众化的新发展。[2]

大力弘扬文化精髓，加强中华文化话语体系的转换创新，是深化中华传统文化现代诠释的现实要求。中华文化话语体系的研究要注重"微言大义"的时代转化，将文本的内涵诠释与文化的内容创新有机结合起来。"在文化传习过程中，阐释不是停留在古代文本的表面意义上，或停留在作者的原意上，而是建构性地把古代文化中原有语句或命题解释为另一种积极意义，扩大了原语句的意义及其适用范围，以适合当代的需要。"[3] 由此，文化话语体系的转换是将话语内容的创新与话语表达方式的转化有机结合起来。话语内容要注重汲取传统文化中具有现实意义的文化要素，使文本经典的价值意蕴融入现实生活之中。话语表达方式则要将传统话语与现代话语相融合，将

---

[1] 习近平：《在哲学社会科学工作座谈会上的讲话》，人民出版社2016年版，第15页。
[2] 万光侠、夏锋：《新时代弘扬中华优秀传统文化服务现代化强国建设的系统思考》，《东岳论丛》2019年第5期。
[3] 陈来：《中华优秀文化的传承和发展》，《光明日报》2017年3月20日。

文本的抽象语言表达转化为具有现代全息性的具象化表达，将艰涩难懂的传统文化内容转化为具有高度观赏性与创意性的文化产业与产品。正是如此，"十八大以来，传统文化在时代语境下的传播模式不断改进，传统文化与其他文化创意产业相结合，增加了文化娱乐性和吸引力"[①]。

（二）通过文明交流互鉴推进传统文化现代化

当前的时代是一个开放的时代，随着经济全球化和世界一体化进程的快速推进，世界各国的文化交流、交融与交锋也达到了前所未有的深度。中华传统文化是我国构建文化软实力的重要文化资源，但传统文化要真正发挥文化软实力的作用，还必须在与世界文明特别是西方文化的交流互鉴中彰显自身的文化自信，以有效抵御西方文化霸权。这是传统文化助推我国现代化进程的一种内在需求。

1. 加强交流互鉴，拓展中华传统文化的影响力

要使中华传统文化在世界文化格局占有一席之地并发挥国际性影响，就必须与国外文化进行交流互动。而进行交流互动的前提，是要对传统文化进行现代转化。只有根据世界新形势及交流的需要，使传统文化获得与时俱进的新内涵、新面孔、新模式，才能更好地走进世界各国、各地区民众的视野。换言之，传统文化应在交流互鉴中强化"当下"意识，通过现代转化获得当代意义，从而有效提升我国文化软实力。同时，与国外文化的交流互鉴，也是文化发展的重要动力。每个国家、每个民族都有其符合自身历史发展特点的文化形态，而每种文化形态相对于别的国家或民族来说，都是外来的。外来文化作为一定社会历史发展的产物，都有其正面的价值和积极意义，可供比较借鉴。特别是进入互联网时代，现代传媒技术和传媒事业迅速发展，给人类的文化交流带来了极大的便利。当今人类文明的迅速发展，在相当程度上得益于国与国、民族与民族之间广泛深刻的科学文化交流。中华传统文化要实现自身的现代转化，同样要积极借鉴吸收人类文明的一切优秀成果。正如习近平所说："对人类社会创造的各种文明，无论是古代的中华

[①] 郭超：《用传统文化之光照亮民族复兴之路——十八大以来中华优秀传统文化传承发展述评》，《光明日报》2017年9月21日。

文明、希腊文明、罗马文明、埃及文明、两河文明、印度文明等，还是现在的亚洲文明、非洲文明、欧洲文明、美洲文明、大洋洲文明等，我们都应该采取学习借鉴的态度，都应该积极吸纳其中的有益成分，使人类创造的一切文明中的优秀文化基因与当代文化相适应、与现代社会相协调。"①

不断推动中外文化交流互鉴，首先要厘清人类优秀文明成果的差异性。习近平指出："要理性处理本国文明和他国文明的差异，认识到每一个国家和民族的文明都是独特的，坚持求同存异，取长补短，不攻击、不贬损其他文明。"② 辨识与厘清人类文明的差异性，要整体把握文化的历史脉络，认清世界各国国情与历史的差异性，通过理解与对话，尊重各民族的文化多样性。推动中外文化交流互鉴，需要辨识人类优秀文明成果的适用性。基于人类优秀文明成果的具体性与多样性，选择有益的文明成果要把握适度与适应原则，既要完善提升本国本民族文化的生命力、创新力，又要避免水土不服，不能采用削足适履的方式去选择文明成果。

推动中外文化交流互鉴，要坚持有创新的吸收，在汲取人类优秀文明成果时注重消化和转化。习近平指出："我们要强化问题意识、时代意识、战略意识，用深邃的历史眼光、宽广的国际视野把握事物发展的本质和内在联系，紧密跟踪亿万人民的创造性实践，借鉴吸收人类一切优秀文明成果。"③ 在中外文化交流互鉴过程中，我们要充分借鉴其他国家或民族的优秀文明成果，使有益的文化成分被社会主义先进文化所吸收和再造，将有益的文化元素融入优秀传统文化之中，融入社会生活与时代发展之中，以"学以致用""知行并用""为我所用"的方式，实现文化的融合与再生。

21世纪是全球化语境中多元文化碰撞交融的世纪，文化发展的规律应当是全球化视域中普遍性与多样性的统一发展，中华传统文化的发展离不开世界文化的大背景。中华传统文化只有在与世界文明的交流互鉴中实现自身的现代转化，才能达到提升中国文化"软实力"和扩大文化影响力的目的。

---

① 习近平：《在纪念孔子诞辰2565周年国际学术研讨会暨国际儒学联合会第五届会员大会开幕会上的讲话》，人民出版社2014年版，第10页。
② 习近平：《在纪念孔子诞辰2565周年国际学术研讨会暨国际儒学联合会第五届会员大会开幕会上的讲话》，人民出版社2014年版，第8页。
③ 习近平：《在庆祝改革开放40周年大会上的讲话》，人民出版社2018年版，第26—27页。

而这种现代转化的重要目标之一,即是彰显中华传统文化的世界意义。换言之,要通过与别国文化交流互鉴,提升拓展中华传统文化的内涵,使其能就世界存在的普遍性问题展开交流对话,展示其当代价值和世界意义。其一,在文化交流互鉴中实现中华传统文化的现代转化,要在与不同文化比较中进一步凸显传统文化的特征与特色,并赋予其时代意义。对传统文化特色的清楚认知,是彰显其世界意义的前提。通过与其他文化的交流互鉴,我们可以对传统文化的特色有更清楚的认识,对自我的身份有更清楚的自觉。如果不清楚传统文化的基本特征与特色,就不知道自我的价值所在,也就无从谈起彰显其世界意义。其二,通过文化交流互鉴实现中华传统文化的现代转化,要在更广阔的世界文化背景中彰显传统文化的当代意义和未来走向。通过与别国文化的交流互鉴,把传统文化置于世界文明的范围内加以审视,特别是通过与代表世界未来走向的文化的比较,突破自我局限,并根据世界文化的发展潮流,来提升拓展传统文化,凸显传统文化当代价值和世界意义。其三,通过文化交流互鉴实现中华传统文化的现代转化,要在与别国的文化交流中建构自身的新形态,以更好地与其他文化展开文明对话。只有通过与别国文化的交流互鉴,才能认识到中华文化与其他文化的共通性与差异性所在,才能更好地与其他文化展开对话,并在对话中提升自我,影响其他文化。同时要揭示中华传统文化中蕴含的那些能有效回应当前世界普遍面临的难题的价值观念和中国智慧,并通过现代转化形成能够对他国产生强烈影响、能为他国所遵循和效仿的中国方案和中国道路,从而提升中华文化的国际影响力。通过与世界文明交流互鉴实现中华文化内涵的现代转化,是真正建立文化自信、有效抵御西方文化霸权的重要基础。

2. 加强文化传播,增强中华传统文化的话语权

在与世界文明交流互鉴中,使中华传统文化获得新的呈现形式,这是实现中华传统文化现代转化、有效增强文化传播能力的另一重要内容。一种文化的传播能力是其发挥时代价值的重要标志,而文化的呈现形式直接影响着文化的传播能力。在与世界文明交流互鉴中实现中华传统文化的现代转化,根本目的是使中华传统文化发挥时代价值,无论在国内还是国际上都发挥其应有的影响力。这需要传统文化具有较强的文化传播力,也要求其具有符合时代需要的文化呈现形式。文化呈现形式主要包括话语体系和文化载体。

形成当代话语体系。中华传统文化要想在国内外容易被接受，需要在话语体系上实现现代转化。换言之，要构建能被现代人理解和接受的语言表达系统或话语体系。事实上，只有形成了当代话语体系，传统文化的现代转化才算完成。因此，在与世界文明交流互鉴中实现传统文化现代转化，最重要的工作就是形成当代话语体系，一要保持传统文化本身特征，二要根据需要对话语体系进行转化、拓展与提升，使其具有时代特征和世界性，以更好地被人们所接受。中国文化要走向世界，在国际舞台上扮演重要角色，必须打造具有中国特色的文化话语体系。越是民族的，就越是世界的。一个没有自身特色的文化话语，不可能在世界文化体系中占有一席之地。因此，必须对传统文化加强传承创新和提升拓展，注入现代化因素使其焕发出新的活力，方能在国际舞台上彰显其独有的东方特色。

不断更新文化载体。文化信息需要文化载体来呈现。文化载体直接影响着人们对文化的理解和接受程度。在传统社会，文化的载体是文化经典的物质载体与艺术载体（包括我们所说的物质文化遗产和非物质文化遗产）。随着时代的发展，特别是在当前信息时代，文化传播的载体越来越丰富、越来越多样化，而且越来越直观、形象。不断更新文化载体，一方面，要充分利用高科技产品，为传统文化提供更丰富、更容易传播和为人所接受的载体形态，特别要充分利用新兴的文化传播方式，如新媒体和自媒体，来传播中华优秀传统文化。另一方面，中华优秀传统文化要在内涵及表达形式上进行提升拓展，以适应新兴文化载体和文化传播载体的需要。在一定意义上说，中华优秀传统文化获得的文化载体越丰富，其当代转化就越充分，也就更有利于向外传播，增强其国际影响力。

（三）以服务现代化强国建设为目标实现传统文化现代转化

我们国家大力倡导弘扬中华优秀传统文化，不是发思古之幽情，而是在建设中国特色社会主义、实现中华民族伟大复兴的背景下提出的。中国特色社会主义进入新时代，中国社会要顺利实现转型升级，需要中华传统文化实现现代转化，需要实现现代转化的中华传统文化服务于社会主义现代化建设。

1. 传统文化现代转化要服务于中国社会转型升级

当前中国正处于社会转型升级的阶段。中国社会的转型升级急速推进，转型过程中现代性与后现代性共存，导致了一系列新问题的出现。其中特别突出的问题是人的去主体化、非理性化、物欲化以及社会阶层的碎片化。这些问题严重制约了中国社会转型升级的质量与效果，是必须要加以解决的。而中华传统文化在这方面具有重要价值。就总体精神而言，传统文化是天人合一之学、是人际和谐之学、是身心平衡之学；中华传统文化所追求的是一种真、善、美的人生境界，所注重的是生命的存在问题、个人的德行问题、人生的价值和意义问题。就此而论，中华传统文化是生命存在之学、道德践履之学、理想人格之学、内圣外王之学、安身立命之学、人生智慧之学。中华传统文化能有效对治当前中国社会转型升级中出现的人的迷失问题，对于慰藉人的心灵、调适人的气质、涵养人的德性、纯洁人的情感、提升人的精神、开阔人的视野，从而化解人与自然、人与社会、人与人、人与自我心灵之间的冲突，实现人的身心内外和谐，具有重要的现实意义。

需要指出的是，对于世界上任何一个民族来说，它所属的文化传统都具有生命的意义。"文化"就是"生命"，"传统"就是"我们"，是一个民族、一个时代永远的参照系。这个参照系积淀并浓缩于一个民族的文化传统之中。中华传统文化有利于启示当代人类内在地约束和限制人的自我中心化的扩张，使人对自我的把握真正成熟和健全起来；同时启示当代人类限制并约束自己对自然界的占有姿态。启示意义是永恒性的，将永远伴随现代人，成为一种不能也不应被遗忘、即使遗忘也必将在某个历史的关键时刻被重新唤醒的文化资源。这表明，当前中国的社会转型升级离不开我们的传统文化，需要获得中华优秀传统文化的支持和帮助。中华传统文化要在服务中国社会转型升级的过程中实现自身的现代转化。

2. 传统文化现代转化要服务于新时代中国特色社会主义建设

建设社会主义现代化强国、实现中华民族伟大复兴、满足人民对美好生活的需要，成为新时代的主要发展目标。中华传统文化要在服务新时代中国特色社会主义建设中实现自身的现代转化。

文化是一个国家、一个民族的灵魂。文化兴国运兴，文化强民族强。中华优秀传统文化是中华民族的血脉和基因，是我们的突出优势和最深厚的文化软实力。建设社会主义现代化强国的时代任务，不但表明新时代需要大力弘扬中华优秀传统文化，而且决定了新时代弘扬中华优秀传统文化必须以服务于建设社会主义现代化强国、提升中华文化软实力为首要目标。一般而言，文化软实力具备两个向度：一是向内表现为文化的内部凝聚力；二是向外表现为文化的国际影响力。推动中华传统文化的现代转化，重点要围绕两个维度展开：一方面要揭示其中蕴含的悠久的、一以贯之的、长久以来为中华民族所认同的精神传统和价值观念，将其有机融入社会主义核心价值观的培育践行之中，更好构筑中国精神、中国价值、中国力量，以此提升我国人民的文化认同和民族凝聚力、创造力；另一方面要揭示其中蕴含的那些能有效回应当前世界普遍面临的难题的价值观念和中国智慧，并通过现代转化形成能够对世界产生影响、能为世界所尊崇和效仿的中国方案和中国道路，从而提升中华文化的国际影响力。

中华传统文化现代转化要服务于人民对美好生活的需要，一是要挖掘和阐扬传统文化中的道德资源和社会教化传统，大力提升社会文明程度。近些年来人们的物质生活有了极大提高，但同时也出现了道德滑坡、社会风气败坏、丑恶现象频发诸多问题，极大影响了人们对美好生活的向往。要大力弘扬传统文化重义轻利、知耻明礼、慎独自律的修身之道和礼乐教化传统，重塑传统礼仪之邦、君子之国的社会风貌，为人们营造风清气正、温暖和谐的美好生活环境。二是要传承发展传统文化的人文主义传统，积极引领人的价值实现和精神境界提升。传统文化特别是儒家文化蕴含着一种特殊的人文精神，以天人合一、天道性命相贯通为基本思维模式，主张通过道德修养"下学上达"，在社会生活中实现生命超越，开拓了一条有效实现自我的身与心、自我与他人、自我与社会、自我与自然和谐的道路。新时代要充分阐扬这种人文精神，以更好地满足人们彰显自我存在价值、存在意义的需要。三是要推动中华优秀传统文化与艺术创造和文化产业融合，为人们提供丰富的精神食粮。人民对美好生活的向往越来越强烈，对精神文化生活的需求也越来越突出，要把传统文化的精神取向和典型元素融入文艺创作和产品开发中，产出更多更好的电影、电视剧、图书、戏曲等文化产品，以满足人们精神文化生活需求。

中华传统文化现代转化服务于新时代中国特色社会主义建设，需要将优秀传统文化与中国特色社会主义基本方略相结合，融入经济、政治、文化、社会、生态等各个领域各个方面，使中华优秀传统文化成为新时代中国特色社会主义建设的重要底色和智慧支撑，推动形成并不断发展有民族特色的现代化之路。在经济建设领域，要重点弘扬自强不息、刚健有为的奋斗精神、创新精神，敬业乐群、精益求精的工匠精神及强调社会责任、重义轻利的儒商精神，推动经济健康快速发展；在政治建设领域，要重点弘扬民本思想、仁政学说，传承发展礼法合治、选贤任能的治理模式，阐扬和而不同、天下大同的和合精神，推动民主、法制建设和人类命运共同体构建；文化建设领域，要重点围绕社会主义核心价值体系建设，积极推动中华优秀传统文化创造性转化创新性发展，阐发中华优秀传统文化的精神特质、价值取向和道德规范，形成激励全党全国各族人民奋勇前进的强大精神力量；在社会建设领域，要重点挖掘崇尚正义、博施济众、守望相助、孝亲敬老精神和热爱乡土的家国情怀，推动社会保障体系和治理体系建设；在生态建设领域，要重点弘扬天人合一、仁民爱物、参赞化育、民胞物与的精神，构建人与自然生命共同体，推动人与自然和谐发展。

3. 传统文化现代转化要注重实践养成和熏陶渗透

中华优秀传统文化只有融入生产实践，才能增强其实践养成力。中华优秀传统文化蕴含着"反求诸己"的实践智慧，既有"克己守静"的修身功夫，也有"精益求精"的实践准则。2019 年，全国"两会"政府工作报告中明确提出，"广泛开展群众性精神文明创建活动，大力弘扬奋斗精神、科学精神、劳模精神、工匠精神，汇聚起向上向善的强大力量。"[①] 在此意义上，将人文精神与传统美德凝聚起来，并在一定层面的群体精神中发扬光大，需要将中华优秀传统文化渗入到生产实践过程中，渗入到工作交往与合作中，尤其是在"大国制造"向"大国智造"的转型中，中华优秀传统文化具有不可替代与不容忽视的价值，需要彰显并发挥诚信精神、尚义精神、工匠精神等传统文化精髓。只有融入生活实践，中华优秀传统文化的践行才具有针对性和丰富性。生活实践蕴含着"日用常行"的实践智慧，人民在日常生活中成为中华优秀传统文化的重要传承者。以山东省为例，对村一级齐鲁优秀传统文化中的优质资源进行发掘弘扬，保护承载着齐鲁优秀传统文

---

① 全国人民代表大会常务委员会办公厅编：《中华人民共和国第十三届全国人民代表大会第二次会议文件汇编》，人民出版社 2019 年版，第 33 页。

化丰富内涵的古村落、古建筑，重点集中评选培植农村特色文化品牌、农村优秀文化团队、农村优秀文化人才、"乡村记忆"工程、传统文化村落（街区）、乡村（社区）博物馆，针对农村非物质文化遗产、特色村加强保护与传承等，就是最为有效的践行方式。在传统习俗方面，要充分发掘传统文化的科学价值与人文价值，引导人民群众深刻体会历法、节气等习俗所蕴含的人文底蕴，阐明医药、饮食等习俗蕴含的科学意义，进而在日常生活实践中实现传统习俗与现代生活的相融相通。

中华优秀传统文化的熏陶渗透，是实现宣传普及有效性的重要路径，是提高国民文化素养的必要方式。注重文化的熏陶渗透，首先是拓宽文化建设路径、增强文化建设辐射性与渗透性。例如，近年来山东省文化厅专门列出了"实施齐鲁优秀文化传承创新工程，积极构建优秀传统文化传承体系"，具体包括"加强文化资源普查及开发利用""实施古籍保护和挖掘整理工程""加强优秀传统文化普及推广""推进非物质文化遗产保护传承体系建设""振兴山东传统工艺""推进区域文化、红色文化发展"六大具体内容，使推进创造性转化创新性发展得以具体落实落地。正是在教育推广、宣传普及、生活实践等多层面，进行多路径多层面的文化熏陶，才会真正实现人民群众对中华优秀传统文化的思想认同和情感认同。注重文化的熏陶渗透，还要加强文化建设内容的拓深与渗透，努力做到"形""神"兼备，而不能只求形式或简单复古、信古。习近平指出："这就要求人们在学习、研究、应用传统文化时坚持古为今用、推陈出新，结合新的实践和时代要求进行正确取舍，而不能一股脑儿都拿到今天来照套照用。"[①] 山东省充分发挥优秀传统文化的渗透作用，"依照'图书馆+书院'等模式，我省尼山书院、儒学讲堂遍地开花，国学普及、礼乐教化、道德实践等文化涵育活动融入日常生活"[②]，这种融入日常生活的生活化涵育方式效果明显，值得借鉴推广。

---

① 习近平：《在纪念孔子诞辰 2565 周年国际学术研讨会暨国际儒学联合会第五届会员大会开幕会上的讲话》，人民出版社 2014 年版，第 11 页。
② 赵琳：《以优秀文化涵育核心价值观》，《大众日报》2017 年 9 月 17 日。

第四章
中华传统文化的现实选择：创造性转化创新性发展

作为中华优秀传统文化传承发展的基本原则，创造性转化创新性发展是增强传统文化生命力和影响力、提升国家文化软实力的正确态度和现实选择。对优秀传统文化进行创造性转化创新性发展，使传统文化的原始基因与核心理念能够与中国特色社会主义相适应，与现代性要求和现代社会发展相协调，既是传统文化数千年传承延续内在规律的现代彰显，也是建设社会主义文化强国和建构中华民族共有精神家园的必然要求。中华优秀传统文化是现代化建设的文化之根与精神之源，现代化发展需要民族文化的深层涵养与有力支撑。中华传统文化正处于新时代的历史方位之中，要因时而进，以高度的文化自觉，立足新时代的现代化发展愿景，实现自身的创造性转化创新性发展；也要因势而新，以坚定的文化自信，立足新时代的发展机遇，坚守中华文化立场，增强文化软实力，助推现代化发展跃上新台阶。

一 创造性转化创新性发展的必要性和可行性

中华优秀传统文化在现实需要的催进下，在共同目标的凝聚下，在综合国力的保障下，既具有创造性转化创新性发展的必要性，也具备了创造性转化创新性发展的可行性。

（一）创造性转化创新性发展的必要性

文化是民族的血脉，是人民的精神家园。中华优秀传统文化作为中华民族一脉相承的文化基因，是提升国家文化软实力和实现文化强国的精神支撑，是建设共有精神家园的文化根基。创造性转化创新性发展是增强中华优秀传统文化凝聚力、影响力、创造力的时代需要，也是建设社会主义文化强国的必然要求。

1. 创造性转化创新性发展是建设社会主义文化强国的必然要求

建设文化强国是建设中国特色社会主义现代化国家的题中应有之义。"实施中华优秀传统文化传承发展工程，是建设社会主义文化强国的重大战略任务，对于传承中华文脉、全面提升人民群众文化素养、维护国家文化安全、增强国家文化软实力、推进国家治理体系和治理能力现代化，具有重要意义。"① 建设文化强国是以坚持和发展中国特色社会主义文化为本质要义，牢牢坚守社会主义的本质规定与发展道路，充分彰显"以人民为中心"的价值导向。习近平指出："积极深入中华民族历久弥新的精神世界，把长期以来我们民族形成的积极向上向善的思想文化充分继承和弘扬起来，使之为培育和践行社会主义核心价值观服务，为建设社会主义先进文化服务。"② 创造性转化创新性发展是在持守中华文化立场的前提下，坚持为社会主义服务的根本导向和"以人民为中心"的价值导向，以更为具体、丰富与鲜活的文化样态，以贴近实际、贴近生活、贴近群众的实践方式，使中华优秀传统文化更具"地气"与"人气"的文化生命力，更具"日用常行"的文化吸引力，使中华优秀传统文化成为人民群众接受文化熏陶、笃定精神追求的宝贵精神资源。

创造性转化创新性发展是激发文化强国建设活力的必然要求。无论哪一个国家、哪一个民族，如果不珍惜自己的传统文化，丢掉了或者背叛了自己的传统文化，就不可能兴旺发达，不可能在世界文化激荡中站稳脚跟。纵观人类社会发展史，一个国家、一个民族的强盛，总是以民族文化的兴盛和民族精神的崛起为支撑；一个国家、一个民族的衰落，也往往以民族文化的颓废和民族精神的萎靡为先导。中华优秀传统文化既包含着几千年来中国人民

---

① 《关于实施中华优秀传统文化传承发展工程的意见》，《人民日报》2017年1月26日。
② 《牢记历史经验历史教训历史警示 为国家治理能力现代化提供有益借鉴》，《人民日报》2014年10月14日。

生生不息、绵绵不已的民族精神和发展动力，也蕴含着今天实现中华民族伟大复兴中国梦的中国精神和中国力量。创造性转化创新性发展必然是以人民为主体动力，激发全社会的文化活力，凝聚文化建设的强大合力，使人民以更为自觉的文化意识，审视与接受传统文化的过程；是以更为自强的文化能力，不断从优秀传统文化中汲取文化养分与精粹，以满足人民的精神文化需求为价值旨归。同时，文化强国建设不仅是人的主体能力的提升过程，也是文化生产力的发展过程。文化强国建设需要激发文化产业发展活力。文化强国的重要标志是文化产业的发达与文化事业的繁荣，实现文化的物质层、制度层与精神层的协同发展。习近平指出："要坚持走中国特色社会主义文化发展道路，深化文化体制改革"，"推动文化事业全面繁荣、文化产业快速发展"①。创造性转化创新性发展，要以市场化方式进行产业运作，推动文化体制改革，使之获得新的发展生机，实现社会效益与经济效益的双赢。

2. 创造性转化创新性发展是建构中华民族共有精神家园的必然要求

创造性转化创新性发展是弘扬民族精神的必然要求。在传统文化中孵化出的民族精神是凝聚全国各族人民的价值纽带。习近平强调："中华文化既坚守本根又不断与时俱进，使中华民族保持了坚定的民族自信和强大的修复能力，培育了共同的情感和价值、共同的理想和精神。"② 传统文化蕴含着中华民族在悠久历史长河中积淀而成的智慧、气韵和神采，能激发各民族成员的归属意识和认同意识，是凝聚海内外炎黄子孙的力量，是中国特色社会主义事业的黏合剂。传统文化在历久弥新中培育了团结奋斗、勤劳勇敢、热爱和平、自强不息的民族精神，这是中华民族发展壮大的精神支柱，是实现民族伟大复兴的文化基因，也是促进国家统一、维护民族团结、寻求社会和谐的最大价值共识。中华优秀传统文化是中华民族精神家园的根基，其创造性转化创新性发展，是以建构中华民族共有精神家园为目标定位，为人民构筑共同的意义世界，为中华民族伟大复兴提供不竭的精神动力。习近平指出："经过几千年的沧桑岁月，把我国 56 个民族、13 亿多人紧紧凝聚在一起的，是我们共同经历的非凡奋斗，是我们共同创造的美好家园，是我们共

---

① 《习近平谈治国理政》第 1 卷，外文出版社 2018 年版，第 160 页。
② 习近平：《在文艺工作座谈会上的讲话》，人民出版社 2015 年版，第 5 页。

同培育的民族精神,而贯穿其中的、更重要的是我们共同坚守的理想信念。"① 中华优秀传统文化在继往开来中,成为中华民族伟大复兴的不竭动力。优秀传统文化的创造性转化创新性发展,既是传承中华文脉、再创中华文化辉煌的必然选择,更是增强文化主体自信自觉、构建先进文化和优越制度、构筑精神家园和道德高地、实现中华民族伟大复兴的前提条件。

创造性转化创新性发展是涵养社会主义核心价值观的必然要求。社会主义核心价值观具有丰厚的传统文化底蕴。习近平指出:"深入挖掘和阐发中华优秀传统文化讲仁爱、重民本、守诚信、崇正义、尚和合、求大同的时代价值,使中华优秀传统文化成为涵养社会主义核心价值观的重要源泉。"② 社会主义核心价值观与中华传统文化具有一脉相承的文化渊源。中华优秀传统文化构成了社会主义核心价值观的重要文化基因,社会主义核心价值观则是在中华优秀传统文化的丰厚土壤中得以培育弘扬。习近平指出:"要讲清楚中华优秀传统文化的历史渊源、发展脉络、基本走向,要讲清楚中华文化的独特创造、价值理念、鲜明特色,增强文化自信和价值观自信。"③ 中华优秀传统文化的创造性转化创新性发展,能够推进弘扬优秀传统文化与培养社会主义核心价值观的有机融合。一方面,优秀传统文化贯穿于社会主义核心价值观之中,成为其文化渊源和民族魂魄,可以进一步增强国人对优秀传统文化的自觉和自信,增强民众对社会主义核心价值观的认同和接受。另一方面,社会主义核心价值观在培育践行过程中,使优秀传统文化融入中国特色社会主义语境中,实现其精神内涵的现代转化,达致"古为今用""推陈出新"的实效。比如,"民惟邦本""天人合一""均贫富"传统理念融入全面建成小康社会、全面依法治国、生态文明建设中,就为之注入了新的时代内涵,并使之进一步对接和契合了社会主义核心价值观。

3. 创造性转化创新性发展是提升国家文化软实力的必然要求

国家文化软实力关系到综合国力的提升,关系到文化强国战略目标的实现。正如习近平指出的:"提高国家文化软实力,关系到'两个一百年'奋

---

① 《习近平谈治国理政》第 1 卷,外文出版社 2018 年版,第 39 页。
② 《习近平谈治国理政》第 1 卷,外文出版社 2018 年版,第 164 页。
③ 《习近平谈治国理政》第 1 卷,外文出版社 2018 年版,第 164 页。

斗目标和中华民族伟大复兴中国梦的实现。"① 通过创造性转化创新性发展，能够充分展示中华文化的独特魅力，能够有力提升中华文化的国际影响力。

创造性转化创新性发展是展示中华文化独特魅力的必然要求。中华文化在历史的源远发展中，以自有的文化独立性、独特性与完整性，散发着不可比拟的文化魅力。习近平指出："老子、孔子、墨子、孟子、庄子等中国诸子百家学说至今仍然具有世界性的文化意义"②，这些思想家"思考和表达了人类生存与发展的根本问题，其智慧光芒穿透历史，思想价值跨越时空，历久弥新，成为人类共有的精神财富"。在全球化、现代化的历史进程中，中华文化的本质魅力需要实现"守"与"变"的有机融通。习近平指出，要"使中华民族最基本的文化基因与当代文化相适应、与现代社会相协调"③，"把跨越时空、超越国度、富有永恒魅力、具有当代价值的文化精神弘扬起来，把继承传统优秀文化又弘扬时代精神、立足本国又面向世界的当代中国文化创新成果传播出去"④。创造性转化创新性发展要以"守"为前提，以高度的文化自觉，传承弘扬中华民族最基本最内核的文化基因，秉承中华民族的独特文化气质；要以"变"为动力，纳入时代特点、地域特色与他者文化元素，实现因时、因势、因事而变，增强中华文化的时代适应性、协调性与共生性。

创造性转化创新性发展是提高中华文化国际影响力的必然要求。大国形象的塑造离不开文化软实力的支撑。综合国力的显著提升，必然需要在国际交流与合作中积极创设平台，全方位、多渠道塑造大国形象。习近平指出，"要注重塑造我国的国家形象，重点展示中国历史底蕴深厚、各民族多元一体、文化多样和谐的文明大国形象"⑤。创造性转化创新性发展，是彰显中华传统文化时代价值的必然要求，也是我们树立文明古国、礼仪之邦良好形象的必然路径。随着我国经济社会发展和中华民族走向复兴，中华优秀传统文化必将焕发出更加蓬勃的生命力，绽放出更为耀眼的时代价值，在国际重

---

① 《习近平谈治国理政》第1卷，外文出版社2018年版，第160页。
② 吴黎宏：《领导干部要讲政德》，中国方正出版社2018年版，第232页。
③ 《习近平谈治国理政》第2卷，外文出版社2017年版，第340页。
④ 习近平：《建设社会主义文化强国 着力提高国家文化软实力》，《人民日报》2014年1月1日。
⑤ 《习近平谈治国理政》第1卷，外文出版社2018年版，第162页。

大问题上发挥积极作用和潜在影响。今天,我国的综合实力持续发展,国际影响力显著增强,在世界舞台上的角色定位清晰而重大,在全球治理中的贡献突出且瞩目。"我们的发展道路、价值理念、制度模式影响日益增强,国际社会对创造'中国奇迹'的中华文化兴趣与日俱增。"① 我们应加强中华文化的国际传播,精心构建对外话语体系,发挥好新媒体作用,不断提高文化对外开放水平,把握国外受众对中华文化的兴趣聚焦点、情感共鸣点、思想认同点,着力传播中国价值观,打造中华文化品牌,以更加有力的举措扩大中华文化的覆盖面和影响力,展示中华文化的独特魅力,提高国家文化软实力。习近平明确提出,"要加强国际传播能力建设,精心构建对外话语体系","讲好中国故事,传播好中国声音,阐释好中国特色"②。创造性转化创新性发展正是要使中华传统文化更具国际化视野,通过话语体系构建、话语传播能力强化、话语新媒体运用等多维路径,必将进一步提高我国文化的国际话语权及其影响力、辐射力与认同力。

(二) 创造性转化创新性发展的可行性

基于中华传统文化的内在特质、综合国力与国际环境等内外因素,中华优秀传统文化的创造性转化创新性发展,已经获得大有可为的发展空间与条件,具有现实可行性。

1. 中华传统文化富含开放包容的内在特质

创造性转化创新性发展之可行性,基于中华传统文化开放包容的内在特质,呈现出生生不息的发展活力。"中华文化独一无二的理念、智慧、气度、神韵,增添了中国人民和中华民族内心深处的自信和自豪。"③ 中华传统文化具有独特的文化气质,独树一帜,屹立于世界文化之林;也具有深厚的文化定力与文化底气,以开放包容的气度,塑造出坚守与开放、传承与创新、求同与存异的多维文化特质。

中华传统文化富含开放性特质。中华传统文化是历时态的文化体系,具

---

① 刘奇葆:《坚定文化自信 传承中华文脉》,《党建》2017 年第 5 期。
② 《习近平谈治国理政》第 1 卷,外文出版社 2018 年版,第 162 页。
③ 《关于实施中华优秀传统文化传承发展工程的意见》,《人民日报》2017 年 1 月 26 日。

有历久弥新的开放品质。中华传统文化历久而恒传，保持最根本的文化基因稳定不变。五千多年的文明史见证了中华传统文化的强大生命力与传承力，使其核心思想理念、传统美德与人文精神流传至今。创造性转化创新性发展，正是以中华传统文化的开放性特质为基本条件，保持顺势而为、因时而变的开放气度，继而彰显超时代的普遍性价值，将超时代的普遍性价值与时代性的现实诉求有机结合。例如"孝"文化作为中华传统美德的重要组成部分，我们应当基于现代化的价值考量，充分汲取"孝"的人本意蕴与本真价值，剔除其与当下时代精神、法治精神与规章相背离的"愚孝"内容。

中华传统文化内含包容性特质。中华传统文化具有包容多样文化的气度，也具有包容多样文化的贯通能力。创造性转化创新性发展之可行性是基于多样文化的"视域融合"，是实现中华传统文化的内在融通。创造性转化创新性发展不是以"贵古贱今"的文化心理而一味"信古""崇古"，而是立足现代社会的价值诉求，实现中华传统文化的超时空价值与当下时代诉求的内在融通。与此同时，创造性转化创新性发展之可行性是基于多样文化之间的差异性，促成中华传统文化与他者文化之间达到"和而不同"的文化互鉴交流。文化包容是在文化比对的前提下，实现对本国文化与自有文化的完善发展。习近平指出，"进行文明相互学习借鉴，要坚持从本国本民族实际出发，坚持取长补短、择善而从，讲求兼收并蓄，但兼收并蓄不是囫囵吞枣、莫衷一是，而是要去粗取精、去伪存真"[1]。文化的包容与借鉴，是要保持高度的文化自信，守住文化之根、民族之魂。"坚守中华文化立场、传承中华文化基因，不忘本来、吸收外来、面向未来，汲取中国智慧、弘扬中国精神、传播中国价值。"[2] 中华优秀传统文化的创造性转化创新性发展，正是基于民族复兴、国家富强、人民幸福的时代命题，进一步凸显文化的主流发展趋向，构筑起求同存异、多元共生的发展格局。

2. 具备先进的科技手段和丰富的人力资源

创造性转化创新性发展具备了先进的科技手段。中华传统文化需要用发

---

[1] 习近平：《在纪念孔子诞辰2565周年国际学术研讨会暨国际儒学联合会第五届会员大会开幕会上的讲话》，人民出版社2014年版，第10—11页。
[2] 《关于实施中华优秀传统文化传承发展工程的意见》，《人民日报》2017年1月26日。

达的技术手段进行挖掘整理。中华传统文化犹如一座精神富矿，传世之作浩如烟海，存世之作精细机巧。伴随着时空流转、社会变迁，传统文化资源仍面临着零落佚失的可能，传统工艺面临着失传断代的危机，传统文化古籍与文物面临着诸多修复难题。诸如此类情形，必然需要以高精尖的技术手段予以解决。当前各类技术手段逐渐成熟，为传统文化挖掘梳理与整理传承提供了坚实的技术保障。例如，大数据技术，推动了文化资源的整理与数据库建立；传统文物修复技术，提高了文物修复的还原度；科技考古学，运用断代测年方法、生物基因方法、遥感技术等科技手段，挖掘保留了大量珍贵的文化遗产。中华传统文化需要用快捷的传媒载体进行传播弘扬。中华传统文化有机融入国人日常生活，既是循序渐进的渗透融合过程，也需要借助多维化、立体化的传媒手段予以展现与传播。"综合运用报纸、书刊、电台、电视台、互联网站等各类载体，融通多媒体资源，统筹宣传、文化、文物等各方力量，创新表达方式，大力彰显中华文化魅力。"① 当前传媒载体已经具备了现实与虚拟的融合技术，以"全媒体"的形式，实现线下媒体与线上媒体的叠加式传播，微栏目、微直播、微相册、微评论、视频动媒等多维化全媒体手段，正以更为即时而形象的特征与优势，全面地还原体现中华传统文化的魅力，深度传播弘扬中华传统文化。

创造性转化创新性发展具备了丰富的人力资源。创造性转化创新性发展以学术研究与创造、文化梳理与传承为关键，必然需要大批学术型与专业型人才进行研究、阐释与挖掘。当前，中华传统文化优秀人才资源的一体化建设已初步成形，形成了培养、凝聚、举荐与配置的系统化人才资源平台。大批优秀人才推进了中华传统文化的深度研究与阐释，以团队建设、项目支持、经费保障为基础，深化研究阐发中华传统文化，推动创造性转化创新性发展。中华传统文化需要教育师资资源促进传承传播。教育作为兴国之本，是传承传播传统文化的重要路径与动力，教育师资也成为传承传播的示范与践行主体。当前，国家立足教育兴国的战略任务，对教育师资建设更为重视，使教育资源的投入与分配更为合理，教育师资的年龄结构、学历结构和学缘结构趋于优化。教育师资资源的强化与优化，提高了传统文化"以文化

---

① 《关于实施中华优秀传统文化传承发展工程的意见》，《人民日报》2017年1月26日。

人"的全过程、全方位功能。一方面,优质的教育师资资源使传统文化的传承传播,以全过程的方式融入国民教育的各个学段,实现国民教育与社会教育的协同互补。另一方面,优质的教育师资资源使传统文化的传承传播,以全方位的方式融入思想道德教育、文化知识教育、艺术体育教育、社会实践教育的各个环节。中华传统文化需要依托创新创业资源推动产业发展。创造性转化创新性发展需要激发民智,顺应民意,调动民力,以增强全社会、全体民众传承传播中华传统文化的积极性与创造性。大众创业万众创新推进文化产业领域的创新与创造。创新创业资源的优化配置,使传统文化资源经过文化创新设计、创意包装与创造升级,转化为深受大众喜爱、赢得国际声誉、彰显传统特色的文化产品。创新创业助推传统文化资源与市场资源有机配置,逐步形成了文化效益、社会效益和经济效益多方共赢的文化产业布局。

3. 当今世界人类文明交流互鉴的国际环境

国际文化交流的环境更为开放多样。当前国际环境营造出更具开放性的文化场域。伴随着经济全球化与区域一体化的进程深化,国际环境的交流空间更为广阔,使地域文化、民族文化成为国际文化中的重要组成部分,不再是自我隔离与限定的文化体系或模式。经济交流带动了文化交融,使国际环境更具有"世界历史"意义上的普遍性与开放性场域。习近平指出,"文明因交流而多彩,文明因互鉴而丰富。文明交流互鉴,是推动人类文明进步和世界和平发展的重要动力"[①]。放眼当今全球,经济全球化、文化多元化的历史大势不可阻挡。创造性转化创新性发展正是得益于更为开放的国际环境,使文化交流跨越国家界限、时空拘囿与语言隔阂,使中华传统文化在借鉴他者文化的过程中,更具国际化视野与气度,不断增强国际影响力与话语权。

国际文化交流的内容更为丰富深入。国际文化交流是文化认同的过程。在文化认同过程中,国际文化交流的内容更多地表现为以"人类命运共同体"为趋向,具有普遍性与超时代性的人类共有价值;也表现为应对全球化进程中存在的症结问题,从各种文化体系或模式中寻求全球治理良方或文化

---

① 《习近平谈治国理政》第1卷,外文出版社2018年版,第258页。

借鉴。如"道法自然""无为而无不为""己所不欲勿施于人""推己及人"等思想，为全球治理提供了宝贵的文化智慧。习近平指出，"我们要尊重文明多样性，推动不同文明交流对话、和平共处、和谐共生，不能唯我独尊、贬低其他文明和民族"[①]，创造性转化创新性发展是基于多样文化间的融合互鉴，以"各美其美"的理念，在文化间的比较、鉴别与融合的过程中，承认文化差异，尊重文化多样的基础上，保持高度的文化自尊与自信，彰显中华传统文化的内生逻辑与价值意蕴。

国际文化交流的方式更为立体多维。国际文化交流的载体更为丰富多样。习近平指出，"要以理服人，以文服人，以德服人，提高对外文化交流水平，完善人文交流机制，创新人文交流方式，综合运用大众传播、群体传播、人际传播等多种方式展示中华文化魅力"[②]。文化交融是文化交流过程中文化样态的交互融合，具有多种多样的文化交往方式，包含了文化贸易与文化交往、文化对话与文化互敬、文化交锋与文化共生等多种方式。中华传统文化以更为开放的视野，在国际文化交流与交往过程中以"扬长"的方式，精心创设各种传播渠道与载体，展示魅力与特色；以"补短"的方式，以平等的姿态、平和的心态，在多渠道的对话与合作中，吸收借鉴他国文化之优点与长处；以"内求"的方式，丰富时代意蕴，深化价值内涵，推动传承发展；以"外求"的方式，善用新传媒手段，加强文化策划与创意，使中华传统文化以国际化的话语体系、文化形象与产品展现于世界舞台。

二 创造性转化创新性发展的科学内涵和目标定位

中华优秀传统文化创造性转化创新性发展是基于马克思主义基本原理，依据中华优秀传统文化的本质规定与属性，遵循文化发展的规律性与指向性，所作出的现实选择，具有深邃的科学内涵。立足中国特色社会主义新时代，创造性转化创新性发展具有明确的目标定位，是在"不忘初心"中坚

[①] 习近平：《弘扬和平共处五项原则 建设合作共赢美好世界——在和平共处五项原则发表60周年纪念大会上的讲话》，人民出版社2014年版，第10页。

[②] 习近平：《建设社会主义文化强国 着力提高国家文化软实力》，《人民日报》2014年1月1日。

守共有的精神家园,在"继往开来"中构建中国特色社会主义文化新形态。

(一) 创造性转化创新性发展的科学内涵

就其本质内涵而言,创造性转化创新性发展是以马克思主义为理论指导,以辩证唯物主义和历史唯物主义为方法论原则,以中华传统文化为文化资源,以创造与创新为手段,以转化发展为动力,实现中华传统文化的现代转型与提升超越,实现中华传统文化内涵意蕴与时代诉求相协调、表达方式与社会发展相适应。

1. 中华传统文化创造性转化的科学内涵

"创造性转化主要是立足于中华传统文化本身而作出的努力,本体是'中华传统文化',目标是'转化',要求是'创造性',旨归是'服务'。"[①] 创造性转化是中华传统文化在创造与转化的文化张力下,在创造中赋予新内容,在转化中展现新形式,在扬弃中发挥新功能,以期实现传统文化"因时而变"与"因时而转"。

关于创造性转化的概念分析,首要是对创造、转化、创造性转化等相关概念进行分解剖析。其一,关于创造性的概念界定。"'创造'意指创始、首创,做出前所未有的事情。"[②] "创造性"意指,具有首创与创始的基本特性与本质属性。其二,关于转化的概念界定。"转化"是矛盾同一性的具体情形,即矛盾双方的改变,使事物性质发生变化。转化有两种基本情形,一种是双方朝着性质相反的方面转化,另一种是双方朝着对立面的地位转化。[③] 其三,关于创造性转化的概念界定。"创造性转化"意指,创造是事物的存在动力,转化是事物的存在趋向与状态。一方面,"创造"是事物存在发展的基本动力,即以矛盾双方的转变为前提,使原有事物发生质变,由新事物代替旧事物,形成了新的稳定状态,即矛盾双方形成新的相互依存促进关系。另一方面,"转化"是事物存在趋向与存在状态,通过矛盾双方的相互作用,使事物的性质发生根本变化,使事物处于不断的动态变化之中。

---

① 商志晓:《中华传统文化创造性转化创新性发展的哲学审思》,《光明日报》2017年1月9日。
② 万光侠:《中华传统文化创造性转化创新性发展的哲学审视》,《东岳论丛》2017年第9期。
③ 参见万光侠《中华传统文化创造性转化创新性发展的哲学审视》,《东岳论丛》2017年第9期。

就本质内涵而言,"所谓创造性转化,是指中华传统文化的现代转型,包括在理念上、内容上、表达上、形式上等各层面"①。基于此,创造性转化在以现代化转型为指向,以中华传统文化为本体的前提下,具有三个方面的内在规定性。其一,创造性转化,是以转化为目标,在文化创造中赋予新理念。新理念绝非无本之木、无源之水,而是要根植于传统文化的核心思想理念,使最根本的文化基因得以传承,赋予其时代气质,增强其时代特征。其二,创造性转化,是以创造为要求,在文化转化中创造新内容。新内容是在文化的推陈出新中,在继承优秀传统文化的基础上,实现文化内容的现代性发展,将时代价值与时代精神有机融入传统文化之中。其三,创造性转化,是以服务为旨归,在文化扬弃中发挥服务新功能。新功能是在坚守共有精神家园,发挥"以文化人"服务功能的前提下,服务于推动社会主义文化大发展大繁荣,全面提升人民群众的文化素养,维护国家文化安全,增强国家文化软实力,推进国家治理体系和治理能力现代化。

基于上述概念界定,创造性转化具有深刻而丰富的内涵要求,即"因时而转",以当下现实为转化的价值尺度,以服务现实为转化的价值旨归,以创造出新为价值特征。

创造性转化以"现实"为价值尺度。创造性转化要"按照当今时代要求、现实社会标准、当代中国人思维进行转化"②。创造性转化的具体表征是传统文化的现代性发展,内在本质则是人的现代化实现。以"现实"为尺度,是基于现实的问题导向,紧抓时代脉搏,紧扣时代主题,在传统文化的现代化转化中,实现文化现代化发展与人的思维现代化转变的协调进步。

创造性转化以服务现实为价值旨归。创造性转化要"力求与现代社会接轨、与民众需求吻合,达到为今天所用、为现实所用"③。服务于现实,是要实现文化的人本价值旨归,即以国人的根本价值诉求为指向,以满足多样化、多层次的精神需求为动力,实现传统文化的现代性转化与国人的现代化素养提升的高度契合。服务于现实,是要将传统文化创造性转化与国家、民

---

① 商志晓:《中华传统文化创造性转化创新性发展的哲学审思》,《光明日报》2017年1月9日。
② 商志晓:《中华传统文化创造性转化创新性发展的哲学审思》,《光明日报》2017年1月9日。
③ 商志晓:《中华传统文化创造性转化创新性发展的哲学审思》,《光明日报》2017年1月9日。

族、人民的发展命运紧密联系起来，真正使传统文化服务于社会主义现代化国家建设，服务于中华民族伟大复兴，服务于人民精神文化需求的满足。

创造性转化以创造性为价值特征。创造性转化"不是简单搬运移植过来，而必须具有新生新造之韵，体现为新蕴含新样式"[①]。中华传统文化的创造性是要以"破旧"为前提，不是简单否定传统文化，而要摒弃不适合时代要求、不适应现代社会、不契合时代价值诉求的文化内涵、内容与形式；以"立新"为关键，不能机械地复古泥古，更要赋予优秀传统文化以新的时代内涵，确立新的表达方式，运用新的传媒手段，以实现传统文化的核心理念、传统美德与人文精神的创造性发展。

2. 中华传统文化创新性发展的科学内涵

"创新性发展则是以中华传统文化为依托进行的创新努力，'中华传统文化'是底色，'发展'是追求，根本特征是'创新'，旨归不只是'服务'，重在提炼出融入现代社会形态的新内容。"[②]

创新性发展的相关概念需要在三个层面上予以界定。其一，关于创新性的概念界定。"创新"意指抛开旧的，创造新的。创新性意指破旧与立新并存的基本特性。其二，关于发展的概念界定。"发展"意指事物由小到大，由简到繁，由低级到高级，由量变到质变，由旧质到新质的发展过程。其三，关于创新性发展概念界定。"创新性发展"意指，创新是事物发展的动力，发展是事物创新的目标。具体而言，"创新"是事物"旧质"与"新质"在对立统一关系中、不断破旧立新的过程。发展则是事物"量变"与"质变"在对立统一关系中、以前进上升为目标趋向，不断实现质的飞跃的过程。

就本质内涵而言，"所谓创新性发展，是指中华传统文化的提升超越，重在阐发立足现实并解决当今时代问题的创新内容"[③]。具体而言，创新性发展是以发展为价值追求，以文化与时代的有机融合为价值维度，以传统文化资源为底色，集中彰显了三个方面的内在规定性。其一，以传统文化发展

[①] 商志晓：《中华传统文化创造性转化创新性发展的哲学审思》，《光明日报》2017年1月9日。
[②] 商志晓：《中华传统文化创造性转化创新性发展的哲学审思》，《光明日报》2017年1月9日。
[③] 商志晓：《中华传统文化创造性转化创新性发展的哲学审思》，《光明日报》2017年1月9日。

为追求。创新性发展的本质内容是传统文化的继承发展，是实现传统文化核心思想理念、传统美德与人文精神的时代性发展。其二，以传统文化创新为特征。创新性发展是以创新为动力，在文化创新中使传统文化实现新飞跃，形成文化的新样态。其三，以传统文化的有机融入为旨归。创新性发展并非是传统文化为了发展而发展，为了创新而创新，而是使传统文化以鲜活的生命力，有机融入现代社会形态之中，彰显"以文化人"的本真价值。

基于上述相关概念的界定，创新性发展蕴含着深远而深刻的内涵要求，即以创新性发展为传统文化与现代社会的关联助力，从传统文化的本真价值出发，以传统文化与现代社会的有机融合为关联点，以解决现实问题的诉求为落脚点。

创新性发展从传统文化思想基底出发。创新性发展要充分尊重而不是背离传统文化思维主线和思维特征。传统文化的本质特征与思维特质要予以继承发展，充分保有传统文化的理念、智慧、气度与神韵。传承与发展传统文化中的最根本文化基因，是创新性发展的价值指向，是创新性发展的合理性与可行性的价值保障。

创新性发展以回答解决现实问题为旨归。创新性发展要紧扣时代需求与民众意愿去创新发展。创新性发展具有内在的文化张力，具有鲜明的时代特征与实践指向。就时代特征而言，创新性发展是以期解决时代问题，凝练时代精神，在厘清传统文化的发展脉络中确立发展趋向。就实践指向而言，创新性发展是在"六经注我，我注六经"的价值互释中，以期增强国人的文化定力、自觉与自信。

创新性发展从传统文化中汲取思想养料。创新性发展要在现实条件下致力于文化提升和思想超越。创新性发展是两种文化形态得以联结的关键，一者是传统文化，在一脉相承中充分彰显其时代特质；一者是中国特色社会主义文化新形态，在传统文化的滋养下更为完善发展，充分彰显其先进性与优越性。

（二）创造性转化创新性发展的目标定位

《关于实施中华优秀传统文化传承发展工程的意见》明确指出，"坚持创造性转化和创新性发展"，"坚持辩证唯物主义和历史唯物主义，秉持客观、科学、礼敬的态度"，"不断赋予新的时代内涵和现代表达形式，不断补充、拓展、完善，使中华民族最基本的文化基因与当代文化相适应、与现代社会相协调"①。创造性转化创新性发展具有明确的目标定位，即：在"不忘初心"中坚守共有的精神家园，在"继往开来"中构建中国特色社会主义文化新形态。

1. 建设社会主义先进文化

建设社会主义文化强国，增强国家文化软实力，必须坚持社会主义先进文化前进方向，坚持中国特色社会主义文化发展道路。创造性转化创新性发展是以文化强国为战略导向，坚持社会主义先进文化的发展方向，彰显中国特色社会主义文化的本质属性。

坚持社会主义先进文化前进方向。社会主义先进文化"面向现代化、面向世界、面向未来"，中华优秀传统文化创造性转化创新性发展也要"面向现代化、面向世界、面向未来"。面向现代化，即"不断赋予新的时代内涵和现代表达形式，不断补充、拓展、完善，使中华民族最基本的文化基因与当代文化相适应、与现代社会相协调"②。中华传统文化要彰显现代化的两个重要方面。一是具有新的时代内涵、内容与形式，使中华传统文化具有时间维度的现代性与当下性；一是具有新的时代功能与价值，使中华传统文化具有价值功能的现代性，使其与现代化的经济社会发展相协同。面向世界，即以交流互鉴的方式，"以我为主、为我所用，取长补短、择善而从，既不简单拿来，也不盲目排外，吸收借鉴国外优秀文明成果，积极参与世界文化的对话交流，不断丰富和发展中华文化"③。中华传统文化要在创造性转化创新性发展中，具有全球化的文化视野、国际化的文化格局。一方面，要保持高度的文化自信，以坚持弘扬社会主义先进文化为根本前提，坚守"以我为主、为我所用"的文化定力；另一方面，要保持开放包容的文化心态与姿态，在交流互鉴中，真正吸收国外优秀文明成果，使之有机融入社会主义先进文化之中，塑造好中国文明古国、文明大国与文化强国的形象。面向未

---

① 《关于实施中华优秀传统文化传承发展工程的意见》，《人民日报》2017年1月26日。
② 《关于实施中华优秀传统文化传承发展工程的意见》，《人民日报》2017年1月26日。
③ 《关于实施中华优秀传统文化传承发展工程的意见》，《人民日报》2017年1月26日。

来，继往开来，"坚持创造性转化、创新性发展，坚守中华文化立场、传承中华文化基因，不忘本来、吸收外来、面向未来，汲取中国智慧、弘扬中国精神、传播中国价值，不断增强中华传统文化的生命力和影响力，创造中华文化新辉煌"①。中华传统文化要基于过去、当下与未来的时代链接，实现创造性转化创新性发展。一方面，中华传统文化要在"继往"中"开来"，在"一以贯之"中传承中华文脉，传承中华文化的根本基因；另一方面，要立足实现文化强国的战略任务，创造中华文化新辉煌，使中华文化展现出"历久弥新"的辐射力，发挥其重要的文化治理功能，以维护国家文化安全，增强国家文化软实力。

彰显社会主义先进文化的本质属性。社会主义先进文化具有民族、科学、大众的本质属性。创造性转化创新性发展，要以民族性、科学性与大众性为价值引领，坚持中国特色社会主义文化发展道路。创造性转化创新性发展，使中国特色社会主义文化更具民族性。习近平指出："传承中华文化，绝不是简单复古，也不是盲目排外，而是古为今用、洋为中用，辩证取舍、推陈出新，摒弃消极因素，继承积极思想，'以古人之规矩，开自己之生面'，实现中华传统文化的创造性转化和创新性发展。"② 民族性是传统文化的本质属性与内在规定性，民族性的充分彰显是传统文化的生命与生机所在。创造性转化创新性发展要以民族性为根本价值定位，在"古与今"的传承创新、"中与外"的交流借鉴中，坚守民族性的鲜明特质。创造性转化创新性发展要以科学理论为指导，即以马克思主义为指导原则，"立足于巩固马克思主义在意识形态领域的指导地位、巩固全党全国人民团结奋斗的共同思想基础，弘扬社会主义核心价值观"③，使传统文化成为马克思主义中国化的重要滋养与文化资源。创造性转化创新性发展要以合规律性为指向，"坚持辩证唯物主义和历史唯物主义，秉持客观、科学、礼敬的态度"④；科学遵循文化生成发展规律，顺应人类社会发展规律，使传统文化具有社会主义先进文化的特质与属性。创造性转化创新性发展要以

---

① 《关于实施中华优秀传统文化传承发展工程的意见》，《人民日报》2017 年 1 月 26 日。
② 习近平：《在文艺工作座谈会上的讲话》，人民出版社 2015 年版，第 26 页。
③ 《关于实施中华优秀传统文化传承发展工程的意见》，《人民日报》2017 年 1 月 26 日。
④ 《关于实施中华优秀传统文化传承发展工程的意见》，《人民日报》2017 年 1 月 26 日。

人民大众为根本价值旨归,"坚持为了人民、依靠人民、共建共享"[1],目的是实现传统文化有机融入人民的精神生活,成为共有精神家园的重要滋养。一方面,创造性转化创新性发展以人民大众的需求为根本动力,由以激活人民大众的文化创造力,激发全社会的文化活力,增强人民大众对传统文化的认同感、参与感与获得感。另一方面,创造性转化创新性发展要实现文化成果由人民共享,引导人民大众继承发展传统文化理念,注重文化熏陶,感悟人生意义,启迪人生智慧;继承弘扬中华传统美德,以丰富的道德理念和规范,匡正价值标准,加强实践养成;继承弘扬中华人文精神,以多样珍贵的精神财富,匡正价值追求,汲取生活智慧,完善处世之道。

2. 建构中华民族共有精神家园

文化是精神家园的内核,中华传统文化是中华民族共有精神家园的根基。创造性转化创新性发展以建构中华民族共有精神家园为目标定位,为人民构筑共同的意义世界,为中华民族伟大复兴提供不竭的精神动力。

提升中华民族精神家园的主体共建能力。中华民族共有的精神家园是中华民族在历史传承与创新中,合力共建、价值共有与精神共鸣的意义世界与价值诉求。习近平指出,"每个时代都有每个时代的精神。我曾经讲过,实现中国梦必须走中国道路、弘扬中国精神、凝聚中国力量"[2]。精神家园的共建,需要高度的文化自觉、自信与自强,在实现中国梦的奋斗过程中,彰显中国特色与时代精神。走中国道路是共建精神家园的道路指向。习近平指出,"方向决定道路,道路决定命运"[3]。中国梦昭示着中华民族伟大复兴的目标,确立了中华民族精神家园的意义指向,也明确了实现中国梦的道路指向。走中国道路,必然需要以高度的文化自觉,从中华传统文化中汲取智慧与力量,实现中华民族最伟大的梦想。弘扬中国精神是共建精神家园的文化根基。习近平指出,"中国人民的理想和奋斗,中国人民的价值观和精神世

---

[1] 《关于实施中华优秀传统文化传承发展工程的意见》,《人民日报》2017年1月26日。
[2] 习近平:《在文艺工作座谈会上的讲话》,人民出版社2015年版,第22页。
[3] 习近平:《在纪念中国人民抗日战争暨世界反法西斯战争胜利69周年座谈会上的讲话》,人民出版社2014年版,第16页。

界,是始终深深植根于中国优秀传统文化沃土之中的,同时又是随着历史和时代前进而不断与日俱新、与日俱进的"①。中国精神的弘扬,以弘扬民族精神为文化前提。优秀传统文化滋养了中国精神,使中国精神具备了深厚的历史积淀与厚重的文化分量。中国精神的弘扬,是以高度的文化自信,坚守优秀传统文化之根,传承优秀传统文化之魂,在与日俱新、与日俱进的传承发展中,实现民族精神与时代精神的高度契合与有机融合。凝聚中国力量是共建精神家园的文化力支撑。诚如古语所说:"知人者智,自知者明;胜人者有力,自胜者强。"中国力量的凝聚,是文化自觉与文化自信的彰显,更是以自为选择、自主发展与自觉创新的方式,实现文化自强。中国力量是坚定走中国道路,弘扬中国精神的物质保障与文化依托,既是综合国力的充分彰显,也是文化软实力的有力表征。文化自强是以创造性转化创新性发展为动力,在文化自觉中辨识、甄别传统文化资源,在文化自信中传承传统文化精髓,在文化自强中实现传统文化的现代性转化与发展。

稳固中华民族精神家园的文化共有根基。中华传统文化具有生生不息的内在活力,薪火不断地传承相接,更有顽强不止的生命特质。习近平指出,"为什么中华民族能够在几千年的历史长河中生生不息、薪火相传、顽强发展呢?很重要的一个原因就是中华民族有一脉相承的精神追求、精神特质、精神脉络"②。创造性转化创新性发展,是以稳固一脉相承的文化根基为目标定位,坚守共有的精神追求、精神特质与精神脉络,固守中华民族共有精神家园。一脉相承的精神追求承载着中华民族的价值愿景。习近平指出,"讲清楚中华文化积淀着中华民族最深沉的精神追求,是中华民族生生不息、发展壮大的丰厚滋养"③。创造性转化创新性发展,正是以礼敬的态度,去辨识与珍守"一以贯之"的精神追求;以历史的态度,在文化衍变的历史进程中,在古今之变的发展中,去理解与感悟"历久弥坚"的精神追求;以科学的态度,在历史大势的发展趋向中,将传统文化中的思想理念、价值标准、审美风范等精华积淀,在时代转化与生活涵化中,使最为深沉的精神

---

① 习近平:《在纪念孔子诞辰2565周年国际学术研讨会暨国际儒学联合会第五届会员大会开幕会上的讲话》,人民出版社2014年版,第13页。
② 习近平:《在文艺工作座谈会上的讲话》,人民出版社2015年版,第22页。
③ 《习近平谈治国理政》第1卷,外文出版社2018年版,第155页。

追求融入时代发展，融入日常生活。一脉相承的精神特质塑造出中华民族的文化气质。习近平指出，"中华优秀传统文化已经成为中华民族的基因，植根在中国人内心，潜移默化影响着中国人的思想方式和行为方式"①。中华民族屹立于世界民族之林，不仅使民族的血脉传承至今，更使文化的血脉绵延不绝。其关键因素是中华传统文化具有强烈的吸引力，形成了辐射周边的中华文化圈。此种吸引力彰显的，恰是中华民族的精神特质。诸如"天下大同"的境界、"道法自然"的智慧、"反求诸己"的内省、"以德报怨"的气度等，皆散发着中华民族的文化魅力。传承中华民族的精神特质，是在创造性转化创新性发展中，在"古为今用，以古鉴今"中，真正将民族的智慧、理念与思想融入时代境遇之中。一脉相承的精神脉络构筑出中华民族的文化内聚力。习近平指出，"这些思想和理念，既随着时间推移和时代变迁而不断与时俱进，又有其自身的连续性和稳定性。我们生而为中国人，最根本的是我们有中国人的独特精神世界，有百姓日用而不觉的价值观"②。纵观文明历程，中华传统文化具有强大的内稳态结构，面对他者文化与外来文化的交流、影响，能够为己所用，融合吸收，凝聚形成强大的文化场。审视当下境遇，中华传统文化在创造性转化创新性发展中，依然能够坚守一脉相承的精神脉络，以文化场的辐射力与吸引力，融入日用常行之中，塑造日用而不觉的思维方式与行为方式。

巩固中华民族精神家园的价值共识基础。共有精神家园的内核是核心价值观，精神根基是中华民族对核心价值观的认同、共识与恪守。习近平指出："牢固的核心价值观，都有其固有的根本。抛弃传统、丢掉根本，就等于割断了自己的精神命脉。博大精深的中华优秀传统文化是我们在世界文化激荡中站稳脚跟的根基。"③ 稳固共有精神家园的根基，是要从传统文化中汲取文化滋养，匡正社会规范与价值规范，涵养社会主义核心价值观。中华传统文化中的道德理念需要传承弘扬。习近平指出："对传统文化中适合于调理社会关系和鼓励人们向上向善的内容，我们要结合时代条件加以继承和

---

① 《习近平谈治国理政》第 1 卷，外文出版社 2018 年版，第 170 页。
② 《习近平谈治国理政》第 1 卷，外文出版社 2018 年版，第 170—171 页。
③ 《习近平谈治国理政》第 1 卷，外文出版社 2018 年版，第 164 页。

发扬，赋予其新的涵义。"① 传统文化蕴含着丰富的道德理念与价值规范，涌现了不可胜数的道德典范，流传着感人可泣的典故事迹。中华传统文化是以道德理念与价值规范的方式，凝结为中华传统美德，根植于国人的内心之中，形成了国人的集体文化记忆与潜在道德意识。中华传统美德要根植于当下社会境遇之中，将道德理念有机融入现实境遇之中，以"因时而进"的价值理念，契合社会实情与发展实际，以鲜明的价值规范，依据评判是非曲直的价值标准，有力匡正人们的行为标准。社会主义核心价值观需要中华传统文化的底蕴滋养。习近平强调："中华民族在长期实践中培育和形成了独特的思想理念和道德规范，有崇仁爱、重民本、守诚信、讲辩证、尚和合、求大同等思想，有自强不息、敬业乐群、扶正扬善、扶危济困、见义勇为、孝老爱亲等传统美德。"② 社会主义核心价值观是中华优秀传统文化核心观念、中华传统美德与中华人文精神的时代表达，它以高度的价值凝练，充分蕴含着传统文化的价值精髓。同时，中华传统文化作为涵养社会主义核心价值观的文化本源，以"以古鉴今"的方式确证了社会主义核心价值观的科学性、合理性与传承性；在历史传承、积淀与演化中，以"源头活水"般的文化底蕴滋养了社会主义核心价值观。

三 创造性转化创新性发展的原则方法和实现路径

实现中华传统文化的创造性转化创新性发展，必须秉承充分尊重礼敬的态度，运用科学辩证的方法，着眼于现实的需求，在转化再造过程中不断提升传统文化的影响力和现代价值。

（一）中华传统文化创造性转化创新性发展的基本原则

中华传统文化创造性转化创新性发展不仅仅是理论问题，更是实践问题。在实践中真正实现创造性转化创新性发展，须坚持主导性与多样性相统

---

① 习近平：《在纪念孔子诞辰2565周年国际学术研讨会暨国际儒学联合会第五届会员大会开幕会上的讲话》，人民出版社2014年版，第7页。

② 习近平：《在文艺工作座谈会上的讲话》，人民出版社2015年版，第25—26页。

一、传统与现代相统一、民族性和世界性相统一等基本原则。

1. 坚持主导性和多样性相统一

任何一个国家和民族，必然有一种占主导地位的文化形态和思想体系。中华传统文化进行创造性转化创新性发展，必须在马克思主义指导下进行。文化的多样并存是一个不争的事实，我们必须坚持主导性和多样性的统一。坚持主导性就是确立马克思主义的指导地位。历史和现实告诉我们，坚持马克思主义指导地位是历史的选择、人民的选择、文化的选择。创造性转化创新性发展不是散漫式的转化或发展，而是保持文化定力、明确文化指向的传承发展，即传承创新文化要赋予马克思主义的理论品质，充分彰显科学性、实践性、时代性与创造性等文化特质。

在坚持马克思主义意识形态主导地位的同时，还必须坚持文化发展的包容性和多样性。一元主导和多样发展本来不是对立的，而是既有区别，又相互制约、相互贯通。不存在没有多样发展的主导性，也不存在没有主导性的多样发展。主导性的发挥离不开多样发展。只有主导性缺乏多样性，一元主导的主导地位便无从谈起；反之，若没有主导性的支撑，多样性的发展就会失去方向。在对中华传统文化创造性转化创新性发展的过程中，必须正确对待马克思主义与其他多种文化的关系，既要尊重文化多样发展的客观事实，又必须始终坚持马克思主义在中华传统文化创造性转化创新性发展中的指导地位，自觉坚持运用马克思主义立场观点方法，科学对待传统文化，把马克思主义的方法态度与中华传统文化的文化滋养相结合，实现中华传统文化现代化，使之积极服务社会现代化和人的现代化发展。

2. 坚持传统与现代相统一

传统是在文化发展过程中逐步形成和完善的观念、规范和认知的核心要素，它编织了人们生活的背景，其中凝结着文化给予人们的生活方式与生存智慧，影响着文化中长期的、普遍起作用的生活方式和心理模式等。现代则是社会"结构—功能"的巨大变迁，是在新的时代背景下对原有"结构—功能"的渗透、改造、替换，是对旧的社会范式的变革与适应性整合。如何处理传统与现代的关系问题，也是如何对待文化的传承与创新问题。文化的传承是人类主体为了自身的发展进步所进行的持续不断地、永不停息地改造旧文化和建设新文化的过程。传承包含两方面的含义，即要在"传"的基础上"承"。只"传"不"承",传统的东西就失去存在的现代载体,传统文化即使再优秀也是没有生命力的过去时;而抛弃传统,也就抛弃了"承"的内核,传承便只是一句空谈。归结起来,坚持传统与现代的统一就是坚持扬弃继承与转化创新的统一。

扬弃继承,就是有鉴别地加以对待,取其精华、去其糟粕,传承中华传统文化基因。习近平指出,"我们要对传统文化进行科学分析,对有益的东西、好的东西予以继承和发扬,对负面的、不好的东西加以抵御和克制,取其精华,去其糟粕,而不能采取全盘接受或者全盘抛弃的绝对主义态度"①。转化创新,就是坚持推陈出新,赋予传统文化新的时代内涵和现代表现形式,形成相得益彰、协调适应的文化创新格局,充分弘扬中华传统文化的当代价值,积极服务当今社会发展和人的发展。"推陈出新并不是与传统文化彻底决裂,而是顺着中华传统文化的方向谋求新的发展。"② 通过扬弃继承和转化创新,使传统文化成为有利于解决现实问题的文化,有利于推进社会发展的文化,有利于培育时代精神和时代新人的文化,进而推动中华传统文化走向现代化。

3. 坚持民族性和世界性相统一

在世界文明体系中,每一种文化都具有鲜明的民族性。恩格斯指出:"每一时代的社会经济结构形成现实基础,每一个历史时期的由法的设施和政治设施以及宗教的、哲学的和其他的观念形式所构成的全部上层建筑,归根到底都应由这个基础来说明。"③ 每个民族的现实基础不同,决定了每个民族、地区的思想文化必定不同,不同民族和地区在长期的历史发展中所形成和积淀的思维方式、行为方式和价值取向,不可避免地带有自身的地域和民族特性,不同的环境、条件,造就不同民族文化各自的风格。但是不同民族的文化又不是绝对相异的,不同民族的文化都是世界文明的组成部分,包含着某些人类共同的价值追求和向往。随着人的交往的发展,文化的这种普遍性和共通性会不断增强。在交往普遍发展的条件下,"过去那种地方的和

---

① 《牢记历史经验历史教训历史警示 为国家治理能力现代化提供有益借鉴》,《人民日报》2014年10月14日。
② 陈来:《中华优秀文化的传承和发展》,《光明日报》2017年3月20日。
③ 《马克思恩格斯选集》第3卷,人民出版社2012年版,第401页。

民族的自给自足和闭关自守状态，被各民族的各方面的互相往来和各方面的互相依赖所代替了。物质的生产是如此，精神的生产也是如此。各民族的精神产品成了公共的财产。民族的片面性和局限性日益成为不可能"①，世界的普遍交往不仅使各民族的文明成果广为流传，而且经过交流、传播获得了世界性的意义。因此，每一个民族的文化又都是世界的，这是文化本身所固有的特性。

  文化民族性和世界性的统一是文化发展的内在本质要求。中华传统文化作为世界文化的重要组成部分，必然遵循这一本质要求。在中华传统文化进行创造性转化创新性发展的过程中，要坚持文化的民族性和世界性相统一。一方面，要积极吸收世界文明的优秀成果。历史的经验告诉我们，故步自封地坚守自己的民族性不仅不会带来民族文化的发展，反而使得原本先进的文化落后于世界文明发展的潮流。因此，吸收世界文明成果以丰富自身，是实现中华传统文化创造性转化创新性发展的必然前提。正如习近平指出的："要理性处理本国文明和其他文明的差异，认识到每一个国家和民族的文明都是独特的，坚持求同存异、取长补短，不攻击、不贬损其他文明。"② "进行文明相互学习借鉴，要坚持从本国本民族实际出发，坚持取长补短、择善而从，讲求兼收并蓄，但兼收并蓄不是囫囵吞枣、莫衷一是，而是要去粗取精、去伪存真。"③ "我们都应该采取学习借鉴的态度，都应该积极吸纳其中的有益成分，使人类创造的一切文明中的优秀文化基因与当代文化相适应、与现代社会相协调，把跨越时空、超越国度、富有永恒魅力、具有当代价值的优秀文化精神弘扬起来。"④ 另一方面，要以民族性融入世界性。吸收世界文明成果是手段，而在坚持自身文化民族性的同时融入世界文明体系之中，使中华传统文化"走出去"，不断提高中华传统文化的影响力，彰显中华传统文化的世界意义，是中华传统文化

---

① 《马克思恩格斯选集》第 1 卷，人民出版社 2012 年版，第 404 页。
② 习近平：《在纪念孔子诞辰 2565 周年国际学术研讨会暨国际儒学联合会第五届会员大会开幕会上的讲话》，人民出版社 2014 年版，第 8 页。
③ 习近平：《在纪念孔子诞辰 2565 周年国际学术研讨会暨国际儒学联合会第五届会员大会开幕会上的讲话》，人民出版社 2014 年版，第 10—11 页。
④ 习近平：《在纪念孔子诞辰 2565 周年国际学术研讨会暨国际儒学联合会第五届会员大会开幕会上的讲话》，人民出版社 2014 年版，第 10 页。

创造性转化创新性发展的重要目的。

(二) 中华传统文化创造性转化创新性发展的方式方法

中华传统文化创造性转化创新性发展要落在实处，须在原则指导的基础上，运用理性认知与情感认同并重、显性宣传与隐性融入互补、生活世界与实践养成相统一等方式方法。

1. 理性认知与情感认同并重

理性认知，是相对于感性认识而言的，是指按照事物内在的规律认识事物，是对认知对象系统的、整体的和本质的认识。对中华传统文化的理性认知，既不是对传统文化盲目推崇，也不是对传统文化一味批判，而是在了解中华传统文化的基本内涵和基本精神的基础之上形成的对中华传统文化整体的、正确的认知。所谓认同，是指作为主体的人对对象的肯定性评价，是主体在认识和实践过程中形成的、对自身同一性及自身与他者之间同一性的内在认识和情感共鸣。对中华传统文化的情感认同，也就是对中华传统文化的内在精神和特质所具有的意义、价值在内在情感上的接纳与融通。通过情感认同的方式，中华传统文化逐渐发展为一种群体的价值意识。

中华传统文化创造性转化创新性发展，须坚持理性认知与情感认同并重。一方面，理性认知是情感认同的前提和基础，"理性认知是主体意识向高级阶段发展的起始点，它是实现客体主体化的前提和基础"[①]。通过理性的认识和分析，使得我们对本民族的文化历史传统、现实状况、未来发展有"自知之明"，对它的发展规律及特点、与时代发展的契合点和所存在的矛盾做到"心中有数"。也就是说，通过对中华传统文化本身的理性剖析，正确定位中华传统文化，由此才能"深入了解中国的文化血脉，准确把握滋养中国人的文化土壤"[②]。另一方面，对中华传统文化的情感认同，是理性认知基础上的内在肯定和情感共鸣。单纯的理性认知不能够保证文化自觉践行。马克思指出，"激情、热情是人强烈追求自己的对象的本质力量"[③]。实

[①] 双传学：《社会主义核心价值观研究丛书·实践篇》，江苏人民出版社 2015 年版，第 39 页。

[②] 习近平：《在纪念孔子诞辰 2565 周年国际学术研讨会暨国际儒学联合会第五届会员大会开幕会上的讲话》，人民出版社 2014 年版，第 12 页。

[③] 《马克思恩格斯全集》第 3 卷，人民出版社 2002 年版，第 326 页。

现中华传统文化创造性转化创新性发展，必须在理性认知的基础上形成个人对其在情感上的认同和共鸣，这是文化发展的内在原生动力。

2. 显性宣传与隐性融入互补

所谓显性即性质或性状表现在外的，隐性则是指性质或性状不表现在外的、不易察觉的。中华传统文化的显性宣传方式，即通过外显的、直接灌输的方式将其内涵和精神直接呈现在人们面前，具有直接性、系统性和导向性的特点。所谓融入，是指一事物和另一事物的有机融汇和相互渗透。中华传统文化的隐性融入方式是以内隐、渗透的方式，将其精神内核融入人们的日常工作、学习和生活之中，使人们在不知不觉中受到熏陶。这种隐性融入的过程，也就是个体对中华传统文化的认同和接受过程。

中华传统文化创造性转化创新性发展，需要培养认识主体对传统文化内在的热爱和崇敬，而这种内在的热爱和崇敬需要发挥显性宣传和隐性融入的共同作用。首先，显性宣传是隐性融入的重要依托。以隐性融入的方式推进中华传统文化的创造性转化创新性发展，需要以显性宣传为前提，显性宣传的直接性和系统性为中华传统文化真正融入人的内心，提供了重要的认知前提。若没有显性宣传为先导，仅凭间接的文化熏陶，中华传统文化创造性转化创新性发展就只能是碎片化的状态，难以成为全社会的文化共识。其次，隐性融入是显性宣传的必要补充。理论的深入人心仅靠外在的宣传难以实现，必须发挥隐性融入的作用。隐性融入的渗透性和自主性，使得行为主体在不知不觉中将中华传统文化的精髓内化为自身的内心信念。

3. 生活世界与实践养成相统一

中华传统文化创造性转化创新性发展，要立足人们的现实生活世界。实践的观点是马克思主义首要的和基本的观点。实践是人的根本存在方式和本质活动，马克思指出，"全部社会生活在本质上是实践的"[①]。生活是人的错综复杂的活动的总称，是人类社会所特有的。生活世界即人们活动的世界，是人的生活实践活动长期发展的必然结果与必然产物，是人生活于其中的、并以全面的人为指向的人的世界。只有在现实的生活世界中，人们才能实现

---

① 《马克思恩格斯选集》第 1 卷，人民出版社 2012 年版，第 135 页。

中华传统文化创造性转化创新性发展。要立足日常生活，在"日用常行"中践行中华传统文化。生活实践要尊重人民大众的主体地位与作用，使其成为中华传统文化的传承者。传统节日的传承，必然要立足传统节日的振兴、非物质文化遗产的留存、传统人文精神的弘扬等多重维度，引导人民群众自觉认知中华传统节日的文化内涵，以春节、元宵、清明、端午、七夕、中秋、重阳等作为传统节日的重要节点，使传统节日在内涵深化与形式转化中，有机融入日常生活。因此，推进中华传统文化创造性转化创新性发展，必须坚持从"现实的人"和现实的需要出发，使中华传统文化创造性转化创新性发展真正满足人们的需要和利益。

中华传统文化创造性转化创新性发展，须以实践养成的方式进行。通过实践养成，推动中华传统文化的精神内核不断内化于心、外化于行。中华传统文化的实践养成，是要将文本意义上的精神理念转化为现实意义上的实践养成。此种养成方式，是以"反求诸己"的形式，立足个体的生活实践，通过具体的实践操作、工作锻炼，将传统文化中的人文精神与传统美德转化为个人的修身功夫。要立足于个体的生活实践，引导个体以更为自觉的实践智慧，通过个人经历与体悟的方式，感悟传统文化中的"格物"之学，内化为个体的文化修养功夫，外化为文化实践能力。

（三）中华传统文化创造性转化创新性发展的实践路径

要实现中华传统文化创造性转化创新性发展，必须在国民教育、家庭教育、社会教育的具体行动中，强化教化作用，强化宣传普及，创新文化话语体系，提高阐释研究水平，发挥人民群众主体作用。

1. 加强国民教育、家庭教育和社会教育的教化作用

作为价值观教育的主要渠道，国民教育在培养情感、态度、价值观、理想、信念等方面的作用，是其他组织和途径所无法替代的。首先，国民教育必须注重文化养成的隐性教育方式。通过学校进行传统文化教育，本质上是发挥传统文化的育人作用。潜移默化、润物无声的文化养成、文化认同和文化自觉，是使学生领会中华传统文化的有效手段。其次，国民教育要将学校教育和自我教育相结合。在人的精神成长、行为变化过程中，学校教育是外因、是必要条件，自我教育是内因、是根据，外因只有通过内因才能起作

用。实现学生对中华传统文化精神的认知和认同,学校教育必不可少。但是学生的自我教育是必要的内在机制,没有自我教育,仅靠外在的学校教育,很难达到使传统文化精神内化于心、外化于行的目标。

重视家庭教育历来是中华民族的传统。在数千年的历史发展过程中,家庭教育对文化传承发挥了重要的不可替代的作用,对组织社会生活、协调人际关系、促进经济文化发展,都具有特别的意义。历史发展到今天,家庭及家庭教育的这种功能,仍然是其他社会组织无法完全替代的,仍然有着强大的生命力和众多的社会功能。我们应该更加注重发挥家庭教育在继承发扬中华传统文化中的作用。首先,家庭教育要突出对中华传统道德的传承作用。家庭教育是对中华传统伦理道德最直接、最有效的传输模式。一方面,中华传统文化中的尊老爱幼、勤俭持家、艰苦奋斗等理念,在当今社会仍然是我们所需要发扬的;另一方面,我们要学习中华传统文化强调的"言传身教、德教为本"的家庭教育方法。其次,家庭教育要注重发挥家风、家训的道德约束作用。"尊老爱幼、妻贤夫安,母慈子孝、兄友弟恭,耕读传家、勤俭持家,知书达礼、遵纪守法,家和万事兴等中华民族传统家庭美德……是支撑中华民族生生不息、薪火相传的重要精神力量,是家庭文明建设的宝贵精神财富。"[①] 家风的熏陶和家训的训导作用,对良好的家庭环境建设具有重要意义。因此,家庭成员要将良好的家风、家训与家庭环境建设结合起来,创设和谐健康、积极进取、关爱他人、情系祖国和社会的家庭氛围,将中华传统文化的合理因素融入到家风和家训中。

中华传统文化是中华民族在世世代代的社会生活中形成的,并以传统核心价值观的方式影响着历代人们的生活。要真正实现中华传统文化创造性转化创新性发展,还必须发挥社会教育的作用。首先,发挥社会教育的作用须突出榜样的力量,营造良好的社会风气。中华传统文化向来追求"见贤思齐"的道德教育方式。榜样是一种价值的凝结,是一种价值资源,是一种做人做事的标杆,是一面镜子、一面旗帜。榜样可以是千古流传的英雄,也可以是我们身边的普通的个人。通过学习榜样身上的优良品质,进而能够营造良好的社会风气。其次,发挥社会教育的作用还要重视乡规民约的作用。乡

---

① 习近平:《在会见第一届全国文明家庭代表时的讲话》,《人民日报》2016年12月16日。

规民约是长期发展起来的用以教化、组织以及鼓励人们相互和谐地生活、老百姓自己认可和接受的行为规则。传统的乡规民约历来以劝善惩恶、广教化而厚风俗为己任，以稳固乡村社会秩序为目的。作为一种不成文的规定，乡规民约制约着人们的行为，引导人们积极向善。发挥乡规民约的作用，要丰富和发展乡规民约的内涵和发挥作用的方式。社会在变迁，时代在进步，乡规民约的内容和表现形式也必须日益丰富，包括现代社会经济发展、市场公平、社会稳定等在内的诸多关涉乡村和谐的内容，也应该有选择、有改造地纳入其中。

2. 强化宣传普及

中华传统文化的创造性转化创新性发展，须以全民族、全社会为主体，凝聚文化合力来推进。国民素养的现状与水平，直接关涉创造性转化创新性发展的程度与实效。加强宣传普及是提高国民文化素养的必要方式，增强宣传普及的拓展性、辐射性与渗透性是推进创造性转化创新性发展的必要条件。

拓展系统性的宣传普及内容。宣传普及的核心要义是"宣传什么"与"怎么宣传"。"宣传什么"是要厘清与完善宣传普及的主要内容。首先是要充分宣传中华传统文化的主要内容，即中华传统文化的核心思想理念、中华传统美德与中华人文精神。要立足核心思想观念，大力弘扬中华文化的价值观，推进社会主义核心价值观的培育践行；立足中华传统美德，挖掘丰富的思想道德资源，推进社会公德、职业道德与家庭美德的建设；立足中华人文精神，充分汲取传统文化中治国理政的智慧，深入挖掘传统文化中调节社会关系、提升人文修养的智慧法则。与此同时，宣传普及要将抽象的文化价值原则与具体的生活场域相融通，将传统文化精粹与微观生活情境相融合，将核心思想理念、传统美德与人文精神传播至社会各个领域，熏陶社会大众的心灵。习近平指出，"这就要求人们在学习、研究、应用传统文化时坚持古为今用、推陈出新，结合新的实践和时代要求进行正确取舍，而不能一股脑儿都拿到今天来照套照用"[①]。宣传普及必然要拓展中华传统

---

① 习近平：《在纪念孔子诞辰 2565 周年国际学术研讨会暨国际儒学联合会第五届会员大会开幕会上的讲话》，人民出版社 2014 年版，第 11 页。

文化的内容深度，既要让社会大众广泛了解传统文化"是其所是"的具体样态与表征，也要深度了解传统文化"是其所以是"的发展脉络、特征与本质，增强全社会礼敬传统文化的仪式感与庄重感，增强传承发展的文化活力与创造力。

拓展多维性的宣传普及方式与载体。宣传普及的渗透深化过程是要将"宣传什么"转化为"怎么宣传"的现实过程。"怎么宣传"意味着要基于宣传内容的多样性，实现宣传普及的方式载体与宣传普及的对象、场域的有机融通。就宣传普及的对象而言，是要将中华传统文化的内容，以多样化的方式与载体融入社会各个层面。宣传普及要善用各种方式，将中华传统文化主要内容融入主流文化、精英文化与大众文化之中。宣传方式要根据宣传普及的受众，有选择地运用各种宣传方式与话语方式，既要以严肃性与学术性的宣传方式，推动主流文化与精英文化的宣传普及；也要以灵动性与生活化的宣传方式，在大众文化层面，善用"小道理""小故事"，彰显主流意识形态的"大道理""大理论"。就宣传普及的场域而言，要将中华传统文化的内容推及全社会，影响到生产生活的各个领域。宣传普及要拓展载体的多维性，综合运用各类载体，实现现实载体与虚拟载体、传统载体与新媒体的有机融合，充分发挥电视、广播、报刊等媒体的话语传播优势，实现"线上"与"线下"媒体的有机融合。宣传普及要综合运用多媒体的形式，注重文化视觉传达系统的运用，注重文化载体的优化设计，以更为直观灵动的形象，更为厚重质朴的底蕴，将中华传统文化有机融入日常生活与公共生活的各个领域。

3. 创新文化话语体系

每种文化都有自身的文化话语系统。由于时代的局限性，中华传统文化原有的话语体系必然存在着与当代社会不相符合的地方。实现中华优秀传统文化创造性转化创新性发展，需要在话语体系上实现现代转化。

创新文化话语体系要与当代中国马克思主义文化语境相适应。中华优秀传统文化只有形成能适应现代语境的语言表达系统或话语体系，才能被现代人所理解和接受。要推动中华传统文化创造性转化创新性发展，必须创新话语体系，使之与当代中国马克思主义的文化语境相适应，实现内容和形式上的创造性转化和创新性发展，赋予其语词、观念等新的时代内涵。要实现中华文化文本内容的时代转化,"在文化传习过程中,阐释不是停留在古代文本的表面意义上,或停留在作者的原意上,而是建构性地把古代文化中原有语句或命题解释为另一种积极意义,扩大了原语句的意义及其适用范围,以适合当代的需要"①;要赋予中华优秀传统文化的话语表述方式以时代形式,将经典的传统话语融入现代生活语言之中,形成一体自洽的话语语境与表述方式。

创新文化话语体系还必须创新文化发展载体。创新文化载体要在原有载体基础之上发挥新媒体的传播优势。进入信息时代,互联网和移动网络迅速崛起,成为新闻传播中最活跃的形式,并开拓出一片特色鲜明的新兴舆论场。新媒体的超文本性,为社会思想的宣传教育提供了双向交流、互动的平台。我们要充分利用互联网、手机等新兴媒体的互动性、开放性、功能多样性等优势,搭建传统文化传播平台,由抽象意义的文化载体向具象化、全息化的文化载体转化,完善文化话语的即时全息交互传播方式,努力占领网络舆论阵地,把握话语权,赢得主动权。

4. 提高阐释研究水平

实现中华传统文化创造性转化创新性发展,必须予以科学认知、辩证理解与深度阐释。"要提高阐释研究水平,增进科学认知,既要知其然又要知其所以然,既要知其何为又要知其如何为。"② 中华优秀传统文化以其深厚的义理思想、厚重的价值底蕴,使国人成为传统文化的滋养者与传承者。国人则是基于历史的流转、时代的境遇,以当下的价值视域与文化视野不断整理发掘、阐发诠释中华优秀传统文化,以期不断推进文化的时代转化与创新发展。

一要夯实阐释研究的资源基础,加强中华优秀传统文化的资源统计与发掘,实施中华文化各类资源的辨识、梳理、统计与造册等系统工程。中华优秀传统文化富含文学艺术、科学技术、人文学术等资源,在时空流转与现代化发展进程中,面临着散佚与失传的风险。要加强中华文化的资源统计研究,加强中华文化的资源保护,摸清文化"家底",充分运用大数据平台,

---

① 陈来:《中华优秀文化的传承和发展》,《光明日报》2017年3月20日。
② 商志晓:《中华优秀传统文化创造性转化创新性发展的哲学审思》,《光明日报》2017年1月9日。

进行中华传统文化资源的全面普查与精细统计；确立文化资源的濒危程度，构建准确权威、开放共享的中华传统文化资源公共数据平台。加强编修编纂工作，既要加强党史国史编修与档案整理工作，使中华文脉与历史接续传承，也要加强地方史志的编纂修复工作，使民族文化、地域文化与特色文化得以延续留存。要重视发展具有重要文化价值和传承意义的绝学、冷门学科，遵循文化特质、学科特点与研究规律，进一步加强简牍学、敦煌学、古文字学、特色地域文化研究以及传统文献和出土文献整理与研究等。

二要深化阐释研究的学理基础，在研究阐释好中华传统文化的本质规定与价值要义的基础上，加强对传统文化的甄别、辨识方法与评价标准的研究。深化阐释研究是要科学辨识中华传统文化中的糟粕，剔除腐朽落后的文化因子，汲取与弘扬传统文化的精华。立足"致广大"的宏观文化视野，将核心思想理念、中华传统美德与中华人文精神予以系统化整理；立足"尽精微"的微观文化视域，以具象化、直观化与生活化的文化诠释方式，汲取"日用不觉"的文化精髓，充分阐释其中的"微言大义"。要增强中华传统文化的时代转化与践行。"每一时代的人们都面临着自己新的问题，由此不断更新对文本意义的理解，这才是继承。从而，继承是创造性的继承，创造性应是诠释的本质，也是继承的本质。故在诠释学的立场上，继承必然是创造性的继承，而不是还原性的复制。"① 科学诠释中华传统文化的深厚义理与时代内涵，将中华传统文化中的哲学智慧与文化精髓，转化为"日用常行"的生活智慧与价值准则。在传承与创新的具体文化实践中，从"灌输"向"浸润""熏陶"的实践方法转化，将中华传统文化根植于日常生活之中，拓展完善为家训文化、书香文化、节俭文化、志愿文化等具体化、生活化的新时代文化样态。

5. 发挥人民群众主体作用

增强人民群众的主体积极性。人民群众是中华传统文化创造性转化创新性发展的价值主体与实践主体，必须坚持以人民为中心的价值导向，发挥人民的主体作用。人民群众在现实生产生活的"日用常行"中，将"日用不觉"的日常生活方式升华为"日用自觉"的实践养成方式，成为积极自觉

---

① 陈来：《中华优秀文化的传承和发展》，《光明日报》2017年3月20日。

的传统文化保护者与传承者。人民群众在更为自觉的文化实践过程中,能够提高文化辨识能力与审美水平,有利于充分发掘中华优秀传统文化中跨越时空的思想理念、价值标准、审美风范。人民群众在更为自主的实践养成过程中,将传统文化转化为精神追求和行为习惯,使人民群众不断增强文化参与感、获得感和认同感。

发挥人民群众的主体创造性。人民群众在文化自觉与文化自信的感召激励下,能够不断激发文化创新创造活力。激发人民群众的生活智慧,在最接地气、最质朴简约的日常生活中,传统文化经过人民群众的创新创造,可以转化为"原生态"的生活文化与日常文化。例如传统文化中的道德规范,在群众性精神文明创建活动过程中,可以创新发展为具有时代内涵与生活气息的"好人"文化,对中华传统美德进行时代价值的道德诠释与发展,让尊崇模范、礼遇模范、好人好报成为常态社会风尚。要发挥人民群众的主体作用,充分尊重工人、农民、知识分子的主体地位,凝聚全社会的文化合力。人民群众作为物质财富与精神财富的创造者,在深化文化体制改革过程中,能够以更为完善的机制保障,发挥更为自觉自为的文化创造力。人民群众运用生活智慧、依托新媒体与自媒体平台,以网络原创、草根原创的方式,依托中华优秀传统文化的历史典故、人物轶事,能够不断创造出喜闻乐见的优质文化产品,使文化产品富含有价值的文化流量与有深度的文化底蕴。

发挥人民群众的主体地位,须加强文化人才队伍建设。文化人才是指在文化领域内具有一定的专业知识或专门技能、进行创造性劳动并对社会作出贡献的人。文化人才来自于广大人民群众,是人民群众中的优秀知识分子,是中华传统文化创造性转化创新性发展的积极参与者和重要推动力量。培育和造就一支高素质的文化人才队伍,既是建设文化强国的迫切需要,也是建设文化强国的重要前提。加强文化人才队伍建设,一方面要注重培养文化创意人才,注重培养创意者的创新思维和创新能力,注重提高创意者文化底蕴、科技创新与艺术想象三者融会贯通的能力。另一方面要遵循文化事业发展的内在规律和文化人才的特点,从文化生活的需求出发,更新观念,创新机制,加大文化人才资源开发力度,为实现中华传统文化创造性转化创新性发展、提升我国文化软实力,提供充足的人才和智力保障。

四 中华传统文化助推现代化发展跃上新台阶

习近平指出:"文化是一个国家、一个民族的灵魂。文化兴国运兴,文化强民族强。没有高度的文化自信,没有文化的繁荣兴盛,就没有中华民族伟大复兴。"① 中华优秀传统文化是现代化建设的文化之根与精神之源,现代化发展需要民族文化的深层涵养与有力支撑。中华传统文化正处于新时代的历史方位之中,要因时而进,以高度的文化自觉,立足新时代的现代化发展愿景,实现自身的创造性转化创新性发展;也要因势而新,以坚定的文化自信,立足新时代的发展机遇,坚守中华文化立场,增强文化软实力,助推现代化发展跃上新台阶。

(一) 新时代中华传统文化助推现代化发展面临的时代机遇

中国特色社会主义进入新时代,新时代对中华传统文化传承弘扬设定了新的历史方位,提出了新的时代任务和时代要求。

1. 面临社会主要矛盾的新变化

"中国特色社会主义进入新时代,我国社会主要矛盾已经转化为人民日益增长的美好生活需要和不平衡不充分的发展之间的矛盾。"② 基于这一重大科学论断,中华传统文化作为当代中国文化的重要组成部分,必然要服务于现代化强国建设的战略任务,积极应对社会主要矛盾的新变化。

中华传统文化要满足人民在文化方面日益增长的需要。社会主要矛盾的新变化,是以中国特色社会主义取得的巨大成就为前提的。适应社会主要矛盾的新变化,中华传统文化的传承发展要发挥文化的价值引领与导向功能,满足人民的精神文化需要,切实增强人民的精神获得感与幸福感。中华传统文化要发挥应有的价值功能,助力协调好人民多方面的利益关系。传统的义利观融入社会文化的现实境遇,必然需要重新审视义利关系的价值定位,即

---

① 习近平:《决胜全面建成小康社会 夺取新时代中国特色社会主义伟大胜利——在中国共产党第十九次全国代表大会上的报告》,人民出版社2017年版,第40—41页。

② 习近平:《决胜全面建成小康社会 夺取新时代中国特色社会主义伟大胜利——在中国共产党第十九次全国代表大会上的报告》,人民出版社2017年版,第11页。

由"贵义贱利"等传统价值观念，转化为"义利并重"的现代价值定位。"重利"是要坚持社会主义市场经济改革方向，以发展解决现实问题，创造丰富的社会物质财富；"重义"是要以促进社会公平正义、增进人民福祉为出发点和落脚点，在"义利并重"的关系协调中实现国家利益、集体利益和个人利益的相互统一。

中华传统文化要助推发展不平衡不充分问题的解决。社会主要矛盾的新变化，要求中华传统文化要顺应"满足人民过上美好生活的新期待"，"提供丰富的精神食粮"①。中华传统文化需要在新的时代条件下，纳入现代文化产业体系之中，积极运用市场体系的运作方式，激发自身的文化活力与创造力。中华传统文化要善于借助市场之力，在资本运作、市场需求与经营机制等层面，充分发挥市场的灵活性与应变性，提升中华传统文化的现代化运作方式。社会主要矛盾的新变化，对中华传统文化的发展质量提出了新要求。党的十九大报告指出，"着力解决好发展不平衡不充分问题，大力提升发展质量和效益"②。这决定了中华传统文化的发展不仅要遵循文化生成演化规律，还要遵循社会发展规律，以推动人的全面发展、社会全面进步为根本导向，推动社会主义文化繁荣兴盛。中华传统文化要坚持质量发展导向，提高文化品位与质量；要坚持效益发展导向，切实将社会效益放在首位，将创造性转化创新性发展与文化惠民工程深度融合，以更为多样的精神产品供给，丰富群众性文化活动。

2. 面临全面建设社会主义现代化国家的新部署

新时代"是决胜全面建成小康社会、进而全面建设社会主义现代化强国的时代，是全国各族人民团结奋斗、不断创造美好生活、逐步实现全体人民共同富裕的时代"③。新时代蕴含着人民、社会与国家等多重主体维度，彰显着人民幸福生活、社会安康富足、国家繁荣强盛的价值愿景。在新时代的

---

① 习近平：《决胜全面建成小康社会 夺取新时代中国特色社会主义伟大胜利——在中国共产党第十九次全国代表大会上的报告》，人民出版社2017年版，第43—44页。
② 习近平：《决胜全面建成小康社会 夺取新时代中国特色社会主义伟大胜利——在中国共产党第十九次全国代表大会上的报告》，人民出版社2017年版，第11页。
③ 习近平：《决胜全面建成小康社会 夺取新时代中国特色社会主义伟大胜利——在中国共产党第十九次全国代表大会上的报告》，人民出版社2017年版，第11页。

价值感召下,中华传统文化要发挥文化软实力的价值功用,成为全面建设社会主义现代化国家的文化助推器。

中华传统文化要助推国家治理体系与治理能力提升发展。传统文化不仅以厚重的文化底蕴,有助于满足人民多样化的精神文化需求,还以深邃的价值导向,发挥着重要的治理功能,有助于协调人民的社会交往与社会关系。中华传统文化以价值观与道德观念等非正式的契约规则,发挥着柔性约束功能。创造性转化创新性发展,使中华传统美德具有更为宝贵的时代价值,发挥着柔性规范与综合协调的功能。中华传统美德在现代性转化与阐释中,以特有的价值观念、精神理念,在柔性的价值规则作用下,保障了治理运行的合法性、运作过程的程序性、治理结果的有效性。习近平指出,"一个国家选择什么样的治理体系,是由这个国家的历史传承、文化传统、经济社会发展水平决定的,是由这个国家的人民决定的"[①]。创造性转化创新性发展,实现了中华传统文化的传承发展,延续了治国安邦的智慧经略。例如"民惟邦本"的人本理念,"治大国如烹小鲜"的分寸间智慧,"如履薄冰,如临深渊"的为政警醒,均蕴含着丰富的治国理念与智慧。传统文化中的治理观念具有鲜活的时代生命,能够以高度的文化自觉,融入治理体系的规则设计、完善与运作之中,形成具有稳定性的治理理念与方略。

中华传统文化要助推全面建设社会主义现代化国家。全面建设社会主义现代化国家,蕴含着"富强民主文明和谐美丽"的发展指向。"中国特色社会主义文化是激励全党全国各族人民奋勇前进的强大精神力量。"中华传统文化作为中国特色社会主义文化的重要组成部分,理应要为建设现代化强国提供厚重的文化滋养与精神资源。中华传统文化彰显出强烈的价值愿景,为全面建设社会主义现代化国家凝聚了共同的价值目标。习近平指出,"经过几千年的沧桑岁月,把我国56个民族、13亿多人紧紧凝聚在一起的,是我们共同经历的非凡奋斗,是我们共同创造的美好家园,是我们共同培育的民族精神,而贯穿其中的、更重要的是我们共同坚守的理想信念"[②]。中华传统文化蕴含着丰富的国家观念,如"大一统"的国家格局,"万世太平"的国家盛世,都折射出

---

① 《习近平谈治国理政》第1卷,外文出版社2018年版,第105页。
② 《习近平谈治国理政》第1卷,外文出版社2018年版,第39页。

了国人对国家统一、稳定繁荣美好愿景的期盼。创造性转化创新性发展，立足社会主义的内在规定性，立足现代化的转型趋向，对传统国家观念的传承发展，充分彰显了"富强民主文明和谐美丽"的价值诉求。中华传统文化彰显出的价值担当，为全面建设社会主义现代化国家凝聚了正向的价值合力。中华传统文化既承载"为生民立命""为万世开太平"的历史使命，又蕴含着"天下兴亡，匹夫有责"的价值责任，彰显出"精忠报国、振兴中华"的价值愿景，表达着"位卑未敢忘忧国"的家国情怀。

3. 面临中国共产党"四个伟大"历史使命的新要求

党的十九大报告明确提出，"伟大斗争，伟大工程，伟大事业，伟大梦想，紧密联系、相互贯通、相互作用，其中起决定性作用的是党的建设新的伟大工程"①。中华传统文化要助推现代化发展，必然要顺应"四个伟大"的历史使命，在中国特色社会主义伟大实践中，发挥其凝聚文化磅礴之力的功用。

中华传统文化助推实现伟大梦想。"实现中华民族伟大复兴是近代以来中华民族最伟大的梦想。"② 这一梦想的实现过程具有艰巨性。为实现伟大梦想，必然要具有坚定的目标指向、科学的规律指向与共进的人心指向。中华传统文化正是在文化层面发挥着共进的精神感召力与凝聚力。习近平指出："实现中华民族伟大复兴，必须合乎时代潮流、顺应人民意愿，勇于改革开放，让党和人民事业始终充满奋勇前进的强大动力。"③ 中华传统文化要从文脉之源，寻求伟大梦想的发韧之力，在中华民族奋斗史中追溯巩固中国梦的家国情怀，寻求可贵、可敬与可学的精神典范。中华传统文化应当以正向的共建能力，发挥引领人民群众的作用，使亿万人民以更加坚定的信心，以"积跬步至千里"的韧性，不断接近中华民族伟大复兴的目标；以更加坚实的能力，以"舍我其谁""吾往矣"的决心，不断推进并实现中华

---

① 习近平：《决胜全面建成小康社会 夺取新时代中国特色社会主义伟大胜利——在中国共产党第十九次全国代表大会上的报告》，人民出版社2017年版，第17页。
② 习近平：《决胜全面建成小康社会 夺取新时代中国特色社会主义伟大胜利——在中国共产党第十九次全国代表大会上的报告》，人民出版社2017年版，第13页。
③ 习近平：《决胜全面建成小康社会 夺取新时代中国特色社会主义伟大胜利——在中国共产党第十九次全国代表大会上的报告》，人民出版社2017年版，第14页。

民族伟大复兴。

中华传统文化助力进行伟大斗争。伟大斗争是在社会发展中，面对社会矛盾、化解风险的伟大历史进程。"我们党要团结带领人民有效应对重大挑战、抵御重大风险、克服重大阻力、解决重大矛盾，必须进行具有许多新的历史特点的伟大斗争。"① 伟大斗争不仅旨在现实问题的解决、重大风险的防范与重大矛盾的克服，还在于思想层面的障碍清除，"破除阻碍国家和民族发展的一切思想和体制障碍"②，这是伟大斗争的内在要求与主导内容。中华传统文化要以自我审视与省察的方式，洞悉自身与时代发展不相适应的内容与成分，尤其是在深层次的文化潜意识或思想惯性中，洞察阻碍发展的思想症结。中华传统文化要以自我革新与发展的方式，警醒地认识到"任何贪图享受、消极懈怠、回避矛盾的思想和行为都是错误的"③，在创造性转化创新性发展中，以"鉴于往事""资于治道"的历史经略，善用化解风险、解决矛盾的传统文化智慧，助力化解当前面临的诸多发展问题。

中华传统文化助力建设伟大工程。党的十九大报告指出，"这个伟大工程就是我们党正在深入推进的党的建设新的伟大工程"④。中国共产党是时代先锋、民族脊梁，党的建设伟大工程具有鲜明的价值指向与实践指向。中国共产党作为马克思主义执政党，始终要保持先进性与纯洁性，在意识形态领域增强领导力与话语权。这需要中华传统文化在传承发展中，充分弘扬有利于党的建设、有利于党员修养的文化元素。党的十九大报告指出，"不断增强党的政治领导力、思想引领力、群众组织力、社会号召力，确保我们党永葆旺盛生命力和强大战斗力"⑤。建设伟大工程，必然要实现党性与人民性的高度统一。中华传统文化要在坚持中华文脉的立场中，成为中国共产党与人民密切关联的

---

① 习近平：《决胜全面建成小康社会 夺取新时代中国特色社会主义伟大胜利——在中国共产党第十九次全国代表大会上的报告》，人民出版社2017年版，第15页。
② 习近平：《决胜全面建成小康社会 夺取新时代中国特色社会主义伟大胜利——在中国共产党第十九次全国代表大会上的报告》，人民出版社2017年版，第14页。
③ 习近平：《决胜全面建成小康社会 夺取新时代中国特色社会主义伟大胜利——在中国共产党第十九次全国代表大会上的报告》，人民出版社2017年版，第15页。
④ 习近平：《决胜全面建成小康社会 夺取新时代中国特色社会主义伟大胜利——在中国共产党第十九次全国代表大会上的报告》，人民出版社2017年版，第16页。
⑤ 习近平：《决胜全面建成小康社会 夺取新时代中国特色社会主义伟大胜利——在中国共产党第十九次全国代表大会上的报告》，人民出版社2017年版，第16页。

文化纽带，以共有的精神感召与价值认同，使中国共产党成为备受人民拥护爱戴的领导核心，确保中国共产党始终成为全国人民的主心骨。

中华传统文化助力推进伟大事业。伟大事业是中国特色社会主义不断发展。"中国特色社会主义是改革开放以来党的全部理论和实践的主题，是党和人民历尽千辛万苦、付出巨大代价取得的根本成就。"① 伟大事业需要保持高度的政治定力，必然需要增强道路自信、理论自信、制度自信与文化自信。中华传统文化的传承发展，要在现代化发展进程中，有机融入伟大事业的实践之中。"中国特色社会主义文化是激励全党全国各族人民奋勇前进的强大精神力量"②，中华传统文化作为中国特色社会主义文化的重要组成部分，通过创造性转化创新性发展，必然能够助力当代中国形成高度的文化自觉，以自有的文化定力，发挥着坚持和发展中国特色社会主义的精神激励作用。

（二）新时代中华传统文化助推现代化发展的目标指向

作为实现中华民族伟大复兴的新时代，必然以文化的繁荣兴盛、高度的文化自信为必要条件。"要坚持中国特色社会主义文化发展道路，激发全民族文化创新创造活力，建设社会主义文化强国。"③ 中华传统文化在新时代的创造性转化创新性发展，必然承载并体现着现代化发展的目标指向与发展愿景。

1. 中华传统文化助推社会主义文化强国建设

中华传统文化有助于培育和践行社会主义核心价值观。中华传统文化蕴含着深厚的礼乐文化，成为培育践行社会主义核心价值观的文化滋养。

中华传统文化有助于构建适应现代社会生活的公共行为与关系准则。在公共礼仪与行为层面，中华传统文化充分弘扬"礼之用，和为贵"的价值

---

① 习近平：《决胜全面建成小康社会 夺取新时代中国特色社会主义伟大胜利——在中国共产党第十九次全国代表大会上的报告》，人民出版社2017年版，第16页。
② 习近平：《决胜全面建成小康社会 夺取新时代中国特色社会主义伟大胜利——在中国共产党第十九次全国代表大会上的报告》，人民出版社2017年版，第17页。
③ 习近平：《决胜全面建成小康社会 夺取新时代中国特色社会主义伟大胜利——在中国共产党第十九次全国代表大会上的报告》，人民出版社2017年版，第41页。

准则,将社会礼仪、社会行为与和谐包容、中和礼让的社会风尚有机结合起来。"研究提出承接传统习俗、符合现代文明要求的社会礼仪、服装服饰、文明用语规范,建立健全各类公共场所和网络公共空间的礼仪、礼节、礼貌规范,推动形成良好的言行举止和礼让宽容的社会风尚"①。在公共关系准则方面,中华传统文化充分彰显"修己以敬""修己以安人,修己以安百姓"的价值自律精神,将传统文化中的公约、乡规民约与自律内省的修身方式有机结合,"把优秀传统文化思想理念体现在社会规范中,与制定市民公约、乡规民约、学生守则、行业规章、团体章程相结合"②。

中华传统文化蕴含着厚重的"知行"智慧,成为践行社会主义核心价值观的文化滋养。习近平指出:"在5000多年的文明发展中,中华民族一直追求和传承着和平、和睦、和谐的坚定理念。以和为贵,与人为善,己所不欲、勿施于人等理念在中国代代相传,深深植根于中国人的精神中,深深体现在中国人的行为上。"③ 现代化社会在一定程度上是由"熟人社会"向"陌生人社会"的转型。人际关系由亲缘邻里的熟人关系,转向为共同恪守公共规则的交往关系。在此境遇中,传统文化的人际观念需要作出时代转化与阐释,传承"崇德向善、见贤思齐"的风气导向,用积极正向的道德观念维护公共利益、维系公共秩序;提倡"求同存异、和而不同"的处世方法,正确界定人际关系的边界与范围,营造"各美其美"与"美人之美"的和谐包容关系。

中华传统文化有助于坚持和发展中国特色社会主义文化。"发展中国特色社会主义文化,就是以马克思主义为指导,坚守中华文化立场,立足当代中国现实,结合当今时代条件。"④ 发展中国特色社会主义文化,首要的是巩固马克思主义在意识形态中的指导地位;还要坚守中华文化立场,使中华传统文化适应新时代的历史条件与现实实践。中华传统文化要与革命文化、

---

① 《关于实施中华优秀传统文化传承发展工程的意见》,《人民日报》2017年1月26日。
② 《关于实施中华优秀传统文化传承发展工程的意见》,《人民日报》2017年1月26日。
③ 习近平:《在中国国际友好大会暨中国人民对外友好协会成立60周年纪念活动上的讲话》,《人民日报》2014年5月16日。
④ 习近平:《决胜全面建成小康社会 夺取新时代中国特色社会主义伟大胜利——在中国共产党第十九次全国代表大会上的报告》,人民出版社2017年版,第41页。

社会主义先进文化有机融通，在中国特色社会主义伟大实践中共同发展新时代中国特色社会主义文化。中华传统文化的创造性转化创新性发展，要善于运用"减法"与"加法"，实现传统文化与新时代的融通、传统文化与革命文化和社会主义先进文化之间的内在契合。在"减法"层面，中华传统文化要逐渐削减宗法血缘的文化基因，甄别出不适应现代社会的文化内容与要素。例如"孝"文化对于维系家庭稳定、促成社会和谐起到了重要作用，但孝敬父母及尊长的方式方法要适应现代社会生活，摒弃不合时宜的"愚孝"行为。在"加法"层面，中华传统文化要充分弘扬超越时代的普遍性文化精髓，加强普遍性文化精髓与现代社会的具体对接融合，将传统文化的"底蕴"融入现实社会的"地气"之中。例如"孝"文化的充分弘扬，是将"孝"文化拓展为尊重父母师长的行为准则中，充分传承"孝"的本质精神与价值原则。

2. 中华传统文化助推实现中华民族伟大复兴

中华传统文化有助于增强中华民族伟大复兴的文化感召力。中华传统文化蕴含着"人文化成"的价值功用，如"修齐治平"的修养功夫、"独善其身""兼济天下"的价值情怀等。中华传统文化在时代转化中发挥着价值导向、关系协调、心态疏导、行为匡正等方面的重要作用，以文化的柔性规范、精神的内在激励、价值的导向匡正，助推社会主义现代化发展。中华传统文化所蕴含的核心思想与价值观念，如"讲仁爱"的价值诉求，"守诚信"的价值自律，"和而不同"的价值包容，"尚和合、求大同"的价值趋同，均在不同层面发挥着治理主体的价值协调功能。创造性转化创新性发展，使中华传统文化成为社会主义核心价值观的深厚滋养，使其融入制度建设和治理工作中，不断完善科学有效的诉求表达机制、利益协调机制、矛盾调处机制、权益保障机制。中华传统文化蕴含着"家国天下"情怀，"提高人民群众依法管理国家事务、经济社会文化事务、自身事务的能力"[①]，是推进治理现代化的内在要求。创造性转化创新性发展，既是人民大众参与传统文化传承创新的过程，也是参与社会文化事务的治理过程。在这双重过程中，人民大众传承发展了文化，传统文化彰显出以文育人与以文化人的功

[①] 《习近平谈治国理政》第 1 卷，外文出版社 2018 年版，第 104 页。

能。如"修齐治平"的修养功夫,"尊时守位"的顺势智慧,"独善其身""兼济天下"的理想情怀,均具有精神感召与人文熏陶作用,提升着人民大众的素养,激发出全社会共同治理的价值合力。

中华传统文化有助于增强中华民族伟大复兴的文化凝聚力。人作为社会存在,是具有特定社会心理与社会情绪的存在。社会心态是一段时间内由弥散在整个社会或社会群体、社会类别中的感受和社会情绪,以及社会价值取向共同构成的一种社会的心境状态。人是以"我们感"的主体感受,体验特定的"获得感""归属感""信任感",继而营造出整体性的社会心境状态。中华传统文化具有超时代的文化价值,发挥着社会价值观的凝聚与匡正功能。"崇德向善、见贤思齐的社会风尚,孝悌忠信、礼义廉耻的荣辱观念,体现着评判是非曲直的价值标准,潜移默化地影响着中国人的行为方式。"① 例如"君子喻于义,小人喻于利"的义利观,发挥着利益调配功能;"己所不欲、勿施于人""推己及人"的处世观,具有关系协调功能;"孝悌忠信""礼义廉耻"的荣辱观,发挥着价值协调功能。中华传统文化的传承发展,既是国人对其核心思想观念、传统美德与人文精神的接受、恪守与践行的过程,也是积极正向的文化心理与社会心态的塑造过程。

3. 中华传统文化助推实现人的全面发展

中华传统文化有助于提升人民的思想道德素养。中华传统文化蕴含着"中庸之为德也"的道德理念,凝练着"上善若水"的道德智慧,富含"仁义礼智信、温良恭俭让"的道德规范。中华传统道德理念、智慧与规范在现代转化发展中,滋养了社会公德、职业道德与家庭美德,提高了人的思想道德修养。在社会公德层面,中华传统文化富含社会公德的价值标准,形成了是非明辨、荣辱分明的公共道德规范。在现代化转型过程中,传统的公共道德规范,如"孝悌忠信、礼义廉耻"的荣辱观念、"讲仁义,有仁爱,重道义"的是非观念等,需要与现实生活紧密结合,给予时代的重新阐释,发挥其时代价值。"'忠''孝'等传统文化范畴和行为方式,其基本精神在今天虽然仍有价值,但在表达方式、表现形式、践行要求、评判标准等方面,都

---

① 《关于实施中华优秀传统文化传承发展工程的意见》,《人民日报》2017年1月26日。

需要结合现实情况进行必要的改造转化,进行有针对性的创新发展。"① 通过创造性转化创新性发展,中华传统文化彰显出时代所需要的公共价值理性与实践理性,进而实现传统道德价值与现实环境诉求的有机融合。在职业道德层面,中华传统文化蕴含着"敬诚"之道,以"敬业"为立业之基,以"诚信"为安身之本。正如古语云"素其位而行,不愿乎其外""人必其自敬业,而后人敬之""民无信不立"等。通过创造性转化创新性发展,传统职业道德被赋予新的时代内涵,实现职业道德准则与职业观念、职业态度、职业技能与职业作风相协调;以"安分"的价值定位,立足岗位职责,专注本职,勤勉奉献;以"守己"的价值准则,立足职业操守与纪律规范,坚持自律,恪尽职守。在家庭美德方面,中华传统文化注重家教的熏陶与养成。在家庭道德养成过程中,需要实现传统家庭美德的现代转化,汲取传统家庭美德中的"孝老爱亲"思想,剔除原有宗法血亲观念的不适宜成分,充分阐释孝爱、宽严、尊卑等价值观念,使之更为契合现代家庭生活理念;汲取"俭约自守"的思想,为现代人追求简约极致的家庭生活品质,提供积极的借鉴意义;汲取"中和泰和""不偏不倚""致中和"的修身观念,融入现代家庭生活,营造宽厚仁和、孝亲礼让的家庭氛围。

中华传统文化有助于提高人民的主体建设能力。党的十九大报告提出,"全体人民在共建共享发展中有更多获得感,不断促进人的全面发展、全体人民共同富裕"②。共建共享充分体现了以人民为中心的发展思想,既以人民为发展成果的共享者,也以人民作为发展的参与者。中华传统文化注重"知行"关系的协调,"知之愈明,行之愈笃",在"知行合一"过程中,传统文化的示范效应可以得到充分发挥,继而构建出良性发展的文化生态。同时,中华传统文化有助于个人修身的提升。如《大学》主张由修己至治世的层层递进,由修身升华至齐家、治国、平天下,由"独善其身"推至"兼济天下"。中华传统文化将自身的人格修养推至社会关系,以自我的价值实现与道德实践,形成对他人与社会的影响辐射,通过个体间的累加形成

---

① 商志晓:《中华传统文化创造性转化创新性发展的哲学审思》,《光明日报》2017年1月9日。
② 习近平:《决胜全面建成小康社会 夺取新时代中国特色社会主义伟大胜利——在中国共产党第十九次全国代表大会上的报告》,人民出版社2017年版,第23页。

共鸣效应，进而营造出积极向上的社会氛围，"让传统文化中的完备人际规范，促进社会主义和谐社会建设"①。这具有极为鲜明的时代意义和现实作用。

(三) 新时代中华传统文化助推现代化发展的基本原则

中华传统文化的传承发展，要基于新时代的现实条件与社会实践，坚守内在的价值原则与发展指向，以期达到助推现代化发展的现实功用。新时代中华传统文化助推现代化发展，必须坚持人民中心、民族主体、实践发展和创造创新等基本原则。

1. 坚持人民中心原则

坚持以人民为中心，是习近平新时代中国特色社会主义思想的核心内容，也是坚持发展中国特色社会主义文化、传承发展中华传统文化的基本原则。

中华传统文化助推现代化发展，要坚持为了人民、服务人民、由人民共享的价值旨归。作为马克思主义政党，我们党是中国工人阶级的先锋队，同时是中国人民和中华民族的先锋队，党除了工人阶级和最广大人民群众的利益，没有自己的特殊利益。坚持以人民为中心，满足人民美好生活需要，是由中国共产党作为马克思主义执政党的本质属性所决定的。中国共产党一经成立，就义无反顾地肩负起"为中国人民谋幸福、为中华民族谋复兴"的初心和使命，把全心全意为人民服务作为党的根本宗旨，把人民利益作为一切工作的出发点和落脚点。习近平反复强调，人民对美好生活的向往，就是我们的奋斗目标。文化建设是党和人民事业的重要组成部分，必然要始终坚持这样的立场和宗旨，必须牢牢站稳人民立场。只有这样，中国特色社会主义文化建设才具有广泛代表性，从而拥有深厚的力量源泉。文化既是凝聚人心的精神纽带，又是增进民生福祉的关键因素。如果没有精神文化生活的充实，就不可能有真正幸福的人生和美好的生活。可以说，衡量美好生活，文化是一个重要尺度，是一个显著标志。现在，中国特色社会主义进入新时代，我国发展正处于新的历史方位。新时代我国社会主要矛盾已经转化为人

---

① 商志晓：《中华传统文化创造性转化创新性发展的哲学审思》，《光明日报》2017年1月9日。

民日益增长的美好生活需要和不平衡不充分的发展之间的矛盾,人民美好生活需要日益广泛,不仅对物质文化生活提出了更高要求,而且在民主、法治、公平、正义、安全、环境等方面的要求日益增长。坚持新时代文化建设为了人民、服务人民,关键是要创造优秀的文化成果由人民共享,实现人民的全面发展,实现人民的劳动素养、文化修养、道德修养等方面的综合发展,切实增强人民的获得感、安全感与幸福感。文化发展建设的价值评判,以是否满足人民的发展需要为标准,以是否为人民提供更为丰富、多样与高品位的精神文化产品为标准,以是否满足人民日益增长的精神文化需求为标准。新时代践行以人民为中心的文化建设思想,必须牢固树立宗旨意识,把为人民服务、为社会主义服务统一于中国特色社会主义文化建设实践之中;要始终把人民利益摆在至高无上的地位,把实现好、维护好、发展好人民最关心最直接最现实的利益作为出发点和落脚点,让文化改革发展成果更多更公平地惠及全体人民,不断满足人民精神文化生活需求;要通过加强公共文化服务设施建设、优化文化产品供给、丰富人民文化生活等途径,不断推进文化的普及和提高,真正实现文化的繁荣兴盛,促进国民素质和社会文明程度达到新的高度,让人民精神文化生活更丰富,基本文化权益保障更充分,文化获得感、幸福感更充实,更好推动人的全面发展。

中华传统文化助推现代化发展,要坚持尊重人民、依靠人民,发挥人民主体地位和首创精神。党的十九大报告指出,"人民是历史的创造者,是决定党和国家前途命运的根本力量。必须坚持人民主体地位,坚持立党为公、执政为民,践行全心全意为人民服务的根本宗旨,把党的群众路线贯彻到治国理政全部活动之中,把人民对美好生活的向往作为奋斗目标,依靠人民创造历史伟业"[①]。习近平在十九届中共中央政治局常委同中外记者见面时强调指出,"历史是人民书写的,一切成就归功于人民。只要我们深深扎根人民,紧紧依靠人民,就可以获得无穷的力量,风雨无阻,奋勇向前"[②]。唯物史观始终把人民放在首位,我们必须坚持人民主体地位,发挥人民首创精

---

① 习近平:《决胜全面建成小康社会 夺取新时代中国特色社会主义伟大胜利——在中国共产党第十九次全国代表大会上的报告》,人民出版社2017年版,第21页。

② 《平"语"近人:习近平总书记用典》,人民出版社2019年版,第16页。

神，始终相信并依靠人民，善于激发人民的积极性、主动性与创造性，依靠人民来创造历史伟业。

人民是文化建设的根本动力，紧紧依靠人民是文化建设至关重要的前提条件。没有广大人民的参与和创新，社会主义文化建设就不可能取得今天的辉煌成就。中华民族曾经在历史上创造出灿烂的中华文化，时代发展要求我们要"坚持创造性转化、创新性发展，不断铸就中华文化新辉煌"[①]。创新创造是文化的生命所在，是文化的本质特征。任何一个国家和民族的文化发展，都离不开创造性转化创新性发展，而实现创造性转化创新性发展，就要不断激发全民族文化创新创造力。人民是中华传统文化传承弘扬的主体，实现传统文化创造性转化创新性发展，须发挥人民的主体作用。新时代坚持发展中国特色社会主义文化，建设社会主义文化强国，要充分发挥人民的主体创造性，尊重人民的主体地位和首创精神。要积极阐发与弘扬文化精髓，加强中华文化话语体系的时代阐发与诠释研究，加强中华文化话语体系的转换与创新研究；要将优秀传统文化贯穿于国民教育的各个学段，并优化学段的连贯性，彰显优秀传统文化的文化自信；要融入生产生活实践，增强中华传统文化的实践养成力度和践行自觉性；要注重文化熏陶渗透，拓宽文化建设路径、增强文化建设辐射性，加强文化建设内容的拓深与渗透，努力做到"形""神"兼备，提高优秀传统文化的文化认同；要繁荣发展社会主义文艺，着力推出更多无愧于时代的优秀作品；要推动文化事业和文化产业发展，着力为人民提供丰富的精神食粮；要厘清人类优秀文明成果的差异性和适用性，推动中外文化交流互鉴，提升优秀传统文化的国际影响力。

2. 秉承民族主体原则

"文化自信是一个国家、一个民族发展中更基本、更深沉、更持久的力量。"[②] 文化与民族之间构成了须臾难离的共生关系。中华传统文化构成了中华民族的精神根基，成为实现文化自觉、文化自信与文化自强的精神之源。与此同时，中华民族构成了中华传统文化的主体，既是中华传统文化的

[①] 习近平：《决胜全面建成小康社会 夺取新时代中国特色社会主义伟大胜利——在中国共产党第十九次全国代表大会上的报告》，人民出版社2017年版，第41页。

[②] 习近平：《决胜全面建成小康社会 夺取新时代中国特色社会主义伟大胜利——在中国共产党第十九次全国代表大会上的报告》，人民出版社2017年版，第23页。

精神传承者，也是中华传统文化的文脉守护者。

中华传统文化助推现代化发展，要坚守中华文化立场。"推动中华优秀传统文化创造性转化、创新性发展，继承革命文化，发展社会主义先进文化，不忘本来、吸收外来、面向未来"①，坚守中华文化立场是中华传统文化的本位。丧失中华文化立场的坚守，意味着中华传统文化消解了自身的内在规定性，遮蔽了自身的文化特质与属性。坚守中华文化立场，首先要传承中华文化的文脉。习近平指出："抛弃传统、丢掉根本，就等于割断了自己的精神命脉。博大精深的中华传统文化是我们在世界文化激荡中站稳脚跟的根基。"② 坚守中华文化立场，是在省察审视中华传统文化的前提下，以更为自觉的文化视野，阐析政治制度"改易更化"发展脉络；以"以古鉴今""鉴于往事"的时代视野，审视传统文化中"有资于治道"的治国经略与兴替得失。坚守中华文化立场，要激发中华传统文化的文化活力。更好地坚守，必然是更具创新的传承与发展。坚守中华文化立场，要在创造性转化创新性发展中坚守，实现"守"与"变"的辩证融通；在"继往"中承载传统文化的根本价值与理念精髓，在"开来"中发展现代化价值观念，在"当下"实现中华传统文化的历史传承与现代创新的有机整合。

中华传统文化助推现代化发展，要彰显中华民族精神。中华传统文化是中华民族精神的彰显与折射，"积淀着中华民族最深沉的精神追求，代表着中华民族独特的精神标识，是中华民族生生不息、发展壮大的丰厚滋养"③。中华传统文化助推现代化发展，是要实现中华民族精神的时代传承。中华民族精神具有生生不息的历史沿承，也具有不同时期的时代特色。习近平指出："在5000多年的文明发展中，中华民族一直追求和传承着和平、和睦、和谐的坚定理念。以和为贵，与人为善，己所不欲、勿施于人等理念在中国代代相传，深深植根于中国人的精神中，深深体现在中

---

① 习近平：《决胜全面建成小康社会 夺取新时代中国特色社会主义伟大胜利——在中国共产党第十九次全国代表大会上的报告》，人民出版社2017年版，第23页。
② 《把培育和弘扬社会主义核心价值观作为凝魂聚气强基固本的基础工程》，《人民日报》2014年2月26日。
③ 《关于实施中华优秀传统文化传承发展工程的意见》，《人民日报》2017年1月26日。

国人的行为上。"① 中华传统文化要在创造性转化创新性发展中，将中华民族精神与现代化社会相融合，使民族文化之"神"与现代社会之"形"有机融通。中华传统文化助推现代化发展，是要实现中华民族精神的时代彰显，"更好构筑中国精神、中国价值、中国力量，为人民提供精神指引"②。习近平指出："中华民族是一个兼容并蓄、海纳百川的民族，在漫长历史进程中，不断学习他人的好东西，把他人的好东西化成我们自己的东西，这才形成我们的民族特色。"③ 中华传统文化必然要固守民族精神。"不忘本来"，以宏大的历史视域，洞察中华民族精神之本真价值；"吸收外来"，以全球化国际化视野，审视中华文化与他者文化的异趣及差别；"面向未来"，以现代化发展趋向，省察中华民族精神与现代化发展之间的契合性及差异性。中华传统文化助推现代化发展，必须实现中华文化的"道"与"器"的内在融通。

3. 坚持实践发展原则

"时代是思想之母，实践是理论之源。"④ 立足新时代的历史方位，中国特色社会主义文化在伟大实践中不断创新发展。中华传统文化必然因时而新，必然因势而化，在实践中不断融入并服务于现代化发展。

中华传统文化助推现代化发展，要立足当代中国现实。党的十九大报告指出，"必须认识到，我国社会主要矛盾的变化，没有改变我们对我国社会主义所处历史阶段的判断，我国仍处于并将长期处于社会主义初级阶段的基本国情没有变"⑤，中华传统文化的传承发展，要立足当代中国现实，立足社会主义初级阶段这个最大实际，牢牢把握我国发展的阶段性特征，以实现人的发展为价值归属，以助推中国特色社会主义建设为现实使命。中华传统

---

① 习近平：《在中国国际友好大会暨中国人民对外友好协会成立60周年纪念活动上的讲话》，《人民日报》2014年5月16日。
② 习近平：《决胜全面建成小康社会 夺取新时代中国特色社会主义伟大胜利——在中国共产党第十九次全国代表大会上的报告》，人民出版社2017年版，第19页。
③ 《习近平谈治国理政》第1卷，外文出版社2018年版，第105—106页。
④ 习近平：《决胜全面建成小康社会 夺取新时代中国特色社会主义伟大胜利——在中国共产党第十九次全国代表大会上的报告》，人民出版社2017年版，第26页。
⑤ 习近平：《决胜全面建成小康社会 夺取新时代中国特色社会主义伟大胜利——在中国共产党第十九次全国代表大会上的报告》，人民出版社2017年版，第12页。

文化要实现创造性转化创新性发展，使传统文化的内容与形式有机结合，必须将人文养成与现实践行有机融合，将传统文化的内涵特质融入生产生活的具体场域之中。要通过系统化教育，让传统文化融入思想道德教育、文化知识教育等教育环节之中，融入启蒙教育、基础教育等教育领域之中，以满足人民的精神文化需求。

中华传统文化助推现代化发展，要结合当今时代条件。习近平指出："当代中国共产党人和中国人民应该而且一定能够担负起新的文化使命，在实践创造中进行文化创造，在历史进步中实现文化进步！"① 中华传统文化的创新发展，要结合当今时代条件，彰显鲜明的功能属性。要在建设社会主义文化强国时代背景下，坚持中国特色文化发展道路，坚守社会主义意识形态导向，充分发挥中华传统文化创造性转化创新性发展推进中国特色社会主义文化发展繁荣的系统化功能。中华传统文化基于社会主义先进文化前进方向，有力维护国家文化安全，增强国家文化软实力，具有文化强国的实现功能；基于加强与创新社会治理的时代任务，增强社会共建共享能力，具有文化治理的优化功能；基于以人民为中心的导向，不断提升人民群众的文化素养，具有以文化人的育人功能。

4. 秉持创造创新原则

文化创新是坚持发展中国特色社会主义的创新路径，是中华传统文化传承发展的实践路径。党的十九大报告指出："世界每时每刻都在发生变化，中国也每时每刻都在发生变化，我们必须在理论上跟上时代，不断认识规律，不断推进理论创新、实践创新、制度创新、文化创新以及其他各方面创新。"②

中华传统文化助推现代化发展，要坚持文化创造创新的正确价值导向。实现中华传统文化的创造创新，要坚持中国共产党领导，坚持马克思主义在意识形态领域的主导权和话语权。这是保障文化发展正确方向的核心力量，是巩固全党全国人民团结奋斗的共同思想基础的必要保障。政府要发挥主导

---

① 习近平：《决胜全面建成小康社会 夺取新时代中国特色社会主义伟大胜利——在中国共产党第十九次全国代表大会上的报告》，人民出版社2017年版，第44页。

② 习近平：《决胜全面建成小康社会 夺取新时代中国特色社会主义伟大胜利——在中国共产党第十九次全国代表大会上的报告》，人民出版社2017年版，第26页。

作用，为传统文化的传承发展，在政策完善、机制保障、产权保护与关系协调等方面打好基础。市场要发挥积极作用，通过文化资源的整合、市场资本的运作、文化产业的发展，使传统文化的社会效益与市场效益达到动态平衡。全社会要广泛参与，形成传统文化传承发展的社会合力。中华传统文化的创造创新，要彰显中国特色社会主义文化的本质属性，坚持民族性、科学性与大众性。中华优秀传统文化与革命文化、社会主义先进文化具有互补共生的内在属性，是一种包容互补的共生关系。正确处理好三者的关系，要聚合形成鲜明的价值指向与功能指向。在价值指向上，创造性转化创新性发展，要实现中华传统文化与革命文化、社会主义先进文化的价值取向相协同，培育民族精神和时代精神，彰显中国精神。习近平指出："中国精神必须在坚持社会主义核心价值体系的前提下，积极深入中华民族历久弥新的精神世界，把长期以来我们民族形成的积极向上向善的思想文化充分继承和弘扬起来，使之为培育和践行社会主义核心价值观服务，为建设社会主义先进文化服务，为党和国家事业发展服务。"① 在功能指向上，中华传统文化的创造创新，要实现其育人功能。"没有中华优秀传统文化、革命文化、社会主义先进文化的底蕴和滋养，信仰信念就难以深沉而执着。"② 要坚持社会主义先进文化前进方向，将传统文化基因和革命文化的红色基因相融合，在增强文化自信的基础上，着力增强理论自信、道路自信与制度自信。

中华传统文化助推现代化发展，要坚持中华传统文化与现代化发展的共生性，实现中华传统文化发展与现代化发展的内在协调与统一。深掘传统文化的治理功能，有助于实现中华传统文化传承创新与治理现代化发展的内在有机统一。治理体系与治理能力现代化是国家全面深化改革的战略目标，中华传统文化则蕴含着丰富的治理文化资源，发挥着重要的柔性治理功能。中华优秀传统文化的创造性转化创新性发展，不仅是中国特色社会主义文化的发展路径，还是优化治理体系与治理能力的基本要求。要在优秀传统文化传承创新过程中，发挥文化对治理的优化助推作用，提升文化的治理主体功

---

① 《牢记历史经验历史教训历史警示 为国家治理能力现代化提供有益借鉴》，《人民日报》2014年10月14日。
② 《坚定不移反对腐败的思想指南和行动纲领》，人民出版社2018年版，第367页。

能，确证治理主体的自主性；提升文化的治理认同功能，凝聚治理体系的认同性，确证治理体系的合法性；提升文化的治理规范功能，完善治理规则的他律性与自律性规范。中华传统文化服务现代化发展，二者具有共生性与共进性，是一个动态协力的共进过程。这一动态协力的共进过程，以发展为根本的共进指向，以现代化为根本的任务指向，促进社会主义精神文明和物质文明协调发展，协力建设社会主义文化强国，协力建设富强民主文明和谐美丽的社会主义现代化强国。

第三编

融会路径：中华传统文化为现代化建设服务

以"创造性转化创新性发展"为旨归的中华传统文化，何以达致服务于中国特色社会主义现代化的目标，需要深入到内里去辨析精华与糟粕，提炼精粹内容并予以转型与改造。传统文化可以而且能够服务于现代化建设的内容十分丰富，可谓是当代中国发展取之不尽的精神富矿。治国理政智慧、充沛价值思想、正心修身理念、人际关系规范、深厚民族精神、包容和谐思维等，对执政党建设与社会发展予以深刻影响，对大众德性养成与个体素质提升施与广泛作用，对社会主义核心价值观培育与社会主义和谐社会构建给予强力促进，对凝聚华夏子孙共襄复兴伟业与促进世界文明交流互鉴产生极大推动。中华传统文化将自身融入现代化发展进程之中，其服务内容的广泛性、服务方式的多样性、服务形态的丰富性，预示其当代价值必将得到充分彰显，预见到传统文化与现代化的融会贯通将达到新高度、进入新境界。

第 一 章
以丰富政治智慧服务于执政党治国理政实践

中国特色社会主义政治发展道路是中国共产党在不断探索和实践中将马克思主义基本原理与中国的政治建设实际相结合的产物。它蕴含着深厚的中国政治文化底蕴，历经传承形成了今天独特的政治文化。中共中央办公厅国务院办公厅印发《关于实施中华优秀传统文化传承发展工程的意见》指出，"中华民族和中国人民在修齐治平、尊时守位、知常达变、开物成务、建功立业过程中培育和形成的基本思想理念，如革故鼎新、与时俱进的思想，脚踏实地、实事求是的思想，惠民利民、安民富民的思想，道法自然、天人合一的思想等，可以为人们认识和改造世界提供有益启迪，可以为治国理政提供有益借鉴。传承发展中华优秀传统文化，就要大力弘扬讲仁爱、重民本、守诚信、崇正义、尚和合、求大同等核心思想理念"[①]。中华优秀传统文化是中华民族在长期社会实践中积淀形成的物质文明和精神文明的文化遗产，是中华民族特有思维方式的具体体现。一个国家的现代化建设，离不开文化的繁荣，而文化的繁荣必须回到历史传统中去寻找文化的根基和动力。中华优秀传统文化蕴含丰富政治智慧，新时代执政党治国理政实践和现代化建设，离不开中华优秀传统文化思想宝库的精神滋养。

一 中华传统文化蕴含丰富政治智慧

新中国历经 70 多年的现代化进程，从曾经"一贫二穷"的传统农业国

---

① 《关于实施中华优秀传统文化传承发展工程的意见》，《人民日报》2017 年 1 月 26 日。

家，转变为日益强大的现代社会主义国家，同我国源远流长的厚重历史文化有着不可分割的联系。中国古代曾有"半部《论语》治天下"之说，中华传统文化中蕴含的政治理论学说具有较强的政治实践精神，所蕴含的政治主张影响着中国政治的发展方向。习近平指出："历史是最好的老师。……今天遇到的很多事情都可以在历史上找到影子，历史上发生过的很多事情也都可以作为今天的镜鉴。"[1] 拥有五千多年历史的中华民族，其政治智慧博大精深，主要体现在以下几个重要方面：

（一）为政以德——为政的核心理念

"为政以德"一直是我国传统的治国理念，是孔子政治思想的核心内容。德治理念不仅具有强烈的政治意义，而且对中国几千年的政治文化产生了深远的影响，具有强烈的政治实践精神。孔子曾说，"为政以德，譬如北辰，居其所而群星拱之"[2]。只有实行仁政德治，君主才会像北斗受到群星环卫一样，受到天下臣民的拥护和爱戴。这句话集中表明了儒家治国理政的观点，强调了为君者德行的重要性。宋代大儒范祖禹注释："为政以德，则不动而化、不言而信、无为而成。所守者至简而能御烦，所处者至静而能制动，所务者至寡而能服众。"[3] 儒家追求圣王的政治理想，圣王乃是"内圣外王"，"内圣"是"外王"的前提基础，即注重为政者的内在修为，注重其道德涵养，如此才可以达到"外王"的境界。对于如何做到"内圣"，范祖禹给了我们这样的答案："所守者至简""所处者至静"及"所务者至寡"。"所守者至简"指为政者不需费心去笼络他人，只要有内在涵养，就自然能处理烦琐的政事。如同朱熹所说，"民心归向处，只在德上，却不在事上。"[4] "所处者至静"是指为政者处于王位，要认真地修为自己的德行，做到定心静虑，以静制动，安定国家的局势。而"所务者至寡"指的是为政者不需要做多余的事情，应将重点放在自身修养上，若德行高尚，就自然

---

[1] 《牢记历史经验历史教训历史警示 为国家治理能力现代化提供有益借鉴》，《人民日报》2014年10月14日。
[2] 《论语·为政》。
[3] （南宋）朱熹：《论语集注·学而第一》。
[4] 《朱子语类》卷23《论语五》。

能服众。孔子十分重视为政者的德行,认为"君子之德风,小人之德草。草上之风,必偃"①。君主的德行涵养对民众有决定性的影响。孔子还进一步明确了为政者应有的德行操守,一个优秀的为政者应具备五种美德,即"君子惠而不费,劳而不怨,欲而不贪,泰而不骄,威而不猛"②。君主要给百姓以恩惠而自己却无所损失,知人善任而使其无所抱怨,追求仁义而无所贪婪,身居高位却不骄傲,有威仪却不凶猛。当然,在"为政以德"的观念上,除了为政者要有深厚的德行外,其中的"德"还有更高层次的要求。按照东汉经学大师郑玄的解释,"为政以德"不仅限于伦理道德,它还要求当政者无为之治,即要求君主清静无为,引导、激发百官的能动性,让臣子积极有为。如同孔子大赞尧帝和舜帝,认为舜帝能够稳居其位,受臣民爱戴,就是因为舜帝通过自己的德行感化民众,且任用贤德之臣。凡事不用亲力亲为,却也政治清明,其"无为"乃是其德行之"大为"。

除为政者的"内圣"德行外,"为政之德"还体现在治国方略的具体实践上。孔子提出"道之以德,齐之以礼,有耻且格"③,认为只有用道德教化引导百姓,用礼制规范人们的言行,人们才会有羞耻之心,进而明白何事可为,何事不可为。国家政令刑法固然能够约束人民大众的不法行为,对惩治手段的惧怕使得犯罪分子暂时性地收敛自己,但却不是长久之计,不能使民众心服。只有"道之以德","齐之以礼",让民众有向善之心,有羞耻之心,才能让其从内心深处真正地趋善去恶,达到治国效果。朱熹在解释政、刑、德、礼的关系时也说:"政者为治之具,刑者辅治之法,德、礼则所以出治之本,而德又礼之本也。此其相为终始,虽不可以偏废,然政、刑能使民远罪而已,德、礼之效,则有以使民日迁善而不自知。故治民者不可徒恃其末,又当深探其本也。"④所以,政、刑是辅助之法,根本治国方略在于德与礼的施行。所谓"不知礼,无以立也"⑤。只有用礼制规范人们的言行,社会才能稳定有序地发展。东汉王符曾说:"是以圣帝明王,皆敦德化而薄

---

① 《论语·颜渊》。
② 《论语·尧曰》。
③ 《论语·为政》。
④ (南宋)朱熹:《论语集注·为政第二》。
⑤ 《论语·尧曰》。

威刑。"① 贤明的君主都重视道德教化而尽量减少使用刑罚，即便是强调礼法的荀子也认为如果教化有效，就可以减少刑罚。董仲舒曾描绘过道德教化和劝人为善的社会美好景象："古者修教训之官，务以德善化民，民已大化之后，天下常亡一人之狱矣。"② 董仲舒认为，通过道德教化，民风质朴淳厚，也就能实现天下无犯罪之人的美好设想。道德给予大众的思想行为以是非善恶的依据，并以内在的方式潜移默化地影响并制约着民众的言行。

"为政以德"，其"德"常与"仁"相关联，"仁"是孔子政治理念中的核心内容。在《论语》中，"仁"字出现了109次。在何谓"仁"的问题上，孔子回答道：仁乃爱人。爱人，即人与人之间要相互爱护，相互尊重。不论君臣父子还是长幼尊卑，都应如此。在谈到"仁"时，孔子曾这样阐释："颜渊问仁，子曰：'克己复礼为仁。一日克己复礼，天下归仁焉。'"③ 孔子把仁同礼相联系，认为，人因有仁爱之心才能够遵从礼义道德，所以才不断克制自己的欲念从而恢复仁和善，如此，社会才能建立并实现有序的社会政治秩序。礼是我国古代社会最为基本的行为准则，"礼也者，义之实也。协诸义而协，则礼虽先王未之有，可以义起也"④。"礼"是"义"的制度化、实体化形象，"礼"与"义""仁"三者之间有着十分密切的联系，只有三者相互结合，为君者才能更为有效地治理国家，才能真正实现"为政以德"。"为政以德"作为治国理政的核心理念，不仅强调为政者自身的德行修养，同时也提出了对民众实施道德礼制规范的要求，"德"是"仁""礼""义"的有效结合，是对为政者无为而治的更高层次的规范。

（二）以民为本——为政的基本原则

"以民为本"作为中国古代治理国家的重要思想，几千年来在中国治国安邦的政治理念中占据主导地位，"重民本"的思想受到历代统治者的普遍认可。从《尚书》中的"民为邦本"，到毛泽东提出"为人民服务"，邓小平指出"我是中国人民的儿子"，到江泽民提出"代表最广大人民群众

---

① （唐）吴兢：《贞观政要·论公平》。
② （西汉）董仲舒：《天人三策》。
③ 《论语·颜渊》。
④ 《礼记·礼运》。

的根本利益",胡锦涛强调"情为民所系、利为民所谋、权为民所用",再到习近平指出"人民对美好生活的向往就是我们的奋斗目标",民本思想始终贯穿整个中国政治文化之中。

关于"以民为本"的政治文化内涵,主要包含以下几方面内容:首先,以民为本就要重视、尊重民众的基本地位。受孔子影响,孟子提出"民为贵,社稷次之,君为轻"的民贵君轻思想,着重强调民众的重要地位。后来荀子也提出颇有异曲同工之妙的"君舟民水""水可载舟,亦可覆舟"的政治理论,认为"天之生民,非为君也;天之立君,以为民也"①。老子在《道德经》里讲道:"是以圣人欲上民,必以言下之;欲先民,必以身后之。是以圣人处上而民不重,处前而民不害。"②为政者若要统治臣民,就要对民众表现谦和而居于民众之下;想要领导民众,就必须把自身利益放在民众之后,这样为政者居于高位,人民丝毫不感到有沉重的负担,其利益无所损害,也就乐意拥戴为政者而不会感到疲倦。民众在社会政治体系中占据重要地位,在国家政治经济发展中具有巨大潜力,春秋时期兴盛的民本思想高度概括出"得民得天下,失民失天下"的真谛。

其次,以民为本要求为政者必须爱民、仁民。"古之为政,爱人为大"③,孔子把爱民作为为政者最应重视的事。为政者应该爱民敬民,爱民如子,体察百姓疾苦,维护百姓利益,解决百姓矛盾,减轻百姓负担。在孔子看来,"民富则安,民安则国安;民贫则乱,民乱则国危"④。人民是国家统治的基石,为政者要时刻关注民众的意愿,人心向背决定着政权的强弱与存亡。孔子反复强调,"弟子入则孝,出则弟,谨而信,泛爱众,而亲仁"⑤。这对爱民提出了更为细致的要求,即要广泛地亲近众人。此外,孟子提出为政者需实行仁政:"王如施仁政于民,省刑罚,薄税敛,深耕易耨,壮者以暇日,修其孝悌忠信,入以事其父兄,出以事其长上,可使制梃以挞

---

① 《荀子·大略》。
② 《道德经》第66章。
③ 《礼记·哀工问政》。
④ 任军:《现代化漩涡里的中国——他者化与中华性的扞格》,河南大学出版社2013年版,第307页。
⑤ 《论语·学而》。

秦楚之坚甲利兵矣。……故曰：'仁者无敌'。"① 在孟子看来，如果为政者施行仁政，减少民众的刑罚和税收，就能让人们利用闲暇时间修身养性，学习孝顺父母、敬奉兄长、忠于君主、诚实守信的道理，并于生活中践行；这样做了，即使是小国，也能安定富强，称霸于天下。对于为政爱民之道，管仲曾提出"仓廪实而知礼节，衣食足而知荣辱"，揭示了"仓廪实、衣食足"与"知礼节、知荣辱"间的必然联系。礼、义、廉、耻为国家四维，若不宣扬，那国家会因此灭亡。管仲还提出"凡治国之道必先富民"②，只有人民生活富足，国家库存充盈，礼义才能得到发扬，政令才能畅通无阻，国家才能长盛不衰。君子推行政事，要"施取其厚，事举其中，敛从其薄"③，这样才有利于民众的生产生活，进而推进国家政事。孔子对管仲取得的政绩大加赞赏，认为他所推行的强国政策，使齐桓公成为春秋霸主，百姓也从中获得了实惠。

最后，以民为本讲求政在养民、安民养民。《尚书》有云："欲至于万年，惟王子子孙孙永保民。"《尚书·大禹谟》指出养民之道："禹曰：'於！帝念哉！德惟善政，政在养民。水、火、金、木、土、谷，惟修；正德、利用、厚生、惟和。九功惟叙，九叙惟歌。戒之用休，董之用威，劝之以九歌俾勿坏。"这里强调，一个好的政治决策在于养育民众，但养育民众并不只是一味地提供生存资源，而是要求民众对自我生存资源进行维护，金、木、水、火、土是自然赋予的资源，谷是人类通过劳动获得的生存资源，这些资源相互联系，不管人类如何发展，其生存都离不开这些资源。这要求我们"正德""利用""厚生""惟和"，懂得如何获取、使用这些资源，懂得厚待生命、善待自然，正确处理人与自然间的相互关系。若想有效保证人类长期生存，那就必须将"九功"这种符合客观规律的知识记录下来，形成人们世代推举传颂的信仰，从而有效地限制人们破坏自然规律的行为，人们就可以顺从自然规律，长久安定地生活下去。从古至今，养育民众就不能制造流民，中国历朝历代因此制定了一系列政治制度，如授田制度、赈灾制度、

---

① 《孟子·梁惠王上》。
② 《管子·治国第四十八》。
③ 《左传·哀公十一年》。

盐铁国家专营制度等。安民养民还要乐民之所乐、忧民之所忧，孟子在劝导齐宣王时说："乐民之乐者，民亦乐其乐。忧民之忧者，民亦忧其忧。乐以天下，忧以天下，然而不王者，未之有也。"①

（三）正己正人——为政的首要前提

在中国传统政治理论中，"正己"与"正人"是人们关注的问题，也是治国理政的前提。关于为政，有一次季康子问政于孔子。孔子对曰："政者，正也。"② 孔子指出"政"即为"正"，为政就是要正其不正、以归于正。

不论是"正己"还是"正人"，首要任务是要"正名"。《论语》中记载："子路曰：'卫君待子而为政，子将奚先？'子曰：'必也正名乎！'"在孔子所处的礼坏乐崩的社会环境下，他认为最迫切的问题就是"正名"。对于"正名"的重要性，孔子说道："野哉由也！君子于其所不知，盖阙如也。名不正，则言不顺；言不顺，则事不成；事不成，则礼乐不兴；礼乐不兴，则刑罚不中；刑罚不中，则民无所措手足。故君子名之必可言也，言之必可行也。君子于其言，无所苟而已矣。"③ 只有确立名分，为政者才有权威，行政事务才能得以有效推行，国家的法制和社会秩序才能安稳有序。所以，对于当权者来说，凡事务必确立其名分，且能解释得通透明白，更重要的是说出来的必须能够做得到、行得通。古代强调"君君、臣臣、父父、子子"，注重君臣父子之间的名分与秩序。"父为子隐，直在其中矣""君使臣以礼，臣侍君以忠"。"正名"就是要合理有效地处理好人与人之间的关系，使每个人都能明确自己的身份、地位，各司其职。对于如何正名，孔子强调"仁"与"礼"二者都要兼顾，做到"君仁、臣忠、父慈、子孝"，要以"礼"为标准，以"仁"为原则。治国理政需要处理好君臣之间的关系，各级官员要在自己的职权范围内活动，不越权。为政者不应侵犯下级的权力，如孔子所谓"不在其位，不谋其政"，曾子所谓"君子思不出其位"。除"正名"外，孔子认为，为政还需"正己"，只有正己才能"正人"，进而平

---

① 《孟子·梁惠王下》。
② 《论语·颜渊》。
③ 《论语·子路》。

天下。儒家强调，为政者在理政过程中一定要以身作则，这成为中国传统政治文化的共识。孔子指出，"政者，正也。子帅以正，孰敢不正？"① 为政者为政的前提是正己修身，自己做到正，天下人就没有敢不正的了。孔子还说："苟正其身矣，于从政乎何有？不能正其身，如正人何？"② 如果自己能做到身正，那治理国家就没有什么困难了；但若自己都不能做到身正，又如何号令天下人为正呢？孔子继而指出，"其身正，不令而行，其身不正，虽令不从"③。若为政者自己品行正，就算不发号施令，也自然能得到民众的响应和拥护；若自己德行不端，即使三令五申，民众也不会听从。因此，为政者应从自身出发，使自己具备仁爱之礼，进而推己及人。推己，首先须"正己"，使自身言行修养符合道德规范、符合"仁爱"，人只有"成仁"之后，才可以"行仁""爱人"。孔子多次强调为政者加强自我政治道德修养对百姓的道德示范作用，所谓"君子之德风，小人之德草。草上之风，必偃"④。为政者的德行，关乎整个社会风气的好坏、国家的治乱。有涵养德行的君主，其治理的国家及社会风气会积极向上，无闲民作乱；但若君主德行有亏，品德好的人也会受其影响变坏，社会风气也会随之败坏，更不用谈治国理政了。君主的个人道德修养及其人格力量决定国家的政治前途，孔子在《子路》篇中说："上好礼，则民莫敢不敬；上好义，则民莫敢不服；上好信，则民莫敢不用情。夫如是，则四方之民襁负其子而至矣。"修身乃治国安邦的基础，为政者只有严于正己，具有贤良的道德品质，才有正人的资格条件。孔子认为，只有先立德，才能"正其身"，进而正他人。个体的道德高尚，相应的伦理关系也就有序，社会秩序也就稳定和谐了。反之，社会风气将面临败坏的危险。在孔子看来，"修己以敬，修己以安人，修己以安百姓"⑤。"修己以敬"即修养自己的品德、完备自己的品性。"安人"即让别人得到安宁，"修己以安百姓"是让黎民百姓都能安心幸福地生活。至此，正己的目的达到了，由修己到安人，一步步推己及人。孔子坚持以"忠

---

① 《论语·颜渊》。
② 《论语·子路》。
③ 《论语·子路》。
④ 《论语·颜渊》。
⑤ 《论语·宪问》。

恕"之道来"正己"："己欲立而立人，己欲达而达人。"① 想要让他人奉行政策，首先要自己垂身示范。孔子一生都在追求"仁"与"礼"，而这些都是从"正己"开始的。每个人都在社会中拥有自己的角色，并承担着相应的社会责任，只有人人遵守社会道德规范，才能建立和谐有序的社会大环境，实现真正的正己正人。

（四）选贤任能——为政的重要保障

选贤任能，受到中国历代统治者的重视，被视为治国安邦的基本国策。自古以来，不少思想家都将能否用贤看作国家兴衰的决定因素。儒家创始人孔子指出，"赦小过，举贤才"②。孟子认为统治者"不用贤则亡"，"不信仁贤则国空虚"③。墨家代表人物墨子在《尚贤》中写道："贤者为政则国治，愚者为政则国乱"，"国有贤良之士众，则国家之治厚，贤良之士寡，则国家之治薄"④。唐太宗提出"为政之要，惟在得人"⑤，也正是如此，才保证了国家的政治清明，才有"贞观之治"时期的人才济济，各显其能。荀子认为"有良法而乱者有之矣；有君子而乱者，自古至今，未尝闻也"⑥。他认为，"故尊圣者王，贵贤者霸，敬贤者存，慢贤者亡，古今一也"⑦。不论是孔子、孟子，还是墨子、荀子，都将贤能之人与国家的统治安危联系在一起，认为人才是国家的根本；若想国泰民安，就应广纳贤才，选贤任能。

选贤任能，顾名思义，既要选拔有贤德之人，又要注重其才干，即任用德才兼备之人。在举荐标准上，孔子主张以德取人，使有德之人居于高位。关于何谓贤人，孔子提出，"志于道，据于德，依于仁，游于艺"⑧，贤德之人应是志向在于道，根据在于德，依附于仁之中，活动于礼、乐等六艺的范

---

① 《论语·雍也》。
② 《论语·颜渊》。
③ 《孟子·尽心下》。
④ 《墨子·尚贤上》。
⑤ （唐）吴兢：《贞观政要·崇儒学》。
⑥ 《荀子·王制》。
⑦ 《荀子·君子》。
⑧ 《论语·述而》。

围内的人。司马光认为："才者，德之资也；德者，才之帅也。"① 强调了德与才的相互作用和联系。一个政治品德不良的人，即便有许多特长，也不能委以重任；同样，有德之人固然可靠，但若没有才气，也难以担当重任。因此，为政者选拔任用人才，必须坚持德才兼备的原则。荀子曰："王者之论，无德不贵、无能不官、无功不赏、无罪不罚，朝无幸位，民不幸生，尚贤使能，而等位不遗。"② 这明确指出，没有德行的不能处在高级职位上，没有才能的不能担任官职，意在说明德与才二者缺一不可。孔子讲求"选贤任能，讲信修睦"，朱熹在解释孔子这段话时说："贤，有德者；才，有能者，举而用之"③，都是主张有德有才者才有资格管理国家，举荐贤才对维持国家政治秩序具有十分重要的意义，关系着国家政权能否稳定，政策指令能否顺利施行等。如其所说"其人存，则其政举；其人亡，则其政息……故为政在人"④。孔子主张知人善任，强调在知人的前提下，大力举荐贤才，主张为政者要爱护、尊重贤才，以师友相对待，这样才能使贤才忠心为国效力，才能达到"举直错诸枉，能使枉者直"⑤ 的理想政治功效。

在选贤任能上，李世民主张"用人如器，各取所长"。他在《帝范·审官第四》中提出"智者取其谋，愚者取其力，勇者取其威，怯者取其慎，无智、愚、勇、怯，兼而用之。不以一恶忘其善，勿以小瑕掩其功"⑥。阐释了他的用人之道，即学会用人之所长，使人才能各得其所。为政者若能按照人才之所长将其用到恰当的位置，使其能够充分发挥自我优势，便能顺利推行国政，保持国家良性运作。针对人才的选拔，《文王官人》还提出了"六征"鉴别法，即根据官员的六种表现考察其品行。首先是"观诚"，考察为官者的道德、品质和情操；第二是"考言"，通过考察为官者的言论谈吐来辨别他的志向；第三是"视声"，通过为官者说话的声调观察他的内在气质；第四是"观色"，根据为官者的表情观察其内在气质；第五是"观

---

① 《资治通鉴·周纪一》。
② 《荀子·王制》。
③ （南宋）朱熹：《论语集注·子路第十三》。
④ 《礼记·中庸》。
⑤ 《论语·为政》。
⑥ （唐）李世民：《帝范·审官篇》。

隐",通过一定的外在信息来明察为官者有意掩盖的本质;最后一点是"撰德",即在前五点的基础上,对为官者的德行作出总结评价。古代选拔人才方法繁多,如孟子主张:"左右皆曰贤,未可也;诸大夫皆曰贤,未可也;国人皆曰贤,然后察之见贤焉,然后用之。左右皆曰不可,勿听;诸大夫曰不可,勿听;国人皆曰不可,然后察之,见不可焉,然后去之。"① 荀子提出了识别贤才的原则:"口能言之,身能行之,国宝也;口不能言,身能行之,国器也;口能言之,身不能行,国用也;口言善,身行恶,国妖也。治国者敬其宝,爱其器,任其用,除其妖。"②

二 中华传统文化丰富政治智慧的当代价值

作为一个民族最为核心的精神力量,优秀传统文化是整个民族价值取向及精神追求的集中体现,其重要意义不言而喻。我国正处于实现中华民族伟大复兴的关键时期,经济高速发展,现代化进程快速推进,同时对治国理政和社会治理提出了新的更高要求。习近平明确提出,治国理政要善于借鉴中国优秀传统文化,"中国优秀传统文化的丰富哲学思想、人文精神、教化思想、道德理念等,可以为人们认识和改造世界提供有益启迪,可以为治国理政提供有益启示,也可以为道德建设提供有益启发"③。我们要辩证看待传统文化,从中汲取借鉴精华部分,剔除其中糟粕内容,充分发掘其政治智慧的当代价值。

(一) 为政以德的当代价值

"为政以德"语出孔子,历代统治者对此多有推崇,且在其统治的过程中予以实施。实施的结果大都稳定了社会,巩固了政权,达到了统治阶级的主要目的。在建设社会主义精神文明、实行依法治国和以德治国相结合的今天,重新解读历史上的"德治",汲取有益营养、借鉴其经验,现实意义

---

① 《孟子·梁惠王下》。
② 《荀子·大略》。
③ 习近平:《在纪念孔子诞辰2565周年国际学术研讨会暨国际儒学联合会第五届会员大会开幕会上的讲话》,《人民日报》2014年9月25日。

重大。

习近平在北京大学师生座谈会上的讲话指出:"核心价值观,其实就是一种德,既是个人的德,也是一种大德,就是国家的德、社会的德。"① 社会主义核心价值观基本内容为"富强、民主、文明、和谐,自由、平等、公正、法治,爱国、敬业、诚信、友善"。其中,"富强、民主、文明、和谐"是从国家层面讲的,"自由、平等、公正、法治"是从社会层面讲的,"爱国、敬业、诚信、友善"则是从个人层面讲的。"德"贯穿其中,从每个人到各种组织,直至全社会,"德"可以说无处不在、无事不包。践行社会主义核心价值观,要求个人有品德,家庭有美德,职业有道德,社会有公德。

国家富强,为政以德是关键。思想道德是一种社会意识形态,是调整人们之间以及个人和社会之间关系的行为准则和规范的总和。它支配着人的行为,人的行为的结果与它有直接关系。思想道德没有强制性,它依靠社会舆论、人们的信念、习惯、传统和教育来起作用。道德风尚是一种社会风气,社会风气的好坏对国家繁荣富强影响很大。在一个讲德、有德、道德风尚很高的国度,特别是对执政者来讲,国民若勤学上进,修身励志,克己自律,自然会促进民主文明的进步,促进社会的和谐;而社会和谐了,人们步调一致,每个人的主观能动性得以充分发挥,就能够集思广益、同心同德,付诸实际行动,国家走向富强也就为期不远了。反之,在一个道德失准、社会风气有问题的地区和国度里,要达到富强的目标势必成为空谈。历史上,晚清统治者的失德,诸如"三年清知府,十万雪花银"之类的大小官员贪贿成风,社会风气急转直下,人们心中没了信念,上下离心离德,造成国力日益衰落。最后,则是丧权失地辱国,直至最终土崩瓦解。北洋军阀时代,各路诸侯混战割据,民不聊生,更遑论民主、道德了。这个时期日寇乘虚而入,残酷奴役中国人民长达十多年。无尽的宝藏被掠夺,无数的生命被残害,其血腥与耻辱难以言表。究其根源,统治集团的失德不能不说是一个重要原因。前车之鉴,令人猛醒。

建设法治社会,也要辩证地看待"德"。作为人们关于善恶、是非、荣

---

① 习近平:《青年要自觉践行社会主义核心价值观——在北京大学师生座谈会上的讲话》,《人民日报》2014 年 5 月 5 日。

辱、美丑、公私等观念、原则和规范的总和，道德虽然不直接参与治国，但却可以转化为依法治国的思想基础，成为其有力支撑。法治离不开道德，道德给立法提供了依据，法律的制定具有道德性，即古代所说的"奉法循理"。道德保证了执法者心底的公正，给守法者提供依据。在法律概念还十分模糊的情况下，道德给人以可为或不可为的一个基本判断。

加强全社会的思想道德建设意义重大。习近平指出："国无德不兴，人无德不立。必须加强全社会的思想道德建设，激发人们形成善良的道德意愿、道德情感，培育正确的道德判断和道德责任，提高道德实践能力尤其是自觉践行能力，引导人们向往和追求讲道德、尊道德、守道德的生活，形成向上的力量、向善的力量。只要中华民族一代接着一代追求美好崇高的道德境界，我们的民族就永远充满希望。"① 这对"德"在当代社会的重要性、必要性，作出了最有力的诠释。当前，我国开启全面建设社会主义现代化国家新征程，实现这个宏伟目标，"德"的作用与力量不可小视。

（二）以民为本的当代价值

"以民为本"是当代中国现代化建设的需要。首先，这是由我国社会主义性质所决定的。人民不仅是历史和实践的主体，也是价值的主体。一切物质文明和精神文明的成果都是由人民创造的。社会主义充分尊重人民的主体地位，充分发挥人民群众的主体作用。只有依靠人民，我们才能实现中华民族伟大复兴目标。其次，现代化所倡导的"以人为本"理念，很大程度上源于对传统"以民为本"思想的借鉴。随着我国经济高速发展，广大人民群众的自主意识、权利意识也在增强，"人本"观念深入人心，人民群众对于公平正义的呼声与期盼也就相对强烈。在这方面，问题解决得好，经济则持续发展，社会将不断进步。反之，势必阻滞社会的发展。最后，在现阶段，党坚持"发展为了人民、发展依靠人民、发展成果由人民共享"的基本理念，这是党的"全心全意为人民服务"根本宗旨的具体体现。确立

---

① 《认真贯彻党的十八届三中全会精神 汇聚起全面深化改革的强大正能量》，《人民日报》2013年11月29日。

"以人为本"的执政理念，进一步密切党群关系、干群关系，提高党的执政能力，有利于我们党巩固执政地位，团结带领全国各族人民不断推进社会全面进步和人的全面发展。

"以民为本"是推进社会公平正义的文化渊源。习近平指出："进一步实现社会公平正义，通过制度安排更好保障人民群众各方面权益。要在全体人民共同奋斗、经济社会不断发展的基础上，通过制度安排，依法保障人民权益，让全体人民依法平等享有权利和履行义务。"① 在政治方面，我们要高度重视民主政治制度建设，不断完善人民代表大会制度、基层群众自治制度、民族区域自治制度，以确保人民享有当家作主的权利。在经济上，我们要始终坚持和完善以按劳分配为主体、多种分配方式并存的分配制度，注重发挥财政的杠杆和保障作用，强化助残养老与扶贫扶弱，促进社会保障制度完善，以期达到最终实现共同富裕的目标。在法治方面，我们要坚持法律面前人人平等，惩恶扬善要雷厉风行，持之以恒反贪肃贪、铲除腐败，坚持"苍蝇老虎"一起打，制定完善一系列预防腐败犯罪的制度与措施，注重从根本上解决问题。这样一些得力举措，保障了人民群众的根本利益和合法权益，合民意，顺民心，得到了全国人民的衷心拥护。

"以民为本"对执政党治国理政提供了价值导向。维护好、实现好、发展好人民群众的根本利益，满足人民群众对美好生活的需要，不仅是我国社会主义现代化的基本目标，同样也是我们党领导全国各族人民不断前进的价值追求；不仅是我们党加强执政能力的必然选择，更是顺应时代潮流的实践作为。只有认识到人民的历史创造者的地位，深刻明白权力是人民赋予的、人民支持是党的执政力量的源泉，只有正确处理党和人民的关系，不断提高自身的领导水平和执政能力，我们党的执政基础才会愈加坚固、执政地位才会坚不可摧，我们党也才能把自身建设好、完善好，才能团结带领全国各族人民全面建成小康社会，把我国建成富强民主文明和谐美丽的社会主义现代化强国。

---

① 《加强对改革重大问题调查研究 提高全面深化改革决策科学性》，《人民日报》2013 年 7 月 25 日。

（三）正己正人的当代价值

"正己正人"是执政党巩固执政地位的迫切要求。一方面，改革开放取得了举世瞩目的成就，经济持续健康发展，人民群众的物质文化生活水平显著提高。另一方面，我们党也面临着长期执政考验、改革开放考验、市场经济考验、外部环境考验，复杂的国内外形势对治国理政的要求也越来越高。在社会日趋稳定、生活相对安逸的环境中，部分党员干部出现了精神懈怠、不思进取、脱离群众、追求享受甚至腐化堕落等问题。习近平强调："党要管党，首先是管好干部；从严治党，关键是从严治吏。要把从严管理干部贯彻落实到干部队伍建设全过程，坚持从严教育、从严管理、从严监督，让每一个干部都深刻懂得，当干部就必须付出更多辛劳、接受更严格的约束。"[1]这道出了执政党"正己"的真谛。要彻底解决好党内存在的种种消极腐败问题，必须从正己正人抓起。

"正己正人"是改善社会风气的必要条件。毛泽东在新中国成立后曾就腐败问题说过这样一段话：我们杀了几个有功之臣也是万般无奈。我建议重读一下《资治通鉴》，治国就是治吏！礼义廉耻，国之四维。四维不张，国将不国。如果一个个都寡廉鲜耻，贪污无度，胡作非为，国家还没有办法治他们，那么天下一定大乱，老百姓一定要当李自成！国民党是这样，共产党也是这样。针对党内在"正己正人"方面没有解决好的种种问题，习近平要求，"以猛药去疴、重典治乱的决心，以刮骨疗毒、壮士断腕的勇气，坚决把党风廉政建设和反腐败斗争进行到底"[2]。这体现了中国共产党对于清除腐败、扭转社会风气不正的坚强决心与坚定信念。党员领导干部只有严格要求自己，率先垂范，带头发扬党的优良传统和作风，敢于开展批评和自我批评，在政治上对党忠诚，在组织上服从大局，在行动中严守纪律，在生活中不弃规矩，在工作中积极努力，才能真正做到时时处处起到标杆作用，才能促进党内风气的根本好转。邓小平指出："领导

---

[1] 《建设一支宏大高素质干部队伍 确保党始终成为坚强领导核心》，《人民日报》2013年6月30日。

[2] 《强化反腐败体制机制创新和制度保障 深入推进党风廉政建设和反腐败斗争》，《人民日报》2014年1月15日。

不是自封的，要看群众承认不承认，批不批准。领导作风恶劣，群众就不会服从；领导犯了错误，群众就不批准。或者有人说，我革命时间长，本领大。但群众不跟你走，你就一事无成。"① 这为正人先正己作出了最直截了当的说明，给予最直观最有力的注脚。党的十八大以后，全党开展的群众路线教育实践活动和"三严三实"专题教育等，对促进社会风气的根本好转发挥了重大作用。

（四）选贤任能的当代价值

我们需要什么样的干部？什么样的干部才能充分发挥作用？这是值得我们深入思考的问题。历朝历代在甄选官吏时，都秉承着"贤""能"兼顾的基本原则，这无疑是传统文化留给我们的宝贵精神财富，为我们在今天选好用好干部提供了颇具价值的历史参考。

"选贤任能"是中国共产党选拔干部的基本准则。我们党向来高度重视干部的选拔，始终把选人、用人作为关系党和人民事业的关键性、根本性问题来抓。党的十八大以来，以习近平同志为核心的党中央面对复杂多变的国际形势和艰巨繁重的国内改革发展任务，为实现全面建成小康社会和社会主义现代化强国的奋斗目标，提出了一系列选人用人的新理念。习近平对好干部提出明确要求："好干部要做到信念坚定、为民服务、勤政务实、敢于担当、清正廉洁。信念坚定，党的干部必须坚定共产主义远大理想，真诚信仰马克思主义，矢志不渝为中国特色社会主义而奋斗，坚持党的基本理论、基本路线、基本纲领、基本经验、基本要求不动摇。为民服务，党的干部必须做人民公仆，忠诚于人民，以人民忧乐为忧乐，以人民甘苦为甘苦，全心全意为人民服务。勤政务实，党的干部必须勤勉敬业、求真务实、真抓实干、精益求精，创造出经得起实践、人民、历史检验的实绩。"② 习近平指出："成长为一个好干部，一靠自身努力，二靠组织培养。"③ 为此，"我们要坚持德才兼备、以德为先，坚持五湖四海、任人唯

---

① 《邓小平文选》第 1 卷，人民出版社 1994 年版，第 157 页。
② 《十八大以来重要文献选编》（上），中央文献出版社 2014 年版，第 337—338 页。
③ 《习近平谈治国理政》第 1 卷，外文出版社 2018 年版，第 416 页。

贤，坚持事业为上、公道正派，坚决防止和纠正选人用人上的不正之风，把党和人民需要的好干部精心培养起来、及时发现出来、合理使用起来"①。党的十八大以来，我们党对干部选拔使用、选贤任能工作予以高度重视，在大力清除腐败分子的同时，选用大批年富力强的好干部，由以确保了中国特色社会主义事业的发展进步。

"选贤任能"有利于提升中国共产党的执政能力。一个政党的执政能力和执政水平，在制定和实施正确的路线、方针、政策方面均有所体现，同时也相应地体现在各级党员干部贯彻实行党的路线、方针、政策并完成各项工作任务的能力、水平和工作作风方面。从这个意义上讲，党的各级领导干部的工作水平与工作能力，可以说是党的执政水平和执政能力的直接体现。提高党的执政能力，应从为传统文化所推崇的"选贤任能"入手，通过遴选一批高素质人才，建设一支政治素质高、工作能力强、群众信得过的干部队伍，必然会有力地提高党的执政能力。

三 以丰富政治智慧服务于治国理政实践的有效途径

中华传统文化蕴含的丰富政治智慧要服务于中国共产党的治国理政实践，必须采取切实有效途径，在转化创新过程中予以吸纳借鉴。在当代中国，我们要从加强道德文明建设、增进民生福祉、践行廉政要求、推进人才强国战略实施几方面，加大工作力度，确保中华传统文化中的丰富政治智慧服务于中国特色社会主义事业发展。

（一）强化"为政以德"，树立风清气正的政治生态

中华传统文化主张"王道"，主张以理想的政治之道建立理想的人间秩序。从现代政治学的角度来说，这是一种自上而下的顶层制度设计，有整套理论体系，如《礼记·乡饮酒义》载："贵贱明，隆杀辨，和乐而不流，弟长而无遗，安燕而不乱，此五行者，足以正身安国矣。"借鉴其中有益的思想精华，在新时代，我们须强化为政以德，强化道德宣传教育，落实廉政

---

① 《习近平谈治国理政》第 2 卷，外文出版社 2017 年版，第 45 页。

建设措施，推进德法并治，提高全民族的尊法素质与道德水平。

1. 强化道德宣传教育，引导公民的道德自觉

孔子说："道之以政，齐之以刑，民免而无耻；道之以德，齐之以礼，有耻且格。"（《为政》）中华传统文化主张，要把社会秩序的稳定建立在人们的道德自觉之上，恃德不恃力。为政以德，须强化社会主义核心价值观的宣传与教育。

用社会主义核心价值观引领社会思潮、凝聚社会共识。要深入研究社会主义核心价值观的理论和实际问题，深刻解读社会主义核心价值观的丰富内涵和实践要求，为实践发展提供学理支撑。比如，如何界定社会主义核心价值观与中国传统价值观、西方价值观的关系；如何体现社会主义的本质；如何在新的经济技术和文化条件下有的放矢地进行宣传教育等。开展社会主义核心价值观的宣传教育，需要展开深入的科学研究，取得有分量有价值的研究成果。要加强社会思潮动态分析，强化社会热点难点问题的正面引导，在尊重差异中扩大社会认同，在包容多样中形成思想共识。宣传思想工作必须承认客观现实的合理性，尊重不同的观点，尊重少数人的利益，在此基础上寻求和扩大社会共识。

发挥新闻媒体传播社会主义核心价值观的主渠道作用。新闻工作者要以社会主义核心价值观来规范和约束自己的行为，加强职业理想和职业道德建设，提高媒体从业人员的思想和道德素质，培养有职业理想、有社会担当的媒体队伍。要深入生活、深入群众、面向实际，通过"接地气"，了解和反映民情民意，增强新闻报道的亲和力、感染力、吸引力和影响力。

建设社会主义核心价值观的网上传播阵地。培育和践行社会主义核心价值观需要新闻宣传等部门关注实际问题，正面应对变化了的现实。首先要承认和接受变化了的现实，克服过去在垄断话语权力条件下形成的"唯我独尊"等心态，改变以往"围追堵截"等过时的工作模式。其次是顺应历史发展的进步潮流，适应互联网快速发展的形势，认识、尊重和运用网络传播的规律，把社会主义核心价值观体现到网络宣传、网络文化、网络服务中，用正面声音和先进文化占领网络阵地，形成良好的网上舆论环境，集聚网上舆论引导合力。再次，做好重大信息网上发布，回应网民关切，主动有效进行网上引导。

2. 落实廉政建设,强化党员干部政德修养

在中国传统政治理论与实践过程中,"正身"即廉政,一直是人们关注的重要问题之一,亦是新时代中国政治建设的重要内容。鉴于当前我国面临严峻复杂的反腐形势,中央着力形成"不想腐""不能腐"和"不敢腐"的工作思路,把反腐倡廉工作融入政治建设、经济建设、文化建设、社会建设和党的建设之中,坚定不移推进从严治党、依规治党,这需要在思想、制度、法律等方面作出切实的努力。

夯实廉政道德基础。在"正己"与"正人"的过程中,"正名"是首要任务。只有"正名",才能将廉政准则通过教育在全社会中推广。廉政治理与道德教化联系紧密,教育具有基础性作用。为此,要开展反腐倡廉教育,树立正确的价值观、人生观、世界观,增强公职人员特别是领导干部拒腐防变的自觉性,确保廉政建设工作顺利推进。在反腐倡廉教育中,要深入实际调查研究,广泛了解和掌握党员干部对方针政策、纪律法规的学习情况,以及对热点问题和群众反映的突出问题的看法,准确把握其心理特点,对准脉搏、抓准要害,及时开展探讨型或教育型谈话,加强正确引导,力求合情合理、适时适需;要与社会主义核心价值观教育相结合,正确引领党员干部思想方向,凝聚党员干部廉洁共识,用中国特色社会主义理论体系武装全党、教育全党;要汲取传统文化精华,从深厚的文化底蕴中挖掘适合新时代要求、体现新时代特色的文化基因来教育党员干部,培养他们崇高的精神境界和高尚的道德情怀;要鼓励文艺工作者依托传统文化资源和现实反腐倡廉题材,创作廉政文化作品,繁荣廉政文艺创作,积极推动廉政文化建设,在全社会营造崇廉尚洁的良好氛围。

完善廉政的制度约束。如孔子所言:"名不正,则言不顺;言不顺,则事不成;事不成,则礼乐不兴;礼乐不兴,则刑罚不中;刑罚不中,则民无所措手足。故君子名之必可言也,言之必可行也。君子于其言,无所苟而已矣。"[1] 只有做到正身或廉洁的规范化,才能保证政务的顺利开展。要实现这一点,就要不断建立健全各种体制机制,加大对权力的监督与制约,规范纪检监察队伍纪律规矩,完善纪检监察队伍监督机制,完善廉政风险内控机

---

[1] 《论语·子路》。

制，严格执行信息公开制度，形成"不能腐"的体制约束。

建立健全廉政法规制度。构建良好政治生态，进一步制定和完善相关的廉政法律法规，真正做到"有法可依"，确保领导干部"不敢腐"。所谓"君子之德风，小人之德草。草上之风，必偃"[①]。政治生态的建构，需要不断健全法律法规，提高执行力。执纪必严，违纪必究，切实做到纪律面前人人平等。进一步制定和完善相关的廉政法律法规，完善责任追究机制，依法惩处腐败行为；加大"一案双查"追究力度，深入推行责任终身制，真正做到"有法可依"，确保领导干部"不敢腐"。

3. 推进德法共治，建立平衡动态的治国战略

习近平指出："法律规范人们的行为，可以强制性地惩罚违法行为，但不能代替解决人们思想道德的问题。我国历来就有德刑相辅、儒法并用的思想。法是他律，德是自律，需要二者并用。如果人人都能自觉进行道德约束，违法的事情就会大大减少，遵守法律也就会有更深厚的基础。"[②] 在中国现代化建设中，法制建设日趋完善，法律对人的制约作用也在不断增强。法律可以规范约束人的行为，而道德对人的思想、行为同样具有规范作用。如何做到德法并举，还需要把一部分基本性道德规范转变为法律、法规、公共政策等，使道德规范制度化、政策化、法律化，弥补单纯道德教育的短板，给社会道德发展提供空间。

深入研究传承弘扬，推进传统道德的创新。如"无讼"理念（使人们不争讼），可作为一种治理目标去争取。要在吸取传统道德精华过程中，通过多种方式推进现代法律信仰的形成，同时引导、构建以权利为核心的法治社会关系，增强权利意识，巩固法律权威观念。

加强道德制度规范建设，建立道德仲裁机构。从我国社会主义现代化建设的实际出发，把社会生活领域中重要的、基本的道德规范上升为法律规范，依法实行；制定一整套适应我国社会转型期国民素质水平的、具有操作性的道德法律规范，其范围与内容主要包括社会公德、职业道德、家庭道德、环境道德等，使这些基本性道德规范能够落地实施。

---

① 《论语·颜渊》。
② 《十八大以来重要文献选编》（上），中央文献出版社2014年版，第722页。

依靠法律手段，加大违德惩处的力度。明确对各种违德行为予以惩处的范围和力度，对合法行为予以保护和奖励，对公民违反道德行为进行受理、审理和仲裁。比如，人民法院通过公开审理案件、公开宣判案件等，惩罚犯罪，教育人民。要允许和支持各地各部门在不与现行法律、条例相违背的前提下，可根据本地本部门的实际情况，制定出各种群众普遍认可又切实管用的县规民约、乡规民约、村规民约、厂规民约、校规民约和各种文明公约等，以作为当前社会主义道德建设的行为准则，在一定范围甚至全社会进行广泛宣传和深入推广。

4. 立足市场经济发展现实，建立与道德规范相适应的经济利益调控体系

市场经济的持续健康发展既需要经济领域的深化改革，也需要精神文化层面的价值支撑。在发展市场经济的同时，必须建立与道德相适应的经济利益调控体系，充分汲取中华传统文化中"义利观""民生观"等思想，发挥其价值协调与规范作用，保障社会主义市场经济有序健康发展。所谓"不知礼，无以立也"①，只有遵守道德，克制自己私欲，才能实现整个社会的稳定有序。失去道德约束的经济原则，必然会恶性膨胀，带来经济危机，甚至引发整个社会关系的混乱。所以，在发展市场经济的同时，必须建立与道德相适应的经济利益调控体系，保障社会主义市场经济有序健康发展。

通过市场手段，增强社会的平等性，健全信用制度。"为政以德，则不动而化、不言而信、无为而成。所守者至简而能御烦，所处者至静而能制动，所务者至寡而能服众。"②市场经济体系的道德规范化，必然需要广大民众的拥护与践行，需要健全信用制度。建立与之相适应的法律法规体系，根据信用制度建设需要，对已有的法律进行修改和补充，如《公司法》《合同法》《破产法》等。健全信用制度，必须在产权制度方面进行持续改革，明确产权的归属，规范生产经营行为，形成良好信用基础和市场秩序，进而实现经济利益调控体系与社会道德规范之间的良性配合与相互促进，在市场经济的运行中推进法治与德治的共同进步。根据诚信建设的基本要求，中华

---

① 《论语·尧曰》。
② （南宋）朱熹：《论语集注·为政第二》。

传统文化中关于诚信思想的阐发,在市场经济环境下发挥着"微言大义"的价值功用。正如孔子曰:"民无信不立。"[①] 孟子曰:"诚者,天之道也;思诚者,人之道也。"[②] 诚信建设是在道德修养与文化素养层面,将诚信的价值原则转化为市场主体的经营原则、公民个人的交往原则,使诚信成为市场主体赖以生存发展的无形资产与信用背书。

(二) 切实贯彻落实"以人民为中心"理念

以习近平同志为核心的党中央情系民生,始终把人民群众的冷暖当作头等大事,在"幼有所育、学有所教、劳有所得、病有所医、老有所养、住有所居、弱有所扶"方面推进民生发展。增进民生福祉,需要从多个层面系统发力。

1. 汲取"以民为本"的传统文化智慧,深化"以人民为中心"理念的研究

中国共产党"以人民为中心"理念之于中华传统文化中的"以民为本",既有传承,又有发展。"以人民为中心"与西方民主观念有着本质的区别。要深入研究马克思主义理论中的人民观,深刻理解人民是推动社会发展根本力量的唯物史观,为贯彻落实"以人民为中心"理念提供理论支撑。深入研究以人民为中心执政理念的理论渊源,充分认识到这一理念是中国共产党历届领导集体治国理念的继承和发展,是中国共产党执政理念的飞跃和升华;深入研究以人民为中心执政理念的科学内涵,把握其中包含的"发展依靠人民、发展为了人民、发展成果由人民共享"等思想;深入研究如何践行以人民为中心的执政理念,坚持人民主体地位,采取具体方式、必要举措并营造公平的社会环境,切实把以人民为中心的执政理念落到实处。

2. 深化以人民为中心的发展思想,践行新发展理念

联系传统文化中的"民本"思想,践行我们党以人民为中心的发展理念,我们还要汲取中华传统文化中的生态观念,正确处理人与自然、人与人、人与自我的关系,创新发展理念,实现可持续性发展。

---

① 《论语·颜渊》。
② 《孟子·离娄上》。

建设创新体制构架，提高发展质量和效益。要培育发展新动能，建设一批高水平的国家科学中心和技术创新中心，培育壮大一批有国际竞争力的创新型领军企业，实行以增加知识价值为导向的分配政策。打造众创、众包、众扶、众筹平台，构建多方协同的新型创业创新机制，培育创业服务业，支持分享经济发展，提高资源利用率，让更多的人参与进来、富裕起来。

增强发展协调性，着力形成平衡发展结构。要完善支持居民住房合理消费的税收、信贷政策，因城施策化解房地产库存。建立租购并举的住房制度，把符合条件的外来人口逐步纳入公租房供应范围。深入实施西部大开发，支持西部地区改善基础设施，发展特色优势产业，强化生态环境保护。健全军民融合发展的组织管理体系、工作体系，建立国家和各省军民融合领导机构，增强先进技术、产业产品、基础设施等军民共用的协调性。

大力发展节能环保产业，实行联防联控共治。要支持绿色清洁生产，推进建立绿色低碳循环发展体系，鼓励企业工艺技术装备更新改造。推进交通运输低碳发展，实行公共交通优先，实施新能源汽车推广计划，提高建筑节能标准，推广绿色建筑和建材。深入实施大气、水、土壤污染防治行动计划，完善天然林保护制度，开展退耕还湿、退养还滩。

3. 借鉴传统文化中的基层治理制度，完善人民当家作主制度体系

清人陆世仪曾说："治一国，必自治一乡始；治一乡，必自五家为比、十家为联始。"[①] 中华传统文化中的基层治理智慧，对推进社会主义民主、保障人民当家作主，有着丰富的借鉴意义。健全人民当家作主的制度，是社会主义民主政治制度化、规范化、程序化的必然要求。传统文化中的基层治理智慧与人民当家作主的制度完善，具有内在的联系。

要完善民主选举制度。完善代表候选人提名制度，增加选举人对候选人的了解，让选民充分行使民主权利，选出有能力、素质高、乐奉献的人民代表。规范选举的具体制度，进一步完善差额选举等制度，保证选举的公平、公开与公正。

要完善民主参与制度。优化政治参与的社会生态环境，在制度中明确公众的政治参与权利，让政治参与过程有据可依；促进经济发展、维护社会和

---

① 《保甲书·广存》。

谐稳定，为优化政治参与提供良好的社会物质基础。

要拓展政治参与的内容和渠道。促进政治参与的纵向深化，将教育医疗、环境卫生、社会保障、社区治理等民生领域的不同方面、不同类别的问题，纳入政治参与的议题范畴之中。拓展政治参与的渠道，通过听证会、调查、旁听、咨询会，以及电视问政、网络参与等有效方式，让越来越多的公众参与到民生政策的制定之中。

要进一步拓宽民主党派的参与渠道。政府部门与民主党派积极开展对口活动，使民主党派人士能够参与到公共决策、综合工作、重要政策的制定与规划之中。支持民主党派人士以"特约四员"即特约监察员、特约检察员、特约审计员、特约教育督导员的身份参与公共决策，并担任作风监测员、行风评议员、教育督导员和行政执法员等。

要健全民主管理制度。夯实民族区域自治制度。各级人民代表大会要适应社会变革和社会转型的新形势新环境，有针对性地研究和及时解决在民族法律法规实施过程中存在的突出问题，维护宪法权威，尤其要防止大汉族主义思想，集中精力完善民族事务管理，促进民族事务治理能力现代化。各级政府和自治机关要适时制定和完善有关配套法律法规和具体措施，及时制定或者修改自治条例和单行条例。民族自治地区要切实落实党和国家在本地区的重大方针政策的贯彻执行，坚决铲除民族分裂主义滋生的土壤，尊重规律，与时俱进，因地制宜，促进区域经济科学发展，切实提高少数民族地区人民的生活水平。加强基层群众自治制度建设，加强基层群众自治的教育培训。加快制定相关法律法规，完善基层群众自治的法制保障。加强载体建设和机制创新，着力探索基层群众自治的实践形式。

要强化民主监督机制。加强人大监督制度，建立人大监督的激励机制、运行机制、制约机制。加强党内民主监督，大力推进党务公开，健全党员领导干部定期述职汇报工作制度。加强人民政协的民主监督，提升人民政协委员参政议政的动力，拓宽委员们了解相关信息的渠道，抓好政协委员和政协机关干部队伍建设。

4. 借鉴传统文化中安民养民思想，解决好民生基本问题

在这方面，我们要从解决好人民群众最关心最直接的问题入手，切实从安民养民出发，让广大老百姓安居乐业、健康幸福。

要优先发展教育事业。推进教育公平，关注中西部和农村地区、贫困地区、民族地区、边远地区的教育发展，着力解决校际、城乡、区域之间教育资源配置不平衡的问题。重视基础教育，着眼于学生创新精神和实践能力的培养。弘扬尊师重教的美德，创造温馨的教育环境。重视教师队伍建设，调动教师长期从教的积极性。

不断完善就业制度，扩大就业范围。坚持扩大就业的积极就业政策，建立统一开放、竞争有序、统筹城乡的劳动力市场，健全就业服务体系，促进多种形式的就业。加强大学生就业培训和职业生涯规划的指导，改革高校课程，做好高校大学生就业工作，提高大学生的就业能力和就业诚信。要鼓励劳动者积极创业，完善就业服务体系。

改革完善医疗卫生制度和住房养老制度。优化医疗卫生体制改革，建立分级诊疗制度，加强药品供应体制改革，加强全科医生队伍建设，实现病有所医。着力深化住房制度改革，建立租购并举的多渠道住房制度，加快保障性住房建设，实现住有所居。着力健全基本养老保险制度，逐步提高农村养老保险制度的覆盖范围，完善社会统筹与个人账户相结合的城镇职工基本养老保险制度，鼓励发展个人储蓄性养老保险和商业养老保险，真正实现老有所养。

（三）推进人才强国战略实施

党的十九大报告提出，人才是实现民族振兴、赢得国际竞争主动权的战略资源。党的十九届五中全会提出，深入实施科教兴国战略、人才强国战略、创新驱动发展战略，完善国家创新体系。人才资源是党和国家最为宝贵的财富之一，对于社会主义现代化建设至为关键。

1. 借鉴传统文化重视人才的理念，提高对人才工作重要性的认识

人才是兴国之本。实施人才强国战略是实现国家富强、民族复兴的重大举措，是协调推进"四个全面"战略布局的重要保证。推动"人力红利"转变为"人才红利"，以"人才红利"促进管理创新、技术创新和劳动生产率提高，增强创新发展的内生动力，是加快实施创新驱动发展战略的迫切需要。高端人才和科技创新已成为大国角逐的决定性力量，加快建设人才强国是集聚各方人才、巩固党的执政基础的重要举措，是增强国际人才竞争优势

的战略选择。

创新人才强国观念。要用战略思维、创新思维、辩证思维推进人才事业，聚天下英才而用之。以识才的慧眼、爱才的诚意、用才的胆识、容才的雅量、聚才的良方，造就一支规模宏大、素质优良、结构合理、活力旺盛，既能满足中国经济社会发展需要、又能参与国际竞争的人才大军。要用更加积极、更加开放、更加有效的人才政策，去吸引人才并用好人才。

大兴识才、爱才、敬才、用才之风。要充分利用新闻媒体等宣传方式，加大对人才工作先进经验、先进事迹的宣传，营造强有力的舆论氛围；把社会力量广泛纳入进来，从政策和资金上给予人才以有力的支持，为他们的工作、生活创造良好的条件。

2. 借鉴传统文化中用人及人才评价资源，完善人才建设体系

创新人才培养选拔机制。中华传统文化中富含识人用人的智慧方略，《吕氏春秋》提出"八观六验"的观人之法，《人物志》提出"八观""五视"的用人之道。这些关于选人用人的制度，对于当前人才的培养与激励，仍具有重要借鉴作用。中国特色社会主义制度具有"坚持德才兼备、选贤任能，聚天下英才而用之，培养造就更多更优秀人才的显著优势"[①]，促进了创新人才的培养选拔。要注重对青年人才的培养，建立后备人才资源库，通过民主的方式推选当地出类拔萃的人才。

健全人才培养制度。实行专人培训制度、定期听取汇报制度、考核考察制度和动态管理制度。开展"一带一"活动，对人才从思想政治上帮、工作能力上带、工作经验上传，着力培养其能力。基层单位和组织要及时了解和掌握人才的思想、工作和学习情况，有针对性地对他们加强帮助和指导。要加强对后备人才的考察、考核，全面考察他们的政治态度、政策水平、工作能力和工作实绩，促其健康成长。

创新人才考核监督机制。人才考核是选人用人的重要标准。三国时期蜀汉采取"赏以兴功，罚以禁奸""赏不可虚施，惩不可妄加"的人才激励方式。明代采取"拾遗"的考核制度，对于应当考核黜陟而没有黜陟的官员

---

① 《中共中央关于坚持和完善中国特色社会主义制度 推进国家治理体系和治理能力现代化若干重大问题的决定》，人民出版社 2019 年版，第 4 页。

进行弹劾。《文王官人》提出观诚、考言、视声、观色、观隐、揆德的"六征"鉴别法。这些考核办法至今仍有借鉴意义。在全面从严治党背景下，对领导干部要实行八小时之外的监督，对公职人员则要加强监督管理，重点考察政治言行、生活作风、邻里关系、社会交往、廉洁自律等方面的情况。

创新人才激励保障机制。人才激励是调动人才积极性、优化人才效能的重要方式。人才激励是"激人之心，励士之气"，以发挥"上行下效"的榜样激励、"视卒如爱子"的关怀激励、"赏赐知其所施""刑罚知其所加"的赏罚激励。要着力破除制约人才培养、评价、使用、流动、激励的思想束缚和制度藩篱，实施更加灵活务实的政策。完善待遇、税收、保险等激励政策，健全有利于人才向基层、中西部流动的政策体系。优化人力资本配置，清除人才流动障碍，提高社会横向和纵向流动性。鼓励各地因地制宜，大胆探索创新，增强人才工作生机活力。

3. 实施强有力的人才法律保障

完善人才教育等相关法律法规。围绕人才教育这一主题，制定包括义务教育法、教育资信法或教育责任法、继续教育法等法律法规，从法律层面上给予最大的保障和支持。正如"故尊圣者王，贵贤者霸，敬贤者存，慢贤者亡，古今一也"[①]，实现人才统一立法，保障人才的创造性活动，确保高层次人才创新、创业失败后仍能获得比较稳定的生活来源，能够延续智力、体力并投入到新的创新、创业活动中去，以此来保护人才的创新能力，促进人才成长。要规范人才的选用，制定一系列法律、法规，用以调整各种人才关系，保护人才的合法权益，规范人才的选拔、使用、调配、培训、考核、晋升和退休等。我国出台了《公务员法》，还要制定诸如《人才市场法》《人才工资法》《停薪留职法》等，规范人才市场活动和行为，使人才市场机制和公平竞争有法律保障，使人才资源的管理、使用、选拔等走向科学化、民主化、程序化、法制化。

---

① 《荀子·君子》。

第 二 章
以充沛价值理念润泽社会主义核心价值观培育

价值观是文化的灵魂，中华优秀传统文化是涵养社会主义核心价值观的丰厚营养基。习近平指出，"中华优秀传统文化已经成为中华民族的基因，植根在中国人内心，潜移默化影响着中国人的思想方式和行为方式。今天，我们提倡和弘扬社会主义核心价值观，必须从中汲取丰富营养，否则就不会有生命力和影响力"①。于中华优秀传统文化中汲取精华，就是汲取其中充沛的价值理念，赋予其新的时代内涵，对于培育和践行社会主义核心价值观意义深远。

一 中华传统文化富含充沛价值理念

中华优秀传统文化是中华民族生生不息追求卓越的深厚积淀，内蕴着中华民族的精神基因。挖掘优秀传统文化怡情养志、涵养文明之强基固本作用，梳理和萃取其中的精华典范，使其成为社会主义核心价值观的涵养之源。中华优秀传统文化秉持的德行为本、以和为贵、天人合一原则，体现着中国文化特有的价值理念。

（一）德行为本

与西方社会将上帝视为世界最高主宰不同，中华传统文化将人置于至高

---

① 习近平：《青年要自觉践行社会主义核心价值观——在北京大学师生座谈会上的讲话》，人民出版社2014年版，第7页。

无上的地位，高度重视人的德行修养。我国古代典籍《尚书·泰誓》里面就有人为万物之灵一说。孔子说："天地之性人为贵""人者，天地之心也""务民之义，敬鬼神而远之"。道家文化亦有此论，如老子认为人与天、地、道齐高并重。荀子则明确表示人最为天下贵的思想。董仲舒论人之为贵说："人受命于天，固超然异于群生。人有父子兄弟之亲，出有君臣上下之谊，会聚相遇，则有耆老长幼之施，粲然有文以相接，欢然有恩以相爱，此人之所以贵也。"① 在中国天、地、人三位一体中，人是比天和地更为活跃的因素，人确立了对天的实际优势。与基督教、犹太教、伊斯兰教等宗教文化不同，中国文化不关注向另外神秘的不可知世界的追踪，不重视彼岸世界，不讲来生来世，看重现实的世俗世界和烟火人生，把人作为考虑问题的出发点和落脚点，由此重人入世成为中国文化的一大特点。对此，梁启超先生曾指出，儒家专门"研究人之所以为人""儒家舍人生哲学外无学问，舍人格主义外无人生哲学也"②。冯友兰先生说："基督教文化重的是天，讲的是'天学'；佛教讲的大部分是人死后的事，如地狱、轮回等，这是'鬼学'；中国的文化讲的是'人学'，注重的是人。"③ 庞朴先生说："假如说希腊人注意人与物的关系，中东地区则注意人与神的关系，而中国注意人与人的关系，我们的文化特点是更多地考虑社会问题，非常重视现实的人生。"④ 因为重人，所以重视做人，重视民生，重视社会和谐关系的构建与营造，形成了德行为本的价值导向。

1. 修身重德

中国是一个重德的国家，早在三千多年前，也就是公元前11世纪左右，刚刚取得政权的西周王朝提出"以德配天"思想，认为"皇天无亲，唯德是辅"⑤。古人认为人世间的权力都是上天赋予的，即天命神授；上天在选择人间代言人的时候，并没有亲疏远近之别，仅以是否有德作为评判标准，

---

① 《汉书·董仲舒传》。
② 梁启超：《先秦政治思想史》，东方出版社1996年版，第83—84页。
③ 中国文化书院讲演录编委会：《论中国传统文化》，生活·读书·新知三联书店1988年版，第140页。
④ 刘建编：《季羡林学术著作选集：中国文化与东方文化》，新世界出版社2017年版，第286—287页。
⑤ 《尚书·周书·蔡仲之命》。

上天会眷顾与护佑有德之人，使其获得天命，无德者，当然不会获得授权；而且，即使是曾经有德，曾经获得过统治人间的权力，但是他后来无德了失德了，那么也会被剥夺统治人间的权力。例如，夏、商的覆亡，原因就是夏桀、商纣的"不敬厥德"。西周统治者提出这一观点，一方面是基于对以往历史的观察得出的结论，另一方面也是为自己的政权合法性寻找理论依据。"以德配天"思想应运而生。基于此，周人提倡"敬德"，而且要"疾敬德"，意在督促国民特别是上层统治者提升德行宜快不宜迟，否则已获得的政权也不会稳固，也会像夏、商那样重蹈覆辙。"以德配天"思想开辟了中国历史上重德的传统，到公元前500年前后，孔子及其所代表的儒家文化把这一传统进一步发扬光大，提出了许多详细的系统的做人的规范。在孔子思想里面，修身重德是一个重要内涵。

修身，即修身之德，专指人自身道德的自我修为和人格完善。儒家特别重视修身，这是它的一大特点。《礼记·大学》中强调，从"天子"到"庶人"，无不以修身为本。所谓修身齐家治国平天下是也，良好的道德修养是家齐、国治、天下太平的基础。在修身的基础上，要成就理想人格。君子人格有些什么要求？历来说法不一，大体来讲，需要具备仁、义、礼、智、信等诸德行。这五种德行被称为"五常"。孔子《论语》里面多次提到这五个概念，但是没有连在一起；到孟子称"仁、义、礼、智"为"善端"："仁义礼智，非由外铄我也，我固有之也。"① 汉代董仲舒又扩充为"五常"："夫仁、谊（义）、礼、智、信五常之道，王者所当修饬也。"② 他是从治国理政之道的角度提出来的，重点强调统治者领导者应该具备应有的道德规范。随后，经过后世学者不断丰富发展，仁、义、礼、智、信诸德行成为中国封建社会的最基本遵循，并成为中国传统价值理念的核心要素。

其一，崇仁。仁的内涵分广狭两面，广义的仁系全德之意，包括所有的德目；狭义的仁则是道德规范要求，意指人与人相亲相爱之道。仁是儒家思想的核心，其实质即爱人。"樊迟问仁，子曰：爱人"③；孔子还说"好仁者

---

① 《孟子·告子上》。
② 《汉书·董仲舒传》。
③ 《论语·颜渊》。

无以尚之"①，"泛爱众，而亲仁"②，由此形成了"仁者爱人"的重要道德规范。爱的内涵丰富，包括爱亲朋、爱社稷、爱自然等。首先，爱自己的亲人。儒家文化以"孝"作为人之本，将孝作为道德评判的最基本准则。孟子指出："亲亲，仁也。"③ 他还说"未有仁而遗其亲者"④，"于所厚者薄，无所不薄也"⑤。并视父母兄弟俱在为人生乐事之一。其次要宽容他人。爱亲人是基本，即使对不相干的他人，也需宽厚仁慈、与人为善。孔子就提倡设身处地换位思考，"己所不欲，勿施于人"。孟子所说的"老吾老以及人之老，幼吾幼以及人之幼""爱人者人恒爱之，敬人者人恒敬之"，也是此意，都是强调尊重并理解他人，要设身处地地为他人着想。

但是，儒家讲仁爱，绝不是无原则地溺爱、偏爱一些人，甚至是容忍恶行、姑息养奸，而是要符合原则。孔子说："唯仁者能好人，能恶人。"⑥"君子之爱人也以德，细人之爱人也以姑息。"⑦ 爱，要旗帜鲜明，肯定人之品性及其行为中的那些正面价值，而不能容忍那些负面的消极的东西。儒家进而强调与社会上一切不道德的现象作斗争，而不是做随波逐流的老好人。孔子将其称之为"乡愿"，是"德之贼"。总之，"爱人"旨在构建人际关系的健康和谐之态，并非无原则，更非无底线的和事佬思想。儒家仁爱最讲求的就是爱憎分明。

其二，尚义。同仁一样，义也有广狭之分，广义泛指道义，等同道德，如"舍生取义"；狭义则为"五常"之一，用来判断是非善恶，为人们行为确立价值准则。孔子认为"义"就是"宜"，即按照规范做该做之事。尚义就是以义为最高规范，惟义是从。义往往与其他价值相对应，这就面临着选择。当义利相连时，要重义轻利。孔子说："君子喻于义，小人喻于利"；"放于利而行，多怨。"⑧孟子说："王！何必曰利！亦有仁义而已矣。……

---

① 《论语·里仁》。
② 《论语·学而》。
③ 《孟子·尽心上》。
④ 《孟子·梁惠王上》。
⑤ 《孟子·尽心上》。
⑥ 《论语·里仁》。
⑦ 《礼记·檀弓上》。
⑧ 《论语·里仁》。

上下交征利而国危矣！"①"非其义也，非其道也，禄之以天下，弗顾也，系马千驷，弗视也；非其义也，非其道也，一介不以与人，一介不以取诸人。"② 中华传统文化并不一概否定利、排斥利，而要考虑这利是不是正当途径得来。孔子曰："富与贵，是人之所欲也；不以其道得之，不处也"③，强调要"见利思义"，即是否应该获取利益要以是否符合道义为准则，合则取，不合则舍。《论语》中有言："义然后取，人不厌其取。"

当义跟勇相连时，要见义勇为。在面对权势与强暴时，应该坚持真理与正义，无所畏惧。孔子曰："见义不为，无勇也。"④"勇者不惧。"⑤ 尚义的最高境界是舍生取义，以义为生命的最高价值追求。孔子曰："志士仁人，无求生以害仁，有杀身以成仁。"⑥ 孟子善养"浩然之气""居天下之广居，立天下之正位，行天下之大道。得志，与民由之；不得志，独行其道。富贵不能淫，贫贱不能移，威武不能屈，此之谓大丈夫"⑦。为追求真理，维护正义，可以舍生忘死，在所不惜。后世将杀身成仁、舍生取义并提，成为志士仁人以民族和国家利益为重的爱国精神。南宋文天祥英勇就义前，在衣带中留下遗言："孔曰成仁，孟曰取义，惟其义尽，所以仁至。读圣贤书，所学何事，而今而后，庶几无愧。"⑧ 清代焦循提出："杀身不必尽刀锯鼎镬""以死勤事，即杀身成仁。"⑨ 我国历史上流传广泛脍炙人口的"先忧后乐"、为国不避福祸的佳言典故，均为爱国志、报国行之举，是一笔宝贵的精神财富。

其三，明礼。礼的内涵比较丰富，它首先是一整套社会政治生活中的典章制度，用以区别尊卑贵贱，维护社会等级。它强调不同等级的人都要以礼为准则行事。齐景公曾请教孔子有关施政的问题，孔子回答："君君，臣臣，

---

① 《孟子·梁惠王上》。
② 《孟子·万章上》。
③ 《论语·里仁》。
④ 《论语·为政》。
⑤ 《论语·宪问》。
⑥ 《论语·卫灵公》。
⑦ 《孟子·滕文公下》。
⑧ 《宋史·列传第一百七十七》。
⑨ （清）焦循：《雕菰集》卷9。

父父，子子"，就是说社会中的不同角色，如君、臣、父、子都要遵守各自规则，明确该做的，知晓不该做的，僭越或者违背，都是破坏礼制规则。其次，礼也是人们日常生活中的道德规范和行为准则，即礼仪。它要求人们言谈举止要符合规范，不能轻举妄动，"礼之用，和为贵"，无过无不及，不张狂，不猥琐；待人接物态度恭敬，谦逊礼让，礼的内涵在"敬人"，所谓："礼者，敬人也。""夫礼者，自卑而尊人，虽负贩者，必有尊也，而况富贵乎？"[①] 也就是无论富贵或贫贱，都要做到自谦并尊重别人，这样才会成为"温良恭俭让"的谦谦君子，形成"四海之内合敬同爱"的温馨和谐社会。

儒家所讲的礼，虽然指的是一种系统化了的外在的行为规范，但它与内在的道德精神紧密结合，不能分割。德内化为礼的内涵实质，礼外化为德的形式表现。离开了内在的德行，礼则是徒有其表；离开了外在的仪礼之规，德也不过空谈泛论。只有内在具有很高的道德修养，并能施以外在的礼的行为模式，才能反映出一个人乃至整个社会道德修养和文明进步所达到的境界。

其四，贵智。智在古汉语中同知，是一种道德认识能力，也是辨识仁、义、礼、信等的思维工具。智之核心在明辨，而后才能作出正确之举，其是在价值选择中树立正确道德观念的前提。现实生活中，人经常会面临道德选择，有了智才能区分"可为"与"不可为"，才能自主决断德性之为。之所以强调"智"，是与动物之本能的"类似于道德的行为"相区别，意在突出人之道德的自觉性。即人有智慧理性，能以道德认知匡正自己的行为选择，并将其自觉内化为自我的价值理念，一以贯之。

其五，守信。信是孔子提出的为人处世所遵循的基本原则，后经董仲舒固化，立为"五常"之一，遂成为最基本的道德规范，在他那里真实无妄即为信。具体分析起来，有二义：一是对内，要言行一致，表里如一，不自欺欺人；二是对外要讲信用，言必信，行必果，一诺千金，说到做到，不欺人。孔子曰："人而无信，不知其可也，大车无輗，小车无軏，其何以行之

[①] 《礼记·曲礼上》。

哉？"① 不讲诚信，就不具有完整健康的人格。

2. 自强不息

自强不息、刚健有为是中国文化的鲜明精神风貌，也是中国文化价值观念的深层次内容。自强不息一词最早出现在先秦时的《周易》，《易经·乾·象》说："天行健，君子以自强不息。"孔颖达在《周易·正义·乾卦》中道出了圣人作《易》的目的，就是"因天象以教人事"。自然具有其自身规律而且是不以人的意志为转移的，故人只能参照规律来指导实践。同理，以此观照人事，人只应顺势而为，自强不息。

中国文化呈现出一种不断进取、奋发有为的特质。先贤们处逆境而进取不止作出贡献的英雄事迹，不绝于史。"昔西伯拘羑里，演《周易》；孔子厄陈蔡，作《春秋》；屈原放逐，著《离骚》；左丘失明，厥有《国语》；孙子膑脚，而论《兵法》；不韦迁蜀，世传《吕览》；韩非囚秦，《说难》《孤愤》；《诗》三百篇，大抵贤圣发愤之所为作也。"② 也就是说越身处逆境，越能考验一个人的意志品质。要想担起天降大任的重担，就必须经得起磨砺。就如孟子所说，"天将降大任于斯人也，必先苦其心志，劳其筋骨，饿其体肤，空乏其身，行拂乱其所为，所以动心忍性，增益其所不能"。张载曰："为天地立心，为生民立命，为往圣继绝学，为万世开太平。"③ 千载之后，依旧振聋发聩。只有把自己奉献给人类社会，自觉担负起平治天下的责任，才显示出生命价值的崇高与伟大。

3. 仁政德治

德行为本的价值理念贯穿到施政原则和社会理想中去，就是一种仁政德治的价值追求。《管子》"霸言"篇曰："夫霸王之所始也，以人为本。本理则国固，本乱则国危。"其认为，以人民为本的霸业才能长久，这个本一旦背离人民意愿就势必面临危亡。所以，仁政德治成为统治者的自觉遵循，其内涵主要是主张为政以德，实施德政、仁政，而不是严刑峻法。承继周公"惟德是辅"思想，孔子更强化了"为政以德，譬如北辰居其所而众星拱

---

① 《论语·为政》。
② 《史记·太史公自序》。
③ （宋）张载：《横渠语录》。

之"①。儒家以尧舜为理想政治典范的传统,关键之处就在于其能行仁政。孟子对此的观点是:"尧舜之道,不以仁政,不能平治天下。"即使是圣贤如尧、舜,如果不以仁政为基础,也不能使社稷无虞、四海太平。孟子明确呼吁"君行仁政",这样就会"民亲其上""仁者无敌"。

实行仁政德治最重要的是要爱民亲民,关心民生疾苦。商亡后西周总结指出"民心无常,惟惠之怀"②。民心向背没有定规,只是归附仁爱之主。《尚书·五子之歌》:"皇祖有训,民可近,不可下。民为邦本,本固邦宁。"君与民的关系正像舟与水,水能让舟运行,也能让舟倾覆。孔子曰:"君者,舟也;庶人者,水也。水则载舟,水则覆舟,君以此思危,则危将焉而不至矣。"③

孟子从夏、商二代灭亡中总结出得天下之道在得民的认识。他说:"桀纣之失天下也,失其民也;失其民者,失其心也……得其心,斯得民矣。"④怎么得民心?孟子说:"得其心有道:所欲与之聚之,所恶勿施。"⑤那么,民众的要求是什么?最起码的是衣食无忧、安定富足的生活。所以中国传统强调养民富民,养民在于让百姓拥有赖以生存的基本条件,孔子曾称赞郑国子产"其养民也惠"。管子主张:"治国之道,必先富民。"⑥孟子强调:"明君制民之产,必使仰足以事父母,俯足以畜妻子,乐岁终身饱,凶年免于死亡。"⑦他还主张"民事不可缓",民事为保证基本生存之需的根本;在此基础上他主张恒产理念,"有恒产者有恒心,无恒产者无恒心。苟无恒心,放辟邪侈,无不为已"⑧。家业稳固,民心才会稳,而没有稳定的产业基础,民众自然不会踏实稳定。在此基础上,还要主张为民众提供受教育、提升道德礼义的机会和条件。孔子就主张让人先富,然后再教化之:"子适卫,冉有仆。子曰:'庶矣哉!'冉有曰:'既庶矣,又何加焉?'曰:'富之。'曰:

---

① 《论语·为政》。
② 《尚书·蔡仲之命》。
③ 《荀子·哀公篇第三十一》。
④ 《孟子·离娄上》。
⑤ 《孟子·离娄上》。
⑥ 《管子·治国第四十八》。
⑦ 《孟子·梁惠王上》。
⑧ 《孟子·滕文公上》。

'既富焉，又何加焉？'曰：'教之。'"①《荀子·大略》中讲"不富无以养民情，不教无以理民性。"孟子甚至提出更高的认识："民为贵，社稷次之，君为轻。"孟子兼顾人民、社会治理和君主的关系，实质仍是为了维护统治，绝不是否定君权抬高民权，而是借助尊重民生权利以博取民众支持。在中国长期的封建社会中，"民以食为天""民惟邦本""保民而王"成为治国理政、获得民心的重要价值理念之一，这也成为中国历代统治者的执政理念。

（二）和而不同

贵和思想，在中国有着悠久的历史。春秋时期执政者和思想家们就已经探讨过。《国语·郑语》中就记载，西周太史史伯为郑桓公分析天下大势的故事，史伯将西周灭亡的原因归结为周王亲小人、远贤臣，不顾及人民的利益和意愿，仅"去和而取同"，随后亡。史伯以"和实生物，同则不继"的例证，分析和与同的本质区别，"和"是在多种因素中使之相互协调配合来组合升级成新的事物、新境界或达到理想的效果，其包容多样性、承认差异性、不排斥矛盾，最终是以合奏成交响乐协奏曲的形式呈现，所以才称为和谐。可见，"和"就是多样的统一。紧接着史伯又从反面论证这一问题："声一无听，物一无文，味一无果，物一不讲。"也就是，只有一种事物就缺乏比较对象，也就没法超出比较差距以提升，只有允许各种不同事物的存在，才有助于竞争和提高，出现"和实生物"局面；否则便陷入单调、乏味乃至死亡境地，即"同则不继"。

孔子以"君子和而不同，小人同而不和"将这一思想升华，实际上他已经将其归纳提升为人的品行评判标准。要想成为君子，就要学会接纳不同的观点，而不是仅仅表面应允附和。孔子进而提出对待君主应做到"勿欺也，而犯之"。而且，他还主张"当仁，不让于师"。是对待真理的正确态度。他批评颜回对老师只是言听计从，这种不加辨别地认同做法不利于老师的提升和改进，所以一个好学生应做到的是，慎重思考老师的问题并提出疑问与建议。

可见，"和"首先要尊重差异，允许不同意见并存，兼收并蓄，博采众

---

① 《论语·子路》。

长,而不是人云亦云,随声附和。如此才能达到理想境界,如和谐、和平、和睦等。具体说来,又分为几个不同的层次:

首先,是人的身心(包括生理、心理)处于一种最好的状态。《中庸》说:"致中和,天地位焉,万物育焉。""中"是人的自然状态,"和"是社会人之符合仪规法度自然从容的理想状态,这种中和之境,就是万物自在、各居其位的和谐状态。

其次,指人与人的关系处于最佳状态中。在处理人与人之间的关系上,以和为贵。对待亲朋好友甚至不相干的人,都应常怀友爱良善之心,宽厚仁慈。"己所不欲,勿施于人。"有利于人际和谐,对形成团结和谐的社会风气也大有裨益。"礼之用,和为贵。"孟子提出"天时不如地利,地利不如人和"[①]。也就是说民众团结是决定胜利的关键。荀子则认为人之所以"最为天下贵",是因为人能"和",能形成人人和睦协调,就能团结;团结一致,力量就强大;力量强大,就能战胜外物。与此不同,庄子则认为:"与人和者,谓之人乐;与天和者,谓之天乐。"将"和"视为取得快乐的根本。

最后,指人与社会的关系处于最佳状态中。先秦思想家把"和"视为最高政治伦理原则,并作为一种政治理想效果。《尚书》说:"克明俊德,以亲九族。……协和万邦,黎民于变时雍。"强调宗族治理状况决定着能否治理好国家,即只有宗族团结和睦,才能治理并协调好诸侯国臣民友好如一家。国家安宁,家庭和睦,人人各得其所,各尽其能,彼此没有冲突,才是理想的社会状态。

在处理国与国之间的关系时以和为贵。《中庸》说:"和也者,天下之达道也。"处理国家冲突,和平手段是最根本的化解方法。中华民族不仅呼吁和平,还在实践中遵守和平原则。英国哲学家罗素早就发现中华民族的这一优良传统,他指出,"中国人不像白人那样,喜欢虐待其他人种"。"如果世界上有'骄傲到不屑打仗'的民族,那就是中国。中国人天生宽容而友爱、以礼待人,希望别人也投桃报李。"[②] 宽容、友好、不好战,待人以礼,

---

[①] 《孟子·公孙丑下》。
[②] [英]伯特兰·罗素:《中国问题》,秦悦译,学林出版社1996年版,第153—154页。

正诠释了中华传统文化以和为贵的思想。

"和"的观念在中国思想史上影响深远,而且深入到中国人的生活之中,对中国人的心理与现实人生发挥着重要影响,成为最高的价值标准。在这个标准指导下,人们追求个体心灵的平和、家族的和睦、人际关系的和谐以及天人之际的和谐。

(三) 天人合一

中华传统文化素来倡导人与自然的和谐共处。中国古人把天地万物视为各得其所的整体,在和谐共处中生生不息,正如《中庸》所说的"万物并育而不相害,道并行而不相悖"。希望达到"万物皆得其宜,六畜皆得其长,群生皆得其命"[①] 的和谐状态。

中国文化历来讲求"以天为则"。如孔子说:"大哉!尧之为君也,巍巍乎!唯天为大,唯尧则之。"[②] 天地有很多优秀的品德值得人学习。孔子曰:"天无私覆,地无私载,日月无私照。"[③] 天地广大无私,广阔包容。孔子说:"天何言哉,四时行焉,百物生焉。天何言哉?"[④] 天地是非常诚信的,《中庸》里讲:"诚者天之道也,诚之者人之道也。"孟子也说:"诚者天之道也,思诚者人之道也。"[⑤] 人最主要的品德都是从天地中学来的,这就是"天人合德",即人与天在德行上是一致的。我们不仅要向天地学习,还要向万物学习。自然物中也有许多优良的品德,值得人学习,比如水,儒家推崇水,所谓君子如水。孔子遇水必观。《论语·子罕》记:"子在川上曰:'逝者如斯夫!不舍昼夜。'"孟子曾说孔子"观水有术"。《荀子·宥坐》《说苑·杂言》《韩诗外传》等均记有孔子观水的见解分析。孔子把水拟人化,把水作为君子这种理想人格的象征,体味人生真谛。水是德、义、勇的合体,它执着坚定,追求理想而义无反顾;它公平正直,无私无蔽;善于成人之美,并且有容人之量。能做到这一切,就是一位合格的君子。因

---

① 《荀子·王制篇第九》。
② 《论语·泰伯》。
③ 《礼记·孔子闲居第二十九》。
④ 《论语·阳货》。
⑤ 《孟子·离娄上》。

此，中国文化既强调人不是神或物的奴隶，要做好人自己，体现人的主体能动性，但人也不能违背规律做天地万物的主宰，而要尊重并顺应自然。这就是"道法自然""天人合一"。

老庄的天人合一思想最为今人称道，老子主张："生而不有，为而不恃，长而不宰。"也就是要依循自然的规律而不居功、不自恃、不强作妄为，让天地万物自然地生长。庄子洞察到，文明的进步是利弊并存的"双刃剑"。他用浑沌之死的故事来说明这一点："南海之帝为倏，北海之帝为忽，中央之帝为浑沌。倏与忽时相与遇于浑沌之地，浑沌待之甚善，倏与忽谋报浑沌之德，曰：人皆有七窍以视听食息，此独无有，尝试凿之。日凿一窍，七日而浑沌死。"① 浑沌本是自然而成的状态，倏与忽却多此一举，为他凿窍，好心办坏事，造成浑沌之死。倏与忽的行为非但无功，还是犯罪。对待自然也是同理，关照过度便是一种破坏。这个故事虽极端，但其思想意义深刻：人类是自然的一部分，决不可对自然无限制开发。所以，庄子认为人只有与自然合一，才是人的最理想最自然的状态。"天地与我并生，而万物与我为一。"② 传说庄子妻子死后他鼓盆而歌，朋友不理解，庄子说："人且偃然寝于巨室，而我噭噭然随而哭之，自以为不通乎命，故止也。"③ 人之死亡，只是从自然中来，又回到自然中去了而已。他的这篇文章取名"至乐"，意谓人生和自然万物之理一致。当然，庄子思想中漠视人的力量，看不到人改造自然造福社会的伟大作用，单纯将之归类为破坏性行为，又是偏颇的。

天人合一的思想使中华文化对自然形成超功利的"无隔"审美态度。中国古诗词有许多表达与自然和谐一致、物我两忘境界的篇章，如"采菊东篱下，悠然见南山""明月松间照，清泉石上流""感时花溅泪，恨别鸟惊心""我看青山多妩媚，料青山见我应如是""万物静观皆自得，四时佳兴与人同"等，都表达出了人与自然景物之间的一种情感呼应的默契关系，渗透着自然对人情感的启发、超自然意境的神性和人与自然的交融互动等丰富内涵。

---

① 《庄子·内篇·应帝王》。
② 《庄子·内篇·齐物论》。
③ 《庄子·至乐》。

二 中华传统文化充沛价值理念的当代价值

中华文明的绵延丰厚,在于其自成一体的东方价值体系特质。习近平指出,"中华优秀传统文化已经成为中华民族的基因,植根在中国人内心,潜移默化影响着中国人的思想方式和行为方式。今天,我们提倡和弘扬社会主义核心价值观,必须从中汲取丰富营养,否则就不会有生命力和影响力"[①]。中国人选择走自己的路最大的依仗就是我们的悠久灿烂文化。"我们生而为中国人,最根本的是我们有中国人的独特精神世界,有百姓日用而不觉的价值观。"[②] 这样的思想和理念,已经融入中华民族的血脉和灵魂,不论过去、现在和将来,都散发着永不褪色的精神光芒,具有永恒的时代价值。

(一)为国家之德提供价值目标的借鉴

从国家层面讲求富强、民主、文明、和谐,在中华优秀传统文化中思想资源非常丰富,能为社会主义核心价值观提供丰厚的借鉴。

"富强"一词,是整个中国人思想体系中国家观念的重要目标指向。自古以来,国家发展的首要目标就是国富民强。春秋战国时期,管子就说:"主之所以为功者,富强也;主之所以为罪者,贫弱也。"[③] 这表明整体实力的提升是区分国势强弱的根本标准,也是封建王道政治得以实现的首要法则。"李公用商鞅之法,移风易俗,民以殷盛,国以富强,百姓乐用,诸侯亲服。"[④] 也就是说国家机器的运转是推动国家治理与政治变革的先决条件,但首要任务仍在于国家富裕,人民富足,而国家肱骨大臣如《周礼》中的大宰、司徒之类,也需以"以富邦国,以富得民"为理念,在施政中以"安富"为要,才能保息养育万民。但中国传统治理理念之中,富强除了综

[①] 习近平:《青年要自觉践行社会主义核心价值观——在北京大学师生座谈会上的讲话》,人民出版社2014年版,第7页。
[②] 习近平:《青年要自觉践行社会主义核心价值观——在北京大学师生座谈会上的讲话》,人民出版社2014年版,第8页。
[③] 《管子·形势解第六十四》。
[④] 《史记·李斯列传》。

合实力追求外，还特别强调"国富"与"民富"实现的一致性，要保持"国民共进"。儒家主张"凡治国之道，必先富民""民富先于国富"，所以其治国之策意在"政在使民富"，以"民富小传统"的富强之路来保证"国家富强的大传统"得以实现，既有一致性，又有辩证性，故而这种富强的政策内含着以民为核心的思想，即民富则国富的递进观念。

民主一词，初看似舶来之语，实际上这种思想早在两千年前的中国就已经明确存在，《五子之歌》讲求"民惟邦本，本固邦宁"，正是重民意的表现。当然中国古代讲民主，并非必然等同于人民当家作主之形式，而是要敬畏人民之意，尤其是对权力持有异议的或者民议之声要虚心听取。所以中国历史上为政之道，首在得人，政之所兴，在顺民心，其实正是民主的内涵逻辑。也就是民主问题是与民生问题关联最紧密的，民生问题处理好了，才有民主问题。这种观念，正是所谓"皇祖有训，民可近不可下"的真实写照，也是"水能载舟，亦能覆舟"君民治理之道，无视这个实质规律，招致"身死国灭"是必然的惩罚。所以，现代民主虽为文明的重要维度之一，但如果仅限于政治规范，表征近百年来人们政治参与方式，还是肤浅的。现代国家治理以民主作为基本原则追求，更要以民生发展民族延续为根本，人民至上的发展和共治共享的民生才是最大的民主。中国古代思想史中民主思想十分丰厚，比如"天视自我民视，天听自我民听""民之所欲，天必从之"等，都强调要倾听民声，体察民意，满足人民的诉求和愿望。甚至有"民为贵，社稷次之，君为轻"的论述，其共性之处在于，虽然治国理政要求以民为本，但都是以维护皇权统治为目的。民之诉求是实现稳固治国理政的基础，是中国古代统治思想的核心。这种民主思想，有其特定的思维逻辑和具体的历史意蕴，不可一概而论，社会主义核心价值观从国家层面思考民主传统，要以中国历史为鉴。另外，还有民主态度的表述，如大家耳熟能详的"己所不欲，勿施于人"。

"文明"一词，最早见《易·乾·文言》中"见龙在田，天下文明"。文明在古汉语中，本身就意味着文德辉耀，"濬哲文明，温恭允塞"[1]。"文"就是"经天纬地"；"明"即为"照临四方"。所以，文明本身就涵盖着社会

---

[1] 《尚书·虞书·舜典》。

进步的积极状态，是与野蛮相对的。"刚柔交错，天文也；文明以止，人文也。观乎天文，以察时变；观乎人文，以化成天下。"① 作为中国古代的统治方术，其语义就是要使政治的合法性如同日月一样正大光明，并用其运行规范来教化匡正世人。所以，化成天下，国家才会大而富，民众也会在教化中知礼有节、行止有度，才能实现"见龙在田，文明以止"的中华文明精神追求的理想境界。故而，中华文明的核心理念是礼乐教化、推崇仁义礼智信、严防华夷之辨。一提到中华文明，就应该有"内诸夏而外夷狄"之思。这种内外有别的中华认同观，既体现华夏文明的高度自我认同与文化自信，也朴素彰显其中的爱国主义与民族主义情结。所以，中华文明与其他的外族文明存在明显区隔并非一日之功。在国家语境的文明底蕴，就表现为价值观念的区隔，这也正是社会主义核心价值观真正区别于西方价值观的历史底蕴所在。中国人的价值观在敬天法地的恭敬中，崇尚"先王衣冠文物，悉归于此"的民族一致认同，高度认同引致的民族自豪感和自信心遂成为一种民族精神的图腾，支撑着无数代中国人建设自己文明的持续热情。因此，今天提出社会主义核心价值观的培育和建设，是根本不同于西方"自由、平等、博爱"之辞藻，我们的逻辑基础是中华文明独特的文化自觉认同与文化自信性格。

"和谐"思想，是中国传统的中庸思想与和合思想的集中体现。古代中国人特别强调以和为美，以和为贵。《尚书》就有"协和万邦""燮和天下"的记述，《周易》中也贯穿着"天下和平"的政治理念。先哲的目光遍及万邦，所向天下，反映着中国上古时期人们对普天之下芸芸众生"协和""和平"生活的美好憧憬。中国古代哲人更是把和谐的本质上升到精深玄奥的哲学理念，认为和谐就是万物阴阳之间有同有异，能够共生共处。"万物负阴而抱阳，冲气以为和"②，"若以同裨同，尽乃弃矣；以他平他谓之和，故能丰长而物归之；夫和实生物，同则不继。"③ 和谐思想形成于中国古人的长期社会实践，它反映了人与自然、人与社会、人与人之间相互依存的一种理

---

① 《周易·贲卦·象辞》。
② 《道德经》第 42 章。
③ 《国语·郑语》。

想状态,是万物生生不息、繁荣发展的内在依据。和谐思想突出地表现为中国人的处世哲学中在人与人的关系上往往追求和睦相处,在人与社会的关系上通常表现为合群聚众,而在对待人与自然的关系上则强调天人合一。和谐不仅是中华传统文化的基本理念,还集中体现了学有所教、劳有所得、病有所医、老有所养、住有所居的生动社会治理局面。这些正是社会主义核心价值观在现代化国家建设层面的价值诉求,它们也成为经济社会和谐稳定、持续健康发展的重要保证。

(二) 为社会之德提供价值取向的借鉴

"自由",在传统文化语境中就是一种随情任性的行为方式或者个人自在自得的存在状态。所以,它与制度、规范与社会习俗关联不大,自由不是政治用语而是表征状态的中性词,更多偏向心性活动,注重以"修身养性""慎独"来实现道德境界的进阶,从孔子的"不逾矩"、庄子的"逍遥游""竹林七贤"的洒脱不羁等,都是先贤对于自由生活状态的向往;春秋战国时代的"百家争鸣",魏晋时代儒、释、道的交流融合,形成了古代社会的文化包容并存氛围。

现代语境中的自由表现为能力、机会与权利的统一,以及个体在独处时的自在自乐自得。特别是在认识与改造世界的追求中,自由表现为权利(right)、机会(chance)与能力(capacity)的统一体,有了心性的自由,才有感知客观世界的自由,有了感知客观世界的自由,才有回归到主观与客观世界共同感知的自由。[①] 因此,建构与培育出社会主义核心价值观的自由价值就需要在批判性继承中国传统的心性自由思想意境与现代自由理念、在实现被动自由进阶与积极自由争取的统一中,实现自由价值。

"平等"的中华传统文化内蕴,是"天下大同"社会理想的朴素表达,这一理想状态具有原始共产主义的因素,《礼记》所描绘的"大道之行也,天下为公,选贤与能,讲信修睦,故人不独亲其亲,不独子其子,使老有所终,有所用,幼有所长,鳏寡孤独废疾者皆有所养",与社会主义的基本内核有相契合之处。但是古代的平等是一种建立在尊卑、长幼、君臣、父子、

---

① 寇东亮:《古代中国人如何看"自由"》,《大众日报》2014年3月26日。

夫妇等秩序等级语境中的平等，"今天下无大小国，皆天之邑也；人无幼长贵贱，皆天之臣也"①，体现的是古代礼法理念化的基本形态，有平等之意，但也仅为等级制度中最高等级之下的群体而言的平等，所以，先哲们只能通过仁道内修以寻求自由，只是尽可能确保人与人之间、人与自然之间的平等预期而已。

"法治"，是治理传统社会有效运行的必要规则。以儒家思想为主流的中华传统文化强调仁政，讲求"德治"与"礼教"。但儒家所谓的矩尺、圆规以及法度之类，并非强加于人的范式，其还讲求"徒善不足以为政，徒法不能以自行"②。作为国家治理一种规范体系，礼和法在古代中国是作为并列的价值存在，礼或道德并不是先于刑罚或强制而存在的，而法家所有关于秩序与规则的主张，实际上也并未排斥道德，法家的秩序观，绝不仅区别于礼。在实施中，更是追求"外儒内法"，"法治"与"德治"并行不悖，协调运行。"法者，国之权衡也，时之准绳也。""知法治所由生，则应时而变；不知法治之源，虽循古终乱。"③ 强调法的规范性思想，维护法的权威性意图，已然把"法治"上升为国家施政治乱的根本方略。故而，中华传统文化中的"法治"精神，并非无甚重要的边角料，进一步深入发掘与萃取，正当其时。

（三）为个人之德提供价值准则的借鉴

"天下兴亡，匹夫有责"，这充分反映了中华传统文化中强烈的家国情怀。爱国主义日渐成为中华民族归属感和向心力的灵魂和血脉。古代先贤以忧国爱民为自我责任，中国历史上为了国家、民族的利益，"杀身成仁""舍生取义"的壮举数不胜数。古人认为，只有实际上维护了中华文化与民族的延续，才是真正的爱国精神和行为。所以，中华传统文化要求做人要怀有"男儿要当死于边野，以马革裹尸还葬耳"的豪情，身兼"人生自古谁无死，留取丹心照汗青"的豪迈。社会主义核心价值观的爱国情怀意指，要

---

① 《墨子·法仪第四》。
② 《孟子·离娄上》。
③ 《淮南子·氾论训》。

必须看到"家国同构"在中国的历史与文明中的必然，是一个整体概念。传统文化中的家国天下结构，呈现的是社会、单位的层次结构，从个体到社会再到国家，也是制度、心理和物理的内涵深意。

"敬业"之传统文化内涵，是一种专注的态度和积极的精神状态。"兢兢业业，如霆如雷""功崇惟志，业广惟勤""民之从事，常于几成而败之。慎终如始，则无败事"①。它来表现道德价值系统在社会层面的彰显，强调忠于职守，要求在自己的职业岗位上勤奋工作，履行应尽的义务，竭尽全力，奋斗不懈。敬业精神体现出人类美好道德情操境界，从举止的"恭敬"、外貌的"庄敬"再到内心的"居敬"，体现为一种自我规求与道德约束。属于典型的传统中国社会由内到外发散型的道德扩充机制。这一机制恰好契合"中国梦"的表达逻辑，通过人人追梦，个人梦集合到国家与民族层面，就是"中国梦"。当然，个人梦的实现，在于付诸实践笃行，也就是讲求敬业。社会主义核心价值观倡导敬业，是应对社会改革的精神诉求。改革不是口头的，中国梦的实现更不是口号，要在每一个中国人的岗位创造中，聚沙成塔，集腋成裘，用"辛苦劳动、诚实劳动、创造性劳动"，将民族复兴梦与国家强盛梦现实化。

"诚信"在传统文化中，就是讲求做人做事以诚待人、讲信修睦。诚就是真实无妄，既不自欺也不欺人。信是讲求信用、遵守诺言的做人道德，都是在朋友关系或与他人的交往中的基本要求。"人而无信，不知其可""与朋友交，言而有信""民无信不立""不信之言，无诚之令，为上则败德，为下则危身"②。所以，社会主义核心价值观将"诚信"纳入其中，正是考虑到"诚信"乃是社会道德的底线。古人云"言必信，行必果"正是来表现社会道德与人格评判的最低标准。孔子曾从士的三个层次中强调了"言信行果"，在孔子看来，这是普遍常识，连小孩子都懂，但是做到此也仅是达到普通人水平，还算不上"士"。所以，诚信是一个社会的道德底线，突破了底线，个人失德，社会失序，国家将乱。

友善是君子品性的必需，其根本在于包容。传统文化友善之道讲求"仁

---

① 《道德经》第64章。
② 《贞观政要·诚信》。

者爱人""谦恭礼让""与人为善"。因而友善包容之根本在于能够由己及人,"善人者,人亦善之"。"夫子之道,忠恕而已矣"①,这种友善价值观启示我们,友善并不能只限于心性的哲思,现实中人与人之间的相处是建立在物质生活层面上的互动交往;生活层面交流不畅,仁爱友善之意义就无从表现,虽友善爱人是精神之义,但亦须物理之义做基础;精神追求在"境",物理实义在"实",只有在实际的交往规范中,生活才有调适之能,人际关系才会和谐,才不致怨天尤人以致不善。所以,"友善之爱",需得落到实处,才可生发意义关怀之功用。

(四) 为价值观培育提供方法借鉴

中华传统文化的道德修为途径与方法,为今日培育践行社会主义核心价值观提供了有益借鉴。

自我努力。孔子曾说:"为仁由己,而由人乎哉?"仁是孔子确立的德性修养所能达到的最高标准,要实现这个目标主要取决于个人,而不是其他人。孔子还说:"仁远乎哉?我欲仁,斯仁至矣。"② 对于一般人来讲,仁似乎高不可攀,遥不可及,难以实现,实则不然,仁就在每个人的心里,只要心中存仁,按照仁的标准去做,向着仁的目标不断努力,那么仁就召之即来了。所以道德修养只是一个愿不愿意去做的问题,而不存在能不能的问题。孟子说:"挟太山以超北海,语人曰'我不能',是诚不能也。为长者折枝,语人曰'我不能',是不为也,非不能也。"屈原曰:"善不由外来兮,名不可以虚作。"美善不是外面得来的,而是自我内在的努力;好的名气也不是虚张声势得来的,而需要实实在在的付出。屈原曾自问自答:"何昔日之芳草兮,今直为此萧艾也;岂其有他故兮,莫好修之害也。"屈原以芳草喻贤人君子,以萧艾比蜕变堕落了的人,意谓若不自觉修养,"君子"也会变为"小人"。也就是说,道德修为的目标实现是一个艰辛付出的过程,自然与主观努力相关,"亦余心之所善兮,虽九死其犹未悔!""虽体解吾犹未变

---

① 《论语·里仁》。
② 《论语·述而》。

兮，岂余心之可惩！"① 像屈原那样，甚至还要为之献身也不惜。

自我克制。就是要克制自己的私欲。《论语》中"颜渊问仁"，孔子以"非礼勿视，非礼勿听，非礼勿言，非礼勿动"作答，清楚说明只有使视、听、言、动均合乎仪规准则，才是有仁德之人。所以，孔子的"克己复礼为仁"，关键在克制人心私欲，才能重建与礼的和谐关系，才能达到仁的境界。台湾学者韦政通先生说："孔子学说的重点，就不能不落在'克己'的修养上，这是儒家内圣之学的起点，也是内圣之学的终站。因为在道德生活中，克己的工夫是一持久性的过程，在人的一生中，绝没有完成的时候，'文王之德之纯，纯亦不已'，就是这个意思。"②

自我反省。这是用以应对过错之责的好办法。人非圣贤，孰能无过？一旦过错发生，孔子主张"过则勿惮改"，也就是只有勇于改过才是善莫大焉。如有人能指出自己的毛病，孔子认为是幸事。他认为严于律己，宽以待人，就可以远离怨恨："躬自厚而薄责于人，则远怨矣。"③ 但孔子很遗憾地表示，能做到这一点的人是不多的："已矣乎，吾未见能见其过而内自讼者也""以约失之者鲜矣。"于是孔子慨叹："吾未见好德如好色者也""知德者鲜矣。"对于自我反省，孟子提出"反求诸己"的观点。他说："爱人不亲，反其仁；治人不治，反其智；礼人不答，反其敬。行有不得者，皆反求诸己，其身正而天下归之。"④ 也就是凡事没有达到预期效果，均需反躬自问。只有不断地自我克制自我反省，自己身上的毛病才会根除。明代大儒王阳明以"省察克治之功"与"扫除廓清之意"来去除私心杂念，以达君子境界。其认为："无事时，将好色好货好名等私，逐一追究搜寻出来。定要拔去病根，永不复起，方始为快。常如猫之捕鼠，一眼看着，一耳听着，才有一念萌动，即与克去。斩钉截铁，不可姑容与他方便、不可窝藏、不可放他出路，方是真实用功，方能扫除廓清。到得无私可克，自有端拱时在。"⑤

持之以恒。是对立志修身的要求，不在一时一事，而贵在坚守。对于古

---

① （战国）屈原：《离骚》。
② 韦政通：《儒家与现代中国》，上海人民出版社1990年版，第16页。
③ 《论语·卫灵公》。
④ 《孟子·离娄上》。
⑤ （明）王阳明：《传习录》卷上。

圣先贤来说，知行合一是大境界，争辩知行，意在行的合规，故而，行要时刻小心谨慎，如履薄冰，一旦确立了目标，就要马上行动起来，脚踏实地，从小处做起，坚持不懈。正如孔子所云："譬如为山，未成一篑，止，吾止也；譬如平地，虽覆一篑，进，吾往也。"① 也就是说遇难而退，自止等于自弃，这种人自然不会成就任何事情。道德修养是一个永无止息的漫长过程，在人生的每一个阶段都有应该克服的问题。孔子说："君子有三戒：少之时，血气未定，戒之在色；及其壮也，血气方刚，戒之在斗；及其老也，血气既衰，戒之在得。"② 最后一个"得"字的内涵非常复杂："得"意忘形、志"得"意满、"得"意洋洋等，可当贪"得"无厌时，就可能"得"不偿失，悔之晚矣。

三 以充沛价值理念润泽核心价值观培育的有效途径

中国传统价值理念的产生源自于自给自足的小农经济和封建宗法制，其历史局限性在所难免，一些过时的、陈旧的东西也会充斥之中。但作为中华民族千百年来积淀的群体智慧，是一个包含理论思维积极成果并促进中华文明发展的富矿。作为一种精神资源，亟须认真析理，挖掘有益思想，进行现代诠释，并熔铸在时代精神，为我所用，彰显其价值深意。

（一）加强研究阐释以萃取传统价值理念的思想精华

传统价值理念寓于中华传统文化这一母体，其作用发挥，首先离不开对传统文化的研究阐释，从中析出传统文化价值理念的共识因素。

1. 传统文化价值理念的基础研究需强化

习近平指出，"老子、孔子、墨子、孟子、庄子等中国诸子百家学说至今仍然具有世界性的文化意义"③。这些"思想家上究天文、下穷地理，广泛探讨人与人、人与社会、人与自然关系的真谛，提出了博大精深的思想

---

① 《论语·子罕》。
② 《论语·季氏》。
③ 习近平：《出席第三届核安全峰会并访问欧洲四国和联合国教科文组织总部、欧盟总部时的演讲》，人民出版社2014年版，第20页。

体系。他们提出的很多理念，如孝悌忠信、礼义廉耻、仁者爱人、与人为善、天人合一、道法自然、自强不息等，至今仍然深深影响着中国人的生活。中国人看待世界、看待社会、看待人生，有自己独特的价值体系"[1]。弘扬这些思想价值共识，需要将其提升到人类共有的精神财富高度，来大力研究挖掘阐释。而对浩瀚的传统文化资源的研究应重点围绕以下内容展开：

中华人文精神。传统文化中的"人文"是与"天文"相对应的概念。作为中华文化最鲜明的特征，丰沛的人文精神就体现在重人文尚民本。相对于天地万物运行法则的天文概念，"人文"更把眼光聚焦于人伦秩序井然的理想社会追求。所以，以人为本、以和为贵的仁爱情怀；求同存异、和而不同的处世智慧；俭约自守、中和泰和的生活理念；崇礼尚义、诚实守信的道德品格等，都成为中国人日用而不觉的处世精神。

中华传统美德。中华优秀传统文化中的道德资源，是社会主义核心价值体系建设的基础性资源。习近平指出，"中华传统美德是中华文化精髓，蕴含着丰富的思想道德资源。不忘本来才能开辟未来，善于继承才能更好创新"[2]。所以，天下兴亡、匹夫有责的爱国担当意识，孝悌忠信、礼义廉耻的荣辱观念，崇德向善、见贤思齐的社会风尚，这些传统美德既是评判是非曲直的价值标准，又融进了中国人的人文意识和行为方式。

中华民族精神。它的孕育、发展和形成都离不开中华文化，时至今日仍发挥着巨大作用，如爱国主义精神，脚踏实地的求真务实精神，积极入世的自强不息精神，宽厚仁爱、包容万物的厚德载物精神，艰苦奋斗的勤劳勇敢精神等，它们既反映了中华文化的内在底蕴，也是民族精神的有机组成部分。

核心思想理念。它形成于中华民族的历史发展和中国人民的长期实践创造中，具体表现为一系列核心思想理念，如推陈出新的创新意识，实事求是的实干精神，富国强兵的国防精神，天人合一的和合思想等，它们都有助于

---

[1] 习近平：《出席第三届核安全峰会并访问欧洲四国和联合国教科文组织总部、欧盟总部时的演讲》，人民出版社2014年版，第42页。
[2] 《习近平谈治国理政》第1卷，外文出版社2018年版，第164页。

人们认识和改造世界，为治国理政提供有益借鉴，成为社会主义道德建设的重要资源。

2. 不适应时代发展和社会进步的思想糟粕需剔除

由于中华传统文化产生基础是小农经济和宗法血缘关系，其中必然存在一些不适应现代社会发展的东西，这就需要我们进行仔细甄别和清理。正如毛泽东所指出的那样："清理古代文化的发展过程，剔除其封建性的糟粕，吸收其民主性的精华，是发展民族新文化提高民族自信心的必要条件；但是决不能无批判地兼收并蓄。"① 习近平指出："对历史文化特别是先人传承下来的价值理念和道德规范，要坚持古为今用、推陈出新，有鉴别地加以对待，有扬弃地予以继承。"② 那些纲常名教和等级尊卑观念，桎梏人心、束缚个性，非常不利于人的全面发展；封建小农意识的残余，表现为自给自足、因循守旧的保守思想，非常不利于开拓创新精神与竞争意识的培养，也阻碍社会主义市场经济的发展；尊君思想容易形成专制，不利于民主法制建设；知足常乐小富即安的思想大大妨碍了人们的积极性、主动性、创造性，有悖于开拓进取的时代精神，这些都是我们应该警惕和剔除的。

3. 创造性转化和创新性发展是关键

中华传统文化的优秀资源是需要挖掘才能去粗取精的，而不是现成地拿来就用，其与时代发展的相关性，内容与时代精神的契合性，是决定能不能成为优秀资源的关键。习近平指出，"传承中华文化，绝不是简单复古，也不是盲目排外，而是古为今用、洋为中用，辩证取舍、推陈出新，摒弃消极因素，继承积极思想，'以古人之规矩，开自己之生面'，实现中华文化的创造性转化和创新性发展"③。可见，社会主义核心价值观的弘扬和培育是基于原有文化传统的创新。也只有创新民族文化，才能真正进一步发扬光大。社会主义核心价值观的弘扬和培育，一方面要继承和发扬已有的价值理念和体系；另一方面要创造和催生新的价值规范内容，融与时俱进与变革创

---

① 《毛泽东选集》第 2 卷，人民出版社 1991 年版，第 707—708 页。
② 《把培育和弘扬社会主义核心价值观作为凝魂聚气强基固本的基础工程》，《人民日报》2014 年 2 月 26 日。
③ 习近平：《在文艺工作座谈会上的讲话》，人民出版社 2015 年版，第 26 页。

新于一体。培育就意味着创新，就是要有新的内容突破、新的路径发展、新的成果贡献。只有通过继承，我们的价值观才能在充足的文化养料和厚实底蕴中发展壮大；因为创新，我们的价值观也会以鲜活饱满的精神姿态和进取活力，彰显生命力和创造力。

创新应面向理论与现实问题，立足中国特色和时代要求，探索传统文化的新价值。传统文化中包含的求真务实精神，自强不息思想中包含的开拓创新精神、"天人合一"思想中包含的科学发展观念、以诚为本思想中包含的社会主义市场经济所倡导的诚信原则等，都能在新的时代条件下形成新的价值观念，为社会主义核心价值观增添新的理论活力。

创新要面向现代化，面向世界，面向未来。在经济全球化背景下，我们要有全局意识，要有世界眼光，对待中华传统文化资源，我们不仅要挖掘继承那些符合中国特色社会主义发展要求的优秀元素，也要着重弘扬那些包含世界文化意义的思想和精神财富。比如，"和而不同"思想，对于弥补西方对现代化弊病的片面解读，解决东西方文明面临的人与自然和谐共生困境，具有极大的启示，同时，它也彰显了中华文化在世界历史中的重要地位，作为价值观也具有世界性影响。

创新应该有开阔的视野、世界的眼光。唯有民族的，才是世界的。在全球化条件下，一个民族越是积极参与到全球化进程中，它的世界影响力往往就越大。从一定程度上说，越是世界的文化才越是民族的文化，只有当民族文化更大程度上融入世界潮流，它才更多地彰显其强大生命力。

（二）开展优秀传统文化价值理念的教育宣传普及活动

加强优秀传统文化价值理念的教育宣传普及，是培育社会主义核心价值观的重要基础，对于增强文化自信，自觉践行社会主义核心价值观，具有重要作用。

1. 贯穿国民教育全过程

把传统文化价值理念的宣传普及，贯穿于国民教育的全过程，就是要通过国民教育实现传统文化价值理念的传承创新，把各级各类学校作为主渠道，逐步推进学校优秀传统文化教育。

青少年阶段是价值观形成的关键时期，是可塑性最强的阶段。习近平把青年的价值观培育比喻为人生的第一粒扣子。他指出,"如果第一粒扣子扣错了,剩余的扣子都会扣错。人生的扣子从一开始就要扣好"①。中小学教育既要结合中小学教学特点,也要遵循青年人的身心成长规律,比如基于他们接受新事物能力强这一点,可以适当增加传统经典范文、诗词的比重。习近平反对"去中国化"做法,强调应该把古典诗词和散文等嵌在学生脑子里,浸润为中华民族文化的基因。高校教育同样需要加大传统文化课程比重,还可以通过优秀传统文化讲座或论坛,加强传统文化的田野调查等方式,充分发挥传统文化的重要作用。

加强对青少年的优秀传统文化教育,要以弘扬爱国主义精神为核心。着力培育其天下兴亡、匹夫有责的家国情怀,引导他们深刻认识每个人的前途命运都与国家和民族的前途命运紧密相连,每个中国人都是实现中国梦不可或缺的重要力量。这就需要加强历史教育,让孩子们了解伟大祖国的悠久历史和灿烂文化。习近平指出:"中华民族具有 5000 多年连绵不断的文明历史,创造了博大精深的中华文化,为人类文明进步作出了不可磨灭的贡献。"② 通过教育学习,增强青年一代民族自尊心和自信心,增强做中国人的骨气和底气。要从民族英雄、仁人志士、革命先烈的高尚品格和感人事迹中,汲取力量,陶冶情操。此外,加强青少年的中华传统美德教育,还要着力培养青少年孝亲友爱、勤奋节俭、尚礼守法等优秀品质,引导他们向往和追求讲道德、尊道德、守道德的生活,力争让每一个人都成为传播中华美德、中华文化的主体。

在教学方式上,采用年轻人喜闻乐见、生动活泼的新形式,深入浅出,寓教于乐。特别是鼓励开展富有地域特色的文化节庆活动,丰富传统节日的文化内涵。既要注重把弘扬优秀传统文化与开展热爱党、热爱祖国、热爱人民、热爱社会主义的主题宣传教育活动有机结合起来,以发挥更大的社会效益;还要广泛运用新闻广播电视、报纸杂志、互联网等多种载体,宣传传统文化价值理念,突出教育的针对性,增强教育的实效性。

---

① 习近平:《青年要自觉践行社会主义核心价值观——在北京大学师生座谈会上的讲话》,人民出版社 2014 年版,第 9 页。
② 《习近平谈治国理政》第 1 卷,外文出版社 2018 年版,第 39 页。

2. 持续开展群众性传统文化教育实践活动

对群众开展传统文化教育，就要充分利用公共资源和文化设施，循序渐进地开展健康多样的传统文化教育活动。主要依托重大节庆活动和民族文化资源，通过群众参与主要文化活动，使其在潜移默化中陶冶情操，丰富精神生活。第一，要建立文化服务体系，支持群众依法兴办文化团体，支持社会组织、机构、个人捐赠和兴办公益性文化事业，保障基层群众开展文化创造活动的权利。第二，要深入开展文明社区、社会志愿服务、送温暖献爱心等活动，使公民道德素质在丰富多彩的实践活动中得到全面提高。第三，利用爱国主义教育基地建设，发挥革命纪念地和历史文化遗址、博物馆等在培育民族文化中的重要作用。第四，要重视民族传统节日的文化教育功能，选择重大传统节日、重大历史事件和历史人物纪念日，有序推进优秀传统文化教育的普及活动。第五，创新民俗文化样式，逐步形成与历史文化传统相承接、与时代发展相一致的新民俗。

3. 运用先进典型宣传，在示范引导上下功夫

榜样的激励力量是无穷的。首先，先进模范人物的宣传，这就意味着在群众中竖起一个榜样标杆，树立起一面他们学习、仿效的模范旗帜，形成群众的正向导向和追求。良好社会风气的形成，需要大张旗鼓地树立和宣传不同行业的道德楷模的示范榜样作用，才有助于形成人人向善的环境。其次，发挥党员干部特别是领导干部社会活动中的率先垂范作用，其模范行为带动全社会把理论学习转化为践行社会主义核心价值观的行动，用其高尚的人格激励人民向好行善的正能量。

文化建设是慢功夫，不会立竿见影、一蹴而就。价值观的培育和养成也是一个过程，它对人的灵魂的塑造，需要时间和耐心，需要下苦功夫，踏踏实实地做好工作。习近平强调，"要利用各种时机和场合，形成有利于培育和弘扬社会主义核心价值观的生活情景和社会氛围，使核心价值观的影响像空气一样无所不在、无时不有"[①]。要特意注意发挥通俗文化在培养人们正确道德判断和道德责任中的作用。大众文化，像电影、电视剧、广播、电视节目等，老百姓天天接触，对其往往最容易产生潜移默化的作用。中国古代

---

① 《习近平谈治国理政》第 1 卷，外文出版社 2018 年版，第 165 页。

大多数普通百姓的道德观念和价值理念大都受益于说书、看小说、戏剧等民间文化活动。苏东坡曾记录下"涂巷"小儿听说书人讲《三国评话》时的心理感受与反应："至说三国事，闻刘玄德败，颦蹙有出涕者，闻曹操败，即喜唱快。是以知君子小人之泽，百世不斩。"① 实际上，说书者大多是熟读经书的儒生，其内心往往早就潜藏着儒家文化的理想追求。明代著名通俗小说家冯梦龙认为通俗作品颇能在敷演故事中感染人、教化人，通俗小说的影响往往远远超过《孝经》《论语》等经典著作。

（三）强化制度建设，加大惩戒力度

传统道德伦理与价值理念在现代社会条件下要想发挥作用，必须有健全的制度设置和完备的法律规范。邓小平曾说过："组织制度、工作制度方面的问题更重要。……领导制度、组织制度问题更带有根本性、全局性、稳定性和长期性。"② 习近平也指出，"要用法律来推动核心价值观建设"③。实现社会主义核心价值观对传统文化价值理念的接续发展，就需要制度设计、政策法规和社会管理，转换为乡规民约等行为准则，使之融入人们日常生活，成为人们行为的基本遵循。可以通过奖惩机制，保护和强化正确的行为，使错误行为受到谴责和惩戒。

有了制度，还要严格执行，加大执法力度，逐步形成社会良好的行为和习惯。习近平强调坚持法治和德治相结合。"严刑重典者成，弛法宽刑者败。"法律是成文的道德，道德是内心的法律。只有健全的制度监督，才可能把权力关进制度的笼子里。实践一再证明，"'坏人'是坏制度惯出来的，……不如多花功夫在建立健全制度上"④。

要让制度法律充分发挥作用，需要做到以下三点：首先，把一些道德规范转变为法律制度，使之详尽完备，且易于操作。其次，法律规范要家喻户晓。再次，力争做到严格执法，公平执法，在全社会形成良好的法治生态和法治环境。当然，制度法律终归是由人来执行落实，归根结底，要提高人的

---

① 《东坡志林》卷6。
② 《邓小平文选》第2卷，人民出版社1994年版，第333页。
③ 《习近平谈治国理政》第1卷，外文出版社2018年版，第165页。
④ 习骅：《从皇帝"伙食费"看古代治理治贪》，《人民周刊》2016年第14期。

综合素质和法制意识。

营造让全社会释放创造性的公平竞争的环境和让个体充分发挥积极性的良好氛围，以增强社会发展的活力。要建立以人的能力为本位的价值观。人的能力是社会财富之源。个人能力的充分发挥也是为社会作贡献，不仅有利于实现自我价值和社会价值的统一，也有利于社会发展和民族的兴盛。坚持能力为本的价值准则，还有利于避免人情、关系、特权等用人上的不正之风。中华民族伟大复兴既需要凝聚众人的创造能力，又需要每一个体充分发挥自身的创造力。

第 三 章
以正心修身理念作用于人的德性养成与素质提升

中华传统文化重视正心修身，如孔子所说："不能正其身，如正人何？"[①] 中国传统的正心修身文化以"人皆可以为尧舜"[②] 的思想为出发点，以"圣人之德"为正心修身目标，构成一个内涵丰富的理论与实践体系。人的德性养成与素质提升，进而推进人的现代化，不能脱离中华优秀传统文化。中国传统正心修身理念是现代公民道德建设的历史基础，对时代新人塑造具有重要教益。我们要立足当代社会发展，借鉴中华传统正心修身养性教益，促进人的德性养成与素质提升，着力培养具有科学世界观人生观价值观，具有与时俱进、改革创新时代精神，具有现代公民主体意识、竞争意识、责任意识、法治意识，具有现代化素质能力、行为方式，能够在社会生活中采取积极、理性、文明行动的社会主义新人。

一 中华传统文化富含正心修身理念

正心修身是中华传统文化的核心内容和中华文化的品格。致力于正心修身教育的儒家学说，为此贡献了丰富智慧，成就了中国社会的伦理特质。

（一）中华传统文化的德性特质

与西方文化不同，中华传统文化是一种德性文化。在对人性的理解上，

---
① 《论语·子路》。
② 《孟子·告子下》。

它主张性善论；在处理与他人的关系上，它强调克己，突出对和谐的追求；在对待自然的态度上，则强调天人合一。

一般来讲，特质是在比较的意义上而言的，是需要对比和参照的。所谓特质，是指一事物区别于他事物并使其成为其自身的内在属性。谈论中华传统文化的特质，亦如此。近代以来，中国文化与西方文化碰撞出火花。比较的目的在于认识中西方文化之异同并取优舍劣，从而促进本民族的文化发展壮大。中西文化比较在不同历史阶段上所承担的责任和使命也不尽相同。伴随着历史的发展以及学术界对这一问题的深入思考，这一比较逐步展现出一种较为温和的态势。人们逐渐意识到，中西之别既有时间上的间隔，又有民族性的差异。《易传·彖上》载："文明以止，人文也。观乎天文，以察时变；观乎人文，以化成天下。"牟宗三先生认为，这里的"文"不是文章的文，"是文饰的文，当动词用"，"中国人讲'人文化成'就从这里出"。"《中庸》讲'参天地，赞化育'，这就是化成天下。化育是自然的化育，要人的力量参予天地之间，参赞这个化育。"① 中华传统文化乃是中国人参赞自然化育的结果，这里面必然蕴含着中国人思想的独特之处。

"文化之范围太大，可以从各角度、各方面来看，但向内收缩到最核心的地方，当该是哲学。"② 中国哲学同样印证了中华传统文化的德性特质。牟宗三先生说，"用一句最具概括性的话来说，就是中国哲学特重'主体性'（subjectivity）与'内在道德性'（inner-morality）。中国思想的三大主流，即儒释道三教，都重主体性，然而只有儒家思想这主流中的主流，把主体性复加以特殊的规定，而成为'内在道德性'，即成为道德的主体性。西方哲学刚刚相反，不重主体性，而重客体性。它大体是以'知识'为中心而展开的"③。因此，他认为中国哲学是"生命的学问"，并将中国哲学与西方哲学在此意义上做了区别，即中国哲学的核心在于"生命"，西方哲学的核心在于"知识"；中国哲学特别看重主体性，西方哲学则强调客体性；中国哲学之中，儒家又尤重"内在道德性"。

---

① 牟宗三：《周易哲学演讲录》，华东师范大学出版社2004年版，第39页。
② 牟宗三：《中西哲学之会通十四讲》，上海古籍出版社1997年版，第1页。
③ 牟宗三：《中国哲学的特质》，上海古籍出版社1997年版，第4—5页。

古希腊人已经表现出了追求逻各斯的巨大热情。希腊早期的哲学家都特别热衷于对宇宙根源的探究。苏格拉底哲学的意义在于展现出了对人的重视，但是，其依然用逻辑分析式的视角看待人。理性思维是西方思维方式的基础，它注重强调主客二分，追求概念的普遍逻辑。中华传统文化从总体上来讲，则带有浓郁深厚的诗意化特征，中国传统的思维方式亦可以称之为诗性思维方式。① 中西这种思维方式的巨大差别也使得中西方对德性有着不同的理解。蒙培元先生曾说，西方（以亚里士多德为代表）认为人有两种基本的德性：理智德性（来自教育）和品格德性（来自习惯或气质），前者是最高的德性。② 西方思想家对德性的理解有这样几个典型命题：苏格拉底提出"道德即知识"③；亚里士多德试图寻求"有关伦理诸品德的普遍定义"④；康德将道德归于"实践理性"，将道德律令视为人的普遍理性的体现。这些都是西方文化传统智性的集中体现。

中华传统文化与西方不同，它认为德性源于"天道"这一超越性的存在，所谓"神无方而易无体"⑤。《论语》中"天"出现的次数极多，如"天丧予""天厌""获罪于天"等，带有无法饶恕的韵味。"天生德于予，桓魋其如予何？"⑥ 孟子讲"天之所与"，说明在孟子那里"天"还是人的道德自觉能力的来源。"天""仁""诚"等这些中国哲学的核心范畴，落实于主体及主体的内在德性。有学者指出，"中国是一个崇拜圣人的国度"，"在中国传统文化的许多方面均可以捕捉到无所不在的圣人精灵"⑦。因此在对人性的理解上，这一取向体现为性善论；在处理个人与他人关系上，体现为

---

① 诗性思维，是指那种不具有清晰的、严格的逻辑形式的思维方式。它以带有感性形象的符号为表征手段，从而与逻辑思维相区别或相对立。由于摆脱了理性认识活动和逻辑思维规则，诗性思维不是通向概念的方式，不指向任何确定无疑的知识。（参见郝书翠《诗性思维与中国传统文化》，《青海社会科学》2008年第4期）对于用"诗性思维"一词来概括中华传统文化的思维方式，学界有不同看法。王树人先生在《回归原创之思——"象思维"视野下的中国智慧》（江苏人民出版社2005年版）一书中将其称之为象思维。虽然学界的表达并不统一，但是都强调其与概念思维、知性思维的区别与对立。
② 蒙培元：《中国的德性伦理有没有普遍性》，《北京社会科学》1998年第3期。
③ 北京大学哲学系外国哲学史教研室编译：《古希腊罗马哲学》，商务印书馆1961年版，第164页。
④ ［古希腊］亚里士多德：《形而上学》，吴寿彭译，商务印书馆1959年版，第266页。
⑤ 《易传·系辞上》。
⑥ 《论语·述而》。
⑦ 王文亮：《中国圣人论》，中国社会科学出版社1993年版，第19页。

强调克己、对和谐的追求；而在对待自然的态度上，则体现为天人合一。

中华传统文化对德性的追求，在对人性的理解上表现为性善论。钱穆先生曾说，性善论是"儒家思想一个中心的柱石"①。人之性即天人相通，天理天道落实于人。朱熹认为，人性乃是"人之所得于天之理也"②。可见，儒家基于人的固然之理、本然之性、当然之则从而主张性善论。孔子说："仁者安仁，知者利仁。"③ 仁者之所以能够安仁，乃是因为"为仁由己"。也是在这个意义上，韩愈界定"德"的标准为"足乎己，无待于外"④。作为一种道德理想主义，儒家的思言行均围绕"参天地，赞化育"⑤。牟宗三先生说："仿佛在敬的过程中，天命、天道愈往下贯，我们的主体愈得肯定，所以天命、天道愈往下贯，愈显得自我肯定之有价值。"⑥

中华传统文化对德性的追求，在与他人关系的处理上表现为克己和对和谐的期盼和向往。中国有关"和"的思想源远流长、根深底厚。"礼之用，和为贵。"⑦ 董仲舒亦有"德莫大于和"。有学者认为，中国文化自起始阶段就尤其注重群体关系，而群体关系的实质是一种空间关系，并将中国文化空间性发达归因于黄土区的自然条件、繁盛的人口群落、灌溉产生的公共职能。⑧ 中华传统文化重视群体关系这一问题本身无疑，但原因和内容仍然值得进一步分析和论述。和谐是中国人的期许和追求，克己则是追求和促成和谐的前提，正所谓"克己复礼为仁"⑨。道家与儒家在这个问题上具有相似性。庄子"太和万物"的目标是"和"，和的要求就是"不相害""不相悖"。而佛家主张通过抑制自我内心欲念和克服自身欲望从而维护人伦秩序的原则，亦是在强调个人与他人的交往中必须做到克己自律、宽容宽厚。

中华传统文化对德性的追求，在对自然的态度上表现为对天人合一的强

---

① 钱穆：《中国学术思想史论丛》第2辑，东大图书有限公司1980年版，第242页。
② （南宋）朱熹：《孟子集注·告子章句上》。
③ 《孟子·告子上》。
④ 《韩昌黎先生集》卷10《原道》。
⑤ 《礼记·中庸》。
⑥ 牟宗三：《中国哲学的特质》，上海古籍出版社1997年版，第16页。
⑦ 《论语·学而》。
⑧ 谢屏、王鉴棋：《中西文化的深层次比较》，《江西社会科学》2002年第4期。
⑨ 《论语·颜渊》。

调。儒家的仁爱思想既强调爱人类自身，又强调爱"物"。诸如孔子有"推己及物"，孟子有"亲亲、仁民、爱物"，张载有"民胞物与"等，都体现了儒家对物的爱护之心。蒙培元先生说，按照儒家的传统，人的德性的实现，"必须扩展到自然界，有一种普遍的爱，这才是完整的，也是终极性的"①。道家则追求超越亲疏利害贵贱的隔阂，以博大胸怀修道积德。"居善地，心善渊，与善仁，言善信，政善治，事善能，动善时"②，从而实现万物同体，自然社会生生不息的理想状态。庄子认为，统治者"顺物自然而无容私焉"③是达到"至德之世"的前提。由此可见，尽管儒家采取的是积极参与社会的形式，道家采取的则是批判社会和远离喧嚣的方式，但二者在对待德性的态度上是一致的，即推崇德性。

（二）儒家正心修身理念的主要内容

正心修身，是指心灵上的自我净化、道德上的自我修养和人格上的自我完善，是人生而为人并真正成为有德性的人的存养过程。中华传统文化是一种重人重心、重义重德的德性文化。这种德性文化集聚到"修身"上，使修身具有了本体和基础性的意义。中国古代哲人有一个共同关心的问题："洁身"，即不使自己的本性遭受世俗功利的污染。为了达到这一目的，个体终其一生都要持续修身。"君子义以为质，礼以行之，孙以出之，信以成之"④"圣人德盛，自然尊严"⑤等，诸如此类的表述，普遍见于儒家典籍之中。这种对正心修身理念的推崇和重视，是中华传统文化德性特质的突出表现。《礼记》有言："天命之谓性，率性之谓道，修道之谓教。"⑥儒家认为天地之性内在于人，人禀有天地之性，乃是天之所命。人之为人，就是要把自我所禀有的天地之性在现实生活中实现出来。历代儒学大家都非常注重道德教化，均将追求人格完善作为人生的理想，将修身视作实现这一理想的重

---

① 蒙培元：《中国的德性伦理有没有普遍性》，《北京社会科学》1998 年第 3 期。
② 《道德经》第 8 章。
③ 《庄子·内篇·应帝王》。
④ 《论语·卫灵公》。
⑤ 《朱子语类》卷 34《论语十六》。
⑥ 《礼记·中庸》。

要手段和必要途径。正因如此，儒家修身理念的内容极为丰富。围绕要成为什么样的人以及如何成为具有理想人格的人的问题，儒学既设定了修身目标和标准，又提出了一套修身的理论和方法。概括起来，至少有以下几个方面是极为重要的。

首先，儒家以知耻作为修身的前提。修身是对自身人格完满性的追求，使自己成为更好的人。要知晓什么是更好，就需要自觉自知。追求更好，则需要动力。可以说，修身的前提就在于人的自觉，判断能否自觉的一个重要标准就在于是否知耻。自觉与知耻为修身提供了前提和动力。

羞耻感是主体道德意识、道德情感的重要表现形式。它作为一种否定性的情感，具有普遍性、基本性和最低限度性，或者说属于底线伦理。① 知耻是做人的道德基础，可谓人之为人的标志与社会道德发展的标杆。在儒家看来，"知耻近乎勇""好学近乎知""力行近乎仁"。知耻是做人的标准，历代大儒都强调知耻的重要性。人如果无耻，就会无所不为，也就与禽兽没有了区别。孔子认为："邦有道，贫且贱焉，耻也。邦无道，富且贵焉，耻也。"② 孟子将耻感意识提高到人性的高度，并从人之为人的意义上提出耻感意识的意义。朱熹又在孟子的基础上给予耻感意识以圣贤之潜在品质的价值，"耻者，吾所固有羞恶之心也。有之则近于圣贤，失之则入于禽兽，故所系甚大"③。陆九渊则有"人而无耻，果何以为人哉"④ 的诘问。顾炎武对耻感意义的关注扩大到国家层面，将士大夫无耻视作国耻。⑤

众所周知，在儒学视野中，人禽之辩、君子小人之辩的问题是一个极为重要的、具有前提性意义的问题。这其实就意味着修身的前提和基础，是要自觉其为人。修身被当作第一要求，做人、为人的成功与否，都集中表现为

---

① "底线伦理"是大致从20世纪90年代起开始在中国形成、发展、流传并产生一定影响的一种个体伦理学。它试图以恻隐、仁爱为道德发源之源泉；以诚信、忠恕为处己待人之要义；以敬义、明理为道德转化之关键；以生生、为为为群己关系之枢纽。比较具体地说，这种理论认为一个人的道德动力的"发端"从根源上说是来自恻隐，而努力方向的"发端"传统上是由近及远的仁爱，恻隐和仁爱也最显中国传统伦理的特色。参见何怀宏《底线伦理的概念、含义与方法》，《道德与文明》2010年第1期。

② 《论语·泰伯》。
③ （南宋）朱熹：《孟子集注·尽心章句上》。
④ 《象山先生全集》卷32。
⑤ （明）顾炎武：《日知录》卷13。

修身、修己的层次高低。由于长期受儒家文化浸润，传统中国人的知耻心显著而强烈，使得耻感文化成为中国文化的重要特征。知耻，使得传统中国人在道德标准的确立与道德境界的提升方面有着强烈的自觉性、自主性，在历史上对我国礼仪之邦的形成作用巨大，可谓中华伦理之精华。

其次，儒家以明礼作为修身的标准。知耻，关键在于"知"，即要对"何谓荣""何谓耻"这样的问题有清晰的认识。这涉及判断的标准问题。对此，儒家是有所考虑的，其为修身理念提供的标准即明礼。孔子主张"立于礼"①。在儒学的视野中，礼是关系安危的大事，无论是优秀的个人道德品质、和谐友善的人际关系、完善的治国理政策略，均离不开礼。儒家的尺度是礼仪，正所谓"导之以德，齐之以礼，有耻且格"②。仁德的成就依赖于礼，没有礼就没有仁。如此一来，是否明礼就成为儒家修身的标准。

孟德斯鸠曾这样谈论传统中国之礼：宗教、法律、道德、礼仪都混在一起，一切都是行善，都是美德。③ 孟德斯鸠的这个观点强调了"礼"在儒学中的重要性及其丰富内涵。钱穆先生曾把"礼"看作中国之心、中国的核心思想。④ 的确，在儒学视野中，一言一行都要循礼。"恭而无礼则劳，慎而无礼则葸，勇而无礼则乱，直而无礼则绞。"⑤ 礼所涵摄的范围也极广，礼仪制度、道德规范、行为准则、风俗人情，无不被囊括其中。儒家追求礼治，并因此将各种礼仪整合，成为一套包括礼器、礼乐、礼仪、礼制在内的、完备的规章制度，并陆续以文本的形式，如《周礼》《仪礼》《礼记》加以固定，世代承继。礼仪制度意不在形式，而在于其对道德的维护。这烦琐的形式，"包括礼节仪式、伦理道德、政治等级三层含义"⑥。王国维先生曾经指出，中国古代所说的国家，既是政治的，也是道德的。制度典礼则是道德之器。"周之典礼制度，实皆为道德而设。"⑦ 这一评价揭示了中国礼治的本质。的确，传统的礼，从礼器到礼辞，从礼仪动作到行礼的时间和空

---

① 《论语·泰伯》。
② 《论语·为政》。
③ [法]孟德斯鸠：《论法的精神》，孙立坚等译，陕西人民出版社2001年版，第355页。
④ [美]邓尔麟：《钱穆与七房桥世界》，蓝桦译，社会科学文献出版社1998年版，第9页。
⑤ 《论语·泰伯》。
⑥ 胡新生：《礼制的特性及中国文化的礼制印记》，《文史哲》2014年第3期。
⑦ 王国维：《殷周制度论》，中华书局1959年版，第477页。

间，无不具有等级的设定。这些等级设定的最终目的，都可以从对道德的追求中得到说明。因此，礼虽然表现为一系列的形式，但其实质乃是人的真情实感的表达，其本质乃是德性之礼、道义之礼。《论语·八佾》记载了孔子关于"礼之本"的回答："大哉问！礼，与其奢也，宁俭。丧，与其易也，宁戚。""人而不仁，如礼何？人而不仁，如乐何？"①"礼以顺人心为本，故亡于礼经而顺于人心者，皆礼也。"②"学至于礼而止矣，夫是之谓道德之极。"③ 以儒家丧礼为例，"三年之丧何也？曰：称情而立文，因以饰群别、亲疏、贵贱之节而不可益损也，故曰无适不易之术也。创巨者其日久，痛甚者其愈迟，三年之丧，称情而立文，所以为至痛极也；齐衰、苴杖、居庐、食粥、席薪、枕块，所以为至痛饰也"④。可见，儒家是把血缘亲情这一本源性的自然情感视为道德人格养成的基础，它看重的，并不是各种礼器、礼乐、礼仪自身，而是其背后的精神内涵。"礼也者，反本、修古，不忘其初者也。""忠信，礼之本也；义理，礼之文也。"⑤ 正因如此，历代儒家将明礼作为修身的标准。

再次，儒家将行仁视为修身的目标。儒家的核心是"仁"。"'仁'有多种表现形式，在伦理上是博爱、慈惠、厚道、能恕，在感情上是恻隐、不忍、同情，在价值上是关怀、宽容、和谐、和平、万物一体，在行为上是互助、共生、扶弱、爱护生命等。"⑥ 程颐曾将仁与义、礼、智、信的关系比作头与手足的关系，"自古元不曾有人解仁字之义，须于道中与他分别五常，若只是兼体，却只有四也。且譬一身：仁，头也；其它四端，手足也"⑦。蒙培元先生认为，仁所指涉的是人所具有的内在德行，"爱"是其根本内容。仁首先表现为"亲亲"，其次是"爱人"和"爱物"，最终引申至天人合一，即"仁者以天地万物为一体"⑧。

---

① 《论语·八佾》。
② 《荀子·大略》。
③ 《荀子·劝学》。
④ 《荀子·礼论》。
⑤ 《礼记·礼器》。
⑥ 陈来：《仁统四德——论仁与现代价值的关系》，《江苏社会科学》2016年第4期。
⑦ 《二程遗书》卷15。
⑧ 蒙培元：《中国哲学的诠释问题——以仁为中心》，《人文杂志》2005年第4期。

如何才能行仁呢？孔子说："夫子之道，忠恕而已矣。"① 忠恕之道可谓儒家思想的核心和灵魂。忠要求立己、达己，恕要求立人、达人。忠恕之道是行仁的保证。个体身心的和谐、群己关系的和谐、人与自然的和谐，均在此基础上方可实现。而忠恕之道又到哪里找寻呢？孔子说："为仁由己，而由人乎哉？"② "君子求诸己，小人求诸人。"③ 孟子说："万物皆备于我矣，反身而诚，乐莫大焉。"④ 可见，儒家修身理念的实质，在于道德修养的自觉自律，是一种诚心自省的工夫。

二 中华传统文化正心修身理念的当代价值

在世界现代化的历史进程中，存在着人的现代化与社会现代化发展不平衡的现象。西方的现代化发展，"人的建设"落后于"物的建设"，这给社会带来诸如拜金主义、信仰缺失等巨大的祸患与危害。中国现代化发展应引以为戒，给予人的现代化建设以足够重视。推进人的现代化，不能脱离中华优秀传统文化。中国传统正心修身理念，是现代公民道德建设的历史基础，对塑造时代新人具有直接而重要的教益。

（一）为时代新人塑造提供价值遵循

党的十九大报告突出强调了社会主义核心价值观的价值与意义。习近平指出："社会主义核心价值观是当代中国精神的集中体现，凝结着全体人民共同的价值追求。要以培养担当民族复兴大任的时代新人为着眼点，强化教育引导、实践养成、制度保障，发挥社会主义核心价值观对国民教育、精神文明创建、精神文化产品创作生产传播的引领作用，把社会主义核心价值观融入社会发展各方面，转化为人们的情感认同和行为习惯。"⑤

---

① 《论语·里仁》。
② 《论语·里仁》。
③ 《论语·卫灵公》。
④ 《孟子·尽心上》。
⑤ 习近平：《决胜全面建成小康社会 夺取新时代中国特色社会主义伟大胜利——在中国共产党第十九次全国代表大会上的报告》，人民出版社2017年版，第42页。

习近平提出培育时代新人的命题,并定义了时代新人的价值坐标,即"担当民族复兴大任"。

在新中国成立以后的宣传工作中,"社会主义新人"曾经是一个重要概念。培养什么样的社会主义新人、如何培养社会主义新人的问题,有着与社会重建同等重要的战略意义。有学者指出,"社会主义新人"是与社会主义制度匹配的、具有无产阶级大公无私、集体主义等性格特征和奉献精神,并有一定概念化的人物,如《创业史》中的梁生宝、样板戏中的英雄等,讨论范围限定在最具典型的延安时期到"文化大革命"结束这一段历史。① 也有学者指出,"社会主义新人"曾是革命时代文学的重要概念。曾有不少左翼文学批评家呼唤"社会主义新人"的诞生;"十七年"文学批评中,这一概念也曾被频繁使用;1964年以后,推行"兴无灭资"意识形态的背景使得"新人"逐渐被"无产阶级英雄"和"共产主义战士"取代。20世纪80年代中前期,"新人"概念再次较多地出现在文学批评领域;90年代中期以来,"社会主义新人"的概念逐渐从中国当代文学研究与文学批评中消失了,与此相关的研究成果越来越少。② 的确,塑造社会主义新人曾是社会主义文艺的主要目标。尽管如此,将"社会主义新人"仅仅视为一个文学评论的概念是不充分的,其政治意味是不容忽略的。"社会主义新人"的塑造,是"人的解放"这一崇高而美好的理想在新的时代和新的地点(解放区、社会主义国家)展开的具体实践。有学者曾对20世纪50年代乡村扫盲文献进行细致梳理,发现扫盲兴起原因中有鲜明的政治诉求,扫盲教材注重政治认同塑造,扫盲实践积极回应现实政治需求。在这个意义上,乡村扫盲借助简单的文化教育,建构了社会主义政治认同,将革命理念渗透进乡村日常生活。乡村扫盲因此可以被视为"社会主义新人"塑造运动。③ 邓小平曾明确指出,"培养社会主义新人就是政治"④。

---

① 刘卫东:《从"新人"到"英雄"——社会主义新人理论的演变》,《文学评论》2010年第5期。
② 参见武新军《"社会主义新人"大讨论与新时期文学》,《河南大学学报》(社会科学版)2015年第3期。
③ 参见满永《文本中的"社会主义新人"塑造——1950年代乡村扫盲文献中的政治认同建构》,《安徽史学》2013年第4期。
④ 《邓小平文选》第2卷,人民出版社1994年版,第256页。

"时代新人"这一提法,可以说是对"社会主义新人"的继承与超越。时代新人必须具有马克思主义信仰和中国特色社会主义信念,同时要能够自觉传承中华优秀传统文化,弘扬社会主义革命文化和中国特色社会主义先进文化,具备充分的文化自信。可见,弘扬中华优秀传统文化与培养时代新人之间,有着内在的必然联系。每一代人都离不开特有的历史传统、民族心理、文化氛围和生活习惯,并在其交互影响下成长、发展。中国梦的实现,需要不断培养时代新人;而培养时代新人,需要从中华优秀传统文化正心修身理念中汲取有益养料。

(二)为传统文化正名提供思想根基

如何培养时代新人?习近平提出要求,要"深入挖掘中华优秀传统文化蕴含的思想观念、人文精神、道德规范,结合时代要求继承创新,让中华文化展现出永久魅力和时代风采"①。继承和创新中华传统文化,需要具有对待传统文化的正确态度,需要充分认识其现实意义。否则,遑论继承借鉴。当前在对待中华传统文化的态度上,存在着三种错误的倾向:

其一,文化自卑心态。这种错误倾向的逻辑在于,国弱的原因是国穷,而国穷的原因则是制度落后,制度落后的原因则是文化落后,因此这种倾向认为晚清以来中国"落后挨打"的根源在于文化落后。中国知识分子开始自认愚昧、落后,新文化运动时期,"民主"和"科学"冲击着中华传统文化的正当性,中国人对自身的文化产生怀疑和否定,全盘西化的文化虚无主义开始泛滥,文化自卑和文化否定心理产生。而后来的"文化大革命"大规模地破坏了中国的传统文化,迫害了中国知识分子。改革开放之初,大家以批判和否定传统文化为时尚,中华传统文化的重建与新文化的建设融合面临极大危机。部分"西方中心论"者大谈"政论学理,都是西方话语""一切皆以西方普世价值为归依"②。这是需要我们倍加关注和克服的思想倾向。

其二,文化自负心态。中国人文化自负心态根深蒂固,从封建王朝"泱

---

① 习近平:《决胜全面建成小康社会 夺取新时代中国特色社会主义伟大胜利——在中国共产党第十九次全国代表大会上的报告》,人民出版社2017年版,第42页。
② 河清:《魂兮归来,重返中国》,四月网,http://www.m4.cn/opinion/2012-11/1189986.shtml,2002年11月11日。

泱大国"就已产生文化中心的优越感。在近代西方文化冲击下，国人出于捍卫民族尊严的心理以及强烈的危机感，大肆宣扬民族文化的优越性而形成的文化民族主义，存在明显的"隆中抑西"倾向。[①] 辛亥革命后暴露出西方文明的"没落"，梁启超、梁漱溟等人以此为契机提出中国文化的自创性问题，指出东西方物质与精神文明之别、高雅与粗俗之别，认为当时的欧洲民族可以用中国文明进行拯救。这些论点，在当时带有明显的因循守旧心理和顽固偏执的文化意识。自20世纪90年代以来，由新儒家掀起一阵"国学热"，带起一股文化民族主义浪潮，文化自负意识再度被"唤醒"。21世纪以来，伴随着我国国力的增强，在人民大众要求恢复传统和民族信心之时，仍有一部分文化民族主义者借此夸张地表现出"文化优越论"倾向。

其三，对传统文化外在形式与内在精髓的割裂。民族文化积淀和承载着该民族发展多年形成和积累的思维方式和行为准则，体现着这个民族美好的精神追求，进而在共同经历和追求未来过程中形成民族认同。然而，许多民族在传统文化传播过程中的通病则是过于注重传统文化外在形式的学习传播却忽略了内在精髓的传承和内化。"国学热"仅限于文字古训、经典之学，甚至被径直等同于"儒学"，将国学狭隘化，或者将传统文化作为阳春白雪，剥夺了普通大众享受文化盛宴的权利，从而导致世俗化。

这样一些偏误认识和错误倾向，都不利于形成对传统文化进行传承与发展的文化自觉。弘扬中华传统文化正心修身理念的当代价值，包含着为传统文化正名的要求。文化自卑或文化自负将文化视为认识论对象，而如若从认识论视角去审视本土文化，就会把它当作外在于主体的客体对象，被审视者视为一种异己化的规定。对待本土文化的恰当态度，应是把文化主体与文化客体统一起来辩证把握。一个民族和这个民族的文化是不可割舍的，是一体化的存在，是主客体融为一体的存在。只有用这样一种态度去理解和传承传统文化，在实践中才有正确的方向与可行的路径。

（三）为核心价值观认同提供精神支撑

核心价值观承载着一个国家、一个民族的精神追求，体现着一个社会评

[①] 参见郭湛波《近五十年中国思想史》，山东人民出版社1997年版，第140页。

价是非曲直的价值标准,是民族传统文化在道德—价值领域的充分表达。历史已然表明,中华传统文化生命力顽强、凝聚整合功能强大。修身理念与社会主义核心价值观的内在一致性,主要体现在以下几个方面。

第一,儒家修身理念中由"知耻"衍生出的尊严观念,与社会主义核心价值观"爱国、敬业、诚信、友善"的要求,具有相同的精神坐标。

维护和尊重人的尊严,把人视为最珍贵的存在物,是儒家修身理念的出发点。"君子耻不修,耻见污;耻不信,不耻不见信;耻不能,不耻不见用。是以不诱于誉,不恐于诽,率道而行,端然正己,不为物倾侧,夫是之谓诚君子。"① 儒家谈论尊严,是建立在知耻观念基础上的。道德优越感为人所特有,君子和小人的区分印证了这一观点,而重义还是重利是区别君子与小人的关键。君子能够彰显自身的尊严,小人则不然。荀子说:"水火有气而无生,草木有生而无知,禽兽有知而无义。人有气有生有知,亦且有义,故最为天下贵也。"② 董仲舒说:"人受命于天,固超然异于群生,入有父子兄弟之亲,出有君臣上下之谊,会聚相遇,则有耆老长幼之施,粲然有文以相接,欢然有恩以相爱,此人之所以贵也。"③ 这些表述,都意味着人拥有自己的尊严,这也是人区别于动物的特质。儒家认为,只有明晰这些"几希"的规定,才能确定人的主体地位。道德性才是人之尊严的内在基础。

第二,儒学的明礼标准和行仁目标以人与人的和谐相处为致思目的,致力于"礼之用,和为贵",与社会主义核心价值观中文明、和谐的要求高度一致。

儒家之礼是为了挽救当时的礼坏乐崩而设计的。孔子的关键作用,在于从行礼者本身为礼确立坚实的基础。儒家对礼的设计,是建立在自然的真实情感之上的。"人情者,圣王之田也,修礼以耕之,陈义以种之,讲学以耨之,本仁以聚之,播乐以安之。"④ 因此,儒家特别注重"敬"。"子游问孝,

---

① 《荀子·非十二子》。
② 《荀子·王制》。
③ (汉)董仲舒:《举贤良对策三》。
④ 《礼记·礼运》。

子曰：'今之孝者，是谓能养。至于犬马，皆能有养。不敬，何以别乎？'"①礼是因人情而设的，"君子礼以坊德，……礼者，因人之情而为之节文，以为民坊者也"②。这表明，在儒家那里，德与礼之间不存在任何冲突。相反，二者呈现为以德带礼、以礼显德、相得益彰的状态。通过道德践履、自我反思、自我觉醒，个体得以提高德性与修养，达到人格的完善。德性通过礼仪等外在行为表现出来。这就是"德辉动于内，礼发诸于外"③的境界。长期以来，儒家之礼除了发挥着德性修养的支点、道德教育载体的作用之外，还以个体行为规范的地位对民众生活产生广泛而深刻的影响。正如孔子所言："礼乐不兴，则刑罚不中；刑罚不中，则民无所措手足。"④

任何个体都在社会关系中具有多重身份。儒家认为，不同的身份要遵守不同的规范："为人君止于仁，为人臣止于敬，为人子止于孝，为人父止于慈，与国人交止于信。"⑤ 礼从最自然的情感、最简单的环节入手，使人明晰自身的社会角色及其相应责任，促进良好社会秩序的形成。修身以是否明礼为标准，人人明礼，对个人的结果是，人人都懂得做人、待人、成人的道理，人人成仁。如孟子所说，"仁也者，人也。合而言之，道也"⑥。对社会的结果，则是"和"。"和"的结果则如荀子所言：力量增大、组织强盛，即"和则一，一则多力，多力则强，强则胜物"⑦。经过儒家的努力，"和"的观念深入人心，在中华民族的历史上一直是一种巨大的凝聚力，几乎辐射到传统中国人生活的所有层面，从"贵和持中"的方法论到"心平气和"的个人修养，到"家和万事兴"及"和睦兴邦"的信念，再到"和平共处"的理念，无不渗透着"和"的观念。我国2001年颁布的《公民道德建设实施纲要》，倡导"明礼诚信"，可以说是借鉴了传统儒家修身理念中的明礼观念，以期在新的历史条件下为改善社会上某些不良风气作出努力。

---

① 《论语·为政》。
② 《礼记·坊记》。
③ 《礼记·乐记》。
④ 《论语·子路》。
⑤ 《礼记·大学》。
⑥ 《孟子·尽心下》。
⑦ 《荀子·王制》。

第三，儒家修身理念中蕴含着持续的精神动力，与社会主义核心价值观的期待具有一致的视野，有着共同的指向。

翻开中国文化史，多少仁人志士的壮志豪情宛在目前："三军可夺帅也，匹夫不可夺志也"①；"路漫漫其修远兮，吾将上下而求索"②；"老骥伏枥，志在千里；烈士暮年，壮心不已"③。正是这些豪情壮志的支撑和远大志向的存在，中华民族才能不断开拓向前，这些都是中华民族奋勇向前的内在精神动力。这种文化志向，离不开儒家修身理念的熏陶和浸润。在个人修养上，儒家主张在个人道德主动性的发扬中来完善人格，不断达到至人、圣人、真人、完人的境界，享受至高无上的精神幸福。不仅如此，儒家认为个人是集体中的个人，教化人们将"大我"作为利益考量的基本单位。还认为修身是齐家治国平天下的基础，通过道德上的自我约束和提升使自己成为一个具有远大志向、理想人格和美好道德情操的君子。成为真君子的过程中，诚然会遇到困难，是退却还是进取？儒家回答说："天行健，君子以自强不息。"④ 孔子本人为他的弟子和后人作出了表率："发愤忘食，乐以忘忧，不知老之将至。"⑤

儒家并不满足于人的天生善良的本性，而是特别注重人要有远大的志向和宽阔的胸襟，要求每个人有意识地修炼并实现这些内在潜质。君子在日常生活中展现自我的道德风范，毕生都在追求和发扬良好人性的价值，日益完善和提升自我，以追求人类尊严的最高境界而努力。如孔子所说，"君子坦荡荡，小人长戚戚"⑥，又如孟子所说，君子"居天下之广居，立天下之正位，行天下之大道"⑦，彰显了儒家君子的刚健之风。作为培养君子人格的"大学"之道、循序渐进的"三纲八目"，同样体现了儒家修身理念所蕴含的这种不畏艰辛、坚持不懈的精神气质。

---

① 《论语·子罕》。
② （战国）屈原：《离骚》。
③ （东汉）曹操：《龟虽寿》。
④ 《周易·象传》。
⑤ 《论语·述而》。
⑥ 《论语·述而》。
⑦ 《孟子·滕文公下》。

三 将正心修身理念施惠于人的德性素质与社会治理

中华传统文化中的正心修身理念,不仅能够作用于当代人的德性养成与素质提升,同时能够通过人的德性养成与素质提升,在更广泛的作用范围内施惠于当代社会一系列重大问题的解决,施惠于当代社会对人与自然关系、国家之间关系的处理及对诸多社会问题的治理。

(一) 人的德性养成与素质提升面对新问题

中国的现代化是防御性的现代化,是"被现代化"[①]。这种被动态势既意味着中国的社会转型是人类社会转型的一部分,又道出了其被裹挟的实质。这也使得现代化这一过程对中国的影响尤其剧烈、全面且深刻。现代化的过程是现代性不断增强和扩张的过程。"'现代性'具有极强的扩张力量,其基本元素,诸如,市场经济、政治民主、科学理性和无限目的论的现代进步主义文明(化)价值观念等等,都具有开放、普遍化和无限扩展的特征。……通过摆脱传统和古典,它力图展示并标举一种具有全新性质的人类文明和文化。"[②] 从漫长的现代化历程及一定阶段的发展情况来看,中国社会转型中的问题,除了诸如道德、人际关系和生态等社会现实层面上的问题之外,还表现在社会走向层面上的迷失。

在社会现实层面上,道德失范给人们带来了痛苦且强烈的感受,诸如食品安全、医疗安全等所带来的困扰和伤害。关于道德失范的原因,有学者发现现代社会分工对人的道德责任具有消解的作用:由于分工的发达,"处于生产流水线上的工人既不可能也不愿意去关心最终产品的意义。这就阻断了他们为自己的行为所带来的最终影响负责的可能性"[③]。市场经济的发展调动了人们对财富的积极性,获利越来越成为人们追逐的原则,道德实用主义、道德虚无主义随即登场。由于社会本身是一个相互联系、错综复杂的系

---

① 何中华:《人文研究:一个再思考》,《创新》2015年第1期。
② 万俊人:《现代性的伦理话语》,黑龙江人民出版社2002年版,第170—171页。
③ 何中华:《人文精神与现代性》,《江苏行政学院学报》2002年第3期。

统,因此其影响也自然并非是单一的或孤立的,社会因而趋于无序化。在社会转型过程中,个体的社会交往、利益格局、生活方式等都发生了变化,市场法则盛行,一些个体在处理人际关系上无视道德制约,人与人之间开始互相猜疑和提防,道德关系开始紧张。

在人与自然的关系方面,科学技术的发展增强了人类的力量,"我们不再乞求自然,我们支配自然,因为我们发现了她的某些秘密"①。随之而来的是,生物多样性降低、生态污染越来越严重、气候开始出现异常情况。而中国的社会转型也面临同样的问题和危机,对德性的漠视,丢失了中国传统思维尤其是儒家正德厚生的理念。当人类无极限地破坏掉自然界本身固有的逻辑和节奏,自然界也会用同样的方式报复人类。"现代瘟疫不啻是大自然恢复自组织的一种必要形式","大自然的自洽性由于人类的贪婪和介入被破坏了"。在这个意义上,SARS疫情不失为大自然对现代人的一种警告和惩罚②,2020年影响全球的新冠肺炎疫情的大爆发和大流行更是让人触目惊心。

中国的社会转型所面临的问题,不仅仅表现在社会现实层面,在社会走向层面上也出现了"向何处去"的疑虑。中国传统的天理世界观严重动摇,现代化对于中国文化的示范地位和角色,自那时起就已根深蒂固。在很长一段时间内,我国现代化开始学习、借鉴西方现代化的主流模式。对此,有学者如此揭示这一情形所潜含的认同危机:"由于物质方面的明显失败,于是只好相信原来的精神传统是错误的……既然西方是成功的,那么要成功就无非是把自己变成西方,因此,在现代化语境中,东方文化的自身认同就变成了'让自己也变成西方'或者说'让自己扮演他者'这样一种悖论性的自身认同。"③ 这样一种认识主张和精神状态,其实质乃是民族虚无主义和文化失败主义。当代中国文化,显然并没有完成而且亦不可能完成对西方文化的移植,同时,中国传统的基因和要素正在不断改变。"中国向何处去",在这种心态下,已然成为一个沉重的话题。如果不

---

① [法]昂利·彭加勒:《科学的价值》,李醒民译,光明日报出版社1988年版,第277页。
② 参见何中华《"现代性"征候与SARS》,《山东大学学报》(哲学社会科学版)2003年第3期。
③ 赵汀阳:《认同与文化自身认同》,《哲学研究》2003年第7期。

能仔细甄别并确认中华传统文化的现实价值，这种自我迷失状态有可能还会持续下去。

在当代中国语境下，我们以中华传统文化的正心修身理念，助力当代人的德性养成与素质提升，助力社会主义时代新人的塑造，需要了解这样一个大背景，需要我们准确把握人的德性养成与素质提升面对的时代境遇。当然，我们也必须看到，当代中国已在很大程度上改变了这一现状，解决了在发展过程中面对的一些新问题，这为我们在新时代提升人的道德水准、塑造社会主义时代新人提供了条件和现实基础。

（二）以人的德性素质助益人与自然关系的和谐

儒家认为，仁爱出自人的德性，是人的内心所具有的。儒家强调"爱从亲始"，扩展到对他人的爱，"泛爱众"，再扩展到"爱物"。儒家确立的"己所不欲，勿施于人""民胞物与"①"以天地为万物一体"②及天人合一的理念，蕴含着人的德性的实现方法或过程。蒙培元认为，"儒家伦理的重要原则，即'忠恕之道'就是从这里产生的"③。由此看来，天人合一，并非简单的主观和客观统一、人和自然的统一，德性的实现才是根本，这是儒家为人的活动找到的具有形而上学意义的根据。李泽厚曾说："在西方……灵肉的区分比较明显。中国则是强调身心合一，即使在宋明理学那里，它的心也不离开身，包括王阳明、朱熹都是这样的。"④"为仁"，是作为一个完整的人所具有的品德，是人的德性使然。如此一来，"修己"即意味着我与我、我与他人、我与他物，都处于一种"合内外之道"的德性安排之中，其所趋向的是一种和谐而非对抗的关系，是"和而不同"。"中国文化的世界化"与"西方文化的全球化"的良性互动，是未来人类的福音。⑤其实，德性文化在天人关系上也追求"和"。作为五经之首、大道之源的《周易》，

---

① （北宋）张载：《西铭》。
② 《孟子·梁惠王》。
③ 蒙培元：《中国的德性伦理有没有普遍性》，《北京社会科学》1998年第3期。
④ 李泽厚：《谈世纪之交的中西文化和艺术》，《文艺研究》2000年第2期。
⑤ 王岳川：《从"去中国化"到"再中国化"的文化战略——大国文化安全与新世纪中国文化的世界化》，《贵州社会科学》2008年第10期。

将整个宇宙视为一个有机的生命体，所谓"天地之大德曰生"①。人作为"天地人"三才中的重要一员，若要充分发挥其主体性，需要"诚""继善成性""推己及物"，实现人与天德性、自然的合一。有学者指出，把"天人合一"的追求直接解释为人和大自然的关系，尽管的确过于直观，但是，不能因此否认其对于反思和调适人与自然关系的深刻启示意义。②

马克思曾经指出："人同自然界的关系直接地就是人与人的关系。"③ 有学者将现代性危机区分为显性危机和隐性危机，前者以全球性问题的出现为表征，后者则意味着启蒙神话的破灭——人的反身性否定。人不断地游离自己的本质，从而导致人与自然、人与人、人与自我之间的疏离和对立，是现代性语境中人的生存困境的内在缘由。④ 中国社会转型中人与自然关系的紧张，乃是现代化过程中人的境遇的一个区域性集中表现。

随着社会的急速发展，人在处理与自然的关系中所带的目的性加强，随着科技的发展，拥有了改造自然的强大力量，自然环境的变化方向越来越不可逆。对此，西方学界进行了较为深刻的反思，认为："如果我们摆脱自己的偏见，抛弃我们对其他生命的疏远性，与我们周围的生命休戚与共，那么我们就是道德的。只有这样，我们才是真正的人。"⑤ 他们认为，要解决当前危机，改变现状，重建西方文化的发展道路，必须审视历史，重新认识自己，从而找到新起点。因此必须建立一个新参照系，重新审视自身文化。中国正是构成这种"外在观点"的最好参照系。⑥ 爱物和爱自然，已经不再是单纯的审美问题，而上升到一个严肃的、关系到人类生存发展的哲学问题。把中华传统文化的德性原则引入到人与自然的关系中，将自然纳入道德对象范围之内，保护和尊重自然，构建处理人与自然关系的生态道德原则，自然、社会生生不息的目的方能达成。

---

① 《易传·系辞下》。
② 何中华：《中国文化与现代性在相互参照中的建构》，《学习论坛》2011年第3期。
③ 《马克思恩格斯文集》第1卷，人民出版社2009年版，第184页。
④ 何中华：《中国文化与现代性在相互参照中的建构》，《学习论坛》2011年第3期。
⑤ [法]阿尔贝特·史怀泽：《敬畏生命》，陈泽环译，上海社会科学院出版社1996年版，第190页。
⑥ 乐黛云：《中国传统文化的一些特点及其对世界可能的贡献》，《浙江大学学报》（人文社会科学版）2007年第4期。

(三) 通过人的德性素质推进社会治理

百年来的历程使得中国经历了一系列重大的时代变迁：五四新文化运动、社会主义实践、四十多年的改革开放、社会主义市场经济体制的建构和发展。这些重要的历史事件深刻影响着中国，传统已经不可能在本来意义上被复制和再现。它作为流淌在中国人血脉中的文化基因，不仅不可能被剔除，而且在更高的历史基点上发挥其重要作用。这就有赖于对传统文化的创造性转化和创新性发展。有学者指出，"对于传统文化的批判继承，我们应该采取'神似'而非'形似'的态度"①。这就要抓住传统文化的精髓来实现这样一种"神似"的目标。结合实现中华民族伟大复兴的历史任务和人类整体发展目标，我们应该突出传统文化在人的自我建构、人与自然关系的和谐、人与人（国与国）关系的改善等不同方面的现实意义，凸显中国传统修身理念的基础地位。

首先，大力弘扬儒家修身理念所蕴含的道德自律性和道德主体性，使君子人格成为社会成员的内心渴望，开发每一个体的良知意识、责任意识和担当意识。大力提倡道德的主体性，在当代道德建设中具有极为关键的意义。经过近三十年的社会主义市场经济建设，社会转型期的道德问题越来越成为一个热议的话题，摆在面前的一个不争的现实是：利益驱使在很多时候、很多方面消退了人们内心的耻感意识。假冒伪劣、坑蒙拐骗、唯利是图、投机取巧、食品安全、医药安全等现象与问题层出不穷，诚信危机、文化危机、信仰危机等不断冲击人们的心理承受力。安定、和睦、文明、有序的社会状态，依赖于每一个个体的付出和努力，个体努力的起点就在于确立道德自律性和道德主体性。辜鸿铭曾说："为了使社会的每一部分都得以运转，廉耻感不仅是重要的，而且是绝对必需的。"② 这一段深刻的论述，是对儒家知耻观念的高度认同，更是对道德自律性和主体性的高声呐喊。防止当前社会在一定范围内出现的不可谓不严重的道德滑坡，"他律"手段乃至暴力手段，其效果最多是暂时的。儒家"为仁由己，自我完善"的修身进路，恰

---

① 何中华：《在创造创新中彰显传统文化的时代价值》，《光明日报》2017 年 1 月 9 日。
② 辜鸿铭：《中国人的精神》，李晨曦译，译林出版社 2017 年版，第 23 页。

恰抓住了这个问题的根本。

儒家提倡君子有九思和自反。"视思明，听思聪，色思温，貌思恭，言思忠，事思敬，疑思问，忿思难，见得思义。"① 人要考虑自己是否看得明白、是否听得清楚，要考虑自己的脸色是否温和、容貌是否庄重、言语是否忠诚老实，要考虑自己对待事情是否严肃认真、如何请教别人才算得体，发怒前要考虑其后果如何，可能有所得时要考虑自己是否该得。这九思，几乎囊括了一个个体可能遇到的全部场景，而在这些场景中能不能表现得合宜，全在于自我的省察和觉悟。而自反则要求："有人于此，其待我以横逆，则君子必自反也：'我必不仁也，必无礼也，此物奚宜至哉？'其自反而仁矣，自反而有礼矣，其横逆由是也，君子必自反也：'我必不忠。'自反而忠矣，其横逆由是也，君子曰：'此亦妄人而已矣。如此，则与禽兽奚择哉？于禽兽又何难焉！'"② 有了这九思和自反，自然就会"见贤思齐焉，见不贤而内自省也"③，就会"行有不得者皆反求诸己"④。这样才是践行了"己欲立而立人，己欲达而达人。能近取譬，可谓仁之方也已"⑤ 的理念，方可称得上具有道德自觉的仁者。

具有道德自律性与道德主体性的"君子"，能够始终恪守社会道义，保持个人节操，其目标远不止"洁身自好"。"士不可以不弘毅，任重而道远。仁以为己任，不亦重乎？死而后已，不亦远乎？"⑥ "大学之道，在明明德，在亲民，在止于至善。"⑦ 这样一种内圣外王的追求，使得儒家修身理念的意义具有了宏大视界，同时也启发我们，道德自律性和道德主体性的意义同样是社会性的。正是在这个意义上，在新的历史时期，我们依然要对道德自律性和道德主体性特别注重并不断强化倡导。2006 年 3 月 4 日，胡锦涛提出，我们要引导广大干部群众特别是青少年，树立以"八荣八耻"为主要

---

① 《论语·季氏》。
② 《孟子·离娄下》。
③ 《论语·里仁》。
④ 《孟子·离娄上》。
⑤ 《论语·雍也》。
⑥ 《论语·泰伯》。
⑦ 《礼记·大学》。

内容的社会主义荣辱观。① "八荣八耻"的提出,是要唤起人们内在的"羞恶之心",目的在于提升人们厘清善恶的能力,提升人们的道德自律性与道德主体性。

其次,大力弘扬儒家修身理念所导向的生态平衡、天人协调的精神,为社会主义生态文明建设奠定坚实的思想基础。钱穆概括中国文化的特质说:"中国文化特质,可以'一天人、合内外'尽之。"对此,他还进一步解释说,天指自然,人指人文。人生于自然中,本身就是自然。脱离了自然,无处寻人生。"自然人文会通和合,融为一体,故称一天人";人生寄于身,身又必须依赖外物,"使无身外之物,又何以有此一身,故称一内外。"② 钱穆这段话启发我们,儒家对天人关系的探究是建立在对主体本身的思考之上的,换言之,是人修身理念的延续和扩展。儒学从自我修养的角度出发,对天人关系这一命题的探究与论述,充分且精微,对今天的生态文明建设具有重要的启发意义。

儒家所秉持的天人合一观念,是一种将自我的爱心、良心推及自然万物而形成的厚德载物、民胞物与的道德观。《周易》认为,天地与人事相通,有天、地、人"三才"之说:"立天之道,曰阴与阳;立地之道,曰柔与刚;立人之道,曰仁与义。兼三才而两之,故易六画而成卦。"③ 既然如此,就要"天行健,君子以自强不息;地势坤,君子以厚德载物"④。"儒者则因明致诚,因诚致明,故天人合一,致学而可以成圣。"⑤ 孟子将王道和仁政扩展到天、人关系上,他劝导梁惠王,仁政要"仁民而爱物"⑥。朱熹说:"古者网罟必用四寸之目,鱼不满尺,市不得粥,人不得食。山林川泽,与民共之,而有厉禁。草木零落,然后斧斤入焉。此皆为治初,法制未备,且因天地自然之利,而撙节爱养之事也。"⑦ 这种天人协调、重视保护自然资源、有节有时地利用自然资源的思想,在全人类面临自然资源被过

---

① 胡锦涛:《牢固树立社会主义荣辱观》,《人民日报》2006年4月28日。
② 钱穆:《中国文化与中国哲学》,生活·读书·新知三联书店1988年版,第29页。
③ 《易经·说卦传》。
④ 《易经·坤卦·象传》。
⑤ (北宋)张载:《正蒙·乾称》。
⑥ 《孟子·尽心上》。
⑦ (南宋)朱熹:《孟子集注·梁惠王章句上》。

度索取、遭到巨大破坏并产生一系列世界性难题的背景下，彰显出其超越时空的影响力。面对环境污染、生态失衡、能源危机、灾害频仍、疾病丛生等灾难，人类必须以高度的警惕和智慧重建人与自然的关系。传统文化中"天人合一"的协调发展原则、"赞天地之化育"的立场和姿态，或许可以帮助人类找到一条解决当前生存危机的恰当途径。《中国传统文化价值当代认知状况调查（2016）》报告显示，"人与自然"是当代中国人最陌生的传统文化价值领域，"天人合一"概念认知度仅有 62 分。① 由此可见，由正心修身理念推及对自然万物的爱护，尚需强化意识、增强自觉，现实任务依然艰巨。

值得庆慰的是，在中国特色社会主义生态文明建设问题上，我们不仅大力宣传倡导，而且已经采取了行之有效的措施。我们党在生态文明理念和建设实践方面，既针对现实需要不断加大工作力度，又在理念上吸取了传统文化的思想精华。人与自然界是互为中介的，自然界不过是人的"无机身体"，而"人直接地是自然的存在物"②，人与自然构成一个相互建构、彼此成就的有机系统。正像恩格斯当年所告诫的那样："我们每走一步都要记住：我们决不像征服者统治异族人那样支配自然界，决不像站在自然界之外的人似的去支配自然界，——相反地，我们连同我们的肉、血和头脑都是属于自然界和存在于自然界之中的。"③ 习近平提出："森林是陆地生态系统的主体和重要资源，是人类生存发展的重要生态保障。"④ 我们必须把生态文明建设融入经济建设、政治建设、文化建设、社会建设各方面和全过程，把环境保护和生态文明建设置于生产力与生产关系、经济基础与上层建筑的宏大系统中加以考量，为新型文明的确立和发展提供更为宏阔的视域。"山水林田

---

① 《中国传统文化价值当代认知状况调查（2016）》，2017 年 6 月，由北京师范大学主办，首都文化创新与文化传播工程研究院和北京师范大学社会主义核心价值观协同创新中心承办，北京市社会科学界联合会与光明日报智库研究与发布中心支持的第五届文化创新国际论坛发布。报告以北上广 15 周岁以上居民为调查对象，选取了 3024 个有效样本，就国人对传统文化认知基本情况进行了调查。调查以人与自我、人与家庭、人与社会、人与自然四个维度调查了当代中国人对于传统文化价值的认同状况。参见光明智库《〈中国传统文化价值当代认知状况调查（2016）〉报告发布：当代国人对"仁义礼智信""孝敬慈严"内涵认同度高》，https://mp.weixin.qq.com/s/GxHmuPqdmzJR66G-phRo_w，2017 年 6 月 2 日。
② 《马克思恩格斯文集》第 1 卷，人民出版社 2009 年版，第 209 页。
③ 《马克思恩格斯选集》第 3 卷，人民出版社 2012 年版，第 998 页。
④ 《习近平谈治国理政》第 1 卷，外文出版社 2018 年版，第 207 页。

湖是一个生命共同体，人的命脉在田，田的命脉在水，水的命脉在山，山的命脉在土，土的命脉在树。"① 儒家天人合一观念早就向我们昭示，生态环境本身就是一个复杂系统。

再次，大力倡导儒家修身理念所蕴含的和而不同的宽容精神，提升中国文化软实力。儒家修身要求"反求诸己"，既然是返身向内，要求自己，就一定会宽人（包容别人）。《论语》多次强调宽容、宽恕："人不知而不愠，不亦君子乎""宽则得众"②。这启发人们要多检视自己的一言一行，严于律己，宽以待人。儒家所期待的理想境界"天下为公""世界大同"，是靠"其身正而天下归之"③，是靠"讲信修睦""以德服人"来实现的。"大道之行也，天下为公，选贤与能，讲信修睦。故人不独亲其亲，不独子其子，使老有所终，壮有所用，幼有所长，鳏寡孤独废疾者，皆有所养。男有分，女有归，货恶其弃于地也，不必藏于己；力恶其不出于身也，不必为己。是故谋闭而不兴，盗窃乱贼而不作，故外户而不闭。是谓大同。"④ 这样一种德性视野和文化性格，使得中华民族自古以来就具有敦厚品格，具有崇尚和平、追求和平的传统。

"协和万邦"⑤ "万国咸宁"⑥ "四海之内皆兄弟也"⑦，乃是儒家对于天下理想状态的一种憧憬。这样一种状态靠什么来实现呢？须致力"亲仁善邻，国之宝也"⑧ "远人不服，则修文德以来之"⑨。中华民族将宽以待人的精神提升为处理国家关系的准则，以和谐为重、主张"和而不同"，对待邻国素以和睦、亲善、友好姿态。"和"并非"同"，"和实生物，同则不继。以他平他谓之和，故能丰长而物归之，若以同裨同，尽乃弃矣"⑩。所谓"和"，乃是"以他平他谓之和"，即保持和达至不同事物间的平衡。"和"

---

① 《十八大以来重要文献选编》（上），中央文献出版社2014年版，第507页。
② 《论语·阳货》。
③ 《孟子·离娄上》。
④ 《礼记·礼运》。
⑤ 《尚书·虞书·尧典》。
⑥ 《周易·乾卦·彖辞》。
⑦ 《论语·颜渊》。
⑧ 《左传·隐公六年》。
⑨ 《论语·季氏》。
⑩ 《国语·郑语》。

的结果是能产生新事物，即"和实生物"。所谓"同"就是等同、雷同，"以同裨同"，意即相同的事物不能促成新事物的产生。正是因为"和"与"同"有着如此的差别，儒家主张"君子和而不同，小人同而不和"①。从个人修养的角度看，提倡"和而不同"，乃是强调个体既要保持自身的主体性，又要承认并尊重他者的个性和特点；既不要丧失自我尊严来屈己从人，也不能行霸道之事来强人从己。这意味着要在平等原则下相互尊重、相互吸收融合，在和谐状态下实现新的发展。

儒家提倡的修身为本的重德精神，启发人们注重品行的自我塑造与自我完善。它强调知识与品格、理智与情感、理性与信仰、责任与道德的统一，主张仁智双彰，美善相成，德才兼备。它希望在个体心性完善的基础上，将由本真情感所激发的"爱"和"敬"推广至更广泛的社会人伦关系、人与自然乃至国家与国家的关系中。儒家思想的崇德特色，构成了中华传统文化迥异于西方文化的重要特征。这种文化特色，曾因中国近代的落后而备受诟病，以一种"对其本国以往历史之温情与敬意"②的态度看待中华传统文化。实践已经证明，中国古代传统在当代仍然能够有机融入中国文化的再生进程。即便被贴上了规范性缺失的标签，我们仍然能够看到中国的德性传统在今天的生机与活力。以法学领域为例，尽管总是有一些观点认为中华传统文化缺乏法治的基因，但有研究表明，现代中国法律，既有它自己的特点，也具有西方与中国传统的成分；既有相当明确的道德价值观念，也有相当明确的实用性认识方法。③从更广范围来看，随着全球化的深入发展和新轴心时代的到来，中华传统文化所独有的德性思想观念，展现出不同的魅力。与因追求权力而导致的"政治人"冲突、因追求利益而导致的"经济人"竞争相比，因追求德性而建立起来的"道德人"的和谐共生状态的优势不言而喻。这种"和而不同"的文化观，为当下国际关系的处理提供了一种道德思路，为当今人类解决现代性危机提供了一种文化向度。

---

① 《论语·子路》。
② 钱穆：《国史大纲（修订本）》（上册），商务印书馆1996年版，第1页。
③ 参见黄宗智《经验与理论：中国社会、经济与法律的实践历史研究》，中国人民大学出版社2007年版，第393页。

第 四 章
以完备人际规范促进社会主义和谐社会建设

从历史经验看，一个社会发展过程中出现的矛盾能否得到有效化解，直接影响着该社会现代化的进程。构建社会主义和谐社会是一个不断化解社会矛盾、调适社会运行状态的过程。中华传统人际规范中蕴含着丰富的协调和处理人际关系的优良美德，这些美德在现代社会人际交往活动中，依然具有广泛的表现形式和持久的社会影响。传承弘扬这些传统美德，对构建社会主义和谐社会进而推动中国现代化的建设具有重要作用。

一 中华传统文化蕴含完备人际规范

中华传统社会中的人际规范，是中华民族在长期的历史发展过程中，历代相传、约定俗成的关于人际交往的礼节、仪式、风尚、习惯等的总和，是中国人协调和处理人际关系的行为方式和处事准则的重要组成部分，具有维持社会秩序稳定、保障社会合理运行的积极作用。作为传统文化的表现形式，人际交往中的礼仪风俗展示了中华民族所推崇和持守的道德风范。

（一）崇正

按照马克思的理解，人的本质表现为社会关系的总和。"人际间的互相依赖性决定了个体人只有生活在一定的社会关系中，成为社会的一员，借助人际互动，他们的利益才能得到相应满足，他们的存在和发展才能得以实现。"[①]

[①] 董青梅：《和谐语境中的正义：人际和谐》，《西北大学学报》（哲学社会科学版）2008年第4期。

人与人的和谐相处，须坚守正义；若为了暂时的和谐而放弃公平正义，必会有新的矛盾产生。正义是一种平等合理、和谐平衡的社会关系以及与之相应的行为准则。只有在人际交往中坚持正义这一正确的人际规范导向，才能保证和谐人际关系的长久健康发展。

正义应受尊崇，故有"崇正"之说。"崇正"中的"正"，即可作正义来理解。首先，"正"的造字本义指行军征战，讨伐不义之地。古人称不义的侵略行为为"各"，称仗义的讨伐行动为"正"。在《说文解字》中，"正"是纠正，是恰当。从字形上来看，用"止"作字根，加"一"符号表示阻止错误。其次，"义"的造字本义指的是仁道之战，即公正合理的、应当做的。"义者，正也"（墨子语），同时"义者，宜也"①。冯友兰先生认为，"义是事之'宜'"②，是"一个事物应有的样子"，"是一种内在的道德律"③。"义"不仅要合于一定目的，达致适宜，还要让行为本身符合正确的道德原则。由此可见，正义是个人内在的道德要求和处理人际关系的重要准则。

在中华优秀传统文化中，"正"主要包含公平公正与义两个方面的内涵。正，公平公正得人心。"大道之行，天下为公"④是对理想社会的一种追求。与"公"相对的是"私"，"私"是人类社会发展到一定阶段后凸显出来的一种行为特征。在早期人类社会中，个人的生存发展对社会群体的依赖性比较强，"公共"形式为主，在共同的群体中方可求得生存。随着人类社会的发展和物质财富的增多，对"私"的追求意识逐渐萌发，甚至成为社会发展的一种动力。当对"私"的追求意识愈加强烈并转化为一种普遍性行为时，其对社会发展的阻碍作用也开始逐步显现。当个人自私自利对他人利益和公共利益造成相应的损害时，公平与公正的迫切性与重要性就得以凸显。孔子主张"不患寡而患不均"⑤，主张要公平地对待人和事，才能减少许多因利益损害而产生的社会矛盾，才能赢得更多人的尊重，正所谓"以

---

① 《礼记·中庸》。
② 冯友兰：《中国哲学简史》，赵复三译，世界图书出版公司2011年版，第36页。
③ 胡启勇、肖立斌：《先秦儒家礼法正义思想辨析》，《文化学刊》2009年第1期。
④ 《礼记·礼运》。
⑤ 《论语·季氏》。

公灭私,民其允怀"①。于言行举止之中展现其为人公正者,自然会受到更多人的尊重。自己做到公平公正,其他人才可放心地将与自己利益相关的事情交付其手上。反之,大家对其为人存有戒心,人与人之间的信任细如游丝,人际关系甚至处于剑拔弩张的紧张状态,矛盾也就更易产生。要做到公平公正,就要对所有人都一视同仁。北宋名臣包拯是铁面无私的代表,他为官不畏强权,依法办案。包拯曾经依照皇令彻查陈州奸商趁灾打劫的案子。经过调查,在这群奸商中,首犯竟然是皇上的国舅庞玉。庞玉等一群奸商趁着陈州久旱无雨、作物颗粒无收而投机倒把,将粮食囤积起来,借机赚天灾钱。当包拯不为权势所动依然要惩治这位国舅之时,庞玉的父亲庞太师送来两匹价值连城的玉马。包拯依旧不为所动,不存私念,一心为公,最终严惩了庞玉。包拯的做法赢得了百姓一片叫好,包拯也就成为坚守公平正义的榜样。

公平公正的另一种体现是公私分明。晋绰公执政时期,有一个叫解狐的大夫,十分喜爱他的小妾芝英,不料后来得知他的家臣邢伯柳竟与芝英私通,为此他很生气,惩罚了两人并将两人赶出了解府。晋国大夫赵子简与解狐关系十分要好,在赵子简的领地里,国相这一职位空缺,赵子简便让解狐推荐贤才,解狐认为只有邢伯柳是最适合的人选,于是就举荐了邢伯柳。邢伯柳并不知道是解狐举荐了自己,他凭借自己的才能将赵子简的领地治理得很好。赵子简很高兴,便向邢伯柳夸赞解狐的识人之功。这时邢伯柳才知道解狐的举荐之恩,于是邢伯柳决定前去拜访解狐表示感谢。哪知登门拜访之时,解狐派门官询问邢伯柳是为公事还是为私事。邢伯柳便说明了自己一来负荆请罪,对以前所做之事表示惭愧,二来感激解狐不计前嫌。哪知解狐得到这个答复之后,出来向邢伯柳狠狠射了一箭,这支箭擦着邢伯柳的耳根飞过。解狐再次拿着箭瞄准邢伯柳,他说举荐邢伯柳是为国举贤,而对他的夺妻之恨依旧存在,邢伯柳只得落荒而逃。公私分明,不将私人恩怨带入工作中,也是公平公正的一种体现。

正,君子以义为上。孔子曾言:"君子喻于义,小人喻于利。"② 人际交

---

① 《尚书·周书·周官》。
② 《论语·里仁》。

往中时常面对与各种利益相关的选择,坚持以义为上才是正确的选择。义利关系长期伴随着人际交往过程,中华传统文化中的义利观蕴含着丰富的思想精华。正确的义利观既可调节人们对利益的追求,也为人际关系的良性运行起到积极的引导作用。

一个人的才能为社会所接纳的程度与其品德也息息相关,才能甚高却品性不佳,其过人的才能反而是社会和谐稳定的威胁。富有才能且品格高尚才最为人欣赏,德艺双馨、德才兼备者最为人敬重。东汉末年三国时期的关羽之忠义为历代百姓推崇。直至现在,关羽依旧被广为祭拜。刘备打天下时待关羽如兄弟,关羽对刘备亦尽忠尽职,关羽被曹操俘获之后,降汉不降曹。曹操故意让关羽与刘备的二位夫人同住一个房间,关羽则点燃了蜡烛在门外读书到天亮。这就是著名的典故"秉烛夜读"。关羽至今受人供奉的重要原因,是其高尚的德性和品格。

义和利并非完全对立。孔子的弟子子贡曾在外国把一个鲁国人赎了回来,而鲁国有一项法律是"鲁国之法,鲁人为臣妾于诸侯,有能赎之者,取金于府",指的是如果鲁国人在外国见到本国的人沦为奴隶而将其救回,使其恢复自由,就可以从国家领取一定的金钱作为奖励和补助。子贡赎回了此人后,并不主动领取奖金。孔子就劝子贡说:"圣人之举事,可以移风易俗,而教导可施于百姓,非独适己之行也。"① 鲁国的穷人多,即使子贡向国家领取补偿金,子贡并未有任何损失,同时能为百姓所知,从而作出了示范。若子贡不领取补偿金,去赎回遇难同胞的鲁国人将会更少。在这个故事中,行义举而得奖励是对行义举的一种鼓励。实质上,不畏艰险与麻烦解救同胞已是做好事,接受正规的奖励又是另一件好事,"应行义举"观念得到了更为广泛和深入的传播。反言之,若子贡坚持己见不收奖金,其一人虽赢得了荣誉,但如果人群效仿之,那救人之后领取奖金便可能遭人唾弃,"德"之标准逐渐变高,鼓励解救同胞的政策就会形同虚设。长久来说,更多家境不佳之人得不到救助,救人之人无补助,最终受苦的还是那些在异国他乡受罪受难之人。为人要明辨义与利,不可只想到个人,应以更为博大的胸怀,以更高的视野思考问题。人与人交往过程中会产生相应的社会效应,因此在人

---

① 《吕氏春秋·先识览·察微篇》。

际交往中恪守正义的人际规范，显得尤为重要。

（二）立信

党的十八大提出培育和践行社会主义核心价值观，其中"诚信"这一基本道德要求位列个人行为层面。"诚信"是人类社会能够正常运行的基本道德保障，更是中华民族千百年来传承下来的优秀道德传统。"信"，人言为之信，"言"表示言行，而以"人"为偏旁，可见"信"是与人有关的行为，是人与人之间的关系，是"一种互动性的履约"①。人无言不立，言立而人立，"人而无信，不知其可也"②。"诚信"二字经常连用，但细细分析，二字又有细微的区别，包含了两个方面，一则要真诚，二则要讲信用。讲信用是"诚"的外在表现，离开了真诚就无法"立信"。

信，赤诚以先。所谓"诚"，即真诚、诚实。诚实与讲信用关系密切。"诚者天之道也，诚之者人之道也。"③ 与诚实相对的是虚伪和谎言。在与人相处时，虚伪与谎言乃是大忌。人际交往中虚伪与谎言只会导致关系的破裂。对于关系密切的情侣亦是如此，伴侣不真诚，信任随之消失，交往的基础不再牢固。夫妻情侣之间尚且如此，陌生人之间的信任感对关系的建立就更为重要。有句话说得好，"巧诈不如拙诚"④，略为笨拙，不够机敏，与巧舌如簧、为人不诚者相比，"拙"尚可接纳，"不诚"则是众人皆厌。古语中讲"修辞立其诚"⑤，讲的就是要忠实不欺，言与行要保持一致。人与人之间没有诚实，信任关系也无法建立。

司马光小时候曾经与姐姐一起剥青核桃，姐姐有事情离开了一会，司马光自己一个人干活时，发现青核桃并没有像姐姐剥得那样又快又好。这时家仆告诉司马光，用热水烫了青核桃之后很好剥。司马光试了这个方法，果然剥得又快又好。姐姐回来发现后询问司马光如何知道剥青核桃的技巧，司马光却回答说自己本就知道这个技巧。见证全过程的父亲听到此话，便告诫司

---

① 王鑫：《人际交往诚信问题研究》，博士学位论文，华东师范大学，2014年。
② 《论语·为政》。
③ 《礼记·中庸》。
④ 《韩非子·说林上》。
⑤ 《周易·乾传》。

马光做人应该诚实,有多少本事就说多少,不可逞能。唐朝的郭子仪则更好地诠释了"诚"与"信"的密切联系。在唐代宗时期,叛将仆固怀恩勾结回纥进犯关中地区。郭子仪派李光瓒去告诉回纥让他们主动退兵。那时的郭子仪因屡获战功,多次晋升而名声大振。回纥人得知郭子仪在此地,便提出要见一见郭子仪。郭子仪知道后便要同他们见面,遭到身边人劝阻,他们道及回纥人颇有野心,不可相信。郭子仪认为自己与回纥人的兵力悬殊,如果硬碰硬定败下阵来。要让回纥撤兵,需要表现出极大的诚意。郭子仪见回纥人之前,还卸下了临阵的头盔与铠甲。回纥首领见郭子仪袒衣相见,如此信任他们,便同意撤去军队。正是郭子仪的真诚,让信任得以在两方之间建立起来。若郭子仪并未同意相见,恐怕回纥人也未必愿意撤兵。

  信,允诺守信。"为人君,止于仁;为人臣,止于敬;为人子,止于孝;为人父,止于慈;与国人交,止于信。"① 可能一时的失信会侥幸带来利益,但从长久来看,讲信用才能使自己被众人接受,合作才可持续。一次失信的行为,甚至有可能使自己不再被信任。任何人都愿意与值得信任之人合作,交友亦愿意与讲信用的人相伴,频频失信甚至恶意失信者,人际关系定会堪忧,正所谓"非诚心款契,不足以结师友"②。孔子的学生子贡曾经问孔子,如果在"足食,足兵,民信之矣"中必须依次去掉两项,分别去掉什么,最终在孔子的回答中,"信"被留了下来,并说"自古皆有死,民无信不立"③。可见,信用在某种程度上,比"食"与"兵"更值得珍惜。

  讲信用,一旦向他人作出许诺就要兑现,信用声望才会逐渐建立。明朝的一个学问家宋濂,小时候想看书,可是家中很穷无书可看,便跑到当地的大户人家借书来看。大户人家的态度并不好,故意借他一本很厚的书,并且要求宋濂以十天为限,到期必须立刻归还。不巧的是十天之后下了一场很大的雪,那位大户人家认为宋濂一定不会来,但让他们没想到的是,宋濂冒着风雪准时将书归还了。他们见宋濂如此讲信用,又见他勤奋好学,便允许宋濂以后可以随时来借书。诚信可有效地帮助陌生人之间建立起良好的人际关

---

① 《礼记·大学》。
② 《抱朴子·内篇》。
③ 《论语·颜渊》。

系，只有讲信用才能使人们的交往继续下去。作许诺时要慎重，不可随便允诺，一旦超出了自己能力范围而未能完成承诺，便是失信了。有强烈信用意识的人会倍加重视许诺。曾子杀猪的著名典故，讲的就是这个道理。曾子的妻子出门买菜，而小孩子也吵着想一起出去，她为了安抚小孩，便哄小孩说在家里等她，等她回来后会杀猪给他吃。小孩子一听就愿意在家等待妈妈回来。后来曾子的妻子回来后，发现曾子正在磨刀，意识到曾子可能把自己的玩笑话当真了，赶紧上前制止曾子并解释自己是开玩笑的，曾子却说，假如你骗孩子一次，可能你这辈子所说的话，他都不会相信，所以还是得按照你的承诺去做。曾子的妻子并未意识到讲信用的重要性，轻易作了允诺，而曾子则坚持慎重承诺且一旦承诺必将兑现的原则。

可见，尽管诚信看不见摸不着，它在人际交往中却时时刻刻起作用，一旦失信，久而久之，所言所为也难以取得他人信任，所言之事无人信、无人听，这对处于社会关系中的人来说必是极其痛苦的。古语有云："以信接人，天下信之；不以信接人，妻子疑之。"① 讲诚信是人际交往的稳定剂，没有了这个基本底线，人与人的社会关系也就不复存在了。

（三）尚仁

"仁"是中华传统文化中极为重要的价值观念，是"孔子对理想的人格境界和社会秩序的追求与向往"②。冯友兰认为，仁学就是有关人与人关系的学说。在人际交往中，"仁爱"思想无论是从理论基础还是方法上，都为人际关系提供了精神支持。

仁者，爱人。许慎在《说文解字》中解释"仁"为"亲也，从人从二"，指对人亲善。"里仁为美"，仁是一种美德。孟子指出，"仁，人之安宅也"，"仁"是人们安身立命的根本，"仁"的核心是爱人，持有慈爱、仁爱的理念。朱熹认为，同情心是仁的开端，"仁是根，恻隐是萌芽"③，孟子

---

① 《物理论》。
② 闫娜：《〈论语〉"仁"字新解——孔子仁学中的人际交互意识初探》，《南昌大学学报》（人文社会科学版）2015年第4期。
③ 《朱子语类》卷六。

也说"恻隐之心，仁之端也"①，胸怀恻隐之心，才能以仁待人。"仁"的内涵是丰富的。仁爱具体来说包含博爱、推己及人。

在儒家的仁爱观里，"仁"讲求爱人有差等，由近及远，向外辐射，以爱家人为基本，推及爱他人，再到爱天地万物。"亲亲而仁民，仁民而爱物"，层层扩展，最终达致"仁者以天地万物为一体"。"孝悌"在仁爱中是第一位的，一直是传统文化中评价一个人品性的重要尺度。百善孝为先，孔子说："君子务本，本立而道生。孝弟也者，其为仁之本与。"② 父母生我养我，便值得我们感恩。"父兮生我，母兮鞠我。拊我蓄我，长我育我，顾我复我，出入腹我。"③ 首先以爱家人尤其是生养我们的父母为基本，进而泛化到爱他人。孝子历来为人推崇与敬佩，魏晋等时代甚至有由贤荐贤做官的规定，孝子多为人所赏识。以前广为流传的很多典故都是关于孝子的，比如二十四孝子，王祥卧冰求鲤等。"亲亲"后才能"仁民"，也就是爱与自己没有血缘关系的人。许多仁人志士都对与自己没有血亲的人关爱有加，待之如手足，备受人们敬仰。要做到待无血亲的人为手足，需要一定的胸怀，心怀仁爱，不分你我，"人我通，多取其义与佛经，以无人相、无我相故也"④。仁民进而爱物，"民与同胞，物吾与也"⑤，对万事万物都以一种"天地万物为一体"的理念来对待。这种仁爱并非施舍，而是一种万物平等的观念，包含着换位思考，对待没有生命的物也如对待生命体一样。

将博爱之心用到人际交往中，学会宽容，自然能化解很多问题。将对家人的宽容与耐心同样用来对待陌生人，首先要抛开"非亲非故"的有色眼镜，一视同仁。自是"有朋自远方来，不亦说乎"，给对方予以家人、朋友般的关怀，从而建立相亲相爱的融洽关系。阿尼帕夫妇用自己的行动作出了最好的解释。阿尼帕是维吾尔族人，她与丈夫抚养了19个不同民族的孩子。阿尼帕自己本身有6个孩子需要抚养。邻居是一对哈萨克夫妇，不幸去世，留下了3个孩子。在1963年那个物资匮乏的年代，多一个孩子都是一份负

---

① 《孟子·公孙丑上》。
② 《论语·学而》。
③ 《诗经·小雅·蓼莪》。
④ 《仁学·界说》。
⑤ （北宋）张载：《西铭》。

担，但是阿尼帕心怀仁慈，收养了那3个孩子，随后十年间，阿尼帕先后收养了回族孤儿王淑珍、王作林兄妹4人，汉族孤儿金海、金花和金雪莲。阿尼帕不仅努力养活了他们，还让他们上完了小学与中学。面对无血缘甚至都是些不懂事的孩子，阿尼帕选择了用爱对待他们。

仁，亦应推己及人。在人际交往中，推己及人是"仁"的具体体现。推己及人就是用自己的心意去推想别人的心意，设身处地替别人着想。所谓"己所不欲，勿施于人"，也就是换位思考，具体来说就是"恕"，恕乃"仁之方"。"恕，仁也"①，"夫仁者，必恕然后行"②。不同的群体之间以及不同的个体之间有着不同的利益和需求，考虑事情的时候出发点就会不一致，只站在自己的角度思考问题，矛盾就会产生。若能将心比心，推己及人，矛盾便容易得到化解。孔子云："夫仁者，己欲立而立人，己欲达而达人。能近取譬，可谓仁之方也已。"③ 推己及人，由内而外，是推行"仁"的具体方法和途径，也是人们处理人际关系的普遍模式。无论国家与民族还是宗教，仁爱都可以是沟通彼此的桥梁。汉元帝年间有位叫何武的人，以清正廉明、秉公执法而闻名。他被派到扬州做刺史，他的下属中有个叫戴圣的名士，自恃在扬州有威望，工作不认真，经常出现失误。后来被何武上报朝廷，官职被撤。戴圣便与他势不两立，处处诋毁何武。何武得知后认为戴圣刚被撤了职，心怀怨气，发泄情绪也可以理解。没想到戴圣的儿子犯了法被何武收押。戴圣以为何武肯定要趁机严惩。哪知何武依律法判决，给自己的儿子判了个并不重的罪。戴圣去拜访何武，何武以礼相待，非常尊敬他。两个人成了无话不谈的朋友。后来，在何武的熏陶下，戴圣重新任职，并且彻底改变了为人处世的态度。何武便是用恕道待人，以德报怨，这样的人必会赢得他人的尊重。

"只要人人都献出一点爱，世界将变成美好的人间。"随着仁爱衍生出来的，是对社会的责任感，对社会的担当。"一人遂其生，推之而与天下共遂其生，仁也。"④ "夫大仁者，爱近以及远，及其有所不谐，则亏小仁以就

---

① 《广雅·释诂》。
② 《说苑·贵德》。
③ 《论语·雍也》。
④ 《孟子字义疏证》。

大仁。"① 对万物讲仁爱,心怀国家,将仁作为自己肩上不可卸去的责任,不为"仁"而"仁",而是将"仁"内化成自身内在的品性,时刻将"仁"作为为人处世的准则,才会在人际交往中自然而然地以"爱人"之心待人。

(四) 重礼

"礼"是中国人与人往来的重要法则。"礼"在中华传统文化中包含着非常丰富的内容,其中一个非常重要的层面即待人接物的礼节以及为人处世之道。待人处事有礼节才得体。一个井然有序而和谐的社会,要求人与人相处要讲礼节,以礼待人。在《说文解字》中,"礼"表示事神致福。中国古代有很多祭祀,祭祀是一件非常重要的事情,礼节必是做到位才能展示诚意,否则就是对神灵的不尊重,也就得不到神灵的保佑。在人际交往中,"礼"就成了人与人交往的礼仪规范。具体表现为恭敬、谦让、有礼貌、不越本分等。中国素有"礼仪之邦"的美称,"不学礼,无以立"。在古代,礼节甚至比性命更重要,可见"礼"受人重视的程度。

中华传统文化讲求持重守礼。不同的交往环境中要遵循不同的礼数,用错了礼数则会带来不必要的麻烦。孔子主张"正名","名不正则言不顺,言不顺则事不成,事不成则礼乐不兴,礼乐不兴则刑罚不中,刑罚不中则民无所措手足"②。这里包含着对"礼"的具体要求。恰如"在其位谋其政""不在其位不谋其政"③,是说在社会生活中承担的角色和拥有的身份地位不同,其所应遵守的礼节也有所差异。在待客之道中,主人和宾客的礼节不同,一旦越位,反客为主,便是失礼。汉朝有个叫石奋的中大夫,他学问不大,但做人极其恭敬和谨慎。他的四个儿子也非常谨慎,都做了拿很高俸禄的官。石奋在朝廷做官,后来告老还乡。可是即使不做官的时候,偶然经过皇帝的宫门也会跳下车快快地走,看见皇帝所用的马匹,也会俯头表示敬意。他的子孙们来见他,凡是做官的,石奋都会穿着朝服去见他们,也不会直呼他们的名字。如果子孙有了过错,在他们脱去上身的衣服表示谢罪并表

---

① 《说苑·贵德》。
② 《论语·子路》。
③ 《论语·泰伯》。

示改过之后，石奋才会吃饭，否则就会对着桌子不吃饭。石奋坚持守礼，不管其为官为民，都以恰当的礼节对待他人，即使面对子孙也不例外。

值得注意的是，守礼也要有度。不可盲目守礼而忽略了更为重要的事情。孔子曾经离开魏国前往另外一个国家，途中看到魏国的一位大臣正在那里大量制作叛乱的武器。孔子立刻就联想到他们一旦叛乱导致的结果必然是民不聊生。不料叛臣发现了孔子，并猜想到自己的企图可能已被发现。于是他就叫人把孔子包围起来并要求孔子对天立誓，答应不将他的事情说出去，才允许他离开。孔子答应后，叛臣果然撤掉了军队。随后孔子立即告诉学生要立刻回到魏国，将此事告知国君。子路此时就不理解，问孔子为何言而无信。孔子解释道：我去通告魏国，个人的信誉确实会受到损害，但相比无数无辜的人民，自己的信誉是小事。孔子一向重礼，但他主张不顾客观情况变化而死守礼节乃是愚昧，甚至带来灾祸，可见持礼应有度。

礼，谦让不争。"让，礼之主也"①，在人际交往中谦让是另一种美德，多一分谦让则少一分矛盾，遵循应有礼数的人往往更受人尊敬。"礼起于何也？曰：人生而有欲，欲而不得，则不能无求；求而无度量分界，则不能不争；争则乱，乱则穷。先王恶其乱也，故制礼义以分之，以养人之欲，给人之求，使欲必不穷乎物，物必不屈于欲，两者相持而长，是礼之所起也。"②与"让"相对的是"争"，"争"会使人与人之间产生更多摩擦，甚至关系恶化。从古至今有许多著名的以让为美的故事，尧将天下让于舜，叔齐让太子之位与伯夷，他们的品德一直都为人们所称赞。学会谦让，于己于国都是有益的。汉朝的开国皇帝刘邦病死后，吕后主持朝政，独揽大权，培养了很多势力，而这些吕氏势力在吕后去世之后想要夺取天下，最后被平定。在平定这场"诸吕之乱"中，太尉周勃立功赫赫，成了朝廷内外的红人，而右丞相陈平在这场平定叛乱的过程中也是出谋划策，功劳颇大。但文帝即位后，陈平不与周勃争功，认为自己是老臣应当让位周勃，于是"称病不朝"。可是文帝耳闻陈平的德才，便召见了陈平，想问个究竟，陈平称："过去在高皇帝时，周勃的功劳比不上臣，现在在平定诸吕中，臣的功劳亦

---

① 《左传·襄公十三年》。
② 《荀子·礼论》。

不如周勃。所以，臣愿把相位让给周勃。"① 文帝了解了情况后，任命周勃当右丞相，而陈平则屈居左丞相。然而在朝廷上，文帝问了周勃一系列问题他却答不出来，陈平以自己的智慧很好地化解了这次危机。通过此事，周勃知道自己远不如陈平，于是主动称病辞职，让相于陈平，让陈平一人为相。陈平积极为国家献言献策，也正因他的建议，文帝亲政后积极实行"休养生息"政策，由此开启了文景之治。

我国民间流传着安徽桐城"六尺巷"的故事，至今依旧散发着其人文魅力。"六尺巷"位于桐城市区的西南部，全长100米、宽2米，均由鹅卵石铺就。建成于清朝康熙年间，巷道两端立石牌坊，牌坊上刻着"礼让"二字。据传，清康熙时，文华殿大学士、礼部尚书张英与吴宅为邻，中间隔有一条属张家隙地用作过往通道，后来吴氏建房子想越界占用，张家不服，于是双双告到县衙，县官顾及两家都是显贵望族，左右为难，迟迟不能判决。张英家人见有理难争，遂寄家书向张英告知此事。张英获悉后批诗四句："一纸书来只为墙，让他三尺又何妨。长城万里今犹在，不见当年秦始皇。"张家得诗后深感愧疚，毫不迟疑地让出三尺地基，吴家见张家有权有势却不仗势欺人，于是也效仿张家向后退让三尺，名谓"六尺巷"。两家礼让遂成为美谈。

（五）和合

中国传统思想中的"和合"观念，表达了一种理想社会状态。"和合"所传达的价值理念，深深融入了中华民族的血液中。在人际交往中，我们倡导以和为贵，在国际关系中我们也向来主张和平共处。这些都与中华优秀传统文化有着密切关联。"和"在《说文》中的解释为"相应"与"调"，讲的是音乐。所谓"相应"指的是唱和，而"调"指的是多种不同的事物和元素按照一定的规则和谐地组合在一起。《说文》中对于"合"的解释是"集口"，有会合之意。"和合"二字相连使用最早见于《国语·郑语》，"商契能和合五教，以保于百姓者也。"② 在不同历史时期，人们对"和合"

---

① 曹鸿骞：《谦让的智慧》，《文史春秋》2012年第12期。
② 《国语·郑语》。

的解释有所差异，但也保持了一定的继承与发展。张立文认为，"和合"指的就是"自然、社会、人际、心灵、文明中诸多元素、要素和合为新结构方式、新事物、新生命的总和"，它是"动态的、活跃的、生长的"①。

和合，乃实行中庸之道。中庸之道指的是不偏不倚，无过无不及，其思想核心在于"倡扬和追求方法与本体的圆融、人道与天道的贯通、现实与理想的统一，彰显的是和谐通达之道"②。可见，中庸之道是一种对平衡状态的追求，平衡之中尽显和谐。中庸之道要求"执两用中""应时处顺"，即为人融通，做事有度，同时又要不拘常规，在特殊条件下，善于变通。子曰："吾有知乎哉？无知也。有鄙夫问于我，空空如也。我叩其两端而竭焉。"③ 孔子的此番话告诉我们，看问题的时候要抓住矛盾的"两端"，从而正确认识矛盾。找准问题之后，要"用不偏不倚的理性态度使矛盾双方达到均衡和协调，做到'无过而无不及'，最终实现矛盾双方的'和谐'"④。在人际关系中，过于坚持自己的想法不利于和谐共生，以圆融态度解决矛盾，才能达到人我关系的平衡状态，才能不激化矛盾。《庄子·山木》中有个典故，周朝有一个诸侯国灭亡了，亡国的难民中有个叫林回的人弃千金之璧，却背着婴儿逃亡，面对众人的不解，他解释说："彼以利合，此以天属也。夫以利合者，迫穷祸患害相弃也。以天属者，迫穷祸患害相收也。夫相收之与相弃亦远矣。且君子之交淡若水，小人之交甘若醴；君子淡以亲，小人甘以绝。彼无故以合者，则无故以离。"⑤ 这里谈到的"君子之交淡若水"就是被中国人倍加推崇的重要交往规范。因利益而相亲近，往往又会因利益纷争而利断义绝。若是以淡泊之心交往，则不会因利益分歧而断绝关系。君子之交也提倡保持适当距离，既不过分亲密，也不过分疏远。亲密和疏远就像矛盾的"两端"，要把握两端，不偏不倚。唯此，才能在与人相处中保持君子之交淡如水的理想状态。

---

① 张立文：《和合学概论》，首都师范大学出版社1996年版，第71页。
② 郭淑新：《中庸之道：和谐通达之道》，《道德与文明》2012年第1期。
③ 《论语·子罕》。
④ 杨钊：《"执两用中"求"和谐"——论孔子"执两用中"的方法论对构建和谐社会的意义》，《决策探索》2007年第11期。
⑤ 《庄子·山木》。

和合，强调和而不同。在日常生活中，每个人成长的环境不一样，个性也不尽相同，习惯以及需求自然也有所差异。一味地追求一致，往往难以达到理想的交往效果，反而容易产生矛盾。"相互之间应该沟通交流、心灵对话而达到一种共识或者是统一"①，这样才能达到"和而不同"的境界。"和而不同"最早出于《国语·郑语》，"夫和实生物，同则不继。以他平他谓之和，故能丰长而物归之；若以同裨同，尽乃弃矣"；"以土与金木水火杂，以成百物"；"以和五味以调口，刚四支以卫体，和六律以聪耳，正七体以役心"；"声一无听，物一无文，味一无果，物一不讲"。此番话说的是，金木水火土、酸甜苦辣咸、六种音律等在不同的层面，都是多种因素配合来达到理想的效果。"和"是一种内在的和谐与统一，遵循着内在的规律。而"不同"则是外在的具体的不同。"和而不同"就是要在把握内在和谐的基础上，允许外部差异的存在。这在人际关系中具有很强的指导作用。人与人之间有着各种差异，消灭这些差异而变得完全相同是无法实现的。在包容和尊重差异的基础上，追求整体与内在的一致才是明智之举。中国从古至今都是一个多民族混居、多文化并存的地域，保持和而不同的关系显得尤为重要。"和而不同"允许多元并存，可以有效减少矛盾与冲突。

"和合"又是一种动态的平衡，这也体现在"和而不同"之中。"和而不同"是缓解和解决矛盾差异的有效办法。解决矛盾亦离不开创新，中国人提倡以创新的方式接纳差异，天地交而万物通，先"交"而后"通"。"一国两制"方针就是充分运用了"和而不同"的智慧。香港自第一次鸦片战争之后被占领，至1997年回归祖国，被西方殖民了一百多年，要想在短时间内调和内地与香港之间的制度与生活方式差异是相当困难的。为了维护国家主权统一和领土完整，也为了香港的繁荣和稳定，我们施行了"一国两制"方针，这是基于传统文化之"和而不同"理念的一大制度创举。正是秉持了和而不同理念，尊重现实存在的差异，我们才不仅实现了香港主权的顺利交接，而且实现了香港的持续繁荣稳定。"一个国家，两种制度"充分体现了"和而不同"理念中所蕴藏的于发展中创新的思想。我国在少数民族聚集地区实行民族区域自治制度，同样也是运用了"和而不同"的智慧。

---

① 孔繁轲、孙书文主编：《6句话读懂传统文化》，学习出版社2014年版，第91页。

少数民族在长期的生产和生活中形成了自己的民族历史和文化特色，若采取"一刀切"的治理方式，只会人为制造矛盾和分歧。而采取民族自治的方式，则既能促进少数民族自身的发展又能维护国家的统一与和谐。"君子和而不同，小人同而不和。"① 在人际交往中，君子允许差异，不会强行追求外在的完全同一，从而能够与他人保持和谐友善的关系。

二 中华传统文化完备人际规范的当代价值

党的十八大以来，习近平总书记发表了一系列关于文化繁荣发展的重要讲话，其中一个重要主题就是弘扬中华优秀传统文化。他在不同的场合强调，要特别重视继承和弘扬优秀传统文化，只有不忘本来才能开辟未来、善于继承才能善于创新。优秀传统文化是一个国家、一个民族的智慧源泉和发展基石。中华优秀传统文化中蕴含的完备人际规范，依然保持着鲜活的生命力，具有重要的当代价值。

（一）崇正有利于正确处理义利关系和弘扬社会正气

近代以来，我国很多学者用国外"justice"一词谈论"正义"问题，大量引进西方有关"正义"的理论学说，许多社会问题的论述也以此为依据而展开。但殊不知，我国的"正义"学说要更加源远流长、内涵丰富。"正"是"征"的本字，它的造字本义是行军征战，讨伐不义之地。义的造字本义指的是吉兆之战，即神灵护佑的仁道之战，后引申为公认的道德、真理和文字内涵，强调的是普遍性和客观性。孔子最早提出了"义"："君子喻于义，小人喻于利。"② 管子则认为："何谓四维？一曰礼，二曰义，三曰廉，四曰耻。"③《墨子·天志下》曰："义者，正也。"在西方，古希腊哲学家柏拉图在《理想国》中首先提出了公平正义的问题，强调公平即和谐，把正义看作个人和国家的"善德"。亚里士多德则认为，公平就是公正、平

---

① 《论语·子路》。
② 《论语·里仁》。
③ 《管子·牧民》。

等，强调公正是一切德性的总汇。可见，公平正义自古以来就是人类所执着追求的普遍价值。

2016年度中国正义人物王盛，2000年从浙江大学法律系毕业，怀着对法律的信仰、对检察事业的向往、对正义的追求，考入台州市检察院，开始了他的检察人生。在检察工作中，他始终把守护正义当作自己的天职。"办案不能放过任何一个疑点。放过一个疑点，就可能放过一个犯罪分子。"这是王盛经常挂在嘴边的话语。2013年10月25日，温岭发生了一起患者持刀杀害医生的案件。凶手连恩青持事先准备好的尖刀，追捅温岭市第一人民医院耳鼻喉科主任医生王云杰和其他两名医生，造成王云杰医生死亡、另两名医生一重伤、一轻微伤的严重后果。办案过程中，王盛和同事发现，医院对连恩青进行鼻部治疗时是否存在过错，这一事实并没有查清。而这一点恰恰是关系到连恩青作案原因以及医院方有无过错的一个关键性事实，将会对连恩青的量刑产生极为重要的影响。于是，王盛仔细研究数据，坚持走访和蹲点，最终不辱使命，将事实摆在公众面前，回馈社会以公平正义。更为可贵的是，他面对众多荣誉不骄不躁，直言"荣誉是压力也是动力，我要以翻篇归零的姿态，不忘初心，继续努力，做公平正义的守护神"。王盛的行为是正义的行为，他对正义的孜孜以求为全社会树立了标杆。

然而，在金钱的腐蚀下，当代社会人际交往中普遍存在的追名逐利、自私狭隘等问题不容忽视。人与人的交往渐渐少了真诚和大度，历史上那种舍生取义的人性赤诚也仿佛随着岁月的流逝渐渐消失。万事利为先，有些人已经成为利益、金钱的傀儡，过分追求现实功利，过分扩张物质需求。但历史就是一本教科书、一面反观人性的镜子，越是在这个时候，我们越应重读经典，在源远流长的中华优秀传统文化中找寻疗救人心、净化社会风气的良方。

儒家学派在义利观上有着自己坚定的立场，倡导的是以义为上、重义轻利的人生价值观。在个人生活与修养方面，孔子强调要做到先义后利，把义作为物质利益得失取舍的标准，正所谓"富与贵，是人之所欲也；不以其道得之，不处也。贫与贱，是人之所恶也；不以其道得之，不去也"①。另外，

---

① 《论语·里仁》。

孟子也曾从义利关系谈及人生选择与人格修养，提到"生亦我所欲也，义亦我所欲也；二者不可得兼，舍生而取义者也"[①]，"富贵不能淫，贫贱不能移，威武不能屈，此之谓大丈夫"[②]。回顾历史，我们可以发现，这种坚守道义的精神对中国士人产生的影响极其深远，成为中华民族向善向上宝库的思想资源。中国的现代化犹如一列快车，正在世界经济一体化的环境中奋力前行，只有在软件方面保障这一列车的每个环节都完备无患，才能实现现代化建设的良性发展。因此，我们要坚守崇尚正义、以义当先的人际关系准则，使传统文化中有关义利关系的思想在当代中国焕发光彩。

习近平强调，要把促进社会公平正义作为核心价值追求，维护人民群众的切身利益，为实现"两个一百年"奋斗目标、实现中华民族伟大复兴提供有力保障。这是因为，正义是建设和谐社会的前提，坚持义利统一的人际规范，不仅可以完善社会生活，也可以重塑社会正气。义利统一应该成为当代中国社会和个人的价值选择。在获取利益时，我们必须做到遵守道德规范，决不能见利忘义，不能通过损人利己等不道德的手段来获得不正当的利益。在崇尚正义的人际规范保障下，中国社会的正气必将慢慢滋润每一个人的内心，现代化建设进程也将得到快速推进。

（二）立信有利于化解信任危机并实现人际关系和谐

诚信是中华优秀传统文化的核心价值要素之一。《尚书》中就有关于"诚"的记载，"鬼神无常享，享于克诚"[③]。"诚"的含义最早源于对待鬼神的态度，是虔诚和敬畏的表现。在远古祭祀时，人们为了达到祈福消灾等目的，必须力求做到诚心诚意，以获得心灵慰藉。古人的诚信观念体现出宗教色彩和神秘性，这反映出当时人们对于生命安全的渴求。到战国中期以后，随着诸子百家对社会现实的深刻反思和对人生人性的反观，人们逐渐关注"诚"的社会意义和现实意义，从人内心的诚走向社会的诚。《大学》《中庸》中有很多关于"诚"的思想论述，"诚"在两书中分别出现 8 次和

[①] 《孟子·告子上》。
[②] 《孟子·滕文公下》。
[③] 《尚书·商书·太甲》。

26次。"所谓诚其意者,毋自欺也。如恶恶臭,如好好色;此之谓自谦,故君子必慎其独也。"① "诚"在这里主要是指向个人的道德规范和内在修养。"古之欲明明德于天下者,先治其国;欲治其国者,先齐其家;欲齐其家者,先修其身;欲修其身者,先正其心;欲正其心者,先诚其意;欲诚其意者,先致其知;致知在格物。"② "诚"在这里主要体现为一种政治修养,它是实现政治抱负的基石。"诚者,天之道也;诚之者,人之道也。"③ 此处所言"诚"更是指天地万物运行的规律和法则。与"诚"相同,"信"也是来自人们对于鬼神的虔诚敬畏。"信"字最早见于商汤伐桀的誓词,出现在《尚书》中。"尔无不信,联不食言"④,在这里,"信"的意思是"相信"。在《论语》中,"信"字共出现38次,比如"人而无信,不知其可也"⑤ "与朋友交,言而有信"⑥ 等。经过儒家学者的演绎,"信"逐渐脱离了宗教色彩,与儒学的核心要义"仁"和"忠"联系在一起,成为经世致用的道德伦理规范。到了汉代,董仲舒在继承儒学传统的基础上,将"信"列入五常之道。除此之外,老子在《道德经》中提出,"信不足,安有信。犹呵,其贵言也"。管子提出,"身仁行义,服忠用信则王"⑦。二者都将诚信视为治理天下的根本,认为为政者必须做到诚信。墨子也有"行不信者名必耗"的看法,认为人要言行一致,说话不讲信用的人行动也不会有好的结果。可见,"信"贯穿于诸家学派的基本思想之中,在中国传统伦理精神中占据重要地位。此后,由于"诚"和"信"具有内在一致性,"诚信"一词开始广泛运用。

随着我国从传统社会向现代社会的转轨,一些领域出现了程度不同的诚信危机,诚信现状不容乐观,公民对诚信的坚守热情不如往日。信任危机不仅直接导致社会风气和人际关系恶化,而且严重阻碍了我国的现代化进程。造成这一现状的原因是多方面的。首先,社会环境中诚信缺失较为普遍,经

---

① 《礼记·大学》。
② 《礼记·大学》。
③ 《礼记·中庸》。
④ 《尚书·商书·汤誓》。
⑤ 《论语·为政》。
⑥ 《论语·学而》。
⑦ 《管子·幼官》。

济领域经常出现偷税漏税、走私骗汇、合同违约、商业欺诈、财务失真、假冒伪劣等反市场道德行为等；政治生活领域少数公职人员失职渎职、贪污受贿、跑官买官等行为屡见不鲜；文化教育领域假文凭、假学历、虚假广告、虚假报道等时有发生。诸如此类的现象不胜枚举。其次，公民个人的价值观和道德滑坡，很多人不再以诚为荣，转而对金钱和利益趋之若鹜，不能正确处理个人利益与集体利益、眼前利益与长远利益的关系，还有些人纵使谈起诚信口若悬河、头头是道，但常常言行不一，实际行动中经常背信弃义。

不论是过去还是现在，诚信都是人立身处世的根本。"失信不立""信则人任焉"，一个人只有讲诚信，做到言行一致，才能取得别人的信任，与其他社会个体建立和谐友善的关系。一个人一旦失信于人，不仅意味着其道德水平低下，而且意味着其在社会中难以被接纳。诚信也是人与人之间建立深情厚谊的道德基础，是衡量朋友关系的重要标尺。无论在什么情况下，朋友之间都要做到坦诚相见、诚实守信。经得起考验的友谊都是建立在彼此讲诚信的基础上的，孔子就曾把诚信作为判断益友和损友的重要标准，认为"益者三友，损者三友。友直，友谅，友多闻，益矣。友便辟，友善柔，友便佞，损矣"①。孔子认为与诚实守信的人交朋友是有益处的，而处心积虑的欺骗和虚伪敷衍都是对友情的亵渎。

在中国现代化建设进程中，坚持以诚信为主要要素的人际规范具有重要意义。一方面，立信有利于提高公民的道德素质，弘扬社会主义新风尚。诚信作为个体道德修养的目标和人类社会的道德理想，是做学问、干事业乃至人际交往的基本道德规范，正所谓"修学不以诚，则学杂；为事不以诚，则事败；自谋不以诚，则是欺其心而自弃其志；与人不以诚，则是丧其德而增人之怨"②。倡导和践行以诚信为重要内容的人际规范，不仅有助于防止不良社会风气的形成和蔓延，而且有助于弘扬社会主义新风尚。另一方面，立信有利于化解当代社会普遍存在的信任危机，协调人与人之间的关系，推动中国现代化的发展。除了为人们所普遍关注的有形信任危机，当代社会还存在无形的信任危机，比如我们在与其他人交往时，会本能地首先质疑对方的

---

① 《论语·季氏》。
② 《晁氏客语》。

立场，怀疑其是否为骗子。信任危机带来的经济损失、精神损失都将反馈到社会发展的过程中，若不能有效解决好，势必阻碍我国当下的现代化进程。

（三）尚仁有助于消除社会冷漠并促进社会公德建设

现代化进程既是传统经济发展模式与政治运行模式向现代经济体系和政治体制转型的过程，也是文化系统与价值体系从传统向现代的过渡过程，后者的转型"集中表现在从封建主义、整体主义、权威主义向个人主义、自由主义的转变，个人主义成为文化系统和价值观念体系的核心"[①]。个人主义价值观主张个人可以自由选择自己想达到的目标和达到该目标所使用的手段。这种价值观在发挥个人主体性与创造性的同时，容易导致个人对社会利益的僭越。毋庸讳言，在当代中国，个人主义伴随着人们在市场经济的逐利活动而在社会生活的诸多角落有所滋生，对社会主义现代化建设产生了一定的负面影响。改革开放以来，在中国共产党的领导下，我国在经济、政治、文化、社会、生态文明等各个方面都取得了举世瞩目的伟大成绩，但是由于贫富差距逐步拉大、价值观多元化以及社会利益关系复杂化等因素的影响，中华传统文化中的仁义道德和仁爱精神受到很大冲击。

2006年，南京市民彭宇原本好心帮扶摔倒在地的老太太，不想"剧情"却发生大转变，老太太及家属一口咬定彭宇是"肇事者"，向其索要高额赔偿。这一事件经媒体披露后，在全国引起轩然大波，"扶与不扶"一度成为人们热议的话题。可以说，这个事件对传统文化中仁爱思想的冲击不容小觑，人们根深蒂固的价值观也遭受质疑。但我们不能被个别事件蒙蔽双眼，由此认为当今社会世风日下、道德沦丧。事实是，闪烁仁爱智慧与正能量的正义事迹，在我们身边仍然天天发生着。"自谦小医生，却站上医学的巅峰，四处奔走募集善良，打开那些被折叠的人生；你用两根支架矫正患者的脊柱，一根是妙手，一根是仁心。"这是2016年感动中国颁奖晚会给梁益建医生的颁奖词。骨科硕士、神经学博士、教授、主任医师、骨科主任，这是梁益建的真实身份，然而，让他感到最亲切的称谓，却是来自患者的一声"梁爸爸"。人们常说，医学是一种回应他人痛苦的努力，只有当医生在某种程

[①] 章海山：《中国儒家伦理精神与现代化》，《中山大学学报》（社会科学版）1998年第4期。

度上了解患者的经历，治疗才能在谦卑、信任和尊重的氛围中进行。因为能充分了解患者内心深处的痛苦和他们所抱的生的希望，梁益建才能无惧艰辛，帮助无数贫困患者迎来人生的一个又一个春天。更为重要的是，梁益建通过自己的实际行动，将仁爱之心传递下去，医生的朋友、医院、公益组织甚至患者自己，都自觉地将对梁益建的敬佩或感激转化为对社会的大爱，为中国和谐社会环境的营建撑起了一片蓝天。

由此可见，中国的现代化建设离不开以"仁"为核心的人际关系准则。首先，伴随现代化而出现的社会冷漠、人情淡薄等副作用的消除，需要"仁"作为清洗剂；其次，仁爱思想主导下的人际关系，可以为中国现代化进程营造和谐的社会氛围；再次，这种人际关系存在的必要性，是由我国社会主义的国家性质决定的，人民是国家的主人，是物质财富和精神财富的创造者。只有保证仁者爱人，形成友爱亲和的人际关系，人民才能共同创造、共享改革开放的硕果。

传统文化中的"仁"，能够为中国现代化建设提供坚实的友爱精神支撑。儒学的核心是"仁"，人生观、伦理观的着重点同样是"仁"。何谓"仁"？《论语·颜渊》中讲道："樊迟问仁。子曰：爱人。"由此可见，"仁"与"爱"二者密不可分，仁爱思想的基本内涵是"以爱释仁"，从人际规范的角度看，主要包括爱亲、泛爱众、爱天地万物等。从"入则孝，出则悌""泛爱众"到"恭、宽、信、敏、惠，恭则不悔、宽则得众、信则人任焉、敏则有功、惠则足以使人"，儒学的仁爱思想涉及人与人交往的方方面面。远古的三皇五帝是原始社会仁爱精神的典范，在传说典籍中一直被塑造为具有博大仁爱胸怀的光辉形象。可以说，"仁爱精神反映了共同人性、共同情感的存在，而基于此的道德准则和规范，在一定程度上已成为古代中国社会的社会公德，影响着中华民族的精神面貌"[①]。

（四）重礼有利于营造祥和融洽的人际交往氛围

礼是中华传统文化的标志。钱穆认为："要了解中国文化，必须站得更

[①] 王丛德、王成：《传统仁爱精神与社会主义公德建设》，《山东大学学报》（哲学社会科学版）2000年第4期。

高来看到中国之心。中国的核心思想就是'礼'","它是整个中国人世界里一切习俗行为的准则，标志着中国的特殊性"①。《诗经·鄘风·相鼠》中说："人而无礼，胡不遄死。"《礼记·曲礼上》中说："道德仁义，非礼不成，教训正俗，非礼不备。分争辩讼，非礼不决。君臣上下父子兄弟，非礼不定。宦学事师，非礼不亲。班朝治军，往官行法，非礼威严不行。祷祠祭祀，供给鬼神，非礼不诚不庄。是以君子恭敬撙节退让以明礼。"孔子在继承和改造周礼的基础上，提出了一整套系统的礼学思想。《论语》中提到"仁"字104次，提到"礼"字75次，足以看出孔子对礼的重视程度。

孔子的礼学思想有着丰富的内涵，可以为我国当代社会人际规范的形成和完善提供智慧源泉。首先，孔子认为礼是修身之本，一个人的德行修炼应当以"礼"为准则，深入体悟礼的精髓，提高道德修养，以高尚的品格立足于社会。《论语》对此多次强调，诸如"立于礼"②"不学礼，无以立"③"不知礼，无以立也"④"礼以行之"⑤"约之以礼"⑥"克己复礼"⑦等。其次，在孔子看来，君子要受到礼仪规范的限制。在人际交往中，只有做到尊敬友爱、长幼有序，才能赢得他人的尊重与信任，建立起和谐稳定的关系。孔子就是这方面的典范，"乡人饮酒，杖者出，斯出矣"⑧就是讲述了在乡人饮酒礼结束后，孔子一定要等到老人都出去后自己才能出去，这表现出孔子对于老人的尊重，反映了当时尊卑有别、长幼有序、祥和融洽的礼仪秩序。最后，孔子将礼作为治国理政的原则，强调要在国家政治层面践行礼仪，进而在社会上培养良好的道德规范。在回答鲁定公怎样处理君臣关系问题时，孔子回答是"君使臣以礼，臣事君以忠"⑨，这道出了孔子关于君臣之礼的主要见解，即做到君以礼待臣、达致君礼臣忠，其关系方可和谐。

---

① ［美］邓尔麟：《钱穆与七房桥世界》，蓝桦译，社会科学文献出版社1998年版，第8页。
② 《论语·泰伯》。
③ 《论语·季氏》。
④ 《论语·尧曰》。
⑤ 《论语·卫灵公》。
⑥ 《论语·雍也》。
⑦ 《论语·颜渊》。
⑧ 《论语·乡党》。
⑨ 《论语·八佾》。

孔子在韩国家喻户晓，其"忠、孝、礼"的思想更是深入人心，而乡校发挥的作用至关重要。乡校是韩国历代传承儒教、祭祀孔子与诸圣贤的地方教育机构。目前在韩国大约有234所乡校。乡校通过各种中小规模的课程和传统仪式，为地方居民提供实践传统儒教礼节的机会。每逢假期，乡校开设礼仪体验教育课程，主要针对从7岁到14岁的青少年，学生必须要穿着传统韩服上课，行礼和饮食等方面的生活礼节是课程的主要内容。[①] 通过上述教育，礼仪规范在人们内心扎下了根，潜移默化地渗透到日常的人际交往中。长期以来，中国的传统文化传承缺乏有效的载体和形式，没有落实到实践层面上。近些年来，我国很多地方开始学习韩国的做法。例如，江西省德兴市国学情学堂利用暑假时间开设国学课，小朋友们一个个身穿中国古代汉服，在学堂中学习"孝经""论语""弟子规""三字经"等中国经典国学和传统礼仪，感受中华传统文化精髓，激发孩子们对中国古代经典国学的热爱，将所学的礼仪规范运用到日常生活中。

传统礼仪文化是调节当代社会人与人关系的重要手段，是中国现代化进程中的润滑剂。改革开放以来，由于过度强调竞争关系，现代化建设出现了忽视人与人之间尊重、礼让的问题，导致社会上出现很多不和谐现象，人们普遍缺乏安全感、幸福感、尊重感，人际关系变得紧张起来。我们急需一种能够协调不同群体利益的强大思想文化体系来凝聚社会力量。作为中华传统文化的重要组成部分，传统礼仪文化对和谐人际关系的形成具有积极意义。传统礼仪文化特别重视人与人之间关系的和谐，提倡规范的行为方式，并且提出了一系列处理人际关系的原则，如长幼有序、礼尚往来、宽厚博爱等。这些原则贯穿于中华文明的漫漫长河，也逐渐被世界其他民族所接受，我们理应使其以合乎当前要求的新形式进一步发扬光大。

中国现代化的目的是要实现人的自由全面发展，而文化现代化是现代化进程中的重要组成部分。文化现代化是一个"破"与"立"交替进行的过程。只有正确评价受历史条件影响的传统文化，吸取历史上对传统文化进行形式和内容变革的经验和教训，才能通过"扬弃"与创新，正确地开展中国文化现代化建设，进而建立起以人为本的社会主义新文明。因此，我们要

[①] 金惠林：《韩国儒家文化的保护及弘扬》，《社会科学报》2007年4月26日。

合理评价传统礼仪文化在当代社会的价值,既要继承和弘扬其中引导人向善向上的思想内容,如长幼有序、谦和有礼等,也要及时发现其中存在的形式过于烦琐、等级制度明显等问题,在保留与创新的过程中,促进传统礼仪文化与现代文化的完美结合。

(五)和合有利于达到尊重差异与和谐包容的人际交往平衡

"和合"思想是中华传统文化的重要组成部分和最富生命力的表现形式,成为中华民族千百年来人文精神的主体和主导。"和""合"二字,在甲骨文和金文中就已出现。"和",意即音声相和;"合",意即上、下齿的合拢。"和合"一词最早出现于《国语·郑语》,"商契能和合五教,以保于百姓者也",指的是商契能和合"父义、母慈、兄友、弟恭、子孝"五义,使百姓安身立命。《管子·兵法》提出"畜之以道,则民和;养之以德,则民合。和合故能谐,谐故能辑。谐辑以悉,莫之能伤也"。在这里,"和合"寓意百姓团结。在《周易》中,"和合"思想也有所体现:六十四卦与合数表虽然互有差异,但由它们所共同构成的整体又是和谐对称的。这种有差异的统一、有区别的整体,体现了整体"和合"的思想,为中国古代"和合"思想提供了理论根据。此后,孔子在继承和发展历史上有关"和合"思想的基础上,形成了内容丰富的"和合"思想体系,其中包括了人与人的和合。《论语·学而》提出:"礼之用,和为贵",将"和"视为最高价值标准。怎样才能达到人与人的"和合"呢?孔子提出了忠恕之道。孔子有云:"其恕乎,己所不欲,勿施于人。""我不欲人之加诸我也,吾亦欲无加诸人。"可见,忠恕之道的实质就是将心比心。"和合"思想的前提基础是"和而不同",世界本身就是一个充满差异与对立的矛盾体,承认差别的客观存在是和合思想的基本要素,唯此,不同事物的相互聚合才能达到实质上的平衡。

2008年8月8日,在北京奥运会开幕式上,887块活字印刷字盘通过拼接变换出字体不同的三个"和"字,这个表演不仅展现了中国汉字历史演化的过程,而且向全世界传达了中华优秀传统文化的"和"以及"和为贵"理念,传递了全体中国人民希望世界人民相互尊重、求同存异、和平相处的美好愿望。和平与发展是当今时代的主题,然而,"从世界态势看,经济全球化、发展模式多元化带来的矛盾与冲突、风险与危机前所未有地出现在世人面前,严重影响和制约着人的生存和利益的实现"①。与此同时,人们生活在一种愈发不稳定的环境中,价值危机、社会危机、精神危机等不断出现。1988年,70多位诺贝尔奖获得者在巴黎会晤,他们达成共识,称如果人类想要继续生存,那么就不得不到2500年前的孔子那里寻找智慧。从审美的角度看,"和合"成为人际交往的理想模式,"己所不欲,勿施于人""执两用中"是保障人际关系和谐的重要准则。从哲学角度看,"和合"思想体现的思辨之美,可以为人际交往提供某种启示。"和"是指不同因素的和平共处,"合"是指不同因素的融合、合作。不同的个体因为自身独特性在相处时难免会有一些摩擦和冲突,然而"有无相生,难易相成,长短相形,高下相倾,音声相和,前后相随,恒也"②。世间万事万物都是相辅相成、相互依存的,人也是如此,合则两利,斗则俱伤,只有接受差异,达到"和合",才能双赢和多赢,收获情谊。因此,"和合"思想的继承和创新发展是对时代呼唤的回应,在"和合"思想的影响下,当代世界人与人之间日益紧张的关系将得到缓和,秉持"和合"理念,人们就能以包容的心态和求同存异的方式去解决摩擦与冲突。中国现代化建设的目的,是为了促进社会发展、增强国力、提高人民生活水平,而以"和合"为内容的人际交往规范是实现现代化的必要条件。所以,"和合"理念将在全面建设社会主义现代化国家进程中发挥重要作用。

三 以完备人际规范促进社会主义和谐社会建设的有效途径

在我们党的历史上,十六届四中全会《决定》首次鲜明地提出和阐述了"构建社会主义和谐社会"的命题。和谐社会包括人与人之间关系的和谐、人与社会之间关系的和谐以及人与自然之间关系的和谐等多个层面。由于人是社会的主体,所以人际关系的和谐是社会和谐的基石。在中华传统文

---

① 黄家瑶:《和合思想:缓解现代性冲突的文化介入》,《社会科学家》2011年第5期。
② 《道德经》第2章。

化中，讲礼仪、讲诚信、讲正义、讲仁爱、讲和合等核心内容构成了完备的人际规范系统，不仅能调节人与人之间的关系，也有助于当下的社会主义和谐社会建设。我们应当科学探究发掘优秀传统文化中完备人际规范的当代价值及其转化路径，使之为建设和谐人际关系与和谐社会发挥应有的作用。

（一）加强精神文明和法治建设，弘扬社会正义

习近平指出："全面深化改革必须以促进社会公平正义、增进人民福祉为出发点和落脚点。""如果不能给老百姓带来实实在在的利益，如果不能创造更加公平的社会环境，甚至导致更多不公平，改革就失去意义，也不可能持续。"① 促进社会公平正义是全面深化改革的出发点和落脚点，是社会发展和实现现代化的重要保障。实现社会公平正义，需从以下几个方面着力。

一是发挥主流媒体责任意识，宣传引导社会正义。主流媒体是宣传党的路线、方针、政策的喉舌，担负着反映人民正义诉求的重任，必须着力营造良好舆论环境，引领社会正义的基本方向。宣传引导社会主义正义要营造积极、健康、向上的环境，大力挖掘报道先进集体和先进个人，多报道社会改革、经济发展的正面积极信息。对于负面现象要敢于亮剑、勇于批判，提升主流媒体传播正义价值的能力。例如，大力报道德才兼备的公职人员，引导公职人员形成夙夜在公、勤政为民的风尚，让各级党政干部成为社会公平正义的倡导者和垂范者。

二是推进创新发展，促进社会公平正义。经济发展是社会公平正义的基本条件，只有牢牢抓住经济建设，才能奠定社会公平正义的物质基础。为了发展好、维护好和实现好广大人民群众的根本利益，要坚持走生活富裕、生态良好的文明发展道路，建设社会主义和谐社会。要努力解决好"三农"问题，缩小城乡收入差距，提高农民生活水平，促进共同富裕。要坚持推进西部大开发，振兴东北老工业基地，促进中部地区崛起，鼓励东部地区率先发展，形成分工合理、特色明显、优势互补的区域产业结构，努力缩小区域发展差距。只有经济得到不断发展，综合国力持续增强，经济实力迅速上

---

① 《十八大以来重要文献选编》（上），中央文献出版社2014年版，第552—553页。

升，人民生活更加富裕，公平正义才有可靠稳定的物质保障。

三是培育积极健康向上的道德风尚，使人人成为社会正气的生发者和传播者。积极健康的社会道德风气，是社会有序运行的重要条件，更是构建社会主义和谐社会、实现中华民族伟大复兴的重要切入点。在目前经济发展多元化的背景下，社会上出现了一些不和谐因素，特别是市场经济的趋利性诱发了人际关系的去道德化和伪道德化倾向，一些领域甚至出现了令人心寒的善恶不分、颠倒黑白现象。为培养积极向上的社会道德氛围，必须在全社会弘扬和践行社会主义核心价值观，发挥道德模范的引领、感化作用，通过大力宣传道德楷模及其先进事迹，带动和提升全社会道德水平，形成良好的道德环境和风尚。要教育引导每一个人积极践行社会主义核心价值观，让其内化于心、外化于行，让每个公民都成为社会正气的生发者和传播者。

四是加强制度建设，规范社会公平正义。社会公平正义不仅需要良好的社会氛围，更需要系统的制度保障。要完善社会主义政治制度，依法保障公民的知情权、参与权、表达权、监督权，切实保证人民依法行使宪法赋予的各项民主权利。要健全法律制度，健全立法体系，确保有法可依，积极推进法治政府建设，确保公职人员依法使用权力，廉洁高效办事。要深入开展法治教育，让人人知法、守法、护法、用法。要完善社会保障制度，维护人民生存、发展与健康权，把更多财政资金重点投向民生领域、公共服务领域，保障农村居民公平公正的教育权，逐步解决城镇低收入家庭生活困难。通过系统、持续而扎实的制度建设，最终让每个公民在生活的方方面面，都享受到并切身感受到公平正义的阳光。

（二）积极推动诚信体系建设，促进社会和谐

党的十七届六中全会明确提出，要抓紧建立健全覆盖全社会的诚信体系。党的十八大进一步强调诚信体系建设，对诚信建设提出了具体要求，指出要"加强政务诚信、商务诚信、社会诚信和司法公信建设"[①]。诚信体系的构建内容复杂，任务艰巨。加快诚信体系建设不仅要发挥市场经济的力量，还要充分发挥政府作用；不仅需要道德建设来加以引导，更需要加强法

---

① 《十八大以来重要文献选编》（上），中央文献出版社2014年版，第25页。

治建设予以约束。

一是以政务诚信推进社会诚信。政务诚信代表着一个政府的社会公信力，是衡量公民对政府信任水平的一个重要标尺。推进政务诚信建设，首先要强化政府诚信。干部选拔要规范化，不能任人唯亲。政府人员要言行一致、谨言慎行、言出必行、有诺必践，在全社会树立诚信的表率。其次要打造透明政府，重大决定通过媒体公开征询意见，自觉接受广大人民群众监督。再次要建立健全权力监督制度和问责制度，加大对政务失信者的监督和惩罚力度，形成以政务诚信为中心的社会诚信机制。

二是以信用建设营造良好的信用环境。社会诚信构建主要是通过信用制度设计来保障的，因此要完善个人、行业、企业的征信系统和监督体系，尤其要注重打造公共联合征信平台和加强行业领域信用制度建设。应积极创建诚信档案管理制度，逐步建立包括政府官员、企事业单位员工等在内的个人诚信档案数据库和企业诚信档案数据库，建立诚信查询系统，加强各类媒体的监督及各行业协会相互之间的监督，及时曝光不诚信的企业，通过市场力量和社会力量的结合来推动社会信用体系的建设。

三是积极推进法治建设保障社会诚信。法治是治国理政的基本方式。政府诚信缺失多半也是因法治缺失，以法治方式为社会诚信建设保驾护航成为必然选择。全面落实依法治国基本方略和基本建成法治政府，为实现社会公平正义提供法治保障。为此，要加快有关信用管理的立法和执法，尽快制定和颁布相关法律法规，把社会信用牢固建立在成文法基础之上。要加强地方上的各项制度对诚信体系的保障，政府要依法办事，积极促进诚信体系建设。政府工作人员要依法行使职权，自觉接受社会和媒体监督，通过规范和严格执法，推动社会诚信体系建设的良性有序进行。

四是加强社会诚信宣传教育，共建文明诚信的社会风气。要在全社会加强道德文化建设，认真贯彻落实《新时代公民道德建设实施纲要》，形成讲诚信、讲责任的社会大环境，使诚实守信成为社会公众的共同价值取向。要大力弘扬儒家等传统文化思想中蕴含的诚信做人、以诚交友、诚实执政的道德理念，提倡"言必信，行必果"的做人理念、"言而有信，以诚相待"的交友理念、"诚实无欺，取信于民"的为政理念。要大力开展信用宣传和信用培训，支持、鼓励创办各类信用研究机构和信用建设研究期刊，积极引导社区居民参加诚信社团活动，增强社区居民对其他社会成员的信任度。要让全体社会成员都意识到诚信建设是社会有序运行的基础，诚信关乎一个国家的国际形象，只有讲诚信才能保证人与人、国与国之间的友好关系；只有人与人之间讲诚信，才会在人际关系中存在信任感，才会有"夜不闭户"的和谐社会。

（三）积极推动仁爱制度建设，营造"爱仁"氛围

党的十六大报告指出："民族精神是一个民族赖以生存和发展的精神支撑。一个民族，没有振奋的精神和高尚的品格，不可能自立于世界民族之林。"[①] 在中华民族精神之中，仁爱精神非常重要，它不仅构成人际关系的重要行为规范，更是促进社会和谐的内在要素。我们要积极倡导仁爱精神，创设仁爱氛围，助推和谐社会建设。

一是运用媒体创设弘扬仁爱精神的良好社会氛围。当今时代是一个信息化时代，传统媒介如报纸、杂志、电视、广播，以及新兴媒介如网络、移动终端等，在传播中华传统文化中发挥着举足轻重的作用。要充分发挥媒体的宣传和引导功能，积极创设弘扬仁爱精神的良好社会氛围。徐本禹的宣传效应充分说明媒体在这方面能够大有作为。徐本禹是2004年度"感动中国"人物，1999年到贵州省偏远地区支教，此后一直被媒体关注并持续报道。在媒体的宣传引领下，一批批大学生走进大山，为中国西部的教育扶贫事业输送源源不断的正能量。与此同时，新闻媒体对反面案例的剖析，又具有很强的警示作用。在"马加爵事件"中，媒体报道让我们了解到一些大学生存在严重诚信危机和价值扭曲，使人们充分认识到大学生心理健康教育的重要性和紧迫性。党的十六届四中全会作出《关于加强党的执政能力建设的决定》，为新闻媒体在中华民族文化传播中的作用提出了新要求，为媒体舆论在弘扬仁爱精神、推动社会主义和谐社会建设中发挥更大作用，指明了方向。各类媒体应充分发挥自身功能，以专业的视角、专心的态度，弘扬真善美，鞭挞假恶丑，为仁爱精神的发扬营造良好的社会氛围。

---

① 全国干部培训教材编审指导委员会组编写：《全面建成小康社会与中国梦》，党建读物出版社、人民出版社2015年版，第157页。

二是将仁爱精神制度化，使之融入人们的日常生活之中。制度的作用在于将不确定的行为常态化、稳定化、规范化，仁爱精神的传播和弘扬也需要纳入制度轨道，通过制度化以形成弘扬仁爱精神的常态化机制。任何一项制度都蕴含着道德底蕴，在现代化进程中建立蕴含仁爱精神的制度体系，能够极大地促进仁爱精神的实践，使仁爱精神在新时代得以进一步涵养与升华。近年来，"人本"观念日益深入人心，"以人为本"原是君王统治民众的治国之策，体现的是君王对万民的关爱。而今天我们强调的以人为本，其理论依据来自马克思主义的世界观基础即历史唯物主义，已经脱去了其原有的封建性质。不过，从中华传统文化赓续的角度看，"以人为本"仍然将其中蕴含的仁爱精神传递了下来。比如，我们取消了对乙肝病毒携带者报考公务员的限制这一举措，就不仅体现了政府以人为本的执政理念，也充分彰显了中华民族的仁爱精神。我们要把富含仁爱精神的道德行为准则转化为制度设计，以加强仁爱精神的培育效果。如对养老院的孤寡老人实施关爱帮助，为贫困地区的留守儿童送温暖，这些仁爱行为都应该常态化、制度化。经过制度的倡导、约束与归化作用，人们将在反复履行规范的过程中，将仁爱精神内化于心、外化于行。仁爱的制度化将带来更大的社会约束力，使仁爱精神得到更为广泛和切实的传播。

三是在学校教育中渗透有关仁爱精神的内容。仁爱精神在当今社会对提高国民素质、改善社会风尚、促进社会稳定，有着积极意义。仁爱精神的教育应从基础教育抓起。首先，中小学应从学生实际出发，因地制宜、因材施教地开展仁爱精神教育。可以在学校定期举行一些孝敬父母的活动，让学生主动为父母做一件事，以此体会父母的辛劳、理解父母养育孩子的不易，从而帮助孩子形成感恩意识。其次，学校可以通过新媒体等，大力介绍和宣传中华民族历史上的仁爱故事，在丰富学生知识视野的同时，向其渗透仁爱精神的内涵。再次，学校还可以组织学生学习《论语》《弟子规》等典籍，对经典书籍中涉及的仁爱精神的种种细节给予细致生动的讲解，同时教师要以身作则，为孩子树立胸怀仁爱之心的榜样。最后，在大学课程中增加仁爱精神教育的内容。我国综合性大学可以考虑在选修课程中安排一部分相关内容，以帮助学生进一步了解我们民族的历史、传统文化及其精神价值，在传统文化渗透中增进对仁爱精神的体悟。仁爱教育课程要贴近学生的生活实际，通过故事、案例和情境教学以增强学生对仁爱精神的理解和体会。教师要放眼社会，让仁爱精神走出校园，向社会辐射，从爱自己的亲人开始，逐步推广到整个社会，以自己的日常行动践行"老吾老以及人之老、幼吾幼以及人之幼"的仁爱伦理，以自己所获取的社会美誉度让学生充分感受到什么是"爱人者，人恒爱之。敬人者，人恒敬之"。同时，教师要率先垂范仁爱精神，通过仁爱精神的践行帮助学生树立正确的价值观，塑造理想人格，养成良好道德品性。

（四）加强礼仪文化宣传教育与监督，弘扬礼仪文化

中华传统文化对中华民族具有深远影响，其中最具代表者当属礼仪文化。守礼可谓是中华民族行为规范的显著特色。在社会主义现代化征程中努力创新发展礼仪文化，不仅能让现代中国人的人际关系更加和睦友爱，而且从更广的层面来说，对于推进和谐世界建设亦有重要的现实意义。从传统礼仪文化在历史上的卓越表现来看，它在今天依然能够与现代性相结合从而成为推动中国特色社会主义事业发展的重要力量。它的无穷魅力定会极大地激发中国人民的自豪感和自信心。发展创新礼仪文化，主要靠教育和引导，同时也要把握好礼仪文化发展创新的社会主义方向，通过舆论和制度监督去规范礼仪文化在当代中国的有序健康运行。

一要完善礼仪文化教育机制。我国的礼仪文化教育主要侧重和谐教育、秩序教育、合作教育、尊重教育、诚信教育、形象教育几个方面，要以此为基础建立良好的人际交往规范，提高社会成员的道德修养，培养"四有"公民。一方面，要加强学校教育与社会培训。礼仪教育并非一蹴而就，而是一个长期的过程。它不像知识教育那样被动，在教育过程中更要注重因材施教、因情施教。礼仪教育具有完整的链条，一般是从家庭教育中父母的言传身教开始，随后逐渐向学校转移，从小学、初中到高中直至大学。由此，要根据受教育者的身心特点，开展有针对性的礼仪教育。此外，各类民间组织和社会机构也是礼仪文化教育的重要组成部分，要注重培训礼仪文化产业从业人员。礼仪培训不应仅局限于教育机构，更要囊括广大的文化窗口服务单位，通过社会相关单位的共同努力促进礼仪文化教育的制度化、产业化。

在加强学校教育与社会培训的同时，我们还要重视节日文化教育。传统

节日是传统礼仪文化的重要载体，继承与发展节日文化对弘扬传统礼仪文化具有积极作用。我国五千多年的历史发展孕育了丰富多彩的节日文化，清明节、中秋节、端午节不仅是节日文化的表征，同时也承载着厚重的传统礼仪内容。清明节中，中国人继承了插柳、戴柳的礼仪风俗，同时通过祭祖扫墓活动表现对先人的尊重。祭祖上坟既呈现出中国人对逝去先人的情感缅怀，也寄托着家乡家族家人的归属感，抒发着生者的乡土情结。不仅如此，人们在清明时节踏春而游，欣赏户外景色，亲近大自然，也传达出中国人即便在失去亲人后也积极生活并感怀生命的精神韧性。而到了中秋时节，万家团圆，人们在赏月吃月饼的过程中，则深化了对"和""圆"等传统文化观念的体认。这些礼仪文化，无时无刻不在彰显其在当代的重要价值。

二要完善礼仪文化约束激励机制。礼仪文化不仅靠教育教化，还需要舆论的监督和引导。媒体宣传的正确舆论引导，对营造崇尚礼仪的良好氛围具有重要作用。良好的礼仪文化氛围是让传统礼仪文化再现生命的重要条件。首先，要营造良好的物质文化环境。良好的物质文化环境能够使人精神愉悦，产生美好联想，由此影响人们的身心状态和行为习惯。其次，要将一些礼仪规章可视化，使人们随时随地感受到制度的约束，进而让人们对礼仪文化的践行逐步从他律转向自律。最后，要在社区加强监督，企业、社区、家庭都要崇尚礼仪文化，通过单位成员的相互监督形成传播礼仪文化的氛围。

实现礼仪文化的价值须有制度作保障。要建立健全礼仪规范的标准体系，对各种场合、各种情境下的礼仪进行规范，提出行为规范的相关标准，使礼仪行为有章可循，如在公共场合不要大声喧哗、禁止抽烟的要求，在学校尊师重教规范等。此外，要建立起家庭礼仪规范、企事业单位礼仪规范、政府机关礼仪规范、社交礼仪规范等。要建立健全礼仪评价制度，制定相关评价标准，建立个人礼仪档案，对个人礼仪规范程度与效果进行衡量与评价，以便对人们遵守礼仪规范的情况进行评定和奖惩，对模范遵守礼仪规范的行为要进行宣传和奖励，树立先进典型形象，对不能积极遵守礼仪规范的行为则要进行批评、警告，并依据情节作出相应的惩戒。

三要积极开展礼仪宣传活动。积极开展礼仪宣传活动是促进礼仪文化传播的有效手段，有助于社会成员良好礼仪习惯的养成。首先，积极开展礼仪文化传播活动。如开展孝文化传播活动，在社区评选十大孝星、大力推广传诵《弟子规》、开展孝文化征文活动等。其次，持续开展文明城市、文明单位创建和评选活动。由政府对辖区内单位进行文明单位评比，以科学合理的指标设定，通过评选进行物质精神激励，来调动辖区内居民对礼仪文化的有效践行。再次，开展礼仪文化宣传教育活动。可以通过媒体公益广告来展示礼仪文化，进而加强礼仪文化环境建设，在全社会开展文明礼仪宣传志愿者活动，开展文明礼仪的义务宣传。最后，举行大型礼仪文化活动。如海内外孔氏族人每年9月在曲阜孔府举行祭孔大典，不仅展示了当地的礼仪文化，同时也带动了当地经济社会事业的发展。

（五）弘扬民族文化，发扬和合精神

和合文化是中华传统文化的精华，体现的不仅仅是单个学派的文化精神，更是涵摄儒、道、墨等各大学派内在精神的一种普遍性价值要求。在中华民族历史上，和合精神体现为中华民族崇尚和谐统一的传统美德和兼容并蓄的宽广胸襟。和合精神在解决21世纪人类面临的诸多问题中，仍可发挥积极作用，我们可通过文化宣教与产业建设推动和合文化落地生根。

一是积极进行和合文化教育和宣传。宣传和合文化、塑造现代国民精神，是十分有效的教育渠道。首先，和合文化价值观的培育须以人为本、从小抓起并贯通不同教育阶段。父母要积极进行"人之初、性本善"等中华传统文化教育，营造和合的生活环境，让孩子在家庭和睦、父母"和合"的文化环境里茁壮成长。在义务教育、高中和大学教育阶段，应让青少年在"和合学校""和合校园""和合班级"中接受中华传统文化、爱国主义和社会主义核心价值观教育。进入社会以后，应让他们在"和合社会""和合单位""和合社区"中工作和生活，继续践行社会主义核心价值观，接受以"和合"文化为核心的中华传统文化熏陶。其次，让人们通过电视、广播、电影、微信、网络媒体、报刊、文学作品、户外广告、体育活动等渠道，广为接受"和合"文化教育，将"和合"文化精神落实、落小、落细。比如，文学家陈远明的散文集《内和外合》别出心裁地将和合文化生活化，就是对和合文化的当代传承和运用。这种对和合文化生活化、大众化、艺术化的创新性演绎，向社会传递了满满的正能量。

二是积极推进以"和合文化"为核心的文化产业建设。在经济迅速发展的环境下实现文化与市场的融合，无疑是一种双赢之举。我们不仅要以经济带动和促进和合文化的发展与传播，还要大力将和合文化融入经济发展过程，为经济发展提供精神支撑。如天台县以和合文化为魂，建设体现和合文化价值的天台山"和合小镇"，着力打造中华和合文化的标志地、传播地和朝圣地。台州市以"和合"理念扎实推进全市域统筹和"三区两市"协同发展，建设富有台州特色的现代化城市，整合天台山、神仙居两个5A级旅游景区资源，建设"新天仙配"旅游精品线，举办和合文化与党性修养研讨班，赋予和合文化以新时代内涵，让广大党员干部在干事创业中努力造就"贵和尚中、善解能容，厚德载物、和而不同"的精神品格。积极弘扬和合文化，能够不断提升社会和谐的程度。我们要坚持"和而不同"的和合精神，对不同民族的风俗习惯予以包容，让其保持原有风情，在民族和合、融合中实现共同发展、共同富裕。不仅如此，"和合"文化还有助于在当代中国构建和睦友善的人际关系和邻里关系，有助于和谐共生的人与自然关系的发展。

总之，我们所致力于建设的和谐社会，是一个具有民主法治、公平正义、诚实友爱、充满活力、安定有序、人与自然和谐相处等基本特征的现代化社会，它需要我们遵守共同的伦理规范。中华优秀传统文化中所蕴含的完备人际规范，依然是当今中国实现人与人、人与社会、人与自然和谐的精神财富和基本保障。大力弘扬传统人际规范，对建设富强民主文明和谐美丽的社会主义现代化国家具有重要意义。

第五章
以深厚民族精神凝聚华夏子孙共襄复兴伟业

民族精神是一个民族在漫长的历史发展过程中逐渐形成并积淀下来的精神样态，是为绝大多数共同体成员所认同的价值观念、价值取向和价值追求。作为民族生存和发展的思想精粹，民族精神对整个民族发挥着维系、协调、指导和推动功能，是一个民族生命力、创造力和凝聚力的集中体现。在一定程度上说，民族精神是一个民族赖以生存、发展的灵魂。中华民族在五千多年的发展中，形成了以爱国主义为核心的团结统一、爱好和平、勤劳勇敢、自强不息的伟大精神。中华民族精神源远流长、博大精深，是实现中华民族伟大复兴的强大精神动力。我国社会主义现代化是一项宏大浩繁的工程，没有中华民族精神的支撑是难以完成的。实现中华民族伟大复兴是近代以来中国人民的伟大梦想，完成这一伟大事业必须弘扬中华民族精神，以中华民族精神凝聚海内外华人为这一共同理想而奋斗。

一 中华传统文化蕴含深厚民族精神

民族精神是一个民族优秀文化的精髓。中华传统文化是反映中华民族特质和中国地域风貌的文化，是一种具有鲜明民族特色的文化样态。在中华传统文化的长期发展过程中，积极的、优秀的因子和元素不断积淀，形成了中华民族精神。中华民族精神包括多要素、多层次、多类型，其基本元素在华夏民族形成和发展中就已经具备，随着历史的演进日渐趋于丰富和完整。中华民族精神集中体现为以爱国主义为核心的团结统一、爱好和平、勤劳勇敢、自强不息等精神。

（一）爱国主义精神

爱国主义是指个人或集体热爱、维护、支持祖国的积极态度和行为，集中表现为一个民族的自尊心、自信心和对祖国的关心和热爱，特别是当祖国受到外来侵略时奋不顾身英勇保卫祖国的精神。爱国主义是中华民族精神的核心，在中华民族精神中具有举足轻重的地位，是中华民族精神的根本和灵魂，是中华民族最悠久、一以贯之的文化传统，也是中华民族发展的重要精神支柱。

爱国主义是中华民族精神的根本。中国是一个以汉族为主体、由多民族汇合而成的国家。国家属性与民族属性在中国这样一个统一的社会主义国家是同构的，所以说，热爱中华民族与热爱中国是一致的。民族精神是民族文化最深刻和最本质的表达，是国民性格、思维方式和价值观念的集合体。民族精神中最核心的内容是维护本民族的尊严与独立、生存和发展。从这个意义上说，爱国主义是中华民族精神最直接和最内在的表现，因为爱国主义体现出捍卫国家主权和维系民族尊严的坚定信念，表达出对祖国历史文化的敬畏和与祖国休戚与共的深厚情感，彰显出关心祖国安全和发展的历史使命感。

爱国主义是中华民族精神的灵魂。中华民族精神内涵丰富、层次多元，但爱国主义精神贯穿始终，因为爱国主义是培育和塑造崇高民族精神的主要动力。许多优秀民族精神是在献身祖国、建设祖国的光辉实践中锻炼出来的。正是为了祖国的安全，黄继光、邱少云在抗美援朝战斗中舍生忘死、勇于牺牲；正是为了祖国早日脱掉贫油的帽子，王进喜表现出艰苦奋斗的忘我精神；正是为了祖国大家庭的团结和发展，孔繁森"舍小家顾大家"，两次援藏。中国人民之所以在社会主义革命和建设中表现出求真务实、艰苦奋斗、尚仁崇义、见义勇为、敢于创新、勤劳勇敢、团结统一、自强不息、无私奉献等优秀品质，归根到底就是为了祖国的生存与发展、繁荣与昌盛。

爱国主义是中华民族最悠久的精神传统。中国几千年的历史正是依靠中华各族人民的爱国情感驱动前进的，各族人民以自己的勤劳和智慧创造了光辉灿烂的中华文化。中国人民将国家利益和民族大义视为国家生存根本，无数志士仁人以爱国为崇高之志，以报国为终生之责，"苟利国家生死以，岂因祸福避趋之",演绎出一曲曲维护民族团结、祖国独立与尊严、反抗外来侵略的英雄赞歌。中华民族不仅以勤劳勇敢著称于世,也以忠心报国著称于世。同其他民族相比,中华民族的爱国主义精神表现得更为强烈、更为普遍,深深扎根于中华民族的肌体之中。今天,爱国主义仍是鼓舞全国人民建设中国特色社会主义的根本动力,仍是民族精神中最闪光的部分。

(二) 团结统一精神

团结统一的民族精神根植于中华大地,深深嵌入于中华民族的民族意识中,是中华民族精神的重要内容。团结统一精神作为中华优秀传统文化的精髓,早在先秦时期就已经初露端倪,那时的老百姓就有了"天下"和"大一统"的观念。秦朝统一中国,实行郡县制,我国西南地区的少数民族区域也都纳入秦朝的管辖之下。到了汉朝时,我国西北地区设置了西域都护府,在中央政权的有效管理之下,中国的地域空前广大。秦汉时期开创的中国两千多年的大一统格局,虽然在有些历史年代遭到破坏,出现过短暂割据和局部分裂,但国家的统一始终是主流,这种总体格局一直延续至今。春秋战国后的秦汉时期、魏晋南北朝后的隋唐时期、五代十国后的元明清时期,每一次分裂结束之后,统一的范围都越来越大,统一进来的民族越来越多。中国各民族都把统一当作最根本、最长远的利益,久而久之,团结统一成为中国各族人民的共同愿望和价值目标。

团结统一是中华民族优良的精神传统。从远古时代起,中华各民族成员便建立起较为紧密的联系,共享自然资源、共同开发祖国河山,两千多年前就形成了幅员广阔的统一国家。尽管中国在历史上经历过短暂的分裂,但民族团结与国家统一始终是中华民族发展的主流。在漫长的历史发展过程中,我国各族人民共同生活和劳动,一起维护着祖国的大好河山。新中国成立后,我们党实行民族区域自治,既尊重各民族的传统文化与风俗习惯,又重塑了各民族平等、团结、互助的新型关系,确保了中华民族空前的大团结,为中华民族伟大复兴中国梦的实现奠定了坚实保障。

团结统一是影响民族主体精神的重要因素。团结统一不仅是一种社会理想,更是一种思想境界,它可以激发人的斗志,提升人的品格。"爱国主义的根本指向,除了维护祖国的尊严、促进祖国的发展外,就是推动祖国的统一，实现各民族之间的团结合作。同时，像不畏艰险、勇于拼搏、无私奉献等崇高精神，也是在团结统一的信念驱动下形成起来的。"① 为了维护祖国统一，防止外敌入侵，为了民族团结大业，许多优秀中华儿女抛家舍业，固守边关，支援边疆建设，表现出艰苦创业、吃苦耐劳、自强不息、舍己为公等高尚品质。

团结统一为巩固主权统一奠定坚实的精神基础。团结统一不仅是中华民族的主体精神，也是一个国家和一个民族生存发展的重要目标。任何一个国家和民族的发展与进步，都离不开稳定的局面、统一的格局和团结的氛围。如果我们能够把团结统一视为社会发展的美好方向，并将其内化为共同体成员内在的理想信念，这种精神就会转变成为推动人与社会前进的强大动力。团结统一的民族精神，既在国家和民族顺利发展时提供动力支持与发挥导向作用，也会在国家和民族面临危机挑战时提供精神慰藉与发挥激励作用。

（三）爱好和平精神

爱好和平是中华民族的悠久传统，渗透在中国人的性格、思想观念和人生态度中，成为中华民族精神极其重要的组成部分。中华民族自古至今从不以邻为壑，从不主动侵占别国的领土和主权，在处理国际关系、民族关系时总是大力倡导"和合文化"。

爱好和平是中国处理国际关系、民族关系问题的重要价值取向。和平包括国际和平和国内和平两个维度，前者关涉国与国之间的协调，后者意指本国内各民族能够友好相处。爱好和平就要"协和万邦"，反对殖民主义、霸权主义和民族沙文主义，主张通过协商途径化解矛盾与冲突，维护各国和各民族之间的和睦关系。爱国主义、团结统一与爱好和平既相互关联、彼此作用，又各有侧重、有所差异。爱国主义重在调节社会成员与民族共同体的关系，团结统一重在调节国家内部各民族之间的关系，而爱好和平既调节国与国的关系，又调节国家内部各民族之间的关系。爱国主义最突出的表现形式是维护国家的和平与安全。爱好和平则为国家统一和民族团结提供心理基础。

---

① 涂可国：《论中华民族精神的基本结构与主要特征》，《山东社会科学》2006 年第 3 期。

爱好和平是中华民族的优良传统和美好愿望。先秦思想家提出了"亲仁善邻，国之宝也"的思想，反映的是古代中国人民希冀天下太平、各国人民和睦友好的夙愿。中国社会发展进程中，始终秉承"和为贵"的处事理念，积极发展同世界其他国家和民族的友好往来，既传达中国的待人之心，又为人类文明进步贡献力量。汉武帝派遣使者出使西域，唐太宗发展西域交通，郑和七次下西洋，开辟"丝绸之路"等，都是中华民族对外和平交往的历史见证。中国发展的历史实践一再证明，中国人民是爱好和平的人民，对内重视社会的道德教化，对外重视睦邻友好。尽管中国在历史上也曾发动过几次战争，但一则中华民族主要采取守势，较少主动侵犯他人；二则中华民族对异族包括蛮族主要采用怀柔政策，而非"大棒"政策；三则即使对外有些扩张，现实却是中国人并未遵行殖民主义路线，从未拥有一个殖民地。[①]这表明中华民族从总体上说具有爱好和平的优秀品格。新中国成立以后，我们坚持独立自主的和平外交方针，促进世界和平与共同发展是我国外交政策的宗旨。我们历来主张通过和平的手段解决国际争端，反对霸权主义和强权政治。我们还多次向全世界庄严宣告：中国永远不称霸，中国的发展与进步，不会对任何人构成威胁。今天，谁也不能否认，社会主义中国是维护世界和平、促进共同发展的一支重要力量。

（四）勤劳勇敢精神

劳动是创造价值与财富的源泉，是生产物质资料、丰富精神资料、推动社会发展的重要基础和基本前提，更是一个国家和民族能够兴旺发达所应具备的优秀品格。热爱劳动是中国人的传统美德，中华民族正是在热爱劳动、尊重劳动、勤于劳动的历史长河中不断发展进步的，同时塑造了中华儿女勤劳勇敢的精神品质，成为中华民族精神的象征。

勤劳勇敢是中华民族最值得称赞的国民品性。通常来说，道德包括社会性道德（也称为协调性道德）和个体性道德，前者是调整人与他人、社会之间关系的行为规范的总和，后者是一种彰显人对自身的各种义务的品质修养。爱国主义、团结统一、爱好和平是一种社会性规范，勤劳勇敢则属于个

---

① 参见涂可国《儒家"中和"思想在维护国家文化安全中的作用》，《东岳论丛》2004年第12期。

人品质，是社会对个体行为的要求。在美国历史学家摩尔根的《古代社会》中所描绘的原始人的生活图景中，与团结互助并行的习惯性道德规范就是勇敢勤劳。古希腊哲学家更是将勇敢、明智、节制、公正视为人们应当具备的四种美德，前三种是个体性道德，公正则是社会性道德。当然，把勤劳勇敢看作是个体道德，与将其视为中华民族精神的重要内容，二者并不冲突。这是因为，作为一种个体性道德存在的勤劳勇敢在长期的社会生活和历史发展进程中会逐渐成为一种被大多数共同体成员所认可并接受的品德，这个时候它就由一种个体性道德转变为具有普遍意义的民族精神了。

勤劳勇敢是中华民族最悠久的精神品格。中华民族的先人在同周围的自然环境抗争中磨炼出了勤劳勇敢的可贵品质。中国社会发展中长期存在的小农经济也培育出悠久的农耕文明，勤奋劳作的中国人民培养出了勤劳勇敢的高尚品德。中国人民历来重视勤劳，视勤劳为立身立国之本，"忧劳可以兴国，逸豫可以亡身"①，"勤则难朽，逸则易坏"②，"业精于勤荒于嬉"③，强调"民生在勤，勤则不匮"④。勇敢同勤劳紧密关联，是与智慧、仁义并列的"三达德"之一，成为中华民族精神的鲜明特征。中国古代思想家认为"勇者无惧"，为了正义和真理可以不惧权势、不畏强暴、不怕孤立、不计生死，这就是所谓的"率义之谓勇"⑤。今天，我们倡导勤劳勇敢的民族精神，就是要充分发挥人民群众的积极性、主动性和创造性，艰苦奋斗，开拓创新，为物质文明、政治文明和精神文明建设，为国家的发展和民族的振兴，为创造自己更加美好幸福的生活，贡献出全部的聪明才智。

勤劳勇敢是同其他民族精神有机联系的优秀品质。唯有当一个人拥有爱国之心时，他的劳动才会高尚和具有意义，他的勤劳才能成为推动社会发展的强大动力。为了民族振兴和国家利益的劳动，才是光荣的事情、真正的担当。当一个人有了强烈的爱好和平愿望与维护祖国统一、民族团结的决心，他才能在民族生死存亡关头挺身而出、视死如归、英勇顽强。勤劳勇敢则为

---

① 《新五代史》卷37《伶官传》。
② 《曾国藩文集·处世金针·修身之要》。
③ 《昌黎先生文集》卷11《进学解》。
④ 《左传·宣公十二年》。
⑤ 《左传·哀公十六年》。

爱国、团结、统一、和平输送动力和提供条件。只有依靠勤劳勇敢，才能使国家繁荣富强并永保和平安宁，才能维护国家安全与领土完整。懒惰与懦弱，只会导致国家贫弱，导致受外敌欺侮。

（五）自强不息精神

自强不息是中华民族自立于世界民族之林的生活态度和坚强意志。中国人在与自然抗争、化解各种风险挑战时将自强不息练就为自己的自觉追求，将其塑造为中华民族精神的主体要素。

自强不息充分显示了社会主体的能动性、自觉性和坚定性。中华民族的自强不息精神，主要是以民族为主体所展现出来的品格特质。自强不息既表现为主体自尊自信、自立自主、不卑不亢的独立人格，又表现为奋发图强、坚忍不拔、勇于开拓等进取性品格，还表现为永不知足、永不停止、坚持不懈等执着追求。自强不息不仅是个体需要具备的优秀品性，更是一个民族和国家应有的积极精神。自强不息精神彰显出中华民族朝气蓬勃的顽强生命力，表现出百折不挠的斗争风貌，显示出不畏艰险的坚强意志，呈现出独立自主的民族风格。①

自强不息是中华民族传统文化的精华。我们的先哲洞察世界万物的运动变化规律，为顺应运行规律、维系自身生存、推动社会进步，提出了"天行健，君子以自强不息"的思想，成为激励中国人民迎难而上、变革图强、开拓创新、接续奋斗的精神力量。华夏文明的发展，优秀文化的传承，民族精神的彰显，经济社会的进步，国际地位的提升，都是中华民族艰苦奋斗、自强不息的结果。自强不息已经成为中华民族的精神表征，影响着整个民族文化和精神活动的走向，始终是我们国家和民族发展的精神动力。特别是近代以来，面对列强欺凌、国势衰败，为了摆脱半殖民地半封建的历史境遇，中国人民进行了艰苦卓绝的斗争。孙中山提出"振兴中华"的口号，领导辛亥革命推翻了在中国延续几千年的君主专制制度。中国共产党在马克思主义和毛泽东思想指引下，领导中国人民实现了民族独立和人民解放，并坚持从中国国情出发走出符合自身实际的民族发展之路。

---

① 参见涂可国《论中华民族精神的基本结构与主要特征》，《山东社会科学》2006年第3期。

自强不息是中华民族精神的灵魂。自强不息是中华民族赖以形成、繁衍、发展、稳定及自立于世界民族之林的牢固基石。中华民族在漫长的发展进程中久经磨难而不坠，几临厄运而不倒，并一次又一次地衰而复兴、蹶而复振、转危为安，巍然屹立在世界的东方，靠的正是自强不息的伟大精神。[①] 自强不息是民族精神的基础。只有自强不息，奋发有为，战斗不止，才能为祖国的繁荣富强、安定和平提供强大的物质文化基础，才能树立起坚定的民族自尊心和自信心。只有自强不息，才具有主观能动性而在大风大浪中显示出勇敢果断精神来。自强不息精神，实质上就是民族主体意识。在当前国际交往日益广泛、全球化趋势日益明显、国际竞争越来越激烈的态势下，中华民族要在对外开放中求生存、求发展、求稳定，就必须努力增强自主意识、主体意识，弘扬民族的自强不息精神。

中华优秀传统文化中蕴含的这几种民族精神，相互联系、彼此支撑，为中华民族的发展进步和中华文明的繁荣传播夯实了精神基础。其中，爱国主义是核心，自强不息是灵魂，团结统一、爱好和平和勤劳勇敢是主干，共同促成中华民族的生存、发展和振兴，为中国社会的发展进步提供了强大精神动力。我们要深入挖掘中华民族精神的丰富内涵，推动其当代转型与创新发展，助力中华民族伟大复兴中国梦的实现。

二 中华传统文化深厚民族精神的当代价值

古往今来，一个国家、一个民族的兴旺发达，必须有民族精神作为支撑。没有民族精神的支撑，就很难生存和发展，很难自立于世界民族之林。中华传统文化所孕育的深厚的民族精神，始终是维系中华各族人民共同生活的精神纽带，是支撑中华民族生存和发展的精神支柱，是实现中华民族伟大复兴的强大精神动力，在当代中国社会主义现代化强国建设中具有重要价值。经过内涵的不断丰富和内容的创新转换，中华民族精神必能在新时代焕发新的生机活力，为中华民族伟大复兴提供充足动力与丰厚滋养。

---

① 参见涂可国《论中华民族精神的基本结构与主要特征》，《山东社会科学》2006年第3期。

（一）中华民族精神是维系各族人民共同生活的精神纽带

中华民族在五千多年的发展中，逐渐形成了以爱国主义为核心，以团结统一、独立自主、爱好和平、勤劳勇敢、自强不息为主要内容的伟大的民族精神。这一民族精神能够团结全国各族人民、海内外华人华侨，具有强大的凝聚功能。

首先，中华民族精神渗透着强烈的民族认同感。中华民族精神的凝聚力来自于对中华传统文化的认同。习近平指出："文化认同是最深层次的认同，是民族团结之根、民族和睦之魂。文化认同问题解决了，对伟大祖国、对中华民族、对中国特色社会主义道路的认同才能巩固。"① 对中华传统文化的认同，首先表现为对中华民族的认同。中华是从古至今对中国的一种称呼，是中国和华夏的合称。中华民族的家园位于亚洲东部，西起帕米尔高原，东至太平洋西岸诸岛，北边是广阔无垠的沙漠，东南是一望无际的大海，西南是热带森林和连绵不绝的山峦。这片大陆四周有自然屏障，内部有结构完整的体系，形成了一个独特的地理环境。在中华大地上，北到黑龙江，西南到云南，东到台湾，很早就有了人类的活动并较早进入文化期。在长期进化演变过程中，中华大地上诞生出各种文化，经过进一步的相互碰撞、相互交融、相互砥砺、相互吸收，逐渐形成为多元一体的文化格局。

"华夏"一词源起于中国的上古时期。华夏也称"夏""诸夏"，又称"华"或"诸华"。开始时，古代居住于中原地区的汉族先人，为了表示与四夷（东夷、南蛮、西戎、北狄）的不同，使用了"华夏"一词，又称"中华"。华与夏曾相互通用，"中华"又称"中夏"。在中国最早的史书中，把中国的上古史编成"三皇五帝"的历史系统。华夏是许多汉民族的部落联盟，其中比较著名的部落首领有太昊（伏羲）、少昊（白帝）、颛顼（黑帝）、黄帝、炎帝（赤帝）、帝喾（高辛氏）、祝融、伯益、舜、尧等。其中炎帝和黄帝为共主。各个部落之间的争斗、竞争、吞并、融合，一直随着历史的演进在不断进行中。黄帝就曾击败过蚩尤和炎帝，舜把与他作对的其他氏族部落放逐到蛮夷戎狄那里，加快了中原居民领土的扩张和文化的传

---

① 《习近平关于社会主义政治建设论述摘编》，中央文献出版社2017年版，第157页。

播。而后的夏、商、周这三个朝代，从一个历史过程看，正是汉族前身华夏这个民族集团从多元形成为一体的时期。从中华民族的源起以及世世代代的繁衍、发展的历史，可以清楚地看到，中华民族是一个历史悠久的多民族大家庭，由起初以华夏族为中心，不断地融合、吸收其他各民族，逐渐发展而来的。承认中华民族是民族认同的基本要求，也是中华传统文化认同的基石。

近代中华民族的认同起始于鸦片战争，那时的中国正经历着数千年未有之大变局。帝国主义的侵略，使中华民族陷于空前的危机之中。特别是中日甲午战争的失败，使中华民族走到了最危险的境地。中华民族的救亡与图存，使得关于中华民族的认同感得到空前增强。正如费孝通所指出的："中华民族作为一个自觉的民族实体，是近百年来中国和西方列强对抗中出现的，但作为一个自在的民族实体则是几千年的历史过程所形成的。"① "中华民族"这一观念至关重要，它是近代民族认同的核心环节，它的出现是中华民族精神形成的重要前提。1902年，梁启超在《论中国学术思想变迁之大势》一文中开始使用"中华民族"的概念。他说："齐，海国也。上古时代，我中华民族之有海思想者厥惟齐，故于其间产出两种观念焉：一曰国家观，二曰世界观。"② 其所谓的"中华民族"指的是华夏族，即汉族。1905年，梁启超在《历史上中国民族之观察》一文中，又数次使用"中华民族"一词，并明确指出："今之中华民族，即普通俗称所谓汉族者"，但同时又证明"中华民族自始本非一族，实由多数民族混合而成"。③ 梁启超对于中华民族的认识虽然具有一定的局限性，但他对"中华民族"的阐发，代表着当时社会上一部分有识之士，已经开始从历史连续性和文化包容性上看待中华民族的形成和发展了。

孙中山的中华民族观在中国近代史上举足轻重，有着重要历史地位和意义。他从倡导"五族共和"到完全认同中华民族，经历了一个过程。民国初期，孙中山提出"五族共和"的思想，并把它作为处理国内民族关系的

---

① 费孝通：《中华民族的多元一体格局》，《北京大学学报》（哲学社会科学版）1989年第4期。
② 梁启超：《论中国学术思想变迁之大势》，载《饮冰室合集》第1册，《饮冰室文集》之七，第21页。
③ 梁启超：《国史研究六篇》第2版，中华书局1947年版，第4页。

准则。"五族共和"就是"合全国人民,无分汉、满、蒙、回、藏,相与共享人类之幸福",其中,民族统一与平等是它的基本原则。"五族共和"思想打破了长期以来唯我独尊的民族关系,第一次从理念上将少数民族置于和汉族同等重要地位,由此使统一多民族共和思想深入人心。五四运动以后,孙中山跨越了"五族共和"的认识,进一步摒弃了大汉族主义的遗存,确立起各民族真正平等的现代意义上的中华民族观。他说:"建设一为民所有、为民所治、为民所享之国家,以贻留我中华民族子孙万年之业,庶几今日乃有可庆祝之价值也。"① "中华民族者,世界最古之民族,世界最大之民族,亦世界最文明而最大同化力之民族也。"② 孙中山的中华民族观在认识上的飞跃,由此可见。

20世纪30年代日本帝国主义对中国的侵略,使中国再次面临严重的民族危难,增强民族认同感成为重要的时代课题。"中华民族"这一概念在当时成为最能激发各族人民的抗战斗志、最易被国内各种政治势力共同接受的时代话语。1938年7月发表的《康藏民众代表慰问前线将士书》指出:"中国是包括固有之二十八省、蒙古、西藏而成之整个国土,中华民族是由我汉、满、蒙、回、藏及其他各民族而成的整个大国族。日本帝国主义肆意武力侵略,其目的实欲亡我整个国家,奴我整个民族,凡我任何一部分土地,任何一部分人民,均无苟全悻存之理。"③ 中华民族认同在关键时期成为凝聚中华各民族人民的重要精神力量。

中华民族认同的真正形成,是在中国共产党领导下的革命和建设的伟大事业中完成的。中国共产党致力于中华各民族的团结和统一,为此作出了卓越贡献。特别是新中国成立后,中国共产党为了实现中华各民族的大团结、大统一,制定了一系列方针、政策并发挥了极为重要的作用。中华民族精神中民族认同的思想,对于加强中华民族共同体意识是必不可少的。习近平指出:"中华民族具有5000多年连绵不断的文明历史,创造了博大精深的中华文化,为人类文明进步作出了不可磨灭的贡献。经过几千年的沧桑岁月,把

---

① 《孙中山全集》第2卷,人民出版社2015年版,第149页。
② 《孙中山全集》第2卷,人民出版社2015年版,第153页。
③ 《康藏民众代表慰问前线将士书》,《新华日报》1938年7月12日。

我国 56 个民族、13 亿多人紧紧凝聚在一起的，是我们共同经历的非凡奋斗，是我们共同创造的美好家园，是我们共同培育的民族精神，而贯穿其中的、更重要的是我们共同坚守的理想信念。"①

其次，中华民族精神中的爱国主义具有强大的感召力。爱国主义是中华民族精神的核心。爱国主义的巨大感召力和凝聚力，维系着全体中华儿女的意志和信念，成为鼓舞全国各族人民不断开拓进取，创造中华文明新成就的强大精神动力。

爱国主义传统在中华民族发展历史上源远流长。在漫长的原始社会，具有血缘关系的氏族成员，世世代代繁衍生息在以黄河和长江中下游为中心的华夏大地上，他们辛勤地采集、狩猎、捕鱼、种植，维持自己的生存和发展。由此而萌发的依恋故土、崇尚自然的纯真朴素感情，成为爱国主义的萌芽。随着原始社会的解体和阶级社会的产生，人类原有的怀乡恋土的情感得以继承和发展。从"举头望明月，低头思故乡"到"遥望中原怀故土，静观叶落总归根"。怀乡恋土作为一种深厚的精神力量，成为爱国行为的心理学基础。正是这种对故乡、故土、故国的依恋和热爱，在中华历史上谱写了一曲曲动人心弦的爱国主义乐章。由此可见，怀乡恋土情感是中华民族爱国主义萌发的根源。随着人类社会的发展进步和国家的产生，朴素的怀乡恋土情感和对中华民族的认同感不断得以强化，升华为一种自觉的思想意识。

爱国主义在近现代中国表现得淋漓尽致。从鸦片战争开始，中华民族一次次面临世界列强的欺侮，正是在爱国主义的感召下，中国人民才能力克艰难险阻，最终取得胜利。在爱国主义的旗帜下，人们增强民族自信心和自尊心，紧紧地凝聚起来，共同抵御外敌侵略、克服遇到的各种困难。1840 年，英国殖民主义者发动了鸦片战争，强迫清政府签订了不平等的《南京条约》，打开了中国的大门。之后，大大小小的帝国主义国家蜂拥而来，争相掠夺中国的领土和财产，迫使中国一步步进入了半殖民地半封建社会。爱国主义传统在那时开始得到重铸，中国人民高举起爱国主义的大旗，进行了反对外来侵略、维护祖国独立与尊严、拯救民族于危难之中的艰苦卓绝的斗

---

① 《习近平谈治国理政》第 1 卷，外文出版社 2018 年版，第 39 页。

争，涌现出一批志士仁人，提出了一系列爱国救国的主张。林则徐虎门销烟运动、关天培镇守虎门炮台、甲午中日战争中的黄海战役、三元里人民自发的抗英斗争、太平军抗击洋枪队、义和团运动、五四运动等，涌现出无数的爱国将领和爱国人士。他们有的为了保卫祖国而献出自己的生命，有的具有高尚的民族气节，有的毕生忧国忧民，如"苟利国家生死以，岂因祸福避趋之"的林则徐，为国捐躯的清国将领关天培、葛云飞、邓世昌，有收复边疆的左宗棠、天下为公的孙中山等。正是这些人所表现出来的精神，构成了我们中华民族的脊梁，成为中华民族前进的强大推动力量。

中华民族有史以来就有一种对自己的祖国热爱、眷恋的爱国主义情感。这种情感把个人与伟大的祖国联系起来，把祖祖辈辈生息繁衍的中华大地及其伟大的人民、灿烂的文化渗入到自身的情感之中，从而产生出对祖国的赞美、热爱和依恋之情。中华民族这种强烈的"本根"意识，使中国人无论身处何地，都有一颗赤诚的"中国心"。中国人的爱国主义情感使得他们把祖国视为自己的"根"，以自己是一个中国人、是炎黄子孙而感到骄傲和自豪。梁启超曾在《少年中国说》一文中写道："美哉我少年中国，与天不老！壮哉我少年中国，与国无疆！"孙中山在革命生涯中历经磨难，但他依然认为"吾侪生在中国实为幸福"。革命烈士方志敏被捕入狱后，在监狱中写作了《可爱的中国》，书中写道："中国是生育我们的母亲。"教育家陶行知曾经深有感触地说："我是中国人，我爱中华国，中国现在不得了，将来一定了不得。"邓小平一生三落三起，历经坎坷，当粉碎"四人帮"之后再次出来工作时，他已经七十多岁了。他满怀深情地说："我荣幸地以中华民族一员的资格，而成为世界公民。我是中国人民的儿子，我深情地爱着我的祖国和人民。"他把毕生精力献给了中国人民的伟大事业，谱写了爱国主义的壮丽诗篇。

在新民主主义革命和社会主义建设中，中华民族在中国共产党的领导下，把中华民族的公而忘私、国而忘家的爱国主义优秀传统表现得淋漓尽致。抗日民族英雄吉鸿昌被捕后，在英勇就义之前，面对敌人的屠刀，泰然自若，用树枝作笔，写下了气壮山河的诗句："恨不抗日死，留作今日羞。国破尚如此，我何惜此头！"在新中国成立后的社会主义建设事业中，无数共产党人舍小家顾大家，表现出高尚的爱国主义情怀，谱写了一曲曲感天动地的乐章。著名科学家茅以升，33岁就在国外获得博士学位，当时有人以"科学无祖国"这样的话劝他留在美国工作，被他拒绝了。他毅然决然回到祖国，投入到祖国的社会主义建设事业中来。面对国家困难局面，全党全国人民同心同德，艰苦奋斗，共渡难关。有宁肯少活20年、拼命也要拿下大油田的"铁人"王进喜，有为中国第一颗原子弹、氢弹的研制作出杰出贡献的"两弹元勋"邓稼先，还有心系百姓、甘当公仆、为人民利益而献出生命的党的好干部焦裕禄，他们都用自己的行动证明了爱国主义的伟大价值。改革开放以来，无数中华儿女为了社会主义建设事业，艰苦奋斗，无私奉献，以他们感人至深的事迹诠释了新时期的爱国主义。蒋筑英、李素丽、孔繁森、许振超、郑培民、牛玉儒……作为新时期的爱国主义者，为全国人民树立了光辉榜样，极大地凝聚了人心，鼓励了中国人民建设社会主义祖国的积极性。

最后，中华民族精神中的团结统一思想维护了中华各民族的大团结。中华民族精神所蕴含的巨大凝聚力，来自于中华民族精神中的团结统一思想，而团结统一思想在中华民族发展进程中，表现为"大一统"的认识。"大一统"是一个包含政治、文化等要素，内涵丰富的思想体系，是凝聚中华民族的重要力量。古代典籍《春秋公羊传》开篇首创"大一统"："元年春王正月。元年者何？君之始年也。……曷为先言王而后言正月？王正月也。何言乎王正月？大一统也。"① 何休《解诂》曰："统者始也，总系之辞，天王者始受命改制，布政施教于天下，自公侯至于庶人，自山川至于草木昆虫，莫不一一系于正月，故云政教之始。"《汉书·王吉传》也讲道："《春秋》所以大一统者，六合同风，九州共贯也。"② "大一统"思想表现在认识和处理民族关系上，就是"华夷一统"，在中国历史的长河中逐渐发展为中华整体的观念。

"大一统"思想在中国历史上有一个萌芽、形成和发展过程。它萌芽于夏、商、西周，经春秋战国时期的丰富和发展，随着秦汉统一的多民族国家的建立而完善、确立，成为中华民族精神中的重要内容。经过西汉、

---

① 《春秋公羊传·隐公元年》。
② 《汉书》卷72《王吉传》。

东汉四百年的统一,"大一统"思想已经根深蒂固。汉族和非汉族、内地和边疆民族地区已经发展成为不可分割的统一整体,形成了"华夷一体"的观念。东汉以后,匈奴、鲜卑、羯、氐、羌等边疆民族大规模内迁,客观上又强化了"大一统"思想。中国历史上经过魏晋南北朝时期民族的大融合,中华各民族间的内在联系与密不可分的整体性得到进一步加强。隋唐的空前强盛和统一,促进了中国各民族的大交流、大融合。辽、西夏、金的汉化与民族认同,加强了中华民族文化的内在统一,发展了"华夷一体""共为中华"的思想,使中华民族的整体观念得到强化。经过元、明、清的进一步发展,大一统思想和中华民族整体观念深入人心,并在近代全国各族人民反帝、反封建的民族斗争中得到升华,成为凝聚中华各族人民的重要精神力量。

在"大一统"思想的作用下,中国经过长期的民族融合与文化交流,形成了一个由56个民族组成的多民族的统一国家。近代以来,随着外国列强的入侵,造成中国边疆危机、民族危机,中华民族到了最危险的时刻。中华民族的整体观发挥了很大的作用,各族人民团结一心,共御外侮,在全国上下掀起了救亡图存的运动。在反帝反封建的斗争中,中华民族迸发出强大的凝聚力,由一个自在的整体升华为一个自觉的整体,全国人民由自发联合走向自觉联合。在中国共产党的领导下,中华民族取得了民族民主革命的胜利,实现了民族平等和民族团结。新中国成立后,在中国共产党民族政策的指导下,中华各民族空前团结,实现真正意义上的各民族的统一,中华民族正日益显示出前所未有的勃勃生机,中华民族的凝聚力空前强大。中华民族精神中的"大一统"思想,起到了维护民族团结、维护祖国统一的重要作用。随着香港、澳门的回归,海峡两岸的统一提到议事日程上来。正如习近平指出的:"解决台湾问题、实现祖国完全统一,是全体中华儿女共同愿望,是中华民族根本利益所在。"[①] 可以说,中华民族的整体观和"大一统"思想,是实现祖国完全统一的思想前提。

[①] 习近平:《决胜全面建成小康社会 夺取新时代中国特色社会主义伟大胜利——在中国共产党第十九次全国代表大会上的报告》,人民出版社2017年版,第56页。

(二) 中华民族精神是支撑民族生存发展的精神支柱

一个民族的生存和发展离不开物质动力,更离不开精神动力。中国作为一个拥有璀璨文明和悠久历史的文化古国,薪火相传、生生不息,其中最重要的原因在于中华民族形成了独特的民族精神。在当今中国,以爱国主义为核心的中华民族精神发挥着不可低估的重要作用,成为中华民族生存和发展的不竭动力。

首先,中华民族精神是中华民族生存和发展的文化软实力。"软实力"一词最早是由美国哈佛大学肯尼迪政府学院院长约瑟夫·奈提出来的。他在《软实力:世界政治中的制胜之道》一书中,全面界定了软实力的内涵:"软实力是通过吸引而非强制的方法使他者满足自身意欲达致的目标的能力。"即是说,软实力是一种"塑造与影响他者偏好的能力",其力量来源是"对他者的文化吸引力、国内奉行的政治价值观念、外交政策的合法性与道义权威",其实现方式是吸引他者以及互相选择。[①] 由此可见,软实力是相对于硬实力来说的一种文化影响力。后来,人们在软实力的基础上明确提出了文化软实力的概念。文化软实力是指一个国家或地区基于文化而具有的凝聚力、生命力、创新力、传播力和影响力。文化软实力的形成,必须依赖先进的文化,而这种文化只有与时俱进才能更好地服务于当代社会,促进人的自由全面发展,由此体现出强大的吸引力和感染力。

文化软实力的作用主要体现在国内和国际两个层面。国内通过文化建设不断强化本国文化的认同感,抵御国外一些敌对文化理念的侵袭,增强国内民众的凝聚力。本国文化通过吸收国外先进文化元素改造自身的落后成分,从而更加适应当前形势,彰显其强劲的生命力。在国际政治舞台上,本国文化兼容并蓄,以其丰厚的内涵、科学的内容、包容的姿态和恰当的形式为国外受众所认可,由此不断提升自己的国家形象和影响力。文化软实力产生于一定的文化资源之上,其主要内容涉及国家价值追求、道德规范及其氛围状

---

① Joseph S. Jr., *Soft Power: The Means to Success in World Politics*, New York: Public Affairs, 2004, p. 31, pp. 5–11, 转引自陈向阳《论软实力与中国外交》, 载郭树勇主编《国际关系: 呼唤中国理论》2005年第11期。

态、民族精神及其品格水准、国民素质及其声望影响、社会理念、舆论系统、风俗习惯、文化艺术、宗教信仰、文化理论，以及教育水平、科技水平、文化产业、传播媒体等多个方面。由此可见，文化软实力是个系统，其中文化是主要内容，而民族精神是核心。

中华优秀传统文化是中国文化软实力的重要来源。习近平指出："中华民族有着五千多年的文明史，创造和传承下来丰富的优秀文化传统。一方面，随着实践发展和社会进步，我们要创造更为先进的文化。另一方面，在历史进程中凝聚下来的优秀文化传统，决不会随着时间推移而变成落后的东西。我们决不可抛弃中华民族的优秀文化传统，恰恰相反，我们要很好传承和弘扬，因为这是我们民族的'根'和'魂'，丢了这个'根'和'魂'，就没有根基了。"[①] 中华民族精神是中华优秀传统文化的积淀和精髓，是中国文化软实力的集中体现。以爱国主义为核心的中华民族精神，鼓舞着中国各族人民高举爱国主义的大旗，热爱祖国，维护祖国的统一。中华民族精神中的团结统一思想，是爱国主义精神在处理民族内部、各民族之间关系上的具体体现。因为只有祖国的统一和全国人民的大团结，才能使中华民族大家庭中的各个民族繁荣昌盛。爱好和平是爱国主义精神的展开和延伸，是在处理本民族与世界其他国家各民族之间关系上的具体体现。勤劳勇敢、自强不息的民族精神，是爱国主义精神的进一步彰显。中华民族精神中的这五种精神相辅相成，共同服务于爱国兴邦这一主题，在中华民族发展史中铸成伟大的中华民族之魂。

最后，中华民族精神是中国各族人民艰苦奋斗、自强不息的力量源泉。胡锦涛在西柏坡考察时指出，一个没有艰苦奋斗精神作支撑的民族，是难以自立自强的；一个没有艰苦奋斗精神作支撑的国家，是难以发展进步的；一个没有艰苦奋斗精神作支撑的政党，是难以兴旺发达的。纵观五千多年的中华文明史和我们党的百年奋斗历程，可以看出，中华民族的振兴与发展，我们党的壮大与兴旺，都与中华民族精神有着密切联系。艰苦奋斗、自强不息是中华民族的优秀品质和中国共产党的光荣传统，也是中华民族精神的重要内容和宝贵财富，是中国人民不畏艰险、克服困难、顽强奋斗的精神源泉。

---

① 《习近平实现中华民族伟大复兴的中国梦论述摘编》，中央文献出版社2013年版，第33页。

几千年来，一代又一代中华儿女在祖国大地上辛勤劳作、艰苦创业，形成了勤劳勇敢、不畏艰难的优秀品格，培育了博大精深的中华民族精神。艰苦奋斗是中华民族精神的重要内容。艰苦奋斗，从伦理角度讲是一种美德，要求人们勤俭节约、奋发向上、自立自强、艰苦创业；从价值角度讲是一种动力，鼓舞人们百折不挠、不畏艰难地去奋斗、去争取、去创造。中华儿女正是以艰苦奋斗、自强不息的精神，同自然灾害和外来侵略者作坚决的斗争，从而使中华文明生生不息，不断发扬光大。我们党在百年奋斗历程中，始终艰苦奋斗、顽强拼搏、奋力进取，由此才克服困难并夺取胜利。没有艰苦奋斗精神，就没有中华民族的不断发展，也没有我们党的兴旺发达。艰苦奋斗是一个国家、一个民族乃至一个人的精神动力，它可以充分调动内在的精神力量，谋事、干事甚至创造奇迹。而艰苦奋斗一旦成为一种民族精神，就会激励整个民族克服前进道路上的各种艰难险阻，昂扬向上，奋力攀登。

一个民族，没有振奋的精神和高尚的品格，不可能自立于世界民族之林。全面建成小康社会以后，我们开启全面建设社会主义现代化国家新征程，实现中华民族的伟大复兴，必须大力弘扬中华民族精神。改革开放以来，我国现代化建设步伐加快，综合国力显著提升，人民生活水平持续改善。但也要认识到，我国目前的发展还是不平衡不充分的发展，仍不能有效满足人民日益增长的美好生活需要和对高品质生活的追求；在实现中华民族伟大复兴的道路上，我们仍会面临诸多难以预料的风险挑战。如果缺失了中华民族精神，我们就难以解决遇到的问题，不可能克服前进道路上的各种困难与风险，也就无法完成建设社会主义现代化国家和实现中华民族伟大复兴的庄严使命。广大党员干部特别是领导干部，一定要充分认识艰苦奋斗的重大意义，努力拼搏，勇于创新，真抓实干。只有大力弘扬中华民族精神，自力更生、艰苦奋斗、自强不息，中华民族才能前进和发展，中国人民才能在世界文明发展进程中有所作为。

最后，中华民族精神是中华民族自立于世界民族之林的重要条件。一个国家、一个民族要自立于世界民族之林，不仅需要强大的经济基础和坚强的国防力量作为前提，还需要民族精神的支撑。中华民族精神是中国文化的精华，中国综合国力的增强、国际地位的提升、民族的伟大复兴，都与中华民族精神的弘扬密不可分。随着中国经济的迅速发展，中国的国际地位有了显著提高，在当代世界上发挥的作用也越来越大。中国的"一带一路"发展战略和构建"人类命运共同体"倡议，在世界各国引起了极大反响。中国已经成为世界上不可低估的、推动人类共同和平发展的重要力量。中国的发展和变化在世界上产生如此深刻而广泛的影响，中国在世界上有着如此重要的国际地位和发挥着如此重大的作用，与中华民族精神是分不开的。

中国特色社会主义进入新时代，我国发展的历史方位发生了深刻变化，我们的奋斗目标也在这种变化中与时俱进。特别是全面建成小康社会后，"我们要激励全党全国各族人民为实现第二个百年奋斗目标而努力，踏上建设社会主义现代化国家的新征程，让中华民族以更加昂扬的姿态屹立于世界民族之林"①。让中华民族以更加昂扬的姿态屹立于世界民族之林，是中国各族人民的共同夙愿。从中华民族发展历史上来看，目前是中华民族几千年文明发展史上最好的时期，也是中国历史上实现中华民族复兴的最好机遇期。中华民族在漫长的发展过程中，既有过繁荣兴盛的时期，也有过衰败凋敝的时期。中华民族是饱经磨难的民族，在历史上曾经遭受过外来敌对势力的侵略和凌辱。特别是到了近代，中国受到帝国主义列强恣意掠夺，逐渐沦为半殖民地半封建国家。帝国主义把一个个不平等条约强加在中国人民头上，在中国的领土上为所欲为、横行无忌。在帝国主义、封建主义和官僚资本主义三座大山的压迫下，中国人民处于积贫积弱、落后挨打的悲惨境地，广大的中国人民受到了最严重的侮辱。从1840年到1949年的110年时间里，英、法、日、美、俄等帝国主义列强，先后对中国发动了大小数百次侵略战争，强迫中国的腐败无能政府签订了110多个不平等条约，丧心病狂地侵犯中国的国家主权、掠夺中国人民的财富，残酷虐杀中国人民。中国丧失了国家主权，任帝国主义列强宰割和欺凌，根本没有什么尊严可言。

近代中国是中国人民饱受凌辱的历史，也是中国人民奋起抗争的历史。无数志士仁人为了维护国家的独立和民族的尊严，抵抗帝国主义的侵略，前赴后继，英勇奋斗。从鸦片战争开始，林则徐虎门销烟，拉开了中国人民奋起反抗帝国主义的序幕。中日甲午海战后，年方三十的谭嗣同在家乡满怀忧

---

① 《习近平谈治国理政》第2卷，外文出版社2017年版，第63页。

愤，写下了悲壮的《有感》，抒发他的爱国主义情怀。19世纪末，在中华民族面临民族危机的紧要关头，爆发了大规模的义和团运动，显示了中国民众抗击帝国主义侵略的决心，沉重打击了帝国主义侵略中国的嚣张气焰。孙中山领导的辛亥革命，高举"振兴中华"的大旗，极大地振奋了中国人民的斗志。十月革命一声炮响，给中国送来了马克思主义。1919年的五四爱国运动，是近代中国历史上第一次由学生、工人和广大市民直接发动的反对帝国主义、反对封建军阀的全国规模的群众性革命斗争。这场运动为传播马克思主义和中国共产党的创立奠定了基础。中国共产党成立后，中国革命的面貌焕然一新。从1921年到1949年新中国建立，中国人民经过了28年的浴血奋战，推翻了三座大山，完成反帝反封建的新民主主义革命任务，实现了近代以来几代人梦寐以求的国家独立和人民解放。在中国共产党领导下，中国人民经过北伐战争、土地革命战争、抗日战争和解放战争这样四次伟大的人民革命战争，结束了中国近代以来半殖民地半封建的历史，建立了中华人民共和国。中国人民从此站起来了，中华民族的五千年文明史，开始了新的历史纪元。

　　新中国成立后，在中国共产党领导下，全国人民齐心协力，万众一心，在短短的几年里，迅速恢复了经济生产，国民经济有了较快发展，人民群众的物质文化生活有了显著提高。特别是改革开放40多年的发展，中国取得了举世瞩目的成就，国家的综合国力和国际竞争力明显增强，世界上已经有170多个国家与中国建立外交关系，中国作为联合国五个常任理事国之一，在国际事务中发挥着重要的作用。中国坚决维护世界和平，支持世界人民的正义事业，促进世界经济社会的发展，在国际上树立了良好的形象，赢得了声誉。中国的文化事业有了较大的发展，建立了广泛的国际文化交流渠道，在海外产生了重大影响。中国的体育事业成就辉煌，在许多体育项目上有明显的竞争优势，在许多重大的国际比赛中打破了世界纪录和取得了优异成绩，让中华人民共和国的国歌响彻世界，让五星红旗高高飘扬。

　　中国之所以能够彻底改变近代以来饱受凌辱、积贫积弱的境遇，其根本原因就在于中国共产党顺应了历史发展潮流，把马克思主义与中国国情相结合，重振了中华民族精神。中国之所以能从一个破旧不堪的旧中国发展为繁荣强大的新中国，也是在中国共产党领导下，以马克思主义为指导，弘扬和传承中华民族精神，鼓舞广大人民以极大的热情投入到社会主义建设事业中去，体现出中华民族精神的巨大力量。

三 以深厚民族精神凝聚华夏子孙共襄复兴伟业的有效途径

习近平指出："我们的民族是伟大的民族。在五千多年的文明发展进程中，中华民族为人类文明进步作出了不可磨灭的贡献。""我们的责任，就是要团结带领全党全国各族人民，接过历史的接力棒，继续为实现中华民族伟大复兴而努力奋斗，使中华民族更加坚强有力地自立于世界民族之林，为人类作出新的更大贡献。"[①] 实现中华民族伟大复兴的中国梦，是中国共产党人的初心和使命，是中华民族的伟大理想。完成这一使命和实现这一理想，必须以深厚的中华民族精神团结各族人民，把海内外华人华侨的心紧紧凝聚在一起。在中华民族五千多年发展的历史中形成的伟大民族精神，拥有深厚的民意基础和扎实的文化支撑，对中华民族的发展进步起着价值导向和力量凝聚的作用。实现中华民族伟大复兴，需要大力弘扬中华民族精神，以民族精神凝聚华夏子孙，共襄复兴伟业。

（一）增强中华民族精神认同以夯实民族凝聚的基础

对于中国这一多民族国家而言，要保持国家的安全稳定，团结统一显得尤为重要。一个国家、一个民族只有形成了被绝大多数共同体成员所认同、接受并践行的民族精神，才有可能维护这个大家庭的团结统一，并使这个大家庭焕发出勃勃生机和青春活力。中华民族精神对于凝聚民族向心力、增强文化认同感、推动民族大团结发挥着重要作用。

首先，以中华民族精神引领中华文化认同。文化认同是一个国家和民族最根本的身份认同。文化是一个国家、一个民族的根脉，是一个国家和民族区别于其他国家和民族的最基本的特质。社会主义现代化国家建设中的文化

[①] 《习近平谈治国理政》第1卷，外文出版社2018年版，第3、4页。

认同，首先体现为民族文化认同，而民族文化认同的源泉来自于中华民族精神。只有大力弘扬中华民族精神，才能加强中华民族的文化认同。民族文化认同主要是指民族成员对本民族主体文化的归属意识。民族成员对本民族文化的认同，不仅表现为将民族文化的精神、情感、规范和目标转化为民族成员内在本质的过程，而且表现为民族成员根据自己的内心、道德本性和特殊需要对本民族文化的群体价值进行整合的过程。价值认同是民族文化认同的前提。对中华民族文化的价值认同，其实质是对民族国家价值体系和价值目标的认同，这一认同构成了民族文化认同形成和发展的主观前提，是多民族国家保持国家统一和社会稳定的思想基础。历史悠久和内容厚重的中华民族精神薪火相传、生生不息，不断地强化着中华民族的文化认同，加强着中国人民的内在凝聚力。在中华民族精神的引领下，民族风格、民族情感、民族气节等要素所组成的民族特质也代代相传。中华民族的勤劳勇敢、爱好和平、坚韧不拔、自强不息、宽厚包容等优秀品质，通过这些民族特质表现出来。

其次，以中华民族精神加强各民族的大团结。由56个民族组成的中华民族大家庭需要一种凝聚力、向心力，紧紧地把大家团结在一起。而这种凝聚力、向心力源于伟大的中华民族精神。自古至今，这种民族精神发挥着巨大的影响力、感召力，成为中华民族团结统一的旗帜和灵魂。大力弘扬中华民族精神，增强民族凝聚力，对于实现中华民族伟大复兴具有非常重要的意义。当前，我国社会主义市场经济发生巨大变化，改革向纵深层次发展，社会结构发生变动，利益格局深刻调整，文化、思想、价值的多元趋势不可避免。新旧文化、中西文化不断交流与碰撞，不可避免地引起各种社会思潮的产生和发展，社会风尚以及人的思想观念、行为方式、生活方式也不可避免地受到冲击和影响。人们的思想活动的独立性、选择性和差异性明显增强，人们的思想观念、道德意识、价值取向也越来越呈现出层次性。特别是我国的市场经济体制改革，不仅深刻地改变了社会物质关系，也剧烈地改变着人们的社会意识，原有的意识形态、思维方式、价值观念、利益关系等都受到巨大冲击。在这种情况下，西方敌对势力妄图西化、分化我国的图谋从未放弃，花样也不断翻新。有些国外敌对势力，利用我国局部出现民族问题制造分裂，为中华民族的伟大复兴与和谐社会的建设制造障碍。我们应当大力弘扬中华民族精神，以先进文化整合各种非主流价值观，增强民族的凝聚力。只有这样，才能最大限度地团结全国各族人民，凝聚海内外华人，画出最大最美的同心圆，为实现中华民族伟大复兴的中国梦而共同努力。

（二）弘扬中华民族精神以提升民族凝聚的创造力

中国各民族人民大团结，是中华民族凝聚力的充分体现。习近平指出："要高举各民族大团结的旗帜，在各民族中牢固树立国家意识、公民意识、中华民族共同体意识，最大限度团结依靠各族群众，使每个民族、每个公民都为实现中华民族伟大复兴的中国梦贡献力量，共享祖国繁荣发展的成果。"① 中华民族凝聚力的源泉来自于中华民族精神，源于中华民族精神中的爱国主义、团结统一、爱好和平的思想。只有大力弘扬中华民族精神，才能提升民族凝聚的动力与创造力。

首先，以中华民族精神提升民族凝聚的巨大动力。中国各民族在长期发展中结成休戚与共、互助合作的紧密联系，形成平等、团结、互助、和谐的社会主义民族关系。习近平在看望出席全国政协十二届二次会议的少数民族界委员时指出："要坚持各民族共同团结奋斗、共同繁荣发展的主题，深入开展民族团结宣传教育，使各民族同呼吸、共命运、心连心的光荣传统代代相传。全国各族人民都要珍惜民族大团结的政治局面，都要坚决反对一切危害各民族大团结的言行。"与其他文明古国的文化未能传承下来不同，中华文化从古至今，薪火相传、生生不息，其根本原因在于中华优秀传统文化的生命力、创造力，在于作为中华优秀传统文化灵魂的中华民族精神的蓬勃生机和活力。尽管中国在历史上曾历经磨难，甚至经历过巨大挫折、走到亡国灭种的危急关头，但因为有中华民族精神的感召和凝聚，中国人民战胜了一个又一个困难，挺过了一个又一个危机，迎来了中华民族大发展、大繁荣的新时代。习近平强调："文化自信是一个国家、一个民族发展中更基本、更深沉、更持久的力量。"必须"推动中华优秀传统文化创造性转化、创新性发展，继承革命文化，发展社会主义先进文化，不忘本来、吸收外来、面向

---

① 《习近平关于社会主义政治建设论述摘编》，中央文献出版社2017年版，第148页。

未来，更好构筑中国精神、中国价值、中国力量，为人民提供精神指引"①。我们只有把握了中国特色社会主义文化自信的本质，对中国特色社会主义的道路自信、理论自信和制度自信才能获得更广泛、更深厚的力量之源。而只有大力弘扬和培育中华民族精神，我们才能真正建立中国特色社会主义的文化自信。

其次，以中华民族精神提升民族凝聚的创造力。"创新是一个民族进步的灵魂，是一个国家兴旺发达的不竭动力，也是一个政党永葆生机的源泉。"② 创新是一个系统，包括理论创新、制度创新、科技创新、管理创新、文化创新等。在诸多创新中，文化创新尤为重要、更为根本。文化创新是文化软实力的来源，是一个民族智慧和文明的集中体现。推进文化创新，是提高国家核心竞争力的主要途径，也是提高民族凝聚的创造力的重要方式。建设创新型国家的实质，是通过文化创新引领经济政治社会的进步和发展。文化创新是精神领域的创造。文化创新的本质在于文化创造性、独创性，在于其是否为人类社会的精神文明提供了前人所没有的、与众不同的独特贡献。因而，创新不是哗众取宠的标新立异，而是在艰苦探索和辛勤劳动的基础上，对自然和社会客观规律的科学揭示、新材料新技术新工艺的发明和创造、可以传之于世的精神文化产品的创造，等等。一种思想、一种知识、一种文化产品、一项文化活动是不是创新，不取决于生产者自己的标榜，而在于它是否是真正的创造，需要放在社会实践中去检验，需要在与同类文化成果的比较中来鉴定。文化发展的过程，是其自身在继承优良传统的基础上，不断革新与创造的过程。古今中外的文化史表明，一切优秀文化，都是通过在继承中发展、在不断积累中创新而实现的。离开了文化的创新就谈不上文化的发展，而没有了文化创新就没有了文化的创造力，因而也就没有了生机和活力。中华文化之所以具有如此强大的生命力，就在于它在一代一代的发展中，继承积极的、合理的因素，摒弃消极的、落后的因素，在继承中发展，在发展中继承，不断综合创新而孕育的。这就说明，我们在文化创造的

---

① 习近平：《决胜全面建成小康社会 夺取新时代中国特色社会主义伟大胜利——在中国共产党第十九次全国代表大会上的报告》，人民出版社2017年版，第23页。

② 江泽民：《全面建设小康社会 开创中国特色社会主义新局面——在中国共产党第十六次全国代表大会上的报告》，人民出版社2002年版，第12页。

过程中,不仅要批判地继承中华传统文化,而且要以科学的态度正确地对待外来文化。在当今全球化时代,不同国家、不同民族之间的文化交流日益频繁,文化冲突和文化融合在所难免,富有生命力、创造力的民族,都非常善于在与异质文化的交流、碰撞中取长补短,不断地充实和发展自己的文化。

中华民族精神是中华优秀传统文化的精髓,也是中华民族和中国人民在几千年文明发展史上不断创造、推陈出新的结晶。它熔铸了中华优秀传统文化中的"天人合一""以民为本""自强不息""勤劳勇敢""团结统一""爱好和平""爱国主义"等优秀人文精神和"仁、义、礼、智、信"的价值理念,既展现着中华民族团结、凝聚的创造力,也是中华民族文化自觉、文化自信的重要果实。我们大力弘扬和培育中华民族精神,就是在文化自觉、文化自信的基础上,推进中华文化的创造和发展,进而推进中华民族的大团结、大发展。

(三) 承续中华民族精神以引领民族凝聚的价值取向

新时代中国特色社会主义深化发展的伟大目标,就是在中国共产党建党一百年的时候全面建成小康社会,在新中国成立一百年时建成富强民主文明和谐美丽的社会主义现代化强国,实现中华民族伟大复兴的中国梦。实现新时代中国特色社会主义伟大目标,离不开中华民族精神的弘扬和培育。只有大力弘扬和培育中华民族精神,才能确立民族凝聚的价值导向,才能确立民族凝聚的追求目标。

首先,以中华民族精神确立民族凝聚的价值导向。中国各民族必须紧紧团结凝聚在一起,这是一个价值导向的问题。正确的价值导向就是要团结,错误的价值导向就是要分裂。在中华民族团结还是分裂问题上,坚持正确的价值导向,反对错误的价值导向,必须以中华民族精神统领之。从价值导向上来看,中华民族凝聚团结在一起,是为了使中华民族强盛起来,让全体中国人民过上幸福生活。因为从中华民族精神的内涵上来说,爱国主义、团结统一、爱好和平、勤劳勇敢、自强不息这些理念所追求的价值目标是非常明确的,即国家的强大、人民的富裕、社会的安宁、民族的团结。价值导向和价值目标是紧紧联系在一起的,价值目标是价值导向的归宿,价值导向是价值目标的引领。因此,中华民族精神的丰富内容,可以引领中华民族向着团结、凝聚的目标前进。一部中国近代史，既是中国人民受欺负、受屈辱的历史，也是中国人民救亡图存、奋起反抗的历史。在反抗帝国主义侵略和蹂躏、捍卫国家主权、变革图强发展的历史中，无数爱国志士置个人的利益于不顾，甚至把生命置之度外，表现出了公而忘私、报国忘家的高风亮节和厚重的民族精神。无论禁烟运动、义和团运动、中日甲午战争，还是洋务运动、戊戌变法、辛亥革命，都不同程度地渗透着爱国主义情愫。在辛亥革命中，正是因为有了一批誓为中华民族之崛起而抛头颅、洒热血的英雄人物，才推翻了腐朽的清王朝。中国共产党成立后，更是有大批的共产党人为了实现民族独立、人民解放、国家富强，作出了感天动地的爱国主义壮举。新中国成立之后，全国各族人民以极大的热情和高昂的斗志投身到祖国的建设中。无论革命时期还是建设时期，中华民族精神把中国各族人民紧紧地凝聚在一起，为了让国家尽快强盛起来，为了让人民尽快富裕起来，为了让中华民族振兴起来，中华民族精神发挥出重要的作用。当前，中国特色社会主义进入新时代，中国各族人民正在中国共产党的带领下向着宏伟目标迈进，近代以来无数志士仁人为之奉献、牺牲的民族复兴大业即将成为现实。在这个伟大的时代，民族精神不会过时，而且会更加光辉灿烂，伟大的爱国主义、团结统一、爱好和平思想会更加丰满、更加具有感召力。

其次，以中华民族精神确立民族凝聚的价值目标。中国各族人民团结凝聚在一起做什么、为了什么，这是一个价值目标的问题。在社会主义新时代，各族人民团结在一起，是为了国家的强盛、人民的富裕、民族的振兴，是为了实现中华民族伟大复兴。这一价值目标的确立，与中华民族精神的弘扬是密不可分的。因为只有弘扬中华民族精神，才能选择和确立民族凝聚的这一伟大价值目标。习近平指出："实现中华民族伟大复兴是近代以来中华民族最伟大的梦想。中国共产党一经成立，就把实现共产主义作为党的最高理想和最终目标，义无反顾肩负起实现中华民族伟大复兴的历史使命，团结带领人民进行了艰苦卓绝的斗争，谱写了气吞山河的壮丽史诗。"[①] 可见，中华民族团结凝聚在一起，其最高理想和最终目标是实现共产主义，最近的

---

① 习近平：《决胜全面建成小康社会 夺取新时代中国特色社会主义伟大胜利——在中国共产党第十九次全国代表大会上的报告》，人民出版社2017年版，第13页。

价值目标就是"两个一百年"的目标追求。这一价值目标，是伟大中华民族精神的充分体现，是爱国主义、团结统一、爱好和平、勤劳勇敢、自强不息精神的充分体现。价值目标是理想目标，与现实目标是相统一的。中国共产党提出的实现中华民族伟大复兴的宏伟目标，既是价值目标，也是现实目标，体现了理想与现实的高度统一。因为实现中华民族的伟大复兴这一目标具有很强的现实性，是中国各族人民通过努力可以实现的伟大理想。以习近平同志为代表的中国共产党人，系统地提出了实现中华民族伟大复兴中国梦的伟大理想和现实目标，最大限度地团结全国各民族同胞和海内外华人华侨，万众一心，众志成城，把中国特色社会主义推进到新时代。作为民族凝聚的价值目标，要得到各民族的认同，得到海内外华人华侨的认同，归根结底，还需要大力培育和弘扬中华民族精神。中华民族精神最有感召力、最有凝聚力，是力量之源，是中国的生命力之所在。正是具有这样的文化自信，我们才会有中国特色社会主义的道路自信、理论自信、制度自信。习近平指出："文化是一个国家、一个民族的灵魂。文化兴国运兴，文化强民族强。没有高度的文化自信，没有文化的繁荣兴盛，就没有中华民族伟大复兴。"[①]大力培育和弘扬中华民族精神，坚定中国特色社会主义文化自信，必将进一步团结全国各族人民和海内外华人华侨，增强建设中国特色社会主义的信心，凝聚力量、攻坚克难，推动中华民族伟大复兴的中国梦早日实现。

[①] 习近平：《决胜全面建成小康社会 夺取新时代中国特色社会主义伟大胜利——在中国共产党第十九次全国代表大会上的报告》，人民出版社2017年版，第40—41页。

第 六 章
以包容和谐思维推动与世界文明交流互鉴

人类文明史表明，任何一种文明都不可能孤立地存在和发展，不同文明需要互学互鉴，方能取得各自发展与共同进步。习近平指出："文明之间要对话，不要排斥，要交流，不要取代。""文明因交流而多彩，文明因互鉴而丰富。文明交流互鉴，是推动人类文明进步和世界和平发展的重要动力。"① 中华优秀传统文化中蕴含着包容和谐思维，这种思维方式为世界不同文化、各种文明之间的交流交往、互鉴共荣提供了重要指引。传承弘扬中华传统文化中的包容和谐思维，挖掘优秀传统文化资源中化解冲突和危机的深邃思想和智慧，将有力推进人类命运共同体的构建。可以说，"中华文明将因交流互鉴而愈加枝繁叶茂、常青不衰；世界文明也将因交流互鉴而逐渐消除相互间的疑虑与隔阂，日益丰富多彩、欣欣向荣"②。

一 中华传统文化富含包容和谐思维

在人类社会发展进程中，人与自然、人与人、人与自身都存在着各种矛盾和斗争。社会的发展、文化的繁荣、文明的进步，在不断化解这些矛盾和斗争中实现。易经中乾卦用九的断言，"见群龙无首，吉"，意思是说，一群龙，刚健勇猛，却没有逞强好胜，争夺领导地位，而是和平共存、和衷共济，形成一种和谐的良好局面。中国地理环境的广阔，中华民族诚朴真挚的

---

① 习近平：《在联合国教科文组织总部的演讲》，《人民日报》2014年3月28日。
② 商志晓：《人类文明在交流互鉴中发展进步——深入学习习近平同志关于人类文明进步的重要论述》，《人民日报》2014年10月16日。

情感诉求，都预设并支撑起包容和谐的思维方式，使之成为中华传统文化中的内生要素。从优秀传统文化彰显的包容和谐思维的效应来看，这种思维主要表现为和谐共生、海纳百川、兼容并蓄、和而不同等多个方面。

（一）和谐共生

中华和谐文化有着非常丰富的内容，自古中国人就意识到和平是社会发展、国家安定、人际和谐的首要条件。"和谐共生"既包含着"和为贵"的处事原则，也蕴含着"平等""尊重"思想，还预设着"中和"的交流路径，这为我们在新时代全面建设社会主义现代化国家、建立新型外交关系、正确处理中华文化与其他文化之间的关系提供了借鉴和启发。

"和为贵"是文明交流应当遵循的基本原则。孔子主张"礼之用，和为贵"[1]，中国古代思想家认为"和实生物"[2]，即"和"是事物产生和发展的内在根据，万物的创生、运行和发展都与"和"有着密切关系。"天地絪缊，万物化醇，男女构精，万物化生"[3]，天是阳，地是阴，阴阳结合而生万物；"乾道成男，坤道成女。乾知大始，坤作成物"[4]，男是阳，女是阴，男女结合而生物。在处理人与人、国与国之间的关系上，要以"和"为贵。"乾道变化，各正性命，保合太和，乃利贞。首出庶物，万国咸宁。"[5] 只有"和"才能"万国咸宁"。追求和平、爱好和平是中国人的传统美德。在处理民族和国家关系上，儒家讲求"以德服人"[6]；在对待战争问题上，主张"贵和重人，不尚战"[7]，墨家提倡"非攻""尚同"，兵家反对轻易诉诸武力和发动战争。"百战百胜，非善之善者也；不战而屈人之兵，善之善者也。"[8]"和为贵"思想深入中华民族的思维深处，十分重视和谐处事、保持和谐局面。"和为贵"已经内化为中国人的行为准则，为我们处理人与人、

---

[1] 《论语·学而第一》。
[2] 《国语·郑语》。
[3] 《易传·系辞下》。
[4] 《易传·系辞上》。
[5] 《周易·乾彖》。
[6] 《孟子·公孙丑章句上》。
[7] 《太白阴经·贵和篇第十二》。
[8] 《孙子兵法·谋攻篇》。

民族与民族、国家与国家之间的关系提供了基本遵循，为不同民族文化交流、不同文明形态交往确立了正确的方向。

平等尊重是文明交流的前提和基础，儒家中的"平等尊重"思想在多个方面都有表现。孔子在教育上提倡"有教无类"，在人格上强调"君使臣以礼，臣事君以忠"①，在社会的构建中提出了大同社会的理想，"大道之行也，天下为公。选贤与能，讲信修睦，故人不独亲其亲，不独子其子；使老有所终，壮有所用，幼有所长，矜寡、孤独、废疾者皆有所养；男有分，女有归"②。平等尊重是中国人在"和"的理念长期引导下所形成的价值观念与追求。"和实生物"思想深化了平等尊重的内涵："夫和实生物，同则不继。以他平他谓之和，故能丰长而物归之。若以同裨同，尽乃弃矣。故先王以土与金、木、水、火杂，以成百物。"③ 在化生万物过程中，各元素是平等的，无高低、上下、轻重的差别，这才称它为"和"。这种"以他平他"、尊重他者的"和"，是相互理解、相互诚信、彼此融合的"和"。它不仅体现在处理人与自然的关系上，肯定人与自然界的统一，强调人类应当认识自然、尊重自然、保护自然，反对片面地利用自然、征服自然；也表现在不同文化与文明的交流互鉴中，应该尊重对方，一视同仁，不能因时间先后、民族大小、国家强弱等，对他者的文明予以差异化、尊卑式审视。平等尊重是不同文化交流、文明互鉴的基本前提。

"中和"是不同文明交流互鉴的一种道路选择。"喜怒哀乐之未发谓之中，发而皆中节谓之和。"④ 人之情感喜怒哀乐是人性外发的表现，未发之时，人性就处于无偏无倚的平衡状态，称之为中或中庸，倘若一旦外发，只要有节有度，便可处于和谐的状态。"不偏之谓中，不易之谓庸；中者，天下之正道，庸者，天下之定理。""执其两端，用其中于民，其斯以为舜乎？"⑤ 由此可见，"中"即是适度、有节；"和"则是和谐，是有差别的统一、多样性的统一。只有适度、有节，才能达到和谐。在对待利益时，孔子

---

① 《论语·八佾》。
② 《礼记·礼运》。
③ 《国语·郑语》。
④ 《礼记·中庸》。
⑤ 《礼记·中庸》。

不反对人的正常欲求,但反对放纵欲念,"君子有三戒,少之时,血气未定,戒之在色;及其壮也,血气方刚,戒之在斗;及其老也,血气已衰,戒之在得"①。也就是说,在追求物欲上,要掌握中和的原则,保持平衡谦和的心态,不能贪得无厌,不能把物质利益作为人生的全部追求,更不能见利忘义。在文明交流时,少不了利益的冲突与碰撞,坚持"中和",保持适度有节,相互理解、相互忍让,是化解国际矛盾的重要遵循。

"和谐共生"这一思想贯穿于中国人认识自我与世界的活动中,"和为贵""平等尊重""中和"统一于"和"这一思想之下,并延伸到社会生活、政治外交、人际交往、文明交流等领域,其中包含的平等尊重的价值追求,深深根植于中华民族精神中。"和谐共生"思想中的平等与包容精神,在文化交流和构建新型大国关系中能够贡献重要的思维力量。

(二)海纳百川

海纳百川,是中华民族长期坚持的豁达心态,是炎黄子孙的一种开阔胸襟。这种心态和胸襟伴随着历史的发展,对中国数千年的文化产生深刻而广泛的影响,在修身、处世、求道等不同方面润泽着每一位中华儿女,并对中国未来的道路提供借鉴意义。晋代袁宏在《三国名臣序赞》中曾说:"形器不存,方寸海纳。"② 君子摆脱了外物的困扰,心胸宽广,即使方寸之地也可容纳像海一样大的东西。《管子·形势解》中曾言:"海不辞水,故能成其大;山不辞土石,故能成其高。明主不厌人,故能成其众;士不厌学,故能成其圣。"③ 大海不嫌弃任何水流,因此成就了它的广阔;高山不拒绝任何泥土,因此成就了它的巍峨。开明的君主不厌烦臣民,所以他成为众人的君主;学者不厌烦学习,所以他能成为圣人。海纳百川、追求卓越、开明睿智、大气谦和,这是中华民族在长期发展中积累的精神财富,值得后人时时温习,常学常新。《庄子·秋水》中曾论道:"天下之水,莫大于海。万川归之,不知何时止而不盈;尾闾泄之,不知何时已而不虚;春秋不变,水旱

---

① 《论语·为政第二》。

② (东晋)袁宏:《三国名臣序赞》,载曾国藩《经史百家杂钞》上,岳麓书社2015年版,第258页。

③ 《管子·形势解》。

不知。"① 庄子借海神之口告诫世人，千万条河川流归大海，不知道什么时候才会停歇，但大海却从不会满溢；海底的尾闾泄漏海水，不知道什么时候才会停止，但海水却从未减少；无论春天还是秋天不见有变化，无论水涝还是干旱不会有知觉。中国哲人们历来崇尚大海般的涵养和气度，其中凝聚着中国先哲的无限思考和沉思。经过数千年的发展，这种包罗万象的包容、开阔胸怀，已成为中华文化立足于世界的坚实基础。清末政治家林则徐任两广总督时，总督府衙的堂联为："海纳百川，有容乃大；壁立千仞，无欲则刚。"② 在这副堂联里，沉淀着对一个历数千年、坚韧刚毅的民族的深深思考。"大"与"刚"形容浩然之气的伟大、刚强。这种海纳百川、壁立千仞的至大至刚的浩然之气，不仅是中华民族危难时刻、也是民族复兴路途上需要传承的精神。

　　海纳百川以包容的心态为根基，如同大海能够包容、滋养万物。海纳百川还需要开放的气魄和胸襟，接纳浩瀚博大的世界文化。包容首先要承认世间万物存在的合理性。"万物并育而不相害，道并行而不相悖。"③ 万物同时生长，但并不相妨害，日月和四季来回更替，却不相违背。不同的历史孕育出不同的文化内涵，承认异己的文化存在，以开放、包容的心态将其容纳，是中华民族的优良传统。"独学而无友，则孤陋而寡闻。"④ 独学无友、闭门造车并非求道的路径，闭塞的环境限制人们增长见识。古代先哲重视求学之人打破狭小的自我空间，以开放之心态与不同于己的观念相互学习。"亲仁善邻，国之宝也。"⑤ 与邻者保持亲近关系，与邻邦友善地进行交流，这是中华民族从古至今坚守的原则。开放的政治风气、开明的社会风尚是古代文人志士的追求。唐代诗人钱起曾作诗赠与日本僧人："上国随缘住，来途若梦行，浮天沧海远，去世法舟轻。"⑥ 以此表达欢迎外国友人日后来中国探讨学问，归途浮天沧海，还望一路顺风。中华民族的文化是开放的、多元

---

① 《庄子·秋水》。
② 韩寿山、徐文艳编著：《修身齐家治国平天下诗文绝唱镜鉴》，东方出版社 2017 年版，第 47 页。
③ 《礼记·中庸》。
④ 《礼记·学记》。
⑤ 《左传·隐公六年》。
⑥ 《送僧归日本》。

的、异彩纷呈的文化，包含了多种文化的底蕴，故步自封的文化难逃僵死的命运，文化依靠交流、融合来维持其灵动的生命力。一花独放不是春，百花齐放春满园。文化多样性是人类社会的基本特征，也是人类文明进步的重要动力。在异域文化的交流交往中，承认并尊重差异，理解其他民族的文化个性与独特性，和睦相处，才能博采众长。文化之间既是相异的，也是相通的。只有将精彩纷呈的世界文化融合到本民族文化中才能扬长避短，促进本民族文化的发展。明清时期的闭关锁国政策曾一度让中国与世界隔离，使近代中华民族的发展远远落后于西方发达国家。古代先哲的智慧需要我们传承，以开放的精神面对世界文化是治国安邦的必需。

以大海般包容的心态认同异质文化的存在，尊重不同文化形成发展的物质基础和制度支撑，客观地审视异域文化中的合理因素以及与中华文化的差异之处，同时以开放的心态吸取其他民族文化中的优秀成分，这是中华民族在长期发展进程中形成的博大胸怀，也是中华文化特有的基因传承。

（三）兼收并蓄

自古以来，"兼收并蓄，博采众长"便一直延续在中国古人的思想脉络之中。"三人行，必有我师焉；择其善者而从之，其不善者而改之。"[①] 孔子提出，要学习他人优点，通过不断借鉴他人的优点来改善自身的观念。"夫尺有所短，寸有所长，物有所不足，智有所不明，数有所不逮，神有所不通。"[②] 万事万物皆有其优点与不足，只有在文化交流中，不断学习借鉴各国的优秀文化成果，将他人的优点融于自身之中，才能不断推陈出新，博采众长。"故以其载物之德而言之，兼收并蓄而悠悠乎。"[③] 宇宙包罗万象，自然兼容并蓄，天地悠悠，在与各国各民族的文化交流中，我们需要运用这种宇宙自然的智慧，展现包容万象、海纳百川的气魄，将各国优秀文化成果兼收并蓄，借他人之长来丰富自身，从而达到宇宙万物和谐统一的境界。

纵观整个中华文明发展史，就是一部文明交流互鉴史，是不断吸收各种

[①] 《论语·述而》。
[②] 《楚辞·卜居》。
[③] 《周易正义》。

优秀文化，不断兼收并蓄、博采众长的过程。春秋战国时期，由于礼乐文化的崩坏，导致了"百家争鸣"局面的出现，虽然"百家争鸣"的各派主张不同，但在辩论交锋的过程中，各派之间互相吸收对方的观点，相互融合，取长补短，从而使得自身的观点不断发展成熟。到了汉代，董仲舒提出"推明孔氏，抑黜百家"的主张，表面上虽是推崇儒家，实际上却是对"百家争鸣"各派思想成果的吸收与融合。在纷繁复杂的世界文明面前，这种博采众长的态度和立场具有重要的意义。隋唐时期，佛教的影响不断扩大，对作为主流的儒家思想造成了极大冲击，但佛教秉承的核心要义终究没有取代儒家思想成为中华文化的主流思想，而是被宋明理学吸收了其中的精华部分，促进了自身的发展。因此，从古至今，中华民族一直具有一种"兼收并蓄，博采众长"的精神，在与当今各国的文化交流中我们更应该发挥这种精神，不断地借鉴各国的优秀文化成果，进而实现自身优秀文化的传承、创新与发展。

"有忍，其乃有济，有容，德乃大。"① 在面对世界各国各民族纷繁缭乱、各有特色、形态异质的文化之时，只有怀有一颗"兼收"之心，坚持平等尊重的原则，尊重各国文化的差异，尊重文化的多样性，才能做到接纳、吸收不同于自身的文化形态，才能将各种不同的文化融于自身之中，吸取其他文化文明中的精华以实现自身的繁荣发展。宇宙正是因为包罗万象才成其深邃，一种文明的发展必然要接纳其他文明，一个国家的文化发展必然要接纳其他国家的优秀文化，这正符合了浩瀚的宇宙精神，也顺应了自然万物的运行规律。

兼收并蓄，怀有一颗"兼收"之心的同时，更要有一种"并蓄"的气魄。"并蓄"要求我们不仅能够吸收各国文化的优秀成果，而且可以将其融汇于自身之中。当今世界处于经济全球化、政治多极化、文化多样化、社会信息化的时代，这样的时代发展趋势要求我们在与世界各国进行文化交流时，应当采取一种主动的姿态，拿出一种"并蓄"的气魄。"我善养吾浩然之气。"② 孟子所提出的"浩然之气"，不仅对人格修养具有重要意义，在与

---

① 《尚书·君陈》。
② 《孟子·公孙丑上》。

各国文化的交流中同样拥有借鉴价值。我们应以广阔的胸襟、坦荡的胸怀去面对世界各国文明，以一种主动开放的姿态，以一种将其融汇于自身的气魄，去吸收和融合各国精彩纷呈的文化。

兼收并蓄，就是要博采众长。"凡处尊位者，必以敬下顺德规谏，必开不讳之门，蹲节安静以藉之，谏者勿振以威，毋格其言，博采其辞，乃择可观。"① 写文章要博采其辞，借鉴他人文章的优秀之处，而在与世界文明的交流中，我们更要做到博采众长，借鉴各国文化的优秀之处，从而不断充实和丰富自身。"见贤思齐焉，见不贤而内自省也。"② 在人与人之间的交往中，看到比我们优秀的人，应该主动学习他们身上的优点，而看到不如我们的人，也要反省自身的不足。对于各国文化中优秀的部分，我们应该积极学习借鉴，为我所用。唯有促进自身文化的发展与文明的进步，学习与借鉴各国优秀文化成果才真正具有意义。

中华文明自古以来就是不断吸收和融合各种优秀文化成果而充实发展起来的。面对当今文化多样化趋势，我们更应扩大自身的眼界，绝不可采取"闭关锁国"的狭隘思维，在与各国的文化交流中，以一颗"兼收"之心，一种"并蓄"的开放气魄，积极借鉴各国优秀的文化成果，并将其吸收融汇于自身之中，真正实现"兼收并蓄，博采众长"。

（四）和而不同

习近平指出："任何一个国家、一个民族都是在承先启后、继往开来中走到今天的，世界是在人类各种文明交流交融中成为今天这个样子的。"③ 中国作为一个拥有悠久历史的文明古国，其博大精深的文化得以绵延五千余年而不绝的一个重要原因，就是在与世界文明的交流互鉴中，始终秉持着"和而不同"的文化取向。

首先，"和而不同"体现的是一种对立统一的思想。"和"与"同"表面看来虽有相似之处，实质上却完全不同。"同"是指单调、同一，是整齐

---

① 《说苑·君道》。
② 《论语·里仁》。
③ 习近平：《在纪念孔子诞辰2565周年国际学术研讨会暨国际儒学联合会第五届会员大会开幕会上的讲话》，《人民日报》2014年9月25日。

划一的绝对一致，因而也就成了沉闷、没有生命力的象征；"和"则是差异的调和，是一种多元的统一，是一个理想的状态，因而它能使各个要素的特点得以留存，不互相抵消。最早论及"和"与"同"这一对辩证概念的是史伯，"和实生物，同则不继"①，强调只有能够协调平衡各方差异的"和"才能生成万物，单调的同一则不能发展。这句话集中体现了中华传统文化在讲究和谐包容的基础上，对差异的重视，强调了万事万物有其独特之处。晏婴对此也有更深刻的论述："和如羹焉，水火醯醢盐梅以烹鱼肉，燀之以薪。宰夫和之，齐之以味，济其不及，以泄其过。君子食之，以平其心。……若以水济水，谁能食之？"② 实现和谐就如做汤羹一般，用水、火、醋、酱、盐、梅来烹调鱼肉，再用柴火来烧，味道就恰到好处，但如果仅仅是用水来调和水，又有谁肯吃呢？由此，我们所追求的"和"，是强调差异的"和"，是一个具有内在活力、强大生命力的有机整体。

孔子曾说："君子和而不同，小人同而不和。"③ 君子既能与身边的人保持和谐融洽的关系，又能对任何事情持有独立的见解，而不是盲从附会，人云亦云；小人虽与他人保持一致，但并没有讲究真正的和谐融通。这本是一个关于人与人相处的基本准则，但孔子在总结前人认识的基础上，将其作为一个普遍原则提了出来，即无论是人与人、国与国还是文明与文明之间的交流，都不应该刻意去求"同"，而是在尊重差异的基础上求"和"。这不仅为我们灿烂辉煌文化的发展提供了正确的思维方式，更对各国文化之间的交流借鉴产生了深远影响。

其次，在承认事物之间存在差异、对立的前提下坚守自我。"物之不齐，物之情也。"④ 万事万物各不相同，这是客观存在的，但最重要的是有自己的坚守，避免与世浮沉，随波逐流。"屈原既放，游于江潭，行吟泽畔，颜色憔悴，形容枯槁"，大叹"举世皆浊我独清，众人皆醉我独醒"，渔夫反问："世人皆浊，何不淈其泥而扬其波？众人皆醉，何不餔其糟而歠其醨？"世上的人都肮脏，何不搅浑泥水扬起浊波，大家都迷醉了，何不既吃酒糟又

---

① 《国语·郑语》。
② 《左传·昭公二十年》。
③ 《论语·子路》。
④ 《孟子·滕文公上》。

大喝其酒？屈原却答："安能以身之察察，受物之汶汶者乎？"①我又怎能让清白的身体去接触世俗尘埃的污染呢？这又何尝不是屈原在乱世当中的一分坚守与执着。宋代周敦颐曾表白莲花以自喻，"予独爱莲之出淤泥而不染，濯清涟而不妖"②，希望像莲花一样从积存的淤泥中长出却不被污染，经过清水的洗涤却不显得妖艳，无论身处何种环境，都能有自己的坚持，"遗世而独立，羽化而登仙"③。

最后，以自信理性的心态面对复杂的外界环境。"各美其美，美人之美，美美与共，天下大同"即一种理想的状态。如果说"美人之美"是文明之间的交流互鉴，那么"各美其美"就是强调自尊自信，它是"美人之美"的重要前提，只有如此，才能进一步实现"美美与共"，乃至"天下大同"。任何事物都有其独特之处，不能在未明确自身特性、掌握其变化规律的状态下盲目跟从、随意借鉴，一定要极力规避"邯郸学步"的尴尬处境。习近平指出："历史和现实都表明，一个抛弃了或者背叛了自己历史文化的民族，不仅不可能发展起来，而且很可能上演一场历史悲剧。"④ 我们既要遵循文化发展的一般规律，寻求文化交融互鉴的最大公约数；又要充分尊重不同文化形态自身的差异性与独特性，为各民族自身文化发展创设良好环境，由此才能真正实现"和而不同"，为世界多元文化的繁荣提供机遇和条件。

二　中华传统文化包容和谐思维的当代价值

人类社会进入 21 世纪之后，既拥有难得的和平与发展的环境，也面临着错综复杂的矛盾与冲突。随着各民族文化交流日趋频繁，各个国家文明发展程度不同、文化形态多种多样，相互之间发生碰撞与冲突的可能性也在不断提高。在这种形势下，我们应当充分借鉴中华优秀传统文化中蕴含的包容和谐思维，为化解不同国家和地区之间的经贸摩擦、政治分歧、文化冲突提

---

① 《渔父》。
② 《爱莲说》。
③ 《前赤壁赋》。
④ 习近平：《在哲学社会科学工作座谈会上的讲话》，《人民日报》2016 年 5 月 17 日。

供有益的启发，进而为和谐世界的建设贡献思想智慧和精神力量。

（一）和谐共生为化解文明冲突提供理念镜鉴

和谐是中华优秀传统文化中解决矛盾运动的最高要求。中国的和谐文化有着丰富的内涵，在人与人、人与自然、人与社会之间关系的处理上都有独到的阐释。在当代世界文明的交流过程中，中国提出并倡导践行和谐共生的理念。对和谐共生的深刻认识，为人类命运共同体的构建夯实了人文基础；客观看待和谐共生带来的实践效应，为世界文明的进步提供了生生不息的动力。

和谐共生是世界文明交流互鉴的前提。和谐共生要求世界各文明之间的交流，要坚持相互尊重和平等相待的原则。文明本身不存在高低优劣之分，每一种文明都是平等的，每一种文明的背后都是一个国家和民族的文化积淀和集体记忆。所以，我们应该尊重世界存在的不同文明形态及其表现样式。人类文明多样性是世界进步发展的原动力。但由于历史与环境等多重因素，世界经济发展出现区域不平衡，西方世界占据了发展先机，因此形成一种西方"文明优越论"的论调。即使进入21世纪以后，这种"优越论"仍在西方世界盛行。发展中国家和新兴的资本主义国家，在与西方国家开展文化交流对话时仍然是处于被动的、弱势的地位。西方"文明优越论"的强势，使一些国家的文明受到严重的威胁和挑战，甚至有可能被同化而逐步丧失自己的独立性。这是违背社会发展规律的，是不可取的。在文化交流中，世界各国必须保护世界文明的多样性。和谐共生的理念为维护世界文明的多样性和多元化提供了思维借鉴。习近平提出："各种人类文明在价值上是平等的，都各有千秋，也各有不足。世界上不存在十全十美的文明，也不存在一无是处的文明。"[①] 只有尊重不同的文明，才能进行文化的平等交流。人类文明平等交流的旨归是人类共同价值的实现。人类共同价值是人类在实践中、在民族文化交流融合与碰撞中自然产生的结果。文明文化的差异性也包含了文明的相通性。"人类生活在不同文化、种族、肤色、宗教和不同社会制度所

[①] 习近平：《在联合国教科文组织总部的演讲》，《人民日报》2014年3月28日。

组成的世界里，各国人民形成了你中有我、我中有你的命运共同体。"① 和谐共生的理念，在人类命运共同体构建方面发挥着基础性作用。

和谐共生为解决当今世界文明冲突提供新思维。种族歧视、地区纷争、暴力冲突，挑战着世界文明的和平发展。不同文明体在交流接触中，因社会形态、价值取向、国家利益不同等因素，会在一定程度上产生冲突与对立。这给文明交流带来了阻碍，而和谐共生的理念为文明交流之路清扫了障碍。当然，和谐共生不是委曲求全的结果，而是各文明体相互尊重从而达到的理想状态。和谐共生要求在交流中坚守底线思维，既要维护自己的底线，也要尊重对方的底线。这样一来，各文明体之间的交流互鉴才能真诚高效。在经济全球化背景下，我们秉承和谐共生的理念思维，在彼此尊重与平等交流基础上可以把不同文明联系在一起，进而从根本上维护世界的和平发展。世界各文明在保持自身独立性与自主性的同时，已经形成为一个一荣俱荣一损俱损的利益共同体。

（二）包容开放助力世界多元文化共同发展

江海不择细流，故能成其大。中华民族在五千多年的历史长卷中，绘制一幅浓墨重彩的"海纳百川"图画。悠悠华夏，以博大精深、源远流长的民族智慧，坚守不忘本来、包容开放的民族初心，植根于融通古今的民族文化精髓，提振民族精神力量。在世界多元文化共存与对话的语境中，中华民族以包容开放的胸襟接纳异质文化，破除阻碍世界文化交流的壁垒，遵循时代发展的新要求，始终不渝地坚守深厚的文化底蕴，同时紧跟时代发展的脚步，激活文化生命力，在新时代赋予文化以新的形式与内涵。

习近平指出："中华民族是一个兼容并蓄、海纳百川的民族，在漫长历史进程中，不断学习他人的好东西，把他人的好东西化成我们自己的东西，这才形成我们的民族特色。"② 推动文化交往交流，关键在于秉承包容开放的精神。包容是在坚守自身独有文化品格的同时，平等对待外来文化、吸收

---

① 习近平：《在联合国教科文组织总部的演讲》，《人民日报》2014 年 3 月 28 日。
② 《习近平在省部级主要领导干部学习贯彻十八届三中全会精神全面深化改革专题研讨班开班式上发表重要讲话》，《人民日报》2014 年 2 月 18 日。

外来文明。在世界各国交流与互鉴的形势下，我们要紧跟时代发展需要，以开阔的胸襟接受外来文化的滋养。包容开放的文化态度是不把外来文化拒之门外，也不是全盘吸收外来文化，而是欢迎外来先进文化，并在文化交流中汲取营养，壮大自身文化力量。

中国是一个鼓励开展文化交流和坚持文化多元的大国，在坚定原则的基础上积极对待各国各民族优秀文化。在人类文明的发展历程中，中华文化与外来文化携手并进。中华文化以尚和合、求大同、讲诚信、重民本的深厚历史积淀与辉煌成果，滋养着中华民族的精神世界，同时积极汲取世界文化中的优秀资源，内化为自身文化的创新元素，推动中华文化与世界文化创造性转化和创新性发展。中国大力推进"一带一路"建设，提出共商共建共享的全球治理理念。中国坚持包容开放的方针，为世界文明和谐发展指引新道路，为世界文化交流互鉴提供新方向。在全球化的文化发展环境中，包容开放、互相影响的生存方式成为常态。尽管当今世界会出现阶段性的逆全球化潮流，但习近平强调，中国开放的大门不会关闭，只会越开越大。包容开放的文化原则，有利于形成浓厚的文化氛围，有利于促进世界文化和睦相处；多样发展，百花齐放，百家争鸣，有利于迸发世界文明新活力，促进全球文明的繁荣与发展。

中国在改革开放的过程中，以包容开放的原则，与世界多样文化共同发展。一方面，包容开放是我们开展文化交流所秉持的重要准则。世界文化丰富多彩，是多样化的而不是单一的。以包容开放的胸襟，尊重世界文化的多样性，能够推动世界文化的对话与发展。以包容开放的态度，对待不同国家和民族的文化，是历史的必然要求，符合时代发展的需要，能够推动世界文化交流互鉴，推动不同社会制度互容。另一方面，中华文化以包容开放的宽广之心、虚怀若谷之气，在坚持自我的同时充分吸收其他文化的精华，集众人之智，博采众长。在世界多元文化共存与对话的语境中，习近平指出："传承中华文化，绝不是简单复古，也不是盲目排外，而是古为今用、洋为中用，辩证取舍、推陈出新，摒弃消极因素，继承积极思想，'以古人之规矩，开自己之生面'，实现中华文化的创造性转化和创新性发展。"[①] 对待中

[①] 习近平：《在文艺工作座谈会上的讲话》，《人民日报》2014年10月15日。

华优秀传统文化及其当代价值，我们要秉承辩证唯物主义与历史唯物主义的立场，深入挖掘其内在底蕴，取其精华，去其糟粕；同时要坚持包容开放的原则，积极融汇世界文化资源，做到吸收外来、面向未来。

包容开放是丰富文化生命内涵的重要因素。中华民族文化的开放包容精神，使自身文化得以发展的同时，又积极吸收各国文化合理内容，为民族文化、世界文化带来鲜活的生命力。习近平指出："坚持开放包容、互学互鉴。交流互鉴是文明发展的本质要求。文明交流互鉴应该是对等的、平等的，应该是多元的、多向的，而不应该是强制的、强迫的，不应该是单一的、单向的。我们应该以海纳百川的宽广胸怀打破文化交往的壁垒，以兼收并蓄的态度汲取其他文明的养分，促进亚洲文明在交流互鉴中共同前进。"① 与包容开放的文化精神相对的是封闭、单一的文化理念，这种文化理念不能顺应时代发展的需求，也是毫无出路的。中华文化一直在世界之林中保存完整，屹立不倒，重要原因在于坚守开放包容的精神品质。新时代中国特色社会主义文化实现大发展、大繁荣，更要积极弘扬包容开放的文化精神。世界各国遵守开放包容、互学互鉴的交往准则，就会日益成为不可分割的命运共同体。只有在开放包容的前提下，各个国家、各个民族和各种文化才能互相合作、取长补短，才能切实消除文化壁垒，让世界文化更加绽放异彩。

（三）兼收并蓄为文明交流互鉴提供路径选择

"兼收并蓄"是实现世界文明交流互鉴的前提条件。一方面，世界各族文明自古以来就是在互动交流、协和万邦、博采众长的过程中不断发展的。在这个进程中，人类创造了丰富多样的文化与文明。正是具有深远性、民族性、时代性特征的文化与具有多元化、延续性、兼容性特征的文明，才构建起了人类命运的有机整体。人类文化与文明承载着促进人类生存与发展的使命。各民族只有在承认文明差异性和多样性的基础上互相尊重、彼此借鉴、和谐共存，才能在真正意义上促进世界文明不断向前发展。另一方面，世界文明能够永葆生机与活力，很大程度上来源于文明交流的互相包容、优势互补。习近平指出："交流互鉴是文明发展的本质要求。只有同其他文明交流

---

① 习近平：《在亚洲文明对话大会开幕式上的主旨演讲》，《人民日报》2019年5月16日。

互鉴、取长补短，才能保持旺盛生命活力。"① 随着世界经济的增长与全球化的延展，分散在世界各个地区的文明之间的交流会越来越频繁，其间不同文明的差异性会日益显现出来，其互补性也就会越来越强。在这种背景下，一种文明的开放程度和包容能力，成为其自身能否发展与创新的重要影响因素。如果一种文明长期自我封闭，就会逐渐走向衰落；与之相反，各种文明纷纷拿出自己的优秀文明成果互相学习、彼此接纳，大家才能在交流互鉴中清楚地认知各自优长、探寻互补空间、弥补自身的不足，从而使整个世界文明能够保持旺盛生命活力。近些年来，中国共产党站在全球的高度，以历史唯物主义为指导，呼吁共建人类命运共同体，这不仅仅是我国参与世界文明交流互鉴过程中提出的重要倡议，更是在面对世界发展难题时给出的具有"兼收并蓄"性质的中国智慧。

"兼收并蓄"是构建世界文明交流互鉴的重要实践途径。由于世界长期处于东西方、南北方发展不平衡的状态，发达国家与发展中国家之间存在诸多矛盾冲突，各国在文明相互交流、治理体系构建上自然会遇到不少困难，甚至陷入"举步维艰"的地步。早在20世纪90年代，以美国学者亨廷顿为代表的"文明冲突论"，就成为人类关注议论的焦点。亨廷顿认为，人类的冲突不可避免，未来掣肘全球政治的主要冲突，体现为因文化差异引发的"文明间的冲突"。习近平强调："文明因交流而多彩，文明因互鉴而丰富。文明交流互鉴，是推动人类文明进步和世界和平发展的重要动力。"② 事实表明，只有通过文明之间的不断交流互鉴，各种文明从不同于己的优秀成果中寻求智慧、汲取营养，世界文明发展的道路才会越来越拓展、发展空间才会越来越开阔。时至今日，文明的交流互鉴已成为国家间交往、沟通、借鉴的重要路径，是各个国家协力创造文明兼收并蓄、世界和谐共处的重要方法。从这个角度看，我国倡导的"一带一路"建设，已经成为世界文明交流互鉴的样板。在经济方面，各个国家坚持实施各项援助项目，互相扩大对外投资，减少贸易壁垒；在文化方面，"一带一路"沿线国家实现了广泛的文化交流和传播，中华传统文化在借鉴、吸收其他文明优秀成果的同时，也

---

① 习近平：《在亚洲文明对话大会开幕式上的主旨演讲》，《人民日报》2019年5月16日。
② 习近平：《在联合国教科文组织总部的演讲》，《人民日报》2014年3月28日。

在不断自我完善、自我提升。而这一切，都是在兼收并蓄、相互包容的理念指导下逐步完成的。文明交流互鉴理念是对文明冲突论的彻底改变，是走出"文明冲突论"误区的最佳途径。我们相信，当不同国家民族的文明文化实现了相互交流与借鉴，各个国家民族之间的距离就会拉近，就必然能够实现世界文明的与时俱进和共同进步。

（四）以和而不同理念促进文化自信坚定

"和而不同"是中国传统哲学的智慧，是中华民族重要的文化基因。习近平指出："我们要促进和而不同、兼收并蓄的文明交流。人类文明多样性赋予这个世界姹紫嫣红的色彩，多样带来交流，交流孕育融合，融合产生进步。文明相处需要和而不同的精神。"[1] 在各种文明交流互鉴的大势下以及不同思想文化相互激荡的现实面前，我们要以和而不同的包容心态承认文明的多样性，尊重各国各民族文明之间的差异与不同。中国特色社会主义进入新时代，继续传承和而不同的交往理念，体现在我们不断增加中华文化的广度和厚度上，有助于我们树立文化自觉意识，坚定文化自信，建设社会主义文化强国。

坚定文化自信，需要彰显和而不同的精神。习近平多次谈到文化自信，"我们说要坚定中国特色社会主义道路自信、理论自信、制度自信，说到底是要坚定文化自信"[2]。在庆祝建党 95 周年大会讲话中，他强调："文化自信，是更基础、更广泛、更深厚的自信。"[3] 文化自信是我们民族、国家在时代发展潮流和中国特色社会主义伟大实践中，对我们自身文化价值的充分肯定，对中华文化持久生命力所持有的坚定信念。"万物并育而不相害，道并行而不相悖。"[4] 文化是一种力量，以"和而不同"的理念维护世界文明多样性、尊重各国各民族文明，同时也是坚持民族文化的主体性，是对本民族文化持有信心的重要表现。

坚定的民族文化自信，是对中华民族历史以及中华优秀传统文化的自觉

---

[1] 习近平：《在第七十届联合国大会一般性辩论时的讲话》，《人民日报》2015 年 9 月 28 日。
[2] 习近平：《在哲学社会科学工作座谈会上的讲话》，《人民日报》2016 年 5 月 17 日。
[3] 习近平：《在庆祝中国共产党成立 95 周年大会上的讲话》，《人民日报》2016 年 7 月 2 日。
[4] 《礼记·中庸》。

认知和自觉继承,将增强我们在世界文明交流互鉴中对民族文化的自我认同感和归属感。以史为镜,我们能更好地认识过去,看清当今世界,从而把握当下。面向未来,离不开对话历史,离不开回溯历史的脉络。我们当前所继承的优秀传统文化,是我们祖先在长期生活实践中形成的宝贵精神财富。在漫长的发展历程中,中华民族的优秀传统文化已融入我们的血液和灵魂,滋养着世世代代的中华儿女,同时也孕育着中国人民最为深沉的精神品质,成为推动中华民族繁衍生息、向前发展的不竭动力。中华文明绵延至今,正是因为有博大精深的优秀传统文化为根基。我们在对民族历史和优秀传统文化认知与继承过程中,树立文化自觉意识,坚定文化自信,就是把握国家发展的精神命脉,守护我们民族精神的家园,增强中华儿女的骨气和底气,从而在世界文明交流互鉴的过程中不致迷失方向。习近平指出:"中华优秀传统文化是中华民族的精神命脉,是涵养社会主义核心价值观的重要源泉,也是我们在世界文化激荡中站稳脚跟的坚实根基。"① 这是在当代世界文化交流互鉴中,给"和而不同"文化理念重要性作出了最有力的诠释。只有对自身文化持有坚定的信念,我们才能站稳脚跟,才能更好地参与到世界文化的对话之中。

　　文化是国家生存和发展以及社会进步的重要力量。树立文化自觉意识,坚定文化自信,有利于提升国家文化软实力,让中华文化以更加雄健的姿态走向世界文化交流的舞台。习近平强调:"文化是一个国家、一个民族的灵魂。文化兴国运兴,文化强民族强。没有高度的文化自信,没有文化的繁荣兴盛,就没有中华民族的伟大复兴。"② 当前,作为国家发展的软实力,文化在国家发展中的作用和地位日益凸显。一个国家拥有的文化软实力越强,就越能充分发挥文化的辐射力量,在日趋激烈的国际竞争中掌握更大的主动权。正所谓"欲人勿疑,必先自信"③。我们对自己的文化有坚定的信心,成为提升国家实力、促进中华文化在世界文明中绽放光彩的主要推动力。正如习近平深刻指出的那样:"古往今来,中华民族之所以在世界有地位、有

---

① 习近平:《在文艺工作座谈会上的讲话》,《人民日报》2014年10月15日。
② 习近平:《决胜全面建成小康社会 夺取新时代中国特色社会主义伟大胜利——在中国共产党第十九次全国代表大会上的报告》,人民出版社2017年版,第40—41页。
③ 《东周列国志》。

影响,不是靠穷兵黩武,不是靠对外扩张,而是靠中华文化的强大感召力和吸引力。"① 近年来,中国以前所未有的姿态走近世界舞台的中央,这需要坚守中华文化立场,向世界展现中国的良好形象,讲好中国故事,传播中国声音。

面对新的挑战,我们更应坚持和而不同的文化理念和文化自信。进入新时代,我国经济的迅速发展以及新发展理念的提出,既为文化发展提供了丰富物质基础,也为文化发展提供了新的契机,同时使中国文化发展面临新的挑战和新的问题。虽然中华传统文化底蕴丰厚、社会主义文化发展势头强劲,但不得不承认,中国目前还只是文化大国而不能说是文化强国。尽管坚定文化自信与践行文化自信,正由政府部门推进、文化知识界积极参与、学校与社会及各部门全方位培训普及,也取得了十分显著的成效,但推进文化政策和具体工作措施落实落细落小的力度还不够,加快建设社会主义文化强国的观念还没有牢固地深入到每个人心中。问题即机遇,在差距中孕育动力。放眼未来,只要我们坚定信心,秉承科学理念,找准发展路径,文化强国的中国形象必定可以呈现。

三 以包容和谐思维推动与世界文明交流互鉴的有效路径

在人类历史的发展过程中,逐渐走向融合是一个大趋势;而人类追求的目标则是最终实现大同。这是一个艰难而又充满曲折的过程,尤其需要包容和谐思维用以凝聚世界各国家、各民族。人类应该从人与人相互尊重与关怀开始,使人类社会实现整体上的"和"。就一个独立的国家而言,应该以平等友善之心对待他国和其他民族,而不能心存优越之感和嫉妒之心,不能将自己的价值和理念强加于人,更不能依仗自己的优势和强权去对他国采取非礼政策和霸凌举措。一种文化能否生生不息、持续发展,在很大程度上也取决于能否尊重他人,尊重他人也就是尊重自己,二者是辩证统一的。尊重自己,就能深刻理解人与人之和谐相处的道理;尊重他人,才能设身处地为别

---

① 习近平:《在文艺工作座谈会上的讲话》,《人民日报》2014年10月15日。

人着想，真正做到"推己及人"。一个国家要与世界其他文化和谐共存，就要懂得取人之长，这样才能不断优化和发展壮大自己。在全球化时代，中华优秀传统文化有着发挥作用的更大空间，客观上为中华优秀传统文化呈现当代价值提供了机遇。可以说，这是中国思想文化再创造、再发展的时代，也是中华优秀传统文化更能得到发扬的时代。中华优秀传统文化中的包容和谐思维，符合人类社会包容性发展、和谐性发展的要求，遵循人类社会的发展规律。包容和谐思维在新时代的充分彰显，将推进世界文明交流互鉴与文化交往交融跃上新的台阶。

（一）在尊重文化多元性基础上实现合作共赢

正如没有两片树叶是完全相同的一样，世界各国文化都有各自的特质，都有其独特的色彩。每一抹独特的文化亮色，都是世界文化五彩斑斓、繁荣多元的重要组成部分。认识到世界文化多样性存在是实现文化交流互鉴的重要前提，深入理解和把握世界文化多样性的特点，对于推动新时代文化繁荣发展具有重要意义。

一要尊重文化多元，坚持平等对话。文化多元是人类社会历史发展的必然结果。在历史发展长河中，无数国家和民族创造了属于自己的独特文化形式。这些富有自身独特色彩的文化形式都应当被尊重和平等对待。正如习近平所说："文明具有多样性，就如同自然界物种的多样性一样，一同构成我们这个星球的生命本源。"① 世界因多彩而美丽，文明因交流互鉴而发展。在当今时代，不同国家、民族之间的交流融通，都在推动和促进文化多样化的发展。习近平大力推进人类命运共同体建设，强调各国在面对人类发展中的共同问题时应当努力携手，一起应对。这一着眼于人类发展的中国理念，得到了越来越多国家和地区人民的响应。构建人类命运共同体，要求我们面对国与国之间的文化差异时，不应当采取简单化的处理方式，而应站在全人类发展的角度，致力于对话与合作。不同文化形式在交流融通的过程中，必然存在着隔阂与疏离，但差异并不能抹杀平等对话和沟通。各国在文

---

① 习近平：《共同开创中阿关系的美好未来——在阿拉伯国家联盟总部的演讲》，《人民日报》2016年1月22日。

化交往过程中，只有认识到文化多样性的必然，彼此尊重双方独特的文化形式，才能走出隔阂，携起手来实现共同发展。在与世界各国文化交流互鉴的过程中，中国一贯尊重多元文化的发展，积极促进不同文明形式平等相待、互鉴互学，努力为世界文化多样性的发展尽自己的一份责任。"德不孤，必有邻"，一枝独放不是春，百花齐放春满园。中国在文化多元性发展上的积极实践，必将为人类文明发展和社会进步作出更大贡献。

二要互惠合作，走向共赢。历史一再证明，任何孤立于世界发展潮流之外的单边主义，都是行不通的；任何抗拒合作、闭关锁国的想法，无疑都是过时的。在世界多元文化的碰撞交融过程中，各国努力实现互惠合作、走向共赢发展，才是唯一正确的选择。和平与发展依然是当今世界的主题，尽管有一些国家单边主义、贸易保护主义抬头，但仍无法扭转经济全球化的趋势，合作共赢的发展模式越来越深入人心。在开启全面建设中国特色社会主义现代化国家新征程上，中国不断深化和推进区域合作化进程。世界文化的多样复杂更是启发我们要坚持开展合作对话，在平等尊重的前提下，互利互惠，共谋人类美好前景。中国积极推动"一带一路"倡议发展，倡导各国抛开隔阂、求同存异，广泛开展经济、政治、文化等领域的深入合作，实现共同发展。"一带一路"倡议建设秉承共商、共建、共享原则，在尊重各国平等主权的基础上，积极倡导文化包容和谐，强调不同文明之间的平等对话、共生共荣。在合作发展中寻求利益契合点和最大公约数，"一带一路"倡议成为实现文化交流互鉴的重要渠道，有助于各个国家展示智慧和创意，各施所长，各尽所能，把自身优势和潜力充分发挥出来。作为一条开放之路、文明融通之路，"一带一路"无疑对增强世界文化的交流创新起到重要推动作用，使得文明交流互鉴在更高层次、更深入空间中得到更为充分的发展。

（二）以积极开放的姿态推进文化走出去战略

只有致力于包容性发展、和谐化共存，才能推动中华文化走出去，在世界范围内进行广泛传播和更好发展。文化作为一个整体，包含表层结构和深层结构两个层面。表层结构是文化的外层或文化的外壳，如文化产品、生活方式、风俗习惯、民族语言等，如体现在经济、政治、法律、科学、艺术等层面上的制度构架等;深层结构是文化的内核,如价值观念、意识形态、主导思想,如民族文化特质、民族文化认同、民族文化心理等代表着民族文化灵魂的那些内容。文化的深层结构及其所包括的内容是最根本的、最内在的力量。一个民族的深层结构的文化,是本民族文化中的核心成分,是有别于其他民族文化的独特成分,也是民族文化能够走出去并发生影响的本质内容。走出去的文化内容和文化元素能否充分体现中华文化的生命力和内在价值,是中华文化能否获得共鸣、能否产生深远影响的决定性因素,也是现代中国文化优势和文化活力的本质体现。

中华文化要在海外得到有效传播,既要广泛宣传优秀传统文化的基因,也要深度推送当下的最新文化形态。绵延五千多年的中华优秀传统文化的魅力不可抵挡,是中华文化继续延伸的根基所在。在当今时代,鲜活的中国现实和国人生活是中华文化走出去的重点,其中充盈着当代中国人民开拓进取的创造和积极向上的奋斗。目前的情况表明,国外特别是西方社会已经不满足于只接受中国的传统民俗、风土人情、饮食起居等,他们对中国更深层次的文化、特别是当下的文化表现样式更感兴趣,对当代中国发展创新及其内在动能的了解更为迫切。所以,我们不能忽视更深层次文化的传播,不能忽视当下文化的传播。英国文化研究专家斯图亚特·霍尔说过:"文化身份既是'变成',也是'是',既属于未来也属于过去。它不是某个已经存在的,超越地域、时间、历史和文化的东西。文化身份……经历着不断的变化,远非永远固定于某个本质化了的过去。"① 这启示我们在传播传统文化的同时,一定不能忽视当下文化的影响。由此我们可以说,走出去的中华文化应该包含三部分内容,即延续到今天、仍具有生命力的传统文化及其价值内涵,我们主动吸收抑或被动接纳的西方文化中的某些元素,在中国崛起过程中已经形成和正在形成的新文化形态。

中华文化的海外传播内容包括精英文化和大众文化,是精英文化和大众文化的有机统一。精英文化的受众对象,以文化素质较高的知识分子为主,需要契合他们的价值判断和审美趣味,并与其承担的社会责任能够产生关

---

① [英]乔治·拉雷恩:《意识形态与文化身份:现代性和第三世界的在场》,戴从容译,上海教育出版社2005年版,第220页。

联。大众文化是一种市民化的普通型文化，它在现代工业社会产生并与市场经济发展相适应，侧重于或适用于大众的感官享受，与即时性消费能够有机结合。中华传统文化自始至终贯通着德化、教化这条主线，实施中华文化走出去工程，一般应以政府为主导，但也需要我们尽量减少官方色彩，避免呈现一副刻板严肃、不苟言笑的呆板面孔。西方的大众文化产品已经走向全球，如果我们只是以精英文化与之抗衡，实践证明难以收到良好效果。因为大众文化是具有现实感和实用性的世俗文化、带有娱乐性和享受型特征，而精英文化则是背负着社会责任感的自觉文化，两种文化有着不同的文化承担。在时代环境和大众媒介的推动下，我们要做的是努力实现精英文化和大众文化的相互融合和渗透。中华文化要在走出去的道路上大踏步迈进，也应把精英文化和大众文化结合起来，实现官方推动与民间发力的有机结合。

中华文化的海外传播应重点致力于核心价值观的推介，尽管这并不容易。李慎之认为，每个国家所倡导的价值至少有三个层次，即乡土价值、民族价值和全球价值。三个层次的价值分别被不同地域的群体所拥有。乡土价值与民族价值，只要不强加于人，可以自适其适。全球化的未来将是全球价值形成并发挥主导作用的局面，一个民族最大的光荣是在全球价值的形成中增大自己的份额。他国对一国文化的喜爱和认同，是基于对该国文化中所承载的价值观的认同。一国的文化价值观特别是核心价值观若获得他国的尊重，就会极大提升该国国家软实力和在国际社会中的影响力。撒切尔夫人以前曾说过，"中国不会成为超级大国"，"因为今天中国出口的是电视机而不是思想观念"[1]。撒切尔夫人这句话是在我们改革开放之初说的，现在的中国已大不相同。但这仍然启示我们，中华文化走出去的战略任务，要逐步向价值观方面用力，努力推动实现价值观层面的高层级交流，以推动全球价值观在形成过程中吸纳中国智慧，吸纳社会主义核心价值观内容。一方面，走出去的内容是文化，文化包含的元素比较多样；另一方面，在元素多样的文化交流中，要坚持连贯性地对外表达中国的核心价值观。价值观念的交流及其传播极为重要。之所以重要，在于包括价值观念、思维模式、宗教信仰等在内的民族文化核心内容是在长期历史发展过程中形成的，具有较强稳定性

---

[1] 转引自刘效仁《大国崛起要以哲学为支撑》，《决策与信息》2007年第9期。

和深远影响力,而在价值观这方面的对话与交流的确相对要艰难得多。比较看来,科学技术等知识性工具容易交流和接受。每个民族在遇到其他异质文化时,出于对本民族和国家权益的保护,对其他民族的文化一般会排斥甚至进行斗争。中华文化走出去的立足点,绝不是强行推广自己的价值观和意识形态,但我们致力于中华文化走出去,却不能忽略价值理念的重要性。只有当我们的价值观念、思维模式对他国人民的精神世界和生活方式产生影响时,才能够有力地促进其他民族对中华民族及其文化的尊重和向往,进而促进文化之间的相互理解和深度融合,才能使中华民族及其文化的国际形象更为丰满更加可亲。

(三) 吸纳其他优秀文明成果以增强文化软实力

中华文明的伟大在于其开放和包容。中华文明强盛之时,恰是对外来文化尊重和吸纳之日。一方面是认真审视和对待外来文化,能够以接纳和包容的态度,尊重外来文化的本身特色和应有价值;另一方面是在接纳和吸收外来文化过程中,对其合理成分能够做到为我所用,将其有益成分充实到中华传统文化之中。中华文化这种对"他者"的包容思维与和谐态度,不仅在历史上彰显出自身的风采,在当代中国发展过程中依然具有重要意义。只有吸收外来文化中的合理成分,与之包容发展、和谐共存,才能推动实现创造性转化创新性发展,进而在更高层级上促进公平正义的国家建构,促进民主文明的社会形成。

一要坚持以我为主、为我所用。当今世界正处于一个大变革大发展的时期,世界多极化、经济全球化、文化多样化深入发展,在各种思想意识形态的交锋碰撞中,更显现出提升国家文化软实力的重要性。可以说,在文明交流互鉴的过程中,如何着力吸收外国优秀文明成果,借鉴别国成败得失经验,成为一个越来越迫切需要关注的问题,也对提升国家文化软实力起着至关重要的作用。正所谓"独学而无友,则孤陋而寡闻"。任何一种文明的兴盛都离不开借鉴其他优秀的文明成果。文明交流互鉴的过程也是一个相互交流学习的过程,总结前人的得失教训,结合当下实际发展需要,兼收并蓄、融会贯通,最终将会实现自身的发展壮大。坚持以我为主、为我所用的原则,就是启发我们在文明交流互鉴、学习融通的过程中要大胆吸收一切优秀文明成果。各国各民族都应当积极借鉴别国思想文化中的精华、虚心学习其他民族文化中的长处，这一学习、吸纳的过程也是一个民族和国家不断自我成长、自我发展的过程。五千多年的中华民族发展史告诉我们，只有虚心学习、不断进步，才能永葆青春、立于世界民族之林，任何闭关锁国、闭门造车的行为只能招致落后、衰亡。

二要反对全盘西化、囫囵吞枣。吸收借鉴外来文化的过程并不意味着我们要对所有西方的思想文化不加辨别地照单全收。习近平强调："进行文明相互学习借鉴，要坚持从本国本民族实际出发，坚持取长补短、择善而从，讲求兼收并蓄，但兼收并蓄不是囫囵吞枣、莫衷一是，而是要去粗取精、去伪存真。"[①] 吸收借鉴外国经验本没有错，但一旦偏离了正确的方向，以为只要是外国的月亮就比中国圆，那就会陷入一个僵化的误区。中国革命与建设的实践经验告诉我们，只有适合中国国情的政策才是最好的模式，任何照搬苏联和西方的方法都只能是削足适履、刻舟求剑，最终都只能是水中月、镜中花。文化交流和借鉴也是如此，对于西方文明文化，如果我们不加辨别、不加思考，奉行拿来主义、囫囵吞枣，日后必将严重危及自身发展。在这个问题上，我们必须强化自主意识、提升主体思维，坚持文化自信，坚持讲好中国故事，在吸收借鉴过程中始终保持自我的底色和本质，才能对外来文化做到真正意义上的去粗取精、去伪存真，才不至于被它左右、牵着鼻子走。只有对外来文化进行这样一种严肃、认真地审视和甄别，再结合本国实际加以创造性的改造、升华，才能从根本上提升一个民族和国家的综合竞争力和文化软实力。

（四）坚持文化自信以确保本民族文化的自主性

中华传统文化经过岁月的沉淀和积累，构成中华民族的精神标识和传承基因，代表了中华民族鲜明的文化特征和精神气质，不仅是中华文化源远流长的动力，也是世界文明发展的重要营养成分。坚持文化自信，就要对自己民族文化正确认知，坚守中华民族的精神气质和价值体系，坚守自身文化的

[①] 习近平：《在纪念孔子诞辰2565周年国际学术研讨会暨国际儒学联合会第五届会员大会开幕会上的讲话》，《人民日报》2014年9月25日。

独立性。

一是坚持中国特色,坚定自信意识。文化是中国特色社会主义的重要组成部分,既传承了中华优秀传统文化和红色文化,又吸收了西方文化的精华。我们立足于当代中国现实,要不断总结实践经验,努力发展中国特色社会主义先进文化,建设中国特色社会主义文化强国。改革开放以来形成的中国特色社会主义道路倍受国外关注,中国文化作为形成中国方案的重要因素也备受重视,中国的价值体系正在被重新认识和全新定位。中国的成功发展及其丰富经验,给了世界更多的选择和更多的启发。包括经济发展的可持续性和文化传播的合理性,作为基础和起源的中华文化的核心价值理念等,正得到越来越广泛的认可。我们坚持马克思主义指导,推进社会主义先进文化创新发展,使当代中国文化超越于西方文化,呈现出特有的价值和理念上的优越,其中,与发扬光大中华优秀传统文化有着紧密联系。同时,我们坚定文化自信,大力促进文化交流互鉴,强化异质文化间的交流和沟通,促进中华优秀传统文化走向世界。中国文化既是民族的、也是世界的。

二是保持中华民族文化的独立性与开放性。积极拥抱外来优秀文化,是我们的一贯立场。同时,我们也要积极保护民族文化,确保本民族文化的独立性。在数千年的中华文化历史长河上,中华文化从源头的细流,一路收纳了支流河川的水量,也接受了这些河川带来的许多成分,终于汇聚为洪流,奔向大海。这一"大海"即是世界各处人类共同缔造的世界文化。今世所有的文化体系,都将融合于人类共同缔造的世界文化体系之中。[1] 中华传统文化的包容和谐思维,不仅为中华优秀传统文化吸取外来优秀文化要素以提升自身发展提供了理念遵循,而且为民族文化在保持自身独立性自主性基础上推进文化交流互鉴提供了实践指导,为人类文明进步提供了强大的精神动力。构建人类命运共同体,实现共赢共享,就体现了中国兼济天下的大国担当,是根植于中华传统文化包容和谐思维、积极应对当下世界形势的全球治理的中国方案。

---

[1] 参见许倬云《万古江河:中国历史文化的转折与开展》,上海文艺出版社2006年版,第2页。

第四编

发展提升:中华传统文化与现代化协力共进

从历史深处走来并历经沧桑巨变的中华传统文化，与进入到中国特色社会主义新时代的现代化，在回望历史、明晰现实的基础上，必然着意于互为促进的未来发展。二者唯有协力共进，方能发展提升。在历史新起点上实现中华传统文化创造性转化创新性发展、建设富强民主文明和谐美丽的社会主义现代化强国，必须促进传统文化与现代化的协力共进，正确处理协力共进过程中如传统与现代、多元与主流、自主与互鉴等一系列重大关系；必须统筹道路独立与文化自主、正向支撑与良性互动、自我扬弃与渗透融合、文化创新与制度生成等综合要素，深入揭示二者协力共进的本质与规律。唯其如此，中华传统文化与现代化的协力共进与发展提升，才能推进社会主义先进文化建设、拓宽中国特色社会主义发展道路、促进中华民族伟大复兴实现、为人类文明发展作出新的贡献。

第 一 章
当代中国现实任务:中华传统文化与现代化协力共进

中华传统文化与现代化的相遇,既使中华传统文化的创新发展遭遇现代化建设的挑战,也助推中华传统文化在服务现代化强国建设中发挥不可或缺的作用。毋庸置疑,中华传统文化在现代化强国建设进程中具有重要价值,但只有那些适应新时代发展要求、实现自身创新转化的优秀传统文化,才能有效发挥其对现代化的积极作用,为社会主义现代化强国建设提供文化支撑与精神动力。现代化既是普遍的也是特殊的,它虽是一种不可阻挡的世界潮流,但必须与不同国家和民族的特殊性结合起来才能成就自身。对当前中国而言,现代化既是无法回避的趋势,也是一种主动选择。特别是在坚持和发展新时代中国特色社会主义的宏大背景中,在"两个一百年"的历史交汇期,现代化在中国的实现集中体现在建设社会主义现代化强国这一目标中,而这一目标的实现,既取决于中华传统文化的创造性转化创新性发展,也取决于作为现代化内核的现代性在当代中国的建构,这将是一个两者协力共进的过程。

一 历史新起点上的传统文化发展与现代化建设

文化是一个国家、一个民族的灵魂。习近平总书记在党的十九大报告中深刻阐述了传统文化和文化建设的重要地位与重大意义,着力阐明了在新时代我们要以什么样的立场和态度对待中华传统文化、用什么样的思路和举措发展中华传统文化、朝着什么样的方向和目标推进中华传统文化等根本性问题，为推动新时代中国特色社会主义文化繁荣兴盛、建设社会主义文化强国提供了根本遵循，也为我们正确把握新时代中华传统文化和现代化强国建设所处的新历史方位、所面临的新任务以及两者所呈现出的新型关系，绘就了思想坐标。

（一）当前中华传统文化发展和现代化建设所处历史方位的变化

历史方位是事物在其发展进程中所处的位格及其前进的方向。准确定位和科学把握事物发展所处的历史方位，是事关发展能否成功、前进方向是否精准的根本性问题。历史方位是由发展阶段所决定的。以习近平同志为核心的党中央在改革开放四十多年取得的重大成就基础上，围绕坚持和发展中国特色社会主义这一时代主题，提出了一系列新理念新思想新战略，通过全面深化改革来推进一系列重要战略部署，解决了许多长期想解决而没有解决的难题，办成了许多过去想办而没有办成的大事，推动党和国家事业发生了历史性变革。我们依此判断，中国特色社会主义进入了新时代，这就是我国发展新的历史方位。当前中华传统文化的传承创新和社会主义现代化强国建设就处于这样一个新时代。

首先，我国发展呈现出前所未有的阶段性特征。一是生产力发展水平持续提升，综合国力跃居世界前列。经济总量从世界第十一位跃居世界第二位，成为世界第一制造大国、第一货物出口大国、重要对外投资国。二是经济发展进入新常态，发展格局发生重大变化。结构调整成效显著，服务业增加值占比提高，消费成为经济增长的主要拉动力；科技创新深入推进，发展新动能加快积聚，消费、投资、出口协调拉动，三大产业协调带动，助力我国经济发展提质增效。三是人民生活显著改善，社会事业加快发展。党的十八大以来，就业稳步增长，城乡居民收入水平不断提高，贫困人口持续减少。脱贫攻坚战取得全面胜利，现行标准下9899万农村贫困人口全部脱贫。人民群众在全面建成小康社会的基础上逐渐向高品质生活迈进。四是国际地位和影响力大幅提升，日益走近世界舞台中央。倡导互利共赢的合作理念，提出构建人类命运共同体和"一带一路"倡议，坚持经济全球化和多边主义，创办亚投行等新型多边金融机构等，彰显出中国深度参与全球治理的能力，为解决人类共同面临的重大问题不断贡献中国智慧和中国方案。

其次，我国社会主要矛盾发生了重要变化。一个社会的主要矛盾并非一成不变，在一定条件下会发生转化。随着新中国的成立和社会主义改造的基本完成，我国社会的主要矛盾发生了重大变化。党的八大指出，我国社会主要矛盾是人民对于经济文化迅速发展的需要同当前经济文化不能满足人民需要的状况之间的矛盾；党的十一届六中全会则进一步将其表述为"人民日益增长的物质文化需要同落后的社会生产之间的矛盾"。中国特色社会主义进入新时代，我国社会主要矛盾中的两个方面都有了很大变化。从供给方面看，社会生产力发展实现历史性飞跃，物质产品基本满足了人民需要，大量产品出口、"中国制造"享誉世界。"落后的社会生产"的表述已不符合实际。从需求方面看，人民群众对美好生活的向往更加强烈，需求层次化、多样化、精准化特点显著。人们期盼更优质的教育、更满意的收入、更可靠的社会保障、更高水平的医疗卫生服务、更优美的环境、更丰富的精神文化生活。但与之相比，我国发展不平衡不充分问题更加凸显，存在中高端产品供给不足，公共服务仍有不少短板，城乡区域发展差距仍然较大，生态环境问题突出等。所以，党的十九大对我国新时代的社会主要矛盾作出了新的概括，即人民日益增长的美好生活需要和不平衡不充分的发展之间的矛盾。当然，我们也要清醒地认识到，社会主要矛盾虽然发生了变化，但我国仍处于并将长期处于社会主义初级阶段、仍是世界上最大的发展中国家这一历史阶段并没有实质性改变。世异则事异，事异则备变，我们发展中华传统文化和开展现代化强国建设既要顺应中国社会主要矛盾的新变化，也要符合社会主义初级阶段的特点和要求，实现量变和局部性质变的统一。

最后，我们正处于全面建成小康社会和开启全面建设社会主义现代化国家的关键时期。从时间上看，决胜期的时间比较短。在20世纪末人民生活总体上达到小康水平的基础上，党的十六大提出21世纪头20年全面建成小康社会的奋斗目标，这是我们党向人民、向历史作出的庄严承诺，是我们党的重大历史责任。为了这个目标，我们党接力奋斗、努力不止，目前我们完成了全面建成小康社会的历史使命。从要求上看，"小康"强调的是发展水平，"全面"要求的是发展的平衡性与可持续性。全面小康既要求覆盖的领域、区域要全面，更要求覆盖的人口要全面。从任务上看，决胜全面建成小康社会特别是建设现代化国家的任务还相当艰巨。一方面，生态环境问题成为全面小康的明显短板，是人民群众反映强烈的突出问题，必须下大力气扭转。把生态文明建设摆在全局工作的突出地位，加大生态环境保护力度，切实让人们感受到经济发展带来的生态福祉。另一方面，尽管全国农村上千万人口摆脱了绝对贫困，但这些地区大多是自然条件差、经济基础弱、贫困程度深的地区，如何防止因灾因病等返贫，如何夯实脱贫胜利成果，任务依然艰巨。

站在新的历史起点上看中国特色社会主义现代化建设，我们不难发现，中国当前的现代化建设是从以往现代化的探索中接续而来的，正是在这种漫长的探索中，不断推动着中国从传统迈向现代化之路，不仅实现了中国从站起来到富起来的历史性飞跃，而且也把一个充满活力的社会主义现代化中国带到了 21 世纪，中国人民迎来了从富到强的新时代，踏上了新时代中国特色社会主义现代化建设的新征程。然而，中国的社会主义现代化不仅要实现器物层面上的现代化，更要实现精神文化的现代化。没有文化的现代化是没有灵魂的现代化，所以现代化建设需要体现现代化要求的现代性文化来引领。现代性文化虽然指向的是"现代"，但这种文化的"现代"并不是在一个脱离传统文化的"空场"中确立起来的，而要深深地扎根于传统文化之中。因此，传统文化传承创新和现代化建设也就构成社会主义现代化强国建设必须面对和思考的重要任务。

（二）新历史起点上中华传统文化发展和现代化建设的新任务

新时代意味着新任务、新要求。在新的历史起点上，不仅要充分认识新时代赋予中华传统文化传承创新的新任务，而且也要求我们确立起与社会主义现代化强国目标要求相适应的现代化建设的新任务。唯有如此，我们才能开创中华优秀传统文化传承创新与现代化强国建设协调并进、互动交融的新局面。

1. 新历史起点上中华传统文化传承创新的新任务

建设社会主义现代化强国，必须传承本民族的优秀传统文化，这是世界现代史和文化史的基本规律。因此，新时代我们建设社会主义现代化强国，必须厚植中华优秀传统文化的根基、延续优秀传统文化的基因。但传承和延续决不意味着把传统文化"保护"起来,更不是搞文化"复古",而是要结合新时代中国特色社会主义建设的新要求、新目标,在创新中传承、在传承中创新。

首先,传统文化传承创新要助推马克思主义中国化时代化大众化。马克思主义在中国的传播和发展,是其基本原理与中国国情相结合的中国化过程,是用其基本立场观点解决中国不同时代的主要矛盾和问题的时代化过程,也是不断获得民族风格而走进中国百姓、为人们逐步理解和接受的大众化过程。它既是一个不断实现马克思主义与中华传统文化深度结合的过程,也是一个积极发挥中华传统文化在马克思主义中国化时代化大众化中重要作用的过程。为此,无论马克思主义中国化时代化大众化的历史进程走到哪里,都不能割裂它与中华传统文化的联系,因为正是优秀传统文化为马克思主义中国化进程提供着丰富养料和源源不断的文化动力。为此,在新的历史起点上对传统文化的传承创新,需要围绕传统文化在马克思主义"三化"中的作用来展开。

中华传统文化传承创新为马克思主义在新时代的中国化提供文化基因。中华传统文化中的"实事求是""变法维新""德法兼治""民本主义"等思想,在马克思主义中国化的进程中被新民主主义革命、社会主义革命时期的中国共产党人批判地继承下来,在形成马克思主义中国化成果的过程中发挥了积极作用。中国特色社会主义进入新时代,意味着当代中国共产党人必须在解决新时代的中国问题中开辟中国化马克思主义的新境界。显然,新时代中国化马克思主义的创新发展,同样不能撇开新时代的中国国情,不能游离于中国的文化传统之外。习近平正是在博大精深的中华传统文化的丰厚思想遗产中,思考和解决新时代中国面临的一系列重大问题的,在实现国家治理体系和治理能力现代化的过程中,强调从传统文化中汲取智慧。他指出,中华优秀传统文化中蕴含着诸多经过长期积淀而形成的、至今仍对解决当下中国发展面临的问题具有启发意义的重要思想,诸如道法自然、天人合一的思想,天下为公、大同世界的思想,自强不息、厚德载物的思想,以民为本、安民富民乐民的思想,为政以德、政者正也的思想,经世致用、知行合一的思想,集思广益、群策群力的思想,仁者爱人、以德立人的思想,以诚待人、讲信修睦的思想,清廉从政、勤勉奉公的思想,俭约自守、力戒奢华的思想，求同存异、和而不同、和谐相处的思想，等等。这些丰富的生活哲理、人文精神、道德理念等，成为马克思主义中国化的丰富精神宝藏。可以说，没有优秀传统文化的滋养，就不可能形成习近平新时代中国特色社会主义思想。

中华传统文化传承创新为马克思主义时代化提供精神动力。马克思主义的时代化，不仅是一个世界命题，也是一个中国命题。或言之，即便是回答马克思主义的时代化这一普遍性的课题，也需要有一个中国的文化立场。这既是因为一种理论的创新必须立足于具体的民族经验，亦是因为一种文化不仅是民族的、也是世界的，不仅是传统的、也是现代的。习近平指出："从孔夫子到孙中山，我们都注意汲取其中积极的养分"[1]，"要坚持古为今用、以古鉴今，坚持有鉴别的对待、有扬弃的继承"[2]。弘扬中华优秀传统文化，根本出路在于推进其时代化，而马克思主义也需要时代化，两者统一于中国特色社会主义现代化实践当中。一方面，时代化的中华传统文化为马克思主义的时代化提供民族个性；另一方面，马克思主义的时代化为传统文化的时代化提供意识形态方向。为此，"对传统文化中适合于调理社会关系和鼓励人们向上向善的内容，我们要结合时代条件加以继承和发扬，赋予其新的涵义"[3]，将"人类历史上积累和储存的智慧和力量"运用于解决当代人类面临的时代难题上。这里所谈的智慧和力量，就是指中华优秀传统文化的包容性和开放性。这种包容性和开放性，能够在文化多元化的新时代背景下实现不同文化的整合，世界优秀文化成果也将在这种整合中融入波澜壮阔的马克思主义时代化进程，进而促进马克思主义在新时代迸发出蓬勃的生命力。

中华传统文化传承创新为马克思主义大众化提供价值认同。一种理论要发挥改造世界的现实作用，就必须掌握群众、走进大众。而一个能走进大众的理论，不仅要有科学的真理性，还要适合接受者的认知和接受能力。这就

---

[1] 习近平：《在纪念孔子诞辰2565周年国际学术研讨会暨国际儒学联合会第五届会员大会开幕会上的讲话》，人民出版社2014年版，第13页。

[2] 习近平：《在纪念孔子诞辰2565周年国际学术研讨会暨国际儒学联合会第五届会员大会开幕会上的讲话》，人民出版社2014年版，第11页。

[3] 习近平：《在纪念孔子诞辰2565周年国际学术研讨会暨国际儒学联合会第五届会员大会开幕会上的讲话》，人民出版社2014年版，第7页。

需要理论不仅要通俗易懂，而且具有民族特色，贴近大众生活。马克思主义虽源于大众，服务于大众，但它毕竟产生于西方社会的经验和文化土壤。马克思主义来到中国后，主要面临三个突出问题。一是通俗化问题，马克思主义大众化的前提是通俗易懂。而对中国大众而言，最能让其听懂的话、明白的道理都汇集在中华传统文化里。因此，如何将传统文化在大众中广泛流传、为大众所熟知和理解的价值理念、伦理道德和思维模式等，同马克思主义的基本原理打通，就成为马克思主义中国化进程中一个至关重要的问题。二是本土化问题，马克思主义如果不能与异于自己的文化对话，不能走进其他民族的传统，不能解决一个国家革命与发展的具体问题，就不能在这个国家扎下根来，就无法彰显其真理的普遍性。从这个意义上说，马克思主义的中国特色、中国风格和中国气派，就是马克思主义普遍性的具体实现形态。三是生活化问题，一种理论即使再科学，如果大众不能从中感受到穿透力和影响力，那就无法起到任何作用。因此，马克思主义在中国的大众化过程，应致力于改变大众的日常生活本身，进而使中华传统文化中体现中国民众日常生活的认知方式、思维方式、行为方式等，经过传承和创新为马克思主义在中国的大众化提供精神上的"交叠共识"。儒家思想曾经就是这样实现自己的大众化的，"儒家思想能够在宋明时期得以普及的主要原因，就是将教化的思想内容植根于普通百姓的'生活世界'或'日常生活世界'之中，以至'化民成俗'，从而取得了'大众化'的实际效果"[①]。马克思主义在中国的大众化事业，也应借鉴儒家的这种传播经验，在百姓生活的世界中汲取来自传统文化的认同力量。

其次，传统文化传承创新要有助于涵养社会主义核心价值观。社会主义核心价值观是当代中国精神的集中体现，凝结着全体中华儿女共同的价值追求。正所谓立物易、立心难，我们必须保持定力、耐心和韧劲，以功成不必在我的姿态把核心价值观的培育和践行推向纵深。在社会主义核心价值观的践行中，如何提高对它的认同度是需要解决的前提性问题。核心价值观能否获得认同，既取决于它在与世界不同文化的交流互鉴中能否汇集各民族价值

[①] 江畅、戴茂堂、周海春：《我国主流价值文化及其构建研究》，人民出版社2013年版，第198页。

观之所长，又取决于它能否在源远流长的文化传统中汲取其活性因子和优秀秉性。

习近平指出："牢固的核心价值观，都有其固有的根本。抛弃传统、丢掉根本，就等于割断了自己的精神命脉。"① 在这里，他强调的是优秀传统文化对社会主义核心价值观建设的源和流的关系。翻开中华传统文化的历史，我们不难发现其中蕴含着许多契合社会主义核心价值观的思想因子："君以民存，亦以民亡"，"凡人之所以为人者，礼义也"，"与人和者，谓之人乐；与天和者，谓之天乐"，"道法自然"，"从心所欲，不逾矩"，"大道之行也，天下为公"，"法令者，民之命也，为治之本也，所以备民也"，"天下兴亡，匹夫有责"，"功崇惟志，业广惟勤"，"言必信，行必果"，"己所不欲，勿施于人"，等等。这些观点无不体现着核心价值观在国家、社会和个人三个层面的传统文化根源，彰显着传统文化对社会主义核心价值观的涵养能力。正是在这种意义上，习近平认为，"培育和弘扬社会主义核心价值观必须立足中华优秀传统文化"，"深入挖掘和阐发中华优秀传统文化讲仁爱、重民本、守诚信、崇正义、尚和合、求大同的时代价值，使中华优秀传统文化成为涵养社会主义核心价值观的重要源泉"②。

既然传统文化是社会主义核心价值观的根，那社会主义核心价值观建设就不能离开传统文化孤立进行，而应该自觉把弘扬优秀传统文化作为依托，并激活优秀传统文化，增强人们对中华优秀传统文化和社会主义核心价值观的认同。培育的目的在于践行，社会主义核心价值观的践行必须建立在弘扬优秀传统文化的基础上。通过对优秀传统文化的弘扬，确立健康向上的社会文化导向，发挥优秀传统文化对人的心灵安顿、崇德向善的作用，让知荣辱、讲正气蔚然成风。习近平指出："我们要在全社会大力弘扬和践行社会主义核心价值观，使之像空气一样无处不在、无时不有，成为全体人民的共同价值追求，成为我们生而为中国人的独特精神支柱，成为百姓日用而不觉的行为准则。要号召全社会行动起来，通过教育引导、舆论宣传、文化熏陶、实践养成、制度保障等，使社会主义核心价值观内化为人们的精神追

---

① 《习近平谈治国理政》第 1 卷，外文出版社 2018 年版，第 164 页。
② 《习近平谈治国理政》第 1 卷，外文出版社 2018 年版，第 164 页。

求、外化为人们的自觉行动。"① 传承创新中华优秀传统文化，还要以培养担当民族复兴大任的时代新人为着力点。优秀传统文化是滋养人的世界观、人生观和价值观的重要源泉，我们要深入挖掘优秀传统文化蕴含的思想观念、人文精神、道德规范，通过强化教育引导、实践养成、制度保障，把其中的核心要素融入青少年成长全过程，使之成为青少年对中国特色社会主义产生情感认同和培养正确行为习惯的重要文化支撑。核心价值观本身携带着优秀传统文化基因，所以，在培养担当民族复兴大任的时代新人过程中，我们要积极发挥核心价值观的引领作用，使其贯穿国民教育全过程，融入精神文明创建各方面，渗透精神文化产品创作生产传播各环节。

最后，传统文化传承创新要致力于用思想道德建设提高全社会文明程度。一个现代化的国家，必定是人民有信仰、国家有力量、民族有希望。随着生产力的不断发展，我们的党、国家、民族和人民的面貌都发生了前所未有的变化，全社会思想道德主流始终是健康向上的。但值得重视的是，思想道德领域仍然存在不少问题，信仰缺失、道德缺席、诚信缺位等现象在不同人群中仍不同程度地存在着。所以，必须把思想道德建设摆在突出位置，加大教育引导和规范治理力度，提高人民思想觉悟、道德素养，提高全社会文明程度。道德作为特殊的意识形态，是"依靠社会舆论、传统习惯和内心信念所维持的、调整人们之间以及社会之间关系的行为规范的总和"②。优秀传统文化中不仅拥有深刻的道德人性根基、道德生命向度和道德实践宗旨，而且也拥有完备的道德规范和实践伦理，具有超越时空的深刻价值。道德建设是思想文化建设的重要内容，但同时现代道德体系的建设又以文化特别是优秀传统文化建设作为重要抓手，由以提高全社会成员的思想道德素质和文明水平。就此而言，优秀传统文化的传承创新要立足于以道德建设促成文明风尚。一要抓好理想信念教育这个根本。广泛开展理想信念教育，深化中国特色社会主义和中华民族伟大复兴宣传教育，加强爱国主义、集体主义、社会主义教育，引导人们树立正确的历史观、民族观和国家观。二要抓好道德建设这个基础。深入实施公民道德建设工程，推进社会公德、职业道德、家

---

① 习近平：《在文艺工作座谈会上的讲话》，人民出版社2015年版，第23页。
② 杨海军：《思想政治教育情感载体研究》，人民出版社2019年版，第108页。

庭美德、个人品德持续向好，激励人们孝老爱亲、忠于祖国和人民。三要抓好风气养成这个关键。加强和改进思想政治工作，深化群众性精神文明创建活动。弘扬科学精神，开展移风易俗行动，抵制腐朽落后文化侵蚀。

2. 新历史起点上我国现代化建设的新任务

新时代中国特色社会主义现代化事业迈向新征程，即在全面建成小康社会取得决定性胜利的基础上，分两个阶段建成社会主义现代化强国：第一阶段，从 2020 年到 2035 年，在全面建成小康社会的基础上，奋斗十五年，基本实现社会主义现代化；第二个阶段，从 2035 年到 21 世纪中叶，在基本实现现代化的基础上，再奋斗十五年，建成社会主义现代化强国。新的征程赋予我国现代化建设新的历史任务。

第一，在经济建设方面，实现我国经济、科技实力大幅提升，跻身创新型国家前列。我们要保持经济中高速增长，推动产业迈向中高端水平，实现由数量和规模扩张向质量和效益提升的转变。要深化供给侧结构性改革，助推产业优化升级，加快发展先进制造业、现代服务业。要完善社会主义市场经济体制、产权制度和要素市场化配置，重点深化经济体制改革，坚决破除制约发展活力和动力的体制机制障碍。要建立以企业为主体、以市场为导向、产学研深度融合的技术创新体系，促进科技成果转化。要推动形成全面开放的新格局，以"一带一路"建设为重点，坚持引进来和走出去并重，形成陆海内外联动、东西双向互济的开放格局，创新对外投资方式，促进国际产能合作，形成面向全球的贸易投资和生产服务网络。

第二，在政治建设方面，充分保障人民平等参与、平等发展的权利，实现国家治理体系和治理能力现代化。要强化人民当家作主的制度保障，将党的领导、人民当家作主和依法治国有机统一起来，支持和保证人民通过人民代表大会行使国家权力。要努力建成法治国家、法治政府和法治社会，把全面贯彻实施宪法作为首要任务，以良法善治为基本取向，加快法治国家建设，严格规范公正文明执法，依法全面履行政府职能，建设法治政府，深化司法体制改革，加大全民普法宣传，建设法治社会。还要深化机构和行政体制改革，深化简政放权、坚持放管结合，进一步转变政府职能，优化地方权力配置，尊重地方首创精神。

第三，在文化建设方面，进一步提高社会文明程度，增强国家文化软实力，扩展中华文化影响力。要大力宣传习近平新时代中国特色社会主义思想，更好地用党的创新理论武装头脑、指导实践、推动工作。要培育和践行社会主义核心价值观，广泛弘扬爱国主义、集体主义、社会主义思想，提高全体人民的文化自信、文化自觉和文化凝聚力。要努力形成重视社会公德、职业道德、家庭美德、个人品德的社会风尚，提高人民思想道德素质、科学文化素质和健康素质。要促进公共文化服务体系、现代文化产业体系和市场体系的建立，加强中外文化交流，推动中华文化走向世界。

第四，在社会建设方面，实现人民生活更为宽裕，基本公共服务更加完善，全体人民共同富裕迈出坚实步伐。要缩小收入分配差距，增加低收入者收入，调节过高收入，扩大中等收入群体，形成稳定的橄榄型社会结构。要全面建成多层次社会保障体系，实现公共服务均等化；完善基本养老保险、医疗保险、失业工伤保险、最低生活保障等制度以及社会救助、社会福利、慈善事业、优抚安置等制度，建立全国统一的社会保险公共服务平台。要打造共建共治共享的社会治理格局，加强预防和化解社会矛盾机制，加大社会心理服务体系建设，健全公共安全体系、治安防控体系建设。

第五，在生态建设方面，努力使生态环境得到根本好转，实现美丽中国的目标。要着力解决突出的环境问题，加快水污染防治，强化土壤污染管控和修复，打赢蓝天保卫战，深化重点区域大气污染联防联控，让群众享有更多蓝天白云。要努力构建以政府为主导、企业为主体、社会组织和公众共同参与的环境治理体系，汇聚各种力量，形成最大合力；推进绿色发展，建设美丽中国，建立健全绿色低碳循环发展的经济体系，减少资源消耗、污染排放和生态破坏，壮大节能环保产业、清洁生产产业、清洁能源产业，坚持节约资源的基本国策，推动形成人与自然和谐发展的现代化建设新格局。

（三）新历史起点上传统文化传承创新和现代化建设的协力共进

在新的历史起点上，中国开启了迈向现代化强国建设的新征程，这一新征程既意味着中国将迎来社会结构的全面升级和整体转型，也预示着一种与社会主义现代化发展相适应的新文化理念的产生，表征着传统文化向现代化的转型。这一转型过程也就是优秀传统文化传承创新的过程。所以说，在新的历史起点上传统文化传承创新和现代化建设的关系，是一种协力共进的关系。

1. 新历史起点为传统文化传承创新和现代化建设的协力共进确立前提

中国特色社会主义进入新时代，当代中国发展站到了新的历史起点上。"这个新起点，就是中国全面深化改革、增加经济社会发展新动力的新起点，就是中国适应经济发展新常态、转变经济发展方式的新起点，就是中国同世界深度互动、向世界深度开放的新起点。"[①] 社会主义现代化强国的基本要求是物质文明、政治文明、精神文明、社会文明、生态文明全面提升，实现国家治理体系和治理能力现代化，使我国成为综合国力和国际影响力领先的国家，全体人民共同富裕基本实现并享有更加幸福安康的生活，中华民族将以更加昂扬的姿态屹立于世界民族之林。党的十九大对现代化强国所作的是一个总体的描述，但关键词是要"强"，既是强大，更是强盛；不是部分强，而是全面强，既要强党、强国、强军，又要经济强、制度强、精神强。其中，文化的强盛及其强大的影响力，必须通过文化自身的现代化来实现。

文化的现代化绝非意味着可以离开传统或在一个文化传统的空场中完成，因为我们今天谈论的"传统"，并不只是在"本土本原和民族主体"意义上理解的，而是站在新的历史起点上对中国文化整体发展脉络的一种审视。站在这样的高度，我们不难发现，中国文化至今已历经多个阶段、多次转型，相应积淀形成了历时态的多重传统文化结构。构成当今中国发展模式重要基础的传统文化，除了古代传统文化以外，还有经由辛亥革命、新民主主义革命到社会主义革命运动长期宣传推广所积累形成的革命传统文化，以及起源于西方文艺复兴和工业革命，自近代开始被引入中国的传统现代主义文化，这些文化共同构成了我们今天所拥有和面对的"传统的延传变体链"。这表明，处在新历史起点上的传统，显然面临着"新的历史起点"的挑战。面对挑战，故步自封和抱残守缺都不是明智之举，唯有主动求变、适应时代变化才是出路。这种求变并不是对传统的否定，也不是简单地在不同文化之间嫁接，而应该着眼于不同文化的深层融合，这种融合意在使文化传统在适应不同文化的挑战中保持自身特色和优势。这种特色和优势不能建立

---

① 习近平：《中国发展新起点 全球增长新蓝图——在二十国集团工商峰会开幕式上的主旨演讲》，《人民日报》2016年9月4日。

在传统本体论的框架内，而需要打破本位文化的视界局限，克服不同文化的片面性，使之在文化整合中成为全新的现代文化。

新的现代文化之所以"新"，在于它建立在对传统二元对立思维方式的超越之上，以服务中国特色社会主义建设为己任，以建设中国特色社会主义文化强国为目标。中国特色社会主义文化强国的目标就是要实现中华文化的现代转型与创新，以中华文化的博大胸怀，包容他者，使中国特色社会主义先进文化在不同文化的激烈竞争中脱颖而出，引领世界文化发展大势。正如习近平所说："发展中国特色社会主义文化，就是以马克思主义为指导，坚守中华文化立场，立足当代中国现实，结合当今时代条件，发展面向现代化、面向世界、面向未来的，民族的科学的大众的社会主义文化，推动社会主义精神文明和物质文明协调发展。"①

2. 新历史起点为传统文化传承创新和现代化建设协力共进提供契机

19世纪末期以来，以启蒙为代表的西方现代文明暴露出越来越多的问题，引发了人们对西方现代性问题的深刻反思。在这种反思中，多样的现代化、别样的现代性，以及现代化与民族传统文化的关系等问题，越来越受到人们的重视。在这一背景下，我国也越来越强调优秀传统文化的重要性及其传承创新。特别是党的十八大以来，以习近平同志为核心的党中央高度重视中华优秀传统文化的当代价值。习近平指出："文化是一个国家、一个民族的灵魂。文化兴国运兴，文化强民族强。"② 为此，我们要深入挖掘和阐发中华优秀传统文化讲仁爱、重民本、守诚信、崇正义、尚和合、求大同的时代价值，为实现中华民族伟大复兴的现代化强国目标提供精神力量。

传统文化面临现代化的挑战，并不意味着传统文化的自然退场或必然缺席，恰恰相反，现代化的发展离不开对传统文化精华的吸纳，现代化本身包含文化的现代化。纵观中华传统文化五千多年的发展史，它一直都在与不同的文化形态交融、碰撞乃至对抗，但都在氤氲化生中传承和延续下来。这说明，一种有生命力的传统文化是不畏各种挑战的，它面对挑战能够勇于自我

---

① 《中国共产党第十九次全国代表大会文件汇编》，人民出版社2017年版，第33页。
② 习近平：《决胜全面建成小康社会 夺取新时代中国特色社会主义伟大胜利——在中国共产党第十九次全国代表大会上的报告》，人民出版社2017年版，第40—41页。

变革，表现出顽强的自我延续和再生能力。中华文化绵延至今，本身足以说明它是一种极具适应时代变化能力的文化。这种能力使得它在当今时代依然能够坦然面对现代化的重构并完成其现代性转型。

传统文化的传承创新与现代化建设共存于中国特色社会主义实践当中。它们都能从这一共同生存的土壤中吮吸营养，获取成长的能量，并且在这一共有家园中彼此照应、携手共进。与此同时，中华传统文化同现代化建设之间也存在不可避免的张力和矛盾。不仅如此，中华传统文化还面临西方近代思潮的碰撞和冲击。但辩证地看，矛盾中有统一、危机中有机遇、"危"和"机"彼此转化，所以我们要善于化危为机。

首先，中华传统文化中的优秀成分，使其能够历经风雨沧桑，穿越时空而得到传承，这些优秀成分是其强大生命力的酵素。它们不但不与现代性精神水火不容，反而能够与现代性精神互融共生。例如，"自强不息""厚德载物"与现代科学的创新精神同频共振；以德治国的政德政治能够弥补现代民主程序正义的漏洞；"和为贵""和而不同""己所不欲，勿施于人"等伦理规范与强调团队精神、尊重个性差异和多元辩证统一等现代性价值理念不谋而合。

其次，在实现现代化强国目标的过程中，中华优秀传统文化可以为社会发展提供积极的价值范式。习近平指出："中华优秀传统文化已经成为中华民族的基因，植根在中国人内心，潜移默化影响着中国人的思想方式和行为方式。"[①] 中华传统文化是以天、地、人的关系为核心而建立起认知系统和行为方式的，其目标追求是实现人间秩序的和谐稳定。从社会秩序的规范来看，中华传统文化首先用"孝"来规范血缘亲情关系，确立起以"孝"为核心的家庭关系，然后用"君臣有义，夫妻有别，长幼有序，朋友有信"来规范非血缘关系，建构起以"似血缘"为纽带的群体关系。如果我们剔除其中携带的封建道德意识形态，保留其中的伦理规范智慧，那么这些理念对新时代构建新型世界秩序和新型大国关系等，仍具有积极意义。从优化治理理念和规范治理秩序的角度来看，中华传统文化中的为政以德、德法结

[①] 习近平：《青年要自觉践行社会主义核心价值观——在北京大学师生座谈会上的讲话》，人民出版社 2014 年版，第 7 页。

合、无为而治、民贵君轻、清廉从政、勤勉奉公等思想，在新时代国家治理现代化过程中仍有借鉴价值。从现代社会的公序良俗角度来看，中华文化中"杀身成仁""舍生取义"的公共人格、"自省""反身而诚"的自律人格、"君子喻于义，小人喻于利"的义利观、"天下兴亡，匹夫有责"的责任观、"鞠躬尽瘁"的奉献精神等，潜移默化地影响着一代代中华儿女，激励着各族人民保家卫国、干事创业的热情，成为中华文明最持久、最深层的力量，成为"人们共同承认的，最终的价值依据和心理本原"。在今天，它们仍是中国特色社会主义现代化建设的精神助燃剂。

最后，中华传统文化蕴藏着解决当代人类诸多难题的中国方案和中国智慧。现代化启蒙了世界，打倒了专制，给人以民主；破除了迷信，给人以科学；现代化繁荣了世界，促进了物质生产力和技术的巨大发展，极大地改善了人类生活。但同时也引发了矛盾和危机，在现代化的滥觞下，人类面临着日益严峻的全球问题：贫富差距持续扩大、物欲追求奢华无度、个人主义恶性膨胀、社会诚信不断削减、伦理道德每况愈下、人与自然关系日趋紧张等。解决这些难题，既要运用人类今天的智慧和力量，也要运用人类历史上积累的智慧和力量。在这方面，中华优秀传统文化能为我们提供许多有价值的启迪和思路。其中，道法自然、天人合一、天下为公、大同世界、以民为本、安民富民乐民、为政以德、集思广益、群策群力、仁者爱人、以德立人、求同存异、和谐相处等思想主张，对解决当代生态和环境问题、重塑国际经济政治秩序、缓和地区冲突和矛盾、构建人类命运共同体等，都有着重要的参考价值。我们要在新的历史条件下，赋予其新的时代含义，为人类文明的持续发展和繁荣作出自己的独特贡献。

可以说，中国特色社会主义现代化强国建设不能脱离中华民族的传统，不能割裂同中华传统文化的关系，而要深植于中华民族的传统中，建立在中华优秀传统文化传承创新的基础之上；同样道理，中华传统文化的传承创新亦不能游离于中国特色社会主义的实践，不能撇开社会主义现代化强国的建设目标，而要扎根于中国特色社会主义实践，面向现代化强国建设目标的需要进行转型创新。换言之，中华传统文化的传承创新，要从现代化强国建设的实践中汲取营养和动力；中国现代化强国的建设，也要在中华传统文化的传承创新过程中保持"底色"，彰显"特色"。在两者的协力共进中相得益彰，传统文化传承创新和现代化建设共同推进中国特色社会主义事业深化发展。

3. 新历史起点为传统文化传承创新和现代化建设协力共进创造机制

新的历史起点不仅为中华优秀传统文化的传承创新和社会主义现代化建设的协力共进提供了前提条件、发展契机，而且也创造了两者协力共进的体制机制。立足新时代国情实际，推进两者的良性互动需要从以下几个方面深化认知并推进实践。

第一，传统文化传承创新有利于促进现代化建设。历史上，中华优秀传统文化无论是对中国古代文明的发展，还是近现代对中国现代化道路的选择和推进，都发挥了积极作用。在新的历史起点上，全面推进中国现代化建设，同样也离不开中华优秀传统文化的传承创新。

优秀传统文化的传承创新有助于推动经济发展。劳动力是最活跃的生产要素，劳动者素质的高低决定了一个国家生产力发展的速度、水平和质量。据世界银行的研究报告，劳动力受教育的平均时间增加一年，国内生产总值就可以增加9%。只有加强文化建设，提高全民文化素质，确立起现代文化意识，才能充分释放劳动者的劳动和创造潜能，生产更多更优质的社会财富。而劳动者的文化素质显然离不开优秀传统文化的浸润与滋养。科学技术在经济发展中的作用越来越重要，而一个民族的科学技术水平又同其民众文化水准直接相关，没有优秀的文化，也就不可能有科学技术的长足进步，因为科学技术的持续发展需要坐得住冷板凳的忍耐精神、自强不息的拼搏精神、敢为人先的创新精神和不怕失败的坚韧精神，这些精神都能在中华优秀传统文化中找到源头。

优秀传统文化的传承创新有助于社会主义民主政治建设。中华人民共和国的一切权力属于人民。但由于封建主义等因素的影响，民主或人民主权意识还受到多方面影响。大力加强传统文化传承创新，从中华传统文化的"民本"思想中汲取营养，能够发挥其对现代民主政治建设的重要作用，能够让人民在政治生活中有更多的参与感、获得感，增强其主人翁意识。通过大力宣传习近平新时代中国特色社会主义思想与中华优秀传统文化之间的渊源关系，能够进一步引导人民在中华优秀传统文化的大背景、大历史视野中，深化对当代中国马克思主义的认识，进一步增强对中国特色社会主义的政治认同。

优秀传统文化的传承创新有助于推动社会治理。中华传统文化的精神凝聚力对当代中国社会具有积极的整合作用。传统文化中"刚强自健、厚德载物"等理念，有利于激励和鼓舞社会成员自我奋斗，而"泛爱众，而亲仁""老吾老，以及人之老；幼吾幼，以及人之幼"等思想，有助于激励先富人群和各界爱心人士加入慈善捐赠、扶贫济困的工程和活动中，促进早日实现共同富裕。中华传统文化为塑造现代公民人格提供了丰富的精神资源，对于培养爱国守法、勤俭自强、明礼诚信、团结友善、好善乐施、敬业奉献等现代健康公民人格具有积极的涵养作用。此外，中华优秀传统文化为打造积极向上的公共环境提供了大量治理智慧，我们可以利用传统文化中的讲信修睦、与邻为善、美美与共、大同世界等智慧，优化社区、企业、校园、军营等单位和公共领域的社会治理效果。

优秀传统文化的传承创新有助于生态文明建设。中华传统文化中的"天人同源""人法地，地法天，天法道，道法自然""天地与我并生，万物与我为一""天地万物一体""天人合一"等思想，都是我们进行生态文明建设的宝贵文化资源。在建设现代化强国进程中，我们要积极挖掘、整理、激活和再阐释传统文化中蕴含的丰富生态思想，服务于当代中国人的生态启蒙。一方面，我们要树立尊重自然、保护自然、与自然共生共荣、同自然和谐相处的现代生态意识，倡导简约适度、绿色低碳的生活方式，使绿色消费成为每一个公民的自觉，为美丽中国建设做贡献。另一方面，我们要深入研究习近平生态文明思想同中华优秀传统生态思想的关联，在生态文明史和文化史的视野下，深化对习近平关于绿水青山就是金山银山、像对待生命一样对待生态环境、山水林田湖草是一个生命共同体、实行最严格的生态环境保护制度等生态思想的理解，形成生态文明建设的最大共识，汇聚生态文明建设的各方力量。

第二，现代化建设为传统文化传承创新提供条件。新时代中国特色社会主义现代化建设在经济、政治、文化、社会和生态等方面，为中华优秀传统文化的传承创新提供保障条件。

经济发展是传统文化传承创新的基础。"物质生活的生产方式制约着整个社会生活、政治生活和精神生活的过程。不是人们的意识决定人们的存在，相反，是人们的社会存在决定人们的意识。"① 任何时代的文化都严格地被该时代的经济所制约，这是历史唯物主义的基本原理。经济的发展，不仅为文化的发展提供条件，而且对文化发展提出更高要求。现代经济的发展是依靠市场和资本的组织、周转实现的，这一过程中会出现不同程度的价值偏离等文化缺陷，这是现代市场经济的局限性所在。解决现代经济发展的价值偏离等文化缺陷问题，便成为文化建设的重要使命；但解决中国市场经济的价值偏离等文化缺陷问题，不能依靠西方文化，只能从中华传统文化中寻找思路。优秀传统文化所蕴含的义利价值观、经世济民等思想，没有把经济视为脱嵌于社会的自为领域，对于克服和超越市场经济的原教旨主义倾向、加强社会主义宏观调控具有重要的启示价值。社会主义市场经济的发展，为优秀传统文化的延续与创新提供了"操演"的现实平台。

政治发展影响传统文化传承创新的方向。我国是社会主义国家，始终坚持马克思主义的指导思想。坚持以马克思主义为指导，最重要的是坚持马克思主义的立场、观点和方法，运用马克思主义中国化最新成果指导实践。中国的政治道路既异质于西方，也不是一般的社会主义道路，而是一条中国特色社会主义的政治发展道路。这就使得中国的现代政治发展既要坚持以马克思主义为指导，又要将其与中国的传统和传统文化相结合，这种独特的政治发展道路决定了中国的传统文化传承创新要紧紧围绕中国特色社会主义民主政治展开。在新时代，传统文化的继承创新要高举习近平新时代中国特色社会主义思想旗帜，深入挖掘传统文化中的政治资源，在中国特色社会主义的政治实践中进行继承、重构和创新，充分发挥其武装政治头脑、指导政治实践、推动政治工作的功能。如果脱离中国特色社会主义政治发展道路，脱离习近平新时代中国特色社会主义思想轨道，传统文化传承创新就会迷失方向，进而拖累社会主义现代化建设进程，危害中国特色社会主义事业。

社会发展为传统文化传承创新提供了更广阔的社会舞台。改革开放以来，我国人民生活显著改善，从温饱到总体小康再到全面小康。随着生活水平不断迈上新台阶，人民对美好生活的向往越来越强烈，新的社会需求和满足这些需求的制度、组织、机制也不断涌现，这为传统文化在新时代的持续

---

① 《马克思恩格斯选集》第 2 卷，人民出版社 2012 年版，第 2 页。

传承创新提供了机遇和渠道。比如,共治型小区、互助式养老、众筹式看病、共享式出行等大量新的社会需求催生了众多相应的基层社会组织,如果国家要对这些组织和机构都进行事无巨细的精致管理,既不可能,也无必要,而应在坚持党的政治和思想领导以及法律治理为主的前提下,借助传统文化理念和智慧进行自我管理和约束。传统文化中的熟人伦理、互帮互助、一方有难八方支援、滴水之恩当涌泉相报等理念,也在这种新型治理机制中找到了再生和重构的渠道。

生态文明建设对传统文化传承创新提出了新要求。党的十八大把生态文明建设纳入"五位一体"总体布局中,提出建设美丽中国的目标,并分别部署生态文明体制改革、生态文明法律制度建立、绿色发展的战略任务。党的十八大以来,全国贯彻绿色发展理念的自觉性和主动性显著增强,生态文明建设决心之大、力度之大、成效之大,在我国发展史上前所未有。同时,社会主义生态文明建设的新任务也对传统文化的传承创新提出了新要求。这些新要求重点体现在,如何在工业文明已经深度干预自然界之后重新理解"天人合一",如何在人类未来的自由全面发展的目标下重新理解"道法自然",如何在坚持人类主体不被抛弃的前提下重新理解人与自然的和谐共生,等等。在新的历史条件下,我们既要认清传统文化传承创新和现代化建设的新任务,以传统文化传承创新为现代化建设注入文化精神动力;也要仔细分析经济、政治、社会、生态文明等方面的现代化为传统文化传承创新创造的更加优越的条件,从而充分把握新时代传统文化传承创新面临的新机遇、具有的新形式,最终实现传统文化传承创新和现代化建设相辅相成、彼此互补、携手前行。

第三,新历史起点上传统文化传承创新与现代化建设辩证统一。只有深刻把握传统文化传承创新和现代化建设协力共进的内在逻辑,才能充分发挥优秀传统文化对现代化建设的巨大作用,使传统文化借现代化建设这只巨船扬帆"出海"。

传统文化传承创新与现代化建设彼此依赖、相互渗透。传统文化的传承创新,传承是首要的,但究竟传承什么,哪些传统能够得到传承,并不是凭人们的主观想象随意而定的,它取决于现代化建设的具体要求。这意味着,即便是文化传承,也不是仅仅停留于对传统的固守,而是要在适应现代化建设的发展中,通过扬弃和创新实现传承。从现代化的内在矛盾来讲,不仅要发挥传统文化的创新在现代化建设中的"活力"作用,不断为现代化建设提供精神上的活水,还要发挥传统文化的传承在现代化建设中的"定力"作用,坚守现代化的文化底色。

传统文化传承创新与现代化建设彼此支撑、相互借力。传统文化的传承创新为现代化提供软件支撑,现代化建设为传统文化的传承创新提供硬件支持。优秀传统文化是中华文化的精髓,是中华民族在世世代代的生产生活实践中积淀下来的,只要找到恰当的对接方式,传统文化的传承创新就能成为现代化建设的精神力量;同样,现代化也能为传统文化传承创新提供物质力量。比如,屠呦呦之所以能够发现青蒿素,一方面是因为她在中医本草学中积累起对传统中医药文化的信任,正是这种信任支撑她系统收集整理了无数的历代医籍、本草、民间方药,即便历经上百次失败也不放弃;另一方面她恰恰是用现代医学理论和现代提取方法才最终获得青蒿抗疟疾的成功,从而在现代医学的实验环境中传承并创新了传统中医药学的精华。

传统文化传承创新与现代化建设彼此对视、相互反省。德国著名历史哲学家斯宾格勒在其《西方的没落》一书中,从文化形态学和比较研究的视野预言了西方文化将日益走向没落。我们且不论斯宾格勒的具体观点的对错,他给我们的一个启示就是我们不能把任何一种文明从文化中抽离出去。我们只有以文化为坐标系,才能把握文明的走势。但斯宾格勒没有明言而我们却必须追问的是,如果不是因为对某种文明普适性及其暴露的种种问题的反思,文化又何从出场?换言之,文化与文明总是在对视中成像的,也是在相互反思中成型的。作为一种特定文化形态,中华传统文化同现代文明无疑也具有这种彼此对视和反省的关系。实际上,我们今天重视传统文化的传承与创新,一个潜在的前提是现代文明已经在它的母文化即西方文化的对视中呈现出疲态和危机。

或许是这个原因,汤因比才会大声疾呼,人类要避免自杀,就需要到中华民族那里去找出路。然而,如果没有站在现代化和现代性立场上对传统文化的凝视和反思,传统文化的传承创新也将是没有规定性的。因为,什么是精华、什么是糟粕,什么需要传承创新、什么需要抛弃,以什么方式实现传统文化的传承创新等问题,是无法从传统文化本身中找到答案的;相反,我们只能站在现代化这面巨大的反射镜里，才能找到上述问题的答案。概言之，中国在探索一种有别于西方的别样现代化的过程中，是无法回避传统文化传承创新与现代化建设这一如影随形的话题的。我们不能单纯地强调一方而否定另一方，而应在尊重差异的基础上，实现传统文化传承创新与现代化的共存共生，互利共赢，携手共进。基于这种理解，有学者提出了传统文化传承创新与现代化协力共进的以下四重路径：在观物格物上，以道的宇宙观与器物层面的现代化相互促进；在社会建设上，以安顿人心与制度现代化相得益彰；在国家治理上，以德治精神与法治现代化相辅相成；在对外交往上，以家国情怀与现代人类命运共同体意识相互支撑。[1] 我们对此表示认同的同时，也需要强调：传统文化传承创新与现代化建设的协力共进，必须在协力上下足功夫。中国的现代化之路是价值合理性、历史必然性和发展民族性相结合的中国特色现代化之路，传统文化传承创新与现代化建设协力共进，才是唯一出路和正确导向。

二　正确处理协力共进中的一系列重大关系

中华传统文化在长达五千多年的发展中，形成了以儒家思想为核心、包容各种本土文化与外来文化合理价值、进而彰显独具中华民族特征的文化有机体。"其中任何一种，不论从今人看来是好是坏，是优是劣，只要没有消失，或者基本上没有受到（1840年以来）强势的西方文化的彻底改造的都算。但是它又是一个变化的、包容的、吸收的概念。古老的东西只要慢慢失传了……也就从传统文化变成了已死的'文化遗迹'了；外来的东西，只要被中国人广泛接受了，与中国文化接轨而融合，它就可以称是融入中国的传统文化了。"[2] 基于上述从历史视角对中华传统文化的界定，我们认为，中华传统文化与现代化的协力共进，是中国现代化过程中必然面临的一个重大课题。在中华传统文化与现代化协力共进和良性互动过程中，需要正确理解并处理好传统与现代、多元与主流、自主与互鉴、继承与创新四个方面的关系。

---

[1] 参见任者春《中华优秀传统文化与现代化协力共进》，《学习时报》2017年5月17日。
[2] 李慎之：《中国文化传统与现代化》，《战略与管理》2000年第4期。

（一）处理好协力共进中的传统与现代关系

现代文化所依赖的经济基础及其所属的社会形态是区别于传统社会的，现代化过程中确立的根本属性（现代性）也是从本质上区别于传统文化所属社会根本属性的。中华传统文化与现代化的协力共进，首先要面对的是传统与现代的关系问题。现代化是从建立在自然经济基础上的农业社会向建立在市场经济基础上的工业社会全面转型的历史过程，它"作为一个世界性的历史过程，是指人类社会从工业革命以来所经历的一场急剧变革，这一变革以工业化为推动力，导致传统的农业社会向现代化工业社会的全球性的大转变过程，它使工业主义渗透到经济、政治、文化、思想各个领域，引起深刻的相应变化"[①]。这一历史过程肇始于17—18世纪的英、法两国，19世纪扩展到欧洲其他地区和北美，20世纪60年代以后，进一步向发展中国家扩散。时至今日，现代化已波及全球，成为世界各国文明演进的基本方向。

可以说，传统与现代的关系是所有谋求现代化的发展中国家不能回避的问题。发展中国家在积极推进现代化的过程中，以传统文化为核心的本土文化都会遇到外来文化和新生文化的巨大冲击。就中国的现代化过程而论，外来文化和新生文化的传入与形成主要发生在三个时期：一是明末清初的西学东渐，彼时各种西方资产阶级的早期文化传入中国，由此在中国现代化前奏期爆发了第一次文化大战，欣然接受者有之、断然否定者有之、戚戚然彷徨者有之、先欢迎再犹豫最后否定的亦有之。二是五四运动至新中国成立，五四运动的文化本质是反帝反封建的资产阶级启蒙文化，对当时中国的正面意义远大于负面影响，马克思主义也是在五四运动的大环境中逐步占领很多进步青年的思想阵地。三是改革开放至今，西方早期的启蒙文化在此时依然发生影响，同时新自由主义、后现代主义、生态主义、虚无主义、民主社会主义、西方马克思主义等潮水般涌入国内，鱼龙混杂、泥沙俱下，造成中国的文化图景格外活泼也极其复杂。毫无疑问，中华传统文化在这三个时期都受到了巨大的冲击。这些冲击迫使传统文化作出抉择：要么积极推动现代化进程，广泛吸收外来文化、融合新生文化、创新传统文化，构建中国特色的现

---

① 罗荣渠：《现代化新论：世界与中国的现代化进程》，商务印书馆2004年版，第6页。

代文化；要么坚守本土文化体系的完整性，拒绝对话与交流。显然，后者与现代化的客观要求背道而驰，阻碍本民族或国家的现代化。中国的现代文化发展史也一再证明，唯一可行的方案就是，传统文化要主动接受现代化的洗礼，在现代化中赓续传承、浴火重生。

一个多世纪以来，中国人关于传统与现代的关系的看法众说纷纭，但归纳起来，主要有三种观点：中体西用论、西体中源论、西体西用论，这三种观点同时也反映了中国现代化进程中对文化发展的不同路径选择。实事求是地讲，往回流、往东流、往西流、往前流等方案都没有彻底解决传统和现代的关系，这主要体现在两个方面：首先，对待中华传统文化，并没有真正采取客观、科学、理性和辩证的态度。上述方案对现代化进程中的传统文化的定位是肤浅的，是以静止、教条、机械和二元对立的思维方式对待传统文化，它们或者将传统文化视为"封建""糟粕""过时""无用"而加以否定和破坏；或者功利性地、不加质疑和批判地宣扬推广传统文化，对传统文化缺少敬重之心，肆意"玩味"或"表演"；或者不能科学地对待传统文化在与现代化协力共进中的作用。其次，在思想的过度西化下，很难找准传统文化的发展路径，毫无反思地站在现代性这一立场上审视传统文化，强调"断裂"、"现代优于传统"、热衷于批判而轻视建构与创新，把现代化简单理解为技术的现代化和文化的西方化。这两个方面，其实都是把传统与现代对立起来了。[①]

由此可见，要处理好协力共进中传统与现代的关系，我们应聚焦于在现代化进程中科学定位传统文化。对传统表现出民粹式的"夜郎自大"心态或基于"中心主义"而视现代性"高人一等"，都不是实现二者协力共进的科学态度。科学的态度是以马克思主义关于普遍性与特殊性的辩证原理，来理解和把握传统与现代的关系。从马克斯·韦伯文化类型学的角度看，以中华传统文化为根基的本土文化，是以儒家思想为内核，以仁、义、礼、智、信、恕、忠、孝、悌等为价值取向的德性和礼治文化，这是中华传统文化的特殊性；西方现代文化在一定意义上是基于新教伦理精神所衍生的资本主义

---

① 参见王超《传统文化与现代化协力共进中的几个关系》，《山东干部函授大学学报（理论学习）》2019年第4期。

理性和法治文化,"新教伦理精神"是现代文化最大的特殊性。然而,两种文化都是人类秩序社会孕育演化出的思想载体,在处理人与人、人与社会以及人与自然的关系方面又存在着共性,蕴含着共通的价值观念。比如,中国的"天人合一"自然观与西方的绿色生态观,中国的"世界大同"追求与西方的"世界公民"意识具有共同的伦理诉求。所以,处理协力共进中的传统与现代的关系问题,关键是如何正确分析两种不同文化中的特殊性和普遍性要素,而后从是否有利于现代化的发展这一标准出发,挖掘中华传统文化中的普遍性要素,实现传统文化与现代精神的深度对接,推动中华传统文化与现代化的协力共进,这应该是一个基本的理论立场。

从现实层面讲,传统与现代的关系归根到底是不同经济生产关系的反映。有学者指出:"文化方向的选择,从根本上说,是社会经济基础——生产力水平、生产方式、生产关系及各种政治经济结构变动的结果。"① 自鸦片战争以来,我国自给自足的封建经济逐步解体,但由于民族资本主义始终没有完全发展起来,所以,尽管西方现代文化占据了多数中国先进分子的头脑,但这种现代文化却由于无法扎根于现实的经济基础而难以深入更多民众的思想领地。中国共产党带领人民夺取了新民主主义革命的胜利,建立了新民主主义社会,从而把民族的、科学的、大众的新民主主义文化作为新民主主义社会的主导文化,后来我们又通过社会主义改造建立起社会主义社会,从而为社会主义文化确立了现实基础。改革开放以来,我国生产关系再次发生巨大变化,由原来的单一公有制经济转变为以公有制为主体、多种所有制经济共同发展,与这种经济基础对应的现代商业和市场文化也在逐步形成。从经济角度说,现代文化在某种意义上是一种市场文化和商业文化,由于我国逐步建立起了社会主义市场经济,因此这个过程中也出现了与西方现代商业文化有诸多共同点的文化。从两点论与重点论的辩证关系来看,处理好传统与现代的关系,重点是要以是否有利于中国的现代化为标准,坚持辩证的态度去认识与处理好两者关系。

概言之,不能离开传统文化与现代化的互动关系单方面地判定二者的优

---

① 董学文:《五四运动与中国现代文化发展方向的选择——兼论什么是"五四"精神》,《北京大学学报》(哲学社会科学版)1989年第3期。

劣好坏，更不能将两者完全对立起来；不能笼统地认为外来文化或现代文化就完全是西方资本主义文化，传统文化就是封建的、落后的、无用的。我们应立足于中国特色社会主义现代化发展的客观需要，具体分析传统文化，并根据不同领域的实践要求决定取舍。

（二）处理好协力共进中的多元与主流关系

文化多元是现代社会的一个基本镜像，多元文化在对话交流中，越来越彰显出其紧张关系，甚至演变为不同文明形态的冲突。就此而言，如何在日趋强势的多元文化中保持主流文化的位置，也是中华传统文化与现代化协力共进中必须要慎重处理的一个基本问题。文化作为特定人群普遍的思想观念和行为方式，受自然环境以及一定的生产方式和政治经济条件的影响，这在很大程度上决定了一定时期的文化多元性。随着冷战结束，以美苏两国为代表的世界两大阵营、两大意识形态的壁垒消失、对峙瓦解，各民族意识的觉醒带来了文化观念多样性空前高涨，尤其是在经济全球化时代，各个国家与民族的文化交往空前密切，由此也带来了不同文化的融合，化生出许多新的文化，从而进一步强化了文化的多样性。可以说，当今时代"全球互动的中心问题是文化同质化与文化异质化之间的紧张关系"[①]。美国学者亨廷顿因此得出了"文明冲突"的结论。他认为，冷战结束后，未来世界的冲突将是文明之间的冲突，是不同文化共同体之间的冲突，而不同文化的冲突也决定了世界的发展走向。

可以说，自文明生成至今，各种文明之间的交流互鉴一直存在，而不同文化和文明的碰撞也造成了不少紧张和冲突。需要指出的是，在全球化时代，文化的多元化不仅表现在不同民族和区域之间的文化对话与交流，还表现在不同时代的新旧文化的对话与交流，以及国内不同阶级、阶层和社会群体间的文化对话与交流。交流最为极端的形式，便是亨廷顿所言的冲突，而冲突的结果有可能是某些文明和文化的消亡，比如，古希腊米诺斯文明的消逝等。当然，冲突也可以孕育新的文明，比如中华传统文化正是在几千年不同民族、不同宗教信仰的文化冲突中，孕育出持久的生命力。但是，当前的

[①] 汪晖、陈燕谷主编：《文化与公共性》，生活·读书·新知三联书店1998年版，第527页。

多元文化冲突不同于古代以军事侵略方式发生的文明冲突，更多地表现为在全球范围内发生的现代与传统、先进与落后、世俗与宗教之间的非暴力性文化冲突。处于弱势地位的文化系统，尤其是不适应现代商业社会及其生产方式的区域性、宗教性、民族性文化，面临巨大的冲击甚至有灭亡的危险。由此可见，协力共进中的多元与主流的辩证关系，落脚点是在文化多元冲突的前提下，如何实现中华传统文化与西方文化、中华传统文化内部不同亚文化之间的共生共存问题。为此，我们应当把握以下原则来正确处理多元与主流的关系问题。

首先，承认文化的多元性事实是实现多元文化与主流文化共存与融合的前提。否认文化多元性并企图将文化同质化的做法，是一种文化优越论乃至文化沙文主义的表现。文化是带有独特个性的群体认知，只有差异，没有优劣，在多元文化冲突时代，判断文化生命力大小的重要标准不在于其独特性，而主要看其适应性如何，即看它能否适应自然与社会环境的进化、能否适应族际环境的变化。也就是说，一个族群文化的生命力，体现在它在与其他族群的生存竞争中延续下来，而不是完全被同化，失去族群特性。因此，要处理好多元与共存的关系，主要不是在传统文化与多元文化之间分出孰优孰劣，而是着重看谁能更好地与现代化发展相适应。

其次，秉承"和而不同"理念与"差异化"原则，实现多元文化与主流文化共存。任何一种文化都是在特定群体和社会生活中形成的、为其成员所认可的共有生存方式的总和，它不是静态的塑像，而是有生命的有机体。20世纪50—60年代西方社会上演的文化同质化策略以及中国的"文化大革命"，都没有实现文化的"一块整钢"，没有带来社会的公序良俗和文化繁荣。历史经验告诉我们，只有对多种民族文化和亚群体文化等而视之，确立差异性原则，承认和鼓励文化多样性，倡导多元文化共存、和而不同的文化治理策略，塑造宽容的文化氛围，消除各种文化偏见和歧视，才能营造社会生动活泼的氛围，实现文化的繁荣发展。

最后，加强社会主义核心价值体系建设以弘扬中华优秀传统文化。社会主义核心价值体系建设是社会主义文化建设的重要途径，也是充分发挥中国主流文化引领作用的关键措施。加强社会主义核心价值体系建设的根本目的，是要建立起与社会主义市场经济相适应、与中华优秀传统文化和社会主义主流文化相承接的价值体系。为此,要始终围绕社会主义核心价值观积极改造传统文化,实现传统文化的现代转型。同时,要立足优秀传统文化推动社会主义主流文化建设,结合我国文化传统制定文化发展战略,剔除传统文化中有悖现代理念的因素,保留和继承与现代市场经济、与民主法治相适应的文化因子,积极推动传统文化的现代转型,进而增强民族文化的向心力和凝聚力。

(三)处理好协力共进中的自主与互鉴关系

多元文化在现代社会共存的基础是文化的民族性和独特性,中华传统文化主要以儒家思想为独特内涵而立足于世界多元文化之林,这样,中华传统文化的自主自立与多元文化互融互鉴的关系也就成为中华传统文化与现代化协力共进的一个必然话题。杜维明曾言:"文化之间是相互兼容和互补的。两种文化之间的关系往往是对话而不是对抗。在初始阶段,辩论和争论是不可避免的,然而,两种文化相遇,长期深入交流的结果,往往是共存和融合,而不是全盘拒绝或接受。"① 这为我们从自主与互鉴的角度讨论中华传统文化与现代化协力共进问题,提供了一个可能与现实的注脚。

由于发展主义已成为一种普遍的意识形态,所以在今天,现代化已从过去的一种主动选择或被动参与,变成许多国家的"必选动作"与积极推进。对于中国这样一个在近代以来饱受落后挨打之苦的民族来说,不论从外部刺激还是主体自觉来说,谋求独立、富裕、强盛的理由都无比充分。但"现代化又不是一个自然的社会演变过程,它是落后国家采取高效率的途径(其中包括可利用的传统因素),通过有计划地经济技术改造和学习世界先进,带动广泛的社会改革,以迅速赶上先进工业国和适应现代世界环境的发展过程"②。中国一个多世纪的现代化之路已充分证明,抛弃或背叛自己的传统文化,不仅难以真正发展,更有可能上演历史悲剧。同样,不同民族的优秀文化都蕴含着人类文明的成果,都有其独特的价值和魅力。在实现现代化过程中,能否科学面对并有批判地借鉴西方现代文化,接受现代西方的先进技

---

① 杜维明:《文化多元、文化间对话与和谐:一种儒家视角》,《中外法学》2010年第3期。
② 罗荣渠:《现代化新论:世界与中国的现代化进程》,商务印书馆2004年版,第6页。

术、科技成果乃至价值理念，同样也是现代化过程中要处理好的重大问题，这就涉及自主与互鉴的关系问题。现代化虽然发轫于西方，但西方的现代化并不是唯一的模式，各个国家都有权利探索符合自身实际的现代化道路。虽然中国现代化的起步源于外部冲击，但一旦踏上探索现代化的道路，中国就必须立足自己的实际，坚持在自身文化传统轨制的路径上行走，这是"路径依赖"理论在现代化问题上的具体体现。

坚持传统文化的自主性，保持中华文化的主体性，关键是要增强对中华传统文化的自信，在现代化过程中坚持和发扬中华传统文化的独特价值。坚持文化自信，必须充分尊重和继承我国优秀传统文化资源，如"自强不息"的奋斗精神，"精忠报国"的爱国情怀，"天下兴亡，匹夫有责"的担当意识，"舍生取义"的牺牲精神，"革故鼎新"的创新思想，"扶危济困"的公德意识，"国而忘家，公而忘私"的集体主义情结，"以人为本""民惟邦本"的治国理念，"载舟覆舟""居安思危"的忧患意识，"止戈为武""协和万邦"的和平思想，"和为贵""和而不同""与人为善""己所不欲，勿施于人"的处世之道，等等。我们不仅要通过实施传统文化资源普查工程和古籍保护工程、构建传统文化资源公共平台和大数据库、建设国家文献战略储备库、革命文物资源目录、完善非物质文化遗产建档制度等多种措施，让这些价值理念完整地保存在有形的记忆中，更要结合时代特点和实践需要，让它们从过去走向当代、从纸上走进现实，变为中国人民建设社会主义现代化的精神动力。

坚持中华传统文化的自主性，还要增强文化自觉，在现代化进程中继承和创新中华优秀传统文化。费孝通认为，文化自觉是指生活在一定文化中的人对其文化有"自知之明"，明白它的来历、形成过程、所具有的特色和发展的趋向，不带任何"文化回归"的意图，不是要"复旧"，也不主张"全盘西化"或"全盘他化"[①]。从这个意义上说，文化自觉主导下的中华传统文化继承创新就既不是"文化回归"，更不是"全盘西化"，也绝不应不分良莠地兼容并蓄，而是要立足时代发展和现代化建设的需要，批判地加以继承，吸收其精华，剔除其糟粕，对中华传统文化保有清

---

① 费孝通：《费孝通集》，中国社会科学出版社2005年版，第448页。

醒的批判和重构意识，在保持中华传统文化独特性基础上，实现传统文化的自立与延续。

在全球化和多元主义并存的时代，文化自主绝不表现为自爱自怜、孤芳自赏，而要树立文化的交流互鉴意识。对现代化及其多元文化要有一个基本的正确判断。"作为现代化最深刻的世俗基础，商品经济本身就是一把'双刃剑'。它一方面能够解放和发展生产力，创造出巨大的物质财富，从而为整个社会的发展提供必要的物质基础；另一方面也存在着追求利益最大化的内在本性，为利己主义、功利主义、实用主义、极端个人主义等意识形态提供温床。……从'人的发现'到'人的丧失'，都是源于同一个事实，这就是启蒙现代性。"① 从这一立场看，多元文化与中华传统文化一样都具有两重性，既有进步性，又有局限性；既有精华，又有糟粕。建立在自给自足的小农经济和封建等级制度基础上的中华传统文化，有狭隘性和保守性的一面；西方现代文明同样也携带了西方中心主义、极端个人主义、拜金主义、纵欲主义、虚无主义等精神病毒，也有很多缺陷。为此，在文化交流中增强文化甄别，在甄别中互鉴，不仅能增强中华传统文化的自主性，而且能充分认识到人类各种文明与文化的优势与劣势，识别各种优秀文化基因，把跨越时空、超越国度、富有永恒魅力、具有当代价值的优秀文化精神弘扬起来。

可以说，中国在一个多世纪以来的现代化进程中，中华传统文化总是在被动地融入这一发展趋势中，总体上处于一种"西方化"占主导、辅以"反西方化"穿插其间的消极状态。直到中国共产党诞生之后，特别是党的六届六中全会毛泽东正式提出马克思主义中国化的理论命题以后，我们才逐渐摸索出传统文化同现代化协力共进的正确道路。党的十七届六中全会提出文化大繁荣、大发展的文化战略，为进一步促进两者的协力共进，创造了巨大的政策空间，尤其是党的十八大以来，党中央再度高高举起中华优秀传统文化创造性转化创新性发展的旗帜，将优秀传统文化振兴上升为国家战略，进一步彰显了将文化自主与文化互鉴统一起来的马克思主义辩证精神。

---

① 何中华：《为什么必须弘扬中华优秀传统文化》，《人民论坛》2017年第17期。

(四)处理好协力共进中的传承与创新关系

中国的现代化要立足于中华传统文化,但文化的积累和传承并不构成文化发展的全部,除了传承,还有创新,创新不仅包含文化内容的调整,而且包括文化系统的转型。它既是原有价值体系、心理定式、思维方式的解构,也是新的观念、思想、规则的建构。因此,中华传统文化与现代化的协力共进,还要处理好中华传统文化的继承与创新的关系。习近平指出,对于中华传统文化要"善于继承才能善于创新",具体而言,是在马克思主义指导下,坚持以继承和弘扬中华优秀传统文化为根本,积极推进对传统文化的创造性转化创新性发展。

中华传统文化是中华民族在长期历史发展过程中逐渐形成的、能够反映中华民族特质和风貌的思想文化、观念形式,其核心是以儒家文化为主体、在五千多年历史中绵延不断的有关政治、经济、思想和艺术等各种传统文化的总和。应该看到,传承几千年的中华传统文化是长期与小农经济和专制政权结合在一起的,不可避免地带有一些保守、封建和腐朽的东西。而我国正在进行的社会主义现代化,是与工业经济和人民民主专政政治制度相结合的,以马克思主义为指导的现代文化。因此,我们不能简单地把传统文化中的各种思想照搬过来,不能不加甄别的"尊孔复礼",建立孔教会、尊孔会,不能以儒家纲常作为现代社会规范的准绳,更不能做传统文化的卫道士。等级观念、专制作风、小农意识、封建伦理等,是与当代社会不相容的;同时,貌似具有当代存在合理性的诚信论、忠孝论、修养论等,也存在诸多与现代社会不契合的因素。因此,要对传统文化有鉴别地加以对待,有扬弃地予以继承。也就是说,不能以全盘肯定或全盘否定的态度对待传统文化,须坚持马克思主义一分为二的辩证态度进行分析鉴别,剔除其过时落后的糟粕,继承吸收其合理优秀的成分。必须坚持传统文化传承与马克思主义相统一,与社会主义核心价值观相契合。社会主义意识形态是以人民主体性为核心特征,是在社会、精神与人文层面都充分发挥人民主体性的意识观念。对与社会主义精神文明相违背的不良内容,要理直气壮地进行批判。不加反思和批判地继承和宣扬传统文化,不利于社会主义意识形态的巩固,甚至会干扰乃至破坏社会主义的经济基础。

为更好地传承传统文化，我们要加强对优秀传统文化的挖掘和阐发。优秀传统文化是中华民族的"根"和"魂"，是中华民族的"精神命脉"。"精神命脉"是不可割断的，在社会主义意识形态建设中必须有传统文化的一席之地。优秀传统文化的精神，贵在其"君子"治世的政道伦理，对"德性""知识""天理"的敬畏之心，对"世界大同""天下为公"的积极憧憬。长期以来，我们消灭了地主阶级，消灭了王公贵胄，也在一定程度上消解了文人士子的精神追求和灵魂寄托。在消费主义意识形态对人们狂轰滥炸的当今时代，有些人成为物欲主义、拜金主义的俘虏，变得精神低迷、意志消沉、精神空虚、无所信仰，这在一定程度上成为现代社会的一块文化伤疤。我们要最大限度地避免负面文化情绪的困扰，重塑当代中国人的美德，必须着力在社会主义框架内激活中华优秀传统文化的基因，在传承中充分释放其正能量。

创新传统文化，既是消解传统惰性，也是重铸传统精华，这早已不是一个抽象的理论命题，而是一个如何操作的实践命题。对文化的当代创新不能仅停留在理论推演和理想模式的设计上，而要着眼于文化创新能力的培养，以在文化交往中能够发出自己的传统文化声音、作出有传统内涵的文化产品。内容上的创新，要侧重发掘中华优秀传统文化的现代价值，如修身论、义利论、忠孝论、知行论、诚信论等，都内蕴着与现代社会相契合的因素；传统文化在资源存储、动力系统、心理传承等方面，与当前社会主义意识形态建设也存在很多共通之处。为此，我们要对这些与现代社会相契合的要素加以创造性转化创新性发展，重视共性，但又不走向激进，更不能出于商业主义和功利主义的考虑，用诸如办私塾、尽愚忠、行跪拜、搞尊孔等具有封建迂腐性质的方式，对某些类型的传统文化大肆兜售和渲染。我们要着力做好的是采撷精华内容、采取恰当形式，凸显传统文化的时代价值，使之与当代文化相适应、与现代社会相协调。

在优秀传统文化的现代转化中，我们还要树立面向世界的传承和创新思维。与过去不同，当代文化转化的显著特征是打破了文化传承的国家和民族界限，将其纳入到了全球性的文化版图当中，从而实际上在世界范围内进行传承和创新。既然传统意义上的文化传承和创新空间被打破，那么要使传统文化得到更有效的传承和更具活力的创新，就必须树立传统文化传承和创新的全球意识和开放眼光。或者说，中华优秀传统文化的传承和创新，从一开始就要具备世界视野，把中华优秀传统文化的"好东西"主动拿出去，让各个民族欣赏和认知，让世界人民体味和共享。在这种欣赏和分享中，中华优秀传统文化也将在全球层面得到传承和创新。为此，我们要大力实施文化走出去战略，通过文化产业发展、民间文化交流、文化产品销售等方式，把中华优秀传统文化推广出去。我们的文化输出绝不是西方的那种文化沙文主义或文化帝国主义，而是在坚持平等、自愿、互利的前提下进行文化交流和相互学习，决不兜售地方中心主义，决不推行文化霸权和文化殖民，决不捆绑政治意图。

三 坚定中国特色社会主义文化自信

新时代文化建设与现代化建设面临新的任务，完成新的任务，我们既需要处理好中华传统文化与现代化协力共进中的一系列重大关系，也需要不断增强我们的文化自信，进一步提升中国特色社会主义文化自信的思想自觉。正是在坚定文化自信的基础上，我们才能充分发挥优秀传统文化的当代作用，既助力现代化发展，又为中华文化的新时代建构贡献力量。

（一）中国特色社会主义文化自信是最根本的自信

党的十八大提出了中国特色社会主义的道路、理论和制度三个方面的自信。此后，习近平多次围绕文化自信发表重要讲话，对文化自信进行了系统的科学表述。2014年2月24日，在中央政治局第十三次集体学习时，习近平提到"增强文化自信和价值观自信"；2014年10月15日，习近平总书记在文艺工作座谈会上的讲话中进一步指出，"增强文化自觉和文化自信，是坚定道路自信、理论自信、制度自信的题中应有之义"[①]。2016年5月17日，习近平总书记在全国哲学社会科学工作座谈会上的讲话中强调，"我们说要坚定中国特色社会主义道路自信、理论自信、制度自信，说到底是要坚

[①]《十八大以来重要文献选编》（中），中央文献出版社2016年版，第135页。

定文化自信。文化自信是更基本、更深沉、更持久的力量"①。随后，在庆祝中国共产党成立95周年大会上，习近平总书记首次将文化自信与道路自信、理论自信、制度自信并列，"坚持不忘初心、继续前进，就要坚持中国特色社会主义道路自信、理论自信、制度自信、文化自信"②。至此，文化自信成为继"三大自信"后的"第四个自信"被正式提出。

文化本无"自信"和"不自信"，每一个人、每一个民族，都不仅有着对自己民族文化的眷恋，也有着发自内心的热爱之情。为什么我们党要提出文化自信呢？

一是因为任何一个民族都是靠文化凝聚在一起的。对于一个民族来说，文化是共同的标识和信仰，构成一个民族的精神家园和精神归宿。每一个民族都会尽心尽力地守护这一精神家园，信守这一思想高地。一个民族一旦失去了属于自己的文化，这个民族就失去了赖以发展的根基，就有可能会一盘散沙、无所作为，难以实现一个民族的独立和长久的延续。唯有保持对文化的自信，才能够以文化人，成就民族发展的辉煌。习近平指出："文明特别是思想文化是一个国家、一个民族的灵魂。无论哪一个国家、哪一个民族，如果不珍惜自己的思想文化，丢掉了思想文化这个灵魂，这个国家、这个民族是立不起来的。"③

二是民族文化扎根于历史的土壤之中并通过历史得到理解和把握。"坚定文化自信，离不开对中华民族历史的认知和运用。"④ 中华传统文化通过开放和包容，在与不同文化的接触中实现着传统文化的继承和创新，形成了独具特色的中华传统文明形态。从鸦片战争以后，面对西方工业文明的强大攻势，长期处于稳定状态的中国农业文明逐步瓦解，文化自卑的心态也逐渐呈现。中国共产党成立之后，在领导全国人民进行民族民主革命和追赶西方现代化的过程中，不断重建起文化自信的心态。从文化自信到文化自卑再到文化自信，构成了中华传统文化发展历程的文化轨迹。习近平重提文化自

---

① 《习近平谈治国理政》第2卷，外文出版社2017年版，第339页。
② 习近平：《在庆祝中国共产党成立95周年大会上的讲话》，人民出版社2016年版，第12页。
③ 习近平：《在纪念孔子诞辰2565周年国际学术研讨会暨国际儒学联合会第五届会员大会开幕会上的讲话》，人民出版社2014年版，第9页。
④ 《习近平谈治国理政》第2卷，外文出版社2017年版，第351页。

信，将其牢牢扎根于中华优秀传统文化的深厚资源中，让中华优秀传统文化在今天重获新的生命，说到底就是对中华优秀传统文化保持礼敬并充满自豪。

三是文化自信构成中华民族实现伟大复兴的精神之源。党的十九大对到21世纪中叶建成社会主义现代化强国目标进行了顶层设计，对实现这一目标进行了战略部署。这一目标的实现，既需要物质硬实力的发展，也需要文化软实力的提高。相对于物质硬实力的快速提升，文化软实力还有很大差距，文化强国建设的任务还很艰巨。在当今世界，文化软实力的竞争在国家和民族之间日益凸显，文化领域的渗透和反渗透斗争仍十分激烈，在思想文化领域牢牢掌握意识形态斗争的领导权，实现国家的文化安全和政治安全，离开了文化自信将难有作为。应该看到，还有不少人对当前意识形态领域斗争的艰巨性和长期性认识不足，对西方国家针对我们进行意识形态渗透的危害性缺乏高度警惕，对实现伟大目标需要开展伟大斗争的思想准备不足，这些问题都通过文化上缺乏自信心表现出来。为了全面推进改革开放和社会主义现代化建设，我们必须通过加强文化自信来凝聚人心、汇集共识、积聚力量。在一定意义上可以说，中华民族伟大复兴的光明前景就蕴藏在坚定的文化自信之中。

在"四个自信"中，文化自信是道路自信、理论自信、制度自信的基础和升华。中华优秀传统文化是马克思主义中国化理论的直接沃土，革命文化和社会主义先进文化是中国特色社会主义道路、理论、制度的重要思想渊源。文化的厚度和魅力限定了一个民族所走的道路，也决定了与此道路相配套的理论和制度的成熟度及人们对它的认可度。一个民族所走的道路及其与之相配套的理论和制度的正当性、合理性，需要一个民族的文化来支撑。2015年11月，习近平在第二届"读懂中国"国际会议期间会见外方代表时谈到对传统文化自信时指出，中国有坚定的道路自信、理论自信、制度自信，其本质是建立在五千多年文明传承基础上的文化自信。中华民族优秀文化的继承与创新、马克思主义文化观的古为今用与洋为中用，促进了中国特色社会主义道路、理论、制度不断取得卓越成就。文化自信为道路自信、理论自信、制度自信提供了强大的精神动力和重要的智力支持。

"四个自信"是一个有机整体，文化自信是最基础、最广泛、最深厚的自信。所谓"最基础",是指任何一个民族只有在文化认同的基础上,才能产生汇聚起民族认同、国家认同和政治认同,才能确立起民族、国家选择的道路及与之相适应的正确理论,也才能通过顶层设计建立起一整套确保正确发展方向的制度体系。所谓"最广泛",是指文化的作用无处不在,无时不有,不仅渗透于人的心理、思维和观念,也贯穿于人的行为和生活方式之中,而道路自信、理论自信和制度自信则分别从实践路径、行动指南、行为规范等方面来表达自信。所谓"最深厚",是指文化的影响是内在的、潜移默化的,能够深入到社会生活各个方面的深处,具有稳定性和持久性。文化自信的深厚,在于它能够内化于心、外化于行,由内而外,让人"心悦诚服",铸就每个人的思维定力和抗压能力。只有做到了文化自信,才能坚定中国特色社会主义道路自信、理论自信和制度自信。

(二) 中国特色社会主义文化自信的底气源于中华优秀传统文化

每一个民族和国家都有属于自己的独特文化,且经久不息、世代延续,共同铸造一个民族和国家的文化认同。一个对优秀传统文化没有自信的民族是没有希望的,一个国家如果缺失了优秀传统文化的支撑,这个国家的发展也不能长久。能否对自己的优秀传统文化有自信,构成了有没有文化自信的最大底气。之所以如此,一方面,是因为底气是一种历史的积淀。一种文化的历史越悠久,就越能得到长久的延续,这种文化的底气就越足,也就越能彰显其活力。长期以来,面对西方文化的冲击,用文化上的全盘西化来对待中华传统文化的主张曾一度甚嚣尘上,但无论这种观点多么嚣张,都无法将传统文化从人们的记忆中抹除。另一方面,一种文化有没有自信的底气,还在于当它面临多元文化挑战时能否经得住风雨。历史上那些经不住风雨的文化,往往是由于其自身的封闭性和僵化所致。正是基于对历史上传统文化所遭遇的现代化挑战的反思,特别是基于对中华传统文化在新时代历史境遇的深刻反思,我们发现了中华优秀传统文化所具有的超强的本土化能力,以及对于现代化发展中出现问题的超强解释能力和解决能力。正是从中华优秀传统文化的价值中,我们不仅找到了用优秀传统文化的自信构筑中国精神、中国价值、中国力量的动力源泉和丰富资源,而且也在世界文化的交流互鉴中,中华优秀传统文化彰显出海纳百川、包容他者的优秀品质,为解决人类面临的普遍性难题持续贡献着中国经验和中国智慧,从而成为我们在文化上充分自信的深厚底气。我们对待中华传统文化,不仅不能采取消极甚至否定的态度,而且必须立足于优秀传统文化之基、之根和之魂去充分发掘其时代价值和现实功能。

首先,中华优秀传统文化中的丰富民族精神,蕴含着中国特色社会主义文化自信的最大财富。"路漫漫其修远兮,吾将上下而求索"的无畏原道精神;"苟利国家生死以,岂因祸福避趋之"的爱国主义情怀;"民惟邦本,本固邦宁"的具有深刻镜鉴意义的民本思想;"天行健,君子以自强不息"的执着坚韧的进取意识;"天地与我并生,而万物与我为一"之天人合一的人生境界;"地势坤,君子以厚德载物"的开放宽容胸怀;"勿以恶小而为之,勿以善小而不为"的道德律令等,都是中华传统文化中富含人文精神、道德情操和民族气节的优秀基因。如此丰厚的内容,"不是一个平面的,而是一个立体的",既塑造了中华民族坦坦荡荡的大气,也涵养了中国人堂堂正正的豪气。

其次,中华优秀传统文化中的价值观念,蕴藏着中华民族源远流长的生存智慧。像中国这样一个多民族国家,没有一种共同信仰的文化精神内核来引领,是很难在历史上保持如此顽强的生命力的。中国各民族在长期的共同生活中,基于共同的思想观念、风俗习惯、生活方式和情感样式,"按照自己的面貌为自己创造出一个世界",形成了集"以史为鉴的历史观""共生共长的民族观""天下一统的国家观""兼容并蓄的文化观"等为一体的自成一格的价值体系,构成了中华民族的精神脊梁。"历史就是历史,历史不能任意选择,一个民族的历史是一个民族安身立命的基础。"① 中华优秀传统文化在历史观、民族观、国家观中孕育的这些价值理念,直到今天仍然闪烁着智慧的光芒,依然是我们坚定中国特色社会主义文化自信的底气和骨气。

最后,中华优秀传统文化多彩竞放的呈现形态,丰富着中国特色社会主义文化自信的手段和载体。中华优秀传统文化扎根于特定的历史境遇,由不同地域的人们历经沧桑并经过长期沉淀、过滤、融合、转化而发展起来,呈

---

① 习近平:《在纪念毛泽东同志诞辰120周年座谈会上的讲话》,人民出版社2013年版,第12页。

现为具有历史性和地域性的文化形态。丰富多彩的文化个性，不同地域、不同民族之间的风土人情、观念信仰等，展示出一种美美与共的绚丽色彩。习近平曾讲道："春秋战国时期，儒家和法家、道家、墨家、农家、兵家等各个思想流派相互切磋、相互激荡，形成了百家争鸣的文化大观，丰富了当时中国人的精神世界。虽然后来儒家思想在中国思想文化领域长期取得了主导地位，但中国思想文化依然是多向多元发展的。"① 从这个意义上说，中国的优秀传统文化不仅是中国的，也是世界的。伴随时代的变革，中华优秀传统文化正在以其多姿多彩的文化形象走向世界，成为文化传播和文化交流的一道美丽风景。正如有学者所指出的，在面对经济体制的深刻变革、社会结构的深刻变动、社会思潮的深刻变化以及文化观念日益多元化的今天，中华优秀传统文化更是凭借自身的精神风貌和深度自信，与实践的要求、社会的发展和时代的召唤同频共振、相融相通，开创出一个汇纳群流、共生互长的文化繁荣局面，将自身的绚丽缤纷呈现在中华民族乃至世界面前，不断整合与构建出多领域、多层面、多类型的区域文化复合体格局。这种文化复合体不仅有物质层面的，也有文化层面的；不仅有民俗层面的，也有制度层面的；不仅有心理层面的，也有思想文化体系层面的；不仅有道德层面的，也有法治层面的，等等。所有这些都深深浸透于丰富灿烂的中华优秀传统文化的具体形态之中，在今天的文化交往和传播中发挥着多姿多彩的鲜活载体的作用，也有力地增强了中国人的文化自豪感和自信心。

把中华优秀传统文化作为中国特色社会主义文化自信的底气，切不可忽略了在当代条件下结合时代要求，对其进行创造性转化与创新性发展。我们坚定中华优秀传统文化自信，并不是要站到文化复古主义的立场上去。文化复古主义所主张的是用回到传统的文化框架、体制和规范的方式来诠释文化自信，这不仅意味着思想上的复古和倒退，而且也会让本来富有活力的文化走向僵化。所以，把中华优秀传统文化作为文化自信的底气，既要分清传统文化中的糟粕和精华，又要使优秀的文化面向鲜活的现代化实践，以不断满足现代化实践的需求为目标进行文化创新，形成具有中国特色、充满生机活

---

① 习近平：《在纪念孔子诞辰2565周年国际学术研讨会暨国际儒学联合会第五届会员大会开幕会上的讲话》，人民出版社2014年版，第12页。

力的中国特色社会主义新文化。

把中华优秀传统文化作为中国特色社会主义文化自信的底气，还要注意不能离开社会主义单纯强调对中华优秀传统文化的自信。社会主义是中国人民在追求现代化过程中的必然选择，强调文化自信一定不能离开社会主义这一根本方向，否则文化自信就是盲目的、无原则的，而失去了方向、原则和组织保障，西方各种意识形态就会乘虚而入抢占我们的文化阵地，最终危害中国的意识形态安全。只有坚定文化自信的社会主义方向，才能顺应人民的文化期待，保卫人民的根本利益。所以，无论在什么时候，我们都应牢牢把握文化自信的社会主义方向，从中华民族伟大复兴的战略高度和中国特色社会主义事业的大局出发，将这一基本原则和立场贯彻到传统文化的创造性转化创新性发展的各个环节中去。

（三）深化坚定中国特色社会主义文化自信的理论认知

文化是民族的灵魂，是有别于其他民族和国家的"基因身份证"，我们必须不断深化对中国特色社会主义文化自信的认识，以对中华优秀传统文化、革命文化和社会主义先进文化的自信和自豪，推进中国特色社会主义文化强国建设。

第一，坚定中国特色社会主义文化自信要以文化自觉为前提。文化自觉是指生活在一定文化氛围中的人对其文化有"自知之明"，是文化主体所具有的对文化转型的自主能力和适应新环境进行文化选择的自主地位。中国特色社会主义文化自觉，不是从一般意义上谈论的文化自觉，主体指的是党和人民，客体指的是中国特色社会主义文化，内容指的是对自身文化的理性认知和责任担当。从内容方面来看，对文化的理性认知是能否担当起责任的前提，只有能够肩负起对自身文化建设的责任，才能进一步加深对文化的理性认知。文化自觉和文化自信都是强大的精神力量，不仅关系到文化自身的繁荣，而且关系到民族和政党的命运，因此，坚定中国特色社会主义文化自信必须以培养文化自觉为前提。我们要深化对文化地位和作用的认识，更加主动地进行文化体制改革，推进社会主义文化大发展大繁荣。要科学认识和把握文化发展的内在规律，坚持社会主义先进文化的前进方向，保持清醒的头脑，建设社会主义文化强国。要积极承担起发展文化的历史责任，不断提高国家文化软实力，增强中华文化的国际影响力。还要摒弃弱势、自卑心理，强化对自身文化的认同，增强对自身文化的认可度，在文化自觉中提升文化自信。

第二，坚定中国特色社会主义文化自信要以文化自强为目标。坚定文化自信，并不是为自信而自信，不是盲目自信。今天之所以强调文化自信，根本原因在于，面对前进道路上的诸多困难和挑战，我们不能回避，也不能逃避；不能灰心丧气，也不能盲目乐观，而应该具备强大的内心定力。这种强大的心理支撑就在于对民族文化的自信，它是我们能够战胜前进道路上重重障碍和困难的精神之源；只有具备了这种强大的自信心，我们才能不断推进社会主义文化强国建设，最终实现中华民族伟大复兴。在和平与发展是主导趋势的当今时代，国家之间的竞争越来越取决于文化软实力，可以说，社会主义现代化强国最根本的是要实现文化上的强大，而任何文化上的强大都是建立在文化自信基础上的。因此，文化自强不仅要以文化自信为支撑，并且文化自强的目标也体现了文化自信的内在要求。

第三，坚定中国特色社会主义文化自信要以文化反省为支撑。我们当前对文化自信的强调，在某种程度上也是来自对文化不自信的反省。文化不自信常常与文化焦虑结伴而行。文化焦虑是国家长期实力软弱、文化软实力与影响力不强的结果。就中国来说，长期的发展停滞和落后以及西方强势文化的打压，是造成国人文化焦虑的根本原因。新中国的成立使中国人民从帝国主义的铁蹄下站了起来，为重振民族自信和文化自信奠定了根本前提。但由于我们的工业、农业、科技、国防、教育等诸方面同发达国家相比仍比较落后，我们的民族和文化自卑感尚不能在短期内完全消除。改革开放以后，中国人民逐渐富起来，并已经行进在强起来的新征程之中，在这个过程中，随着中国国民经济的持续增长与人民生活水平的不断提升，中国本土文化的认同度、说服力与影响力也在逐渐提高，长久以来的文化焦虑情绪才开始得到有效缓解。这一方面得益于我们党长期以来坚韧不拔地带领全国各族人民取得的巨大成就，大大提升了人们对中国特色社会主义道路、制度、理论和文化的高度认同与自信；另一方面，我们在文化建设上也取得了长足进展，不仅摆脱了长期处于文化输入的国际地位，也在改革开放过程中为人类发展和进步提供了越来越多的中国立场、中国智慧和中国方案，并得到越来越多的国家和人民的赞同。在国际舞台上，中国声音越来越受到重视，中国发挥的作用越来越重要。这都强有力地诠释着我们越来越走出文化焦虑，越来越走向文化自信。

但不容忽视的是，伴随着中国日益走向富强，也出现了一股对中国文化盲目自信的不良风气，甚至有发展为狭隘民族主义的苗头。这显然是一种不健康的文化心态，如果任其发展下去，我们历尽千辛万苦才逐步重建起来的文化自信很容易被带偏。正是基于这样的认识，我们需要对近年来有所抬头的文化自负进行深刻反省。这种反省，既包括对自身文化个性和局限性的反思，也包括对西方文化的反省。对中国文化个性的反思，能让我们看到极具道德价值的部分传统文化所具有的"权术"意义，也使我们在面对传统文化局限的时候，能够在更大范围内寻求克服这种局限性的传统智慧；同时也能让我们反省"他者"文化与中华传统文化在社会基础上的差异，从而确立恰当的文化批判立场和文化价值导向。有了这样的文化反省，就不难理解为什么我们要在文化自信的理解中建立"面向现代化、面向世界、面向未来"的文化立场，以及为什么我们必须要站在这一立场上去把握中国特色社会主义文化命题。正是基于上述认知，习近平指出，坚守中华文化立场，立足当代中国现实，结合当前时代条件，才能够发展面向现代化、面向世界、面向未来的，民族的科学的大众的社会主义文化；才能真正以积极的眼光，实现文化的发展与繁荣，继而实现中华民族的文化复兴与文化自信，从而为中华民族的伟大复兴夯实基础。

第四，坚定中国特色社会主义文化自信要以话语自主为标识。中华民族在历史上曾创造了灿烂辉煌的文化和文明，形成了为中华民族所独有的一套由仁、义、礼、智、信组成的话语系统和概念体系，它们不仅构成中华民族的思维方式，也凝聚着中华民族的智慧创造。尽管中华民族在近代遭遇了外敌入侵，中华传统文化也因此遭到重创，但即便如此，中华传统文化也没有中断，而是得到了相当程度的传承和发展。中国共产党带领全国各族人民，坚持将马克思主义基本原理与中华传统文化相结合，创造了一系列中国化的马克思主义理论成果，创造了具有中华民族文化特色的诸如实事求是、群众路线、解放思想、人民民主专政等革命文化话语，成为我们党带领中华民族取得新民主主义革命和社会主义革命胜利的思想武器。

在当前全球化浪潮中，历史再一次将中华传统文化的命运摆到了中西文化交锋的前沿阵地。面对这种历史上从未有过的局面，有些人也患上了西方话语依赖症，习惯于用西方话语解释当代中国，对本土话语一概以"传统守旧"来否定，甚至成为西方意识形态渗透的同谋者。这种现象，说到底是由于对中国特色社会主义文化的不自信，这种不自信从根本上来说是因为不了解中华民族的文化发展史，不了解中华传统文化演化史，不了解革命文化锻造史，不了解中国特色社会主义文化实践史。习近平指出："中国特色社会主义文化，源自于中华民族五千多年文明历史所孕育的中华优秀传统文化，熔铸于党领导人民在革命、建设、改革中创造的革命文化和社会主义先进文化，植根于中国特色社会主义伟大实践。"[1] 可以看出，只有追溯到中华优秀传统文化这一始源，只有充分了解党领导人民的革命、建设和改革史，只有亲身体验中国特色社会主义的当代实践，才能深刻领会中国特色社会主义文化的实质性内涵。在这样的基础上谈论中国特色社会主义文化自信，所强调的便是对自己民族传统文化的尊重，对自己长期以来形成的理论话语的继承和传承，用自己的话语系统来解释中国现代化及其伟大实践。

面对中国发生的翻天覆地的变化，任何一个中华儿女都不应忘记我们走过的路、创造的历史、铸就的辉煌，不应忘记我们在长期实践中建构的文化理论和话语系统。我们应该带着这种文化自信，发挥中华传统文化在引领中国特色社会主义事业发展中的巨大作用，发挥优秀传统文化对人类发展的引领和启迪作用。正如习近平指出的那样："要围绕我国和世界发展面临的重大问题，着力提出能够体现中国立场、中国智慧、中国价值的理念、主张、方案。"[2]

（四）坚定中国特色社会主义文化自信的实践举措

增强中国特色社会主义文化自信，仅有思想上的自觉是远远不够的，还

---

[1] 习近平：《决胜全面建成小康社会 夺取新时代中国特色社会主义伟大胜利——在中国共产党第十九次全国代表大会上的报告》，人民出版社2017年版，第41页。

[2] 习近平：《在哲学社会科学工作座谈会上的讲话》，人民出版社2016年版，第17页。

必须将这种自觉贯彻到坚定中国特色社会主义文化自信的实践中，多措并举，让文化自信助力中国特色社会主义事业健康有序发展。

第一，必须牢牢坚持党对文化的领导权，增强对主流意识形态的自信。文化的核心是价值观，文化总是通过核心价值观表现其影响力和感召力。正因如此，我们才说文化自信的核心是价值观自信。而任何一种价值观，都不是抽象的，总是与一定的意识形态相联系。中国特色社会主义的文化自信必然在社会主义核心价值观的自信中体现出来，并构成社会主义意识形态的重要内容。这表明，文化自信和加强社会主义意识形态建设具有根本一致性，要坚定文化自信，必须充分发挥意识形态对文化前进方向和发展道路的决定作用。文化自信事关国家兴衰、文化安全、民族向心力，我们党要把文化领导权牢牢抓在手中，将社会主义意识形态渗透到文化领导权之中，只有这样，才能确保当代中国文化发展始终沿着正确方向。为此，必须推进马克思主义中国化时代化大众化，建设具有强大凝聚力和引领力的社会主义意识形态，使全体人民在理想信念、价值理念、道德观念上紧紧团结在一起。不仅如此，还要坚持党在意识形态领域的领导核心地位，加强理论武装，发挥马克思主义中国化的最新理论成果——习近平新时代中国特色社会主义思想的引领作用：既要把对社会主义意识形态的自信融入"五位一体"总体布局和"四个全面"战略布局的具体实践中去；又要紧密结合"四个伟大"的实践需要来推动社会主义文化繁荣兴盛，在克服"本领恐慌"上下功夫，使社会主义先进文化阵地不断得到巩固。

第二，必须在培育和践行社会主义核心价值观的实践中，构筑文化自信的价值基础。"社会主义核心价值观是当代中国精神的集中体现，凝结着全体人民共同的价值追求。"① 它不仅规约着人的行为，也通过价值观自信，对文化自信发挥着引导作用。在我国，社会主义核心价值观在国家、社会和个人三个层面展现出中华民族的价值共识和价值追求，"发挥社会主义核心价值观对国民教育、精神文明创建、精神文化产品创作生产传播的引领作

---

① 习近平：《决胜全面建成小康社会 夺取新时代中国特色社会主义伟大胜利——在中国共产党第十九次全国代表大会上的报告》，人民出版社2017年版，第42页。

用"①，进而对坚定文化自信提供价值基础。习近平强调："培育和弘扬核心价值观，有效整合社会意识，是社会系统得以正常运转、社会秩序得以有效维护的重要途径，也是国家治理体系和治理能力的重要方面。"② 一种价值观要发挥作用，不能仅仅停留在思想或口头上，而必须走进生活、融入生活，使人们在生活实践中感受到它的存在，领悟到它的价值，使其内化于心，发挥对行为的规范作用。要做到这些，一方面要将社会主义核心价值观融入国民教育的全过程，通过广泛的价值观教育，使其流入每个人的心田，影响人们的思维方式，获得人民的普遍认同，在此基础上建立起文化自信。另一方面，要通过加大社会主义核心价值观的宣传力度，营造一种舆论环境，"使核心价值观的影响像空气一样无所不在、无时不有"，为此，要"注重在日常管理中体现价值导向，使符合核心价值观的行为得到鼓励、违背核心价值观的行为受到制约"③。还应该看到，社会主义核心价值观并不是封闭的系统，它要不断地面向中华优秀传统文化开放，并在与优秀传统文化的融合中，达到"用中华民族创造的一切精神财富来以文化人、以文育人"的目的。

第三，在推进中华文化走出去过程中增强文化自信。中华文化的发展要树立世界眼光、战略思维，要在世界范围内提高自己的影响力，要在平等交流中推动中华文化走出去，提高我们文化的对外交流水平，增强我们的文化软实力。一要提高对外文化交流水平，依托"一带一路"建设、孔子学院等，拓展对外交流活动，加强国际传播能力建设，同时大力开展对外文化贸易与投资，推动我们的文化产品走向国际市场；二要调动大众传媒、海外华人等各方面的积极性，形成推动文化走出去的强大合力；三要创新文化走出去的方式方法，在文化传播中讲好中国故事，增强对外话语的创新力、感召力，运用文学作品等多种活泼的形式来表现中华文化，借助新媒体、新技术的力量，使中华文化的传播更立体、更鲜活。总之，推动中华文化走出去，不仅是增强我国的综合国力、提升我国文化软实力的要求，同时也是促进各

---

① 习近平：《决胜全面建成小康社会 夺取新时代中国特色社会主义伟大胜利——在中国共产党第十九次全国代表大会上的报告》，人民出版社2017年版，第42页。
② 《习近平谈治国理政》第1卷，外文出版社2018年版，第163页。
③ 《习近平谈治国理政》第1卷，外文出版社2018年版，第165页。

国文化交流互鉴、维护人类文明多样性的需要。文化自信可以让我们更理直气壮地推动中华文化走出去,向世界展现我们的文化魅力;进一步推动中华文化走出去则能够增强我们的文化自信。文化自信不是故步自封,更不是夜郎自大,而是建立在虚怀若谷、淡定坦然的文化心态之上。这种心态表现为对自己心中有数,对来自"他者"的挑战沉着冷静,更表现为对"他者"文化的宽容。

第四,围绕人民主体性的发挥激发文化创新活力。中国特色社会主义文化自信,蕴含于人民群众的主体性之中,并通过人的主体性体现出来。离开了人民,文化自信就失去了主体,主体性的发挥也会因为失去价值判断而导致实践的盲目性。因此,实现文化自信,归根到底是要在人民群众的内心之中建立起持久、深沉的文化自信,有了这种文化自信,人民群众才能在中国特色社会主义的各实践领域中创造出伟业。我们要始终将人民的主体地位、人民的根本利益放在文化自信的首位,始终坚持实现人民群众对美好生活的向往这一价值维度,积极回应人民群众对文化生活的时代关切,切实满足人民群众丰富多彩的文化需求,进而充分发挥人民群众在中国特色社会主义文化建设中的积极性和首创精神。我们要充分发挥以文化人的作用,在实现社会主义现代化强国的伟大征程中,无论遇到什么艰难险阻,都用积极向上的文化心态去面对各种挑战和困难,始终围绕中华民族伟大复兴这一价值共识,发挥中国特色社会主义先进文化的引导激励作用。概言之,我们必须坚持以人民为中心的文化方向,把人民作为中国特色社会主义文化建设成效的最终"阅卷人",以人民的评价为价值尺度,如马克思所说的那样,"人民历来就是什么样的作者'够资格'和什么样的作者'不够资格'的唯一判断者"[①]。

第五,致力于文化体制改革来提高文化竞争力。一种有竞争力的文化,一定是能够在多种文化的冲击和碰撞过程中不失自我、从容应对的文化,是一种建立在文化创新基础上有着坚定文化定力的文化。通过创新激发文化创造活力,关键在于深化文化体制改革。一是进一步完善文化管理体制,在理顺管理主体和管理客体等诸方面关系的基础上,实现文化管理主体职能从监管向服务转变;通过建立健全规范的文化行业组织,创建大文化治理的新格

[①] 《马克思恩格斯全集》第 1 卷,人民出版社 1995 年版,第 195—196 页。

局，为越来越多的人参与到文化创造的活动中提供更广阔的空间。二是加快构建社会效益优先、社会效益和经济效益统一的文化发展体制。深化文化体制改革，目的是让文化生产释放活力，加快文化产业的创新性发展，实现文化发展成果由人民共享。文化体制改革的方向是公益性、人民性，必须着力实现社会效益与经济效益的统一。三是培育新型文化业态，为做大做强文化产业提供文化创新的新平台。我们要紧紧围绕新发展理念，充分利用"互联网+""文化+"等新型业态为文化产业创新提供新平台，把以资产为核心，以文化产业的整合、联营和升级为重点的文化产业集团做大做强，充分利用大集团带动分散文化产业发展中的龙头作用，筑牢我国文化产业发展的基础，为中国文化产业走向世界、提高国际竞争力创造条件。

第 二 章
中华传统文化与现代化协力共进的本质与规律

中华传统文化与现代化协力共进表现为两者相互支撑、相互改造、相互促进,实现物质生活和精神生活的双元发展。一方面,离开中华传统文化的支撑,中国的现代化将不具有自主性和可持续性;另一方面,文化不可能绕过不断变迁的实践延续下来,必须通过现实生产和生活实践的转换和重塑才能走进当代,中华传统文化的转化和发展最终将由物质现代化过程来实现,传统文化的当下性必须由现代化力量来开创。在实现两者协力共进的过程中,我们必须坚持道路独立与文化自主的基本前提,遵循正向支撑与良性互动的本质要求,落实自我扬弃与渗透融合的路径选择,实现文化创新与制度生成的目标追求。这些基本要素及其构成的基本关系,表征为中华传统文化与现代化协力共进的本质和规律。

一 协力共进的前提条件:道路独立与文化自主

一个国家或民族的物质现代化过程,一定意义上,同时是现代化的文化反思和文化现代化的转化过程。要顺利完成这一历史性转换,必须坚持现代化建设的独立道路和文化发展的自主性。这是因为,"人类历史上,没有一个民族、没有一个国家可以通过依赖外部力量、跟在他人后面亦步亦趋实现强大和振兴。那样做的结果,不是必然遭遇失败,就是必然成为他人的附庸"[①]。从

---

① 习近平:《在纪念毛泽东同志诞辰120周年座谈会上的讲话》,人民出版社2013年版,第21页。

西方现代化的经验和中国现代化的经历来看，道路独立与文化自主是保证现代化成功转型并保持发展的稳定性和可持续性的基本经验。

（一）道路独立与文化自主是西方国家现代化的基本特征

19世纪的西方现代化，是中世纪之后在多个领域和多元层面发生显著变化的历史过程，主要表现为经济的工业化与市场化、政治的法治化与民主化、社会的契约化与城市化、精神文化的世俗化与理性化。尽管西方现代化的转型具有某些共性要素，但主要国家的现代化之路却无一例外都是独立建构的。在文化形态上，纵然它们也曾普遍遭受同现代化伴生的"重估一切价值"的虚无主义磨难和剧痛，但它们从价值废墟中拯救传统并创造新文化的实践，也都呈现出鲜明的独创性和自主性。

西方的现代化基本属于"原生型"现代化，主要代表是英国、法国和德国。英国的现代化是以经济现代化为主导模式，通过"无声"的经济力量和社会革命推动现代化转型，其主要特色在于和缓、渐进、改革、稳重和守成[①]，政治上的现代化不像法国那样极端和激进。作为现代化的第一个"吃螃蟹者"，英国现代化道路的独立性无须赘言，因为它没有先例可循，只能摸着石头过河，由自己来开拓现代化之路。英国不仅是世界上最早进行工业革命的国家，其道路也独树一帜。资产阶级革命最终形成的君主立宪民主制度，是在自身国情中走出的一条独特的政治现代化路径，从经济体系到以《权利法案》和判例法为代表的法律制度，从科学技术发明到现代大学教育，从工厂制度到伦敦证券交易所等，英国的现代化在经济文明、政治文明、制度文明和精神文明等方面带给世界无数的首创。正是这种独立尝试、自主建设的现代化之路，使英国被誉为现代化的"样板""原型"和"领跑者"。

法国的现代化主要由政治革命来驱动，是一种以政治现代化为先导、由政治现代化牵引的现代化模式。法国现代化的基本特点是，"认知现代化引发政治现代化，政治现代化为经济现代化扫清障碍，经济现代化带动多个领

[①] 钱乘旦、陈晓律：《在传统与变革之间：英国文化模式溯源》，江苏人民出版社2010年版，序言。

域现代化的全面开展"①。我们赞成这一判断，因为在现代化转型之前，法国是一个君主专制传统十分深厚的国家，封建和宗教势力强大，等级制度异常森严，小农经济和家庭作坊长期存在，贵族沙龙文化和封建价值观根深蒂固，特殊的社会环境使得现代化必须首先从思想观念上将社会唤醒，并以激进革命的方式扫清障碍，不断的革命又导致社会持续动荡，这些因素综合起来就造成法国工业化的发展十分缓慢。正是这个原因，其工业化常被视为一个特殊的类型。可见，法国自身的国情决定了其现代化不可能模仿英国，只能走适合自己情况的现代化之路。

德国在西方早期现代化的"三强"中或许是最为独特的。"不但西方世界视'特殊道路'与'西方'的分离，包括右翼和左翼在内的德国人也认为有一种德意志通向现代的'特殊道路'。"②其最大特殊之处在于，它是由一个强势的中央集权国家主导的现代化模式。直至 19 世纪 30 年代，德国社会发展仍十分落后，政治上四分五裂，统一的民族国家尚未形成，经济上仍以农业为主，文化上，尽管经过启蒙运动在 18 世纪末的上层社会出现了局部繁荣，但广大的日耳曼民众只是受到基督教的教化，没有多少世俗文化的积累，诗人歌德甚至认为当时的德国人还处于野蛮阶段③。落后的社会历史条件注定其现代化之路非同寻常。但德国依靠在民族统一中形成的强大中央集权，对经济现代化进行纵深干预和规制，实施科教兴国战略，加强各阶段教育特别是职业技术教育，提升整个民族的生产技能和科学文化素养，弘扬爱国主义精神，以人的素质的现代化带动其他领域的现代化，最终不仅在 19 世纪末完成了现代化转型，还一度超过英法两国成为当时的现代化强国。

从传统社会向现代社会的转型，必将产生与之相适应的文化类型，西方传统文化也唯有在接受现代化洗礼的过程中才能获得新生。基督教文化是西方文化的根基，西方文化的现代化源于基督教的革命，起初是 15—16 世纪的宗教改革和文艺复兴，随后是 17—18 世纪的启蒙运动，最后形成的现代文化的主体部分是以浮士德精神为代表的理性主义文化。"理性精神为现代化观念本身的确立提供了一种文化承诺……西方文化在总体上是以理性方式

---

① 马生祥：《法国现代化》，河北人民出版社 2004 年版，第 255 页。
② 单世联：《中国现代性与德意志文化》，上海人民出版社 2011 年版，第 2 页。
③ ［德］爱克曼辑录：《歌德谈话录》，朱光潜译，人民文学出版社 1980 年版，第 143 页。

来实现其真、善、美追求的。"① 在西欧几个主要国家向现代化转型过程中，它们对待自身传统文化的方式、向理性文化的转化途径以及形成的理性文化形态，都各有千秋、各不相同。这种差异性和独特性，反映出它们文化发展的自主性。

英国之所以能最早进行现代化，一个重要原因是"英国比任何其他国家都更早地发生了文化变革和科学革命"②。文化变革主要是通过清教运动这一宗教改革实现的，结果是确立了以经验理性为内核的英式新教文化（自由、进取、宽容等）。在这种新文化形态中，传统文化（贵族精神、社会责任感、崇尚传统、保守）被重构并融入现代政治、经济和社会实践当中，塑造出新的政治文化、宗教文化和企业文化，构成英国文化的新传统。值得注意的是，后来的启蒙运动事实上是从英国萌芽的，硕果却结在了法国，启蒙思想在欧洲大陆高歌猛进、轰轰烈烈，在英国却步履蹒跚、冷冷清清。这看似矛盾，但恰恰是英国文化发展自主性的反映，因为文化的相对保守使英国政治、经济的现代化免受激进文化运动的冲击，反过来，英国现代化的温和模式及成就也得益于这种文化演进模式的保护。

法国文化变革的两大途径是宗教改革和启蒙运动，它们都得到了世俗国家权力的支持、拥护与推动，这主要是由于法国在 13 世纪就已开始世俗的民族国家进程，世俗权力在同教会权力的斗争中逐渐占得上风，代表现代化一方的世俗社会需要新的宗教文化或宗教以外的新文化（如人文主义）为其提供合法性。早期对法国文化现代化影响最大的是加尔文宗教改革，它倡导信徒通过创造世间繁荣来实现对上帝的信仰，其实质是以宗教形式鼓励人们在勤俭的世俗生活中得救。反言之，资本主义创造财富、追逐利润的世俗活动得到上帝的首肯、宗教的确认，从而获得神圣的意义，获得自身的合法性与合理性。加尔文宗教改革确立的新宗教文化，适应了资本主义的发展并奠基了法国现代文化的基础，经过 17—18 世纪启蒙运动之科学与人文精神的双重洗礼，最终形成了以先验理性为骨架的现代理性文化。

对德国的文化现代转型影响较大的是路德宗教改革、启蒙运动和狂飙运

---

① 何中华：《"现代化"观念与西方文化传统》，《学习与探索》1996 年第 1 期。
② 杜艳华：《马克思恩格斯对英国现代化起源的科学论证》，《浙江大学学报》（人文社会科学版）2009 年第 2 期。

动。其中，路德宗教改革是根本性的，它重新确立了信仰的权威，凝聚了当时尚处于分裂的日耳曼人的民族精神，满足了德国资本主义发展的需要。但同时，"因信称义、不求事功"的信仰方式，又助长了德国的精神自由主义或唯心主义自由文化，使得近代以来德国人更加看重内在的精神自由。德国不像加尔文教那样，强调通过创造富庶的尘世生活达到对上帝的信仰，而是注重对人自身的反思、强调个人的自我完善。这种文化重构模式"忽略了外在的实践自由，这是造成近代德国落后的一个重要原因"[①]。但反过来，这种现象又进一步表明，在当时社会历史条件下，德国的文化只能以那种方式得到传承和发展。

经济史的研究表明，与现代化同体相连的资本主义，也并非仅在欧洲萌芽，在世界其他文明中也曾出现，如明末清初的中国。但只有北欧、中欧的资本主义得以快速发展起来，因为它们在物质现代化的转型中独立而又及时地进行了文化上的继承与创新。这再次说明，现代化如果没有文化上的支撑将是不可持续的。进一步讲，地处北欧和中欧的英、法、德这三个主要国家，资本主义之所以发展起来并走向现代化，原因之一是传统文化在适时的宗教改革中得到了自主性改造，从而能够焕发生机。而与之形成对比的是，地处南欧的多数国家的现代化推进迟缓，这与它们在经济上的落伍、宗教上的因循守旧，进而在文化上缺乏自主创新，有着内在的关联。

（二）道路独立与文化自主是中国近代以来现代化探索的深刻总结

现代化要取得成功并保持自身的独立性，需要民族文化的自主与自强来支撑，这不仅是那些成功实现现代化的西方国家的基本经验，也是蕴含在中国近代以来现代化探索中的一条清晰的历史线索。

中国的现代化从时间序列上看是后发现代化，从发生学角度看是被西方列强倒逼出来的，即我们常说的"外源型"或"应激型"现代化。中国在新的历史起点上谋求民族独立和国富民强的征程，也是一个现代化开启并发展的过程，这个过程充满了曲折和教训，最重要的一个教训就是我们在现代化转型的早期、革命初期以及社会主义建设的一段时期，没有走独立自主的道路而是陷入了"模仿的陷阱"。清朝中期以后，中国在科学技术、军事力

[①] 赵林：《赵林谈文明冲突与文化演进》，东方出版社 2006 年版，第 168 页。

量等方面的发展速度与西方相比开始落伍。1840年以来，面对西方列强的欺凌，中国的有识之士开始探索现代化道路。起初，洋务派运动力图通过实业、军事、科学技术和西式教育救国复兴，但并未根本改变西强中弱的格局。特别是甲午战争中北洋水师的惨败，使人们认识到中国的落后不在于器物，而是制度，但戊戌变法的夭折，则表明在那种历史条件下改良是没有出路的，后来爆发的辛亥革命也最终失败。所有这些努力之所以无效或收效甚微，根本原因是当时的人们企图在一个已经发生巨变的时代（帝国主义时代）重走西方现代化的道路，而没有摸索出真正符合自己文化传统的道路。其中一个方面的教训是，在全盘西化的过程中难免画虎类犬、东施效颦，甚至试图剪断自己的文化脐带。

在屡遭失败和挫折后，中国人民最终选择了马克思主义，选择了中国共产党，从此中国革命的面貌焕然一新。这是一条选对了旗帜的革命道路，这条道路的显著特征就是独立自主。在迈向现代化的征程中，我们第一次走出了"模仿的陷阱"。为现代化转型奠定民族独立之政治前提的革命之路，第一次建立在对本国国情的深刻认识、分析和判断基础上，第一次将马克思主义同中国实际真正结合起来，第一次走农村包围城市、建立革命根据地、实行统一战线、实施两步走战略等适合自己的路，这些经验在新民主主义革命理论中都得到了系统总结。需要指出的是，中国共产党选择和运用的马克思主义是中国化的马克思主义，毛泽东清醒地意识道："今天的中国是历史的中国的一个发展；我们是马克思主义的历史主义者，我们不应当割断历史。从孔夫子到孙中山，我们应当给以总结，承继这一份珍贵的遗产……马克思主义必须和我国的具体特点相结合并通过一定的民族形式才能实现。"① 也就是说，无论是以新民主主义革命的方式为中国现代化扫清障碍，还是在推进现代化建设过程中，作为我们思想旗帜的马克思主义必须是与中国具体实际相结合的马克思主义，是中国化了的马克思主义，也是保持了中华民族文化自主性的马克思主义。

遗憾的是，新中国成立后乃至社会主义建设的一段时期，受国际国内复杂形势及主观客观多重因素影响，我们认为苏联共产党"不但会革命，也会

---

① 《毛泽东选集》第2卷，人民出版社1991年版，第534页。

建设","是我们的最好的先生，我们必须向他们学习"，① 因而再次掉进"模仿的陷阱"。不可否认，在当时的环境下，学习苏联对于巩固和壮大新生的社会主义制度起到了重要作用，但照搬苏联模式也导致不少问题并留下诸多隐患，尽管中共八大力图纠正，但"左"倾泛滥使得八大的努力并未完全消除模仿的后遗症。"文化大革命"结束后，改革开放的历史帷幕拉开，以邓小平为核心的第二代中央领导集体在改革开放之初就郑重宣布，中国的改革开放是以独立自主、自力更生为基础的，是以四项基本原则为根本前提的，这实际是再度强调新时期现代化的建设道路是中国式的独立自主之路，即中国特色社会主义道路，中国再一次走出了现代化的"模仿的陷阱"。"走自己的路"，这就是近代以来中国现代化转型和建设的基本经验。正如邓小平所说："中国的经验第一条就是自力更生为主。"② 习近平也着重指出："独立自主是我们党从中国实际出发、依靠党和人民力量进行革命、建设、改革的必然结论……在中国这样一个人口众多和经济文化落后的东方大国进行革命和建设的国情与使命，决定了我们只能走自己的路。"③

在现代化转型中，中华传统文化也在裂变的痛苦中续写、转型和创新。20世纪初兴起的新文化运动，其潜在结论是将中国近代的落后归咎于传统文化的僵化与保守，这显然有"文化决定论"之嫌；但在另一种意义上，重要的不是其激进的文化拒绝姿态，毋宁说，它是中国现代化匮乏而导致的精神痛苦的一种"征候"，表征着中国在新的历史条件下重新塑造主体性的强烈要求。即便是那些对传统文化尖锐批判的全盘西化论者，在亡国灭种的民族危机背景下，在今天看来都是可以理解的，因为他们对国家爱之愈切恨之愈深。就此而论，新文化运动的启蒙更多地表现为一种先进知识分子发起的文化"述行"。但是，对传统文化的取舍，最终取决于这个民族在实践上改造自己的方式，而不仅仅是一种口头上的文化宣泄。简言之，斩断自己的文化根脉而发展现代化的企图是徒劳的。

马克思主义中国化就是马克思主义与中国实际相结合的过程，这种结合也内在地包含着同中国历史与中华传统文化的结合。尽管在两者结合路径的

---

① 《毛泽东选集》第4卷，人民出版社1991年版，第1481页。
② 《邓小平文选》第2卷，人民出版社1994年版，第406页。
③ 《习近平谈治国理政》第1卷，外文出版社2018年版，第29页。

解释上还存在多种范式的竞争,但不论是"意识形态范式",还是"文明范式"抑或"体用范式",都绕不开两者的关系这个问题本身,以至于"马克思主义和中华传统文化的关系,已成为我国现代化过程中要处理的最突出的文化关系问题"[①]。马克思主义中国化之所以必然包含同中华传统文化的结合,根本上是由于"中国共产党是中国的共产党,是在中国建设社会主义。它们均植根于具有深厚历史传统和文化传统的13亿多人口的中国,必须重视中国的历史和文化遗产,重视中华传统文化尤其是儒家学说对中国社会结构、民族性格、人的思想和价值观念的深刻影响。马克思主义要在思想和情感上为中国先进知识分子和以农民为主的中国人民所接受,就必须植根于中国的历史和文化。"[②] 陈先达先生的这番话,虽是针对当下中国讲的,但对马克思主义中国化的全部过程亦是一语中的。

毫无疑问,自马克思主义传入中国以来,中华传统文化受到比之前任何时期都更为彻底地革命性改造。但这种改造本身是以承认文化的相对独立性从而承认中华传统文化的巨大影响力为前提的,并且这种改造不是对传统文化的全盘否定,而是在马克思主义引领下的一次重构;同时,马克思主义能在中国扎根并获得长久的生命力,也离不开传统文化这一深厚的精神土壤。作为马克思主义中国化的第一个重大理论成果,毛泽东思想对传统文化在内容和形式上的运用、改造和创新是十分明显的,这在毛泽东的《中国革命和中国共产党》《新民主主义论》《改造我们的学习》和《中国共产党在民族战争中的地位》等文献中已经表达得格外清楚,国内理论界对此也达成共识。毛泽东思想对待传统文化的核心态度之一,就是坚持文化发展的自主性。后来形成的邓小平理论、"三个代表"重要思想、科学发展观、习近平新时代中国特色社会主义思想等中国化的马克思主义重大理论创新成果,在文化上也都符合这种自主性要求。可见,在继承和发扬传统文化基础上走自己的现代化之路,是对1840年以来中国革命史和社会发展史的深刻总结而得出的基本结论。正如有学者指出的那样,"近代中国的政治制度变革实际上仍是在传统政治文化的制约下走着自己独特的道路"[③]。

[①] 李元旭、平章起:《马克思主义和中华传统文化关系的三种主要阐释范式》,《深圳大学学报》(人文社会科学版)2016年第4期。
[②] 陈先达:《马克思主义和中国传统文化》,《光明日报》2015年7月3日。
[③] 马敏、张三夕:《东方文化与现代文明》,湖北人民出版社2001年版,第129页。

文化发展的自主性，不仅体现在中国从几千年的传统社会向现代社会的急剧转型时期，也体现在中国五千多年的文化和文明演进史之中。中华民族最终形成的是以儒家文化为骨干的中华传统文化。这种文化类型的最大特征是超稳定性，对异质文化超强的同化、改造和吸收能力，以及顽强的吐故纳新能力。儒家文化最初只是中原地区的华夏民族的主体文化，但在漫长的民族摩擦、交流和融合中，它不但对中原以外其他民族文化兼容并蓄，同时更主要的是对其同化和改造，从而保持了自身传统的相对稳定性。从夏商周，经秦汉南北朝，至唐宋元明清，即便那些靠武力征服华夏的少数民族，最终也是被华夏文化所征服。对待外来异域文化，中华传统文化同样表现出上述特征。不论是公元1世纪左右开始传入中国的印度佛教，还是于隋唐时期渗入中国的伊斯兰教，以及自公元7世纪始并在多个时期断断续续进入中国的基督教，直至明末清初的西学东渐，上千年的文化发展史表明，外来异域文化只有以中华传统文化为主体和基础，并经过长期、曲折的同化或重构之后，才能在中国落地生根。异族文化和异域文化使中华优秀传统文化在文化交流和碰撞中自我更新，但它又长期保持着其主体文化基因的相对稳定，始终维持着文化发展的自主性。

因此，不论是从近代以来还是从五千多年宏大时间尺度看，我们得到的基本启示就是，中华文化的发展和繁荣既不是在封闭保守中实现的，更不是在丢掉传统、全盘接受外来文化中实现的，而是在继承传统和自主性创造中实现的。正如有学者所说："中国人经过长期的文化反思，经过近代以来惨痛的经验教训，终于悟出了一条道理，那就是未来的中国文化，其发展必须首先以自己优秀的文化传统作为基本的思想资源，作为坚实的精神根基。"[①]

（三）当代中国的发展成就是道路独立与文化自主的实践注脚

如果说，西方国家的基本经验和中国近代以来的历史启示，还只是从静态角度证明了这样一个事实，即现代化道路的独立选择与发展以及现代化要取得成功并保持自身的独立性，需要民族文化的自主性来支撑，那么，当代中国所取得的发展成就，则是对上述事实的"现场"诠释。第二次世界大

[①] 赵林：《赵林谈文明冲突与文化演进》，东方出版社2006年版，第64页。

战后，广大的亚非拉国家实现了民族独立，不少国家建立了社会主义制度，为现代化转型与发展打下了坚实基础。但在如何实现现代化问题上，部分国家也曾不同程度地陷入"模仿的陷阱"。在意识形态上，它们普遍以西方的新古典经济学与以罗斯托《经济成长的阶段》为代表的发展理论和以哈耶克、弗里德曼为代表的新自由主义学说作为自己国家经济现代化的理论指针，其"标准版本"就是1994年形成的所谓"华盛顿共识"。模仿者们最初的确有所受益，但好景不长，随后陷入了经济滞胀、债务危机、两极分化、社会撕裂、民族矛盾激化等旋涡。经历了这些曲折后，他们深刻意识到，照搬西方模式会导致严重的"水土不服"，这一方面是由于在先发优势已被西方锁定的新帝国主义条件下，后发国家试图通过模仿或与西方保持一致来实现现代化的机会是渺茫的①，更根本的则在于，它们未能切实找到一条符合自己国情的现代化道路。

另一方面，20世纪70年代以后，西方世界尽管没有出现斯宾格勒预言的那种"没落"，但也无可争辩地陷入了危机：经济发展乏力，种族和阶级矛盾激化，贫富分化严重导致社会激荡，民族主义抬头，民主式微，政局不稳，严重且似乎无解的城市病，物质主义、享乐主义、纵欲主义和虚无主义泛滥，精神空虚、价值混乱等，西方国家也开始反思和批判自身的现代化模式。它们当中不仅有西方内部的反对派如西方马克思主义和激进思潮，也不乏第三世界出身却生活在第一世界的后殖民批判者，以及布尔乔亚统治阶级的代表。这些反思和批判的一个共同旨趣，是指认西方现代化的"道路自负""理论自负""制度自负"和"文化自负"。

上述批判和反思的结果之一是，"在今天已经很少有人认为现代化的模式是唯一的，相反，发展中国家在现代化进程中可以选择不同的道路。不同的国际环境和国内条件解释了为何不同国家或地区的现代化模式是相互区别的"②。撇开上述反思不论，事实上，人类对于现代化道路的实践探索也从来不是唯一的。特别是自第三次现代化浪潮以来，世界上出现了多种现代化

---

① 日本、韩国、新加坡等少数模仿者之所以在现代化之路上取得成功，很大程度上是利用了美苏争霸造成的发展空隙。

② 王家峰：《现代化进程中的国家自主性：一个解释框架》，《天津社会科学》2009年第6期。

发展模式：西方模式、苏联模式和东亚模式。① 当然，对于现代化模式的分类，人们有不同的看法，但不论怎样，中国特色社会主义是一条坚持道路独立和文化自主的新型现代化之路，这一点正被中国特色社会主义现代化建设的巨大成就所证明。

新中国成立后前30年现代化之路的探索尽管走了一些弯路，但仍"取得了社会主义建设的基础性成就"②：在硬件方面，建立起相对独立完整的国民经济体系、交通运输体系，投入大量资源治理大江、大河、大湖，修建了总长度20多万千米的防洪堤坝和8.6万个水库，进行了大规模的农田水利建设；在软件方面，土地改革、社会主义改造和限制资产阶级法权等运动，塑造了一个不存在任何强大分利集团的扁平化社会，在医疗、卫生、教育等公共消费领域也取得巨大成就。③ 这一切，不仅稳固了新生的社会主义政权，极大地增强了世界社会主义力量，更重要的是为后40年的发展奠定了坚实的制度前提与物质基础。

党的十一届三中全会以来，我们党确立了解放思想、实事求是、实行改革开放和将党的工作重心转移到社会主义现代化建设上来的伟大决策，开启了中国特色社会主义现代化的崭新一页。我们实行了家庭联产承包责任制，规划先富带动后富的共同富裕路线图，坚持公有制为主体、多种所有制经济共同发展，积极推进社会主义市场化改革，确立了党在社会主义初级阶段的基本路线，提出了现代化建设的"三步走"战略，形成了建设有中国特色社会主义的理论；作出建立社会主义市场经济体制的历史性决定，从经济发展模式和道路的高度确立了今后经济和物质现代化的基本原则和总体方向。党的十五大将邓小平建设有中国特色社会主义的理论命名为邓小平理论并写进党章，是对改革开放以来中国特色社会主义现代化建设的新的理论总结。

"中国特色社会主义道路始于毛、成于邓"，但我们还须接着说"兴于今"。党的十五大以来，在以江泽民为核心和以胡锦涛为总书记的两代中央领导集体的坚强领导下，我们又逐步创造性地回答了建设什么样的党、怎样

---

① 参见罗荣渠《现代化新论：世界与中国的现代化进程》，商务印书馆2004年版，第150—157页。
② 习近平：《在纪念毛泽东同志诞辰120周年座谈会上的讲话》，人民出版社2013年版，第8页。
③ 王绍光：《中国·政道》，中国人民大学出版社2014年版，第126—127页。

建设党、实现什么样的发展、怎样发展等一系列事关中国特色社会主义现代化建设的根本性、全局性和长远性问题，形成了"三个代表"重要思想和科学发展观。我们确立了社会主义初级阶段的基本纲领、基本经济制度和分配制度，将依法治国确定为治国的基本方略，提出了全面建设小康社会的任务，把富强、民主、文明、和谐的社会主义现代化国家作为奋斗目标。我们逐步转变发展观念，积极转变经济增长方式，建设社会主义和谐社会，将发展布局逐步从经济、政治、文化"三位一体"推进到经济、政治、文化、社会"四位一体"等，取得了举世公认的伟大成就。

党的十八大以来，中国特色社会主义进入新时代。以习近平同志为核心的党中央继往开来，更加奋发有为，将现代化建设布局从"四位一体"推进到"五位一体"，发出了实现中华民族伟大复兴的中国梦这一新时代的号召，提出了"四个全面"的新战略布局，以铁的手腕狠抓党的建设，进一步增强中国共产党的主体性、纯洁性和先进性，在新的发展基础上将"三步走"战略升级为"两个一百年"奋斗目标，确立了新时期经济社会发展的五大理念，实施了建立中国自由贸易试验区、发出"一带一路"倡议、实施供给侧结构性改革、创办亚洲基础设施投资银行、构建人类命运共同体等一连串事关社会主义现代化持续发展的国内国际政策组合拳，大大提升了中国的整体实力和国际影响力，社会主义现代化强国建设迈上了新台阶、开辟了新境界。中国特色社会主义现代化的火热实践，创造了一个被世人热议的"中国模式"或"北京共识"。

从改革开放以来，与社会主义物质现代化同步进行的，是中国特色社会主义的文化现代化转型。改革开放之初，邓小平、叶剑英等就强调要处理好物质文明与精神文明的关系，党的十二大将培育"四有"社会主义公民、提高整个中华民族的思想道德素质和科学文化素质，作为社会主义现代化的重要内容。十二届六中全会强调精神文明是社会主义社会的重要特征，强调实行两手抓的方针，使建设有中国特色社会主义现代化的含义更加全面。党的十三大提出"努力形成有利于现代化建设和改革开放的理论指导、舆论力量、价值观念、文化条件和社会环境，克服小生产的狭隘眼界和保守习气，抵制封建主义和资本主义的腐朽思想"[①] 的文化建设任务。十四届六中全会

---

① 《十三大以来重要文献选编》（上），人民出版社1991年版，第14页。

进一步对精神文明建设作出全面部署，旨在提高全民族的思想道德和科学文化素质，为物质文明提供精神动力、智力支持和思想保证。

在社会主义文化现代化的历史进程中，十七届六中全会是一个重要的里程碑。这次会议提出了深化文化体制改革、推动社会主义文化大发展大繁荣、建设社会主义文化强国的战略目标。党的十八大以来，以习近平同志为核心的党中央进一步提出包括文化自信在内的"四个自信"，倡导对中华优秀传统文化的创造性转化和创新性发展，为传承发展中华优秀传统文化提供了根本遵循。不仅如此，中共中央办公厅和国务院办公厅出台《关于实施中华优秀传统文化传承发展工程的意见》，第一次以党中央文件的形式全面部署中华优秀传统文化传承发展工作。党的十九大报告则进一步将"坚定文化自信，推动社会主义文化繁荣兴盛"作为重要战略，提出"发展中国特色社会主义文化，就是以马克思主义为指导，坚守中华文化立场，立足当代中国现实，结合当今时代条件，发展面向现代化、面向世界、面向未来的，民族的科学的大众的社会主义文化，推动社会主义精神文明和物质文明协调发展"①。这充分表明，中国共产党是始终以中华文化的自主发展和创新去支撑社会主义现代化强国建设的。

从西方现代化的特征和中国现代化的历程来看，道路独立与文化自主是保证现代化成功转型并保持稳定发展和可持续发展的必要前提。正如习近平所说："站立在960万平方公里的广袤土地上，吸吮着中华民族漫长奋斗积累的文化养分，拥有13亿中国人民聚合的磅礴之力，我们走自己的路，具有无比广阔的舞台，具有无比深厚的历史底蕴，具有无比强大的前进定力。"②中国特色社会主义的现代化强国之路，既不是原来那种一大二公和单纯计划经济的封闭僵化而又没有前途的老路，也不像某些人误解的那样是一条新自由主义改旗易帜的邪路，而是基于中国的现实国情探索出的一条新路，它的根本原则是坚守道路独立和文化自主。这不仅是建设社会主义现代化强国和实现中华民族伟大复兴的保证，更是中国对于走和平崛起这一新型现代化道路的深层自信的充分表达。

---

① 习近平：《决胜全面建成小康社会 夺取新时代中国特色社会主义伟大胜利——在中国共产党第十九次全国代表大会上的报告》，人民出版社2017年版，第41页。

② 《习近平谈治国理政》第1卷，外文出版社2018年版，第29页。

二 协力共进的本质要求:正向支撑与良性互动

西方现代化本身是在西方文化环境中孕育而生的,独特的文化传统(主要是主客二分、崇尚理性等)在历史最深处为西方物质层面的现代化提供了坚实的精神支撑,但同时,现代化的成就反过来助长了工具理性的独大和泛滥,加剧了人与自然、人与社会以及个体自身的分裂和冲突。如今,西方文化在拯救现代性危机方面表现得日益捉襟见肘,中华传统文化中以总体性为本位的思想理念、德性高于知性以及价值理性高于工具理性的文化定位、天人合一与崇中尚和的人文精神等文化传统,对于现代性疾患则具有潜在的矫治作用。与此同时,优秀传统文化的继承、转换与发展,又必须以接受启蒙和现代化改造为前提,方能主动适应并满足现代化需要并在现代化全方位实践中前行。这样来看,传统文化与现代化不可能各行其是,只能在融会贯通中一起携手共进。这要求我们在处理传统文化与现代化关系的过程中,务必促进并实现二者的正向支撑与良性互动。二者的正向支撑与良性互动,在当代中国须以服务中国特色社会主义事业发展为旨归,着眼于彼此激励、相互扶持,着眼于互为改造、同向发力。

(一)传统文化与现代化协力共进的目标追求

现代化与传统文化的关系是任何推进现代化的国家都要遭遇的问题,但像中国这样的外源性现代化国家所面临的处境或许更加复杂。西方树立了现代化的榜样,其"模式享有历史上的优先地位,并且将继续作为其他现代性的一个基本参照点"[①]。这一榜样同样也对中国产生了难以抗拒的吸引力,使得中国在"以西为师"推进现代化的进程中,自身的传统文化既面临现代化的挑战,又面临裹挟在现代化中的西方文化的冲击。然而,即便我们承认现代化在器物层面的中立性和普遍性,任何后发国家的现代化也都不可能通过复制西方模式取得成功。同时,西方现代化在人与自然、人与人以及人与自我三方面关系中,制造了越来越深的对立,引发了越来越严重

---

① [以]艾森斯塔特:《反思现代性》,旷新年、王爱松译,生活·读书·新知三联书店2006年版,第38页。

的危机。如何解决其中的对立与矛盾，西方至今未能给出可行的解决方案。中国若要避免西方现代化的危机，就必须进行两方面的重构，一是重构现代化的文化根基，二是重构现代化的路径。这就迫使我们在对待传统文化与现代化的关系问题上进行范式转换，即不能机械地从中西或体用的角度、而必须在中国特色社会主义这一全新而又是本土的实践语境中重新审视两者的关系。

在中国特色社会主义实践中考量传统文化与现代化的关系，并没有现成可行的方案。一直以来，在对待两者关系上，最具影响的是"西化（西体中用）论""儒化论"和"中体西用论"。"西化论"以现代化起源的西方性作为文化上全面西化的根据，其立论基础在于中华传统文化中缺少与现代化内在一致的文化传统。这一立场的根本缺陷在于：一是割裂了现代化之普遍性与特殊性的关系，将西方现代化的方案和道路本身等同于现代化的本质；二是无限放大了西方文化的作用并低估了本民族文化在现代化面前的适应性和包容性。以韦伯《新教伦理与资本主义精神》为代表的一批知识精英在资本主义与西方文化之间所做的强逻辑论证，就加固了现代化与西方文化的同质性或完全正向相关的联系。

如前所述，西方先发国家的现代化道路没有一个是相同的，从后发国家的情况看，"西化论"不仅已被东亚"四小龙"的现代化道路所证伪，而且在当代中国亦能从经验上强烈感受到其危害。在西方资本主义启蒙文化裹挟下，拜物教观念、物化意识、精致的利己主义和超级现实的功利主义价值观等，几乎全面渗透到当代中国人生活的方方面面，致使个体道德滑坡、公共道德缺位、私人欲望膨胀、理想信仰迷失、精神意志颓废等现象此起彼伏，严重影响到现代化的健康发展。"西化论"体现了一种文化自卑心理，本质上是历史虚无主义在文化领域的表现。

与"西化论"针锋相对的是"儒化论"。面对西方现代性的困境和中国现代化出现的一些问题，有些人主张通过复兴儒学和国学来解决。但他们"对现代工业文明之症结的了解仅仅停留在道德主义的感伤水平，就轻率地用典籍文本中某些孤立的命题，望文生义地许诺世界文明的命运。比如用天人关系命题比附人与自然的关系，用'天人合一'为生态环境问题寻找出路，用'己所不欲，勿施于人'的空泛之论救治世风，……这些迂阔的书斋空谈不仅没有实际效果，而且会造成种种思想混乱。这种古典文献的现代翻新，没有看到对传统文化的继承是一个消化的过程，而不是像处理烂苹果那样，把去掉糟粕、保留精华变成直接用现代话语解释古典文本中可以为我所用的命题"①。由此看来，"儒化论"中一部分是文化自欺，即脱离现代生活和现代性要求空喊传统文化的理念和口号，而不知道传统文化只能在现代化的实践中实现再生产；一部分是文化自卑，即企图到传统文化典籍中挑选与西方文化理念合拍的只言片语，挖空心思去论证这些论述符合西方价值理念和标准，在骨子里仍是后韦伯式的西方文化中心主义。

"中体西用论"亦经不住推敲，因为现代化对于中国来说本身是新事物，何来"体"？这种"体用观"的最大问题，是对现代化和传统文化采取了机械二分和静止的认知态度，看不到二者在中国的本土实践中都将被重新定义。换言之，决定现代化与传统文化的面貌及其关系形态的，是具有中国特色的社会主义现代化实践。我们只能在全新的社会主义现代化实践中，把握现代化与中华传统文化之协力共进的关系。在这一框架中，传统文化和现代化二者本身都不是目的，而是服务于具有强烈自主性的中国特色社会主义实践，以助推中国特色社会主义事业发展为根本旨归。

传统文化与现代化的协力共进是有统领、有目标、有方向的，在传统文化与现代化的协力共进之上有一个更大的目标，那就是中国特色社会主义的深化发展。因此，协力共进的目的既不是单纯为了传承、转换和发展优秀传统文化，也不是单纯为了一般意义上的现代化建设。这种定位，规定了传统文化同现代化协力共进的本质要求，即要有利于新时代中国特色社会主义乃至世界社会主义运动的发展，不能在此之外设定两者协力共进的内容和内涵。就此来看，在静态维度上，两者若要协力共进，必须做到正向支撑，彼此给对方正能量，避免因各行其是或相互拆台而拖累或危害中国特色社会主义事业；在动态维度上，两者若要实现良性互动，就要防止优秀传统义化与现代化的两张皮现象，通过彼此的建设性批判、对话和相互塑造而共荣共进，助推新时代中国特色社会主义深化发展和全面建设社会主义现代化国家。

---

① 本刊记者：《把文化研究引向深入——"传统文化与现代化"座谈会述评》，《哲学研究》1995年第11期。

(二) 传统文化与现代化互为正向支撑

正向支撑主要体现协力共进之静态维度的本质要求，是指双方互为表里，在服务于中国特色社会主义深化发展这一共同目标下，彼此咬合、相互支持，构成一种榫卯结构：传统文化为现代化奠定精神底座，提供思想动力和文化营养，凝聚共识和积聚力量；现代化为传统文化奠定物质、制度、财政和技术等基础，提供实践土壤和生活舞台。

1. 优秀传统文化对现代化的正向支撑

优秀传统文化为现代化奠定民族精神的底座。"民族精神是一个民族赖以生存和发展的精神支撑。一个民族，没有振奋的精神和高尚的品格，不可能自立于世界民族之林。"[①] 民族精神塑造着一国现代化的脊梁，缺少民族精神支撑的现代化最终只能跟在别人后面亦步亦趋，难以为世界作出实质性贡献。民族精神是灯塔，传统文化就是底座；民族精神是河流，传统文化就是河床。中华优秀传统文化"是中华民族最根本的精神基因和独特的精神标识，是我们在世界文化激荡中卓然屹立的坚实根基"[②]，构成现代化出发的精神原点和现代化征途的精神家园。要建设社会主义现代化强国，就必须坚持中国道路、弘扬中国精神。中国道路就是中国特色社会主义道路，是马克思主义同中国实际相结合的产物，这种结合内在地包含同中国历史与中华优秀传统文化的结合。现代化所需的爱国主义等民族精神始终扎根于深厚的历史和传统土壤当中，离开了优秀传统文化的滋养，民族精神就只是空洞的说教。现代化需要民族精神支撑，而民族精神需要优秀传统文化的涵养。没有优秀传统文化的灌溉，就不可能有现代化的茂密森林。

优秀传统文化为现代化提供思想动力和文化营养。优秀传统文化是社会主义现代化的精神沃土。首先，浩如烟海的文化典籍是现代化建设取之不竭的智慧之源。《食货志》《富国策》《农书》《天工开物》等对今天的经济建设仍有极高的参考价值，《孙子兵法》《三国演义》等经典在现代战争和市场竞争中仍大有可为，《二十四史》《资治通鉴》等对于摆脱西方政体思维、推进国家治理现代化仍是一笔宝贵的思想遗产，《营造法式》《长物志》《园

---

① 《江泽民文选》第 3 卷，人民出版社 2006 年版，第 559 页。
② 刘奇葆：《坚定文化自信 传承中华文脉》，《党建》2017 年第 5 期。

冶》《黄帝内经》《千金方》《脉经》等对于现代生态化的营建理念和技术、现代医学和养生等仍有难以估量的现实价值。其次，饮食、造纸、陶瓷砂烧制、印染、刺绣及服饰、家具和民族乐器制作等传统工艺，针灸、刮痧、推拿、中药制剂等中医技术，书法、绘画、雕刻、戏曲、诗词、歌赋、舞蹈、气功、武术等文化精华，深刻地塑造着中国的物质现代化和人的现代化。最后，以传统"义利观""诚信观"为核心的商业伦理，以儒商、晋商、徽商等为代表的商人文化，以鲁班精神等为代表的工匠文化，以及"仁义礼智信""滴水之恩涌泉相报"等礼制规范，对现代社会关系仍起着润滑和调剂的功用。

优秀传统文化凝聚海内外共识和力量，为中国同世界的交流互鉴提供平台。建设现代化强国、实现民族伟大复兴，不仅要凝聚中国各族人民大团结的力量，也要凝聚拥护社会主义和拥护祖国统一的全球华人大团结的力量。优秀传统文化是全部炎黄子孙的精神脐带，在进行社会主义现代化建设过程中，为提升中华民族凝聚力提供"坚强有力的价值支撑、厚重磅礴的历史文化资源和民族认同的基础"[①]，最大限度地凝聚海内外的共识和力量，动员全球华人为社会主义现代化献计献策献力。现代化需要取长补短，而文化交流是重要平台，在中国文化"走出去"战略的带动下，以中法文化年、中意文化年、中俄文化年等为代表的文化交流活动，发挥着"文化搭台，现代化唱戏"的功能，使我们能以传统文化为窗口向外展示中国现代化建设成就，同时亦能以此为渠道学习其他国家现代化的成功经验和做法。今天，随着文化商品化、产业化和市场化的发展，优秀传统文化也成为现代化生产的一部分，被以现代化的方式加以呈现和传播，成为现代化建设的重要内容。

2. 现代化对优秀传统文化的正向支撑

现代化为优秀传统文化的赓续与繁荣提供坚实的制度和物质保障。离开现代化的推进和发展，奢谈传统文化的繁荣兴盛。社会主义现代化制度为传统文化传承奠定了政治前提。新中国彻底改变了文化被殖民的面貌，真正获得了文化自主权，从民主、法治等多方面为传统文化的保护奠定了

---

① 吴祖鲲、王慧姝：《强化优秀传统文化认同 提升中华民族凝聚力》，《红旗文稿》2015 年第 9 期。

基础。没有这些基础，像传统文化的立法保护等是不可想象的。在文化制度供给模式上，我国最终形成的是由政府主导的文化供给路径。这种文化建设模式使优秀传统文化复兴得到了强有力的主体保障。改革开放以来，我国不断加大投入，兴建博物馆和文化馆，对传统文化项目进行保护性发掘或修缮，启动各种浩大的文化典籍编撰工程，设立各级各类文化保护单位、历史文化名城和传统文化生态保护区，实施各类传统文化项目振兴计划，申报世界文化遗产等，为传统文化的保护和传承提供了巨大的人力物力财力支持。

现代化为传统文化的再现和创新提供无比强大的科技支撑。现代化的科学技术大大提升了对传统文化的发掘和辨识能力。比如，现代考古技术提高了文化古迹的发掘质量和效果，DNA技术使得考古发现的年代鉴别更精准。现代化为传统文化提供了更崭新的表现形式，大大增强了传统文化的魅力和吸引力，如舞蹈剧《飞天》《千手观音》、张艺谋的"印象"系列所带来的传统文化冲击力，《鉴宝》《中国汉字拼写大会》《中国成语大会》《中国诗词大会》等所带动的传统文化研习热潮。现代化技术更有利于传统文化的再现、传播和再生产，如复制、扫描等技术使传统文化典籍的保存、展示、传播、利用更加方便和快捷。此外，现代技术为传统美食和工艺、民间手艺、传统戏曲、民族乐器、传统服装等在新时代的创新提供了强大的技术支持，为传统文化的繁荣并焕发新的勃勃生机打开了无限空间。

现代化为传统文化的传承、转化与发展提供实践土壤和生活舞台。文化虽能以文字材料的有形形式和文物古迹的物化形式表现出来，但其本质不是静止的实体，而是行为及在其中表达的价值、意义和心理，它是生活样态，即生存活动的形式和习惯。因此，继承传统文化不能仅仅说在嘴上、写在书上、画在墙上，而要使其"活"在每一代人和每一个个体的生活中。传统文化的创造性转化与创新性发展也不是单靠书斋里的逻辑演绎和理论发挥就能实现的，因为对传统文化的理性化、逻辑化、规律化阐发，本质上都是意欲把传统文化目的化、主观化。从这个意义上说，传统文化的转化与发展不是止于理论思辨活动，而要进入到现实实践活动之中，在当下在场的、方方面面的生产和生活实践中发生与延续。五彩缤纷的现代化建设为优秀传统文化融入现代中国人的生活提供了实践土壤，为传统文化的转化与发展提供了广阔的舞台。例如，拾金不昧的传统美德在现代法治中介下转化为"不当得利，应当返还"的现代道德，现代市场经济生活则为诚信从过去的人格伦理转化为现代经济主体的契约精神和经济伦理，提供了全新的平台。

（三）传统文化与现代化良性互动的基本要求

良性互动是传统文化与现代化协力共进动态维度的本质要求。对后发性现代化国家而言，外部现代性的输入与本民族传统文化的转化成为现代化进程的一体两翼：传统文化的系统性转化为现代性的培植提供了支点，现代性元素的引入又促进了传统文化的转化。这两个同时发生的方面，规定了传统文化与现代化良性互动的基本内涵，即双方通过建设性的相互批判、嵌入式的相互改造和螺旋式的相互推动，实现了互鉴共生、互惠共荣和互促共进。

首先，以建设性的相互批判实现互鉴共生。传统文化因其产生的社会历史条件表现出腐朽、落后、封闭、狭隘的一面，其最大的缺陷是缺少民主和法治精神、蔑视科学技术。这些同现代精神格格不入的内容，严重阻滞中国的现代化进程。又因中华传统文化在漫长演进中形成了一种超稳定结构，故而仅仅依靠自身的力量已难以实现转化。现代性的一些本质要素，如科学、民主、法治和理性等，是无法在传统文化中自动"开"出来的，需要借助外力进行外在性的批判重构。世界现代化进程的正反经验表明，文化启蒙是外在性批判重构的关键力量。"启蒙在某种意义上构成了一个典型的'中国问题'，启蒙不仅仅是现代化的基础，也是弘扬传统文化的重要条件，非如此不能让那些有价值的传统文化资源在现代社会发挥作用。"[①] 启蒙的核心旨归，是以民主与科学为主题的理性与自由，这恰恰是中华传统文化中最为欠缺的内容。所以，以现代化的启蒙精神重构传统文化，就是必需的了。

现代性自身也存在缺陷，其中最为人诟病的，是拒斥总体性的个体本位和主客二分基础上的工具理性泛滥、价值理性沦落。主客二分、理性至上等现代性之表征，因深深铭刻在现代化的躯体上，业已成为现代性的"传统"。而由于"每个传统中的人都有属于这个传统的一套观察世界的架构模式，这个架构帮助人们认识世界的同时也限制了人们对世界的认识，当这个架构不能适应现实文化结构存在时就成为人们的障碍，世界或部分世界变得

---

① 张志伟：《启蒙、现代性与传统文化的复兴》，《中国人民大学学报》2015年第4期。

不可理解，传统不但停滞并且有可能陷入危机，倘若传统中这时有人对另一个文化体系有相当程度的认识时，他就能用别的文化结构来解释为什么这个传统陷入困境，同时也能从另一个传统资源中提出解决办法"①，这就能够解释，为什么当今人们在探寻化解西方现代性危机的出路时，不约而同地将目光投向中华优秀传统文化，因为中华优秀传统文化能够为解决现代性危机提供一种批判性资源和可能的矫正方案。

其次，以嵌入式的相互改造实现互惠共荣。任何关于传统文化与现代化关系的理解，都应坚持文化与文明相互创造、彼此印证的辩证原则。现代化是外延性现代化和内涵性现代化的统一。前者主要表现为物的现代化，后者主要表现为人的现代化。优秀传统文化在嵌入前一种现代化过程中，可以用承接了综合性思维的顶层设计，去改造分析性思维，从而克制工具理性，保持它同价值理性的辩证张力，将物的现代化同人的自由全面发展统一起来；用承接了社会整体、集体本位思想的现代中央权威，去改造公民社会的个人主义，发挥社会主义宏观调控和集中力量办大事的制度优势，避免无政府主义的盲目性和"囚徒困境"；用承接了天人合一整体世界观的科学发展观，去改造将自然作为征服和控制对象的发展主义和物质主义，消解人与自然的对立，在现代化视域中重建人与自然的和谐。在嵌入后一种现代化的过程中，可以用承接了优秀传统道德价值的社会主义核心价值观，去支撑起现代中国人的信仰，以弥补普通中国百姓因缺少西方那种垂直性的宗教信仰而导致的信仰真空；用承接了人格独立和内在自由精神的社会自治建设理念，去遏制以计算和量化为核心的现代力量向社会领域的蔓延；用传统家庭伦理价值观去化解现代人的精神焦虑和异乡感，以抚慰内心、安顿灵魂。

现代化过程也是对传统文化重新评价和改造的过程。对传统文化的重新评价和改造是必需的，否则就不可能实现传统文化的现代化。因此，现代化的各种物质力量和精神力量也要嵌入到传统文化的转化和改造过程中。用现代化的科学和理性力量，能够清除传统文化的愚昧和狭隘；用现代化商品经济塑造的人身平等观念，能够消除封建等级制度中形成的人身依附和不平等；用现代化的民主和法治精神，去改造传统文化中的专制和人治；用现代

---

① 王明科：《中国文化现代化与现代性研究中的五大弊病》，《河北学刊》2005 年第 2 期。

化的先进性和开放性特征，去改造传统文化的落后性和封闭性。从经验上看，在四十多年的改革开放实践中，我国市场经济和法制观念的确立，个体身份的张扬以及民主、契约和竞争意识的逐步形成，使中国文化的面相在世界文明的图景中再次发生重大改观，而这种改变正是在现代化各方面的力量不断改造传统文化过程中实现的。

最后，以螺旋式的相互推动实现互促共进。传统文化与现代化的携手共进并不是一次完成的，而是在相互批判和改造基础上不断推进，形成螺旋式的促进关系。20世纪以来中国先进知识分子在现代化中的文化心理和选择，充分表明传统文化对现代化的规范和推动作用是难以抗拒的。在以解构中国旧文化为己任的新文化运动中，甚至出现了如下奇怪的现象，"当激进主义者努力帮助国民卸载中国固有文化基因、加载外来文化基因的时候，他们也没有摆脱中国固有文化基因的羁绊"[1]。因此，我们只能顺应传统文化的强大惯性，通过优秀传统文化的持续转化与创新，不断强化现代化的精神自主和中国特色内涵；同时，通过现代化精神的深化融入，不断增强优秀传统文化的生命力和感召力。

以国家治理为例，西方现代国家治理的两翼是宗教和法治，而当代中国则选择了德治（包括礼制）和法治，这既是因为中国历来没有西方意义上的宗教，也是因为当代中国共产党人认识到了法治只有被传统文化接纳后才能真正发挥其治理功能，撇开传统文化的法治最终难免要落空。因此，在社会主义法治建设中，我们不能一厢情愿地将西方理想化为"法治的彼岸世界"，将其设定为法治的天堂和供我们学习膜拜的样本，而必须正视中华传统文化在生活深处所产生的客观影响，以务实的态度主动"邀请"优秀传统文化参与到法治建设之中，推动中国特色的法治进程。故而，我们在司法实践中提出"天理、国法、人情（舆情）"的互动和统一。这绝非有人认为的那样违背了法治精神，而是用传统德性文化的规范力量实际而有效地去推进中国法治进程，避免落入西方"法治原教旨主义"的陷阱。而中国特色社会主义法治的不断成型与不断进步，又反过来推动了传统文化的改进与创新，如以法治的力量将以人格不平等为前提的"孝道"、"一日为师终身为

---

[1] 赵传海：《文化基因与社会变迁——中国社会主义路径走向的民族文化解析》，河南大学出版社2010年版，第12页。

父"等传统文化规范,改造为建立在人格平等基础上的现代"尊老爱老伦理"和"吾爱师更爱真理"的师生规范。这样,通过两者的相互推动,最后形成的将是以优秀传统文化为底版的德治与现代民主法治相得益彰的具有中国特色的社会主义法治道路。

三 协力共进的路径选择:自我扬弃与渗透融合

我国的社会主义现代化建设既是一个物质文明进步的过程,也是一个精神文明发展的过程。现代社会的发展表明,生产力的发展也是生产关系的发展。社会主义的本质是解放生产力、发展生产力、消灭剥削、消除两极分化、最终达到共同富裕。我们要彰显社会主义本质,体现社会主义现代化优势,一方面要积极吸收西方现代化科学技术和先进的管理经验,改变我国落后的生产力状况,提高社会的生产水平和人们的生活水平。另一方面要在推进生产技术现代化的同时,实现人自身的现代化,特别是人的价值观念和行为意识的现代化,而这离不开优秀传统文化的现代化。因此,传统文化的自我扬弃及与现代化的渗透融合,是实现传统文化和现代化协同共进的现实路径。

(一) 中华传统文化自我扬弃的历史审视

扬弃是事物吸收有利于自身的积极因素并克服消极因素,从而实现自身发展的过程。文化是一个民族的价值观念、意识行为和风俗习惯长期积淀的结果,一旦形成往往具有绵延性、传承性和稳定性。文化还具有独特性,往往与一定的自然环境、历史发展和生活方式结合在一起。文化又具有时代性和创新性,在历史发展中表现为一种自我扬弃过程。传统文化的自我扬弃过程,既是传统文化获得自我发展与新生的过程,也是为现代化建设提供精神动力和智力支持的过程,即融入和渗透在社会主义现代化建设之中并在政治、经济、文化、科技等领域发挥重要作用的过程。

传统文化与现代化的关系作为一个问题,是在我国进入世界经济体系以后形成的。19世纪随着资本主义在全世界范围内的扩张,广大的亚非拉国家沦为西方国家的殖民地。西方凭借着先进的科技手段和军事手段征服和控制了殖民地国家,资本主义使"未开化和半开化的国家从属于文明的国家,使农民的民族从属于资产阶级的民族，使东方从属于西方"①。从此，殖民地原来独立发展的历史被纳入了整个世界资本主义发展体系之中。1840年的鸦片战争，意味着我国开始被卷入资本主义世界体系之中。鸦片战争是以中国战败而结束，它不但使我国从封建社会转变为半殖民地半封建社会，而且使人们的价值观念、思想意识发生了深刻变化，使传统观念发生了"天崩地裂"式的坍塌。世界体系取代了天朝上国观念，民主立宪取代了皇权国威。鸦片战争使人们不但认识到了西方军事装备和科学技术的先进，同时也认识到了自身在技术和观念上的落后。从此开始，人们不得不面对传统与现代以及东方和西方的关系。这成为引起后来思想意识变革和社会变革的主要动因。

近代以来，如何既保持传统文化又学习西方技术，成为许多中国知识分子持续探索的主题，其中，中西文化"体用之争"则是对解决两者关系的初步探索。"体用之争"表明了人们已经开始意识到西方文化和传统文化的差异性，也认识到了中华传统文化的不足。但民族的尊严和历史遗传下来的自豪感，使中国人在心理上依然坚守传统文化的基本价值，而把西方现代科技定位在技术层面上，没有认识到西方的发达科技是和西方现代启蒙思想、资本主义商品经济以及现代化工业生产紧密结合在一起的，即把发达科技只视为西方现代社会的一个外在表现。中西文化的"体用"之争，表明人们割裂了西方工业化、社会制度和现代观念之间的关系，没有从整体性上去把握，只是在技术上学习西方而忽视了在社会制度和文化观念方面的借鉴，最终也就无法获得技术上的成功。

中西文化的"体用之争"，是传统的重道轻技思想在现代社会条件下的反映。中华传统文化的基本特征是注重人的德性修养，注重现实生活伦理秩序，而较少关注人之外的事物。"身外无物，身外无理"，儒学发展到明朝时期的心学，是儒学向内求学的逻辑必然。自孔子始，儒学就不注重农业技术，因而瞧不起从事农业生产技术的人。孔颜之乐是一种精神上的愉悦和享受，超越了物质上的需求。对道的向往和追求，成为儒学的终极价值。"朝闻道，夕死可矣""君子不器"等，表明了道德追求是超越于具体事物的，君子追求的是道而非具体之"器"。这一重道轻技的观念，形成了我国传统

---

① 《马克思恩格斯选集》第1卷，人民出版社2012年版，第405页。

生产中"重农抑商"的社会特征。建立在农业生产基础上的传统文化，决定了以孝为本的伦理规范、物我不分的情感体验以及天人合一的认知方式。因此，"体用之争"虽然表明人们开始摆脱忽视技术在社会中作用的局限，但最终仍未摆脱农业生产基础上的认识和体验方式。而随着国家危机的继续深化，面对西方文化的强势来袭和传统文化的危机加深，传统和现代关系的矛盾逐步激化，最终孕育出五四新文化运动的爆发。

如果说洋务运动、维新变法和辛亥革命是从技术、制度层面寻求中国出路的话，"五四"时期的新文化运动则是在文化思想上对于中国发展道路的探索。五四运动是中国一场思想文化领域的启蒙运动。这一时期的思想文化所关注的，不再仅仅是东方与西方、传统和现代的发展模式问题，而是国家在生死存亡之际如何选择方向和道路问题，即如何实现"救亡"和"启蒙"的问题。"救亡"关切到国家和民族的生死存亡。国土被西方帝国主义列强瓜分，传统国家已不复存在。传统秩序遭到颠覆，基本伦理规范失去了应有作用。"启蒙"则是在民主和科学旗帜下进行文化教育，以摆脱传统文化和封建思想的束缚。五四运动时期提出的"德先生"和"赛先生"两大口号，表达了人们对传统文化的批判和对西方民主与科学的向往态度，表达了中国人在西方列强压榨下摆脱国家贫困和落后的急切心态。因此，这一时期的激进知识分子把一切传统文化都视为民主和科学发展的障碍，进而对传统文化展开了猛烈批判。

陈独秀、李大钊、胡适、鲁迅、钱玄同等新文化运动的先锋们，对传统文化的封建性、落后性和愚昧性予以猛烈批判，"他们将近代以来中国的失败归咎于儒家传统对于专制权力的支持和个性独立的压制，由此得出结论说，中国要摆脱落后，达成富强，就必须彻底否定儒家伦理价值"①。他们把批判对准了传统文化的主流即儒家文化及其创始人孔子，提出了"打倒孔家店"的口号；认为儒家文化中的政权、神权、族权、夫权束缚了人们的思想自由，儒家文化及其礼教表面上仁义道德，而实际上却是剥夺人的生命，践踏人的尊严。在批判传统封建礼教内容、传统文化中的等级贵贱、男尊女卑观念的同时，他们提出人人平等、男女平等，争取妇女解放；提倡新学，反对愚民教育；强调四书五经严重束缚人们的思想意识，阻碍科学的进步，

---

① 干春松、周小龙：《如何理解"现代新儒学"思潮》，《光明日报》2016年11月17日。

只有推行西方现代科学教育才能促进社会发展。

五四新文化运动高举科学与民主的旗帜,批判传统封建制度的落后性和腐朽性,引进西方自由、平等和民主等先进观念,解放了人们的思想,促进了社会的进步。五四新文化运动既是一场思想"启蒙"运动,也是一场救国救民的"救亡"运动,为马克思主义在中国的传播与发展扫除了障碍,为无产阶级革命运动和民族解放运动奠定了思想基础。但不足的是,这场新文化运动把传统与现代、东方和西方完全置于相互对立、相互排斥的局面,忽视了它们之间的相容性和依赖性。五四运动在批判传统文化的糟粕的同时,造成了"倒洗澡水也把小孩给倒掉了"。制度是文化的一部分,尤其是"内在制度"更是表现为传统文化的一种形式,五四运动对传统文化的批判给后人造成了重要影响,在法制尚不健全的转型时期,传统文化中的有些成分,作为内生制度的一种形式,是有着积极作用的,例如诚实守信、乐于助人等。① 陈序经和胡适等人甚至主张取消腐朽落后的传统文化,实行全盘西化才能发展现代科学。这说明五四新文化运动还没有找到现代化和传统文化两者结合的正确途径。

与"五四"时期对于传统文化激烈批判不同,这一时期的文化复古主义依然坚持民族文化的传统价值,反对西方技术主义。他们虽然看到了西方在科技上的先进性,但同时也看到了西方技术无法解决人的道德、心灵和自我认同问题,特别如西方发达国家资本主义扩张带来诸如世界大战这样的人类灾难。因此,以辜鸿铭、王国维和梁启超等人为代表,反思技术统治带来的社会问题,坚持民族文化价值,秉承传统知识分子责任,主张"为天地立心,为生民立命,为往圣继绝学,为万世开太平"。梁启超在欧洲各个国家游历时,看到了欧洲国家在物质发达的同时,社会道德失序、价值混乱以及生灵涂炭,他基于这些游历写出的《欧游心影录》表达了对西方现代性的忧虑。梁启超从原来的维新志士到辛亥革命时期转变为传统文化的坚决拥护者,其实并不矛盾。维新变法时期和辛亥革命时期都是坚持在传统封建制度内的改革和完善,反对科技决定论和在传统封建制度内变革是一致的。梁漱溟则在《东西方文化及其哲学》中,把人类的文化分为三种不同类型:西方的物质文化,中国的伦理文化以及印度的心灵文化。他认为,西方物质文

---

① 参见程佐林、徐绍清《论"五四"对传统文化的批判和继承》,《哲学动态》1993年第7期。

化擅长技术而拙于心灵和伦理，故引起社会失范而致战争。东方文化长于伦理和心灵但短于技术。因此，东西方文化各有所长，各个国家因此有其各自发展的道路而不必同一。他的这一观点，打破了人们对于西方文化的迷信，坚持世界文化多元化，奠定了民族文化自信。另外，在这一时期，还存在着反对西方文化坚持民族文化的复古主义，完全忽视西方文化的现代价值，由此走上了极端民族主义的道路。

新文化运动是我国历史上的思想文化发展高峰，推动了传统文化在现代社会中的发展，促进了东方和西方文化之间的碰撞和交流，推动了民主和科学的观念深入人心。通过各种学派和思想的交锋和争论，历史与现实、传统与现代、东方和西方等各种问题形成了冲突和矛盾。正因如此，这一时期的问题也成为后来我国在现代化推进过程中必然面临的问题，这一时期各种思潮为后来文化发展提供了丰富的思想资源。新文化运动使得民族文化和现代发展的关系，成为后来知识分子所共同面对和必须解决的问题。以自称"传承传统儒学为己任"的新儒家为例，他们对如何把握传统与现代的冲突、寻求新的文化出路的一些基本看法和观点，或许能够从一个侧面呈现出解决传统与现代冲突的一种基本态度。

其一，强烈的现实关怀和社会问题意识。新儒家秉承了传统儒家积极入世的精神，具有强烈的现实关怀。这种现实关怀不仅体现在他们看到了西方社会发展带来的弊病，如环境污染、伦理失范等社会问题，更重要的是他们认为西方文化固然对现代社会发展有重要作用，但也形成诸如战争、殖民剥削和阶级分化等严重的社会问题，而这些问题在西方社会中是无法解决的。而我国民族文化恰好能克服西方社会的弊端，这是传统文化长处之所在。同时，他们在吸收西方先进文化和民主自由思想基础上，也力求对传统文化具有的弊端如愚民教育、等级观念和臣民意识等，进行必要的改造。新儒家这种积极入世的精神和问题意识，有助于社会改革和制度重建。

其二，坚定的文化使命感和民族自信心。面对西方文化对传统文化的侵袭以及民族传统文化在现代社会受到的排挤和质疑，钱穆、唐君毅等人于1949年在香港创办了"新亚书院"，旨在发扬和传播民族传统文化。他们秉持民族传统文化价值，坚守儒家文化的道德责任感和使命感，倡导不同于西方的现代化发展道路，阐发民族文化在现代社会中的重要作用，把民族传统文化和现代西方文化放在平等的价值天平上进行审视和比较。1958年，唐君毅、徐复观、张君劢、牟宗三联合发表了《为中国文化告世界人士宣言书》，从历史和理论等多重角度重申了民族传统文化的现代价值和意义，批驳了民族文化虚无论，自认为"留下的是一种可贵的救亡图存的民族爱国精神""重新阐扬传统文化的真精神"[①]。

其三，世界视野基础上的学贯中西。新儒家不仅精通传统儒学理论，他们还擅长西方哲学。他们利用西方哲学范畴和逻辑理论重新分析中国哲学和传统文化，实现中西文化的融汇与贯通。牟宗三把康德实践理论运用于儒家政治学说，提出了儒家"良知坎陷"理论来分析传统文化和现代民主的关系。冯友兰正是在吸收西方哲学基础上写出了《中国哲学史》。新儒家不再只是单纯地在中国社会条件下来审视传统文化的作用和价值，而是在世界视野下来进行理论的分析和评判。一方面是因为世界发展已经进入了一体化，各种文化相互交流和融合成为必然趋势。我国民族文化也必须吸收世界其他优秀文化。另一方面，我国已经是现代工业化社会，它不同于传统农业社会，我们在新时期面临的主要任务是厘清现代科技知识和现代自由民主制度的关系，而不再是解决德性伦理基础之上"修身齐家"的问题。

其四，实现传统文化的现代转化。他们坚持继承民族文化及其价值，目的是在现代社会中，特别是在现代民主和自由的制度中发挥民族文化的价值和作用。他们坚持民族文化自信，认为历史形成的民族文化和现代社会并不是相互对立和排斥的关系，而是相互融合和依赖的关系。一方面，现代社会离不开民族传统文化，它是我们民族认同和文化的血脉，它形成了中华民族的心理基础和认知方式。历史不会因为社会现代化而隔断传统。西方现代社会导致了诸多社会问题，使人们失去了心灵的安顿，传统文化恰恰可以弥补现代化所带来的问题。另一方面，传统文化中蕴含着现代自由和民主成分，只要利用现代化克服传统文化弊端，就能形成现代民主、自由以及平等的思想资源。牟宗三将传统文化外转的结果视为现代民主。林毓生在20世纪80年代提出了传统文化的创造性转化，即"把一些中国文化传统中的符号与价值系统加以改造，使经过创造地转化的符号与价值系统，变成有利于变迁的

[①] 方克立、李锦全主编：《现代新儒家学案》（上），中国社会科学出版社1995年版，第20页。

种子，同时在变迁过程中，继续保持文化的认同"①，从而把现代社会作为传统文化发挥作用的条件。

新儒家注重在现代社会条件下重新发掘民族传统文化的意义和价值，坚持传统文化的现代转化，坚定民族文化自信，坚持世界各个民族文化平等，体现出他们强烈的社会责任意识，为我们传承优秀传统文化奠定了理论基础，也推动了优秀传统文化和现代化以及其他民族文化的融合，为我们积极建设社会主义先进文化找到了共同的基础。但新儒家大多还是停留在理论层面上而缺乏具体实施措施。同时，他们把传统文化和西方文化牵强地结合在一起，忽视了传统文化与现代文化的差异性。所以，表面上看，他们主张民族文化和西方文化的平等，实质上还是西方文化中心主义。历史发展证明，只有在中国共产党领导下的社会主义文化建设，才真正实现了传统和现代的结合，推进中华优秀传统文化实现创造性转化和创新性发展。

（二）中华传统文化与现代化渗透融合的逻辑要求

我国的社会主义建设是一个包括经济、政治、文化、社会和生态等五位一体的综合过程，因而现代化建设是一个物质文明不断提高的过程，同时也是一个精神文明不断提升的过程。社会主义既是建立在传统文化的深厚沃土之中，更是适应时代发展要求的新的伟大创造。作为现代社会制度，社会主义是对资本主义社会的批判和超越，反映的是现代化生产力基础之上的社会发展规律，是人类对社会理想制度和价值的追求。社会主义在历史形成与发展中必须和一定的民族文化相结合，中国特色社会主义制度正是这种普遍性和民族特色相结合的产物。在我国社会主义革命和建设过程中，我们开辟了像"农村包围城市，武装夺取政权"以及"家庭联产承包责任制""一国两制"等中国革命和建设实践。历史经验和建设实践成功证明了，党领导的民族传统文化与社会主义革命和建设的融合渗透，是我们之所以取得成功的重要原因。传统文化需要也应该与现代化渗透融合。二者的渗透融合，从传统文化角度来看，主要表现在以下几个方面：它是全球化时代中华民族认同的基础，是我国社会主义精神文明建设的主要内容，是现代化创新与发展的动

---

① 林毓生：《中国传统的创造性转化》，生活·读书·新知三联书店1998年版，第291页。

力，是世界文明互鉴与文化交流的目标。

全球化时代中华民族认同的基础。当今世界的基本特征是全球化，尽管一些国家表现出一种与全球化相反的趋势即"逆全球化"，导致"全球经济低迷、贸易保护主义抬头，世界经济复苏乏力、地区冲突加剧，不确定性大大增强等，给新时期我国的现代化发展带来了不可预估的风险和挑战"[①]。但是，谁也无法否认和阻挡当今世界在经济领域中生产、销售的世界一体化，世界各国在经济发展中趋向一体化。与全球化相伴而生的另一种现象，即民族意识不断增强、民族文化不断发展，表现为世界范围内民族运动以及多元文化主义日益盛行。我国是一个多民族国家，是各族人民在长期历史发展和共同斗争中形成的"多元一体"民族。我国历史上从"夷夏之辨"到"华夷一体"，"是形成中华民族、中华民族共同体以及统一的多民族国家的重要思想基础，同时也体现了中华各民族历史发展过程中民族文化碰撞与融合的趋势"[②]，最终形成"你中有我，我中有你"的大杂居、小聚居的基本格局。传统文化融合渗透于中华民族的历史发展与实践之中，为民族认同提供了道德基础、价值标准和观念意识，推动了在新时代条件下各个民族的进一步融合与交流。

我国社会主义精神文明建设的主要内容。社会主义现代化不但是科技、经济、军事等物质文明的高度发展，同时也是包括价值观念、制度建设、道德建设和文化建设等精神文明的发展，它们构成了社会主义现代化建设的重要内容。当今世界各国的竞争是综合国力的竞争，既包括经济、科技等方面的硬实力竞争，也包括文化制度在内的软实力竞争，像观念文化、价值意识、制度建设等。从我国革命、建设和改革实践来看，从站起来、富起来到强起来是社会主义不断发展和提高的过程，也是法制、道德和文明、民主不断完善的过程。我国社会主义核心价值观充分融入了传统文化的基本观念，传统文化的仁、义、礼、智、信等为我国道德与价值观中的诚信、友善、爱国、平等、公正等，提供了基础内容和规范准则。

现代化发展与创新的动力。我国的现代化是实现经济、科技、制度等领

[①] 任晓聪、和军：《当代逆全球化探析——基于马克思恩格斯经济全球化理论》，《上海经济研究》2019年第4期。

[②] 段超、高元武：《从"夷夏之辨"到"华夷一体"：中华民族共同体意识形成的思想史考察》，《中南民族大学学报》（人文社会科学版）2020年第5期。

域的不断改革与创新。这种改革与创新，既需要学习发达的、先进的技术和管理经验，也需要实现传统文化的变革与转化，需要传统文化为改革创新提供智慧基础和理念支持。"修学好古，实事求是。"①"实事求是"与新时代"求真务实"的探索精神，在推动科学实践和党的作风建设中发挥了重要作用。"民吾同胞，物吾与也"②与"天地运而相通，万物总而为一"③的"天人合一"理念，为我们形成科学发展观、"绿水青山就是金山银山"等新发展理念给予思想支撑，推动实现在社会生产基础上人与自然的和谐统一。"天行健，君子以自强不息；地势坤，君子以厚德载物"④，这种"自强不息"精神凝聚着中华民族勇敢顽强反抗外族侵略，推动新时代社会主义建设的创新奋斗精神。"大道之行也，天下为公"的崇高理念，是我们建设社会主义、实现现代化强国的目标指向，使我们在社会主义建设中既有"天下大同"的世界视野，同时增强我们积极推动建设"人类命运共同体"的责任担当。

世界文化交流与文明互鉴的目标。当今世界发展是一个全球化、一体化过程，是各个民族文化相互交流、融合和互鉴的过程。我国传统文化为世界和平与发展作出了重要贡献，丝绸之路、郑和下西洋等推动了中华文明和世界其他文明的交往和交流。同时，我们不断吸收其他民族的优秀文化成果，推动我国民族文化的发展。"和而不同""己所不欲，勿施于人"等，已经成为世界交往的普遍准则。我国在传统文化和历史经验基础上提出"一带一路"倡议，既是对古代丝绸之路对外交往与交流的传承，也是在新的条件下加强世界各国文化、经济、教育等各个领域融合的基本途径。习近平指出："文明因交流而多彩，文明因互鉴而丰富。文明交流互鉴，是推动人类文明进步和世界和平发展的重要动力。"⑤利用优秀传统文化资源，实现创造性转化与创新性发展，必将进一步推动我国文化与世界文化交流，实现世界各国文化互相借鉴、文明互相促进、经济共同发展的目标。

---

① 《汉书·河间献王刘德传》。
② （北宋）张载：《西铭》。
③ 《淮南子·精神训》。
④ 《周易·象传》。
⑤ 习近平：《出席第三届核安全峰会并访问欧洲四国和联合国教科文组织总部、欧盟总部时的演讲》，人民出版社2014年版，第10页。

（三）自我扬弃和渗透融合的社会主义实践

在中国共产党领导下的社会主义革命、建设和改革过程中，文化建设是我国社会发展的一项重要内容。文化发展和建设的基本方针，是我们党在历史发展过程中不断形成和完善的。在民族文化和现代化结合问题上，首先要解决好的是马克思主义和中国文化相结合即马克思主义中国化的问题。马克思主义产生于欧洲发达资本主义社会，指导俄国十月革命取得了胜利。马克思主义传到中国面临与中国实际与中国文化相结合的问题。我们选择马克思主义为思想指导，既是受到十月革命胜利的影响，也是中国共产党人艰辛探索的必然结果。马克思主义只有与中华传统文化契合相通，才能促进马克思主义中国化。正是在马克思主义与中国具体实际、与中华传统文化相结合过程中，我们才形成了毛泽东思想和中国特色社会主义理论体系。

毛泽东在《新民主主义论》中指出："中国现时的新政治新经济是从古代的旧政治旧经济发展而来的，中国现时的新文化也是从古代的旧文化发展而来，因此，我们必须尊重自己的历史，决不能割断历史。"[①] 他强调："中国应该大量吸收外国的进步文化，作为自己文化食粮的原料，这种工作过去还做得很不够。这不但是当前的社会主义文化和新民主主义文化，还有外国的古代文化，例如各资本主义国家启蒙时代的文化，凡属我们今天用得着的东西，都应该吸收。"同时，对于一切外国的东西，"决不能生吞活剥地毫无批判地吸收。所谓'全盘西化'的主张，乃是一种错误的观点"。他进一步强调："中国文化应有自己的形式，这就是民族形式。民族的形式，新民主主义的内容——这就是我们今天的新文化。"[②]

马克思主义作为我们党的指导思想，既是我们革命和建设的理论武器，也是我们对待传统文化的基本立场和科学方法。马克思主义的辩证法决定了我们在对待民族传统问题上要反对形而上学，坚持洋为中用、古为今用立场，反对民族复古主义和全盘西化。毛泽东在延安文艺工作座谈会上的讲话中，不但详细阐述了党的文艺"为人民服务"和"为社会主义服务"的基本性质以及"百花争鸣"和"百花齐放"的基本原则，而且还提出了对待

---

① 《毛泽东选集》第 2 卷，人民出版社 1991 年版，第 708 页。
② 《毛泽东选集》第 2 卷，人民出版社 1991 年版，第 706—707 页。

传统文化的基本态度。他指出，要发扬和传承民族文化，反对"言必称希腊"的数典忘祖现象。正是在这次会议上，毛泽东提出要充分利用民族文化以及世界其他民族优秀文化，以形成具有"中国气派""中国作风"的中国现代新文化。1949年我国颁布《共同纲领》，确立过渡时期我国社会主义革命的政治纲领、经济纲领和文化纲领，明确要在社会主义条件下继承并改造民族传统文化，使传统文化在新的历史条件下为人民服务、为社会主义服务。在革命和建设实践过程中形成的毛泽东思想，不但是党的集体智慧的结晶，也是党的集体在充分吸收民族传统文化基础上形成的。以毛泽东为代表的中国共产党人开创的具有中国特色的"农村包围城市"道路，就是立足于我国传统农业仍是主要的经济基础、农民仍占全国人口绝大多数的社会实际，在反对教条主义路线中逐步形成的，同时汲取了我国传统文化中的大量思想智慧，如军事斗争思想等。

在社会主义现代化建设过程中，尊重和传承民族传统文化，实现传统文化为社会主义建设服务，成为我们党的基本方针和政策。邓小平指出："我们的现代化建设，必须从中国的实际出发。无论是革命还是建设，都要注意学习和借鉴外国经验。但是，照抄照搬别国经验、别国模式，从来不能得到成功。这方面我们有过不少教训。把马克思主义的普遍真理同我国的具体实际结合起来，走自己的道路，建设有中国特色的社会主义，这就是我们总结长期历史经验得出的基本结论。"①

党的十七大把文化软实力在文化建设中的地位提到了新的历史高度，视为和国家经济、科技等硬实力一样决定国家在国际竞争中地位的重要力量。全球化发展使我们认识到积极吸取世界先进技术和管理经验的重要性，同时也让我们看到全球化是一个民族意识和文化多元化发展的过程。民族和世界是一种对立统一的关系。经济、物质和技术趋向同一性和同质化的发展过程，又是各种民族文化得以传承和传播的过程。这也是全球化时代民族意识增强和民族独立运动不断高涨的原因。所以，我们要积极传承民族文化，保护文化遗产，还要通过各种有效方式在世界范围内传播中华优秀传统文化，让世界了解和认识中国渊源博大的优秀文化。

党的十八大在传统文化和现代化关系问题上，提出了"创造性转化创

---

① 《邓小平文选》第3卷，人民出版社1993年版，第2—3页。

新性发展"方针,把处理现代和传统文化的关系提到了一个新的层次。习近平非常重视优秀传统文化在现代社会中的重要作用,强调优秀传统文化是民族之根,是民族认同的灵魂,是我们的精神家园,必须在社会主义现代化建设中充分发挥民族文化的创造性。"中华文化源远流长,积淀着中华民族最深层的精神追求,代表着中华民族独特的精神标识,为中华民族生生不息、发展壮大提供了丰厚滋养。中华传统美德是中华文化精髓,蕴含着丰富的思想道德资源。不忘本来才能开辟未来,善于继承才能更好创新。"① 作为世界优秀民族文化之一,中华优秀传统文化必然为我国社会主义现代化强国建设提供智慧源泉和精神动力,为当今世界和平发展提供中华民族之道。

四 协力共进的目标追求:文化创新与制度生成

实现中华民族的伟大复兴是我国社会主义现代化建设的梦想和追求,富强民主文明和谐美丽是社会主义强国的伟大目标。这是一项涉及经济、政治、文化、社会和生态五位一体建设的伟大任务,要求我们必须在继承和发扬优秀传统文化基础上实现民族的、科学的和大众的文化创新,而这同时也是一个中国特色社会主义制度的生成过程。这一文化创新过程,既要求优秀传统文化在新时代传承弘扬与创新发展,还要求我们积极借鉴和广泛吸收国外一切民族的优秀文化。优秀传统文化作为社会主义现代化建设的历史渊源、精神基础、智慧条件,推动了我国社会主义制度的完善和发展。从这个意义上说,文化创新和制度生成是传统文化和现代化协力共进的目标追求。

(一) 文化创新与制度生成的基础

文化从历史阶段看,可分为原始文化、近代文化和现代文化。从具体形态看,可分为物质形态文化、观念形态文化和制度形态文化。物质形态文化是指具体的物体如建筑、器具等有形的文化样式,观念形态文化是以思想观念和价值评价所反映的社会文化,制度形态文化则是以制度形式表达的文化

---

① 《把培育和弘扬社会主义核心价值观作为凝魂聚气强基固本的基础工程》,《人民日报》2014年2月26日。

样态。一定的社会制度本身就是一定社会发展阶段的文化反映，社会制度既是人们根据价值意识建构的产物，也是在社会文化条件和前提下自我认识和选择的结果。

封建社会以自给自足的自然经济为基础，土地集中在地主、贵族等统治阶级手中，广大农民依附于地主阶级，并向地主阶级缴纳赋税。封建诸侯效忠于封建统治者，因此在生产经济结构中形成了等级制度。封建统治阶级垄断教育权力，大多农民由此失去了受教育的机会，缺乏知识导致他们以封建迷信的态度看待自然和社会，而文化统治权就牢牢掌握在了统治阶级手里。封建统治者利用政权、族权、夫权和神权，构建起封建等级制文化体系。所以，封建社会是占统治地位的地主阶级的文化共同体，广大劳动群众被排除在外。虽然广大劳动群众是民族文化的创造者，却不能享有自己的劳动文化成果。到了资本主义社会，以交换为目的的商品经济占据统治地位。商品经济的自由平等交换原则促进了人在形式上的自由平等，广大劳动者在一定程度上参与到了文化共同体之中。现代印刷术的发明和广泛利用，使得教育不再是统治垄断的权力。另外，大规模商品生产需要具有一定知识和技术的劳动力，促进了教育主体大众化的发展。特别是经过启蒙运动、文艺复兴和宗教改革，理性、自由、民主和人道主义成为资产阶级反对封建统治阶级的思想武器。资产阶级商品经济基础上形成的自由平等文化，成为资产阶级推翻封建社会的理论武器。这种文化的革新，造成了资产阶级政治理论学说的形成，比如社会契约论、三权分立学说等，成为推动资产阶级革命的精神动力并最终成为资产阶级国家的制度基础。

中国特色社会主义的现代化建设，离不开我国历史悠久的传统文化。一方面，现代化要求我们积极学习世界先进技术，发展生产力，为社会发展创造丰富的物质文明和硬实力；另一方面，传统文化为我们提供强大的民族认同，是现代科技创新的智慧源泉、精神文明建设的动力，民族文化成为国家发展和建设的软实力。与此同时，民族文化在现代化建设中发挥着举足轻重的作用，并亟须实现创造性转化和创新性发展，参与到现代文化的创建与发展之中。从性质上来说，传统文化与现代文化是两种不同性质的文化。我国传统文化是建立在落后的农业生产基础上、以直观和内心体验为主要认识方式、具有伦理特质的德性文化，所谓"近取诸身，远取诸物"是这种文化特征的集中体现，反映的是人们在古代社会中的朴素生活体验，是在亲身体验基础上由内而外、推己及人而形成的一套伦理规范。

作为世界四大文明古国之一，我国的灿烂文化和悠久历史与自然条件和地理环境有一定关系。黄河中下游作为我国古代文化发源地，自古就有肥沃的土壤和发达的河流灌溉以及稠密的人口，这些都有利于农业的生产和人口的繁衍。几千年前人们就已经掌握了耕种、畜牧和各种手工业。发达的农业、繁荣的生产、稳定的家庭以及富足的生活，很早就形成了包括文字在内的传统文化。在生产基础上形成并和发达农业生产相结合的技术经验，以及兴旺的人口和稳定的家庭结构，都促进了传统伦理道德观念的形成。这种很早就形成的伦理亲情和经验认识，经历了漫长的封建社会，一直延续到近代中国，没有发生根本改变。这就形成了我国文化的"早熟"[①]特征。以简单循环再生产为特征的农业生产结构，以道德修身为基础的社会伦理结构，以家庭为核心的社会政治结构，都具有相当程度的稳定性与恒久性。因此，我国历史上虽然朝代更迭频仍，但文化的基本特征和结构并没有发生实质性的变化。传统文化的稳定性还表现在传统文化的经验性和感受性上。我国传统文化具有辩证思维的特征，注重事物的整体性和综合性，但缺乏主客二分、形式逻辑和形而上学思辨。尽管在我国古代文化中很早就有关于科学发现或发明的记载，特别是我国对于世界有着重要贡献的造纸术、印刷术、指南针以及火药四大发明，但这些都只是在生产和生活中的经验总结，没能形成关于物理现象、物质成分以及运动规律的分析和推理。所以，这种经验性认识难以上升到理论理性，这就是"李约瑟之问"的原因所在。在应用自然知识于人类需要方面，公元前1世纪到15世纪，中国远比西方领先，为西方人望尘莫及；直到17世纪中叶，欧洲和中国的科学认识大约处于同等水平，但在那之后，欧洲思想开始迅速向前发展，而作为一个整体的近代科学（包括思维、方法和成果等）却没有能够在中国发生。

回应李约瑟之问，要从孕育科技的经济基础和文化特性中去寻找原因。在农业生产为主的社会中，农业生产主要是依靠人们生活经验的积累，它无须关注事物的本质和属性，因而凭借感性认识就能根据经验形成基本生产常识。但工业生产则是需要对各种事物成分、属性以及物体运动规律作出精确的分析、运算和逻辑推理。因此，李约瑟提出的科学在东西方的不同命运问

[①] 参见梁漱溟《东西文化及其哲学》，上海人民出版社2005年版，第235页。

题，的确值得深思和认真探讨，但他却没有认识到，尽管发明和创造都可视为"技术"并成为"技术"，然而发明和创造所具有的属性和代表的含义，却有着根本的不同。

具体来说，在西方文化中"道"与"器"虽有不同的对象和性质，但在地位上是相同的。比如，西方哲学早期未能将科学与哲学区分开来。而中国文化没有区分"道"与"器"，是缘于外物没有作为认识对象而出现，外物的存在总是和人们的情感体验结合在一起，这形成了"物我不分"①的认知思维方式。这种感性经验思维和理性分析思维方式的差异，还体现在中医和西医上。西医是一种技术，通过定量分析达到定性分析。中医则主要是通过望闻问切等经验观察加以辨证施治，所遵循的基本理论是传统的天人合一文化。因此，不能从技术的角度来理解中医，须从文化的角度理解。"中医理论具有科学的结构，以及逻辑演变性，自然推演性和自身拓展性，故它绵绵不断，至今仍站立于世界科技之林。中医理论观照了中国传统文化的早熟思维模式，渗流着中国传统文化的早熟思维方法。"②而现代科技建立在理性分析之上。这就是作为文化层面而非技术层面上的中国古代技术没有发展为现代科技的原因。所以，东西方文化的"范式"具有不可通约性，但也并非是完全彼此排斥的。实际上，中华传统文化在经世济民、调节社会关系、安顿心灵等方面，同西方文化有很多通约之处。

实现文化创新与制度生成，必须发挥传统文化在现代社会的作用。传统文化在现代社会的价值和作用，在于二者具有相通性。

首先，无论传统文化还是现代化，人始终是社会发展的核心。儒家文化强调"仁"即"人"也，这一理论核心是"人之为人"的社会规定性。人之异于禽兽者，在于"礼"，礼生序，序生伦。由礼而成规范和秩序，长幼有序，人伦有别。以孝为本的伦理文化阐述了家庭道德在社会中的基础地位，以此向外推广，进而形成"修身齐家治国平天下"的伦理链条。人道取决于天道，从而天人合一。而在西方哲学中，笛卡尔"我思故我在"高扬人类理性，开启了人类认识世界新的征程。人类对于自然的主体性确立起

---

① 李劼：《风物传说：神话时代的地理志及其思维方式》，《中央民族大学学报》（哲学社会科学版）2014 年第 1 期。

② 孙兆亮：《中国文化的早熟性与取象方法》，《社会科学》1995 年第 4 期。

来。如果说征服自然和改造自然是人类力量的表现，那么康德哲学"人为自然立法"则为人类主体性作了哲学的论证。现代社会实现了人类力量的充分发展，是人类力量的有力证明。资本主义社会是以商品为基础的市场经济，以物的关系代替了人的关系，对于资本的追求取代了人自身发展的需求。所以，马克思把资本主义批判为异化社会，资本主义历史是人类的史前史。只有到了社会主义社会才是真正的人的历史的开始，而要实现真正的人的历史的发展，就必须推翻资本主义社会，结束史前史状态。真正的人的社会是人统治物，是人对生产资料的占有，而不是资本主义社会那样是物对人的统治。"作为特定生产关系的资本，就颠倒地表现为作为生产要素的'物'本身的属性，从而获得自然性、永恒性和神秘性的外观，成为自行增殖的'物神'。"① 因此，在马克思看来，资本主义本质在于其遵循的是物的逻辑，而共产主义社会遵循的是人的逻辑。

其次，"善制"即良好的社会制度，是"良好、科学的，适于社会发展的制度体系，是系统的、可循环的、有机联系的制度生命体，它尤其强调外在与内在多元要素和环境条件的综合运行机制"②。无论是古代还是现代，都在不断探索建立一个良好的社会制度。我国古代社会建立在人们的道德之上。古代哲人们认为，良好的社会标准是民风淳厚，德性良善。"道之以政，齐之以刑，民免而无耻；道之以德，齐之以礼，有耻且格。"③ 孔子所处的社会，已是"周文疲敝""八佾舞于庭"的社会失序、伦理失范年代，甚至到了"是可忍，孰不可忍"的地步。孔子向往周王时代的礼乐时代，期望回到礼制完备、民风淳朴的时代。与孔子不同，老子则认为，"鸡犬之声相闻，老死不相往来"的小国寡民社会是理想社会。在这种社会里，"老有所终，壮有所用，幼有所长，矜寡孤独废疾者皆有所养"④。人们生活在一个安全、有序、富足、祥和的社会之中。在现代社会，我们依然在朝着理想社会制度迈进。马克思主义把共产主义作为人类战胜资本主义之后的人类社会制度，建立在生产资料公有制和社会化大生产的基础之上，是对资本主义的超越。共产主义社会消灭了剥削和压迫，实现了人们之间的真正平等。而在

---

① 郗戈：《〈资本论〉逻辑：资本逻辑还是"物象化"?》，《教学与研究》2016年第9期。
② 王栋：《政社分开：善制与善治的双重进路》，《行政论坛》2016年第3期。
③ 《论语·为政》。
④ 《礼记·礼运》。

当前我国社会主义初级阶段，我们的理想是建设富强民主文明和谐美丽的社会主义现代化国家。

再次，"善人"即人的道德品格是传统和现代社会的基本要求。美好的道德是社会的基石，也是实现理想社会的保障。在我国古代，"善人"包括两个方面的含义：一是性善；二是君子德性。"性善论"是我国古代关于人性论的主要观点。孟子主张，人生来就具有善的萌芽即四端说，"是非之心、羞恶之心、辞让之心和恻隐之心"蕴含了善的萌芽。由性善说进而得出了"仁政"说，因为"不忍人之心"，方有"不忍人之政"。性善论决定了君子之德的形成。"君子"在儒家那里，既是德性伦理要求，也是一个道德行为。对统治者而言就是"德政"，"为政以德，譬如北辰，居其所而众星共之"①。现代社会追求法治平等下的个人自由和权利，须把法治与道德作为相互补充、相互促进的关系来处理。法律的制定和实施固然依靠强制手段，而法律的顺利颁布和实行的效果往往受道德水平的影响，况且美好的道德还可以降低法治的成本。

最后，终极关怀是古今社会始终不变的追求。对普遍性的追求是人类不变的本性，而终极关怀是人对人自身存在意义和价值的追求。人是一个有限和无限的矛盾统一体，人类不但要有一个生存的世界，还需一个生活的世界。生存世界是现实的直接的，生活世界则是有价值和意义的。在有限的存在中，人们不断认识和改造周围的世界，实现生产和生活的发展和进步。而在无限的存在中，人们需要一种意义指向和追求。无限存在表现为超越性，是对现实的超越，对自身的超越。无论在古代还是现代，在东方还是西方，这种无限的、超越的存在都一直是人们所关注的。正是这种超越性，使人们不会满足于现实性，而是想着无限的未来，进而去探索和追求。文化创新和制度生成，就是这种无限探索和追求的体现，是一个无限的、未完成的过程。

（二）文化创新和制度生成的时代条件

我国社会主义现代化建设离不开民族文化的现代转化和发展，同时社会主义制度建设也需要借鉴世界其他民族的优秀文化成果。文化建设是我国社

---

① 《论语·为政》。

会主义制度建设的基本内容，社会主义初级阶段的基本任务是发展生产力，我国四十多年的改革开放极大地促进了社会生产水平的提高，这为实现传统文化和现代化协力共进提供了制度前提、物质基础和时代条件。

社会主义初级阶段的基本路线为文化创新和制度生成奠定了制度基础。与马克思恩格斯设想的建立在发达资本主义基础上的社会主义不同，我国社会主义脱胎于落后的半殖民地半封建社会，是经过新民主主义革命发展起来的。因此，党的十三大根据国情，把我国社会之后相当长的一段发展历程确定为社会主义初级阶段。这要求我们坚持社会主义初级阶段的基本路线，坚持以经济建设为中心，坚持改革开放，坚持四项基本原则。在社会主义初级阶段，我们对于传统文化和现代化建设的关系，须坚持"古为今用""洋为中用"的方针，以此促进中国特色社会主义文化建设。

实现文化创新是中国特色社会主义制度的必然要求。和发达资本主义国家不同，我国没有经历资本主义充分发展的阶段，所以在我国新民主主义革命时期，虽然革命的领导力量是工人阶级，但革命的主体力量却是农民阶级。我们曾试图"以俄为师"，像俄国那样在城市发动革命暴动以夺取政权。但革命的经验教训使得以毛泽东为代表的中国共产党人逐步找到了"农村包围城市"的独立的革命道路。民族文化是建设中国特色社会主义的现实条件。社会主义发展不但取决于生产力发展水平，还取决于民族文化的繁荣程度。因为社会主义只有在民族文化发展繁荣的基础上，才能得到更为充分的实现和发展。生活在一定社会条件下的人们具有的文化水平和理解能力，决定了人们对于社会主义的接受和理解程度。人们参与社会主义建设的热情，必然内在地包含民族文化热情。中国特色社会主义制度的一个鲜明特质，是建立在现实发展基础和民族文化基础上的社会主义，文化创新必然为社会主义制度生成奠定基础。

世界发展的全球化趋势为文化创新和制度生成创造了时代条件。一个民族的文化创新和发展，不只是在本民族条件下的创新和发展，同样重要的是吸取世界其他民族的优秀文化成果。当今世界的全球化发展趋势，为各民族文化在全世界范围内的交流、融合创造了条件。世界发展的全球化是现代大工业发展的必然趋势，也是资本主义发展的必然结果。资本主义发展要求统一的商品销售市场和原料产地，这就结束了封建社会的分裂割据和关税壁垒，形成了统一的现代民族国家。资本主义的进一步发展，需要更大的商品市场，因此它不再满足于国内统一市场，因而走上了在世界范围的扩张道路，世界性的统一市场就形成了。在现阶段，世界发展的整体性就表现为全球化，在经济上的表现是生产、销售、金融和贸易的全球化。经济和贸易的全球化，推动了各民族文化在全世界范围内的发展和传播，促进了世界各国民族文化的相互交融和交流。中华民族在全球化中走上世界，有助于世界其他民族认识和了解我国民族文化。而通过深化交往和交流，我们也能够积极借鉴和吸取其他民族的优秀文化成果，丰富和完善我国的民族文化。特别像"一带一路"倡议、构建人类命运共同体等国家战略的实施，已经进一步把我国民族文化和世界民族文化紧密结合起来，推动着我国和世界民族文化的大发展。

科学技术创新是文化创新和制度生成的直接推动力。生产力是社会发展的决定力量，生产力的决定性作用直接表现在科技发展上。科技被称为"第一生产力"。在人类科技发展史上，分别出现过"蒸汽时代""电气时代"以及"原子与空间时代"，而现阶段的时代特征是网络化和信息化。科技发展不仅改变了人们的生产和生活方式，还改变了人们的思想观念和思维方式。随着计算机信息技术的发展，以云数据、云计算等为主要特征的大数据时代日益形成。大数据时代的到来，推动了传统文化的变革与创新，通过信息的编码贮存，人们可以改变传统文化存在的方式和形式。通过计算机空间技术、影像模拟以及拟真等技术，使之广泛运用于教育领域，对于民族传统文化的保护以及文化的产业化大有裨益。技术的革新、信息媒体的应用，极大地促进了民族文化的传播，不但在形式上而且在内容上实现了民族文化的创新。

（三）文化创新和制度生成的基本要求

我国社会主义文化建设的基本原则是为社会主义服务、为人民服务。社会主义文化是先进的文化、人民的文化和革命的文化。社会主义文化建设必须坚持继承优秀传统文化，坚持改革开放，积极吸取世界其他民族优秀文化成果，从而实现中华优秀传统文化的创造性转化和创新性发展。为此，在现代化建设和传统文化协力共进乃至实现文化创新和制度生成的过程中，必须坚持时代化、大众化、科学化和民族化的基本要求。

时代化是文化发展的基本特征。每个时代都有着自己的文化，文化随着社会发展而不断繁荣。列宁把文化分为无产阶级文化和资产阶级文化。从历史上看，阶级社会中的文化是占统治地位的文化。在奴隶社会，奴隶主不但占有社会生产资料，还占有奴隶，因此奴隶社会的文化就是奴隶主阶级的文化。封建社会的文化是占有生产资料的地主阶级的文化，广大劳动群众虽然有部分生活资料并有着一定自由，但仍然依附于地主阶级。在资本主义社会，广大工人和农民获得了人身自由，但由于他们失去了生产资料，这种自由只是出卖劳动力的自由。在私有制占统治地位的社会中，广大劳动人民虽然是文化的创造者，他们却被排除在文化权利之外，无法享受文化成果。社会主义文化是先进的文化，在生产资料公有制基础上首次确立了广大劳动人民既是文化创造者又是文化成果享有者，实现了劳动共同体和文化共同体的统一。

社会主义文化创新和制度生成必须坚持大众性。一方面，大众性是社会主义文化的性质所决定的。在社会主义条件下，人民既是物质财富的创造者，也是精神财富的创造者。毛泽东指出："最广大的人民，占全人口百分之九十以上的人民，是工人、农民、兵士和城市小资产阶级"，"这四种人，就是中华民族的最大部分，就是最广大的人民大众"①。和历史上的阶级社会不同，广大劳动者在社会主义条件下是文化的主体。社会主义文化是为广大劳动群众利益服务的，不再是为统治阶级、少数精英服务的。另一方面，从根源上看，文化来源于人们的生产和生活。文化既包括制度与观念文化，还包括生活和习俗文化。制度和观念文化主要是在社会发展过程中形成的，而在生活与生产中形成并发展起来的生活与习俗文化，则是社会文化的基础。大众化不仅要做到文化的通俗化与生活化，便于人民群众理解和认识，更重要的是文化创新要站在群众立场上，把群众作为文化主体。文化内容要反映广大人民群众的利益，做到最终服务于广大人民群众。文化的大众化过程，不仅是去精英化、去学院化的过程，也是确立劳动人民的文化主体地位的过程，更是社会主义改革过程中利益共享化、普及化的过程。

民族化是社会主义文化创新和制度生成的基本要求。社会主义制度的建设和完善，是一个实现政治、经济和文化等各个领域现代化的过程，既以信息和科技的普遍化为基本特征，又表现出显著的民族化、个性化特征。历史

---

① 《毛泽东选集》第 3 卷，人民出版社 1991 年版，第 855—856 页。

证明，一个国家的现代化，是在本民族传统基础上改革和发展的过程，现代与传统不是断裂的而是统一的。当今世界的全球化，使得世界在科技、生产和贸易等方面表现为一体化和同质化，正是这种一体化和同质化特征，进一步唤醒了各个民族的民族意识。所以说，全球化既是一个普遍化、整体化的过程，也是一个各民族的民族意识更加觉醒、更加声张文化自主权利的过程。我国的改革进程生动地说明了这一点。我国是在对外开放、融入世界的过程中跃上现代化新台阶的，但这同样是一个独立自主的过程。在我们融入全球化潮流后，这种独立自主的要求变得更加迫切，否则我们只能在全球化浪潮中迷失方向。

科学性是我国实现现代化和民族传统文化协力共进的基本原则。科学化要求我们的文化创新和制度生成，必须遵循社会发展规律并掌握科学方法。科学性要求我们努力学习和掌握世界发展的基本规律。马克思主义理论是关于人类社会发展规律的科学，是我们认识和改造世界的理论武器。我们要用马克思主义的唯物论和辩证法，认识和掌握我国社会主义文化建设的基本规律，正确认识民族传统文化和现代化的关系。同时，我们还要努力学习西方先进科学技术和管理经验。坚持科学的认识论，正确认识社会主义文化发展规律，充分认识发展不但是人类自身在物质领域的发展，也是其精神领域的发展。我们要以习近平新时代中国特色社会主义思想为指导，正确处理民族与世界、传统与现代的辩证关系，在传承民族文化的基础上，实现优秀传统文化的创造性转化和创新性发展。

第 三 章
开辟中华传统文化与现代化发展提升新境界

中华文化源远流长,蕴含着丰富的精神和道德资源,孕育了光辉灿烂的中华文明,塑造了中华民族优秀的人文品格。中华民族要屹立于世界民族之林,必须弘扬中华优秀传统文化,让中华文化在当今世界焕发青春。在开启全面建设社会主义现代化国家新征程中,经过现代转型与创新发展的中华优秀传统文化,能够赋予社会主义现代化建设以独特的风格,彰显出现代化强国建设的中国特色、中国风格,从而为社会主义现代化建设注入新的生机和活力。现代化强国建设为优秀传统文化传承创新提供了新的时代境遇,优秀传统文化创新发展为现代化强国建设提供精神动力,二者在协力共进中相互支撑,不仅丰富了社会主义文化的内涵、延展了现代化发展的道路选择,而且为人类文明的繁荣发展作出了中国贡献、提供了中国智慧。

一 拓展社会主义先进文化的新内涵

社会主义先进文化以马克思列宁主义、毛泽东思想、邓小平理论、"三个代表"重要思想和科学发展观为指导,以习近平新时代中国特色社会主义思想为统领,紧紧围绕全面建成小康社会和社会主义现代化强国的宏伟目标,弘扬以爱国主义为核心的民族精神和以改革创新为核心的时代精神,发展面向现代化、面向世界、面向未来的、民族的科学的大众的社会主义新文化。中华优秀传统文化是社会主义先进文化繁荣发展的基因,彰显中国特色、反映时代要求的先进文化不断满足人民日益增长的精神生活需要,在吸收中华传统文化优秀元素基础上发展进步,同时也成为优秀传统文化现代转型的必然方向。

（一）践行核心价值观和落实新发展理念的传统文化担当

党的十八大以来，传统文化得到前所未有的重视，在中国特色社会主义新时代焕发出新的生命力。中华优秀传统文化是中国人精神生活的重要内容，一直担负着规范和塑造中国人思维方式和行为方式的职责。它不仅是培育社会主义核心价值观的思想资源，而且是确立新发展理念的精神源泉。

中华传统价值理念成为新时代社会主义核心价值观的重要内容。国家富强、民族振兴离不开文化软实力的支撑，文化是一个民族和国家最本质的精神基因，习近平指出："文化是一个国家、一个民族的灵魂。文化兴国运兴，文化强民族强。"① 党的十九届五中全会进一步提出了"繁荣发展文化事业和文化产业，提高国家文化软实力"② 的战略任务。社会主义核心价值观是社会主义先进文化的体现，核心价值观必须得到人民的认同，必须植根于传统，与民族心理同构，与传统的价值追求相一致。传统文化担负着形塑中国人精神世界和价值理念的职责，传统价值理念与社会主义核心价值观的融汇，有助于推动新时代中国人民的理想、价值和信念体系的形成。我们要用社会主义核心价值观凝魂聚力，更好构筑中国精神、中国价值、中国力量，为中国特色社会主义提供源源不断的精神动力和道德滋养。正如习近平所强调的："发挥社会主义核心价值观对国民教育、精神文明创建、精神文化产品创作生产传播的引领作用，把社会主义核心价值观融入社会发展各方面，转化为人们的情感认同和行为习惯。"③

中华优秀传统文化为贯彻落实以人民为中心的发展思想提供了文化沃土。党的十九届五中全会指出："坚持把实现好、维护好、发展好最广大人民根本利益作为发展的出发点和落脚点，……扎实推动共同富裕，不断增强人民群众获得感、幸福感、安全感，促进人的全面发展和社会全面进步。"④ 这充分体现了新时代发展依靠人民、发展为了人民，发展成果由人民共享的

---

① 《习近平谈治国理政》第 3 卷，外文出版社 2020 年版，第 32 页。
② 《中国共产党第十九届中央委员会第五次全体会议公报》，人民出版社 2020 年版，第 15 页。
③ 《习近平谈治国理政》第 3 卷，外文出版社 2020 年版，第 33 页。
④ 《中国共产党第十九届中央委员会第五次全体会议公报》，人民出版社 2020 年版，第 17 页。

新发展理念。中华优秀传统文化特别是儒家文化主张要尊重人民的生产劳动成果和生产劳动规律。孟子曾在回答梁惠王提问时说："不违农时，谷不可胜食也；数罟不入洿池，鱼鳖不可胜食也；斧斤以时入山林，材木不可胜用也。谷与鱼鳖不可胜食，材木不可胜用，是使民养生丧死无憾也。养生丧死无憾，王道之始也。五亩之宅，树之以桑，五十者可以衣帛矣。鸡豚狗彘之畜，无失其时，七十者可以食肉矣。百亩之田，勿夺其时，数口之家可以无饥矣。谨庠序之教，申之以孝悌之义，颁白者不负戴于道路矣。七十者衣帛食肉，黎民不饥不寒，然而不王者，未之有也。"[1] 这种尊重劳动者的劳动主体地位、爱惜民力、体恤民情、爱民亲民的传统文化精华，对新时代落实以人民为中心的发展思想发挥着内在的激励作用。

中华传统天人观为践行新发展理念提供了丰厚的文化资源。在党的十八届五中全会上，中国共产党首次提出了"创新、协调、绿色、开放、共享"的五大发展理念，这一新发展理念，不仅是我们党回应当代中国发展时代课题的思维结果，也是中国历史传承和文化传统内生性演化的必然，蕴含着深厚的中华传统文化底蕴。中华传统文化富有的创新精神成为新发展理念的传统文化渊源。"穷则变，变则通，通则久"[2]，"周虽旧邦，其命维新"[3]，强调了创新对国家和民族生存发展的重要性，说明了国家、社会和个人的发展离不开创新，创新是国家、社会和个人发展的必由之路。协调发展理念同"贵和尚中"的传统文化具有文化精神上的内在契合性。和合理念是中华文化的精髓，"和"指和谐、和平、祥和，"合"则是结合、合作、融合，"和合"是实现"和谐"的途径，"和谐"是"和合"的理想实现，"和合"精神通过各种文化传播中介和机制不断融入当代，成为和谐发展的重要文化资源。绿色发展理念内在地继承中华传统文化中的朴素自然观。绿色发展理念并非仅指绿色环保、人与自然和谐统一，更重要的是指人的发展要遵循自然规律，这正是传统文化所讲的顺时而谋而不逆时而动。道家要求人要效法天道，儒家讲心性统一，人心就是天道，这些都旨在教导人们只有承认规律、

---

[1] 《孟子·梁惠王上》。
[2] 《周易·系辞下》。
[3] 《诗经·大雅·文王》。

尊重规律、按照规律办事，才能不冒进也不延误发展时机。开放发展理念是传统文化的包容思想在当代的创新性体现。"君子敬而无失，与人恭而有礼，四海之内，皆兄弟也"①，亲仁善邻是当今开放发展理念的重要文化来源，和衷共济、和平相处、讲信修睦、开放包容的中国传统智慧正深深嵌入当代中国开放发展理念之中。大爱思想是当代中国共享发展理念的传统文化基础。中华传统文化中蕴藏着丰富的公平、共享精神，"不独亲其亲，不独子其子，使老有所终，壮有所用，幼有所长，矜、寡、孤、独、废疾者皆有所养，男有分，女有归"②；"衣食所安，弗敢专也，必以分人"③。这些论述都在强调发展成果由人人共享，这是中国人的传统智慧、中国人的共享精神演变成为今天的共享发展理念。当代中国的发展离不开传统文化的根基，新时代在践行新发展理念的过程中，我们要主动从传统文化中汲取智慧和思想营养，把这一理念变成自觉的行动。

（二）实现文化现代性转型是传统文化现代化的实践方向

传统文化要融入新时代，必须在中国特色社会主义实践中完成现代性转型，唯此才能肩负起拓展社会主义先进文化新内涵的重任。"按照时代特点和要求，对传统文化有借鉴价值的内涵及其表现形式加以改造，赋予其新的时代意蕴和现代表达形式，并对优秀传统文化的内涵加以补充、拓展、完善，使优秀传统文化与全面深化改革和现代化建设需要相适应，与社会主义市场经济、民主政治、先进文化、社会治理等需要相协调。"④ 在这个意义上说，多元文化的兼容并包与综合创新，以及古今中外的交相辉映与承古纳今，是中华传统文化现代性转型的实践方向。

优秀传统文化要融入新时代必须经历一个脱胎换骨的过程。中华民族对新文化建设进行了长期艰苦卓绝的探索，中国共产党自成立起便始终是中国新文化探索的领导力量，是新文化的倡导者、引领者。新文化运动是中国现代史上对科学文化探索的第一次伟大尝试，是中国开启现代化进程（中国历

---

① 《论语·颜渊》。
② 《礼记·礼运》。
③ 《左传·曹刿论战》。
④ 慎海雄主编：《习近平改革开放思想研究》，人民出版社2018版，第36页。

史的现代转型)、冲破封建主义禁锢、开展民主革命的先声,其基本宗旨是反传统、倡西学。但是,新文化运动对中华传统文化全盘否定、对外来文化全盘肯定的态度,导致其偏颇与极端的文化品格。"为了反对封建专制,维护民主共和,打破以孔孟儒家之道为核心的封建文化的束缚与蔽锢,解放人们的思想,是从中华民族的现实危机和发展需要所作出的选择与评估,表现的是对孔教和传统'重新估定一切价值'的科学理性精神。因而反孔与尊孔成了新旧文化斗争的一个焦点。"① 尽管新文化运动中的文化批判存在一定的缺陷,特别是对西方文化的过高评价和对中华传统文化的过多贬低,但它毕竟使我们清晰地认识到,传统文化要在中国社会发展与中华文化发展中立足,必须脱胎换骨、转型创新,在全面建设社会主义现代化国家和开创社会主义文化强国新局面的进程中更是如此。所以,传统文化要适应时代潮流,跟上社会进步的节奏,就要适应当代人类发展需求,必然经历一个现代化的过程。这是中华优秀传统文化发展的必由之路。

现代社会需要现代性文化的支撑。文化带有鲜明的时代色彩,传统社会的稳定有赖于封建时代形成的文化,现代社会平等开放的多元文化支撑着现代社会的运行和发展。现代社会需要与之相适应的现代文化,但文化的发展始终又有其自身的逻辑:一方面,文化依靠教育等手段传播延续自己的生命;另一方面,社会需求是推动文化前进的内在动因。推动中华优秀传统文化的现代化,就要理性认识传统文化的特质,依靠文化的自我觉醒、自我批判、自我创建来发展新文化。只有通过社会实践对传统文化进行改造,使优秀传统文化能够不断变革,进而塑造出为现实所需求的现代文化,传统文化才能发挥其对现代社会的积极作用。

文化多元现代性是中华文化立足于当代的理论根据。改革开放之初,学界就在争论:现代文明是一元的还是多元的?如果我们承认西方文明的一元化,通过唯一的西方文化走向现代化,那我们的现代化就要抛弃中华文化,同时也失去了自身发展的自主性。如果我们承认西方文化和世界其他文化共同存在的合理性,那就存在着以中国文化或其他文化为基础诞生现代社会的可能性。事实上,中华传统文化蕴含着诸多现代社会所需要的积极元素,现

---

① 易竹贤:《胡适传》,人民出版社2013年版,第119页。

代社会能够在其基础上成长起来，新加坡、中国台湾等现代社会的建构就是有力的证明。文化多元现代性为中华优秀传统文化的现代转型打开了思路，但文化多元现代性只是指出了传统文化现代转型的可能，并没有给出传统文化现代转型的现实方案。文化的进步有其自身的发展逻辑，文化作为一种精神系统是相对稳定的。这表现在：一方面，文化具有历史继承性，后人都是在前人所构建的社会物质结构与精神结构基础上开展社会历史活动的，前人给后世留下的最大无形资产就是文化，文化在继承中所体现的稳定性就是文化在代际间的统一性；另一方面，文化又总是对人类社会生活的反映，它既是对人类生存的保障力量，又是对人的生存方式的精神抽象。因此，文化总是与人的生存实践统一在一起，有什么样的人的生存方式，就有什么样的文化形式。在这个意义上说，文化是人的生存实践的副本，体现着它的与时俱进性。文化要实现发展，必须将稳定性和与时俱进这两个维度统一起来，从而使文化既是传统的、又是现代的，既是民族的、又是世界的。

中华优秀传统文化是拯救处于萎靡和没落之态的现代精神的一剂良方。文化多元现代性使得建立在中华传统文化基础上的现代性成为可能，但这里的中华传统文化，并不是以往与封建专制主义相适应的传统文化，而是指具有中国特色的、在中华传统文化基础上成长起来的、已完成现代性转向的新文化。这种传统文化的现代转型，不仅是中国现代性的精神支撑，而且要承担起走出人类精神困境、化解文化危机的历史任务。自从尼采高喊"上帝死了"之后，西方人的精神世界开始陷入重重危机，20世纪西方哲学对西方文化的反思与批判日益触碰到了西方文化的痛处，西方文化的内在矛盾暴露无遗。与西方文化二元对立的理性主义特质不同，中华文化以其温情脉脉，重伦理、体验和实践的特质而逐渐引起西方学者的青睐，他们纷纷把寻找走出西方精神困境的期望投向了东方。中华文化不但要承担中国现代化的使命，还要肩负起拯救人类灵魂的重任，它既继承和弘扬中华传统文化的积极因素，又凸显了现代社会对人的存在的根本要求。

人民日益增长的美好生活需要，是当代中国社会人存在的基本要求。中华传统文化的现代转型首先要满足人民日益增长的美好生活需要，而人民对美好生活的向往存在于政治、经济、文化、社会、生态等多个领域，分为国家、社会和个人三个层次，这样一来，人民对美好生活的需要就同社会主义核心价值观对接起来。从这个角度看，中华传统文化的现代转型反映着核心价值观的内在要求。社会主义核心价值观是以马克思主义为指导，以中国特色社会主义建设实践为基础，在概括总结社会主义精神文明建设经验的基础上，按照新时代价值的引领性和规范性原则设定起来的，因而是科学的、现代的、属人的价值原则，以这一价值原则为指导，中华传统文化的现代转型将实现新的历史飞跃。

（三）构建社会主义新文化是传统文化现代化的美好前景

社会主义先进文化是在社会主义现代化建设中逐渐形成的当代中国文化，是中国特色社会主义文化的重要组成部分，也是中华传统文化的出路与前景。

社会主义先进文化对传统文化现代化转型提出了新要求。习近平为传统文化的现代化发展指明了方向，"发展中国特色社会主义文化，就是以马克思主义为指导，坚守中华文化立场，立足当代中国现实，结合当今时代条件，发展面向现代化、面向世界、面向未来的，民族的科学的大众的社会主义文化，推动社会主义精神文明和物质文明协调发展"[①]。社会主义先进文化对中华传统文化的现代化提出了新的要求。其一，中华传统文化的现代化要有与时俱进的精神品质。任何一种文化都是反映它所对应时代的经济、政治等的精神产物。社会主义先进文化同我国社会主义初级阶段的基本国情、经济制度、政治制度密切联系，具有与社会主义制度和生产力相称的先进性，这要求中华传统文化要与社会发展同步，随时代发展而与时俱进更新。其二，中华传统文化的现代化要有尊重人的优秀品质。抹杀人的主体性是中华传统文化饱受诟病的重要原因之一。中华传统文化走向现代化，必须尊重人的主体性。周恩来曾指出："我们认为文化只有在属于人民并为人民服务的时候才能有健全的基础和广阔的前途，为人民服务乃是文化发展的基本方向。"[②] 社会主义先进文化要反映最广大人民群众的利益诉求，实现最广大人民群众的利益，就不能脱离人民群众，而要从群众的身上发掘文化，将有

---

① 《习近平谈治国理政》第3卷，外文出版社2020年版，第32页。
② 《周恩来年谱（1949—1976）》（上卷），中央文献出版社1997年版，第404页。

益文化运用到群众中去。其三，中华传统文化的现代化必须使自己努力成为唯物史观基础上的科学文化。唯物史观的基本原理是社会存在决定社会意识，中华传统文化的现代化要在社会存在中发现和解决问题，将批判与实践统一起来。社会主义先进文化就是从不断变化的社会存在中彰显出的科学社会意识，它对中华传统文化的现代化必然提出科学化要求，而这种科学化的基础只能是唯物史观。

传统文化的现代转型，铸就了社会主义先进文化的必要内容。新文化运动提出要"砸烂孔家店"，毛泽东主张在"文化大革命"中全力"批林批孔"，从主题上来看，"文化大革命"与新文化运动具有某种一致性，都体现了一种反传统精神。历史地来看，对传统文化予以全盘否定，在很大程度上容易导向文化虚无主义。改革开放以来，我们党对社会主义新文化的探索一直没有中断。同长期探索什么是社会主义、怎样建设社会主义、建设什么样的党、怎样建设党、实现什么样的发展、怎样发展、建设什么样的中国特色社会主义、怎样建设中国特色社会主义等重大历史课题一样，我们对什么是社会主义新文化、怎样建设社会主义新文化也经历了长期的探索过程。邓小平提出："我们要建设的社会主义国家，不但要有高度的物质文明，而且要有高度的精神文明。"[①] 他强调两手都要抓、都要硬，并在社会主义现代化建设中，把社会主义精神文明建设作为其中的一个要点。邓小平强调在社会主义文化建设中，要适应国家现代化的需求，重视人的教育，把培养"四有"新人作为我国社会主义文化建设的根本目标，旨在提高整个民族的科学文化素质和思想道德素质。以江泽民为代表的中央领导集体在继承、捍卫和发展改革开放伟大事业中，作出了新的卓越贡献，提出了"三个代表"重要思想，其中"我们党始终代表中国先进文化的前进方向"深刻阐明了社会主义先进文化的地位和作用，强调要坚决改造落后文化和抵制腐朽文化，发挥先进文化的感召力。胡锦涛则大力倡导社会主义先进文化建设，坚持用社会主义先进文化引领全国各族人民奋勇前进，将社会主义先进文化建设推进到新的历史阶段。党的十八大以来，我们党明确提出建设社会主义文化强国。习近平在不同场合多次强调社会主义先进文化及文化建设的重要意义。

[①] 《邓小平文选》第 2 卷，人民出版社 1994 年版，第 367 页。

他指出:"体现一个国家综合实力最核心、最高层的,还是文化软实力,这事关一个民族精气神的凝聚,我们要坚持道路自信、理论自信、制度自信,最根本的还有一个文化自信。"[①] 坚持"四个自信"尤其是坚定文化自信,对于弘扬社会主义先进文化、深化文化体制改革、增强全民族文化创造活力、增强文化整体实力和竞争力、建设社会主义文化强国具有重要意义。

现代化需要汲取多元文化的优秀元素,是传统文化现代化的基本方向。传统文化走向现代化不是一蹴而就的,要在艰难探索中前行。中华传统文化的现代化,需要汲取人类现代文明的优秀成果,博采众长,综合创新。传统文化置身于当代多元文化的纵横错杂关系之中,要取得中华传统文化的现代形式,就要妥善处理同其他文化的关系,要敢于批判自身,超越自己,以同现代社会的发展相适应。在多元文化冲击下,传统文化首先要摆好自身的定位,以包容性接纳和吸收其他文化,避免在东方或西方的文化中心主义之间摇摆,破除中西两用、体用两分的二元主义。我们要平等地看待其他文化,坚持古为今用、洋为中用的方针,不盲目崇拜也不盲目排斥,根据实际情况和现代化需求,以博大的胸怀学习吸收其他文化的有益成果。中华文化中内含着一种根深蒂固的释典和训诂传统,习惯于"以古察今""从古推今",在某种意义上可归结为一种回溯型文化,儒家的文化权威们也大多将最能原本透彻理解孔子思想的观点奉为圭臬。而西方文化是一种向前的、强调"进步"的文化形态。回溯型文化难免厚古薄今,必然导致传统与现代的对立,并在引领时代潮流的历史使命中步履维艰,因此,中华传统文化的自我超越必须要走出回溯惯性,而以现实社会为其发展的引擎,与现代社会的发展相同步,关注当下,紧紧跟随实践的变化而变化。当代中国的快速现代化已为中华传统文化的现代化确立了一套解释框架,传统文化在现时代已有了巨大创新甚或脱胎换骨。发现中华优秀传统文化的当代价值,促使其融入新时代中国特色社会主义的深化发展进程中,与现代化国家建设实践相同步,对我们丰富先进文化的内涵和建构中华文化新形态具有重要意义。

---

① 李斌、霍小光:《"改革的集结号已经吹响"——习近平同志同人大代表、政协委员共商国是纪实》,《人民日报》2014 年 3 月 13 日。

二 建构中国现代化道路新方案

现代化是一个涉及经济、政治、文化的系统过程，在这个进程中，文化始终对现代化的形式、路径和内容起到塑形作用。一个国家的现代化始终镌刻着这个国家的文化烙印。中华传统文化既熔炼于历史的沧桑巨变之中，又玉成于一代代中华儿女的奋斗历程之中。党的十八大以来，习近平突出强调中华优秀传统文化的地位，赋予优秀传统文化以新的时代内涵，将其作为治国理政、应对国内外重大挑战的重要思想资源，使之彰显于中国的现代化实践之中，并转化为实现中华民族伟大复兴、构建"人类命运共同体"的强大精神力量，促进优秀传统文化走进当代、走向世界。

（一）优秀传统文化是中国现代化道路选择的重要文化支撑

对于现代化的内涵有两个研究方向：一是纵向研究，将现代化视为农业社会衰败、工业社会逐渐形成的过程，或者说是西化的过程。有学者认为，现代化进程是指工业革命后欧美社会的转变，及其对世界发展的影响，但"以'经济人'的观念作为'现代'的前提思考是危险的、不充足的"①。二是横向研究，学者对经济增长论进行反思后，从经济、政治、文化等多个层面研究现代化，注重不同因素在现代化进程中的协调发展。但现代化的这两个研究方向都是以西方中心主义为理论前提，拒绝文化多元化与多元现代性，从根本上看不是中国现代化的前途。中国现代化是在中华文化传承基础上的现代化。新中国成立后，我国逐渐确立了现代化的战略目标，涉及经济、政治、文化、社会、生态等多个领域，是一个多领域交叉影响、相互促进、逐渐发展的过程，在此过程中传统社会的经济政治制度、价值观念等，逐渐被新的社会体系取代。

一是以市场化和工业化为主题的经济现代化。在改革开放中，随着生产力和科技的进步，经济发展逐渐呈现出"自由主义的、市场经济的、理性主

---

① 金耀基：《从传统到现代》，法律出版社2010年版，第91页。

义的以及规模化产业化经济"①的特点，经济现代化进程大大加快。在中国现代化进程中，中国传统的自然经济和小农经济是其出发点，中国传统的经济结构是中华传统文化的基础，与中华传统文化交相辉映。无论是自然经济还是市场经济，都是人们之间物质利益关系的反映，并映射出人们之间的价值关系和思想信念。从经济角度看，现代化是自然经济向市场经济的过渡。随着生产力的发展，自然经济逐步瓦解，市场经济逐步建立，这一过程就是市场化的过程。"哪里有社会分工和商品生产，那里就有'市场'"②，社会分工和商品生产的发展水平，决定着市场的发展水平。现代市场经济是一种自由化、规范化、文明化程度更高的现代经济形式。不同国家对于市场经济有不同认识，并形成了不同模式，但大部分现代国家或处于现代化进程中的国家都是实行市场经济的。自然经济和市场经济都是从支配资源的生产形式上来讲的，然而，人们的物质生产观念、消费观念等都深刻受到文化的影响，人们的价值判断决定着人们对资源的支配方式、生产形式和消费模式。因此，无论是自然经济还是市场经济，都是文化的呈现，中国的自然经济和社会主义市场经济，是中国人传统价值观念和现代价值观念的实现，说到底是中国文化的实现。

对应于资源配置形式的自然经济和市场经济，从生产内容上来讲，中国经济有从小农经济向工业经济过渡的过程。小农经济是孕育中华传统文化的土壤，小农经济与中华传统文化完美同构。以往，我们在分析与小农经济共生的传统文化的时候，更多关注的是小农经济的闭塞所带来的传统文化的封闭和保守。然而，在当下，小农经济中诞生的天人关系，人与外物的共生关系等，正成为我们重新反思经济发展方向的价值尺度，工业化自然带来物质的繁荣和农业社会向工业社会的转向。随着工业化的发展，传统的简单协作、工场手工业逐渐被淘汰，机器大工业取而代之，生产逐渐集中，生产规模也逐渐扩大，分散的小生产逐渐发展为大规模的社会生产，大量劳动力由农业转向工业，大量农村人口涌向城市，城镇化水平不断提高。然而，在这一空前的经济社会进步中，同时产生了很多问题，人与自然、人与环境、人

---

① 于歌：《现代化的本质》，江西人民出版社 2009 年版，第 9 页。
② 《列宁全集》第 1 卷，人民出版社 2013 年版，第 79 页。

与人之间在小农经济时代所形成的融洽关系荡然无存，代之以人与自然、人与环境、人与人之间关系的对立和紧张。正因如此，传统文化中处理天人关系、人人关系的态度，正在成为我们重塑当下工业社会中人与自然、人与人关系的重要参考，我们的目标应是从传统文化出发，实现马克思所设想的人与自然和人与人的"两个和解"。然而，实现两个和解并非是传统文化走到当下，而是需要传统文化自身的现代化，在经济现代化过程中，产业结构不断优化升级，生产经营方式更加标准、规范，同时传统的自然经济观念也逐步向商品经济观念转变。

改革是社会主义社会发展的直接动力。改革开放四十多年来，每当我们论及改革时，总是试图从传统与现代之间的关系中寻求改革的合法性资源，其中，创新精神是中国精神的重要组成部分，而改革开放正是这一精神的当代体现。马克思恩格斯认为，阶级斗争是阶级社会发展的直接动力，而改革则是社会主义社会发展的直接动力，"是社会基本矛盾的动力作用在更深、更直接层面上的实现"①。改革通过现有政治体制内的改良和革新，调整生产关系和上层建筑中与生产力和经济基础不相适应的部分，以较温和的手段处理因现代化发展太快而产生的种种问题，弥补经济现代化的不足，促进社会的良性发展。当前，我们要推进全面深化改革，坚持社会主义基本经济制度，充分发挥市场在资源配置中的决定性作用，更好发挥政府作用，全面贯彻新发展理念，坚持以供给侧结构性改革为主线，加快建设现代化经济体系。② 在这一过程中，优秀传统文化中蕴含的丰富变革智慧，仍能发挥重要作用。正是因为中国人的变通精神，中华民族才始终屹立于世界民族之林，并不断发展壮大。中国人的变通精神，是我们在新时代继往开来、不断开创中国特色社会主义发展新局面的强大动力。

二是确立社会主义民主和现代行政制度的政治现代化。政治现代化主要表现为民主思想和现代行政制度的确立和发展。政治体现着一个民族的价值判断和精神风貌，政治是文化的重要载体，更进一步讲，政治本身就是文

---

① 陈树文、侯菲菲：《以马克思恩格斯社会发展动力观透视全面深化改革》，《中国社会科学院研究生院学报》2015 年第 5 期。
② 《中共十九届四中全会在京举行》，《人民日报》2019 年 11 月 1 日。

化。中国的政治现代化是在同传统文化的纠葛中生出的，起始于思想解放和启蒙。鸦片战争后我国被迫进行艰难而又痛苦的现代转型。西方文化涌入中国，中华传统文化产生了极大震荡。最先觉醒的一部分知识分子在西方强大的物质文明面前开始进行反思，并先后提出了"师夷长技以制夷""中体西用"等思想。随着洋务运动的破产，人们逐渐认识到仅仅学习西方的器物是不够的，更应学习西方的先进制度，但中国缺乏资本主义民主制度的经济和文化基础，维新变法、辛亥革命均以失败告终。许多知识分子逐渐认识到文化现代化对于现代化的重要性，高举"民主""科学"大旗，展开了新文化运动，对中华传统文化进行了深刻的反思与批判。

无数仁人志士为挽救民族危亡进行的种种探索虽多以失败告终，但这些探索动摇了封建根基，打破了人们的思想禁锢，在当时起到了发蒙启蔽的作用，为政治现代化提供了重要的思想文化基础。在现代化的冲击下，封建宗法社会土崩瓦解，传统的"家国天下"观念逐渐被民主主义取代，君主家长式统治由民主主义制度所取代。建立科学合理的民主政治制度，是一个国家政治现代化的重要标志。新中国成立后，我国建立起了包括人民代表大会制度、中国共产党领导的多党合作和政治协商制度、信访举报制度、人大代表联系群众制度等在内的中国特色社会主义制度体系，以保障人民当家作主的权利。近年来，科技的发展也为人民政治监督提供了更加便捷的途径，例如政务信息公开、网上评议政府等新形式不断出现。在开启全面建设社会主义现代化国家的新征程中，实现人民有效政治参与和政治监督，保障人民当家作主，是实现政治现代化的重要举措。

现代行政制度的确立和发展是政治现代化的另一个重要表现。统治我国两千多年的封建专制制度有着明显的专制性、地缘性、随意性特征，在运行过程中潜在规则与正式规则并存，极大阻碍了经济社会的发展。随着现代化进程的推进，理性化、制度化的现代行政制度取代了封建专制制度，"行政人员的思维和行为从传统、随意、情绪化向理性主义过渡，并最终形成了以'理性—法律'权威为基础的行政制度"[①]。现代行政制度坚持依法办事、采

---

① [澳]欧文·E.修斯：《公共管理导论》，张成福等译，中国人民大学出版社2007年版，第24页。

用职级制度，分工明确、客观公正。

表面看来，中国政治现代化是拒斥传统的过程，然而，从根本上讲，现代政治却是传统政治文明现代化的过程，政治现代化是政治社会由传统走向现代的进程，它既需要经济、文化、社会等外在条件的作用，又需要政治体系自身的发展。因此，应注重在经济、文化、社会的发展过程中促进政治现代化，积极推进政治体系的完善，在二者共同作用下加快政治现代化进程。现代政治建设需要传统文化资源。改革开放之后，尤其是党的十八大以来，中国传统政治文化，如孔子的博爱、厚生、公平、正义、诚实、守信，革故、鼎新，文明、和谐，法治、道德等思想，对于当代政治文化的建构，正发挥日益重要的作用。孔子主张"为政以德"，认为用道德和礼教来治理国家是最高尚的治国之道。这种治国方略也叫"德治"或"礼治"，它把德、礼施之于民，实际上已打破了传统的礼不下庶人的信条，打破了贵族和庶民间原有的鸿沟。孔子的仁说，体现了人道精神，孔子的礼说，则体现了礼制精神，即现代意义上的秩序和制度。人道主义是人类永恒的主题，对于任何社会、任何时代、任何政府都有一定的普遍适用性。孔子仁说和礼说中蕴含的人道主义精神，是中国古代社会政治思想的精华，对于我国现代民主政治及其文化的建设具有现实价值。

三是秉持世界观和处世态度的理性化的文化现代化。在现代化过程中，文化现代化是最为复杂和深刻的难题。文化现代化主要表现为世界观和处世态度的理性化，以及大众文化的普及。中华传统文化蕴含着丰富的理性精神。中国与其他国家和民族形成鲜明对照的是：非宗教的中国哲学具有浓厚的理性主义和人文精神，儒家文化始终占据着中国传统社会的统治地位。中华传统文化的基本特质是一种人文主义精神，是一种"实用理性"。文化现代化作为现代化的组成部分，在现代化进程中发挥着极其重要的作用。因此要推进文化现代化，以促进现代化的发展。现代世界观表现为普遍主义的处世态度的确立。普遍主义原则是指超越了亲缘地缘的普适性原则，它是近代制度存在和运行的前提，近代的教育制度、企业制度无一不是以此为文化基础的。普遍主义与亲近疏远、因人而异的特殊主义是相对的，中国传统社会遵循着宗族主义、地缘主义等特殊主义原则，否定普遍的规则和标准，极大阻碍了现代化进程。

现代世界观伴随着大众文化的普及。"大众文化是在现代工业社会中所产生的、与市场经济发展相适应的一种市民文化。"① 大众文化借助于大众传媒进行传播,具有现代性、商业性、娱乐性等特点。20 世纪 80 年代后,改革开放和社会主义市场经济的发展,为大众文化的迅速发展提供了条件,中国知识分子历来所崇尚的精英主义文化地位受到了极大冲击。随着工业化和市场化的发展,大众文化逐渐发展,充斥于社会生活之中,真实反映人们的日常生活,并引起了人们的价值观念、行为方式的变化。但大众文化产生于商品经济之中,商业性是其主要特征,对经济利益的追求削弱了文化的教育作用。同时,大众文化的批量复制使原本丰富多彩的文化生活变得乏味单一,导致人文精神的弱化。中国文化的现代化在新文化运动中,也希望通过与西方文化现代化的相似路径来实现,然而在东西方文化的融合、冲突等复杂关系中,我们始终没有找到一条确定的中国文化现代化的思路,中国文化现代化的历史表现为忽左忽右的两个极端,一会儿是全盘西化,一会儿又是复古倒退。究其原因,就是没有确立对待传统文化与外来文化的科学态度,也没有找到正确路径。党的十八大之后,我们党以马克思主义为根本指导原则,确立了激活传统文化生命力、推动当代中国文化现代化的方针、原则、方法和路径,成为我们振兴传统文化、繁荣当代社会主义新文化的根本所在。

中华传统文化中的理性主义和人文精神源远流长,其源头可追溯到西周、春秋战国时期,理性主义和人文精神破壳而出,并发展壮大。孔子特别重视现世人生的意义,高度评价人类在宇宙中的地位和作用,称颂人性的完美和崇高,推崇人的感性经验和理性思维,讲"务民之义,敬鬼神而远之,可谓知矣"②。孔子同时代的思想家也充分认识到"天地之性人为贵"。老子在讲天道、地道和人道的时候,将二者视为服从于相同原则的法则,认为人要服从于"天道",服从于自然,这恰恰是理性主义精神的彰显。中国人把一切现象都归因于自然而不归因于奇迹,拒斥鬼神的解释传统融汇在中国文

---

① 邹广文:《当代中国大众文化及其生成背景》,《清华大学学报》(哲学社会科学版) 2001 年第 2 期。

② 《论语·雍也》。

化中。如《管子》的"大不变其常"、荀子的"天行有常"、王充的"天道自然"、张载的"凡有皆象,凡象皆气""理皆在物"、王夫之的"大下惟器",等等,都是对理性法则的遵循和张扬。另外,中华传统文化中的辩证思维也相当丰富,《周易》、《老子》、张载、朱熹、王夫之等,都提出了丰富的辩证思想命题。辩证思维与遵从理性法则奠定了中华传统文化的理性主义和人文主义精神及其方法论基础。中华传统文化的理性主义精神是其走入当代、塑造社会主义新文化的内在根据。

四是推动现代城市型社会发展的社会现代化。城市是在人类文明的历史进程中诞生的,城市是文明的聚集地。在社会现代化进程中,传统人情基础的共同体社会逐渐被现代城市型社会代替,宗法社会被现代社会代替,总体性社会逐渐瓦解,开始向市民社会转变。在现代化进程中,封建宗族和传统农村共同体逐渐解体,以农业为主的传统村落逐渐被以工业和服务业等非农产业为主的现代城市取代。随着工业化进程的推进,大量劳动力由农业转向工业,农业社会的简单重复性劳动逐渐被机器大生产取代。同时城市化进程也随之加快,大量农业人口向城市聚集,转化为非农业人口,乡村地区转化为城市地区,从而带来生产方式、聚落形态的变化,并逐渐改变着大众的价值观念、生活方式。

20世纪80年代前,我国社会性质为总体性社会,"总体性社会中,国家对经济和社会资源实行全面的垄断,政治、经济、文化三者高度重叠"[①],社会结构的分化程度很低。总体性社会虽能有效维护社会稳定,但缺乏对政府的有效监督,社会稳定只能靠集体良心和法律维持,社会结构僵硬,极不利于经济社会的发展。随着市场经济的发展,总体性社会逐渐瓦解,开始向市民社会转变,政府简政放权,不再对经济和社会资源进行全面控制,社会结构更加灵活,民间组织和新闻媒体日益增多。

随着现代化进程的推进,传统的农村共同体瓦解,现代城市取而代之,总体性社会开始向市民社会转变,社会结构日益分化。这些转变都是社会现代化的体现,并将更好地推动社会现代化进程。表面看来,在城市化的当下,传统文化仿佛在退场,然而,生活在城市中的还是人,人终须选择适合

---

① 徐建军:《社会转型与冲突观念的重构》,《南京师大学报》(社会科学版)1999年第1期。

自己的生存方式，选择自己的文化。中华传统文化仍然强烈地影响着时下中国人的生存方式，传统文化不仅影响着农业社会向工业社会、宗法社会向现代社会以及总体性社会向市民社会转变的进程，而且塑造着城市的样式，现代城市仍然是从传统中走来的。中华传统文化中的价值追求，仍深刻影响和左右着城市的规划与布局、建筑设计与风格、人与城市对话与交流方式，城市正作为一种传统文化的固体语言不断彰显传统的价值理念。可见，以城市为标志的现代化并没有拒绝传统，相反，优秀传统文化在城市中不断绽放异彩。

（二）中华传统文化在中国现代化道路方案建构中彰显精神力量

"文化现代化是现代化的动力。"① 文化现代化贯穿于经济、政治、社会各个领域的现代化进程之中，必须与经济、政治、社会现代化协调有序推进。没有与经济变迁、制度变迁相适应的文化变迁，现代化进程必然受阻，现代化道路新方案的建构也难以实现。

一是优秀传统文化中的精神要义为中国现代化道路的探索提供了力量支撑。恩格斯曾说，我们可以创造自己的历史，但必须在确定的前提下进行，除去经济、政治条件的影响，"那些萦回于人们头脑中的传统，也起着一定的作用，虽然不是决定性的作用"②。现代化并非无源之水，人们在传统的基础上创造新的历史，进行社会主义现代化建设，不断探索现代化道路的新方案，需要借助中华优秀传统文化的精神内核。

首先是"自强不息"的进取精神。孔子在《易传》中提出只要自强不息、艰苦奋斗，便会否极泰来。孟子认为，成就大事者"必先苦其心志，劳其筋骨，饿其体肤，空乏其身，行拂乱其所为，所以动心忍性，曾益其所不能"③。顾炎武则激励自己，其身一日不死，"则有一日未闻之道"。至近代，严复更是提出了"与天争胜"的思想。自强不息的进取精神历经几千年的时代更迭，早已深深熔铸于中华民族的文化血脉之中，成为中华民族的精神

---

① 段治文、钟学敏、詹于虹：《中国现代化进程》，浙江大学出版社2007年版，第14页。
② 《马克思恩格斯选集》第4卷，人民出版社2012年版，第605页。
③ 《孟子·告子下》。

脊梁。新中国成立后，中国人民为着国家富强、人民富裕的愿望积极进取，自强不息的进取精神始终体现于我国的现代化进程之中。中国特色社会主义现代化既遵循现代化发展的一般规律，更体现现代化道路的中国特色和文化基因，在迈向现代化强国的道路上，我们只能自强不息、自力更生。

其次是"厚德载物"的兼容精神。作为中华传统文化核心的儒家文化之所以经久不衰、历久弥新，很重要的一点就在于其自身的开放性。《易传》提出："地势坤，君子以厚德载物"，君子应向大地一样开阔，以自己的德行容载万物。鉴真东渡日本、郑和七下西洋无不体现着中华传统文化海纳百川的兼容精神和广阔胸怀。现代化进程是在传统基础上展开的，同时也会受到外来文化的冲击。新时代通过全面深化改革解决现代化前进道路上遇到的问题和困难，需要传承优秀传统文化，也要秉承厚德载物、兼收并蓄的兼容精神，以博采众长，学习借鉴其他优秀文化文明成果，助力现代化强国建设。

最后是"旧邦新命"的创新思维。中华文化能够绵延数千年之根本，在于中华文化的创新性。《诗经》中称赞周文王："文王在上，於昭于天。周虽旧邦，其命维新。"这种创新意识逐渐发展为中华传统文化的主流，冯友兰将其简化为"旧邦新命"。《易经》将创新精神和忧患意识结合，提出"穷则变，变则通，通则久"，鼓励人们寻求变化以谋出路。梁启超提出了"变者天下之公理也"[①]，阐述变法图存的道理，起到了发蒙启蔽的作用。我们党在领导社会主义革命、建设和改革进程中，坚持以改革与创新的精神和勇气迎接挑战、化解风险，发展社会主义市场经济、实行"一国两制"基本国策、发出构建"人类命运共同体"倡议、提出新发展理念、构建新发展格局等，都是创新精神发生作用的结果。现代化并非一味地继承传统，更应在其基础上进行创新，赋予传统文化时代精神，以促进传统文化现代化。

二是优秀传统文化所彰显的价值追求为现代化道路新方案的建构提供精神滋养。在现代社会中，科学转化为技术的周期日益缩短，但科技在发展生产力、创造物质财富、改变社会面貌的同时也产生了一定的负面效应。对技

---

① 梁启超：《论不变法之害》，载吴其昌、梁启超《梁启超传》，吉林人民出版社2018年版，第107页。

术理性的过度张扬引发了气候、资源、物种等一系列严重的全球性环境问题，造成了人与自然的对立；忽视了人的需要和价值，导致了个人的精神困惑、信仰危机；人与人之间的关系也变得物质化，道德缺位、诚信缺席，尤其是，技术的发展进一步加剧了社会两极分化。

技术理性和价值理性始终是相反相成、此消彼长的。如果将技术理性比作现代化进程的车轮，那么价值理性就是现代化进程的方向盘，两者缺一不可，否则要么丧失前进动力、要么失去方向。在现代化建设引发种种负面效应的今天，必须重构技术理性与价值理性的平衡，以人文精神约束科学技术，发挥中华优秀传统文化的作用，实现优秀传统文化对现代化的纠偏。

《论语》中讲"朝闻道，夕死可矣"，"道"可以说是中国人的最终价值追求。建设社会主义现代化国家，既要通过发展生产力推动物质文明极大丰富，更要通过繁荣发展文化事业和文化产业解决人们精神空虚、信仰缺失的问题。所以说，现代化建设需要重视优秀传统文化的"闻道"追求，以优秀传统文化中重义轻利的价值取向、"天下大同"的政治追求、"和而不同"的交往理念等，为现代化发展提供精神支撑，引导我们更好地解决现代文明中出现的一系列环境、生态和道德伦理问题。

三是在建构并实施中国特色社会主义道路方案中推动优秀传统文化与现代化互动发展。"背弃了传统的现代化是殖民地或半殖民地化，而背向现代化的传统则是自取灭亡的传统。"① 传统是现代化的基础，但现代化并非仅仅是传统文化的复苏和延续，还要通过传统文化的重建为现代化服务。现代化进程需要传统文化给予精神滋养，传统文化的创新发展需要现代化提供现实素材。我们以发展社会主义市场经济、社会主义民主政治为例，就此作一简要论述。

发展社会主义市场经济，需要发扬"自强不息"进取精神，健全社会主义市场经济体制机制。建设发展社会主义市场经济复杂艰难，战胜困难需要精神和意志的力量。自强不息、艰苦奋斗作为中华民族精神的重要内容，经过几千年的发展已经深深熔铸于每个中国人的内心。纵观中国历史，中华儿女为了理想而自强不息、艰苦进取的例子不胜枚举。建设社会主义市场经

---

① 罗荣渠：《现代化新论：世界与中国的现代化进程》，商务印书馆2009年版，第400页。

济，需要每个社会成员通过诚实劳动创造财富。自强不息的进取精神能够激发社会成员的斗志，激励人们勤劳致富，有利于市场经济的发展。同时，自强不息的进取精神能够抵制市场经济引发的拜金主义、享乐主义等负面影响，进而促进市场经济良性发展。我们党带领亿万人民坚持和完善社会主义基本经济制度，充分发挥市场在资源配置中的决定性作用，更好发挥政府作用，推动有效市场和有为政府更好结合，激发各类市场主体活力，完善宏观经济治理，建立现代财税金融体制，建设高标准市场体系，加快转变政府职能，着力构建高水平社会主义市场经济体制。① 完成如此艰难的改革任务，离不开自强不息，离不开艰苦进取精神。

发展社会主义民主政治，需要我们弘扬传统文化中的民本思想，在新时代坚持人民至上、以人民为中心。民本思想作为我国传统的政治理念，早在夏朝时期就已经萌芽。在封建专制下，民本思想本质上是统治者的政治手段，它的前提是至高无上的皇权，其主要目的是维护统治秩序，但它在建设社会主义民主政治的今天，并非毫无可取之处。民本思想与当今所倡导的民主思想并不是对立的，二者都意识到人民对社会稳定、国家富强有着重要意义，"强调妥善处理人民群众与国家的关系，取得人民支持与合作的重要性，因而两者在政治体系上存在着必然的相通性"②。在现代化进程中，民本思想与民主思想实现了衔接，"我们今天提倡的'民有、民治、民享'、'为人民服务'、'人民当家作主'、'权为民所用、情为民所系、利为民所谋'、'立党为公'、'执政为民'等原则，与其说是启蒙的结果，毋宁说是民本思想的发扬光大"③。发展社会主义民主政治，必须坚持人民主体地位，坚定不移走中国特色社会主义政治发展道路，健全民主制度，丰富民主形式，拓宽民主渠道，依法实行民主选举、民主协商、民主决策、民主管理、民主监督，使各方面制度和国家治理更好体现人民意志、保障人民权益、激发人民创造，确保人民依法通过各种途径和形式管理国家事务，管理经济文化事业，管理社会事务。④ 我们在新时代要不断促进社会主义民主政治的发展，

---

① 《中共十九届五中全会在京举行》，《人民日报》2020年10月30日。
② 万斌、诸凤娟：《论民本思想对中国民主进程的影响》，《学术界》2004年第3期。
③ 夏勇：《民本与民权——中国权利话语的历史基础》，《中国社会科学》2004年第5期。
④ 《中共十九届四中全会在京举行》，《人民日报》2019年11月1日。

积极发掘民本思想的现代价值，赋予民本思想新的时代内涵，实现民本思想的现代转化。

三　开启中华民族伟大复兴新征程

中华民族在长期的历史演进和价值选择中，形成了充分体现中国人民价值取向和行为准则的传统文化。对当代中国而言，传承、弘扬并创新中华优秀传统文化，对于全面建设社会主义现代化国家、实现中华民族伟大复兴意义重大。中华传统文化塑造着中华民族的思想形态，是中华民族的重要精神标识。改革开放以来，中国社会发展迅速，一方面，社会财富得到极大丰富，另一方面，人们的精神生活还相对匮乏。因而，从底蕴深厚的中华文化中吸取养分、提升人的道德水准并丰富其精神世界，就成为一种必然选择。党的十九届五中全会提出，要繁荣发展文化事业和文化产业，提高国家文化软实力，就是基于民族复兴需要作出的重要战略部署。

（一）中华优秀传统文化是中华民族的存续根基

文化作为一种社会意识形式，总是附着在国家和民族的机体上，在其基础上产生和发展。而作为一种不可或缺的精神动力，它对群体与社会的形成影响颇深。本土自生的中华传统文化是中国与他国相区分的精神标志，发挥着强大的思想力量。

首先，中华传统文化与"中国"概念具有历史统一性。"中国"这一概念具有丰富的内涵，涵盖多个层次和方面。在其形成的历史过程中，传统文化的地位最为重要。传统文化是中华民族的精神纽带，并赋予"中国"一词丰富的文化内涵。从文化史的角度说，中华民族在某种意义上同中华传统文化的形成演变是同体同构的。从春秋战国时期的"百家争鸣"，到秦始皇的"书同文，车同轨，行同伦"，不同地区的文化开始走向统一，由此带来了国家的统一和民族的融合。自秦朝开始，传统文化的许多特质开始显现。一是对外来文化的强大包容和吸引力，传统文化汇聚了华夏不同民族的文化，丰富多彩；二是具有持久的生命力，朝代如何更迭都不影响它的延续；三是具有强大的凝聚力，在其形成过程中凝聚了中华民族，并使中国成为一个文化概念。传统文化是文化中国的核心部分。世人常说中华民族具有顽强的生命力，久经磨难，却历代相传，历久弥新，根基就在于文化力量。梁启超曾说："凡一国之能立于世界，必有其国民独具之特质。上自道德法律，下至风俗习惯、文学美术，皆有一种独立的精神，祖父传之，子孙继之，然后群乃结，国乃成。斯实民族之义之根柢、源泉也。"[①] 正是在传统文化的熏染下，"中国"成为一个具有厚重基础的文化概念。

其次，新时代的国家治理需要优秀传统文化的加持。中华传统文化一贯倡导"法治"与"德治"的结合。一方面，把法治作为治国理政不可或缺的手段，历朝历代也一直在不断地建立和完善法律；另一方面，传统中国也崇尚德治，将其视作法治的有效补充。所以，孔子说："道之以政，齐之以刑，民免而无耻，道之以德，齐之以礼，有耻且格。"[②] 德治是中国的传统，中华传统文化特别强调个人的道德和品行，孔子提出的"君子食无求饱，居无求安，敏于事而慎于言""德不孤，必有邻""其身正，不令而行；其身不正，虽令不从"等，都凸显德行在传统社会中的地位和作用。老子说："道生之，德畜之，物形之，势成之。是以万物莫不尊道而贵德。"虽然表述不同，但都是君子修为的共同追求，这与现阶段实行以德治国的政治思想不谋而合。以德治国，强调形成良好的职业道德、社会公德、家庭美德以及个人品德，不断提高社会文明程度，提升公众的思想道德素养和科学文化素养，为新时代国家治理的法治维度增加道德的力量和德治的效能。

最后，新时代国民价值观的重塑需要优秀传统文化的参与。在当代中国，传统文化的再出场有多种形式，按受其影响的对象不同，可划分为个人与社会两种维度。对个人而言，更多的是对个人品德和观念的培养；于社会而言，侧重点在社会主义核心价值观的弘扬。中华传统文化内涵丰富，学习和掌握其中的思想精华，有助于新时代社会主义公民形成正确的世界观、人生观和价值观。"先天下之忧而忧，后天下之乐而乐"的政治抱负，"苟利国家生死以，岂因祸福避趋之"的报国情怀，"富贵不能淫，贫贱不能移，威武不能屈"的浩然正气，"人生自古谁无死，留取丹心照汗青"的献身精

---

① 梁启超：《新民说》，商务印书馆2016年版，第9页。
② 《论语·为政》。

神等，都体现了中华民族的气节和传统文化精髓，值得我们永远继承和弘扬。特别是新一代"后浪"们，处在人生发展的节点上，更应该加强对其的优秀传统文化教育。在新时代大力提倡和弘扬社会主义核心价值观，必须从中汲取中华民族特有的价值理念。否则，社会主义核心价值观就会丧失中国特色，成为只有普遍性而没有特殊性的文化形态。

（二）中华传统文化重返民族意识建设的时代轨迹

鸦片战争之后，中华传统文化开始了其命运多舛之旅。作为主体的儒家文化曾被作为须予以打倒的"孔家店"，乃至于整个中国文化因无法招架西方现代文化的强烈冲击而被视为"敝屣"；但也曾被定义为中华民族的文化内核，作为屹立于世界民族之林的优秀文化形态。党的十八大以来，我们党在新时代中国特色社会主义视野下重新审视传统文化，充分强调优秀传统文化对于实现中华民族伟大复兴的重要意义。

中华传统文化在鸦片战争到新文化运动时期受到外来文化冲击。近代以来，在外来冲击下，我国原有的政治结构发生变化，经济和教育结构也发生了相应的变革。在经济领域，由于西方的经济渗透和洋务运动兴起，中国本土的民族工业开始崛起，农民涌向城市，小农经济逐渐解体，经济结构发生重大变化，中国延续两千多年的以自给自足为特征的自然经济逐步破产。在教育领域，随着教育的指导思想和教学内容的质变，教学理念也发生了根本转变。在国门被迫打开之际，大批知识分子和部分开明统治者看到了中国教育与西方相比的不足和落后之处，教育变革势在必行，于是新式学堂纷纷出现，教育内容兼容并包，昔日"学而优则仕"的教育信条转变为救亡图存的新理念。在这一转变过程中，传统文化首当其冲地面临挑战。具体体现在：重农轻商、重义轻利的价值观念被打破；王权至上、臣民尽忠的价值观念走向崩溃；家族本位、孝悌为本的价值观念受到冲击；重情轻法、以礼为法的价值观念面临挑战；儒学独尊、圣贤崇拜的价值观念发生动摇；夷夏之辨、以夏变夷的价值观念变得模糊。传统价值体系的瓦解，使传统文化迎来了艰难的转型历程，在彷徨与迷茫中迈向了20世纪。

中华传统文化在新民主主义革命时期虽部分受到重视，但作用发挥有限。新文化运动中，人们对以儒家思想为代表的传统文化大都采取一种否定态度，认为孔子思想之所以为历代君王利用，是因为"孔子尊君权漫无限制，易演成独夫专制之弊"，"孔子讲学不许问难，易演成思想专制之弊"，孔学成乎维护封建统治，亦败乎封建专制的帮凶，并最终成为文化运动的牺牲品。此后三十年间，中国政权更迭，北洋政府、国民党政府的文化政策也有所不同，传统文化呈现出总体被忽略、局部受重视的特点。社会领域仍然重视和宣传传统文化，在当时思想最为开放、多元的高校中，宣传传统文化的教授和学生还是大有人在的。比如，梁启超在《欧游心影录》（1920 年发行）中提出"东方文明优越论"，并极力称赞老子、孔子和墨子，称他们是"三圣人"，主张他们代表了中国文化的精髓。这与他在 1904 年 2 月在《新民丛报》增刊发表《新大陆游记》中所阐述的中国不如日本、更不如美国的观点截然不同。这说明了他的文化观发生极大转变，开始强调传统文化的重要性。①

中华传统文化在新中国成立后的前三十年，虽有弘扬发展，但更多受到攻击贬低，且文化政策多有变化。毛泽东对传统文化稔熟，以辩证的态度看待传统文化。革命战争时期，毛泽东从历史唯物主义出发，肯定人民群众在社会历史中的决定作用，提出"工农武装割据"理论，强调要紧紧依靠广大干部群众；新中国成立后大力倡导文化"为人民服务"，号召全党和全国人民向雷锋同志学习。这些思想与传统文化推崇的"民贵君轻"的民本主义思想有一定联系。但毛泽东对传统文化中部分内容的否定和批判也是毋庸讳言的，以至于在后期的各类运动中出现了文化偏差。在"四清运动"和"文化大革命"中，传统文化受到严重冲击，许多"传统"被冠以没落之名而被否定。可以说，新中国成立后的前三十年，传统文化虽有发展，但再度受到诟病和贬低。

中华传统文化在改革开放后的四十多年重新受到重视、保护和弘扬。党的十一届三中全会及之后的改革开放是当代中国的一个伟大的历史转折，在这个节点上，中华传统文化的历史命运发生了根本性转折。改革开放的总设计师邓小平出生在 20 世纪初，自幼受传统文化的熏陶，传统文化底蕴深厚，对它的内涵、形式和利弊都很了解。因而，邓小平将中华传统文化在马克思

---

① 参见冯天瑜《梁启超中国文化观 180 度转变的启示》，《北京日报》2017 年 2 月 6 日。

主义与中国社会实践相结合中运用自如，邓小平理论可以说就是马克思主义与中华传统文化的结晶。邓小平曾多次强调，"要懂得些中国历史"，"要用历史教育青年，教育人民"，在领导人民进行改革开放的过程中，强调时刻牢记"革故鼎新""兴利除弊"的改革创新精神，树立"天下兴亡，匹夫有责"的忧患意识。①他还借用我国古代典籍中的"小康"一词来描绘社会主义现代化建设的目标，使建设方向和内容更加明确、具体，彰显出中国特色社会主义道路的民族性特点。这种纵贯古今、继往开来的思维方式贯穿于改革开放的征程中，使优秀传统文化的作用更加凸显。进入21世纪后，以江泽民和胡锦涛为代表的中央领导集体，延续了改革开放以来对于中华传统文化的态度和政策，并根据新时期的新特点和新需要，在以往重视传统文化的基础上继续传承、保护和弘扬。

自党的十八大以来，中华传统文化踏上了创造性转化创新性发展的新征程，在新时代助力现代化国家建设。习近平指出："不忘历史才能开辟未来，善于继承才能善于创新。优秀传统文化是一个国家、一个民族传承和发展的根本，如果丢掉了，就割断了精神命脉。"②今天，中华优秀传统文化正是在不断的创造性转化创新性发展中，与社会主义先进文化相适应，与中国特色社会主义相协调，与改革开放新时代相契合，焕发出强大的文化生命力。随着我国综合国力的攀升，优秀传统文化不仅在国内蓬勃兴起，而且伴随着开放的步伐走向全球，在对外交往中日益被重视。文化交流是新世纪民族文化的整合与发展的重要途径，而传统文化是文化交流得以顺利实现的基础。例如，孔子学院就是当下中华优秀传统文化走出国门、走向世界的一个重要窗口，这一类文化输出让世界更好地认识中国。

传统文化的历史境遇与中华民族的命运休戚相关。从鸦片战争到新中国成立之前的一百多年的时间里，中华传统文化处于被冲击、被忽视、被否定的状态，与中国国力衰落和世界地位下滑相伴随的是传统文化的命运多舛。新中国成立后的前三十年里，虽然中国人民翻身做了主人，中国成为主权意

---

① 参见李方祥、郑崇玲《邓小平与中国传统文化探魅》，《黑河学刊》2001年第4期。
② 习近平：《在纪念孔子诞辰2565周年国际学术研讨会暨国际儒学联合会第五届会员大会开幕会上的讲话》，人民出版社2014年版，第11页。

义上的独立国家，但是相对于欧美等先进国家，新中国还是落后的，在这一阶段，传统文化仍然被忽略，甚至在"文化大革命"中受到严重冲击。历史的车轮滚滚向前，中国进入了改革开放新时期，传统文化重新走到台前，传统文化中最基本的天人关系、人人关系、修齐治平的入世态度等理念，重新回到人们的视野，重义轻利、爱国守法、重视道德修养等中华民族特有的优秀品质也得到继承和弘扬，与之相对应的是当代中国文化软实力的增强和国际地位的提高。所以说，中华优秀传统文化的兴衰与国家命运的起落是同频共振的，民族兴、国家兴则传统文化兴。

（三）以优秀传统文化的创新发展助力中华民族伟大复兴

在我国全面建成小康社会并开启全面建设社会主义现代化国家的关键期，在实现中华民族伟大复兴的历史进程中，文化的作用愈益凸显。作为当代中华文化的灵魂，优秀传统文化在其中居于不可或缺的地位。中华民族伟大复兴呼唤优秀传统文化，但复兴优秀传统文化不是回到过去的环境中，而是与现阶段国情相结合，在综合考虑政治、经济和文化的需要中思索复兴之道。

一是在马克思主义指导下坚持优秀传统文化复兴的正确方向。在中华传统文化的复兴过程中，要始终坚持马克思主义的指导。坚持马克思主义指导，坚持中国特色社会主义道路，是实现优秀传统文化现代化必须坚持的原则。文化发展必须有正确的方向，坚持马克思主义就是坚持了传统文化现代转型的方向。坚持马克思主义对中华传统文化发展方向的正确指导，必须理清中华传统文化与马克思主义的关系。对二者之间关系的认识，学界存在不同看法，例如针对我国传统文化中最具代表性的儒学文化与马克思主义的关系，主要有三种观点："一是绝对对立说，否认两者可以融合；二是相互融合说，认为两者有一致之处，可以取长补短，相互结合和融合；三是对立统一说，主张既要看到两者的对立，不可混淆其质的不同，又不能不看到两者的联系，片面强调融合和结合。"[1] 从我国现实实际来看，只有以马克思主义为指导才能变革中国社会，只有继承中华优秀传统文化，马克思主义才能

---

[1] 乔清举：《当代中国哲学史学史》（下），上海古籍出版社 2014 年版，第 698 页。

在中国取得指导地位。新中国成立后，马克思主义成为我国社会主义建设的指导思想，儒学独尊的时代一去不返。张岱年指出："儒家定为一尊的时代已经过去了，儒家占据意识形态的统治地位的时代已经过去了，反儒的时代也已经过去了。未来新儒家不可能在中国占有统治地位，可以作为百家争鸣中的一家存在。"[①] 在统一的文化体系中，二者各得其所。马克思主义居于指导地位是由我们国家的性质和所走的道路决定的，同时也反映了当前的时代特点。因此，旗帜鲜明地坚持马克思主义的指导地位，以马克思主义的立场、观点和方法加强对中华传统文化的研究，是建设中国特色社会主义文化的必要前提。中华优秀传统文化要遵循正确的发展方向，必须以马克思主义为灵魂、为根本指导原则，以实现自身的现代化，更好地发挥其助力现代化国家建设的重要作用。

二是发挥优秀传统文化凝聚民族精神力量的作用，增强文化认同。"文化认同"是人们对所在民族共同体的肯定性体认，其核心是对民族基本价值的认同；它是民族共同体的精神纽带，是民族共同体生命延续的精神基础。因而，文化认同是民族认同、国家认同的重要基础，而且是最深层的基础。在当今经济全球化时代，作为民族认同和国家认同的重要基础的文化认同、价值认同，不仅没有失去意义，而且成为综合国力竞争中最重要的"软实力"。中华传统文化是在几千年历史发展中由中华大地上各个民族共同创造和流传下来的，在相当长的历史时期发挥了凝聚民族精神的巨大作用。在建设中国特色社会主义的新时代，对中华优秀传统文化的传承能够进一步加强全民族的文化认同。在推进中华民族伟大复兴的背景下，优秀传统文化使中华民族的自我认知从自发走向自觉，使全体成员不仅对中华民族具有归属感，更在文化认同的基础上树立其民族的自尊心、自信心、自豪感和责任感，把民族上升为代表全民族根本利益的有机整体，以民族振兴、自立自强于世界民族之林为己任。这种强烈的社会整合愿望与社会现实相结合，必将成为提升中华民族凝聚力的重要路径。实现传统文化的文化认同作用，首先需要国家来扮演引导者角色，制定大政方针，确定文化政策，引导舆论风

---

① 张岱年：《关于马克思主义与儒学的关系的几点看法》，载崔龙水、马振铎主编《马克思主义与儒学》，当代中国出版社1996年版，第1—2页。

向。其次，还要靠社会提倡。文化是在社会中形成和传播的，所有的文化活动也是在社会大环境下开展的，社会可以说是文化的土壤，传统文化要在此汲取养分、茁壮成长。最后，还要靠广大人民践行。包含海外华侨、华人在内的人民群众是文化的有力传播者和践行者，是保护和弘扬优秀传统文化的主体，不管是如何规范的文化政策、多么丰富的文化活动，倘若没有广大群众的参与都无法展开，人民群众才是发挥传统文化凝聚民族精神、增强认同作用的中流砥柱。因此，要积极推动人民群众参与传统文化的复兴和重建，实现优秀传统文化现代化在国家、社会、公民等多层面的有机统一。

三是结合我国新发展阶段的具体国情，实现优秀传统文化的创新性发展。中国文化从传统走向现代的进程，可以说是步履艰难。从近代以来，自从中西文化碰撞之后，我们的传统文化就受到冲击，原有的很多优秀的东西被遗忘和埋没，有些甚至受到了毁灭性的打击，恢复之路也任重道远。在当今中国，经过我们党几代领导集体对优秀传统文化的发展，马克思主义中国化已经取得了丰硕成果，产生了具有全局战略高度的中国特色社会主义理论体系，并在这一过程中积累了丰富的经验，这其中已然凸显了优秀传统文化的地位和作用。在赋予优秀传统文化以新的时代内涵的过程中，我们要吸取之前的经验和教训，以社会主义基本国情和社会主要矛盾为根本依据，立足当前我国新发展阶段的新特点，实现优秀传统文化的创造性转化创新性发展。在传承和创新优秀传统文化的过程中，我们要讲究方法。传承中华优秀传统文化，绝不是简单复古，也不是盲目排外，而是古为今用、洋为中用、辩证取舍、推陈出新，摒弃消极因素，继承积极思想，"以古人之规矩，开自己之生面"。一方面，要深入挖掘，有鉴别地对待，守住中华文化本根，大力推广优秀传统文化的价值理念。另一方面，要与时俱进，积极推进文化创新，使优秀传统文化的当代价值充分弘扬，成为新时代民族精神的"源头活水"。"中国人民的理想和奋斗，中国人民的价值观和精神世界，是始终深深植根于中国优秀传统文化沃土之中的，同时又是随着历史和时代的前进而不断与日俱新、与时俱进的。"[1] 在为实现第二个百年奋斗目标而不断努

---

[1] 习近平：《在纪念孔子诞辰2565周年国际学术研讨会暨国际儒学联合会第五届会员大会开幕会上的讲话》，人民出版社2014年版，第13页。

力之时，结合时代要求继承创新中华优秀传统文化，发挥它在实现中华民族伟大复兴中的重要作用，就能使中华民族的优秀文化基因同当代中国文化相适应、同现代社会相协调，为实现中国梦而添砖加瓦、凝聚力量。

四 展示人类文明发展繁荣新气象

文化是人类文明的表达方式，在对社会生活起一定规范作用的同时，也折射出人类文明的高度。中华传统文化具有极强的包容性，强调和而不同，追求人与人以及人与自然之间的和谐共处；具有开放品质，古往今来，中华传统文化正是在与不同文化的交流互鉴中得到不断的发展和创新；具有实用性功能，经世致用，追求在社会的实际运用中创造更多价值。中华传统文化以其独特的开放性、包容性和实用性，在促进社会发展进步的同时，对创造新的世界文化潮流，展示人类文明发展繁荣新气象也具有积极意义。

（一）中华传统文化创造了人类文明的一种重要形态

中华传统文明形态是最早的人类文明形态之一。在人类学和考古学中，文明既可以指有人栖身、产生一定经济文化的地区，例如黄河文明和两河文明等，同时又可以指有着相似文化的人群，例如儒家文明和基督教文明等。文化的发展是一个过程。德国哲学家雅斯贝尔斯有一个著名的提法，即将公元前800年至公元前200年之间尤其是公元前600年至公元前300年这段时期，视为人类文明的"轴心时代"。之所以称其为"轴心时代"，是因为人类在这一时期，精神和文明方面发生了重大突破。在世界几大文明中，都出现了伟大的精神和心灵导师，包括古希腊的苏格拉底、柏拉图等，中国的孔子、老子等。虽然他们相隔千山万水，但在思想上有共通的地方，都开始用理智的方式来思考问题，都对原始文化实现了一定的超越和突破。而这些超越和突破的不同类型，就决定了今天西方、东方等不同的文化形态。

纵观来看，哲学从轴心时代开始，成为人类精神自觉的象征。人之所以为人，之所以能够高于其他动物，至为关键的一点就是因为人有理性，理性从主观方面反映着人的本质力量。哲学加速了社会的发展及现代意义上的"人"的生成，使人逐渐摆脱盲目，并使人的道德修养和精神境界发生深刻变化。"轴心时代"的中国不仅涌现出众多的、近乎无法超越的先哲，而且还形成了大量经典（这一点是西方同时期相对欠缺的）。比如《论语》《孟子》《老子》《庄子》等。这些经典都反映出中国人自己进行的哲学探索。与西方注重逻辑、思维缜密不同的是，中国的哲学更加注重形象而轻规律，逻辑的成分相对比较少。例如中国古代的名家思想，常常是以其日常生活中的"零碎语录"编辑起来的哲学，因而从西方哲学的角度看，中国的哲学往往表现出随意性和非专业性等特点。虽然看起来不成体系，然而事实上，在中国，哲学如同西方宗教一样深深渗入社会之中。中国的哲人并不以哲人自居，只是在日常行事中表达自己的思想见解，不求构造系统的哲学体系。中华文化在历史的长河中，逐渐形成了以儒家文化为重要组成部分、以探索人类生存智慧为重要内容、有别于西方文化的古老文化形态。习近平指出："孔子创立的儒家学说以及在此基础上发展起来的儒家思想，对中华文明产生了深刻影响，是中国传统文化的重要组成部分。"[①] 中国是世界文明发达最早的国家之一，中华传统文明形态是人类最早的文明形态之一。

中华文化源远流长，生生不息。文字的发明和使用，对文化的传承发展具有十分重大的意义，不仅标志着人类进入文明时代，而且提供了文化传承发展的重要载体。汉字作为中华文明的重要代表，见证了中华文明的历史变迁，记载着中华文化发展变迁的历史轨迹。几千年来，汉字在书写中华文化、继承与发扬中华文明等方面发挥了巨大作用。汉字的起源史，就是中国古代文明的开端史。通常所说的中华文明几千年就是以汉字的起源为根据的。中国目前出土的最早文字是公元前14世纪左右形成的甲骨文。之所以叫甲骨文，是因为人们通常把文字符号刻在龟甲或者兽骨上，主要用于占卜和祭祀，兼用来记录事件。到了商代后期和西周时期，人们开始把字铸刻在青铜器上，金文产生，也叫钟鼎文。西周后期，汉字发展演变为大篆。到了秦朝，统一了新的文字——小篆。汉代以后，隶书成熟。进入到唐朝，产生了抒发情怀、寄情笔端的狂草。随后隶书和草书结合而成楷书，一直到今天我们仍在使用。汉字是迄今为止连续使用时间最长的文字，也是上古时期各

---

① 习近平：《在纪念孔子诞辰2565周年国际学术研讨会暨国际儒学联合会第五届会员大会开幕会上的讲话》，人民出版社2014年版，第4页。

大文字体系中唯一传承至今的文字,汉字的演变发展集中体现了中华文化的世代相传和源远流长。

中华文化博大精深、灿烂辉煌。中华传统文化具有强大的创造力和生命力,不仅包含着汉民族的文化,而且还融合吸收了其他少数民族的文化。文化融合过程中形成了海纳百川的宽广气度,从而异彩纷呈,包罗万象。华夏文明历经几千年,在一代代炎黄子孙的继承、发扬、取舍、创造之下,不断融入各种新鲜活泼的元素,始终呈现出蓬勃发展、灿烂辉煌的面貌。在中华文化里,从人文到科技、从自然到社会,都反映了不同时段人类的杰出成就,在人类文明宝库中占有重要地位。

中华民族的伦理道德和政治智慧产生了广泛而深远的影响。伏尔泰于18世纪中叶写道:"中华民族是世界上最古老的民族,它在伦理道德和治国理政方面,堪称首屈一指。"① 中华民族为人类文明的发展贡献了以"四大发明"为代表的科技发明成果。自然科学统计资料表明:中国历代重大科技成就(项目)在世界同期所占比例为:公元前6世纪前为57.4%;公元前6世纪到公元前1世纪为50%;公元前1世纪到400年为62%;401年到1000年为71%;1001年到1500年为58%。明朝以前世界300多项重要发明中,中国有175项。

中国的诗歌文化是其中又一个杰出代表。诗歌是一种能够集中概括和反映社会生活的文学体裁,诗歌的创作在蕴含着作者想要表达的思想感情和丰富想象的同时,还能体现出时代的特征以及中华传统文化的丰厚底蕴。"亦余心之所善兮,虽九死其犹未悔",体现的是文人骚客坚定的人生信仰和理想信念;"少壮不努力,老大徒伤悲",体现的是莫负韶光、奋发向上的感叹;"采菊东篱下,悠然见南山",体现的是古代小农经济基础上对安宁稳定生活的向往;"将军百战死,壮士十年归",体现的是"花木兰"们勇敢善良的品质和保家卫国的精神。诗歌发展到唐代,迎来了高度成熟的黄金时代,这一时期遗留下来的诗歌作品也是最丰富的。唐诗的题材十分广泛,有的描绘祖国大好河山的秀丽多娇,有的从侧面反映当时社会的阶级状况和阶

---

① [法]伏尔泰:《路易十四时代》,吴模信、沈怀洁、梁守锵译,商务印书馆1997年版,第594页。

级矛盾，揭露封建社会的黑暗，还有抒发个人的理想抱负与人生悲欢离合之情等。词大约在盛唐之初产生、从中唐开始流行，盛行于宋朝。诗词发展到了元代，开始渐渐居于散曲之后，元代是我国历史上第一个由少数民族统治者建立的统一政权，民族大杂居给汉族文化注入了新鲜的成分，使中华文化更加开放、多元。灿烂辉煌的诗歌文化是中华文化不可忽视的重要宝藏，其形式之多样、内容之丰富、涉猎之广泛都是历史留给我们的宝贵财富。

（二）中华传统文化对外来文明开放包容，不断推动社会发展

中华传统文化的一个重要特征就是其开放性，这一特征在传统文化与外来文化的融合中不断得到发展。中华文化向来与世界其他国家和民族的文化相互借鉴、相互交融，费孝通所讲的"各美其美，美人之美，美美与共，天下大同"①正是中华传统文化对外来文化采取的开放包容态度。文化融合与民族融合推动了文化繁荣。泱泱中华，灿若星河。中国自古以来就是多民族统一的国家。历史上中国创造了举世无双、绵延五千年的中华文明，并在历史发展中形成了伟大的中华民族。中华民族的发展壮大伴随着不同民族的往来融合，在这一漫长的进程中，各民族文化也实现了融合。

中国历史上的第一次民族文化大融合，大约发生在周秦时期，即从周朝建立的公元前11世纪左右至秦王朝灭亡的公元前207年这段时期。在这800多年间，位于黄河中下游地区和江淮地区的中原华夏和周边其他进入中原地区的东夷、西戎等民族文化，在长期和频繁的交往中，完成了中国历史上的第一次民族文化大融合，"由于各族长期和华夏聚居在一起，经过不断的相互影响，文化礼俗等方面的差别日趋减少。到春秋末年，原来散居于中原各地的戎狄蛮夷差不多都已和华夏融合在一起了"②。华夏与戎狄和蛮夷的融合，让中原华夏的版图得到了拓展，农耕经济水平不断提高，同一地域的人们使用的语言和文字也在更广的范围内得到推广。所有这些，在为多民族统一政权的秦朝的出现提供条件的同时，更为进一步形成和完善大一统的汉代封建中央政权与汉族的发展壮大奠定了坚实基础。周秦时期中原华夏的不断

---

① 费孝通：《人的研究在中国——个人的经历》，《读书》1990年第10期。
② 何亚辉：《中国通史》第1卷，光明日报出版社2011年版，第97页。

发展壮大，首先表现在对西戎、北狄等游牧民族的文化渗透上，从最开始的排斥、抵制、防御，到逐渐接受、吸纳、融合。

中国历史上的第二次民族文化大融合，大约发生在魏晋南北朝时期，即从公元220年曹丕称帝开始至581年杨坚实现北方统一建立隋王朝的这段时期。在这360多年间，无论是进入黄河流域中原地区建立地方政权的少数民族上层，还是迁居中原地区的其他少数民族，大都摒弃了本民族原先的生产生活文化，逐渐接受中原地区相对先进、稳定的农耕生产方式，并学习中原地区汉人的传统文化习俗，逐步将自身充满活力的优秀民族文化，注入中原浩瀚的稳定的汉文化之中，再一次促进了中华民族文化的不断丰富与发展。

中国历史上的第三次民族文化大融合，发生在唐王朝政权崩溃至元朝建立这一段时期。在这近400年的时间里，汉文化不断发展壮大，各种异质文化之间的交流往来更为频繁。以元朝为例，这一时期多民族封建统一政权下的民族文化交融现象尤为突出。一代天骄成吉思汗统一了蒙古各部，建立了以蒙古族为主的地跨欧亚的多民族统一政权。政权建立后，元朝统治者开始推行汉人的治国策略。例如在思想文化方面提倡尊崇儒学，并且诏令全国"宣圣庙，国家岁时致祭，诸儒月月释奠"。封建政权的稳定，物质基础的丰富，也推动和促进了中原地区的汉文化与各民族文化之间的交流融合，多种文化空前交往和杂处，进入中原的少数民族通过学习和接受汉文化，逐步与汉文化融为一体。

中华文明与外来文明相互交融共同进步。不同文明形态之间交流和传播，是使世界文明发展进步的重要推动力，也是实现文化全球化和文化多样性的内在要求。中国开始国际文化交流的渊源，可以追溯到春秋战国时期，随着时代变迁，这种交流不断扩大和加深，外来优秀文化也逐步成为璀璨的中华文化的重要组成部分。在经济全球化进程加快的今天，文化软实力愈发得到重视，加强中外文化之间的交流对话，能够有力促进中国社会现代化建设和综合国力提升。

自古以来，中外文化交流就十分频繁。以唐朝为例，唐朝是中国封建社会的鼎盛时期，无论是经济发展还是文化水平均处于世界领先地位。大量人员的相互来往，繁忙的经济文化交流，便利的水陆交通条件，以及朝廷开明的政策，种种因素综合起来将中西文化交流推进到新高度。唐太宗李世民不仅对境内少数民族采取兼容并包的政策，成为前代汉族帝王所未有过的"天可汗"，而且还对境外各国采取开明开放的政策。这些举措都对中外文化交流十分有利。唐朝首都长安，成为当时的国际性大城市，外来人口众多，许多外国青年纷纷来长安学习，他们回国后积极传播唐文化，如日本的南渊请安和吉备真备等。还有的学生选择长期留在中国，出仕朝廷，如日本的朝衡、新罗的崔致远等。印刷术的发明、使用和不断改进，是中国对世界文明发展的又一巨大贡献。印刷术发明后，逐渐通过朝鲜、日本等周边国家向世界各国传播。正是这种文化的交流和传播，促进了世界文明的进步和发展。

新时代中华文化借力"一带一路"建设再次走向世界。进入21世纪，经济全球化加速发展，经济与文化关系日益密切，文化全球化的趋势也愈加显著。一方面，经济全球化的发展使社会生产力水平大大提高，通信和交通工具不断更新，人们的生产生活突破了原先的空间和地域限制，文化载体的多样性使得不同文化可以迅速在全球范围内自由流通。另一方面，信息技术的更新发展，使信息往来更加便捷，在各种传播媒介的影响和推动下，文化全球化的进程加快，不同的文化模式和文化观念展开对话、交流，有时甚至出现冲突和碰撞。这些文化交流和对冲，打破了原先的思维模式，产生了新的文化模式，更新了人们的文化观念。

中国古代的丝绸之路曾在东西文明交流史中发挥重要作用。"丝绸之路"是中国走向世界的历史符号，它以商贸连接亚洲、非洲和欧洲，是中国古代同其他国家经济、政治、文化交流的载体。"丝绸之路"不仅是经济之路，还是和平合作、开放包容、互学互鉴、互利共赢的精神象征。2013年，习近平在哈萨克斯坦提出共同建设"丝绸之路经济带"、在印度尼西亚提出共同建设"21世纪海上丝绸之路"，目的就是复兴丝路精神，把中国发展同沿线国家发展结合起来，进而在现代世界体系的更高层次上重现丝路繁荣。"一带一路"倡议赋予"丝绸之路"全新的时代内涵。丝路兴盛时期正是中华文化的鼎盛时期，中华文化对丝路沿线国家政治、经济、科技和文化的影响，不亚于近代以来中国所接受的西方文化对我国的影响。经过改革开放以来的快速发展，中国不仅创造了巨大的物质财富，成为世界第二大经济体，而且取得了丰富的发展经验。"一带一路"倡议就是要让更多国家搭上"中国发展快车"，实现共同繁荣。"一带一路"倡议的提出，彰显了我国在自己发展的同时不忘发展中国家人民,是中华文化"以天下为己任"的当代表现,表明中国这一负责任大国勇于承担国际责任和义务。

今天,人类社会发展正处于一个重要时期,中国提出"一带一路"倡议,并积极推动"一带一路"建设,体现了对人类未来共同命运的深切思考和积极作为,以独特的东方智慧给世界发展开出一剂中国良方。"一带一路"倡议根植于中华优秀传统文化的沃土,蕴含着兼济天下、美美与共、天下大同等中国五千年文明的优秀基因和中华优秀传统文化的精髓。"一带一路"倡议涉及多种文明,异质文明之间有时难免会发生一些摩擦,但和平的交流互鉴是总体趋势,其中很大原因是中华文化的包容性。正是这种包容性,为我们打造出一个交往交流的平台,使得不同民族和不同文明可以平等对话,相互学习,共同进步。由此可见,"一带一路"倡议的提出及其推进,集中体现了中华民族传统文化的智慧。相信随着中国综合实力的不断提升,随着经济全球化趋势的加快,中国必然会更快更深地融入世界,为世界的发展贡献更多中国智慧和中国力量。

(三)中华传统文化在构建人类命运共同体中开显中国元素

中华优秀传统文化在应对国际问题、阐述中国独立自主和平外交政策中发挥重要作用。在充分汲取中华优秀传统文化滋养的基础上,着眼于全球问题的解决,习近平提出了构建"人类命运共同体"的全球价值观。

构建人类命运共同体彰显"天人合一"观。"天人合一"是中华传统文化的精华,是中国哲学的最高命题,它既是人与自然的统一,也是人与天道的统一,是内在与外在、哲学与伦理、天道与生活世界的统一。"天人合一"奠定了人类命运共同体的重要哲学基础。"天人合一"的传统思想,是一种天道与人道、自然与人为的统一整体观。天道是人类社会建立的基础,天道决定了人道,知人而后知天,天人相德,人应该协助天地运行发展。人要正确认识自己以及自己和外界的关系,重视自然,重视隐形的却在发挥重要作用的因素,通过提升和规范自己来应乎天道。《易经》中说,"自天佑之,吉无不利",人首先要自助自佑,才会有天助。因此,人应该顺应自然,信赖自然,用品德和修养的提高来净化人心。圣人用"诚"达到净化心灵的境界,"诚"表现为以仁为首的"仁义礼智信"儒家"五常",这是人与人之间相亲相爱的一种道德情感,也是和外界建立关系的基本道德准则。从对待人与自然的关系来说,做到"仁",也就是做到至诚而不怨他,凡事反求诸己,与自然和睦相处,达到天人一体。

遵从自然规律,以求永续发展,是我们今天的必走之路。人类已在纵横交错的联系中成为某种意义上的命运共同体。习近平指出:"当今世界,人类生活在不同文化、种族、肤色、宗教和不同社会制度所组成的世界里,各国人民形成了你中有我、我中有你的命运共同体。"[①] 这其中,既有人人关系,也有天人关系,各个国家各个民族要做到为自己考虑,也为他国考虑,不能靠牺牲他人和自然来保全自己。要真正意识到全球的紧密联系对各个国家和全人类的影响,不以邻为壑,真正做到唇齿相依,如此才能实现天和人的共赢。全球化背景下,在资源能源安全、气候变化和经济社会发展等问题上,世界各国都是相通的。这在客观上要求人类必须遵从自然规律,使天道和人道合一,真正从内心出发去改变认识,提升修养,敬畏和保护自然。"天人合一"观是人类命运共同体的重要哲学基础。

构建人类命运共同体彰显"万邦和谐"的和合观。和谐万邦是中华文化的重要理念,指同族和睦、民众团结、协调各国、友善和睦,集中表达了家庭、社会、族群以及国家间的睦邻友好愿望。《尚书》云:"曰若稽古,帝尧曰放勋,钦明文思安安,允恭克让,光被四表,格于上下。克明俊德,以亲九族;九族既睦,平章百姓;百姓昭明,协和万邦。"有着五千多年历史的中华文明,始终崇尚和平,和平、和睦、和谐的追求深深植根于中华民族的精神世界之中,深深融于中国人民的血脉之中。中华传统文化中的"以和邦国""和而不同""以和为贵"等表现出来的和合精神,从哲学和伦理学方面为缔造人类命运共同体提供了重要依据。几千年来,和合理念世代相传,化为中国人的文化基因,渗透在中国人的血液里,铭刻在中国人的内心中。在一定意义上说,习近平所提出的国际社会日益成为一个你中有我、我中有你的"命运共同体",正是这一理念在当代的弘扬和拓展。

当前,和平与发展主题在当代面临着日益严峻的挑战,人类只有鼎力合作,建设和保护人类生存的美好家园,才能在这颗唯一的星球上永续存在与

---

① 《习近平谈治国理政》第 1 卷,外文出版社 2018 年版,第 261 页。

发展。2014年，习近平在德国访问时指出："中华民族是爱好和平的民族。一个民族最深沉的精神追求，一定要在其薪火相传的民族精神中来进行基因测序。……中国历史上曾经长期是世界上最强大的国家之一，但没有留下殖民和侵略他国的记录。我们坚持走和平发展道路，是对几千年来中华民族热爱和平的文化传统的继承和发扬。"[1] 这些重要论述中蕴含的一个基本道理是，世界命运应该由各国共同掌握，不能搞"一国独霸"或"几方共治"。2017年年初，习近平在联合国日内瓦总部进一步将共同构建人类命运共同体的理念概括为"海纳百川，有容乃大"。这意味着，国际规则应该由各国共同书写，全球事务应该由各国共同治理，发展成果应该由各国共同分享，这正是中华传统文化中和合精神的当代体现。国际社会在构建人类命运共同体的过程中，要坚持对话协商、共建共享、合作共赢、交流互鉴、绿色低碳的原则。只有如此，才能建设一个持久和平、普遍安全、共同繁荣、开放包容、清洁美丽的世界。

（四）二十一世纪优秀传统文化将融入人类文明新形态

有西方学者认为，中国文明的形态是连续性的，西方文明的形态是断裂性的。中国古代文明一个令人注目的特征，就是中国人对历史的独特理解，"四方上下曰宇，往来古今曰宙"。中国人一直将自身置于历史中，认为当下是历史的一个环节，当代中国社会从一些侧面反映出中华优秀传统文化正在走向现代新形态。

首先，中华优秀传统文化在某些层面上表征世界文明新方向。被誉为20世纪最伟大历史学家的阿诺德·汤因比在其巨著《历史研究》中，对人类未来道路作出了理论探索。他认为，未来人类的希望应该从东方寻找，要想顺利实现未来世界转型，就要从中国文化中寻找有益的资源。他把中华传统文化赞誉为"人类的宝藏"。中华上下五千年，尽管也曾久经磨难，但从大历史尺度看，中华文明算得上是相对完整的人类文明。中华文明与世界其他文明相比是比较稳定的，为未来人类文明的创新发展提供了宝贵历史经验。几千年来，中国文化始终难能可贵地保持着天下主义的精神，始终远离

---

[1] 《习近平谈治国理政》第1卷，外文出版社2018年版，第265页。

狭隘的民族主义，表现出开放包容、海纳百川的文化胸怀。

当今时代，市场经济已成为经济发展的主导形态。市场经济以维护个人利益为主要驱动力，不可避免地给社会带来一些消极影响，例如拜金主义的盛行和见利忘义行为的泛滥。社会需求的增加和社会生产力水平的提高，使得人们对自己物质生活的追求也随之提高，再加上各种各样的诱惑与刺激，很容易造成物欲横流的不良现象。导致这些不良后果的原因有很多，其中很重要的一点是人文精神的缺失。因此，人类只有更好地认识到人的价值与尊严，不断进行自我调整和完善，才能重塑人类的价值体系，走出人文精神缺失的困境。这要求我们必须传承创新中华优秀传统文化，树立科学求真精神，加强理性思考和自我反省，加强不同文化之间的平等交流对话，寻求相互间的沟通理解，运用和借鉴人类文明宝库中的精神资源来超越狭隘的物质主义和个人主义局限。

其次，运用中华优秀传统文化促进人类新文明的创造。新时代呼唤和创造人类文明的新形态。在这一问题上，中华传统文化必将有所作为。从已有的实践看，一些亚洲学者把亚洲经济的崛起和儒家文化关联起来，他们坚持这样一种观点：亚洲价值观为亚洲经济的起飞提供了精神支撑。而亚洲价值观的核心就是重视整体主义与重"义"的儒家文化价值观。亚洲"四小龙"当中除中国台湾地区外，都曾长期是西方国家的殖民地，西方文化的渗透和改造时间相对较长，"他们接受西方科学文化，又同东方儒家文化结合，以集两者之长。特别是儒家文化的内聚、和谐、中庸等特性，同商品文化的平等、和谐、长远等特征相符。于是亚洲四小龙的商品文明，接受了西方科学文化，又基于东方儒家文化，实现了三重'文化'的交互增长"。"亚洲四小龙的企业文化是以新儒家文化价值观为核心。新儒家价值观是结合当地实际，借助于西方现代经营管理而发展的，其不同于先前的儒家价值观。"① 日本和亚洲四小龙一样，都从属于儒家文化圈，在经济发展等方面具有共同点，都注重把儒家文化传统与现代市场经济法则相结合，赋予市场经济深厚的文化内涵。被誉为"日本企业之父"的涩泽荣一就十分崇尚儒家文化，他把自己一生的经营经验凝练为"论语加算盘"。日本著名学者伊藤肇在其

---

① 冯峰：《儒家文化与亚洲四小龙经济》，《中外企业文化》2006年第7期。

著作《东方人的经营智慧》中，通过近百名日本企业家运用儒家文化经营管理的成功例子，充分说明了传统儒家文化同样能够实现同市场经济的融合与再造。这表明，以经济理性主义为表征的市场经济，不仅能在新教伦理的文化土壤中盛开，同样也可以同东方传统文化嫁接。

着眼于新世纪文明的新发展，我们一方面要看到，尽管西方帝国主义在崛起过程中给世界带来了罄竹难书的灾难，但同时也应该看到，资本主义的发展、社会生产力水平的提高、民主政治的完善、社会福利制度的体系化等方面的成就，对世界的积极影响也是广泛而深刻的。另一方面，当今西方资本主义的经济发展和民主政治，已经到了"物壮则老，水满则溢"的阶段，其内在的自反性越来越难以自我拯救，在这种情况下，借助中华传统文化的包容性和顽强的生命力走出当代人类文明的困局，不失为一种明智的选择。

最后，中华传统文化以其丰富智慧为全球治理贡献"中国方案"。当前，世界正面临百年未有之大变局，西方国家主导下的全球治理体系正面临一系列的挑战和考验，全球治理的优化越来越需要新的治理理念和方案。习近平总书记立足于马克思主义经典作家关于国际关系的基本思想，通过构建"人类命运共同体"落实以合作共赢为核心的新型国际关系，成为新时代中国共产党人带领全体中国人民为全球治理提供的"中国方案"。"中国方案"所提供的，不仅仅是国家治理的技术路线，它还必须以中国当代文化为支撑，只有在中国当代文化基础上，中国为全球治理提供的方案才是名副其实的"中国方案"。而中华传统文化是中国当代文化的重要组成部分，"中国方案"必然携带中华优秀传统文化的基因，中华优秀传统文化中的丰富智慧在"中国方案"中得以呈现。

"人类命运共同体"倡导包容互鉴的文明观，不同制度、不同文明的国家应当相互启发和借鉴，在文化交流中加深双方的信任和了解。加强理解才能增强各国文明的活力。党的十九大报告指出："建设持久和平、普遍安全、共同繁荣、开放包容、清洁美丽的世界。要相互尊重、平等协商，坚决摒弃冷战思维和强权政治，走对话而不对抗、结伴而不结盟的国与国交往新路。要坚持以对话解决争端、以协商化解分歧，统筹应对传统和非传统安全威胁，反对一切形式的恐怖主义。要同舟共济，促进贸易和投资自由化便利化，推动经济全球化朝着更加开放、包容、普惠、平衡、共赢的方向发展。

要尊重世界文明多样性,以文明交流超越文明隔阂、文明互鉴超越文明冲突、文明共存超越文明优越。"①"人类命运共同体"思想深深打上了中华优秀传统文化的烙印,传统的"天下"观、"和而不同"、"协和万邦"思想等,都可以在"人类命运共同体"中寻到踪迹。与此同时,"一带一路"建设的积极推进,相互尊重、公平正义、合作共赢的新型国际关系的构建等,都充分体现了中华文化与世界文明的相互关联,呈现出中华优秀传统文化对全球治理发挥作用的丰富智慧与当代价值。

---

① 习近平:《决胜全面建成小康社会 夺取新时代中国特色社会主义伟大胜利——在中国共产党第十九次全国代表大会上的报告》,人民出版社2017年版,第58—59页。

主要参考文献

一 经典文献

本著作在写作过程中除参阅引用了《论语》《孟子》《大学》《中庸》《诗经》《尚书》《礼记》《周易》《春秋》《道德经》《荀子》《庄子》《墨子》《管子》《韩非子》《淮南子》《春秋公羊传》《史记》《左传》《汉书》《资治通鉴》《贞观政要》《传习录》《孟子集注》《朱子语类》《张载集》《昌黎先生文集》《陆九渊集》《范浚集》《二程文集》等古籍外，还重点参考了以下经典文献：

《马克思恩格斯文集》第1—10卷，人民出版社2009年版。
《列宁专题文集》，人民出版社2009年版。
《孙中山全集》第2卷，人民出版社2015年版。
《李大钊全集》第2卷，人民出版社2006年版。
《陈独秀文集》第1卷，人民出版社2013年版。
《毛泽东文集》第1—8卷，人民出版社1993—1999年版。
《邓小平文选》第1—3卷，人民出版社1993—1994年版。
《江泽民文选》第1—3卷，人民出版社2006年版。
《胡锦涛文选》第1—3卷，人民出版社2016年版。
《习近平总书记系列重要讲话读本》，学习出版社、人民出版社2016年版。
《十一届三中全会以来重要文献选读》（上册），人民出版社1987年版。
《十六大以来重要文献选编》（下），中央文献出版社2008年版。
《十七大以来重要文献选编》（上），中央文献出版社2009年版。
《十八大以来重要文献选编》（上），中央文献出版社2014年版。
《十八大以来重要文献选编》（中），中央文献出版社2016年版。

《十八大以来重要文献选编》（下），中央文献出版社 2018 年版。

《习近平谈治国理政》第 1 卷，外文出版社 2018 年版。

《习近平谈治国理政》第 2 卷，外文出版社 2017 年版。

《习近平谈治国理政》第 3 卷，外文出版社 2020 年版。

《习近平关于实现中华民族伟大复兴的中国梦论述摘编》，中央文献出版社 2013 年版。

《习近平关于社会主义文化建设论述摘编》，中央文献出版社 2017 年版。

《习近平关于社会主义政治建设论述摘编》，中央文献出版社 2017 年版。

《中国共产党第十九次全国代表大会文件汇编》，人民出版社 2017 年版。

《中共中央关于坚持和完善中国特色社会主义制度 推进国家治理体系和治理能力现代化若干重大问题的决定》，人民出版社 2019 年版。

《中共中央关于制定国民经济和社会发展第十四个五年规划和二〇三五年远景目标的建议》，人民出版社 2020 年版。

习近平：《在纪念毛泽东同志诞辰 120 周年座谈会上的讲话》，人民出版社 2013 年版。

习近平：《弘扬和平共处五项原则 建设合作共赢美好世界——在和平共处五项原则发表 60 周年纪念大会上的讲话》，人民出版社 2014 年版。

习近平：《在纪念孔子诞辰 2565 周年国际学术研讨会暨国际儒学联合会第五届会员大会开幕会上的讲话》，人民出版社 2014 年版。

习近平：《青年要自觉践行社会主义核心价值观——在北京大学师生座谈会上的讲话》，人民出版社 2014 年版。

习近平：《在文艺工作座谈会上的讲话》，人民出版社 2015 年版。

习近平：《在庆祝中国共产党成立 95 周年大会上的讲话》，人民出版社 2016 年版。

习近平：《在哲学社会科学工作座谈会上的讲话》，人民出版社 2016 年版。

习近平：《决胜全面建成小康社会 夺取新时代中国特色社会主义伟大胜利——在中国共产党第十九次全国代表大会上的报告》，人民出版社 2017 年版。

习近平：《在庆祝改革开放 40 周年大会上的讲话》，人民出版社 2018 年版。

二 中文著作

曹丽萍主编:《传统文化与现代化》,北京图书馆出版社 2010 年版。

陈波、张怀民主编:《传统文化与中国现代化之路》,河南人民出版社 2004 年版。

陈来:《孔夫子与现代世界》,北京大学出版社 2011 年版。

陈先达:《马克思主义和中国传统文化》,人民出版社 2015 年版。

陈序经:《东西文化观》,中国人民大学出版社 2004 年版。

陈序经:《中国文化的出路》,岳麓书社 2010 年版。

方克立:《现代新儒学与中国现代化》,长春出版社 2008 年版。

费孝通:《费孝通集》,中国社会科学出版社 2005 年版。

费孝通:《文化的生与死》,上海人民出版社 2009 年版。

冯达文、郭齐勇主编:《新编中国哲学史》(下册),人民出版社 2004 年版。

冯契:《认识世界和认识自己》,上海人民出版社 2011 年版。

冯友兰:《中国现代哲学史》,广东人民出版社 1999 年版。

高兆明等:《现代化进程中的伦理秩序研究》,人民出版社 2007 年版。

葛懋春、李兴芝编辑:《胡适哲学思想资料选》(上),华东师范大学出版社 1981 年版。

辜鸿铭:《中国人的精神》,李晨曦译,译林出版社 2017 年版。

郭建宁:《当代中国的文化选择》,北京大学出版社 2004 年版。

郭萍:《自由儒学的先声——张君劢自由观研究》,齐鲁书社 2017 年版。

韩庆祥、黄相怀等:《中国道路的世界贡献》,中国人民大学出版社 2018 年版。

贺麟:《文化与人生》,商务印书馆 2015 年版。

黄俊杰:《传统中华文化与现代价值的激荡》,社会科学文献出版社 2002 年版。

黄卓越:《文化的血脉》,中国人民大学出版社 2004 年版。

江畅、戴茂堂、周海春:《我国主流价值文化及其构建研究》,人民出版社 2013 年版。

蒋栋元:《利玛窦与中西文化交流》,中国矿业大学出版社 2008 年版。

孔繁轲、孙书文主编：《6句话读懂传统文化》，学习出版社2014年版。

匡亚明：《孔子评传》，南京大学出版社1990年版。

李存山编：《张岱年选集》，吉林人民出版社2005年版。

李建华等：《中国道德文化的传统理念与现代践行研究》，经济科学出版社2016年版。

李宗桂：《传统与现代之间：中国文化现代化的哲学省思》，北京师范大学出版社2011年版。

梁启超：《国史研究六篇》第2版，中华书局1947年版。

梁启超：《先秦政治思想史》，东方出版社1996年版。

梁漱溟：《东西文化及其哲学》，商务印书馆1922年版。

梁漱溟：《中国文化要义》，上海人民出版社2011年版。

林毓生：《中国传统的创造性转化》（增订本），生活·读书·新知三联书店2011年版。

刘建编：《季羡林学术著作选集：中国文化与东方文化》，新世界出版社2017年版。

柳诒微：《中国文化史》，中国大百科全书出版社1988年版。

罗荣渠：《现代化新论：世界与中国的现代化进程》，商务印书馆2004年版。

罗荣渠主编：《从"西化"到现代化——五四以来有关中国的文化趋向和发展道路论争文选》（中册），黄山书社2008年版。

牟宗三：《中国哲学的特质》，上海古籍出版社1997年版。

牟宗三：《周易哲学演讲录》，华东师范大学出版社2004年版。

庞朴：《文化的民族性与时代性》，中国和平出版社1988年版。

钱穆：《国学概论》，商务印书馆1997年版。

钱穆：《中国文化与中国哲学》，生活·读书·新知三联书店1988年版。

尚智丛：《传教士与西学东渐》，山西教育出版社2000年版。

邵汉明主编：《中国文化研究30年》，人民出版社2009年版。

沈壮海等：《文化强国建设的中国逻辑》，人民出版社2017年版。

孙熙国等：《中国传统文化与社会主义文化建设》，兰州大学出版社2002年版。

唐君毅：《中国文化之精神价值》，广西师范大学出版社2005年版。

万俊人：《现代性的伦理话语》，黑龙江人民出版社2002年版。
汪晖、陈燕谷主编：《文化与公共性》，生活·读书·新知三联书店1998年版。
汪信砚主编：《李达全集》第17卷，人民出版社2016年版。
王国炎：《中国传统文化现代化与马克思主义中国化》，高等教育出版社2005年版。
王钧林：《中国儒学史》（先秦卷），广东教育出版社1998年版。
韦政通：《传统与现代之间》，中华书局2011年版。
肖贵清等：《中国特色社会主义文化论》，中共党史出版社2006年版。
许俊：《中国人的根与魂：中华优秀传统文化通识》，人民出版社2016年版。
颜晓峰等：《社会主义现代化的文化之维》，重庆出版社2019年版。
杨海军：《思想政治教育情感载体研究》，人民出版社2019年版。
于沛：《经济全球化和文化》，中国社会科学出版社2012年版。
余英时：《现代儒学的回顾与展望》，生活·读书·新知三联书店2012年版。
张岱年、程宜山：《中国文化精神》，北京大学出版社2015年版。
张君劢：《明日之中国文化》，中国人民大学出版社2006年版。
张立文：《中国和合文化导论》，中共中央党校出版社2001年版。
张立文：《"自己讲"、"讲自己"：中国哲学的重建与传统现代的度越》，北京师范大学出版社2007年版。
张岂之：《中华优秀传统文化的核心理念》，江苏人民出版社2016年版。
张西平：《中国与欧洲早期宗教和哲学交流史》，东方出版社2001年版。
张允熠：《中国文化与马克思主义》，山西教育出版社1999年版。
周昌忠：《中国传统文化的现代性转型》，上海三联书店2002年版。

三 中文译著

［法］阿尔贝特·史怀泽：《敬畏生命》，陈泽环译，上海社会科学院出版社1996年版。
［英］埃德蒙·柏克：《自由与传统》，蒋庆等译，译林出版社2014年版。
［以］艾森斯塔特：《反思现代性》，旷新年、王爱松译，生活·读书·新知三联书店2006年版。

［美］爱德华·希尔斯：《论传统》，傅铿、吕乐译，上海人民出版社2009年版。

［英］安东尼·吉登斯：《超越左与右——激进政治的未来》，李惠斌、杨雪冬译，社会科学文献出版社2000年版。

［加拿大］贝淡宁：《东方遭遇西方》，孔新峰、张言亮译，上海三联书店2011年版。

［美］布莱克：《现代化的动力——一个比较史的研究》，景跃进、张静译，浙江人民出版社1989年版。

［英］E. H. 卡尔：《历史是什么?》，陈恒译，商务印书馆2007年版。

［美］郭颖颐：《中国现代思想中的唯科学主义（1900—1950）》，雷颐译，江苏人民出版社2010年版。

［美］郝大维、安乐哲：《孔子哲学思微》，蒋弋为、李志林译，江苏人民出版社2012年版。

［英］赫德逊：《欧洲与中国》，王遵仲等译，中华书局1995年版。

［美］胡克：《理性、社会神话和民主》，金克、徐崇温译，上海人民出版社2006年版。

［英］怀特海：《科学与近代世界》，何钦译，商务印书馆2017年版。

［美］J. J. 克拉克：《东方启蒙：东西方思想的遭遇》，于闽梅、曾祥波译，上海人民出版社2011年版。

［锡兰］L. A. 贝克：《东方哲学的故事》，傅永吉译，江苏人民出版社1998年版。

［美］罗兰·罗伯森：《全球化：社会理论和全球文化》，梁光严译，上海人民出版社2000年版。

［英］罗素：《中国问题》，秦悦译，学林出版社1996年版。

［德］马克斯·韦伯：《新教伦理与资本主义精神》，阎克文译，上海人民出版社2018年版。

［法］孟德斯鸠：《论法的精神》，孙立坚等译，陕西人民出版社2001年版。

［英］乔治·拉雷恩：《意识形态与文化身份：现代性和第三世界的在场》，戴从容译，上海教育出版社2005年版。

［美］萨义德：《东方学》，王宇根译，生活·读书·新知三联书店1999

年版。

［美］塞缪尔·亨廷顿：《变化社会中的政治秩序》，王冠华等译，上海人民出版社 2008 年版。

［美］塞缪尔·亨廷顿：《文明的冲突与世界秩序的重建》，周琪、刘绯等译，新华出版社 2010 年版。

［美］斯塔夫里阿诺斯：《全球通史——1500 年以后的世界》，吴象婴、梁赤民译，上海社会科学院出版社 1999 年版。

［英］汤林森：《文化帝国主义》，冯建三译，上海人民出版社 1999 年版。

［法］涂尔干：《职业伦理与公民道德》，渠敬东编译，商务印书馆 2015 年版。

［德］雅斯贝尔斯：《什么是教育》，邹进译，生活·读书·新知三联书店 1991 年版。

［美］约瑟夫·列文森：《儒教中国及其现代命运》，郑大华、任菁译，广西师范大学出版社 2009 年版。

四 中文论文

包心鉴：《马克思主义与中国传统文化内在精神的融通》，《光明日报》2009 年 11 月 23 日。

柴文华：《现代新儒学的主要类型和特征》，《学术交流》2004 年第 1 期。

陈来：《仁统四德——论仁与现代价值的关系》，《江苏社会科学》2016 年第 4 期。

陈来：《中华优秀文化的传承和发展》，《光明日报》2017 年 3 月 20 日。

陈先达：《马克思主义和中国传统文化》，《光明日报》2015 年 7 月 3 日。

陈先达：《中国传统文化的创造性转化和发展》，《前线》2017 年第 2 期。

陈先达：《中国传统文化的当代价值》，《中国社会科学》1997 年第 2 期。

陈振昌：《世纪之交世界现代化的新趋势》，《西北大学学报》（哲学社会科学版）2007 年 4 期。

董学文：《五四运动与中国现代文化发展方向的选择——兼论什么是"五四"精神》，《北京大学学报》（哲学社会科学版）1989 年第 3 期。

杜维明：《文化多元、文化间对话与和谐：一种儒家视角》，《中外法学》

2010 年第 3 期。

方克立:《"马魂、中体、西用":中国文化发展的现实道路》,《北京大学学报》(哲学社会科学版) 2010 年第 4 期。

方克立:《铸马学之魂立中学之体明西学之用——学习习近平在哲学社会科学工作座谈会上讲话的体会》,《理论与现代化》2017 年第 3 期。

费孝通:《中华民族的多元一体格局》,《北京大学学报》(哲学社会科学版) 1989 年第 4 期。

高清海:《中国传统哲学的思维特质及其价值》,《中国社会科学》2002 年第 1 期。

郭超:《用传统文化之光照亮民族复兴之路——十八大以来中华优秀传统文化传承发展述评》,《光明日报》2017 年 9 月 21 日。

郭淑新:《中庸之道:和谐通达之道》,《道德与文明》2012 年第 1 期。

何传启:《现代化研究的十种理论》,《理论与现代化》2016 年第 1 期。

何中华:《马克思主义与儒学的会通何以可能》,《文史哲》2018 年第 2 期。

何中华:《人文精神与现代性》,《江苏行政学院学报》2002 年第 3 期。

何中华:《为什么必须弘扬中华优秀传统文化》,《人民论坛》2017 年第 17 期。

何中华:《"现代化"观念的逻辑意蕴及其历史表征》,《天津社会科学》1995 年第 1 期。

何中华:《在创造创新中彰显传统文化的时代价值》,《光明日报》2017 年 1 月 9 日。

何中华:《中国文化与现代性在相互参照中的建构》,《学习论坛》2011 年第 3 期。

胡启勇、肖立斌:《先秦儒家礼法正义思想辨析》,《文化学刊》2009 年第 1 期。

胡新生:《礼制的特性及中国文化的礼制印记》,《文史哲》2014 年第 3 期。

郇庆治:《21 世纪以来的西方生态资本主义理论》,《马克思主义与现实》2013 年第 2 期。

黄家瑶:《和合思想:缓解现代性冲突的文化介入》,《社会科学家》2011 年第 5 期。

黄玉顺：《当前儒学复兴运动与现代新儒家——再评"文化保守主义"》，《学术界》2006年第5期。

贾英健：《马克思现代性批判的理论旨趣及其变革实质》，《哲学研究》2005年第9期。

金刚、万光侠：《新时代弘扬中华优秀传统文化服务现代化建设问题研究》，《理论学刊》2018年第3期。

乐黛云：《文化自觉与中西文化会通》，《河北学刊》2008年第1期。

乐黛云：《中国传统文化的一些特点及其对世界可能的贡献》，《浙江大学学报》（人文社会科学版）2007年第4期。

李慎之：《中国文化传统与现代化》，《战略与管理》2000年第4期。

李先明、成积春：《中华优秀传统文化传承体系的构建：理论、实践与路径》，《南京社会科学》2016年第11期。

李泽厚：《谈世纪之交的中西文化和艺术》，《文艺研究》2000年第2期。

刘金源：《世界现代化潮流中的中国特色社会主义道路》，《探索与争鸣》2007年第11期。

刘卫东：《从"新人"到"英雄"——社会主义新人理论的演变》，《文学评论》2010年第5期。

马永庆，马兆明：《传统文化融入中国特色社会主义何以可能》，《山东社会科学》2016年第10期。

梅荣政、杨军：《西方自由主义的流变、实质与危害》，《红旗文稿》2014年第3期。

蒙培元：《中国的德性伦理有没有普遍性》，《北京社会科学》1998年第3期。

蒙培元：《中国哲学的诠释问题——以仁为中心》，《人文杂志》2005年第4期。

欧阳康、张冉：《中华传统文化：中国特色社会主义道路的文化资源》，《江汉论坛》2009年第6期。

商志晓：《马克思主义能够给予我们什么》，《光明日报》2016年5月4日。

商志晓：《马克思主义依然是当今时代的思想旗帜》，《光明日报》2015年9月23日。

商志晓：《人类文明在交流互鉴中发展进步——深入学习习近平同志关于人类文明进步的重要论述》，《人民日报》2014 年 10 月 16 日。

商志晓：《中华传统文化创造性转化创新性发展的哲学审思》，《光明日报》2017 年 1 月 9 日。

汤一介：《儒学的现代意义》，《江汉论坛》2007 年第 1 期。

唐雷：《现代化视角下的中国共产党历史使命与担当》，《改革与开放》2016 年第 20 期。

涂可国：《论中华民族精神的基本结构与主要特征》，《山东社会科学》2006 年第 3 期。

万光侠、夏锋：《新时代弘扬中华优秀传统文化服务现代化强国建设的系统思考》，《东岳论丛》2019 年第 5 期。

汪信砚：《世界现代化进程的反思》，《江苏行政学院学报》2005 年第 1 期。

王丛德、王成：《传统仁爱精神与社会主义公德建设》，《山东大学学报》（哲学社会科学版）2000 年第 4 期。

王岳川：《从"去中国化"到"再中国化"的文化战略——大国文化安全与新世纪中国文化的世界化》，《贵州社会科学》2008 年第 10 期。

王增福：《道路独立与文化自主：中华传统文化与现代化协力共进的基本要求》，《山东师范大学学报》（社会科学版）2020 年第 1 期。

武新军：《"社会主义新人"大讨论与新时期文学》，《河南大学学报》（社会科学版）2015 年第 3 期。

谢屏、王鉴棋：《中西文化的深层次比较》，《江西社会科学》2002 年第 4 期。

闫娜：《〈论语〉"仁"字新解——孔子仁学中的人际交互意识初探》，《南昌大学学报》（人文社会科学版）2015 年第 4 期。

杨钊：《"执两用中"求"和谐"——论孔子"执两用中"的方法论对构建和谐社会的意义》，《决策探索》2007 年第 11 期。

张岱年：《中国哲学中天人合一思想剖析》，《北京大学学报》（哲学社会科学版）1985 年第 1 期。

章海山：《中国儒家伦理精神与现代化》，《中山大学学报》（社会科学版）1998 年第 4 期。

赵汀阳:《认同与文化自身认同》,《哲学研究》2003年第7期。

郑杭生:《改革开放三十年:社会发展理论和社会转型理论》,《中国社会科学》2009年第2期。

郑杭生、杨敏:《社会实践结构性巨变对理论创新的积极作用——一种社会学分析的新视角》,《中国人民大学学报》2006年第6期。

朱贻庭:《文化其"神"与其"形"——以儒家文化为例探讨发挥传统文化现代生命力的方法》,《毛泽东邓小平理论研究》2006年第10期。

索 引

人名

陈独秀　49,59,60,79,145,161,175,253-255,586

邓小平　26,74-76,79,219,226,258,352,363,364,402,413,475,568,569,572,573,594,605,612,628,629

恩格斯　21,30,114,117,136,138,139,155,166,167,173,174,183,189,190,194,201,208,232,253,318-321,422,426,534,560,565,585,591,601,616,621

管子　95,101-104,123,125,222,354,382,383,388,443,446,452,493,620

辜鸿铭　148,159,168,169,254,423,587

胡适　59-62,93,146,147,160,176,254,586,587,609

康有为　25,57-59,67,119,176,177

孔子　3,7,32,38,40,41,52,53,55,57-59,99,100,118,119,122,153,154,165,187,220-222,225,234,240,252,255,262,263,287,290,296,301,303,314,316,319,320,324,350-359,366,367,370,377-384,386,391,393-396,404,407-412,416-418,430-432,434-439,441,443,444,447,450-453,491,492,495,497,498,513,522,549,553,559,585,586,599,613,618,619,621,626,628,629,632-634

老子　3,4,6,119,217,240,301,353,377,387,396,446,599,619,620,626,628,633,634

李大钊　49,59,60,62,63,79,253-255,586

利玛窦　47,51-53,86

梁启超　47,48,57-59,61,67,176,177,220,377,415,472,475,587,622,626,628

梁漱溟　9,60-62,184,186,191,195,268,415,587,597

陆九渊　5,118,166,409

马克思　16,17,21,22,26,28,30,40,46,49,50,59,60,62-64,71,72,77,79,80,84-88,92,114,117,131-133,136-140,150-155,157,167,173,174,177,179,183,189-191,194,

201,204,208,226-230,232,233,
246,247,259,278,285,306,307,312,
317-321,325,333,335,339,344,
349,364,370,414,422,426,429,458,
469,482,483,514,521-523,529,
532,534,538,539,545,546,550,556,
558,560,565,567-569,571,574,
578,585,587,591,593,594,599,601,
604,605,611,616,619,621,628-
632,643

毛泽东 1,72,73,75,79,91,96,97,137,
151-156,191,227,352,363,398,
469,545,552,562,567-569,572,
593,594,601,603,605,612,628

孟子 6,7,51,95,99,102,103,118,119,
123,131,167,168,182,202,216,221,
222,262,287,301,353-355,357,
359,370,378-380,382-386,392,
394-396,404,406-409,412,417,
418,421,424,425,427,435-437,
445,491,496,498,600,607,621,634

墨子 3,94,99,102,134,240,301,357,
392,396,430,443,446,628

钱玄同 161,162,254,586

孙中山 25,68-70,92,151,227,469,
472,473,475,482,522,567

唐君毅 81,82,588,589

韦伯 12,18,258,259,539,576,577

习近平 28,31,32,36-38,40-43,75-
77,79,80,84,89,97,101,102,108,
109,120,121,123,127,128,130,132,
134,138,140,141,143,177,178,201-
207,210-212,215-217,223,224,
226,229,231,234-236,238,240,
242,247,249,260,261,264,265,
284,285,288-290,296,298-303,
305,306,312-316,318-320,323,
324,328-336,338-345,350,353,
359-365,368,370,376,387,388,
396-402,412-414,426,443,445,
454,471,473,477,479,481,483,
485,486,488-490,497,499-508,
513,517,518,521,522,524,525,527-
530,532-534,546,548-550,552,
553,556-559,562,568,569,572,
574,592,595,604-606,608,611-
614,629,632,634,638-641,
643,644

荀子 3,94,95,102,103,118,123,125,
167,206,209,218,219,221,352,
353,357-359,375,377,383-386,
411,416,417,439,620

雅斯贝尔斯 167,633

严复 176,177,190,259,621

张申府 164,165

周敦颐 118,499

朱熹 5,52,103,131,218,350,351,358,
369,407,409,421,425,435,620

庄子 3,4,94,125,264,301,385,387,
391,396,407,408,441,493,494,634

重要术语

爱国主义 209,216,263,390,392,397,

400,401,461,463 – 467,470,474 – 476,478,479,482,485,487 – 489, 525,527,552,564,578,605

百家争鸣　3,214,229,230,239,391, 496,502,553,625,631

诚实守信　218,219,354,397,447,456, 587

传统文化现代化　35,38 – 44,80,289, 317,608,611,613,622,630,632

创造性转化创新性发展　41,89,295 – 317,319 – 334,336,338,339,341 – 345,348,512,516,517,545 – 547, 554,595,629,632

德法共治　368

多元现代性　277,278,285,609, 610,614

改革开放　11,24,27,29,34,49,50,75 – 81,84,86 – 88,102,113,117,132, 141,145,156,179,180,189,203, 204,208,217,220,234,236 – 239, 241,244,246,252,255,262,263, 269,272,273,279,280,285,290, 332,334,362,363,414,423,448, 449,451,476,480,482,502,511, 514,518,534,538,540,550,555, 568,572,573,580,583,601,602, 608,609,612,614,616,618,619, 625,628 – 630,638

刚健有为　6,9,217,240,295,382

革故鼎新　42,169,203,217,349,544, 629

革命文化　178,230,335,336,342,345, 414,485,550,554,556,557

工业文明　16,20,33,35,36,188,273, 280,535,549,576

公民道德信仰　242,244,245

国粹派　146,148,150,152 – 154,159, 162,168,169,175,179

和而不同　10,42,54,85,95,122,129, 134,213,214,224,235,238,239, 295,303,335,336,384,397,399, 421,427,428,442,443,452,462, 491,497 – 499,505 – 507,522,530, 542,544,592,623,633,640,644

和谐共生　224,237,306,399,428,441, 462,491,493,500,501,535

厚德载物　6,215,238 – 240,397,425, 462,521,530,533,552,592,622

家国情怀　202,207,208,216,240,241, 256,295,332,392,400,537

兼容并蓄　93,134,139,154,239,343, 461,478,491,495,501,544,552,570

经济全球化　272,273,289,305,399, 453,496,501,509,512,518,541, 591,631,637 – 639,643

礼乐文明　2,3

理性主义　239,260,271,564,610,615, 617 – 620,643

民惟邦本　102,119,120,122,205,220, 221,233,235,300,331,384,389, 544,552

农业社会　20,21,27,93,96,104,105,

122,259,279,280,285,538,589,614,615,620,621

农业文明　20,33,34,36,122,220,280,285,286,549

人类命运共同体　97,121,212－215,223,226,295,305,481,490,500,501,504,508,514,518,531,537,573,592,602,614,622,639－641,643,644

社会主要矛盾　283,284,329,330,339,343,519,632

社会主义核心价值观　42,121,122,178,206－209,217,227,229,236,237,294,298,300,312,315,316,320,324,334－336,342,345,348,360,366,367,376,388－394,398－402,412,416,418,426,433,455,461,506,511,523,524,527,530,543,546,558,559,582,591,595,606,611,626,627

社会主义先进文化　28,35,44,50,79,80,178,229－231,237,246,254,290,298,311,312,336,342,344,345,414,485,514,516,529,550,554,557,558,560,590,605,606,608,611－613,629

社会主义现代化　11,24,26－29,35－37,41,43,44,49,50,75－78,80,103,104,108,113,126,131－133,136－138,141,142,200,201,204,216,235－237,239,241,242,248,283－285,292－294,298,309,330－332,336,346,348,361,362,364,368,373,448,453,459,462,463,470,480,481,483,487,491,509,516－520,522,526－528,531－534,541,544,546,550,555,560,572－574,577－579,584,591,594,595,600,605,609,611,612,617,621－623,625,629,630

熟人社会　256,269,270,335

"四个全面"战略布局　242,282,373,558

天人合一　6,10,31,33,42,85,94,120,121,125,126,134,180,188,213,235,240,243,264,271,287,293－295,300,349,376,386,387,391,397,399,405,407,411,421,422,425－427,487,521,531,533,535,540,552,575,576,582,586,592,598,639,640

天下大同　8,97,126,213,295,315,391,499,592,623,636,639

天下为公　6－10,95,122,126,128,207,235,391,427,430,475,492,521,524,531,547,592

团结统一　41,234,240,463－467,470,471,476,479,483－485,487－489

调和折中派　146,149,150,154,172,179

为政以德　127,222,235,262,350－352,359,360,365,366,369,382,521,530,531,600,618

"五位一体"总体布局　242,282,535,558

万物一体　6,94,411,421,533

文化保守主义　81,83,152,153,157,159,169

文化交流互鉴　88,290,291,341,502,506,508,509,514,560

文化软实力　179,182,226,241-244,278,282-284,289,293,294,297,298,300-302,306,308,311,312,314,328,329,331,344,427,478,479,486,506,512,513,526,550,555,559,594,606,613,625,630,637

文化现代化　1,28,30,31,43,59,152,308,451,562,565,573,574,582,617-619,621

文化自信　44,47,84,89,141,147,152,162,177-183,188,192,201,202,226,227,239,244,249,260,261,278,284,289,291,297,300,302,303,311,314,328,329,334,341,345,390,399,414,485-487,489,505-507,513,514,527,544,548-560,574,578,588-590,613

西学东渐　47,52,53,156,179,180,538,570

现代化强国建设　31,39,78,109,288,292,329,517-520,527,531,605,622

现代新儒学　62,81,82,150,586

协和万邦　7,8,10,213,385,390,427,466,503,544,640,644

协力共进　1,34,38,39,43,44,515-517,527-529,531,532,535,537-543,545,546,548,562,574,575,577,581,584,595,601,602,604,605

新发展理念　44,76,370,507,561,592,606-608,616,622

新民主主义论　151,153,154,156,569,593

新时代中国特色社会主义　28,31,41,43,77-79,102,104,108,109,120,121,123,124,127-130,132,133,135,137,140,141,145,157,202,204,207,210,212,226,229,231,234,236,242,247,264,282,284,285,293-295,329,330,332-336,338-344,412,414,477,486-489,503,506,517,518,520-522,526,527,529,532-534,557-559,569,574,577,604,605,613,627

新文化运动　1,25,46,49,59,60,62,92,129,131,145,149,151,156,157,174,191,192,194,228,253-255,258,271,414,422,568,583,586-588,608,609,612,617,619,627

鸦片战争　1,10,11,47,48,50,54,57,59,64,65,84,178,267,279,442,472,474,481,540,549,585,617,627,629

一带一路　40,235,481,502,504,509,518,526,559,573,592,602,638,

639,644

以人民为中心　101,102,113,120,130, 205,206,231,233,247,284,298, 327,338 – 340,344,370,560,606, 607,624

治国理政　42,90,97,98,100,101,103, 104,121,134,138,141,143,178,204 – 206,220 – 223,235,236,240,245, 249,262,299 – 302,305,314,315, 324,331,336,340,343,348 – 350, 352,355,356,359,362 – 365,378, 384,389,397,398,400 – 402,410, 426,450,456,481,483,524,549, 559,568,574,606,611,614,626, 635,640,641

中华民族共有精神家园　297,299,313, 314

中华民族伟大复兴　44,121,123,130, 179,181,192,201 – 203,211,217, 226,229,260,262,264,282 – 284, 292,293,299 – 301,309,313,329, 332 – 334,336,337,359,361,403, 423,445,455,463,465,470,479, 480,483 – 485,487 – 489,516,525, 529,550,554,555,560,573,574, 614,625,627,630,631,633

中华优秀传统文化　1,29,31,40 – 42, 79,84,85,90,121,122,134 – 138, 140 – 142,177,178,181,184,192, 196,197,201 – 204,206,207,209, 210,212 – 216,220,223,226,230, 231,234 – 242,245 – 251,257,258, 260 – 264,275,280,282 – 285,287 – 289,292 – 304,306,310 – 313,315, 316,325,326,328,329,335,337, 342,345,349,376,388,397,404, 412,414,430,440,443 – 445,452, 462,465,470,479,485,487,490, 499,500,503,505,506,508,510, 514,520 – 522,524,525,529 – 533, 537,542,544 – 548,550 – 554,557, 559,570,574,578,582,590,594, 595,602,605 – 607,609,610,613, 614,621,623,625,629 – 633,639, 641 – 644

中体西用　64 – 66,149,155,179,539, 576,577,617

自强不息　6,32,122,130,135,202 – 204,214,215,217,238,240,295, 299,316,382,397,399,418,425, 463,464,466,469 – 471,479,480, 484,487,489,521,530,532,544, 552,592,621 – 624

宗法社会　259,617,620,621

后　记

本著作是国家社会科学基金重大项目（亦为中国特色社会主义理论体系研究中心重大项目、马克思主义理论研究和建设工程重大项目）（批准号：2015YZD17）"弘扬中华传统文化与现代化研究"的代表性成果。著作的研究框架在项目研究初始阶段形成，主要内容在2018年提交结项的研究报告《弘扬中华优秀传统文化服务现代化强国建设》中得以体现，并通过一系列前期成果予以阐发。项目自2018年10月结题之后，研究团队继续深化探讨，于2019年以该著作入选"国家哲学社会科学成果文库"。

把中华传统文化与现代化结合起来进行研究，是一个很大的题目。问题固然重要，难度也可想而知。其中所涉及的多层面问题，如中华传统文化及其丰富内涵与当代价值、中华传统文化自身现代化与服务于现代化、中国现代化的历史进程与文化需要、传统文化与现代化的多维联系与作用方式、当代中国视域下的传统文化及其传承创新、进入新时代的中国特色社会主义现代化建设、中华传统文化与现代化协力共进与发展提升等，都不是仅靠单一学科的知识储备和学术思维能够准确把握的，也不是依赖直线式地深化开拓就能够把问题解决好的。为此，我们需要依靠团队力量进行集体合作，借此才使整个研究工作得以顺利开展。

本著作聚焦中华优秀传统文化的创造性转化创新性发展，聚焦中华传统文化与现代化的辩证统一关系，在全面总结历史进程、客观梳理成效得失、深入探析发展路径的基础上，对其中一系列带有整体性、全局性和根本性的基础问题及其学理内涵，进行了认真细致的思考、深入缜密的研究和系统完整的阐发。具体说来，一是对中华传统文化及其思想内涵进行理性辨析；二是对中华传统文化的核心内容与内在价值给予系统梳理；三是对中华优秀传统文化按照"两创"要求传承创新予以深入论证；四是对中国现代化发展进程及当前文化需要进行跟踪分析；五是对中华传统文化与现代化互为作用关系予以辩证把握；六是对中华传统文化与现代化协力共进的规律性问题进行系统阐述。这样的研究所呈现的意义在于：有助于推进中华优秀传统文化的深化研究与传承创新，有助于推进中华优秀传统文化弘扬与现代化建设的深度融合，有助于推进对社会主义现代化及其发展规律的正确把握。

本著作是研究团队共有的成果，是众多学者亲诚合作的结果。作为项目负责人和首席专家，商志晓提出总体研究框架和基本思路，统筹调度指导并终改审阅定稿；万光侠、王增福、孙书文参与框架设计论证，指导部分内容撰写并修改完善审定；刘德增、马永庆参与研究框架讨论与部分撰稿指导。整个书稿的撰写，除上述人员外，主要还有：包心鉴、何中华、贾英健、张文珍、张友谊、彭耀光、孙清海、吴承笃、郝书翠、王清涛、夏锋、金刚、汪霏霏、王超、毕国帅等。大家互相学习交流探讨，促进深化理解与深入思考，认真负责且无私奉献的精神让人深感温暖。

在研究撰写过程中，我们查阅参考了大量相关文献和资料，其中大部分引用参考文献已在文内列出，也有一些从中受到启发的观点和思路不能一一赘列，谨表感谢并说明。

全国哲学社会科学工作办公室、马克思主义理论研究和建设工程办公室有关处室负责同志，山东省委宣传部及山东省中国特色社会主义理论体系研究中心相关领导，对项目研究给予多方面指导支持。山东师范大学及社科处为项目研究提供有利条件。审评文库书稿的各位专家提出十分中肯且富于见地的完善意见，我们高度重视并积极吸纳。中国社会科学出版社的周慧敏老师、田文老师，为本书的编辑出版付出辛勤劳动。几位研究生同学承担庞杂的引文校勘工作，为之倾心付出。对来自各方面的支持帮助，谨致深深的敬意和真挚的感谢！

近代以来的中国，从抗敌御辱、救亡图存开始，在追求独立自主、发展富强的过程中，始终面对一个对传统文化采取何种态度、如何在中华传统文化伴随下推进现代化的重大问题。当代中国着力传承中华优秀传统文化，协调推进社会主义现代化（包括文化现代化）强国建设，使传统文化弘扬与现代化发展互为促进的关系得以进一步凸显。党的十八大以来，习近平总书记多次就弘扬中华优秀传统文化作出重要论述，我们党高度重视中华优秀传统文化的鲜明立场和坚定态度，把传承创新中华传统文化问题摆在了十分突出、十分重要的位置，赋予我们在新的历史时期借力中华优秀传统文化推动社会主义现代化建设加快发展的重大使命，赋予哲学社会科学工作者深化研究中华优秀传统文化创造性转化创新性发展、深刻揭示传统文化弘扬与现代化发展互为促进关系的重要责任。虽然我们尽己之能作出了一定努力，但距时代要求、现实需要还有很大差距，书稿本身也还存在这样那样的问题，敬请大家多提批评意见和指导建议，以促进我们把研究工作进一步做好做细做深入。

作　者

2020 年 12 月 1 日

图书在版编目(CIP)数据

中华传统文化弘扬与现代化发展研究 / 商志晓等著. —北京：中国社会科学出版社，2021.3

（国家哲学社会科学成果文库）

ISBN 978-7-5203-8088-1

Ⅰ.①中… Ⅱ.①商… Ⅲ.①中华文化—研究 Ⅳ.①K203

中国版本图书馆CIP数据核字（2021）第047358号

出 版 人	赵剑英
责任编辑	田 文　周慧敏
责任校对	王 龙
封面设计	肖 辉　孙婷筠
责任印制	戴 宽

出　　版	中国社会科学出版社
社　　址	北京鼓楼西大街甲158号
邮　　编	100720
网　　址	http://www.csspw.cn
发 行 部	010-84083685
门 市 部	010-84029450
经　　销	新华书店及其他书店
印刷装订	北京君升印刷有限公司
版　　次	2021年3月第1版
印　　次	2021年3月第1次印刷
开　　本	710×1000　1/16
印　　张	42.75
字　　数	701千字
定　　价	258.00元

凡购买中国社会科学出版社图书，如有质量问题请与本社营销中心联系调换
电话：010-84083683
版权所有　侵权必究